Formação de educadores

Formação de educadores

Artes e técnicas – ciências e políticas

Raquel Lazzari Leite Barbosa
(Organizadora)

editora
unesp

Fundação Editora da UNESP (FEU)
Praça da Sé, 108
01001-900 – São Paulo – SP
Tel.: (0xx11) 3242-7171
Fax: (0xx11) 3242-7172
www.editoraunesp.com.br
www.livrariaunesp.com.br
feu@editora.unesp.br

CIP – Brasil. Catalogação na fonte
Sindicato Nacional dos Editores de Livros, RJ

F82

Formação de educadores: artes e técnicas, ciências políticas/Raquel Lazzari Leite Barbosa (Org.). – São Paulo: Editora UNESP, 2006.

Tema do VIII Congresso Estadual Paulista sobre a Formação de Educadores: Modo de ser: Artes e técnicas, Ciências e políticas.

ISBN 85-7139-702-3

1. Professores – Formação. 2. Prática de ensino. 3. Abordagem interdisciplinar do conhecimento na educação. 4. Ensino superior. I. Barbosa, Raquel Lazzari Leite, 1960-.

06-3425 CDD 370.71
CDU 371.13

Editora afiliada:

Asociación de Editoriales Universitarias de América Latina y el Caribe

Associação Brasileira de Editoras Universitárias

Sumário

Apresentação

Modo de ser educador: artes e técnicas – ciências e políticas

Raquel Lazzari Leite Barbosa[1]

O tema proposto para discussão durante o VIII Congresso Estadual Paulista sobre a Formação de Educadores – *Modo de ser educador: artes e técnicas – ciências e políticas* envolveu a busca de integração entre as diferentes dimensões que compõem a formação do profissional da educação. O trabalho e o sentido da intervenção social desse profissional constituem-se em objeto em torno do qual análises e interpretações irão recolher os fundamentos de debate sobre cultura como totalidade, incluindo: *artes e técnicas – ciências e políticas.*

A dinâmica que caracteriza a formação de educadores requer a interpretação desses fundamentos para os constantes redimensionamento e definição dos objetivos, visando a aperfeiçoar o papel do profissional educador na sociedade. Por meio de discussões entre diferentes setores ligados à educação é que podem ser avaliados, preservados ou transformados os móveis que norteiam a formação do educador em contextos socioculturais específicos, nos diversos campos: artes, técnicas, ciências e políticas.

Os Congressos Estaduais Paulistas sobre Formação de Educadores (CEPFE) são realizados desde 1990 e têm dado ênfase especial à formação de profissionais da educação, nos níveis de Ensino Fundamental, Médio e Universitário. Tal conformação do Congresso procura ir além de questões próprias do padrão formal, para a abordagem da formação do profissional da educação embasada na crítica constante, capaz de dinamizar processos e resultados.

---

1 Faculdade de Ciências e Letras, Unesp, campus de Assis.

Tal pretensão ressalta a importância do envolvimento de diferentes áreas do saber em uma discussão sobre os significados da produção de conhecimento.

O debate proposto para o VIII Congresso Estadual Paulista dá prosseguimento, como indica o número VIII, a uma série anterior de Congressos (CEPFE I, II, III, IV, V, VI e VII), realizados com êxito especial nos anos de 1990 a 2003.

Uma síntese histórica dos títulos desses Congressos já realizados pode dar a dimensão da coerência e da contribuição que eles vêm representando para a área educacional do estado de São Paulo e do Brasil de modo geral.

O *I Congresso Estadual Paulista sobre Formação de Educadores* realizado em maio de 1990, privilegiou o tema *Rumo ao século XXI*. O objetivo foi analisar, multidisciplinarmente, a formação de educadores, fazer um levantamento de estudos e temas visando a apontar problemas emergentes na área educacional no estado de São Paulo e definir propostas articuladas tendo em vista a proximidade da virada do século.

O *II Congresso Estadual Paulista sobre Formação de Educadores* realizado em maio de 1992, procurou dar continuidade e aprofundar o estudo de questões organizadas com base nos cinco temas elencados pelo I Congresso: 1) Escola Normal; 2) Licenciaturas; 3) Pedagogia e suas Habilitações; 4) Pós-graduação em Educação; e 5) Formação Continuada.

Tempo da escola... tempo da sociedade foi o tema central do *III Congresso Estadual Paulista sobre Formação de Educadores*, realizado em maio de 1994 e cujo objetivo fundamental foi

> promover trabalhos em cooperação para identificar, produzir e socializar estudos e experiências referentes à formação dos profissionais da educação e assim constituir-se em instância de referência para as decisões políticas de formação de educadores no Estado de São Paulo.

Em 1996 foi realizado o *IV Congresso Estadual Paulista sobre Formação de Educadores*. A temática nuclear foi a *Formação do educador: dever do Estado, tarefa da Universidade*. Tal escolha ligava-se à necessidade de serem reafirmadas as obrigações do poder público no que se refere à garantia das condições necessárias ao cidadão "brasileiro forte, saudável, com capacidade de trabalho produtivo para si e para a nação".

No decorrer do *V Congresso Estadual Paulista sobre Formação de Professores* realizado em 1998, teve como tema base da discussão a *Avaliação*. A proposta incorporou "um trabalho analítico, crítico e reflexivo ... sobre a ação política traçada e implementada pelo governo".

Mantendo a tradição de estimular discussões (consolidada desde 1990), o *VI Congresso Estadual Paulista sobre Formação de Educadores* (2001) articulou os debates em torno do título *Formação de Educadores: desafios e perspectivas para o século XXI*. O próprio momento sócio-político-cultural incitava discussões dessa natureza, uma vez que o Congresso ocorria no ano de virada de século.

O *VII Congresso Estadual Paulista de Formação de Educadores*, em 2003, reuniu educadores para discutir *Teorias e práticas – imagens e projetos*. O objetivo foi "fazer uma elaboração diagnóstica dos investimentos na área educacional e incitar a formulação de teorias, práticas, imagens e projetos transformadores".

Esse resumido histórico dos temas que nortearam os Congressos, sobre a Formação de Educadores, informa a coerência que a iniciativa vem mantendo e possibilita a reafirmação da importância do prosseguimento desses eventos. Tais reuniões configuram-se na concretização de trabalhos ligados à área educacional que vêm fortalecendo o saber e o exercício da democracia nos diferentes setores da educação brasileira e, ainda, contribuindo para a construção de imagens positivas de professores e de processos de formação dos educadores.

A preservação de tal espaço de discussão democrática é de inegável importância, uma vez que se constitui em momento de reflexão e de diálogo entre pesquisadores/professores de Educação Infantil, Ensino Fundamental, Médio, Universitário, Pós-graduação e aperfeiçoamento do exercício profissional. Em uma perspectiva de cooperação promove-se o aprimoramento da formação de profissionais responsáveis pela formação das novas gerações brasileiras.

O tema do VIII CEPFE *Modo de ser educador: artes e técnicas – ciências e políticas* – incita a questionamentos específicos, mas integrados ao eixo central – Formação de Educadores.

Os estudos aqui apresentados encontraram orientação nos seguintes eixos temáticos:

- Artes como elemento formador/educativo de expressão e de sensibilidade;
- Ciência e conformação crítica na formação do educador;
- Técnicas na formação do educador; e
- Políticas e orientação desejável, produtiva e emancipatória na formação do educador.

O caminho escolhido para debater especificidades, diferenças e harmonizações entre as distintas áreas do saber é que certamente contribuiu para o aparecimento e a consolidação de novas configurações relativas à sistemática da formação de educadores.

1

Avaliação, aprendizagens e currículo: para uma articulação entre investigação, formação e práticas[1]

Domingos Fernandes

Introdução

A avaliação das aprendizagens continua a marcar uma presença relevante no centro dos grandes debates da educação contemporânea, pois é um processo que tem profundas implicações na organização e no funcionamento dos sistemas educativos e das escolas, na forma pela qual os professores organizam seu ensino nas salas de aula ou no do desenvolvimento das aprendizagens por parte dos estudantes. Por essa última razão é até mais adequado o uso da designação *avaliação para as aprendizagens* em vez de *avaliação das aprendizagens*, precisamente para sublinhar o papel dinâmico que a avaliação deverá ter na promoção e no apoio às aprendizagens, qualquer que seja sua natureza.

A avaliação está, ou deveria estar, intrínseca e umbilicalmente associada às aprendizagens e ao ensino e, por isso, tem de estar presente quando queremos analisar práticas pedagógicas de professores ou suas concepções acerca da educação, da escola, do ensino ou da aprendizagem. A relação da avaliação com a pedagogia é obviamente bastante forte e, por isso, sua discussão teórica ou prática dificilmente poderá ignorar a formação de professores.

A avaliação formativa, conceito criado por Michael Scriven (1967), tal como atualmente a entendemos, é, genericamente, um processo sistemático e delibera-

---

1 O presente artigo foi escrito com base na comunicação intitulada Formação de professores e avaliação das aprendizagens: para uma articulação entre investigação, formação e práticas, apresentada no VIII Congresso Estadual Paulista Sobre Formação de Educadores.

do de recolha de informação, ou de evidências de aprendizagem, que permite que os alunos compreendam: a) o estado em que se encontram em relação às aprendizagens; b) aonde precisam chegar; e c) qual a melhor forma de lá chegar. Seu propósito fundamental é o de melhorar a aprendizagem que, importa sublinhar, constitui um dos processos mais fundamentais e determinantes da vida dos seres humanos.

A avaliação formativa, ou a *avaliação para as aprendizagens*, está relacionada com uma multiplicidade de atividades complexas, como os processos de comunicação que se estabelecem entre alunos e professores, o estilo pedagógico adotado, a natureza das planificações que se utilizam, a reflexão e a autorreflexão de professores e alunos, a motivação e a grande variedade de estratégias de recolha de evidências de aprendizagem.

Os professores têm papel fundamental no desenvolvimento de uma avaliação genuinamente formativa, pois têm de organizar e pôr para funcionar um ambiente de aprendizagem adequado, com destaque para a natureza das tarefas que vão propor aos alunos, e ser capazes de avaliar como e em que medida os alunos compreendem o que é suposto que aprendam. Têm ainda de acompanhar e apoiar os alunos para que eles ultrapassem eventuais dificuldades e progridam sem problemas para o próximo estádio de aprendizagem.

No contexto deste artigo, que por ter sido escrito com base em uma comunicação oral mantém algumas marcas desse fato, a avaliação e seu lugar e papel nos processos de ensino e aprendizagem acabam por constituir, em certo sentido, um pretexto para que se discutam, analisem, ou simplesmente apontem, questões relacionadas com a formação de professores, a investigação e as práticas escolares. No entanto, eu diria que, apesar de não constituir o foco deste trabalho, a aprendizagem acaba por estar no centro de todas as considerações e discussões que se fazem a propósito da avaliação, porque essa só verdadeiramente existe e faz sentido em função daquela.

O desafio da democratização dos sistemas educativos

O acesso de todas as crianças e jovens ao bem educação é uma conquista das sociedades democráticas. Percebe-se que, em última análise, a consolidação e o desenvolvimento das democracias depende do que somos capazes de fazer nos domínios da educação, da ciência e da cultura. Em certo sentido, todo o restante poderá ser consequência do investimento que fizermos nesses domínios da atividade humana. Ter todas as crianças e jovens nas escolas, embora seja uma importante conquista das sociedades, exige que se avalie a adequação do *serviço* que lhes é prestado. Analisemos as seguintes questões que são, ou deveriam ser, preocupações muito concretas dos sistemas educativos.

1. Será que todos os alunos têm oportunidades para aprender de acordo com suas características próprias, reais necessidades, motivações e interesses?
2. Será que todos recebem sistemática e regularmente *feedback* adequado quanto a seus progressos e dificuldades?
3. Será que todos podem ir tão longe quanto suas motivações, interesses e saberes lho permitirem?
4. Será que todos, em suas diferenças, sejam elas quais forem, se sentem plenamente integrados e veem satisfeitas suas legítimas aspirações?
5. Será que a todos é proporcionada uma educação e uma formação que lhes permitam integrar-se plena e dignamente na sociedade?

São questões que devemos formular e cujas respostas, como sabemos, estão ainda longe de ser francamente positivas.

Mas o que tem a avaliação das aprendizagens a ver com a democratização dos sistemas educativos? Eu diria que muito! Na verdade, as formas de organizar a avaliação podem motivar ou desmotivar os alunos, podem constituir importantes alavancas para superar obstáculos ou ser, elas mesmas, mais um obstáculo a transpor, podem ajudar os alunos a estudar e a compreender bem a natureza de suas dificuldades e potencialidades ou, muito simplesmente, desinteressá-los. A avaliação pode e deve ter papel relevante no desenvolvimento de aprendizagens complexas, no desenvolvimento moral e no desenvolvimento socioafetivo dos alunos. A avaliação pode segregar ou pode integrar. Pode melhorar a autoestima dos alunos, pode piorá-la ou, em casos extremos, pode mesmo destruí-la. Pode orientar o percurso escolar dos alunos ou pode afastá-los de qualquer percurso.

Em suma, a avaliação, quando convenientemente planejada, tem impacto muito relevante nos sistemas educativos porque: a) orienta os estudantes acerca de saberes, capacidades e atitudes que têm de desenvolver; b) influencia sua motivação e percepção do que é importante aprender; c) estrutura a forma como os alunos estudam e o tempo que dedicam ao trabalho acadêmico; d) melhora e consolida as aprendizagens; e) promove o desenvolvimento dos processos de análise, de síntese e de reflexão crítica; e f) desenvolve os processos metacognitivos, o autocontrole e a autorregulação.

As mudanças e as melhorias que é preciso introduzir nos sistemas educativos, tendo em vista sua real democratização, têm necessariamente de ser acompanhadas de práticas de avaliação que ajudem, de fato, todos os alunos a aprender.

Mas o desafio contemporâneo da democratização dos sistemas educativos não pode deixar de ter em conta as profundas alterações de natureza social, econômica, cultural, científica e tecnológica que as sociedades têm experimentado nas últimas décadas. Pensemos, por exemplo, na diversidade cultural, étnica e religiosa, na forma como os sistemas econômicos têm evoluído, na organização do trabalho ou na dinâmica e instabilidade do mercado de emprego.

Não obstante os inegáveis progressos e desenvolvimentos em todos os níveis, a verdade é que as sociedades atuais se caracterizam por certa insegurança, pela instabilidade e pela imprevisibilidade. Esse fato resulta, entre outras coisas, das rápidas e profundas mudanças científicas, técnicas e tecnológicas, da crescente interdependência econômica entre as sociedades e das dinâmicas do mercado de emprego. Tudo isso tem obrigado a mudanças muito significativas em muitas profissões, sobretudo em razão da crescente exigência de incorporação de conhecimento e de saberes mais complexos no desempenho de um número cada vez maior e diversificado de atividades humanas. Ou seja, a revalorização dos conhecimentos, a revalorização da inteligência humana e dos saberes, capacidades e atitudes que as pessoas têm de desenvolver assumem, hoje, redobrada importância e redobrado significado.

Esses e outros fatos, que hoje fazem parte do cotidiano das sociedades, mostram que a melhoria das qualificações das crianças e dos jovens, a revalorização de seus conhecimentos e capacidades e o desenvolvimento de sua inteligência são essenciais para sua plena integração social, cultural e econômica.

Perante esses desafios o que, em geral, poderemos dizer sobre os *comportamentos* ou as *reações* dos sistemas educativos?

Salvo algumas exceções, como é o caso da Irlanda, que em pouco mais de dez anos foi capaz de introduzir em seu sistema educativo práticas consistentes com os desafios enunciados (Coolahan, 1998), a verdade é que a grande maioria dos sistemas educativos parece lidar mal com as atuais realidades e desafios.

Perante o problema da melhoria das qualificações das pessoas, os sistemas educativos e formativos deverão repensar suas formas de organização, tornando-se mais flexíveis, mais democráticos, mais centrados nas aprendizagens dos alunos e nas questões da equidade. A verdade é que se têm revelado pouco abertos à diversidade e à heterogeneidade e, em muitos casos, não têm sido capazes de evitar resultados modestos, ou mesmo fracos, e elevados índices de insucesso e de abandono escolar, por parte de um número significativo de alunos que, nessas condições, não obtêm as qualificações que lhe permitam uma adequada integração na sociedade.

Perante este quadro que se verifica um pouco por todo o mundo, e o qual pode indiciar certa falência do paradigma educativo predominante e a necessidade de se repensarem os meios e os fins da educação, são evidentes os sinais de generalizada insatisfação por parte de importantes setores das sociedades contemporâneas.

Como facilmente se compreende, são muitos, complexos e difíceis de vencer os desafios da democratização e, em consequência, são muitas as áreas em que é necessário intervir. Limito-me aqui, a título de exemplo, a enunciar sucintamente algumas de diversa natureza. A ordem em que se apresentam é perfeitamente arbitrária.

Em primeiro lugar, *a flexibilização e a diversidade curriculares,* que devem garantir a qualidade das formações e, acima de tudo, que todos os alunos possam progredir de acordo com seus projetos de vida. Os sistemas devem oferecer uma diversidade de percursos, todos igualmente valorizados e todos capazes de levar os jovens tão longe quanto suas motivações, interesses e dedicação lhes permitirem. Os estudantes, em dados momentos, devem poder mudar com relativa facilidade de dado plano de estudos para outro. Não deverá haver *becos sem saída* nos percursos educativos e formativos. Os sistemas educativos, em seus mais variados níveis, devem ser *plataformas de oportunidades,* e não meios de discriminação ou de segregação. Por isso, qualquer que seja o percurso escolhido por um jovem, deve-se garantir-lhe o prosseguimento de estudos ou, se assim o desejar, o ingresso no mercado de trabalho com as devidas qualificações. Essa última opção não deve impedir que o jovem possa reiniciar seus estudos em qualquer altura.

Em segundo lugar, torna-se necessário encontrar um lugar destacado para o *desenvolvimento do conhecimento*, promovendo o gosto e a curiosidade pela ciência e pela tecnologia, mas também pelas questões sociais e ambientais. Ou seja, é necessário que os sistemas educativos ajudem os jovens a fazer leituras integradas dos fenômenos que os rodeiam. Por outro lado, é necessário equilibrar e articular melhor os conhecimentos e as capacidades de natureza transversal com os conhecimentos e as capacidades de natureza mais acadêmica, tradicionalmente mais ligados aos chamados conteúdos curriculares. A *resolução de problemas* de natureza diversa, a *metodologia de projeto* e as aprendizagens realizadas por meio de *situações experimentais* devem constituir prioridades essenciais no desenvolvimento do currículo a qualquer nível.

Em terceiro, como já se referiu, é imperioso dar mais atenção às *aprendizagens dos alunos*. Fala-se talvez mais do ensino do que das aprendizagens e parece-me que é importante rever e equilibrar essa ordem de prioridades. Ao centrarmo-nos no que é relevante e fundamental que os alunos aprendam, talvez possamos pensar e organizar melhor o ensino e a avaliação.

Em quarto lugar, os sistemas educativos têm de fazer esforços significativos no sentido de promover as aprendizagens no domínio da *língua materna*. Todos os alunos deverão ter muito mais oportunidades para escrever e para ler textos de natureza diversa. Trata-se de desenvolver competências estruturantes do pensamento e da inteligência.

Em quinto, é necessário garantir que os *processos de ensino, de aprendizagem e de avaliação sejam devidamente integrados*, bem como que a modalidade de avaliação por excelência seja a avaliação formativa, a única que, por natureza, pode assegurar a melhoria, a consolidação e o aprofundamento das aprendizagens.

Por último, os sistemas educativos deverão melhorar sua *organização e seu funcionamento* para garantir a qualidade das formações. Essa melhoria terá de basear-se em projetos educativos e curriculares desenvolvidos de forma colaborativa e cooperativa por professores que trabalham em escolas mais autônomas e inteligentes, capazes de garantir respostas de qualidade aos desafios enunciados.

Alguns desenvolvimentos no domínio da investigação em educação

Nesta seção, são sucintamente apresentados e discutidos alguns desenvolvimentos nos domínios da aprendizagem, do currículo e da avaliação diretamente decorrentes da investigação educacional. A parte referente à avaliação será mais elaborada e aprofundada, centrando-se essencialmente na avaliação formativa.

Desenvolvimentos no domínio da aprendizagem

Os resultados da pesquisa realizada no âmbito das ciências cognitivas mostram que os processos de aprendizagem não são lineares; antes, desenvolvem-se em múltiplas direções e em ritmos que não obedecem propriamente a padrões regulares. Hoje está adquirido que o desenvolvimento de processos complexos de pensamento deve iniciar-se logo desde o início da escolaridade e, em geral, não ocorre só após os alunos dominarem previamente um conjunto de fatos básicos (Resnick, 1987). As pessoas de todas as idades e com os mais variados níveis de conhecimentos e competências utilizam, reconstroem e integram conceitos de diferentes graus de complexidade. Por outro lado, parece haver grande variedade nas formas e nos ritmos com que as pessoas aprendem, nas capacidades de atenção e de memorização que podem utilizar em seus diferentes desempenhos e na aprendizagem de conceitos, e ainda nas formas que utilizam para comunicar os significados pessoais que atribuem ao que vão aprendendo. O que hoje sabemos acerca da aprendizagem permite-nos considerar inadequado, sob muitos pontos de vista, um ensino baseado quase exclusivamente na prática de procedimentos rotineiros e na aprendizagem de conhecimentos de fatos discretos e descontextualizados que não são vistos de forma integrada. Pesquisas têm sugerido que aprender dessa forma dificulta a aplicação e a mobilização dos conhecimentos em contextos diversificados, nomeadamente na resolução de problemas da vida real.

As aprendizagens significativas, as chamadas aprendizagens com compreensão ou aprendizagens profundas, são reflexivas, construídas ativamente pelos alunos e autorreguladas. Por isso, os alunos não são encarados como meros receptores que se limitam a *gravar* informação, mas antes como sujeitos ativos na construção de suas estruturas de conhecimento. Conhecer alguma coisa significa ter de interpretar e relacionar com outros conhecimentos já adquiridos. Além disso, hoje reconhece-se que não basta saber como desempenhar dada tarefa, mas é preciso saber quando a desempenhar e como adaptar esse desempenho a novas situações.

Sabe-se ainda que as competências metacognitivas e socioafetivas desempenham um papel relevante no desenvolvimento das aprendizagens. É por isso que, muitas vezes, as diferenças de desempenho entre alunos na resolução de problemas não residem tanto nas eventuais diferenças de conhecimentos que possuem, mas antes na forma como gerem e utilizam esses mesmos conhecimentos. Ou seja, ter ou desenvolver conhecimentos é uma condição necessária, mas não é suficiente para que alguém se torne *bom* na resolução de problemas. É preciso saber integrar, relacionar e mobilizar conhecimentos e estratégias, é preciso saber gerir afetos, emoções e atitudes e saber quando e como utilizar tais saberes.

Conforme refere Shepard (2000; 2001), estamos perante um paradigma emergente no domínio das aprendizagens, que congrega, entre outros, os trabalhos da investigação de cognitivistas, construtivistas e de investigadores da chamada aprendizagem situada. Há, assim, contribuições mais centradas no funcionamento, na organização e nas capacidades da mente, inspiradas no cognitivismo, enquanto outras, inspiradas na antropologia e no social-construtivismo, analisam e procuram compreender as aprendizagens tendo por base as interações sociais e os significados culturais que os alunos atribuem aos fenômenos que os rodeiam (ver, por exemplo, James, 2006). Nessa linha, considera-se que os alunos constroem o conhecimento fazendo suas próprias interpretações, seus modos de organizar a informação e suas abordagens para resolver problemas. Por outro lado, assume-se que as aprendizagens são processos eminentemente sociais. Ou seja, as aprendizagens, apesar de exigirem trabalho individual de interiorização, não podem ser investigadas e compreendidas sem ter em conta seu contexto social e seu conteúdo social.

Sintetizando, pode afirmar-se que os desenvolvimentos das teorias da aprendizagem nas últimas décadas, que têm sido discutidos e sistematizados por autores como Gardner (1991), Resnick (1987) e Shepard (2000; 2001), permitem destacar os seguintes princípios:

1. As aprendizagens são um processo ativo de construção mental e de atribuição de significados.
2. Aprender *coisas* novas pode ser facilitado, dificultado, ou até impedido, pelo sistema de concepções das pessoas e pelas suas estruturas de conhecimento preexistentes.
3. As aprendizagens são processos marcadamente sociais e, como tal, o que se aprende é determinado social e culturalmente. As interações sociais apoiam o desenvolvimento das competências cognitivas.

4. A metacognição, o autocontrole e a autorregulação das competências são indispensáveis para o desenvolvimento do pensamento inteligente.
5. Novas aprendizagens são determinadas pelos conhecimentos prévios e pelas perspectivas culturais que se sustentam.

Esses princípios resultam, como vimos, de contribuições teóricas diversas, que vão desde as perspectivas cognitivistas e construtivistas até às socioculturais e da aprendizagem situada. De acordo com autores como James (2006), o desejável equilíbrio ou *alinhamento* entre a avaliação e a aprendizagem pode ser uma realidade mais sustentada se eventualmente evoluirmos para uma meta teoria da aprendizagem que, por exemplo, sintetize a atual panóplia de perspectivas. Essa questão é relevante, pois uma teoria da aprendizagem mais elaborada e inclusiva pode contribuir para melhorar práticas de ensino e de avaliação.

Desenvolvimentos no domínio do currículo

Os desenvolvimentos curriculares do último século e, muito particularmente, dos últimos vinte anos, dão origem à substituição do *currículo da eficiência social*, que, no essencial, aplicou nas escolas os princípios da chamada gestão científica, por uma *visão reformada do currículo* mais inspirada nas teorias socioculturais, construtivistas e cognitivistas das aprendizagens (Goodlad, 1984; Goodson, 1988; Hargreaves, 1995; Hughes, 1996; Lawton, 1996; 1998; Shepard, 2000; 2001).

Em termos gerais, pode dizer-se que o *currículo da eficiência social* predominou nos sistemas educativos do chamado mundo ocidental durante todo o século XX, começando a perder influência prática a partir das décadas de 1970 a 1980, dependendo dos países (a perda de influência teórica inicia-se cerca de cinquenta anos antes!). Porém, é mais ou menos evidente que a influência dessa visão curricular ainda perdura, ou perdurou até poucos anos atrás, nas práticas de muitos sistemas educativos. Pense-se, por exemplo, na definição exaustiva de objetivos comportamentais ou na distribuição dos alunos por turmas, de acordo com as competências que revelam, ou na utilização sistemática de testes objetivos para medir as aprendizagens. Algumas das ideias que sustentam essa abordagem curricular são hoje claramente questionadas e até repudiadas, como é o caso das que defendiam que só certa minoria de alunos podia estudar disciplinas ditas acadêmicas ou científicas para prosseguir estudos nas universidades, ou como é o caso das que defendiam que nem todos os alunos podiam aprender.

A chamada *visão reformada do currículo*, na perspectiva de Shepard (2001), integra contributos das teorias construtivistas, cognitivistas e socioculturais das aprendizagens. Penso, porém, que não se poderão ignorar outro tipo de contributos, nomeadamente de natureza sociológica, sociopolítica, filosófica ou antropológica.

Do que já resumidamente se afirmou, resulta que atualmente o currículo é entendido como fonte privilegiada de discussão, de análise, de crítica e de inovação. Nesse sentido, é visto como fonte moderadora e inspiradora das atividades desenvolvidas primordialmente por escolas, professores e alunos. Assim, é exigente o trabalho que se pede a professores e a alunos, pois têm de ser capazes de distinguir o essencial do acessório, de reconhecer conceitos e ideias estruturantes, de identificar as aprendizagens a desenvolver em cada domínio do currículo ou de promover de modo sistemático a integração, a mobilização e a aplicação e contextualização de saberes. Nessas condições, defende-se uma visão dinâmica por oposição a uma visão estática, que vê o currículo como algo que se *diz* ou reproduz de forma acrítica e rotineira, e não como algo que se vive, que se reconstrói ou que permanentemente se reinventa.

Trata-se de uma *concepção de currículo* como um conjunto dinâmico, aberto e complexo de considerações e orientações, resultante de um alargado e diversificado leque de contribuições provenientes dos mais variados setores da sociedade mas, muito particularmente, dos que estão mais diretamente relacionados com a formação e a educação dos jovens. Assim, em última análise, o currículo, como construção social, pode traduzir o *melhor* pensamento de grupos sociais, mais ou menos organizados, mais ou menos informados e/ou educados, mais ou menos privilegiados, acerca do que devem ser as aprendizagens a desenvolver pelos jovens ao longo da escolaridade. O currículo não é, pois, mero conjunto de planos de estudo elaborado por um grupo de especialistas. É bem mais do que isso, pois contém orientações de política educativa decorrentes de certas dinâmicas sociais que, naturalmente, têm impactos diferenciados na organização e no funcionamento das escolas, na formação inicial e contínua dos professores, na avaliação das aprendizagens dos alunos, na avaliação das escolas e do sistema educativo ou, como vimos, nas formas pelas quais se organizam e desenvolvem os processos de aprendizagem e de ensino nas salas de aula e nas escolas.

Convém ainda referir que o currículo tem vários sentidos e dimensões, nomeadamente o *currículo proposto* (normalmente designado por oficial), o *currículo ensinado* (o que é efetivamente posto em prática pelos professores e pelas escolas) e o *currículo aprendido* (o que é efetivamente aprendido pelos alunos), que, naturalmente, devem ser objeto de análise sistemática e permanente para garantir padrões de qualidade que, em princípio, estão definidos de forma explícita ou implícita no próprio currículo proposto, o qual se constitui como padrão referencial a alcançar.

Desenvolvimentos no domínio da avaliação

A investigação em educação realizada nas últimas décadas tem evidenciado claramente que a avaliação formativa é um poderoso processo de desenvolvimento das aprendizagens dos alunos. Com base em milhares de pesquisas realizadas nos últimos trinta anos em diversos países, em distintos anos de escolaridade e no contexto de uma variedade de disciplinas, podem destacar-se os seguintes resultados principais (ver, por exemplo, Black; Wiliam, 1998a, 1998b):

1. Os alunos que frequentam aulas em que a avaliação formativa é a modalidade de avaliação por excelência aprendem mais e, acima de tudo, melhor do que os alunos que frequentam aulas em que a avaliação realizada é de natureza essencialmente sumativa.
2. Os alunos com mais dificuldades são os que mais se beneficiam do fato de serem avaliados por estratégias de avaliação formativa.
3. Os alunos que frequentam aulas em que a avaliação formativa é claramente predominante obtêm melhores resultados em avaliações externas, nomeadamente em exames, do que os alunos que frequentam aulas em que predomina a avaliação sumativa.
4. Os alunos avaliados por estratégias de avaliação formativa desenvolvem aprendizagens mais significativas e mais profundas. Isto é, compreendem melhor o que aprendem e são capazes de transferir tais aprendizagens para contextos diferentes daqueles em que aprenderam.

Desde meados da década de 1980, mas muito em particular a partir dos anos 90 do século passado, autores como Black; Wiliam (1998a; 1998b; 2006), Fernandes (1994; 2005), Gipps (1994), Gipps; Stobart (2003), Guerra (2003) e Torrance; Prior (2001) sublinham claramente que a avaliação formativa deve ser a modalidade a ser privilegiada nas práticas escolares. Acontece, no entanto, que os desenvolvimentos teóricos raramente têm sido acompanhados do correspondente investimento na produção e na distribuição de materiais que apoiem os professores e as escolas no domínio da avaliação formativa. A ênfase das políticas educativas não tem estado centrada na promoção de práticas de avaliação formativa nas salas de aula, mas antes no desenvolvimento de avaliações externas, com particular destaque para exames nacionais ou outro tipo de provas estandardizadas. Por outro lado, a avaliação das aprendizagens em geral e a avaliação formativa em particular não têm merecido a necessária atenção por parte das instituições responsáveis pela formação inicial e contínua de professores. Esses fatos contribuem para a reconhecida defasagem entre os desenvolvimentos teóricos e as concepções e as práticas dos professores (Dwyer, 1998).

Ainda com base em resultados da investigação educacional (ver, por exemplo, Fernandes et al., 1996; Stiggins, 2002; 2004), é possível destacar os seguintes fatos que caracterizam práticas e concepções existentes nas escolas:

1. Em geral, a avaliação sumativa continua a prevalecer nas escolas e nas salas de aula, correspondendo a um conjunto de práticas de ensino e de avaliação relativamente pobres, em que predomina a utilização de testes como principal meio de recolhimento de informação sobre o que os alunos sabem e são capazes de fazer.
2. Há a convicção de que a avaliação que se *faz* em sala de aula é essencialmente formativa quando, na verdade, o que parece acontecer é uma avaliação de *intenção* ou de *vontade* formativa. Muitas das práticas correntes de avaliação dita formativa estão baseadas em concepções de ensino e de aprendizagem fortemente enraizadas em perspectivas teóricas da psicologia associacionista e behaviorista. Por isso, tais práticas ocorrem *após*, e não *durante*, dado período de ensino e de aprendizagem. Trata-se de uma *avaliação formativa de regulação retroativa* e, por isso, não integrada no processo de ensino e aprendizagem como seria desejável.
3. Muitos professores consideram que a avaliação formativa é uma *construção teórica* interessante, mas de muito difícil concretização prática. Além disso, parece existir a convicção de que a avaliação formativa é dificilmente conciliável com a necessidade de classificar os alunos no final do ano, ou no final de cada período letivo, e menos conciliável ainda com a necessidade de *preparar os alunos para os exames*.
4. Há um conjunto de práticas reconhecidamente importantes para ensinar e aprender melhor que parecem estar ausentes de muitas salas de aula. A autoavaliação, a autorregulação e regulação das aprendizagens, o *feedback*, o aproveitamento didático e pedagógico dos erros cometidos pelos alunos, a formulação e o esclarecimento de critérios de avaliação, de indicadores de aprendizagem e de quadros de referência, a transparência do sistema de avaliação e a diferenciação pedagógica são alguns dos processos que se podem desenvolver e pôr em prática com claras vantagens para o ensino e para a aprendizagem.

Essas considerações sugerem que é importante clarear o conceito de avaliação formativa ou, pelo menos, enumerar e discutir algumas de suas características distintivas, nomeadamente suas funções primordiais. Antes de continuar, porém, é conveniente referir que a investigação também nos mostra que a avaliação das aprendizagens, e muito particularmente a avaliação que ocorre nas salas de aula, não podem ser encaradas como mera questão técnica. Ou seja, não podem ser consideradas mero processo de construção de instrumentos que, de preferência, nos permitem quantificar e avaliar de forma objetiva o que os alunos sabem e são capazes de fazer. A avaliação deve ser parte integrante dos processos de ensino e de aprendizagem e, nesse sentido, é, antes do mais, uma *questão* eminentemente pedagógica e didática, mas também uma questão ética, social e até política. Ou seja, é uma construção social complexa *atravessada* por múltiplas influências, que vão desde as teorias da aprendizagem, da comunicação e da psicologia social até a sociologia, a didática e a psicologia cognitiva.

Em suma, atualmente a avaliação já não pode confundir-se com mera medida ou atribuição de classificações nem com a verificação da consecução de objetivos comportamentais, nem apenas com a formulação de juízos de valor. É, como se disse, uma construção social dinâmica e complexa, que emana e é inerente aos múltiplos processos de comunicação que se desenvolvem nas salas de aula e que, acima de tudo, visa a apoiar e melhorar as aprendizagens dos alunos e, concomitantemente, o ensino dos professores.

Se a avaliação deve servir para que os alunos aprendam melhor, então a avaliação formativa, ou a *avaliação para as aprendizagens,* deve ser a modalidade primordial. A avaliação sumativa deve assim estar bem articulada com os princípios, os métodos e os conteúdos da avaliação formativa. Uma avaliação formativa que se constitua como verdadeira alternativa à avaliação de *intenção* formativa que vai prevalecendo nos sistemas educativos e em relação à qual se sistematizam agora as características essenciais:

1. A avaliação formativa deve estar plenamente integrada nos processos de ensino/aprendizagem e estar organizada de forma a poder proporcionar um *feedback* de elevada qualidade, que ajude a melhorar a aprendizagem dos alunos, nomeadamente mediante processos de autorregulação, de autoavaliação e de autocontrole.
2. Os erros devem ser integrados de forma inteligente em um processo didático que conduza à superação das dificuldades e à aprendizagem com a participação deliberada e ativa dos alunos. A avaliação formativa não deve estar centrada no que os alunos aprendem, mas, sobretudo, em *como* aprendem.
3. A avaliação formativa deve ser central nas práticas de sala de aula e pressupõe a presença deliberada e sistemática de *feedback* que ajude a ativar os processos cognitivos e metacognitivos dos alunos e melhore sua motivação, sua autoestima e seus processos de autoavaliação.
4. A avaliação formativa implica a existência de processos de comunicação que permitam que os alunos, em cada momento, tomem consciência do estágio em que se encontram relativamente ao critério ou critérios previamente definidos e desenvolvam qualquer tipo de ação destinada a ultrapassar eventuais dificuldades. Nesse sentido, parece ser relevante a existência de um quadro de referência, de um conjunto de critérios e de um conjunto de indicadores que permitam orientar alunos e professores.

5. As tarefas propostas aos alunos devem ser criteriosamente selecionadas e diversificadas, representando domínios estruturantes do currículo, mobilizando processos complexos de pensamento e refletindo uma estreita relação entre cada disciplina e sua didática e a avaliação formativa, que desempenha um papel fundamental na regulação das aprendizagens e do ensino.
6. As estratégias, as técnicas e os instrumentos de recolhimento de informação sobre o que os alunos sabem e são capazes de fazer devem ser suficientemente diversificados. Nenhum, por si só, permite-nos obter a informação relevante necessária. A diversificação ajuda-nos a diminuir as imprecisões que sempre se cometem no processo de avaliação.
7. Os alunos têm de ser progressiva, deliberada e ativamente envolvidos nos processos de ensino, de aprendizagem e de avaliação, em um clima que favoreça sua participação e em uma cultura de confiança e de responsabilidade mútua. Assim, deve gerar-se um ambiente de sala de aula que crie uma cultura de sucesso baseada no princípio de que todos os alunos podem aprender.

A relevância e a pertinência da avaliação – e, em particular, da avaliação formativa –, no desenvolvimento dos sistemas educativos estão perfeitamente estabelecidas. Na verdade, os resultados da pesquisa são claros, consistentes e têm contribuído para a construção de um corpo teórico que é já incontornável. Porém, como também já se referiu, as práticas e as concepções dos professores, de modo geral, não têm acompanhado aqueles desenvolvimentos teóricos.

É preciso fazer um esforço sério para que os sistemas educativos e os sistemas de formação inicial e contínua de professores passem a integrar a avaliação nos respectivos processos de ensino e de aprendizagem. Esse esforço passa pelas políticas educativas, mas não se esgota nelas. Compete também às escolas, a seus professores, a formadores de professores e a investigadores integrarem, em suas práticas, uma avaliação mais consistente com as concepções que aqui sucintamente se têm explanado.

Alguns pontos de reflexão

Parece ser oportuno deixar algumas afirmações para reflexão ou para discussão que sistematizam algumas ideias-chave que decorrem do que acabou de se discutir acerca da aprendizagem, do currículo e da avaliação.

Em primeiro lugar, parece indubitável que a pesquisa em educação tem dado relevantes contribuições às formas de pensar, organizar e praticar a educação. É, na verdade, uma realidade social, cultural e científica indiscutível. As *visões* que atualmente temos sobre as aprendizagens, o currículo e a avaliação resultam diretamente dos esforços e resultados da pesquisa realizada nas últimas décadas.

Apesar das conhecidas dificuldades de afirmação, a investigação educacional vai fazendo seu caminho.

Como segundo ponto convém sublinhar que ensinar, aprender e avaliar são construções e processos sociais complexos. Não podem ser reduzidos à mera aplicação de um conjunto mais ou menos extenso de técnicas rotineiras. Torna-se necessário refletir acerca de seu real lugar na formação de professores. Em particular, parece ser necessário agir para que as aprendizagens constituam o fulcro dos esforços de investigação, formação e organização das práticas escolares.

Um terceiro ponto de reflexão tem a ver com questões de natureza epistemológica, ontológica e metodológica. Se quisermos, tem relação com opções paradigmáticas que muitas vezes nos conduzem a dicotomias que só limitam e estreitam nossas análises dos problemas em estudo. Os fenômenos educativos são, por natureza, complexos e difíceis de apreender em sua totalidade, pois para eles concorre uma extensa variedade de influências. Nessas condições, como nos diz António Nóvoa (1996), será pouco aconselhável limitar o pensamento, a reflexão e a discussão acerca de tais fenômenos pela utilização de uma qualquer *ortodoxia teórica ou metodológica*. Nos últimos anos, têm emergido pertinentes e oportunos contributos de filósofos da educação e de pesquisadores na área das metodologias de investigação que procuram abordar essas questões de forma mais aberta, mais eclética e mesmo pragmática (ver, por exemplo, Donmoyer, 2001; Greene, 2001, ou Howe, 1992; 2001; 2003).

Em quarto lugar, deve sublinhar-se que precisamos de uma visão renovada da formação de professores: a) mais aberta aos desenvolvimentos teóricos e às realidades práticas de funcionamento dos sistemas; b) mais integrada e integradora, mais flexível e mais consistente; c) baseada em instituições acreditadas e avaliadas; d) que não se deixe limitar pelas múltiplas e tradicionais dicotomias, como escola-universidade, teoria-prática ou investigador-formador. Uma visão que tenha em conta o que a investigação, nas mais variadas áreas, nos tem vindo a revelar. É preciso analisar e discutir seriamente as mudanças a introduzir na formação de professores e educadores. A esse propósito, vejam-se os seminais trabalhos de síntese de Buchberger (2000) e de Hargreaves (2000).

Por último, como quinto ponto de reflexão, destaca-se o fato de as instituições de ensino superior com sucessos comprovados na formação de professores trabalharem com escolas onde se articulam as práticas de ensino e de avaliação com a investigação e a inovação curricular. Tudo isso através da cooperação e da colaboração de professores, formadores, investigadores e alunos da formação inicial. A esse respeito é também interessante analisar o trabalho de Buchberger (2000).

Esses pontos de reflexão acabam por se referir de modo substancial à formação de professores como resultado de uma discussão que envolveu a aprendizagem, o currículo e a avaliação e, por isso, terão mais a ver com os conteúdos da seção a seguir. Em todo o caso, farei ainda algumas considerações a esse propósito.

Avaliação das aprendizagens e formação de professores

Como nos diz Scriven (1994; 2003), a avaliação das aprendizagens é um campo de aplicação prática da avaliação em educação e, de certo modo, é em seu âmbito que melhor se poderão ilustrar as dificuldades de afirmação da avaliação como ciência, dadas as utilizações inconsistentes e pouco rigorosas que dela se fazem, nomeadamente nas práticas escolares. Essas dificuldades podem também dever-se ao fato de a avaliação das aprendizagens ser um conceito polissêmico e denso que integra um amplo conjunto de contribuições teóricas (Fernandes, 2005). Mas também se podem dever ao fato de os professores, em sua formação inicial e contínua, não terem, em geral, reais oportunidades para discutir e aprender a situar a avaliação nos processos de ensino e de aprendizagem. Essa situação, verificando-se realmente, é algo estranha e até surpreendente, pois pode indiciar que, na formação de docentes, três dos mais importantes, se não mesmo os mais importantes, pilares de qualquer processo educativo e formativo – *o ensino, a aprendizagem e a avaliação* – possam ser abordados de forma desconexa e desintegrada. Ou seja, pode indiciar que a concepção predominante de avaliação nos contextos da formação de professores poderá estar limitada à de uma avaliação eminentemente sumativa, mais destinada a classificar os alunos do que a apoiá-los na melhoria das aprendizagens. Uma avaliação que assim não estará, como deveria, fortemente integrada nos processos de ensino e de aprendizagem.

Sintetizando algumas ideias já anteriormente enunciadas, a avaliação das aprendizagens é um domínio do conhecimento da educação que deve ser estruturante em qualquer sistema de formação de professores porque, entre outras razões: a) pode ter papel relevante na transformação, democratização e melhoria dos sistemas educativos; b) envolve e interessa a alunos, escolas, professores, pais e encarregados de educação e a sociedade em geral; c) ocupa lugar relevante no desenvolvimento do currículo; e d) está, ou deve estar, integrada aos processos de ensino e de aprendizagem. Isso significa que uma reflexão séria sobre avaliação implica necessariamente que se integrem saberes e se estabeleçam relações entre ideias, que se mobilizem conhecimentos de várias disciplinas científicas da educação e se tenham perspectivas sistêmicas e abertas dos fenômenos educativos.

A avaliação das aprendizagens pode contribuir não só para que as escolas enriqueçam o currículo, mas também para que o empobreçam ou o tornem uma expressão simplista e redutora. Tudo depende das concepções que se sustentarem. Por exemplo, se o que predomina é uma cultura de avaliação que dá ênfase às funções de classificação, seleção ou certificação e a resultados da avaliação externa, então será natural que haja lugar para certo estreitamento e empobrecimento do currículo. Nesse caso, a tendência de escolas e professores será a de se centrarem na preparação dos alunos para os exames ou para os testes que, como facilmente se compreende, não podem, por natureza, abranger todos os domínios relevantes do currículo. Se, por outro lado, predomina uma cultura de avaliação que dá ênfase às funções de regulação, melhoria ou desenvolvimento, integrando de forma mais equilibrada os resultados da avaliação externa, então poderemos estar perante um currículo mais enriquecido. Nesse caso os esforços de escolas e professores estarão mais centrados em proporcionar um *feedback* formativo a seus alunos para que eles possam regular suas aprendizagens. Os alunos terão oportunidades para trabalhar um amplo espectro de domínios do currículo mediante tarefas mais ou menos complexas, de natureza muito diversa.

Nunca é demais afirmar que pouco haverá em comum entre dois sistemas educativos em que, em um caso, a concepção predominante de avaliação é formativa, para regular e melhorar, e, em outro, tal concepção é sumativa, para julgar e classificar. São dois *mundos* completamente distintos, seja quanto à organização e ao funcionamento das escolas, às tarefas a propor aos alunos e, por isso, ao desenvolvimento do currículo, e ainda quanto aos papéis que alunos e professores devem desempenhar.

Julgo que esses simples exemplos e todo o conjunto de considerações que se foi fazendo ao longo deste artigo ilustram a dimensão dos problemas que não devem ser ignorados nos contextos da formação de professores, tais como: a) a integração do ensino, da aprendizagem e da avaliação; b) as funções da avaliação formativa e da avaliação sumativa; c) a natureza do *feedback*; d) a natureza das aprendizagens induzidas pela avaliação formativa e pela avaliação sumativa; e) a natureza das tarefas de ensino, de aprendizagem e de avaliação e o problema de sua seleção; f) o papel de professores e alunos no contexto de uma avaliação para as aprendizagens; g) as relações entre a avaliação formativa e a avaliação sumativa; e h) as relações entre a avaliação interna e a avaliação externa.

Convém referir que a avaliação formativa e a avaliação sumativa podem e devem coexistir nos sistemas educativos e as formas de as articular adequadamente continuam a constituir um desafio aos investigadores, professores e administradores da educação (ver, por exemplo, Harlen, 2006).

Muitas outras questões e exemplos poderiam ser aqui aduzidos, mas parecem-me desde já justificadas a pertinência e a relevância do lugar da avaliação no contexto da formação de professores.

Para uma articulação entre investigação, formação e práticas

Ao longo deste artigo, sistematizou-se e organizou-se uma discussão de certo modo centrada na avaliação das aprendizagens daí retirando-se ilações nos domínios da formação de professores, da investigação e das práticas pedagógicas.

Parece evidente que se torna necessário definir linhas ou programas de investigação que obedeçam a um plano que estabeleça prioridades, defina objetivos e esteja articulado com as reais necessidades de desenvolvimento dos sistemas educativos nesta área.

A definição de linhas de trabalho investigativo que se centrem nas salas de aula e nas escolas parece constituir uma importante prioridade. Precisamos conhecer melhor o que, no domínio da avaliação das aprendizagens, acontece realmente nas salas de aula, nas escolas, no sistema educativo. Precisamos pesquisar questões, tais como:

1. Os professores integram a avaliação nos processos de ensino e de aprendizagem? Como se poderão caracterizar os procedimentos que utilizam?
2. Como se poderão caracterizar as práticas dos docentes no domínio da avaliação das aprendizagens? De que formas tais práticas de avaliação estão relacionadas com as práticas de ensino?
3. Que critérios de avaliação adotam os professores e como os articulam com o desenvolvimento das aprendizagens estruturantes que os alunos têm de realizar?
4. Como se poderão relacionar as estratégias e os instrumentos de avaliação utilizados pelos professores com suas práticas de ensino?
5. Como se poderá caracterizar a avaliação que os docentes designam como formativa? Há articulações perceptíveis entre a avaliação formativa e a avaliação sumativa? Qual sua natureza?
6. Que efeitos tem a avaliação externa nas práticas de ensino e de avaliação dos professores?
7. Que efeitos tem a avaliação interna nas motivações e no desenvolvimento das aprendizagens dos alunos?
8. Que análise fazem os professores dos resultados de seus alunos ou de suas escolas nas provas de avaliação externa? Como os utilizam? Que articulações estabelecem entre a avaliação interna e a avaliação externa?

Essas e outras questões devem permitir a identificação de linhas de investigação que se reflitam na organização e no funcionamento de programas de pós-graduação já criados, ou a criar, e as quais contribuam para melhor definição do trabalho investigativo.

A pesquisa em avaliação das aprendizagens mostra que é necessário um esforço sério de formação, mas não uma formação demasiado generalista sobre avaliação. Urge contextualizar e concretizar, nas diferentes disciplinas, estratégias de avaliação que integrem o ensino e a avaliação e respondam às dificuldades sentidas por muitos professores para promoverem uma avaliação alternativa mais válida, abrangente, transparente, exigente, diversificada e com tarefas mais significativas dos pontos de vista educativo e formativo. É desejável que a formação em avaliação usufrua de contributos de formadores ligados ao currículo, à avaliação e às didáticas das disciplinas.

Por outro lado, parece fundamental que a formação esteja bem articulada com a investigação e, naturalmente, com as práticas. Os processos de formação deveriam ter um enquadramento tal que permitissem abordagens alternativas que nada têm a ver com *turmas de professores* que praticamente apenas se limitam a ouvir o que os formadores têm para dizer. Ou seja, é necessário que a formação também se desenvolva *com* os professores e não exclusivamente *para* os professores, em um processo em que as práticas não podem deixar de ser um elemento que contextualiza e dá real significado a todo o conjunto de perspectivas teóricas, discussões e reflexões que a formação deve proporcionar.

A formação de professores só tem real sentido se estiver devidamente articulada com os processos de investigação. Na verdade, é da pesquisa que se pode sistematizar um importante conjunto de práticas, saberes, estratégias e atitudes que ajudem a reconstruir concepções e práticas nos processos de formação. Por outro lado, a investigação, utilizando a formação como contexto, permite-nos perceber os significados que os professores atribuem a todo o conjunto de problemas que a avaliação das aprendizagens lhes coloca na organização de seu ensino.

Em suma, há uma relação *formação-investigação-prática* que tem de ser aprofundada e devidamente tida em conta. Devem ser criadas condições para que os sistemas educativos incentivem a concepção e o desenvolvimento de projetos concretos, de natureza longitudinal, a serem desenvolvidos nas escolas, e contem com a colaboração de pesquisadores, de formadores e de professores. Tais projetos devem ter uma preocupação primordial: desenvolver *políticas de avaliação* nas escolas para melhorar as aprendizagens dos alunos pela reflexão e intervenção crítica sobre as *práticas*, por meio de processos de *formação* contextualizados e da *investigação* sistemática de tais práticas e processos. São projetos que facilmente podem incentivar, apoiar e difundir grande variedade de práticas de formação e de investigação, contribuindo assim para a criação de redes inteligentes de análise de experiências, de saberes e de políticas locais.

As escolas, por meio de seus órgãos próprios, podem, no âmbito de seus projetos educativos, definir *políticas de avaliação das aprendizagens* que respondam às orientações do currículo nacional e às aspirações constantes nesses mesmos projetos. Tais *políticas* devem contribuir para a definição de critérios de avaliação devidamente articulados com as aprendizagens estruturantes e essenciais a desenvolver e com as tarefas que se devem propor aos alunos. Dessa forma, as escolas podem contribuir para melhorar substancialmente a consistência de suas avaliações e, em consequência, melhorar sua credibilidade junto à comunidade educativa e à sociedade em geral. Há sistemas de moderação que a escola e seus professores podem utilizar para que, pelo menos no que diz respeito às aprendizagens de conceitos, processos ou procedimentos estruturantes, haja alguma uniformização de procedimentos no ensino e na avaliação. A ideia é conseguir que todos os alunos tenham reais oportunidades para aprender, assim como que a equidade na avaliação seja uma realidade. A articulação entre a investigação, a formação e as práticas pedagógicas pode ser um contributo inestimável na prossecução desse imperativo ético do processo educativo.

Algumas reflexões finais

É preciso compreender a força das práticas pedagógicas na geração de concepções, de hábitos de trabalho, de atitudes e de rotinas que muito dificilmente os professores aceitam que sejam postas em causa. Essa é uma questão recorrente que deve continuar a merecer nossa atenção e nossos esforços de investigação e de reflexão. Ou seja, temos de compreender que a produção de conhecimento pedagógico e didático tem de ocorrer em estreita ligação com as práticas. Só dessa forma se poderá verdadeiramente interligar a investigação e a prática.

Os professores, como profissionais de ensino, não podem continuar a ser meros executantes ou meros receptáculos das inovações pedagógicas produzidas por outros. Sua emancipação, seu desenvolvimento profissional têm de passar pela formação de equipes de trabalho que cooperam e colaboram na definição e no desenvolvimento de projetos educativos e curriculares. Dessa forma, os docentes poderão tornar-se profissionais mais conscientes de seus conhecimentos, ações, pontos fortes e debilidades. Só assim eles poderão assumir-se também como intelectuais, como investigadores de suas próprias concepções e de suas próprias práticas. Só assim tomarão consciência do que hoje sabemos sobre a aprendizagem, sobre o currículo, sobre pedagogia e didática, sobre os conceitos estruturantes das disciplinas que ensinam e sobre uma variedade de alternativas de avaliar para que os alunos possam aprender melhor. Só assim poderemos aproximar e estreitar as relações entre a investigação, a formação e as práticas.

Como é evidente, a visão dos problemas aqui discutida questiona e contraria abertamente modelos que prevalecem na formação de professores e na investigação que ainda vão buscar seu sentido e sua razão de existir em princípios de racionalidade técnica baseados no positivismo. Ou seja, baseiam-se no pressuposto de que há uma hierarquia de produção de conhecimento ou de inovações exclusivamente centrada nos investigadores universitários. Outras racionalidades, porém, baseiam-se mais em princípios de colaboração, de partilha e de cooperação entre universitários, pesquisadores, formadores e professores em formação inicial e/ou contínua. Veja-se o que se passa na formação de docentes em algumas universidades europeias, em que, por exemplo, é dada prioridade à investigação centrada nas escolas e nas salas de aula, desenvolvem-se investigações de natureza interpretativa destinadas a compreender em profundidade os fenômenos educativos e privilegia-se o envolvimento dos professores nos processos de formação, produção de conhecimento e produção de inovações (Buchberger, 2000).

Nessas condições, impõe-se a necessidade de reposicionar, simultaneamente, o imprescindível lugar da investigação e da produção científica, teórica e conceitual e a reflexão como processo indissociável das práticas.

É necessário que os programas de formação de professores deixem de constituir associações relativamente arbitrárias e pouco consistentes de *matérias a ensinar* que estão mais apoiadas em tradições ou convicções do que em resultados da investigação educacional. Por outro lado, é preciso enfrentar um dos problemas curriculares mais sérios dos cursos de formação de professores, que reside no fato de os processos de ensinar, aprender e avaliar estarem relativamente desvalorizados. Aprender profundamente acerca do que são e do que implicam esses processos e acerca dos conceitos, procedimentos e métodos das disciplinas que se têm de ensinar deve constituir elemento chave dos currículos da formação de professores.

Referências bibliográficas

BLACK, P.; WILIAM, D. *Assessment and classroom learning*. Assessment in education: principles, policy & practice, n.5, v.1, p.7-74, 1998a.

_______. *Inside the black box*: raising standards through classroom assessment. 1998b. Disponível em: www.pdkintl.org/kappan/kbla9810.htm. Acesso em: 22 out. 2004.

_______. Assessment for learning in the classroom. In: GARDNER, J. (Ed.). *Assessment and learning*. London: Sage, 2006. p.9-26.

BUCHBERGER, F. Teacher education policies in the European Union: critical analysis and identification of main issues. In: ______. *Teacher education policies in the European Union*. Lisboa: Presidência Portuguesa do Conselho da União Europeia – Ministério da Educação, 2000.

COOLAHAN, J. Secondary education in diverse contexts: policies, challlenges and prospects – the case of Ireland. In: FERNANDES, D.; MENDES, M. R. (Orgs.). *O ensino secundário em debate*. Projectar o futuro: políticas, currículos e práticas. Lisboa: Departamento do Ensino Secundário, 1998.

DONMOYER, R. Paradigm talk reconsidered. In: RICHARDSON, V. (Ed.). *Handbook of research on teaching*. 4.ed. Washington, DC: American Education Research Association, 2001.

DWYER, C. *Assessment and classroom learning*: theory and practice. Assessment in Education: Principles, Policy & Practice, n.5, v.1, p.131-7, 1998.

FERNANDES, D. Avaliação das aprendizagens: das prioridades de investigação e de formação às práticas na sala de aula. *Revista de Educação*, n.8, p.15-20, 1994.

_______. *Avaliação das aprendizagens*: desafios às teorias, práticas e políticas. Cacém: Texto Editores, 2005.

_______. et al. Das concepções, práticas e organização das aprendizagens à formação de professores. (Relatório do 1º ano do Projecto PI/12/94, financiado pelo Instituto de Inovação Educacional. Documento policopiado não publicado, 1996.

GARDNER, H. *The unschooled mind*: how children think and how schools should teach. New York: Basic Books, 1991.

GIPPS, C. *Beyond testing*: towards a theory of educational assessment. Londres: Falmer, 1994.

_______; STOBART, G. Alternative assessment. In: KELLAGHAN, T.; STUFFLEBEAM, D. (Eds.). *International handbook of educational evaluation*. Dordrecht: Kluwer, 2003.

GOODLAD, J. *A place called school*: prospects for the future. New York: McGrawHill, 1984.

GOODSON, I. *A construção social do currículo*. Lisboa: Educa, 1997.

GREENE, J. Mixing social inquiry methodologies. In: RICHARDSON, V. (Ed.). *Handbook of research on teaching*. 4. ed. Washington, DC: American Education Research Association, 2001.

GUERRA, M. *Una flecha en la diana*: la evaluación como aprendizaje. Madrid: Narcea, 2003.

HARGREAVES, D. School culture, school effectiveness and school improvement. *International Journal of Research Policy and Practice*, n.6, v.1, p.23-46, 1995.

_______. How to design and implement a revolution in teacher education and training: Some lessons from England. In: _____. *Teacher education policies in the European Union*. Lisboa: Presidência Portuguesa do Conselho da União Europeia – Ministério da Educação, 2000.

HARLEN, W. On the relationship between assessment for formative and summative purposes. In: GARDNER, J. (Ed.). *Assessment and learning*. London: Sage, 2006.

HOWE, K. Getting over the quantitative-qualitative debate. *American Journal of Education*, n.100, v.2, p.236-56, 1992.

_______. Qualitative educational research: the philosophical issues. In: RICHARDSON, V. (Ed.). *Handbook of research on teaching*. 4.ed. Washington, DC: American Education Research Association, 2001.

_______. *Closing methodological divides*. Dordrecht: Kluwer, 2003.

HUGHES, M. *Teaching and learning in changing times*. Oxford: Blackwell, 1996.

JAMES, M. Assessment, teaching and theories of learning. In: GARDNER, J. (Ed.). *Assessment and learning*. London: Sage, 2006.

LAWTON, D. *Beyond the National curriculum*: teacher professionalism and empowerment. London: Hodder & Stoughton, 1996.

LAWTON, D. The future of the curriculum. In: FERNANDES, D.; MENDES, M. R. (Orgs.). *O ensino secundário em debate*. Projectar o futuro: políticas, currículos e práticas. Lisboa: Departamento do Ensino Secundário, 1998.

NÓVOA, A. O IIE e a investigação educacional. In: CAMPOS, B. (Org.). *Investigação e inovação para a qualidade das escolas*. Lisboa: Instituto de Inovação Educacional, 1996.

RESNICK, L. *Education and learning to think*. Washington, DC: National Academy Press, 1987.

SCRIVEN, M. *The methodology of evaluation* (AERA Monograph series on curriculum evaluation, n.1). Chicago, IL: Rand McNally, 1967.

_______. Evaluation as a discipline. *Studies in Educational Evaluation*, n.20, p.147-66, 1994.

_______. Evaluation theory and metatheory. In: KELLAGHAN, T.; STUFFLEBEAM, D. (Eds.). *International handbook of educational evaluation*. Boston: Kluwer, 2003.

SHEPARD, L. The role of assessment in a learning culture. *Educational Researcher*, n.29, 7, p.4-14, 2000.

_______. The role of classroom assessment in teaching and learning. In: RICHARDSON, V. (Ed.). *Handbook of research on teaching*. 4.ed. American Educational Research Association. New York: Macmillan, 2001.

STIGGINS, R. *Assessment crisis: the absence of assessment for learning*. Disponível em: www.pdkintl.org/kappan/k0206sti.htm, 2002.

_______. New assessment beliefs for a new school mission. *Phi Delta Kappan*, n.86, v.1, p.22-7, 2004.

TORRANCE, H.; PRYOR, J. Developing formative assessment in the classroom: Using action research to explore and modify theory. *British Educational Research Journal*, n.27, v.5, p.615-31, 2001.

2

Líneas de avance en el aprendizaje literario escolar

Teresa Colomer

Hablar de "avanzar" en el aprendizaje literario o utilizar otras palabras muy frecuentes como "desarrollo" o "progreso" son términos que nos llevan en seguida a pensar en fases, momentos o capacidades distintas. Podemos imaginarlo como un paisaje cambiante a través de la ventanilla del vehículo. Pero la analogía de la contemplación durante el viaje implica también unas constantes: la idea de que no "se llega" un día a la literatura, sino que se disfruta y aprende siempre en presente y la idea de que hay unos objetivos comunes a lo largo de todas las etapas educativas, empezando por la misma familia que lee y mira libros con los niños más pequeños. Contra lo que se dice a menudo, no se aprende a disfrutar en primaria y se adquieren conocimientos en secundaria, por ejemplo. El tipo de conocimientos, de lecturas o de énfasis hechos por la escuela pueden ser distintos, pero cualquier docente debe tener presente que desde infantil hasta el final de secundaria, todos juegan en el mismo equipo y que los objetivos perseguidos – e incluso los métodos – presentan, o deberían presentar, una gran unidad de acción.

Podemos verlo analizando la reproducción de un fragmento de conversación entre una madre y su hija de tres años mientras contemplan un cuento sobre gatos, *La pequeña Wuli* de Ricardo Alcántara

> Ana: *¡La pequeña Wuli!*
> Madre: ¿Quién está aquí, en la cubierta?
> Ana: La pequeña Wuli y su mamá.

Madre: Qué contenta se ve Wuli aquí, con su mamá, ¿verdad?
(abre el cuento)
Ana: La casa de Wuli.
Madre: ¿Cuál es la casa de Wuli?
Ana: Ésta.
Madre: Sí, pone *¡MIAUU!* (lee)

> *Su madre era una gata siamesa y su padre un gato de azotea, sinnombre ni dueño.*

Madre: ¿Sabes qué es dueño?
Ana: ¿Qué?
Madre: De quien es el gato.
Ana: Laura tiene un gato.
Madre: Es una gata. Pero no tiene gatitos, ésta sí, mira los gatitos aquí. Pobre Wuli, era la más pequeña, ¿eh?
Ana: ¿Por qué?
Madre: Porque siempre andaba despistada y comía poco.
Ana: Pero después no.
Madre: No, después se espabila mucho. Mira la caja donde viven. Está en la habitación de los niños porque se ven muchos juguetes.
Ana: (pasa la mano por a página) ¡Todo estoo de juguetes!
Madre: ¡Cuántos juguetes! Hay un caballo...
Ana: Un teléfono...
(enumeran los juguetes uno tras otro)
Madre: ¿Qué hacen los gatitos?
Ana: Quiere salir.
Madre: ¿Te parece que podrá salir? *(lee)*

> *Pero tantas veces como lo probaron acabaron cayendo y rodando dentro de la caja.*

Ana: No puede.
Madre: No, aún es demasiado pequeño[1].

Aquí puede apreciarse la forma en que la conducta de la madre contribuye intuitivamente a la formación literaria de su hija en los siguientes aspectos:

1. Establece una situación afectuosa y relajada, de forma que la niña entiende que leer libros es una de las actividades que los adultos realizan y que puede compartirse de forma placentera.
2. Lee el texto de manera que la niña puede familiarizarse con la forma escrita del lenguaje y saber que el escrito ostenta el poder de explicar la historia.
3. Ayuda a crear los mecanismos de anticipación e inferencia propios de la lectura. Dice, por ejemplo: "*porque hay muchos juguetes*", o "*¿Te parece que podrán salir?*" y lee para comprobarlo.

---

1 Conversación guiada a partir de un ejemplo de H. G. Wells (1986).

4. Muestra que la implicación afectiva del lector forma parte de la lectura literaria. Dice "*Pobre Wuli*", acepta y tranquiliza la inquietud de Ana: "*No, despues se espabila mucho*" etc.
5. Enseña a fijar la atención en los detalles: "*¿Cuál es la casa de Wuli?*", "*Mira la caja*", "*Qué contenta se ve...*".
6. Favorece la interrogación y ampliación del mundo propio a la luz de lo que ocurre en el libro. Se interesa por los conocimientos de la niña, hablan de su amiga Laura, y establece conexiones causales entre los hechos: "*porque comía poco*", "*aún es demasiado pequeño*".
7. Da tiempo para las preguntas y comentarios; acoge los aspectos que atraen el interés de la niña aunque sean marginales en la historia, como en el caso de los juguetes, y retorna después al hilo argumental.
8. Da la oportunidad de acostumbrase a la forma de los libros. Vemos que la niña ya sabe lo que es un título (aunque seguramente desconoce el término) o una página, ve cómo se sostiene un libro, cómo se avanza en el libro a medida que progresa la historia, cómo la historia transcurre en un mundo con un tiempo y un espacio distinto del suyo etc.

Todas estas formas de favorecer los aprendizajes no son sustancialmente distintas de la mediación de los profesores en la etapa secundaria, cuando la escuela está a punto de terminar su intervención. En lugar de mirarse un cuento antes de dormir puede leerse una reseña de la obra de teatro a la que se va a asistir, pero ambas cosas muestran cómo se usa la literatura socialmente. En vez de participar, por ejemplo, en un juego de adivinanzas puede imitarse un poema de vanguardia, pero las dos cosas habitúan a formas determinadas de la literatura. Tal vez no se pregunta "*¿cómo lo sabes?*" o se dirige la atención con un "*mira, mira aquí*", sino que se reclama "*justifica*" o se propone rastrear palabras del mismo campo semántico, pero todo son formas de demandar argumentación propia a partir del texto y de construir un significado global apoyándose en los detalles. Si en el inicio se muestra cómo funcionan los libros como objeto convencional, al final puede hacerse hincapié en el circuito social que siguen. Y en cualquiera de las formas de comentario se favorece la implicación del lector, se enlaza con su visión del mundo ampliándola etc.

¿Para qué sirve todo este esfuerzo colectivo para que los niños y niñas se incorporen a la literatura?

El aprendizaje del lenguaje y de los modelos narrativos y poéticos

En el proceso de adquisición del lenguaje los niños y niñas aprenden el poder de la palabra. A través de las palabras los niños evocan y piden lo que no está ahí, se cuentan a sí mismos lo que están haciendo, intentan controlar la conducta de los demás, expresan las relaciones que van descubriendo entre las cosas, dan nombre a sus emociones, exploran las posibilidades o negocian, a veces interminablemente, las interpretaciones de lo que ha ocurrido ("*ha sido así*", "*no, ha sido así*"). Otorgar poder a la palabra es, por ejemplo, enfrentar el temor con un conjuro. O es lo que hizo pedir a un niño que había roto un cristal "*ve a ver lo que he hecho, pero no lo digas, no lo digas*" porque le parecía demasiado terrible oírlo en voz alta.

Los niños crecen con el juego y el lenguaje. A través de ellos se sitúan en un espacio intermedio entre su individualidad y el mundo creando un efecto de distancia que les permite pensar sobre la realidad y asimilarla. Los niños descubren pronto, y la literatura les ayuda a ello, que existen palabras para describir el exterior, para dar nombre a lo que ocurre en nuestro interior y para hablar sobre el lenguaje mismo. Juego y lenguaje, juego y literatura, van íntimamente unidos.

Muy pronto aprenden que tanto la conducta humana como el lenguaje son sistemas reglados, de manera que se dedican a explorar las normas comprobando lo que se puede hacer y lo que no, lo que se puede decir y lo que no. Constatan, por ejemplo, que no debe hablarse sobre temas como la escatología o el sexo, así que les encantará incluirlos en sus bromas y desafíos. Descubren que las reglas de funcionamiento de las cosas pueden invertirse y ofrecer mundos al revés ("*por el mar corren las liebres*") o bien mundos alternativos que contribuyen a fijar la norma familiar. Comprueban que es posible dilatar los rasgos y fenómenos, a veces exagerándolos a través de excesos e hipérboles ("*era tan alto como la luna*", "*tan pequeño como un grano de cebada*" o en motivos como las mesas de la abundancia), a veces ampliando imaginativamente las capacidades ("*podía volar, hablar con los animales, hacerse invisible*"). Y también exploran lo que hay que hacer o decir para causar efectos determinados en su entorno, de modo que usarán las palabras para molestar a sus amigos, para oponerse a las órdenes paternas, para rehuir un reto fingiendo debilidad, para reconciliarse, para recabar mimos etc.

En el juego aprenden también la existencia de convenciones. Al jugar, señalan las fronteras y crean rituales que marcan un espacio distinto de la realidad, de modo que pueden entender las convenciones que aislan el espacio del mundo imaginado en la narración verbal ("*había una vez...*"). Fingen voces mientras juegan (voces del monstruo que les persigue, voces maternales dirigiéndose a sus muñecos) y, por lo tanto, están preparados para hallar la mezcla de voces del narrador y los personajes que encuentran en los cuentos. Organizan el espacio de ficción anunciando "*esto era...*", de manera que el uso de las metáforas no les ofrecen mayor dificultad. Descubren que el discurso puede encerrarse o negarse a sí mismo ("*¿quieres que te cuente el cuento de María Salamiento?*" "*yo no digo* *que...*"), así que ahí están la paradoja o la metaficción. Aprenden que pueden llamar la atención de los demás planteando enigmas y adivinanzas o sentirse hábiles resolviendo el desafío intelectual que suponen. Toman conciencia de que las palabras y el sentido presentan múltiples discrepancias y les encanta explorarlas en los chistes y los relatos humorísticos. A menudo estas acciones implican una fuerte conciencia metalinguística que se traduce en los sinsentidos y juegos de palabras. O bien encierran significados no literales, así que determinadas formulaciones, como los refranes o sentencias, incluso aunque ellos no los entiendan, les hacen notar que hay que explorar los niveles de significado de los textos. También notan que toda esta actividad linguística produce un placer estético que les inicia en el gusto por las repeticiones alternadas, las imágenes poéticas, los ritmos, cadencias, aliteraciones etc.

Cuando pueden entender una narración o seguir la lectura de cuentos experimentan un tipo específico de comunicación. Ahí los niños abandonan el juego exterior y, aunque interrumpen y participan a menudo de muchas formas, puede decirse que básicamente se sientan y escuchan. Pero esa actitud receptora está muy lejos de ser pasiva. La narración organiza un mundo completo que hay que imaginar sólo a través de las palabras o con el apoyo de imágenes también convencionales. A diferencia de la interacción habitual con el entorno, aquí se hallan ante un monólogo prolongado en el que las frases se encadenan construyendo una coherencia autónoma. Con la narración, el fluir del tiempo y la simultaneidad de las acciones de la vida real se fijan y se simplifican en un episodio que tiene un inicio, un desarrollo causal y una conclusión. Durante el proceso se enlazan voces que exigen ser distinguidas, se suceden acciones que necesitan ser relacionadas y se que se organizan en secuencias que permiten la pausa, se muestran conductas y emociones que pueden ser contempladas y meditadas con calma, se abordan puntos de vista que favorecen la descentración de uno mismo o se amplia la experiencia propia con otras vivencias y otros contextos. Cuando el cuento termina, uno siempre puede volver a él ("*otra vez*") dándose cuenta de su estabilidad y, a la vez, comprobando que existe el poder de cambiarlo. Todo el proceso es muy exigente desde el punto de vista del desarrollo del pensamiento puesto que atañe a aspectos como la memoria, la anticipación, la formulación de alternativas o la concentración en la construcción de la realidad a través del lenguaje.

En esa tarea, la literatura infantil facilita además el aprendizaje específico de los modelos narrativos y poéticos que se utilizan en cada cultura. Sin demasiadas programaciones escolares, métodos específicos o ejercicios sistemáticos, los niños inmersos en un entorno literariamente estimulante progresan mucho más rápidamente en el dominio de las diferentes posibilidades de estructurar una narración o el ritmo de unos versos, en las expectativas sobre lo que se puede esperar de los diferentes tipos de personajes, en la existencia de reglas propias de géneros narrativos o poéticos determinados, en el abanico de figuras retóricas disponibles etc. Así, un cuento encadenado o uno acumulativo, un conjuro o una adivinanza, una personificación o un héroe épico, una metáfora o las posibilidades juguetonas de una polisemia serán cosas familiares mucho antes de que nadie se haya preocupado de catalogarlas bajo la etiqueta de estos nombres.

Por eso es importante que la experiencia literaria de los niños y niñas sea muy variada, tanto si pensamos en las actividades compartidas con ellos –juegos de regazo, de corro, narraciones, adivinanzas, etc. –, como si atendemos a los libros que ponemos a su alcance – libros de imágenes, libros-juego, álbumes, cuentos de géneros variados, canciones, poemas, fábulas, relatos psicológicos, de humor, de aventura y un largo etcétera que debería llevarnos a examinar detenidamente los estantes de la librería infantil a nuestro cargo para ver si ya figuran ahí.

La entrada en el imaginario colectivo

Una segunda función de la literatura infantil es la de dar entrada en el imaginario humano configurado por la literatura. El término "imaginario" ha sido utilizado por los estudios antropológico-literarios para describir el inmenso repertorio de imágenes simbólicas que aparecen en el folclore y que perviven en la literatura de todas las épocas. Se trata de imágenes, símbolos y mitos que los humanos utilizan como fórmulas tipificadas para entender el mundo y las relaciones sociales: el círculo como imagen de perfección, las cenizas como expresión de desolación, el viaje por agua como fórmula de traspaso a otro mundo etc. Estas imágenes, temas y motivos literarios permiten que los individuos puedan utilizarlos para dar forma a sus sueños, encarrilar sus pulsiones o adoptar diferentes perspectivas sobre la realidad.

Desde el campo de la psicología, la corriente psicoanalítica fue la que más insistió en destacar la importancia de la literatura en la construcción de la personalidad. Concretamente, Bruno Bettelheim utilizó los cuentos populares para ayudar terapéuticamente a los niños y niñas traumatizados por su experiencia en los campos de concentración nazis. De ahí surgió, a finales de los años setenta del siglo XX, la reflexión sobre el papel del folclore como un material literario sabiamente seleccionado y filtrado a través de los siglos para responder a los conflictos psicológicos propios de la etapa infantil. En muchas ocasiones, los auténticos cuentos populares inquietan a los adultos por la violencia y crueldad que contienen. Pero, en cambio, no parece que eso haya impresionado nunca en gran medida a los niños, quienes reciben de forma inconsciente los mensajes simbólicos que los impregnan. Se trata de mensajes como el que reafirma que "*si nos esforzamos lo suficiente, siempre podremos salir victoriosos*" o motivos que permiten manejar conflictos básicos al desplazar, por ejemplo, los sentimIentos ambivalentes en relación con la madre hacia la figura de las madrastras.

Los niños se familiarizan con muchos elementos del imaginario a través del folclore y las historias que se les explican, desde los personajes diminutos, como Pulgarcito o los enanitos, a la existencia ficcional de los anillos mágicos o de los bosques petrificados. Eso les permite compartir un gran número de referentes con su colectividad, entender muchas alusiones culturales de su entorno y experimentar el indudable placer del reconocimiento de esos elementos a lo largo de la lectura de nuevas obras. Normalmente, todo el mundo a su alrededor conoce el cuento de Cenicienta, el argumento de Romeo y Julieta, la connotación de los colores asociados a las emociones, el uso de los animales humanizados para hablar de los defectos y virtudes de las personas o las posibilidades de los espejos para representar realidades distintas (ocultas, paralelas etc.). Saber que todo el mundo comparte ese conocimiento es lo que permite utilizarlo para explicarse ante los demás, añadirle nuevos matices en una nueva versión o entender mejor lo que se nos quiere comunicar. Algunos de los motivos y elementos del imaginario parecen ser universales, otros pertenecen a un área cultural y otros son propios de una cultura concreta. Entre todos ayudan a los pequeños a construir sus distintos niveles de pertenencia al sentirse formando parte del espectro que va desde su cultura más próxima hasta su constitución de individuos que forman parte de la humanidad.

La socialización cultural

Una tercera función ejercida por la literatura infantil es la de ampliar el diálogo entre la colectividad y los pequeños para darles a conocer cómo es o cómo se desearía que fuese el mundo. Al identificar las imágenes o las acciones de los personajes, los niños no aprenden únicamente a identificar lo que aparece representado, sino los valores que se atribuyen a todas esas cosas: qué se considera correcto o reprobable, bello o asqueroso, normal o exótico, apropiado o fuera de lugar etc. En cualquier época la literatura ha cumplido esta función socializadora por el simple hecho de que se dedica a hablar y a reflexionar sobre los humanos. Es decir, porque nos permite ver con los ojos de los demás y desde perspectivas distintas cómo pueden sentirse las personas, la forma en que valoran los sucesos, los recursos con los que enfrentan sus problemas o lo que significa seguir las normas y las consecuencia de trasgredirlas según las variables de cada situación.

En realidad, los primeros libros escritos para los niños se colocaron deliberadamente en este ámbito. Cumplían una función didàctica que se proponía enseñar a comportarse, señalar la forma de ser obedientes, caritativos o bien educados. Lo habitual, cuando prima esta función, es que los libros se alejen de la verdadera acción educativa de la literatura, ya que es muy difícil que ésta pueda ejercer su influencia desde unas premisas tan superficiales y explícitas para el lector.

Sin embargo, y a pesar del tiempo transcurrido, cabe resaltar que una gran parte de los libros actuales continúan porfiando en este intento aleccionador. Lo que ha cambiado es que hoy en día los valores son distintos y los libros se proponen ahora enseñar la manera de ser imaginativos, solidarios o cívicos. No hay nada que objetar en el deseo de dar a los niños libros que reflejen situaciones, conflictos y prioridades propias del mundo moderno como, por ejemplo, las nuevas formas familiares, los flujos migratorios o la creciente atención a conflictos piscológicos infantiles (pesadillas, rivalidades, timidez etc.). El problema es que ello se realice "desde la literatura" y no "desde la pedagogía" por decirlo de forma simplificada.

De todas maneras, cabe señalar que tampoco vale magnificar la función de transmisión de valores ejercida por la literatura, como tendemos a hacer los adultos, ni pensar en efectos mecánicos de traspaso entre los modelos presentados y los niños lectores. Por una parte, porque los libros son sólo "una" de las múltiples fuentes de socialización que combinan los niños durante su crecimiento. Por otra, porque lo que quisiera decir la historia, lo que dice realmente y el sentido que, finalmente, va a darle el receptor son tres cosas que muy a menudo no concuerdan demasiado.

Las sociedades occidentales actuales tienen una amplísima producción de libros infantiles capaz de cumplir ese cúmulo de propósitos culturales que acabamos de esquematizar en tres funciones. Los niños y niñas sienten curiosidad y placer por estas formas de arte y ficción. Ésta es la auténtica motivación que puede llevarles a convertirse en lectores literarios. Ahora bien, para que ello ocurra es preciso que se cumplan tres condiciones:

- La 1ª es que noten que los adultos también consideran la literatura y los libros como algo interesante y placentero, puesto que los niños desean crecer y hacer lo que parece funcionar en el mundo de los mayores.
- La 2ª es que reciban una ayuda suficiente y sostenida para aprender a leer y llegar a ser autónomos en su lectura, puesto que leer no es fácil y requiere esfuerzo.
- La 3ª es que los libros que lean sean lo bastante buenos para continuar manteniendo la idea de que vale la pena hacerlo.

Hay un tiempo – poco más de 10 años – y un número de obras – pongamos unas 500 como mucho – para que los pequeños recorran este itinerario. Así pues, es necesario elegir muy bien los libros y pensar buenas maneras de acompañar a las nuevas generaciones en el viaje que la literatura les construye y les ofrece "desde el hogar hasta el mundo".

El progreso escolar de los aprendizajes

Así que podemos preguntarnos *cómo puede ayudar la escuela* en ese camino de progreso de la competencia literaria. Es decir, ¿qué esperamos que cambie en la mirada de nuestros alumnos tras la ventanilla? Cada curso, nuestras aulas se llenan de nuevos pobladores y les vemos marchar al finalizar el período escolar. Antes de pensar en cualquier tipo de programación o de actividades, vale la pena detenerse a reflexionar sobre los aspectos en los que esperamos que sean más competentes, es decir, más capaces de interpretar las obras literarias que lean una vez que se hayan ido de ahí. Vamos a ver, a continuación, algunas de esas cosas en las que parecería deseable que los niños y niñas hubieran progresado con nuestra ayuda, con independencia de la etapa educativa en la que estén.[2]

Sentirse implicados por la literatura

Una de las principales dificultades para acceder a la literatura es verla como algo escolar que se abandona tan pronto como se sale del aula. Los docentes dedicamos muy poco tiempo a saber qué autoimagen como lectores tienen nuestros alumnos y cómo les afectan las obras que leen. Tal vez no deseamos saber cuál es su recepción de las obras porque ello nos apartaría del programa que tenemos prefijado o porque requiere un tiempo que no nos permitiría terminarlo. La tradición educativa anglosajona difiere de la nuestra en este punto. En aquellas aulas, las actividades sobre los textos se basan muy a menudo en la resonancia del lector, en lo que evoca la lectura y en la reflexión posterior que provoca. En cambio, en las nuestras, se enseña en seguida a objetivar las respuestas ocultando la subjetividad, marginando el enlace del texto con el mundo del lector.

Este enfoque aséptico dificulta entender la clase de literatura como un lugar donde se cuestiona, dialoga y enriquece el mundo propio. Cuando aseguramos que leer es placentero e interesante, probablemente los alumnos lo creen ... simplemente se trata de que ya han decidido que puede serlo *para otros*, pero que la literatura no va con *ellos*. A nadie le gustaría asistir a un cursillo de esquí si no se siente esquiador y piensa que jamás va a verse involucrado en esas actividades. La escuela dedica ímprobos esfuerzos a hablar de unos libros y unos autores que, sencillamente, no forman parte del mundo de los alumnos y sus posibilidades de éxito, entonces, son bien escasas.

---

2 Estas líneas de progreso fueron expuestas inicialmente en la conferencia pronunciada en el II Congreso Internacional de "Lectura y Vida" y una version ha sido publicada en "¿Qué significa progresar en competencia literaria?" *Textos en contexto*. La literatura en la escuela" 5, 9-22, 2002. Y retomadas en T. COLOMER (2005): *Andar entre libros. La lectura literaria en la esculea.* México: Fondo de Cultura Económica.

La conclusión es que si pensamos que los niños y niñas deben progresar en este aspecto, se debe destinar tiempo y programar actividades que favorezcan la implicación personal estableciendo esa conexión, haciendo que se sientan concernidos por el universo de los libros.

Dominar mejor las habilidades lectoras

La mayor parte de las obras literarias se ofrecen como texto escrito que hay que saber leer. Así pues, muchas de las actividades y de los ejercicios propuestos por la investigación educativa sobre la enseñanza de la lectura son perfectamente aplicables a los textos literarios. Lo es, en primer lugar, el hecho básico de ofrecer un tiempo de práctica de lectura en la misma aula o biblioteca escolar para que los alumnos ejerciten las habilidades de rapidez, concentración, metacontrol, etc. implicadas en el acto de lectura. O lo son las actividades de lectura modalizada y compartida donde los niños y niñas ven desplegar ante sus ojos el modo de leer que deben interiorizar: ver cómo se les lleva a anticipar lo que puede esperarse en la narración que están leyendo colectivamente, analizar qué sería cumplir las reglas del género en esa obra, qué sería vulnerarlas y con qué propósito puede haberlo hecho el autor; comprobar las hipótesis realizadas; notar los cabos aún sueltos o las incongruencias que se han derivado de una falta de comprensión puntual del lector; buscar los detalles del texto que avalan una interpretación e invalidan otra; etc.

Nadie esperaría que se aprendiera a tocar un instrumento musical si no se practica con él. No hace mucho tiempo nos encontramos con que la sorpresa provocada en un aula de secundaria ante la instauración de un tiempo de lectura, llevó a un adolescente a sacar su calculadora para saber cuánto tardaría en leer la obra, a la vista de las páginas leídas en esa primera clase. Nunca había leído un libro completo.

Tener mayor conocimiento explícito de las convenciones

Otorgar palabras para hablar sobre las obras y explicitar las reglas que rigen la literatura es una parte fundamental de la programación literaria. Los niños y niñas aprenden muy pronto qué es un título, un personaje, un cuento o un poema. Más tarde sabrán qué es una comparación o una leyenda y, más adelante, qué una metáfora, un personaje secundario o un inicio in media res.

Y, sin embargo, todas esas cosas ya existían en los libros que leían antes de saberlas explícitamente. La escuela trata de hacerlas visibles, llevarles a entender cómo funcionan y por qué están ahí. Es un esfuerzo presidido por la convicción de que saberlo mejora la interpretación, por supuesto. Si se conocen las lecturas previas de los alumnos, si se alude a sus referentes, la tarea de explicitar las convenciones puede resultar más fácil y cobrar sentido.

Si se les da la palabra y se les escucha hablar sobre los libros, podrá saberse también si usan realmente los conceptos y las palabras que se les han dado para interpretar su lectura o si ése es un conocimiento reservado únicamente para el examen. Enseñar a hablar, enseñar a argumentar, enseñar a usar el metalenguaje literario es una de las líneas básicas de la enseñanza de la literatura en la escuela. Es lo que permite comunicar el efecto de la lectura y compartir la experiencia con los demás, como cuando esta niña señala el troquelado, el juego intertextual y las historias paralelas del cuento al decir:

> Este cuento me ha gustado porque hay cosas que se abren y se cierran. También porque hace gracia que se mezclen cosas que no existían en tiempos de Alí Babá y sobre todo me gustan las ratitas (Marta, 7 años).

O es lo que lleva a juzgar los cuentos leídos a partir de análisis realmente literarias, como hace el niño que expande en tres características (argumentales, de tema y de personajes) su opinión sobre los libros propios de una etapa de lectura más infantil:

> Este libro no me ha gustado porque me ha parecido que era de niños pequeños, porque no pasan muchas cosas, porque trata de animalitos y es muy sentimental. (Xavier, 8 años)

Y si en ese caso hay que correr a buscar un libro a la altura mental del lector, al niño del comentario siguiente hay que rescatarle de su hartazgo de cuentos populares (del que ha derivado un conocimiento explícito del tipo de género e implícito de sus características) dándole la entrada a nuevos géneros:

> Este libro está bien si te gustan los cuentos populares, pero si no te gustan es muy poco emocionante, porque ya te puedes imaginar qué pasará (Sergi, 8 años).

Ampliar el *corpus* que se aprecia

Los alumnos gustan de determinadas manifestaciones literarias. No hay duda de ello, aunque bien puede ser que disfruten repitiéndose las manidas metáforas de una canción de moda o leyendo uno tras otro de los títulos de esa colección banal y estereotipada de cuentos de misterio, mientras que se mantienen impenetrables a un soneto de Neruda o a un cuento de Quiroga.

Hay que saber "dónde están" para ayudarles a ampliar progresivamente su capacidad de fruición. No saltarán repentinamente de un tipo de corpus a otro. La desalentadora distancia que los alumnos perciben entre sus capacidades de disfrute y la cultura propuesta por la escuela no difiere de la aludida por Dorothea, el personaje de Middlemarch (1871-72) de Georges Eliot (1993):

> – Debió ser porque nunca supe ver belleza alguna en los cuadros que mi tío decía que todo juez juzgaba como espléndidos. Y me he paseado por Roma con la misma ignorancia. Hay relativamente pocos cuadros con los que disfruto de verdad. Cuando entro por primera vez en una sala donde los muros están cubiertos de frescos o de insólitos cuadros, siento una especie de angustia… ; me siento en presencia de una vida superior a la mía. Pero cuando empiezo a examinar uno por uno los cuadros, o se les va la vida o poseen algo violento y extraño para mí. Debe ser mi propio desconocimiento. Estoy viendo mucho de golpe sin entender la mitad y eso siempre hace que te sientas necio. Es muy doloroso que te digan que algo es hermosísimo y que no lo puedas sentir así. (Eliot, 1993, p.291)

Tampoco hay que olvidar que la literatura tiene muchas funciones y que no siempre deseamos ver los museos de Roma o leer a Octavio Paz. Los alumnos tienen que saber que existen corpus distintos, con ofertas variadas, para momentos diferentes y funciones de muchos tipos. El avance hará que haya corpus que queden despectivamente arrinconados. Como decían los niños antes citados: "*ya te puedes imaginar qué pasará*" o "*es de niños pequeños*". Otros corpus se mantendrán, compatibilizándose entre ellos, tal como se alternan constantemente los géneros y la dificultad de las lecturas en la vida cotidiana de cualquier lector experto. Y a algunas obras sólo se llegará de tarde en tarde.

Resulta útil aquí pensar en la educación literaria como un aprendizaje de recorridos e itinerarios de tipo y valor muy variable. La escuela tiene la obligación de mostrar las puertas de acceso. La decisión de cruzarlas en distinta medida depende ya de los individuos.

Ampliar las formas de disfrutar

La queja del personaje de Dorothea de Middlemarch que acabamos de citar merece la siguiente respuesta por parte de su interlocutor:

> – Bueno, hay mucho de adquisición respecto del sentimiento por el arte… El arte es una lengua antigua con gran cantidad de estilos artificiales, y en ocasiones el mayor placer que uno obtiene al conocerlos es la simple sensación de conocimiento. Yo disfruto enormemente con todos los tipos de arte que hay aquí; pero supongo que si pudiera desmenuzar mi placer lo encontraría compuesto de innumerables hebras. (Ibidem, p.291-2)

Efectivamente, hay mucho de "adquisición" en el placer artístico y ese placer está formado por "innumerables hebras". Por ello, la ampliación del corpus de lecturas va ligado a la posibilidad de disfrutar con aspectos diferentes. Esa apreciación dibuja también un itinerario porque unas formas de placer resultan más inmediatas que otras. De entrada es importante mostrar a los niños y niñas que ello es posible, que existe alguna nueva forma de apreciar un texto, que no siempre es porque "*es divertido*" o porque es "*como si lo vivieras tú*". Progresar en la ampliación de las formas de disfrute no es fácil. La mayoría de la literatura infantil y juvenil y de la literatura más popular entre los adultos se halla fuertemente instalada en la potenciación exclusiva de la vía proyectiva y argumental. Ello se hace incluso a través de formas literales bastante burdas: la edad de los personajes, los temas propios de sus intereses más tópicos, la explicitación de las conductas morales correctas etc.

Lamentablemente, la experiencia nos dice que la misma lectura de los maestros se limita con frecuencia a esas formas más accesibles. Muchos docentes, por ejemplo, continúan reaccionando de modo positivo al ser enfrentados a imágenes estereotipadas y dulzonas y siguen rechazando ilustraciones más experimentales o en blanco y negro. Es preciso que los maestros aprender a analizar y valorar los libros que requieren de otras formas de goce para que ellos mismos puedan llevar a los niños a descubrir placeres que exigen mayor elaboración.

Poder interpretar de forma más compleja

Cualquier obra, incluso las dirigidas a niños y niñas muy pequeños, exige despegarse en alguna medida de la literalidad del significado. Si pensamos en una buena teleserie de humor, "literal" sería lo que dice un personaje, pero para poder reírse, el espectador tiene que entender muchas más cosas – la interaccion de esa frase con la situación, con la forma de ser del personaje, con el modo en que la va a interpretar el personaje receptor, etc. La mayoría de nuestros teleadictos alumnos sabe hacerlo.

La literatura, precisamente, es uno de los instrumentos humanos que más enseña a "darse cuenta" de que hay más de lo que se dice explícitamente. Cualquier texto tiene vacíos y zonas de sombra, pero en el texto literario la elipsis y la confusión han sido organizadas deliberadamente. Como quien aprende a andar por la selva notando las pistas y señales que le permitirán sobrevivir, aprender a leer literatura da la oportunidad de sensibilizarse a los indicios del lenguaje, de convertirse en alguien que no permanece a merced del discurso ajeno, alguien capaz de analizar y juzgar, por ejemplo, lo que se dice en televisión o de percibir las estrategias de persuasión ocultas en un anuncio. A menudo se alude a ello como la adquisición de una capacidad crítica de "desenmascaramiento" de la mentira, un medio para no caer en las trampas discursivas de la sociedad. Pero no hace ninguna falta darle ese giro negativo. También hay que leer críticamente para que se iluminen las relaciones más complejas entre los fenómenos y sucesos, para ver el mundo de forma más "inteligible", es decir, para ser, en definitiva más "inteligente".

El progreso del lector se produce entonces desde una lectura basada en los elementos internos del enunciado, hacia una lectura más interpretativa que utiliza también conocimientos externos para suscitar significados implícitos, sentidos segundos o símbolos que el lector debe hacer emerger.

Hay que pensar, pues, en propuestas de trabajo que movilicen la capacidad de razonar, que permitan aprender mientras se realizan los ejercicios, de manera que los niños entiendan más la obra cuando terminan la tarea (digamos que con unos cuantos *"!ah, claro!, !ah, era por eso!* más en su haber) y de forma que los ejercicios no hayan servido únicamente para que los maestros evalúen si los niños han sido capaces de hacerlos. Sabemos, por ejemplo, que trabajar en grupo ayuda a interpretar de forma más compleja ya que obliga a argumentar, a volver al texto, a comparar, contrastar, etc. La idea de que un texto tiene distintos niveles de significado que pueden ir aflorando se afirma con este tipo de actividades. Y ¿a quién no le gusta "entender" más?

Saber utilizar información contextual

Una nit de lluna plena
tramuntàrem la carena
lentament, sense dir re...
Si la lluna feia el ple
també el féu la nostra pena.

Pere Quart, *Corrandes d'exili*[3]

¿Cómo puede entenderse este poema sin saber de la partida hacia el exilio de los derrotados de la guerra civil española cruzando las montañas de los Pirineos hacia Francia?. Muchas veces, como en este caso, para poder construir simplemente "un sentido" se necesita información a partir de la cual poder crear las propias resonancias personales. Afortunadamente, aquí es el mismo título del poema el que se encarga de ofrecernos ya algún contexto. Pero la necesidad de saber "más" para poder entender "mejor" es algo propio de cualquier proceso de comprensión, incluida la lectura, por supuesto.

Sin embargo, para los niños y niñas más pequeños, el libro se crea en sus manos. No preguntan ni saben nada sobre el autor, su época, la intención del texto o sus vicisitudes históricas. Incluso durante algún tempo creen que la historia es cierta o que existió "un tiempo de Alí Babá". En algún momento del desarrollo de

3 Traducción literal: Una noche de luna llena / tramontamos la carena/ lentamente, sin decir nada/ Si la luna estaba en su cenit/ también lo estaba nuestra pena. Pere Quart. *Poemes escollits*. Barcelona: Edicions 62, 1983.

su competencia algunas de esas informaciones empezarán a resultar relevantes para comprender mejor lo que se cuenta allí. Éste es el sentido más auténtico de la necesidad de información sobre el contexto de las obras. Los alumnos pueden aceptarlo si les hemos demostrado que ello es útil, si han sentido la necesidad de preguntar y saber. Una necesidad que forma parte de la curiosidad innata de los humanos y que la escuela debe aprender a gestionar.

Hemos señalado hasta aquí siete líneas de progreso. Es un número convencional y, ya que hablamos de literatura, resulta apropiado para detenernos en su resonancias mágicas. Para responder a la pregunta inicial – *¿qué queremos que sepan hacer mejor nuestros alumnos?* – podemos pensar en estas y otras líneas que se desarrollan a lo largo de todas las etapas educativas y que deben subyacer a las programaciones y objetivos concretos de cada curso.

Reflexionar sobre las cuestiones subyacentes al aprendizaje literario nos hace más conscientes de la línea de continuidad que preside la educación literaria desde sus inicios. La programación concreta de un curso determinado vendrá después. Los objetivos y contenidos son mucho más fáciles de elegir cuando sabemos por dónde circulamos y en qué sentido. Y si se sabe a dónde se quiere llegar, los docentes suelen ser muy creativos en los medios para hacerlo.

Referências bibliográficas

ALCANTARA, R. *La pequeña Wuli.* Ilustrado por Gusti. Madri: SM.

COLOMER. *Andar entre libros:* la lectura literária en la escuela. México: Fondo de Cultura Económica, 2005.

ELIOT, G. *Middlemarch:* um estúdio de la vida de províncias. Madrid: Cátedra, 1993.

QUART, P. *Poemes escollits.* Barcelona: Edicions 62, 1983.

WELLS, G. *Aprender a leer*. Barcelona: Laia, 1986.

3

Acolher no mundo: educação como iniciação nas heranças simbólicas comuns e públicas

José Sergio Fonseca de Carvalho

O tema proposto para o presente debate – "Conhecimento *versus* Acolhimento: dilemas da escola pública" – sugere a necessidade de uma escolha entre esses dois atos, já que são apresentados como fonte de dilemas para os profissionais da educação. Ora, o que caracteriza um dilema, seja em seu uso lógico ou na linguagem comum, é a "existência de uma conjuntura difícil, da qual não é possível sair senão por *um* de dois modos" (Caldas Aulete). Nesse caso, podemos inferir que a "conjuntura difícil" refere-se à "escola contemporânea" e o dilema que a ela é atribuído diz respeito às alternativas quanto a sua finalidade social e política: ou bem caberia à escola "acolher" (segundo o mesmo dicionário: receber; agasalhar; hospedar; tratar; recolher) nossos jovens ou crianças, cuidando, assim, de seu bem-estar, de sua inserção social e de seu pertencimento a uma dada instituição, ou bem a ela caberia a tarefa precípua de difusão e cultivo de conhecimentos (informações, capacidades e práticas sociais) que historicamente se firmaram como conteúdos curriculares canônicos ou vigentes. Tal como enunciado, trata-se, pois, da concorrência entre duas concepções de escola e de educação não só distintas, mas alternativas.

O que pretendo nestas breves reflexões é examinar se se trata, de fato, de um dilema; inferir algumas possíveis razões e consequências de sua enunciação como tal e, por último, apresentar aspectos do modo de vida contemporâneo que, a meu ver, caracterizam-se, de fato, como fonte de impasses e dilemas para aqueles que têm na educação sua escolha profissional e sua forma de ação no mundo.

Iniciemos, pois, com uma análise de noção de "acolhimento". Ainda segundo Caldas Aulete, o "acolhimento" diz respeito ao "*modo* como se acolhe alguém"; à *forma* como o "recebemos" ou o "tratamos". Esse aspecto, relativo ao *modo* ou à *forma*, fica claro, por exemplo, no uso da expressão "Eu me senti acolhido" que, ao dispensar o advérbio *bem*, ressalta o caráter positivo implicado em seu uso. Assim, "acolher" é receber *bem*, tratar e cuidar, daí talvez identificação com "agasalhar" segundo o mesmo dicionário. Mas há ainda um ponto importante para a análise da noção de "acolher". É o fato de que ela se liga também à noção de "hospedar" e de "receber", ambos verbos triádicos ou bitransitivos, assim como "acolher". Ora, quem "hospeda" ou "recebe" hospeda ou recebe "alguém" em "algum lugar"; em geral em um novo lugar para aquele que é acolhido. O acolhimento diz respeito, pois, tanto à *forma* pela qual recebemos alguém como ao *local* onde e recebemos ou hospedamos. Claro que esse local do acolhimento poderia ser identificado, de forma concreta e imediata, com a escola. No entanto, tal identificação seria primária e insuficiente, já que a escola, por sua vez, não é ela própria a finalidade ou o alvo que se busca, mas um meio de ter acesso a outro bem almejado, que é em si mesmo um fim: a educação. Vemo-nos, pois, levados ao exame do próprio conceito de educação e à análise de sua significação social se quisermos levar adiante esse tipo de investigação.

Ocorre, no entanto, que na maior parte das vezes em que recorremos a uma definição de "educação" não o fazemos com um propósito meramente descritivo ou elucidativo, mas também com propósitos programáticos. Isso implica que, ao apresentar uma definição de educação, nosso intuito é tanto elucidar o uso corrente de um conceito como veicular determinada perspectiva impregnada de valores e voltada para a orientação de práticas sociais. Por essa razão, não se trata de analisar a *função* da educação (no mesmo sentido, por exemplo, em que falamos da função do fígado ou da raiz de uma planta), mas de examinar uma das possíveis significações sociais do ato de educar (Scheffer, 1970), que estará inexoravelmente ligado a valores que pretendemos promover, tanto no âmbito discursivo como no prático.

O conceito de "democracia" pode exemplificar de forma frisante o caráter programático presente ao enunciarmos definições referentes a diversos fenômenos sociais. As ênfases alternativas, ora no caráter procedimental e formal, ora na noção de uma ordem fundada no respeito aos direitos sociais fundamentais como características definidoras desse regime, ambas presentes nas polêmicas teóricas contemporâneas, não podem ser resumidas a meros desacordos "linguísticos" quanto ao "verdadeiro conceito" de democracia. Trata-se, na verdade, de concepções conflitantes quanto ao alcance programático do conceito, pois a definição nos apresenta não só o que caracteriza um regime como democrático, mas o que um regime deve almejar para ser "mais democrático". Nesse sentido a enunciação de uma ou outra concepção tem por objetivo não a simples elucidação do termo, mas a veiculação de um ideal de ação que coordene esforços práticos no âmbito de políticas públicas.

Semelhante princípio vale para as disputas teóricas e programáticas acerca do conceito de "educação", cuja função é sempre simultaneamente elucidativa e programática. Um claro exemplo dessa dupla função encontramos no artigo "A crise da Educação", de Hannah Arendt. Nele afirma-se que "a essência da educação é a natalidade, o fato de que seres nascem para o mundo" (Arendt, 1988, p.223). Para compreendermos essa formulação sintética, é preciso, contudo, recorrer à diferenciação que faz a autora entre natalidade e nascimento; entre vida e mundo.

Poderíamos, de maneira breve, afirmar que para Arendt o nascer de cada ser humano apresenta sempre uma dupla dimensão. A primeira delas, de natureza biológica ou física, é o fato de que há um novo ser na *vida*. O *nascimento* é, pois, a maneira pela qual a vida (em sua dimensão biofísica) se renova e perpetua suas formas. A atividade por meio da qual ela se mantém, e pela qual supre suas necessidades, é o labor.[1] Já a *natalidade* indica que cada ser humano, além de um novo ser na vida, é um *ser novo no mundo*: esse complexo conjunto de tradições históricas e realizações materiais e intelectuais nas quais os novos devem ser iniciados para delas participar e por elas se constituir como um ser novo em um mundo preexistente.

Assim, o nascer de uma gata fêmea, tal qual o da "fêmea" humana, é um fenômeno da *vida*, já que ambas passam a participar da luta por sua sobrevivência individual e pela continuidade da espécie. Mas a "fêmea humana" nasce simultaneamente para um mundo simbólico: terá um nome de *mulher* (escolhido entre vários das diversas tradições religiosas, étnicas ou estéticas de uma comunidade linguística), passará a ser vestida como uma *mulher* (de acordo com os símbolos de uma dada cultura: véus, vestidos, adornos femininos); aprenderá gestos e condutas que a fazem tornar-se uma *mulher*, o que significa compartilhar símbolos culturais de identidade feminina. Uma gata nasce "gata", como uma "fêmea humana" terá de se constituir como *mulher*, por ser tanto um ser novo na *vida* como um novo ser no *mundo*:

> Esse duplo aspecto não é de maneira alguma evidente por si mesmo, e não se aplica às formas de vida animais; corresponde a um duplo relacionamento, o relacionamento com o mundo, de um lado, e com a vida, de outro. A criança partilha o estado de vir a ser com todas as coisas vivas; com respeito à vida e seu desenvolvimento, a

---

1 "O labor é a atividade que corresponde ao processo biológico do corpo humano, cujos crescimento espontâneo, metabolismo e eventual declínio têm a ver com as necessidades vitais produzidas e introduzidas pelo labor no processo da vida" (ARENDT, 1989, p.15). Assim, tanto a preparação quanto a digestão de um alimento podem ser classificadas como labor, enquanto a fabricação de um instrumento, como uma faca, que dura para além de seu uso imediato, é *trabalho*, como veremos adiante.

criança é um ser humano em processo de formação, do mesmo modo que um gatinho é um gato em processo de formação. Mas a criança só é nova em relação a um mundo que existia antes dela, que continuará após sua morte e no qual transcorrerá sua vida. Se a criança não fosse um recém-chegado nesse mundo humano, porém simplesmente uma criatura viva ainda não concluída, a educação seria apenas uma função da vida e não teria que consistir em nada além da preocupação para com a preservação da vida e do treinamento na prática do viver que todos os animais assumem em relação a seus filhos. Os pais humanos, contudo, não apenas trouxeram seus filhos à vida mediante a concepção e o nascimento, mas simultaneamente os introduziram em um mundo. Eles assumem na educação a responsabilidade, ao mesmo tempo, pela vida e desenvolvimento da criança e pela continuidade do mundo. (Arendt, 1989, p.235)

A natalidade indica, pois, a entrada no mundo das realizações simbólicas e materiais de uma cultura e, ao mesmo tempo, a esperança de sua renovação. Assim como a vida busca pelo labor sua continuidade, o mundo aspira a sua durabilidade, que só pode ser atingida por meio do acolhimento em seu seio dos novos que, ao se iniciarem em suas tradições e legados culturais, poderão promover sua renovação. As atividades que constituem e renovam o mundo são o trabalho e a ação,[2] que em oposição às *necessidades* da vida constituem o campo da *liberdade* humana. A educação, e em particular a escolar, representa um elo entre essas duas responsabilidades. Ela é a instituição que interpomos entre a esfera privada, principal responsável pela manutenção da vida, e a pública, representada pelo mundo e suas diferentes realizações culturais, a fim de que a transição de uma para outra seja possível.

A educação é, nessa perspectiva, o ato de *acolher os jovens no mundo,* ou seja, torná-los aptos a dominar, apreciar e transformar as tradições públicas, que formam a nossa herança simbólica comum. Se se tratasse de uma herança material e não simbólica, seus herdeiros – no caso, os novos – dela se apossariam imediatamente, dados os trâmites legais. Mas por se tratar de uma herança simbólica, a única forma de a ela termos acesso e dela nos apossarmos é pela aprendizagem. Podemos herdar, de forma imediata, um quadro ou uma casa, mas não sua compreensão ou capacidade de constituir casas, que só podem ser aprendidas. E por isso podem ser ensinadas.

2 "O trabalho é a atividade que corresponde ao artificialismo da existência humana, a existência não está necessariamente contida no eterno ciclo vital da espécie, e cuja mortalidade não é compensada por este último. O trabalho produz um mundo 'artificial' de coisas nitidamente diferente de qualquer ambiente natural. Dentro de suas fronteiras habita cada vida individual, embora esse mundo se destine a sobreviver e transcender todas as vidas individuais" (ARENDT, 1989, p.15), daí porque o labor destina-se ao consumo, enquanto o fruto do trabalho é uma *obra*, que aspira à *durabilidade no mundo*. Já a ação é por ela definida como uma atividade que "se exerce diretamente entre os homens [... que] corresponde à condição humana da pluralidade", como a política.

Há, evidentemente, várias formas de se acolher os novos – jovens ou crianças. Como pais, podemos acolhê-los no seio da família, como sacerdotes, em uma instituição religiosa, como amigo, em um círculo fraternal. Em cada caso, variam os procedimentos e os objetivos. O respeito, a consideração e todos os atos e formas que materializam o acolhimento não se separam das especificidades históricas e institucionais que marcam cada contexto social. Assim, um professor demonstra seu respeito, sua consideração e todos os esforços de acolhimento a seus alunos por meio do ensino; da iniciação deliberada e sistemática nas linguagens, procedimentos e valores que caracterizam tanto sua área de conhecimento quanto a cultura e os valores da instituição que ele representa: a escola.

O acolhimento dos novos no mundo pressupõe, pois, um duplo e paradoxal compromisso por parte do professor. Por um lado, cabe-lhe zelar pela durabilidade do mundo de heranças simbólicas no qual ele inicia e acolhe seus alunos. Por outro, cabe-lhe cuidar para que os novos possam se interar, integrar, fruir e, sobretudo, renovar essa herança pública que lhes pertence por direito, mas cujo aceso só lhe é possível por meio da educação. Como tão bem resume Arendt:

> A educação é o ponto em que decidimos se amamos o mundo bastante para assumirmos a responsabilidade por ele e, com tal gesto, salvá-lo da ruína que seria inevitável não fosse a renovação e a vinda dos novos e dos jovens. A educação é também onde decidimos se amamos nossas crianças o bastante para não expulsá-las de nosso mundo e abandoná-las a seus próprios recursos, e tampouco arrancar de suas mãos a oportunidade de empreender alguma coisa nova e imprevista para nós, preparando-as em vez disso com antecedência para a tarefa de renovar um mundo comum. (Ibidem, p.247)

Ora, se a iniciação, por meio da difusão e do cultivo das formas de conhecimento discursivas e não discursivas que compõem a nossa herança simbólica comum e pública não exclui, mas antes pressupõe, o acolhimento dos novos, por que razão aceitamos tão prontamente uma suposta incompatibilidade entre esses dois polos inseparáveis da educação?

Uma primeira possível forma de se buscar responder essa questão seria voltarmo-nos para os próprios discursos educacionais, procurando, portanto, razões internas ao campo discursivo. Poderíamos explorar o fato de que a literatura educacional, com seus propósitos de exortação à ação, recorre com frequência a dicotomias e jogos verbais que se transformam em *slogans* e palavras de ordem, visando antes a promover reforço e adesão a movimentos práticos do que elucidações teóricas. Este é o caso, por exemplo, da polêmica entre a "escola tradicional" e a "renovada" ou, em sua versão contemporânea, a "construtivista". Ou, ainda, da dicotomia, em grande medida dela derivada, entre "formar" e "informar".

Claro que uma análise mais detida desses discursos nos mostra que as bases empíricas ou os fundamentos lógicos dessas dicotomias não resistem à observação sistemática ou à argumentação analítica. Formar, assim como educar ou ensinar, são verbos que designam um conjunto infinito de possíveis ações. Um professor pode ensinar com seu silêncio, ao declamar uma poesia, ao fazer uma pergunta. No entanto, é possível ficar em silêncio, declamar uma poesia ou formular uma pergunta sem que esses atos devam ser considerados ensino. O que caracteriza um ato como ensino é antes seu contexto institucional e seu propósito social do que o conjunto de técnicas ou recursos aos quais recorremos.

Analogamente, "formar" e "educar" designam propósitos que podem ser atingidos por meio de uma série de ações, entre elas fornecer informações. Claro que é possível informar sem formar, embora a recíproca não seja verdadeira. Tratar, no entanto, esses dois atos como conflitantes ou dilemáticos seria como enunciar uma dúvida ou um dilema entre "cultivar plantas" e "regá-las". Dizer que uma pessoa "cultiva plantas" implica afirmar que ela as rega, poda, fertiliza etc. Assim como dizer que uma pessoa se propõe a educar ou formar alguém significa dizer que ela o informa, aconselha, orienta, corrige. Ainda que seja possível fazer tudo isso sem que se tenha como objetivo educá-la ou formá-la.

No entanto, por já ter em outra ocasião explorado essa perspectiva analítica (Carvalho, 2000, no qual analiso o discurso educacional construtivista), gostaria de apresentar, ainda que de forma sumária, certas características da vida contemporânea que, embora exteriores ao campo prático e discursivo da educação, parecem gerar impasses e dilemas que acabam por ter um grande impacto no trabalho docente. Tais características decorrem de certos aspectos ligados a um modo de vida que se instalou entre nós a partir da modernidade, mas que só no último século passam a ter aguda repercussão, inclusive em esferas pré-políticas, como a educação e a vida familiar.

Uma dessas características que gostaria de comentar é a noção de tempo progressivo, que, embora conceitualmente anterior aos séculos XVII e XVIII, passa, a partir daí, a tornar-se uma representação dominante do percurso histórico da humanidade. Ao contrastá-la com outros modos de vida e visões do tempo, Weber afirma que

> a vida individual do [homem moderno] está imersa no "progresso" e no infinito e, segundo seu sentido imanente, essa vida não deveria ter fim. Com efeito, há sempre possibilidade de novo progresso para aquele que vive no progresso; nenhum dos que morrem chega a atingir o pico, pois que o pico se põe no infinito. Abraão ou os camponeses de outrora morreram "velhos e plenos de vida", pois que estavam instalados no ciclo orgânico da vida, porque esta lhes havia ofertado, ao fim de seus dias, todo o sentido que podia proporcionar-lhes ... Podiam, portanto, considerar-se satisfeitos com a vida. O homem [moderno], ao contrário, colocado em meio ao caminhar de uma civilização que se enriquece continuamente de pensamentos, experiências e de problemas, pode sentir-se "cansado" da vida, mas não pleno dela. Ele não pode jamais apossar-se senão de uma parte ínfima do que a vida do espírito produz, ele não pode captar senão o provisório, nunca o definitivo. (Weber, 1999)

O que Weber nos relata nesse fragmento representa a síntese das noções de história e de tempo do Iluminismo, segundo as quais

> o futuro é o tempo forte da humanidade, aquele no qual estão projetadas as expectativas decorrentes da constatação de que a humanidade progride e que, quaisquer que sejam os obstáculos, e até mesmo os retrocessos aparentes, o progresso terminará por triunfar. (Silva, 2001, p.239)

Se, por um lado, essa noção sofre um grave abalo no século XX, pela constatação avassaladora do desenvolvimento técnico acompanhado da barbárie ética, por outro, é nesse século que ela apresentará sua forma mais radical. Se para o Iluminismo o futuro era um tempo forte, porque ancorado no passado e sujeito à reflexão do presente, o que não se cessa de proclamar a partir do século XX é que o "futuro já chegou" e a nós só nos resta a ele nos adaptar.

Ora não é difícil perceber as implicações que essa forma de se conceber o tempo e a história acabam por ter no âmbito da educação. Se essa sempre se caracterizou pelo esforço de iniciação dos novos nas heranças simbólicas de dada tradição cultural, que papel ela pode ter em um tempo que se concebe como a encarnação do futuro e no qual o presente e o passado estão destituídos de significação e de densidade? Em que medida, em um tempo que conhece a rápida obsolescência de ideias, práticas sociais, valores e saberes, faz sentido ter como meta a iniciação dos jovens em uma parcela qualquer dessa herança cultural, traduzida nas disciplinas que ensinamos, nos valores que professamos, nos procedimentos que adotamos para julgar o verdadeiro, o justo ou o belo?

Em face desse dilema, as respostas das instituições escolares têm oscilado entre dois polos igualmente indesejáveis. Ora elas se caracterizam por propor o desenvolvimento de capacidades e competências necessárias a esse futuro (mercado de trabalho, por exemplo) tido como inexorável, como se pudéssemos nos preparar para o desconhecido; ora elas se descaracterizam como instituições públicas que educam por meio da transmissão, do cultivo e da renovação dessa herança, reduzindo a sua tarefa a um vago e abstrato ideal de socialização. Daí por que a desconfiança em relação ao conhecimento. Se ele é transitório, afinal por que ensiná-lo? Ao assim proceder, parecemos esquecer que, não obstante seja possível ensinar sem educar, "não se pode educar sem ao mesmo tempo ensinar, pois uma educação sem aprendizagem degenera, com muita facilidade, em retórica moral e emocional" (Arendt, 1989, p.246)

Por outro lado, e com consequências ainda mais nefastas, parecemos não levar em consideração que, com a eventual perda dessa herança simbólica, perdemos o fio que nos guiou com segurança pelos vastos domínios do passado, e nos tornamos vítimas do esquecimento. Com tal esquecimento, não perdemos apenas os conteúdos que materializam essas diferentes tradições culturais, como também privamo-nos de uma dimensão: "a dimensão da profundidade, pois memória e profundidade são o mesmo, ou antes, a profundidade não pode ser alcançada pelo homem a não ser através da recordação" (ibidem, p.131), ou seja, da apropriação, por meio do conhecimento, dessa herança simbólica, à qual parecemos negar qualquer valor presente.

Em seu texto *Experiência e pobreza*, Benjamin já alertava para a crescente perda da relevância da experiência (concebida como um saber coletivo e compartilhável) das gerações anteriores na formação dos jovens. Vale a pena transcrever, a título de conclusão, um fragmento desse texto que em grande medida sintetiza o que até aqui procuramos apresentar como uma série fonte de impasses e dilemas para os educadores. Diz o pensador alemão:

> Em nossos livros de leitura havia a parábola de um velho que no momento da morte revela a seus filhos a existência de um tesouro enterrado em seus vinhedos. Os filhos cavam, mas não descobrem qualquer vestígio do tesouro. Com a chegada do outono, as vinhas produzem mais que qualquer outra na região. Só então compreenderam que o pai lhes havia transmitido uma certa experiência: a felicidade não está no ouro, mas no trabalho. Tais experiências nos foram transmitidas, de modo benevolente ou ameaçador, à medida que crescíamos ... Sabia-se exatamente o significado da experiência: ela sempre fora comunicada aos jovens. De forma concisa, com a autoridade da velhice, em provérbios; de forma prolixa, em histórias; muitas vezes como narrativas de países longínquos contadas a pais e netos. Quem encontra ainda pessoas que saibam contar histórias? Que moribundos dizem palavras tão duráveis que possam ser transmitidas como um anel, de geração em geração? Quem tentará, sequer, lidar com a juventude invocando sua experiência? (Benjamim, 1989, p.114)

Assim, o pretenso "dilema" sobre o qual fomos convidados a refletir nos revela não a alternativa entre duas concepções do papel social da escola, mas as dificuldades da escola contemporânea em assumir sua responsabilidade institucional sobre o mundo. Dificuldades que não foram produzidas pela dinâmica interna da escola, mas que nela deixam marcas. E dela exigem respostas.

Referências bibliográficas

ARENDT, H. *Entre o passado e o futuro*. São Paulo: Perspectiva, 1978.

______. *A condição humana*. Rio de Janeiro: Forense, 1989.

BENJAMIN, W. *Magia e técnica*: arte e política. São Paulo: Brasiliense, 1989.

CARVALHO, J. *Construtivismo*: na pedagogia esquecida da escola. Porto Alegre: Artmed, 2000.

SCHEFFLER, I. *A linguagem da educação*. São Paulo: Saraiva/Edusp, 1970.

SILVA, F. I. O mundo vazio: sobre a ausência da política no mundo contemporâneo. In: TRATEMBERG, M. *Na vida para as ciências humanas*. In: ACCYOLI, MARRACH (Orgs.). São Paulo: UNESP, 2001.

WEBER, M. *A ciência como vocação*. Brasília: UnB: 2003.

4

Formação, perfil e identidade dos profissionais da educação: a propósito das Diretrizes Curriculares do Curso de Pedagogia

Antônio J. Severino

Introdução

Nos últimos anos, o debate e as iniciativas concernentes à formação e à atuação dos profissionais da educação foram intensos. Em tempos de ensaios de mudanças induzidas no campo educacional, essa preocupação se justifica, pois foi no âmbito da formação desse profissional que a nova Lei de Diretrizes e Bases mais introduziu novidades, inclusive criando uma nova modalidade de agência formadora, o Instituto Superior de Educação, e deu um pouco mais de atenção às condições de sua preparação.

Procurando regulamentar as novas diretrizes e bases da educação nacional, o Conselho Nacional de Educação (CNE) e o MEC desencadearam uma série de encaminhamentos a fim de mobilizar a comunidade da área para a elaboração e a discussão de propostas aptas a implementarem os dispositivos legais. Assim, foram elaborados os Parâmetros Curriculares Nacionais para o Ensino Fundamental, as Diretrizes Curriculares para o Ensino Médio, bem como as Diretrizes Curriculares para os vários cursos de graduação, produzida, por comissões de especialistas das áreas de conhecimento desses cursos. Também em diferentes contextos acadêmicos e profissionais a questão foi discutida, mediante encontros, seminários, fóruns, reuniões de trabalho etc.

Sintomaticamente, a elaboração das Diretrizes Curriculares para o curso de Pedagogia foi o que encontrou maiores dificuldades, pois só agora entrou em sua fase final de discussão e aprovação pelo CNE. A discussão sobre elas assumiu grande amplitude, envolveu debates e embates entre concepções conflitantes, e sua demora no encerramento do processo revela a preocupação que as instâncias oficiais e a comunidade da área têm com a formação do educador, certamente sensíveis às demandas e pressões de toda a comunidade nacional, no âmbito da educação. No entanto, causando justificada estranheza, a minuta de Diretrizes Curriculares para o Curso de Pedagogia, finalmente emitida pelo CNE, não agrega as contribuições resultantes de todo esse investimento, expressando, ao contrário, uma concepção bastante precária e reducionista do que seria um curso de Pedagogia. Na verdade, pouco avança em relação à proposta do Curso Normal Superior, já marcada pela ideia medíocre do senso comum de que a educação de crianças é tarefa simples, rotineira, para a qual não se exige nada além de um curto treinamento didático.

Ao contrário do que faz supor a proposta do CNE, porém, a formação do pedagogo como educador pressupõe uma estruturação curricular que dê conta da extrema complexidade da educação, como campo teórico e como esfera de prática. Há um fenômeno a se conhecer como processo social complexo. Há uma prática profissional cujo agente precisa ser devidamente preparado ainda, uma relação intrínseca, específica do campo da docência. Portanto, uma tríplice dimensão, intrinsecamente articulada: docência, gestão e conhecimento. Por isso, a formação desse profissional precisa integrar essa necessária e complexa estrutura em seu processo formativo educacional. Trata-se de uma exigência intrínseca, não uma conjugação aleatória, pragmático-operacional. No caso da Pedagogia, em decorrência da própria natureza da educação, as dimensões da pesquisa, da docência e da gestão vinculam-se tão profundamente entre si, que não podem ser separadas ou receber pesos diferenciados de avaliação.

Este artigo, construído sob uma perspectiva filosófico-educacional, propõe-se apenas a explicitar algumas exigências que acredito serem imprescindíveis para a formação do profissional da educação, tendo presente o significado desse processo para a condição existencial das pessoas, para a consolidação da realidade histórico-social e para a própria sobrevivência da espécie, como o universo cultural dos seres humanos.

O pedagógico como ponte entre a educação e a sociedade

Afinal, de que profissionais estamos falando? Quem é o educador? Podemos falar em três grandes sentidos. Em um sentido mais genérico, todos os homens podem ser considerados educadores, pois a própria convivência social tem alcance educativo. Contudo, esse é um sentido muito amplo, análogo àquele que Gramsci usou para caracterizar todos os homens como filósofos. Obviamente, não é disso que se quer falar aqui, mas a referência é importante, pois decorre do fato da universalidade da dimensão educacional que, tal como a política e a filosofia, é coextensiva à própria vida social. Se a universalidade dessas dimensões implica sua necessária presença na formação de qualquer outro profissional – razão pela qual deveria perpassar as diretrizes curriculares de todos os bacharelados, no caso da Pedagogia, essa presença é intrinsecamente constitutiva.

Em nosso contexto, o mais das vezes, tende-se a identificar o profissional da educação como o professor, como se fosse apenas o docente. Essa identificação é pertinente, uma vez que, como profissional do ensino, é de se supor que o professor seja também um educador, eis que o ensino é mediação direta, explícita e instrumental da educação. Mas o ensino não esgota a educação, quando se trata da vida social. Por isso, cabe então falar de um profissional da educação em um sentido mais amplo, que é, tecnicamente, o pedagogo. Na verdade, o professor é igualmente um pedagogo, mas a tradição consagrou a denominação de *professor* para aquele profissional cuja atividade *pedagógica* é ensinar determinado conteúdo. Daí se falar sempre em *professor de*... Já a terminologia *pedagogo* é então utilizada para designar o profissional da educação que, além do ensino, se encarrega de outras atividades pedagógicas, demandadas pela própria vida social.

Exatamente por ser um fenômeno universal, capilarmente distribuído pelo tecido social, a educação corre o risco de ser pensada e praticada de forma espontaneísta. E, por isso mesmo, precisa ser pensada, organizada, conduzida e avaliada de forma sistemática, metódica. A sociedade precisa preparar profissionais que possam cuidar desse complexo processo.

Toda sociedade precisa muito de muita educação. Não é preciso insistir nessa exigência de cunho histórico-antropológico. A nossa é uma espécie que precisa da aprendizagem. E, em cada etapa de sua história, a humanidade carece incessantemente de se refazer, reaprendendo-se. Assim, a educação dá-se como mediação universal da existência histórica dos homens, uma vez que é por meio dela que as novas gerações se introduzem ao tríplice universo das práticas que tornam viável essa existência: a prática produtiva, representada pelo trabalho transformador da natureza física e criador dos bens naturais de reposição da vida; a prática social, representada pela participação na condução da vida política da sociedade; e a prática simbolizadora, representada pela produção e fruição da cultura simbólica.

Visto de uma perspectiva histórico-antropológica, o homem é um ser de relações: ele se relaciona com a natureza, com os outros homens e consigo mesmo. Sua existência dá-se efetivamente por meio de atividades, da ação, da prática, de mediações nas quais essas relações se concretizam e tomam forma real. São esses três planos que constituem as efetivas mediações da existência humana, já que o homem só pode existir efetivamente na exata medida em que vai se relacionando com a natureza, mediante o trabalho; com a sociedade, por sua prática social, e consigo mesmo, pelo cultivo da própria subjetividade. E essas três dimensões atuam de maneira integrada, interligada e complementar no processo real da vida das pessoas. Assim, o trabalho é o elemento fundamental para a configuração de sua existência, mas o trabalho só pode se dar no contexto de uma sociedade e impregnado por uma intenção subjetivada; mas a prática social pressupõe a esfera do econômico e as ordenações articuladas pelas representações simbólicas, enquanto toda atividade simbolizadora pressupõe as esferas do social e do econômico para ter objetividade.

Estando assim colocadas as mediações pelas quais a existência humana vai constituindo-se historicamente, é possível então compreender o lugar que ocupa a educação. Trata-se de um processo social de trabalho que se constitui de modo fundamental de atividades que se situam no âmbito da prática simbólica, ou seja, é um processo social cujas atividades de trabalho se dão efetivamente por mediações simbólicas, mas com objetivos convergentes de inserir os indivíduos educandos no tríplice universo do trabalho, da sociabilidade e da cultura simbólica.

Tornar viável a existência dos homens, em dada realidade histórica e social, significa hoje construir a efetiva cidadania. É garantir a todos os indivíduos humanos, sem qualquer forma de discriminação, as condições para o exercício pleno de todas essas três práticas, de modo a que possa ser um produtor e fruidor dos bens naturais, dos bens sociais e dos bens culturais de sua sociedade. Com efeito, a condição da cidadania exige o efetivo compartilhar das mediações existenciais, por sua vez realizáveis mediante essas três modalidades de práticas reais, mas desde que esse "compartilhar" ocorra de modo construtivo, pois essas práticas são igualmente mediadoras da desumanização dos homens, já que é também nelas que os homens podem se degradar, ser oprimidos e se alienar.

Assim, o trabalho, condição básica para uma existência humanizada, pode ser igualmente o lugar e a causa da instauração de uma existência degradada, aviltada, totalmente desumanizada, quando as condições de sua realização sejam deterioradas; do mesmo modo, a inserção em um grupo social e a necessária sociabilidade podem se transformar em um processo de opressão, quando prevalecem as relações de poder e dominação entre as pessoas, seja no âmbito dos pequenos grupos, seja no âmbito dos grandes grupos societais. De igual modo, a prática cultural pode levar as pessoas a uma condição de alienação (cf. Severino, 2001, p.63-4).

A educação como mediação da cidadania

Nas atuais coordenadas histórico-sociais, a finalidade intrínseca da educação é o investimento na construção da cidadania. Como uma práxis humana, ou seja, prática intencionalizada, fecundada pela significação simbólica já fruto do próprio pensamento, que se efetiva como mediação para a construção da cidadania, contribuindo para a integração dos homens nesse tríplice universo do trabalho, da sociabilidade e da cultura simbólica. Sem dúvida, como especificamente prática simbólica, a educação só pode mesmo utilizar ferramentas simbólicas, mas sua finalidade transcende essa especificidade: ela visa sempre a contribuir para que as novas gerações se realizem nos três planos de sua existência histórica geral.

Esse compromisso com a construção da cidadania é imprescindível, pois, nas condições atuais, a emancipação do homem passa necessariamente pela superação das forças degradantes que atuam no âmago do processo do trabalho, das forças opressivas que operam na esfera da sociabilidade e da alienação que destrói a vivência cultural. Portanto, este é o único modo de se comprometer com a emancipação do homem e com a superação da barbárie.

O compromisso do educador com a construção da cidadania é tanto mais forte em vista da grave degradação do humano que marca a situação da realidade brasileira da atualidade. A ausência do trabalho ou a degradação de suas condições tem impedido a realização da maioria das pessoas. São extremamente violentos os mais variados processos de opressão social que os brasileiros vêm atravessando, tendo sua participação na vida política muito precária, seus direitos sendo vilipendiados; além disso, a alienação cultural priva a imensa maioria das pessoas do exercício e do usufruto dos bens simbólicos de sua cultura, limitando o potencial de sua subjetividade. Tudo isso desumaniza.

O único instrumento de que os homens dispõem para reverter esse quadro é o próprio conhecimento, do qual os educadores são como que os funcionários. Se é verdade que a existência dos homens vai reproduzindo-se, ao longo de sua história, mediante o exercício de sua própria prática, é igualmente verdadeiro que essa prática não é fecunda se deixada a sua própria entropia: ela é uma prática que precisa ser fecundada por uma intencionalidade, precisa ser guiada por referências pensadas, precisa ser impregnada pela teoria. Tal o papel do conhecimento. No caso do agir humano, não são mais determinações mecânicas ou metafísicas que impõem seu rumo. É o próprio homem que precisa estabelecer suas referências de ação, graças a seu equipamento de subjetividade. Mas isso não se dá espontaneamente, como se fosse uma intencionalização espontânea. É preciso todo um investimento de reflexão, de exercício planejado de sua subjetividade. É preciso uma aplicação rigorosa do conhecimento.

É por isso mesmo que a educação exige um profissional extremamente bem preparado para sua condução. Ao contrário do que muitos pensam e do que a tradição cultural brasileira reforça, a educação não pode ser conduzida de forma espontaneísta. Daí a necessidade de um profissional muito bem capacitado para lidar com o conhecimento e com os valores envolvidos no processo educativo. Na verdade, sua formação deve torná-lo sensível a todas as exigências do processo educativo e competente em atendê-las, de modo a torná-lo eficaz, produzindo seus efeitos sobre as novas gerações.

Como bem nos lembra Enguita, falando da educação em tempos incertos do mundo em processo de globalização, a educação é

> o melhor e principal instrumento para ajudar as pessoas a se prepararem para uma vida plena, uma cidadania participativa, uma posição econômica digna e suficiente, uma convivência não conflitiva, uma apreciação adequada da cultura e das relações sociais em constante processo de mudança (Enguita, 2004. p.VII).

Da formação do pedagogo educador

Entendendo-se o currículo como mediação funcional indispensável para a formação profissional, um curso de formação de pedagogos precisa assegurar-lhe três conjuntos de conteúdos e habilidades. O domínio dos conteúdos específicos, no caso os conhecimentos relacionados com o fenômeno educação; o domínio das metodologias do trabalho pedagógico e o domínio dos conteúdos significativos.

Esse domínio de conteúdos e habilidades deve ser conseguido mediante um processo complexo de ensino/aprendizagem, que envolve várias exigências.

1. O processo de formação do pedagogo pela mediação curricular implica desenvolver outra maneira de se lidar com o conhecimento. Se o conhecimento é ferramenta tão fundamental para a condução da existência humana, e se a educação, viabilizada pelo conhecimento, é mediação substantiva da existência, então é preciso superar de vez a ideia de que o conhecimento é um produto empacotado, que se transmite mecanicamente de geração a geração. Na verdade, o conhecimento é necessariamente um processo de construção dos objetos a serem conhecidos e como tal precisa ser apropriado e praticado. Isso tem consequências profundas para o processo de ensino, um dos principais mediadores da educação. A visão predominante de que o conhecimento se transmite via ensino expositivo é uma grande ilusão e uma das causas da pouca eficácia do ensino, de modo particular do ensino superior.

Sem uma forma adequada de se lidar com o conhecimento no processo de ensino/aprendizagem, de pouco adiantará a presença de um bom currículo. Sem dúvida, uma boa grade curricular não deixa de ser uma mediação melhor, mas pelo simples fato de ser uma boa grade curricular, teórica e praticamente bem configurada, não garantirá melhor desempenho e qualidade de ensino. O que está em questão para valer é *o modo pelo qual se lida com o conhecimento na Universidade.* Quando se tem uma atitude adequada de construção do conhecimento, ainda que a grade curricular seja precária, os resultados seriam certamente mais apropriados aos objetivos visados. Nunca é demais insistir que o que está em jogo em qualquer situação de ensino/aprendizagem é a incorporação de processos, e nunca de tomada de posse de produtos acabados. E o objeto nuclear da intenção investigativa do educador é sua própria prática educativa, pois é nela que se realiza o fenômeno educacional.

Se o futuro educador tem necessidade de conhecer todos os aspectos envolvidos no processo educativo e se a aprendizagem só ocorre pela construção do conhecimento, então cabe-lhe assegurar condições para que conheça construtivamente seu objeto próprio, ou seja, a prática educativa. Por isso, o curso de pedagogia precisa ser um lugar de pesquisa, de investigação científica, ou seja, os conteúdos da educação devem ser apreendidos/desvelados/construídos mediante a investigação da própria prática, que é o objeto privilegiado da pesquisa do pedagogo em formação. Obviamente, não há de se entender essa prática apenas como a prática individual isolada, mas como processo coletivo, essencialmente produzido por um sujeito social.

Ademais, esse conhecimento tem de dar conta de todas as características da prática educativa, que é um fenômeno de extrema complexidade. Essa condição de complexidade da educação exige que o conhecimento a ser produzido pelo profissional da educação se dê de maneira integrada, sob todos os ângulos que seja encarada. De um lado, exercendo-se sob uma forma multidisciplinar, pois a complexidade do fenômeno exige uma multiplicidade de abordagens, sem que, no entanto, se desvinculem uma das outras, demandando assim uma abordagem interdisciplinar De outro, é preciso ter presente que todo conhecimento é fruto da atuação de um sujeito social e histórico, o que exige o trabalho em equipe, ação cooperativa e convergente. Sendo o conhecimento um processo em permanente realização histórica, a formação do profissional da educação precisa ser um processo igualmente permanente, sua educação tem de ser continuada, não termina nunca, uma vez que seu objeto encontra-se igualmente em constante transformação.

2. O agir educativo não se legitima apenas como objeto de investigação. Ele também se impõe, no caso da formação do pedagogo, como laboratório da prática para a aprendizagem. É aqui o momento de se referir às atividades de estágio e à valorização das experiências de trabalho já vivenciadas pelos alunos em formação. No essencial, o que está em pauta é a presença prioritária do trabalho profissional que tem papel central na existência dos homens.
3. Além disso, o curso de pedagogia precisa desenvolver nos profissionais que está formando uma profunda sensibilidade aos aspectos históricos, políticos e sociais que tecem a vida da sociedade e envolvem a educação. O profissional da educação precisa receber uma formação que lhe garanta capacidade de ava-

liação crítica das determinações sociais que condicionam e limitam o processo educacional, de tal modo que saiba implementar as forças construtivas dos mecanismos sociais e, negativamente, desmascarar as impregnações ideológicas presentes nos discursos teóricos e práticos dos que pensam e fazem a educação.

Não se pode perder de vista que a formação universitária é um processo extremamente complexo. Se é verdade que a apropriação e o domínio de conhecimentos e de habilitações técnico-científicas são exigências indiscutíveis, é igualmente verdade que essa formação não pode se reduzir a tanto. O currículo, em seu sentido mais amplo, tem de mediar outros objetivos. Assim, está em pauta a *formação política* do estudante, no sentido mais profundo da palavra, ou seja, a compreensão, pelo universitário, de sua dimensão de cidadania, de sua inserção em determinada sociedade, em que relações de poder estão sempre presentes e marcando as relações entre as pessoas. Muito mais que qualquer outro profissional, o futuro profissional da educação precisa sair da universidade ciente das peculiaridades socioculturais, políticas e econômicas de sua sociedade, e convicto de que sua intervenção no social precisa ter sempre um vetor de transformação dos vínculos que fazem que essa sociedade não consiga ser uma sociedade democrática, ou seja, uma sociedade mais justa, mais equitativa e mais humana. A transformação da sociedade, seu aprimoramento no sentido da instauração e da sustentação de maior igualdade entre os homens, são exigências insuperáveis de toda atuação de qualquer profissional cidadão. Trata-se, pois, de superar o egoísmo individualista, como se só existissem problemas pessoais a serem resolvidos.

Ora, essa sensibilidade política, que leva o educador a constituir uma nova consciência social, fica até certo ponto vinculada a duas outras formas de sensibilidade: uma, *epistêmica* e outra, *ética*. E ambas precisam igualmente encontrar mediações curriculares, ou seja, precisam ser despertadas, alimentadas, incentivadas, direcionadas e construídas por mediações específicas, já que não nascemos com elas. Tais preocupações não poderiam estar ausentes das Diretrizes Curriculares.

Do ponto de vista ético, caberia destacar que, levando-se em conta a natureza do conhecimento e o caráter práxico da cultura, da educação e do trabalho, ficam claros os compromissos e as implicações éticas para sua formação e para sua atuação profissional. Uma vez que as profissões são práticas especificamente voltadas para os sujeitos humanos, e acarretam consequências para esses sujeitos, seu compromisso fundamental deve ser o respeito radical à dignidade humana desses sujeitos. A atuação profissional só se legitima se for radicalmente ética.

Tal compromisso ético acirra-se nas coordenadas histórico-sociais em que nos encontramos. Isso porque as forças de dominação, degradação, opressão e alienação consolidaram-se nas estruturas sociais, econômicas e culturais. As condições de trabalho são ainda muito degradantes, as relações de poder, muito opressivas e a vivência cultural, precária e alienante. A distribuição dos bens naturais, dos bens políticos e dos bens simbólicos, muito desigual. Em outras palavras, as condições atuais de existência da humanidade, traduzidas pela efetivação de suas mediações objetivas, são extremamente injustas e desumanizadoras. Tais condições mostram-se muito agravadas no contexto histórico-social do Terceiro Mundo, e assumem características particularmente críticas na América Latina e no Brasil.

Assim, é também por exigência ética que a atividade profissional do educador deve se conceber e se realizar como investimento intencional sistematizado na consolidação das forças construtivas das mediações existenciais dos homens. O investimento na formação e na atuação profissional do pedagogo não pode, pois, reduzir-se a uma suposta qualificação puramente técnica. Ela precisa ser também política, isto é, expressar sensibilidade às condições histórico-sociais da existência dos sujeitos envolvidos na educação. E é sendo política que a atividade profissional se tornará intrinsecamente ética. Também precisa lhe assegurar a capacidade de avaliação ética dos processos envolvidos em sua prática educacional, para que possa agir eticamente, ou seja, articular suas determinações pessoais às exigências decorrentes da dignidade dos sujeitos educandos e dos direitos universais legítimos da própria sociedade. Trata-se, para esse profissional, de inserir-se em um projeto educacional que se refere de modo fundamental aos interesses objetivos dos sujeitos/educandos. É por isso mesmo que se diz que o compromisso ético do educador é essencialmente um compromisso político, ou seja, a construção de uma sociedade democrática, feita de cidadania.

Sintetizando, o currículo de formação profissional do pedagogo, para além de um eixo disciplinar relacionado a seu campo de especialização científica ou técnica, precisa dispor de eixos complementares integrados, do campo antropológico, do campo socio-histórico e do campo filosófico. Ou seja, o profissional da educação precisa sair da universidade com a compreensão lúcida da significação de sua existência, em razão de sua pertença à espécie humana, e das consequências dessa pertença, de sua inserção em determinada sociedade histórica, com seus vínculos e peculiaridades e dos recursos do conhecimento humano na construção de todas essas referências.

Do perfil do pedagogo

O perfil do pedagogo é, pois, o de um profissional da educação que lida com a educabilidade e atua em todas as esferas da sociedade em que essa educabilidade se faz exigida. Obviamente, educabilidade aqui é tomada em um sentido naturalístico, de jaez biológico.[1] Deve estar habilitado para atuar na sociedade, sob três campos de atividade:

- é um profissional da docência em seu campo específico, seja no plano do ensino infantil, no plano de preparação dos professores do ensino infantil e fundamental, bem como nos demais núcleos pedagógicos de qualquer nível. Deve estar apto a responder pela docência de todas as disciplinas relacionadas com os saberes pedagógicos. É um especialista em educabilidade;
- é um profissional de pesquisa em educação. Trata-se da preocupação análoga à de qualquer outro curso de graduação, ou seja, início de construção do conhecimento científico que busca desvelar o fenômeno histórico-cultural da educação. Por isso, a prática educativa concreta constitui o universo temático de sua investigação; e
- é um profissional da aplicação dos conhecimentos pedagógicos nos diversos processos da vida social em sua dimensão pedagógica: desde a gestão dos sistemas escolares até os desempenhos dos processos de comunicação social, das políticas sociais, nas diversas instâncias da sociedade. Trata-se de uma visão ampliada das práticas educativas, pois cabe ao pedagogo atuar como animador cultural, como liderança em movimentos sociais e culturais, como alguém que possa utilizar-se dos meios tecnológicos para a comunicação educativa, alguém que atue nos diversos campos especializados da educação, bem como nas atividades de tantas outras instituições sociais que não a escola, como empresas, sindicatos, clubes, hospitais. Para tanto, o curso de Pedagogia deve equipar-se para lhe dar essas qualificações especializadas, como ênfases em sua formação curricular. A ação pedagógica lida com fatos, estruturas, processos, contextos e situações referentes à prática educativa em suas várias modalidades e manifestações.

Essa tríplice inserção do pedagogo no exercício de sua atividade profissional decorre exatamente da condição de educabilidade do destinatário dessa atividade. Por educabilidade entenda-se aqui a condição específica do ser humano como um

---

1 Retomo de ALMEIDA Jr. (s/d, p.47) essa categoria. Segundo ele, educabilidade é atributo humano que deve "ser tratado à luz de uma visão de homem que vá além do determinismo reducionista e alcance o interacionismo holista. Suas implicações, especialmente éticas, psicossociais e educacionais, não devem ser minimizadas; são, afinal, cruciais para uma política que pretenda o aprimoramento do homem e a promoção da condução humana". É preciso tomar cuidado para não tomar essa categoria no sentido em que vem sendo usada, sob a perspectiva de uma teoria econômica neoliberal, como mera flexibilidade dos sujeitos educandos para se adestrarem adaptativamente mediante a aquisição de competências técnicas que lhes garantam empregabilidade (e não trabalho), nas mudadas condições econômicas da atualidade. O sentido em que é tomada aqui é exclusivamente em uma perspectiva de antropogênese (cf. LOMBARDI et al., 2004).

ser inacabado, em constante construção, em permanente vir-a-ser. Mas essa não é uma construção automática, mecânica; ela depende da intervenção do outro, para que passe a compartilhar daqueles elementos que o tornem humano. A possibilidade da incorporação desses elementos, necessários para que cada indivíduo natural se transforme em uma pessoa cultural, é a educabilidade do homem. A educação, em seu sentido mais abrangente, é a prática mediadora desse processo, e o pedagogo deve ser seu agente profissional, à medida que se especializa para fazê-lo de forma sistemática.

As especificidades do perfil do pedagogo implicam exigências para o perfil das instâncias formadoras. A instituição formadora precisa ser um *locus* de construção de conhecimento, e não apenas de transmissão de produtos e técnicas. A ausência dessa característica é o maior risco que ronda as propostas alternativas de outras instâncias que se propõem a cortar caminho, como parece ser o caso dos Institutos Superiores de Educação. Assim, tudo leva à sugestão de um modelo segundo o qual todos os profissionais da educação sejam formados em uma instância universitária, na qual a formação do professor esteja bem articulada com a formação do pedagogo e ambas bem articuladas com a formação do bacharel. A formação do professor precisa estar apoiada nas referências da formação específica nas diversas áreas do conhecimento ao mesmo tempo que nos saberes pedagógicos, construidos no âmbito da formação do pedagogo.

Conclusão

A todos aqueles que têm a responsabilidade de pensar uma proposta educacional adequada para o enfrentamento de nossos desafios históricos e sejam sensíveis às exigências qualitativas do processo humanizador que a educação representa, cabe insistir na elucidação e na implementação dos requisitos substantivos para o preparo competente, criativo e crítico dos profissionais da área; e, particularmente, aos integrantes do Conselho Nacional de Educação, responsáveis pela elaboração final das Diretrizes Curriculares do curso de Pedagogia, cabe garantir nos dispositivos legais as mediações operacionais eficazes para que a formação do educador possa ser implementada com a necessária qualidade que deve ter a educação para a sociedade brasileira deste início do terceiro milênio.

Quero concluir retomando a sugestiva referência que Enguita faz ao mito de Prometeu para ajudar a desvelar a compreensão do papel dos educadores nos dias de hoje:

> A educação é o fogo dos deuses que permite aos homens dominar sua vida e seu meio, sem permanecer acorrentados pelos limites de seus dons naturais; e a escola de massas e os professores foram, no seu tempo, as forças prometeicas portadoras

desse fogo. Alguns, efetivamente, pagaram um preço alto por fazer isso ou, talvez, por fazer isso além do que se esperava que fizessem. Às vezes com a concordância dos deuses, às vezes contra eles, empenharam-se em difundir um fogo que os alimentava e que julgavam necessário e benéfico para os outros. Tal tarefa, que deve renovar-se a cada geração, continua hoje mais atual do que nunca, mas justamente por isso atinge dimensões que em determinados momentos parecem situá-la além das forças da instituição escolar e de seus agentes. (2003, p.25-6)

Referências bibliográficas

ALMEIDA JR., J. M. Dolly, ovelha ou loba. *Humanidades*, v.43, p.45-57, Brasília: UnB, s/d.

FERNÁNDEZ ENGUITA, M. *Educar em tempos incertos*. Porto Alegre: Artmed, 2004.

LOMBARDI, J. C.; SAVIANI, D.; SANFELICE, J. L. (Orgs.). *Capitalismo, trabalho e educação*. 2.ed. Campinas: Autores Associados/Hisdebr, 2004.

SEVERINO, Antônio J. *Educação, sujeito e história*. São Paulo: Olho d´Água, 2001.

5

As Diretrizes Curriculares do Curso de Pedagogia

Leonor Maria Tanuri

Criado em 1939, por ocasião da organização da Faculdade Nacional de Filosofia da Universidade do Brasil, o curso de Pedagogia nasceu voltado para um conteúdo teórico que contemplava exclusivamente as bases científicas, filosóficas, históricas, psicológicas e sociológicas da educação, além de Estatística, Administração Escolar e Educação Comparada, sem preocupação de ordem técnico-instrumental ou de definição precisa de campo profissional para o formado. Neste último aspecto, apenas o acréscimo do Curso de Didática (Didática Geral e Didática Especial), sobreposto ao curso de bacharelado, definia, em uma concepção dicotômica, a Licenciatura, com seu objetivo de preparação de professores para os cursos normais. As finalidades propostas para o curso de bacharelado em Pedagogia eram as mesmas definidas para os bacharéis em geral: "o preparo de trabalhadores intelectuais para o exercício das altas atividades culturais de ordem desinteressada ou técnica"

Tal currículo, aplicado obrigatoriamente a todos os cursos então criados, não se modificou consideravelmente quando da aprovação do primeiro currículo mínimo (CFE 251/62), resultante de exigência da primeira LDB – Lei n.4.024/61. Mantinha-se a organização geral e curricular do curso e, com ela, os problemas de identidade do profissional formado.

O segundo e último currículo mínimo que o Curso de Pedagogia recebeu (Par. CFE 252/1969 e Res. CFE 02/69), já em decorrência da Lei n.5.540/68, fixa uma estrutura que até hoje ainda não foi legalmente substituída e que continua a orientar parte dos cursos de Pedagogia existentes. Baseado numa concepção de natureza tecnicista, que vinculava o preparo específico do aluno a uma função bem definida no mercado de trabalho, esse currículo iniciou a parcelarização do curso em algumas "habilitações profissionais", ligadas à docência, à administração e à orientação educacional, às quais se acrescentaram outras no decorrer dos anos 1970 e 1980, principalmente no campo do magistério da educação especial, da educação infantil e dos anos iniciais da escolaridade.

O movimento que se desencadeou a partir dos anos 1970, em torno da reformulação do currículo do curso de Pedagogia, ainda não teve encaminhamento de solução, vindo a eclodir por ocasião das reformas em decorrência da nova LDB (Lei n.9.394/96). Sem pretender retomar toda a controvertida questão, lembre-se apenas que, paralelamente ao movimento pela reformulação do curso de Pedagogia, a prática concreta, realizada no interior das escolas, foi definindo caminhos e colaborando no sentido de construir a identidade do curso. O CFE passou a aceitar propostas experimentais, que fugissem às normas estabelecidas no currículo mínimo de 1969 (Res. CFE 02/69), e, com a crise nos cursos de formação de nível médio, ministrados nas Habilitações Específicas para o Magistério, o Curso de Pedagogia de muitas Unidades da Federação foram aos poucos incorporando à preocupação de formar os docentes para a habilitação de nível médio para o Magistério também a preocupação de formar os professores para as séries iniciais, para a educação infantil, para crianças com necessidades especiais, no âmbito da deficiência mental, física, visual e da audiocomunicação. Punha-se em prática, a partir daí, independentemente da fixação de novos currículos mínimos, a ideia-chave que seria defendida, a exaustão, pelo movimento de educadores: "a docência como base da identidade nacional de todo educador"(Comissão, 1989). Aos poucos, as licenciaturas em Pedagogia voltadas para a docência foram tornando-se mais numerosas do que as dirigidas à formação do especialista. Por outro lado, em muitas instituições, algumas das habilitações voltadas para as funções técnicas no âmbito da administração, supervisão e orientação foram sendo integradas em uma habilitação única.

A introdução do Curso Normal Superior pela nova LDB, como instituição responsável pela formação de docentes para a educação infantil e para as séries iniciais da escolaridade, trouxe novos complicadores, pois as normas imediatamente posteriores procuraram subtrair do Curso de Pedagogia essa tarefa de formar professores, que ele já havia, de fato, incorporado no caminho percorrido.[1] A reação do movimento dos educadores e de instituições universitárias de todo o

1 O Parecer CES/CNE 970/99, bem como o Decreto Federal 3276/99 atribuíram "exclusivamente" ao Curso Normal Superior a tarefa de formar professores para a educação infantil e para as séries iniciais do ensino fundamental. Pressões da comunidade acadêmica para a modificação desse Decreto levaram à sua alteração, pelo Decreto n. 3.554, de 7.8.2000, que substituiu o termo "exclusivamente" por "preferencialmente", facultando-se assim, também aos cursos de Pedagogia, o exercício da referida tarefa.

país levou à polarização de posições e à dificuldade de se conciliar propostas e de se chegar a uma que fosse consensual. Se o intento da política oficial no sentido de substituir o Curso de Pedagogia pelo Normal Superior na tarefa de formar professores para as séries iniciais não foi bem-sucedido, a tentativa renovou-se mediante a proposta de reduzir o Curso de Pedagogia ao *locus* de formação desses docentes, transformando a formação científica mais densa ou a formação dos especialistas em formação complementar, a ser eventualmente acrescida à licenciatura em Pedagogia. A controvérsia que se estabelece parece refletir *posições divergentes em jogo*, das quais decorrem propostas diferentes.

1. De um lado, há que se destacar as posições mais "generalistas" das entidades e associações de docentes (principalmente Anfope, Forumdir, Cedes), bem como das Comissões de Especialistas da SESu, que procuraram preservar a experiência histórica desses cursos, as conquistas já efetivadas e sobretudo um projeto pedagógico que inclui a docência para a educação infantil e para o ensino fundamental no interior de um processo formativo amplo, com base histórico-social, que prepare o profissional da educação em sua totalidade. Tais comissões produziram duas propostas, em 1999 e 2001, que conseguiram considerável aceitação no meio dos educadores, até por refletirem, em grande parte, a posição das referidas entidades, pela adoção de alguns de seus princípios e pela grande abrangência das áreas de formação e de atuação, dos conhecimentos contemplados e das funções objeto do preparo. Especialmente a Comissão de 1999 fez uma proposta que, ao lado de um perfil comum, ou de uma "formação básica", centrada na docência como base obrigatória, "na organização e gestão de sistemas, unidades e projetos educacionais e na produção e difusão do conhecimento em diversas áreas de educação", preserva também a possibilidade de diversificação na formação profissional, ou seja, de uma "formação diferenciada" que "pode ocorrer através de aprofundamento de conteúdos da formação básica e pelo oferecimento de conteúdos voltados às áreas de atuação profissional priorizadas pelo projeto pedagógico da IES".[2] Embora a proposta deixe claro que o Projeto Pedagógico da IES é que definiria as opções para áreas de atuação profissional – por exemplo, educação especial, Educação de Jovens e Adultos (EJA), educação indígena, educação ambiental, e outras áreas emergentes do campo educacional – não fica clara a forma de inclusão de todos esses aprofundamentos no interior do curso de graduação.

Já a proposta da Comissão de Especialistas de 2001, elaborada como "Documento Norteador para Comissões de Autorização e Reconhecimento de Curso de

---

2 Proposta de Diretrizes Curriculares para o Curso de Pedagogia, de 6.5.1999. Comissão de Especialistas de Ensino de Pedagogia (Port. SESu/MEC 146/03/98).

Pedagogia"[3] adota conteúdo menos abrangente de formação, já que contempla duas terminalidades: uma para o magistério na educação infantil e gestão educacional e outra para o magistério das séries iniciais e gestão. Ainda assim, o projeto acadêmico do curso comporta formação teórica ampla, no que diz respeito a fundamentos da educação, a conteúdos e metodologias do ensino fundamental e infantil, à organização e gestão do trabalho pedagógico e também à possibilidade de "aprofundamentos" mediante disciplinas optativas em educação de jovens e adultos, educação especial, educação indígena, tecnologia da informação e da comunicação... Igualmente aqui permanece a questão de como essa grande abrangência na área de formação pode ser contida no interior do curso de graduação.

2. Em oposição a essa tendência "generalista", deve-se mencionar as políticas neoliberais de formação de docentes, com sua ênfase numa lógica técnico-instrumental, que têm procurado enfatizar uma formação eminentemente prática, em detrimento da formação teórica e epistemológica necessária aos profissionais da educação. Essa lógica de valorização da prática parece estar informando a política oficial de formação, especialmente as políticas traçadas pelo Conselho Nacional de Educação (CNE), numa tendência nitidamente "reducionista". Não há dúvida de que reflexos dessa lógica estão presentes em várias medidas referentes ao sistema de formação, informando também, a nosso ver, as propostas de diretrizes curriculares para o curso de Pedagogia. Assim é que a primeira proposta do CNE, consubstanciada numa minuta de Resolução apresentada em 2003/2004, possibilitava a redução e limitação do curso de Pedagogia apenas ao preparo de professores para as séries iniciais ou para a educação infantil, facultando ainda a oferta integrada de formação para as funções técnicas previstas no artigo 64 da Lei de Diretrizes e Bases (LDB). Tudo indicava que, não tendo conseguido expropriar o curso de Pedagogia da função de preparar docentes para os anos iniciais da escolaridade, o CNE decidiu igualá-lo a um curso normal superior. Da mesma forma, a minuta de resolução apresentada recentemente, no primeiro semestre de 2005, reduz os cursos de Pedagogia à duração e ao conteúdo dos cursos normais superiores, limita a atuação de seus egressos à docência na educação infantil e/ou nas séries iniciais do ensino fundamental, ao mesmo tempo em que transforma a formação de especialistas ou de bacharéis em Pedagogia em uma complementação a ser oferecida aos já licenciados.

O descontentamento e a polêmica em face dessas propostas têm levado os educadores a se movimentarem em torno de suas instituições e entidades e de

---

3 Documento Norteador para Comissões de Autorização e Reconhecimento de Curso de Pedagogia, de 2/02/2001. Comissão de Especialistas de Ensino de Pedagogia e Comissão de especialistas de Formação de Professores (Portaria SESu/MEC n. 1.518, de 16.6.2000).

encaminharem suas manifestações ao CNE. Quando da apresentação da última proposta de minuta pelo CNE, mais de cem manifestações foram encaminhadas, a maioria delas institucionais, segundo informação oral da Profa. Petronilha Beatriz Gonçalves e Silva do CNE, no VII Seminário Nacional da Anfope (Brasília, 5 a 7.6.2005). Finalmente, enquanto se processa esse embate, os cursos de Pedagogia vão proliferando-se em uma rapidez espantosa e fragmentando-se em direções diversas, pouco havendo, além de sua denominação, o que os una ou os identifique. Certamente a introdução dos cursos normais superiores, com a atribuição de formar professores para a educação infantil e para os anos iniciais da educação fundamental, deve ter contribuído para essa dispersão dos modelos de cursos de Pedagogia e de suas áreas de formação.

Dos 452 cursos de Pedagogia existentes em 1994,[4] hoje, em 17.9.2005, de acordo com o Cadastro das Instituições de Ensino Superior do Inep, temos 1.697, embora alguns deles constituam programas especiais, emergenciais ou temporários de ensino, além de 1092 cursos normais superiores. A magnitude desses números é tal que, nas treze áreas de aplicação do Enade 2005, os cursos da área pedagógica constituem 28,88% de todos os cursos de aplicação do referido exame. Em outros termos, o exame será aplicado em 8.163 cursos das treze áreas, dos quais 2.358 de Pedagogia, neles incluídos os cursos normais superiores. Apenas entre 2003 e 2005, os cursos de Pedagogia tiveram seu número aumentado em 324 (de 1.373 para 1.697 cursos),[5] 132 dos quais foram criados na Região Norte, muitos deles como cursos emergenciais, parcelados em módulos. Proporcionalmente, o crescimento dos cursos normais superiores foi maior ainda, já que estes aumentaram de 327 unidades (de 765 para 1092), 246 dos quais na região sudeste.

Paralelamente ao grande crescimento de cursos sob o rótulo de Pedagogia, verifica-se grande dispersão nas áreas de ênfase ou de habilitação. Assim, ao lado de um considerável número de cursos que contemplam unicamente a docência nas séries iniciais do Ensino Fundamental e/ou na Educação Infantil, ou na Educação Especial, há uma variedade imensa de ofertas integrando a docência e outras áreas de formação pedagógica já tradicionais (no âmbito da gestão, da administração, da supervisão, da orientação, entre outras), além de uma diversidade maior ainda de rubricas recentemente surgidas, sem qualquer uniformidade em sua formulação. Entre outras habilitações, destacam-se: Pedagogia na Escola e na Empresa (Universidade Estácio de Sá – Unesa/Sudeste); Educação e Trabalho Não Escolar (Faculdade de Ciências Gerenciais de Sumaré/Sudeste); Tecnologia Educacional;

4 Descrição da Área de Pedagogia. In: Padrões de qualidade. Disponível em: http://portal.mec.gov.br/sesu/arquivos/pdf/ped_geral.pdf. Acesso em: 17 set. 2.005.

5 Os dados de 2003 foram retirados do trabalho de Campos, 2004. Os dados de 13.9.2005 constam do *Cadastro de Educação superior: cursos e instituições*. http://www.educacaosuperior.inep.gov.br. 17.9.05.

Treinamento e Desenvolvimento na Empresa(Faculdade Anhembi-Morumbi/Sudeste); Formação de Professores para a Educação Infantil e Anos Iniciais do Ensino Fundamental para Crianças, Jovens e Adultos e Pedagogia nas Instituições e nos Movimentos Sociais (Uerj/ Sudeste); Pedagogia Empresarial (Universidade Luterana do Brasil - Ulbra/Sul; Universidade do Oeste de Santa Catarina – Unoesc/Sul); Pedagogia Empresarial Contemporânea (Faculdade Anchieta, campus de Curitiba - Faesp/Sul); Pedagogia para Educadores do Campo (Universidade Estadual do Oeste do Paraná - Unioeste/Sul); Educação Inclusiva (Universidade Estadual do Centro-Oeste – Guarapuava,PR/Sul); Formação do Pedagogo da Educação de Jovens e Adultos; Formação do Pedagogo da Sala de Aula: Magistério da Educação Infantil e das Séries Iniciais do Ensino Fundamental; Formação do Pedagogo da Escola: Orientação Educacional e Supervisão Escolar (Universidade Regional do Noroeste do Rio Grande do Sul/Sul); Pedagogo Articulador do Trabalho Pedagógico na Dimensão Interdisciplinar: Administração/ Supervisão/Orientação (Universidade Estadual do Oeste do Paraná – Unioeste/ Sul); Psicopedagogia (Puc/RS); Psicopedagogia Clínica e Institucional (Centro Universitário La Salle, Canoas/RS); Reingresso em Pedagogia/Educação Especial (Unesp/Araraquara); Pedagogia em Gestão Social (Universidade Católica Dom Bosco/C.O.); Pedagogia na Empresa (Centro Universitário Várzea Grande - Univag/MT); Pedagogia e Gestão de Processos Educativos (Universidade do Estado da Bahia/ onze cidades do Estado da Bahia). Se até o momento a modalidade Licenciatura tem sido constante, começam a surgir cursos exclusivamente de *bacharelados*, sem especificação de habilitação, como o curso de Pedagogia recentemente autorizado na cidade de Jandira, SP (pela Portaria Ministerial n. 3.088, de 9.9.2005). Mesmo no interior de uma única universidade, como é o caso da Unesp, a diversidade de cursos é grande, variando desde aqueles que oferecem habilitação única, para o magistério nas séries iniciais (como é o caso do curso do campus de Bauru) ou uma habilitação integrada para o magistério das séries iniciais e gestão (como é o caso de São José do Rio Preto), até aqueles que ainda mantém grande número de habilitações (como é o caso do curso de Marília, com nove habilitações, quatro das quais no âmbito da educação especial), passando por aqueles como Araraquara e Presidente Prudente, que pretenderam integrar as diversas habilitações, mas ainda assim não conseguirem contemplar todas as que possuíam no interior de um curso único e integrado. No caso de Araraquara, permanecem três "eixos de formação" e, no caso de Presidente Prudente, a proposta é de formação de professores para as séries iniciais e gestão, permanecendo a formação de professores para as séries iniciais como complementação pós-licenciatura. Apenas no caso do curso do campus de Rio Claro acaba de ser encaminhada uma proposta de habilitação integrada, com vistas ao preparo para o magistério nos anos iniciais do ensino fundamental, na educação infantil e para gestão.

Na verdade, a se considerar essa variedade de habilitações e de denominações contempladas, o curso se dilui e se apresenta de difícil visibilidade. Diante de tal diversidade, de tal fragmentação e de tal rapidez de crescimento, consegue-se, cada vez menos, perceber a identidade, a essência, o conjunto de conhecimentos, a formação comum que caracterizam o curso de que falamos e que denominamos de Pedagogia.

Essa fragmentação resulta não apenas da ausência de Diretrizes Curriculares, mas também da inexistência de normas ou orientações compatíveis entre si, emanadas do MEC, relativamente ao curso em questão. Na verdade, a indefinição relativa às diretrizes reflete-se também, como não poderia deixar de ser, em outros atos oficiais pertinentes ao curso. Assim, para orientação das Comissões Avaliadoras para fins de autorização e reconhecimento de novos cursos, os textos que definem os chamados "Padrões de Qualidade", presentes no *site* do MEC, foram elaborados por Comissões de Especialistas diferentes, não oferecendo orientações precisas. Assim, o texto datado de 2.2.2001 definiu para o curso duas terminalidades: uma para o magistério da educação infantil e gestão e outra para o magistério do ensino fundamental e gestão. Os dois outros textos, principalmente o roteiro a ser preenchido, não fazem alusão a isso na parte referente ao projeto pedagógico.

Por outro lado, a Portaria Inep n. 177, de 24.8.2005, que fornece orientações para aplicação do Enade 2005 no Curso de Pedagogia, de acordo com as definições estabelecidas pela Comissão Assessora da Avaliação da Área de Pedagogia, apresenta minuciosamente, e de forma bastante abrangente, os **conhecimentos e habilidades a serem avaliados, bem como as áreas de atuação do pedagogo, a partir de proposta de diretrizes curriculares produzidas por grupos de docentes e pelas entidades da área, mais especificamente em conformidade com a proposta conjunta da Anfope/ANPEd/Forumdir/Cedes recentemente encaminhada ao CNE (em junho/2005).** Na verdade, a Portaria Inep n. 177/2005 contém todos os elementos para a definição das Diretrizes Curriculares da Pedagogia. Tudo indica que, não conseguindo a aceitação de suas propostas pelo Conselho Nacional de Educação, os educadores fizeram valer suas ideias em comissões de outros órgãos do Ministério (Comissão de Especialistas da SESu e Comissão Assessora de Avaliação do Inep). Assim, em um momento em que os cursos de Pedagogia serão avaliados com base em proposta de currículos e programas definidos por Portaria do Inep, tudo se processa como se estivessem equacionadas, e em caminho de superação, as controvérsias a respeito, a menos que se admita o franco conflito entre os órgãos do MEC.

Em face da atual situação, restaria saber:

1. Como os inúmeros cursos de Pedagogia e Normal Superior, a maioria dos quais criados recentemente e sem tradição, muitos fragmentados em habilita-

ções novas, ou com um perfil único de formação (por exemplo, para o magistério em educação infantil ou para os anos iniciais do ensino fundamental), poderão dar conta de uma programação ampla e abrangente, calcada nas áreas de fundamentos históricos, socioculturais e psicológicos da educação; organização e gestão da escola; didática e avaliação do ensino e da aprendizagem; pesquisa educacional; tecnologias da comunicação e informação; conteúdos e metodologias específicas de todas as áreas da educação infantil e do ensino fundamental; educação de jovens e adultos, além de áreas específicas para gestão escolar e em outros espaços educativos.

2. Com o modelo único de avaliação que será adotado, como os cursos mais antigos, muitos dos quais ainda contemplam habilitações tradicionais, especialmente aquelas na área de educação especial (visual, auditiva, mental, física) – que há cerca de trinta anos vêm trabalhando no preparo de docentes e na produção de conhecimento especializado na área –, serão avaliados e quais as perspectivas para sua continuidade, já que a Portaria Inep n. 177/2005 omitiu os conhecimentos da referida área.

Para concluir, gostaríamos de ressaltar que, diante da diversidade dos cursos existentes e dos profissionais formados, é imperioso que as Diretrizes Curriculares dos Cursos de Pedagogia sejam fixadas de modo a precisar o foco da formação, a partir da experiência percorrida e consolidada pela maioria dos cursos mais tradicionais. O caminho para o estabelecimento dessas Diretrizes Curriculares deve ser não apenas a especificação dos profissionais docentes e não docentes a serem formados – o que tem polarizado as discussões e as controvérsias –, mas sobretudo a reflexão acerca do corpo de conhecimentos teóricos e práticos relevantes que embasam a educação, bem como o desenvolvimento e a atuação profissional dos docentes e dos demais profissionais da educação.

A esse respeito, não parece haver dúvida de que a contribuição dos educadores, reunidos em suas entidades, oferece uma proposta de formação básica ampla e sólida para a formação integrada do professor para a educação infantil e para os anos iniciais da escolaridade, bem como para a gestão dos processos educativos. Entretanto, para além dessa formação integrada, há perfis profissionais que necessitam de aprofundamento e precisam ficar definidos em termos de local de formação – curso de graduação ou especialização – e de conhecimentos e habilidades necessários. *Não basta dizer que tais perfis poderão ser aprofundados pelas instituições de acordo com suas possibilidades*. O desenvolvimento do campo educacional nas últimas décadas, para o qual muito contribuiu a grande expansão e diversificação dos cursos de pós-graduação, dificulta a cobertura, em um único curso de graduação, de todos os perfis de educadores que hoje são exigidos. Falo mais especificamente da educação de crianças com necessidades especiais (mentais, físicas, visuais e auditivas). Por mais que se avance no sentido da inclusão dessas crianças no âmbito das classes regulares, não há dúvida de que *há limites para a inclusão e que, mesmo com ela, sempre serão necessários docentes, recursos, conhecimentos e condições específicos para contemplar tais alunos com oportunidades iguais de escolarização. Assim, é importante que se aceite a ideia de "aprofundamento" ou de "complementação" ou mesmo, de "nova habilitação" posterior à formação integrada, para a continuidade de inúmeros cursos atualmente existentes na área de educação especial e em outras áreas.*

Precisando melhor, estamos defendendo a possibilidade de "aprofundamentos complementares", ainda em nível de graduação, para aquelas demandas sociais que exigem o curso de Pedagogia como formação básica (por exemplo, para a formação de professores de educação especial, de educação indígena, de educação de jovens e adultos). Já para aquelas demandas sociais que não exigem necessariamente o curso de Pedagogia como formação básica (Formação e Desenvolvimento de Recursos Humanos para a Empresa; Tecnologia Educacional etc.), poderão ser organizados cursos de especialização que substituam "habilitações" atualmente existentes, cursos esses que poderão receber, além dos licenciados em Pedagogia, também egressos de outras licenciaturas ou bacharelados.

Referências bibliográficas

CAMPOS, R. F. O cenário da formação de professores no Brasil: analisando os impactos da reforma do trabalho. Reunião Nacional da Anfope, 12, ago. 1994.

COMISSÃO Nacional de Reformulação dos Cursos de Formação do Educador. Belo Horizonte, 1989. (mimeo).

6

Dilemas da Reforma Universitária

João Cardoso Palma Filho

Introdução

A última reforma do ensino superior ocorreu em 1968 (Lei 5.540), pouco antes do Ato Institucional nº 5, que mergulhou o país no período mais truculento da ditadura militar. Embora a ideia de reforma fosse aspiração de parte da própria comunidade universitária, o texto aprovado pelo Congresso Nacional não foi precedido de debate, tendo sido gestado em gabinetes de técnicos indicados pelos militares, com decisivo auxílio do modelo universitário norte-americano. Passaram-se mais de duas décadas até a aprovação da atual Lei de Diretrizes e Bases (Lei 9.394/96), mas, curiosamente, quase não houve mudança no desenho do ensino superior, mesmo tendo sido esse esboçado na fase mais arbitrária de um regime de exceção.

Assim, consideramos oportuna e urgente a discussão que o Ministério da Educação vem fazendo com vários segmentos da sociedade brasileira, tendo em vista à aprovação pelo Congresso Nacional de uma lei geral que repense não apenas a universidade, mas o ensino superior como um todo. Uma nova reforma justifica-se por várias razões, a principal delas referindo-se ao modo como se deu, desde 1968, a expansão dos cursos de graduação (a pós-graduação seguiu caminho distinto).

Como é sabido, o princípio norteador daquela reforma foi a expansão apressada das universidades públicas. Buscava-se um pretenso incremento da eficiência operacional e a racionalização das atividades acadêmicas. O vestibular foi unificado, criaram-se os departamentos (em lugar das cátedras) e instituiu-se o sistema de créditos, por exemplo.

Aquela reforma não conseguiu expandir a oferta de vagas no ensino público superior, em parte pela falta de financiamento (os militares chegaram a tirar do texto constitucional a porcentagem do orçamento da União que deveria ser empregada na Educação). Ensejou-se, então, o crescimento desmedido e sem controle do setor privado empresarial, com anuência do regime. Em consequência, formou-se no país um amplo, complexo e diversificado ensino superior, constituído por escolas e institutos (75,5%), em sua maioria com graves problemas de qualidade.

Mesmo com impressionante e desordenada expansão (cursos na área de Humanas, por exemplo, cujos custos de manutenção eram menores, compuseram a maior parte do bolo dessa expansão), o ensino superior contemporâneo ainda tem números pífios em termos de alunado: pouco mais de 10% dos jovens em idade universitária (18 a 24 anos) estão matriculados nesse nível de ensino. Antes da reforma de 1968, o setor público respondia por 57% das matrículas: hoje, responde por apenas 29%.

Em tal contexto, que traz problemas oriundos ainda da década de 1960, diferentes segmentos da sociedade brasileira discutem um novo projeto para o ensino superior. Nos cem artigos que compõem o anteprojeto (primeira versão) em pauta, há pontos positivos e alguns equívocos, tentativas de solução, especulações. Talvez seja o preço pago pelo adiamento de décadas quanto a essa discussão.

No breve comentário que é possível fazer nestas poucas linhas, consideramos positivas as medidas propostas nos arts. 13 e 83, estabelecendo que as instituições serão submetidas a procedimentos de avaliação para fins de credenciamento e recredenciamento, na forma da Lei 10.861/2004. Também parece pertinente a preocupação (art.13) em elevar os padrões de exigência acadêmica, quando se determina que, além de as universidades terem ao menos um terço do corpo docente em regime integral e metade de seus professores com titulação de mestre ou doutor, deve-se oferecer, no mínimo, três cursos de mestrado e um em nível de doutorado. Caminha-se ainda em relação ao financiamento das universidades federais – questão sempre polêmica.

De outra parte, alguns pontos do projeto precisam ser mais bem analisados. O tratamento dado aos sistemas estaduais não resolve satisfatoriamente a questão da autonomia universitária das instituições estaduais e municipais. Fica também obscura a situação do pacto federativo, estabelecida nos arts. 16 e 17 da LDB: na prática, o art. 1° do anteprojeto revoga aqueles dispositivos inscritos na LDB. Por fim, cabe ressaltar que o anteprojeto nada diz sobre o financiamento das universidades estaduais, fato esse que torna inviável a expansão da matrícula com qualidade nessas instituições, algo que parece repetir o problema presente desde a reforma de 1968.

Considerações sobre a primeira versão do anteprojeto de reforma do ensino superior

O GT[1] instituído por portaria do Magnífico Reitor da Unesp com a incumbência de analisar a proposta do MEC que estabelece normas para a educação superior, entende que ao apresentar o Anteprojeto de Lei (versão preliminar) para discussão por parte de todos aqueles, que de alguma forma, sentem-se preocupados com os destinos do ensino superior em nosso país, o MEC está exercendo um direito legítimo assegurado pelo art. 9º da atual Lei de Diretrizes e Bases da Educação Nacional (Lei Federal nº 9.394, de 20/12/1996), que por sua vez decorre de disposição constitucional (art. 22, XXIV).

Destaque-se, inicialmente, que o GT tem consciência de que há um processo de reforma universitária já em curso em via de implementação de forma fragmentária, por medidas como as relativas ao Prouni, ao Sinaes, entre outras, sobre as quais este documento não se deterá. Ainda assim, esse GT quer deixar clara sua adesão a medidas e propostas que visem, de um lado, a apoiar prioritariamente o ensino superior público, seja expandindo-o e colocando-o ao acesso de novas camadas, seja melhorando sua qualidade, e, de outro, à regulação, à avaliação e à melhoria de qualidade do ensino privado, já que não é demais lembrar que o ensino é uma função eminentemente pública e o ensino privado uma concessão do Estado.

Em nosso entender, a iniciativa de submeter à discussão uma proposta de criação de um marco regulatório para o ensino superior brasileiro, se alicerça em alguns princípios já apontados em várias instâncias da sociedade civil (como SBPC, Andifes e Crub), entre os quais se destacam:

I Adoção de medidas que visem a combater as tentativas de tornar o ensino público uma mercadoria orientada pelo mercado e submissa a regras internacionais multilaterais;

II O ensino superior público gratuito e de qualidade é essencial para reverter a situação de desigualdade social e regional de nosso país;

III O sistema público é referência de qualidade na formação de recursos humanos para a sociedade em geral, e para os demais níveis de ensino, em especial;

IV Na sociedade contemporânea a produção de conhecimento, a inovação e a transferência tecnológica são fundamentais para a soberania das nações; e

---

1 Integram o GT os seguintes docentes da Unesp: João Cardoso Palma Filho (coordenador); Olga Maria M. de Faria Oliveira; Tânia Cristina A. Macedo de Azevedo; Maria Aparecida Muranaka; José Roberto Saglieti e Leonor Maria Tanuri. O docente Marcelo Andrés Fossey solicitou afastamento do GT.

V A necessidade de fortalecer o sistema educacional brasileiro com a efetiva integração entre o ensino superior público e a educação básica em seus diferentes níveis.

Foi com base nessas considerações e pressupostos, que o GT reuniu-se em duas ocasiões e após uma leitura geral do texto do anteprojeto, deliberou oferecer as seguintes sugestões, tendo em vista aperfeiçoar o documento apresentado pelo Ministério da Educação.

De início cabe esclarecer que, como já assinalado, fizemos uma leitura geral do texto, nos detendo com mais vagar no Título I, constituído por 29 artigos, por entendermos que essa parte do anteprojeto é a que diz mais diretamente respeito às universidades estaduais paulistas.

Acrescente-se ainda que consideramos o prazo estabelecido até 28 de fevereiro de 2005, para apresentação de sugestões extremamente exíguo, daí solicitarmos, dada a relevância da matéria em estudo, dilatação do prazo de discussão.

Sugestões propostas

Art. 3º – É necessário especificar as fontes de financiamento e os demais recursos que serão adotados na expansão de vagas na rede pública de instituições de educação superior (é consenso no GT que o atual modelo de financiamento das universidades estaduais paulistas encontra-se esgotado).

Art. 4º, (III) – acrescentar: "condições de acesso e permanência com qualidade".

Art. 5º (VII) – substituir a expressão: "assegurando-lhes condições físicas de funcionamento" por "assegurando-lhes local de funcionamento", o que se deseja é que os associados sejam responsáveis pelas despesas de funcionamento, pois não é correto que a universidade arque com despesas de natureza privada.

Art. 7º – (§ 3º) está sem sentido, uma vez que o art. 2º não possui incisos.

Art. 10 – § 3º confuso e em contradição com o art. 13. Acrescentar no parágrafo 1º proibição das instituições de ensino superior utilizarem denominações que confundam os interessado (muitos estudantes julgam estar em uma universidade, quando de fato estão em um centro universitário).

Art. 12 – O parágrafo único passa a ser § 1º e sugere-se um § 2º com a seguinte redação: "As instituições de ensino superior públicas que obtiverem conceito insatisfatório deverão ser objeto por parte do poder público de projeto especial, tendo em vista sanar as deficiências apontadas no processo avaliatório". No parágrafo anterior acrescentar após "indicadores apropriados", na forma da lei.

Art. 13 – sugere-se a seguinte redação para o inc. IV: "pelo menos um terço do corpo docente em regime de tempo integral ou dedicação exclusiva ao ensino, pesquisa e extensão e pelo menos metade com titulação mínima de Mestre, garantindo-se a progressiva ampliação no corpo docente de portadores do título de Doutor" (LMT). No parágrafo único, conceituar o que se entende por universidade tecnológica (o Decreto Federal nº. 5.225, de 1º de outubro de 2004 não o faz).

Art. 18 – Supressão do inc. V, bem como do art. 20. Justificativa: A universidade tem seus próprios colegiados superiores de gestão (ver art. 19), nos quais têm assento representantes da sociedade civil. O GT entende ainda que a autonomia didático-científica e administrativa da universidade fica prejudicada pela existência de um "Conselho Comunitário Social" que, embora tenha a participação do reitor e do vice-reitor e de outros representantes da instituição de ensino superior, será composto – ao que parece majoritariamente – por representantes da sociedade civil e da administração pública, com a finalidade de "assegurar a participação da sociedade em assuntos relativos ao ensino, à pesquisa e à extensão, à administração e ao planejamento da universidade". Tal conselho poderá intervir nas tarefas mais importantes da universidade, apreciando sua gestão, seus mecanismos de ação, seus princípios orientadores (LMT). Isso poderá gerar um conflito permanente com o Conselho Universitário. Como alternativa, talvez seja melhor ampliar a participação da sociedade civil no Conselho Universitário e não criar outra instância colegiada (JCPF).

Art. 21 – O GT sugere a supressão de todos os incisos e propõe a seguinte redação para o caput: "As universidades, na forma de seus estatutos, poderão organizar os seus cursos de graduação, na sua totalidade ou em parte, em períodos e ciclos de formação". Na forma como está, o caráter facultativo do ciclo básico sugerido no caput precedente, fica comprometido, uma vez que a redação do § 3º induz a criação do ciclo básico, pela sua valorização positiva. Ademais, ao induzir a criação do ciclo básico desrespeita a autonomia didático-científica da universidade.

Art. 22 e Art. 23 – Sugere-se a supressão total, em razão das alterações feitas no art. 21.

Art. 25 – Propõe-se para o inc. III a mesma redação dada ao inc. IV do art. 13, qual seja: um quarto do corpo docente em regime de dedicação integral à docência e à pesquisa e pelo menos um terço com titulação mínima de mestre obtida em curso de pós-graduação, credenciado pela Capes, garantindo-se a progressiva ampliação, no corpo docente de portadores do título de doutor.

Art. 27 – Estabelecer a seguinte condição: "desde que possua no seu corpo docente, um quinto de professores com titulação de mestre, obtido em cursos de mestrado credenciados pela Capes".

Art. 31, inc. III – Sugere-se a retirada da expressão de grupos "étnico-raciais", de um lado, porque ela estaria contida na compreensão de "sociedade civil" e, de outro, porque ela poderá dar margem a pleitos e ações judiciais, para a inclusão de grupos raciais diversos, ainda não contemplados (LMT). Ademais, há falta de clareza e dúvidas quanto à constitucionalidade deste inc. III.

Art. 44 – Não fica claro no anteprojeto a colocação dos cursos sequenciais, principais responsáveis na atual LDB, pela diversificação do ensino superior (LMT). Não fica claro também o que seriam "os outros cursos especializados por campo do saber", mencionados entre os cursos de graduação (LMT).

Art. 48 – Propõe-se a seguinte redação: "Art. 48: As instituições federais de educação superior adotarão medidas destinadas à inclusão social das camadas menos favorecidas e de grupos étnicos-raciais específicos, inclusive mediante a reserva, em cada curso de seleção, de um percentual mínimo de suas vagas destinadas a estudantes que tenham cursado integralmente o ensino médio em escolas públicas" (LMT).

Recomendações gerais

Sugere-se cuidadosa análise do texto por parte do MEC, tendo em vista indicar claramente os artigos da LDB que ficam revogados, uma vez que houve revogação expressa apenas do art. 44 (o grupo entende que há conflito em outras passagens do texto apresentado pelo MEC).

(Para que o princípio da gestão democrática (Constituição Federal, art. 206, VI), também seja aplicado no ensino superior privado é necessário emenda do texto constitucional, pois esse prevê a gestão democrática apenas no âmbito do ensino público).

Seria interessante que o texto do anteprojeto apresentasse algum tipo de recomendação para os sistemas estaduais de educação, uma vez que o documento do MEC, como não poderia deixar de ser, preocupa-se em sua maior parte com a organização e o funcionamento das instituições vinculadas ao sistema federal de educação (Instituições de Ensino Superior mantidas pela União e Instituições de Ensino Superior mantidas pelo setor privado com recursos oriundos da cobrança de mensalidades e também da União, como é o caso da forma de remuneração criada pelo Prouni, que também afeta os sistemas estaduais de educação).

Em tal sentido, urge repensar, entre outras questões, a forma de financiamento das Instituições de Ensino Superior mantidas pelo pode público estadual, bem como o modelo de ensino superior oferecido.

Visando a suprir a lacuna em relação ao financiamento das instituições de ensino superior estaduais e municipais, a Abruem submeteu à consideração dos Reitores das Universidades Estaduais Paulistas, a inclusão dos seguintes artigos:

> Art. A União participará do financiamento das instituições de ensino superior públicas estaduais e municipais que celebrarem com o MEC compromisso de aumento anual do número de vagas, destinando-lhes anualmente a dotação orçamentária a ser definida tomando por base o número de alunos matriculados em cursos de graduação, cursos sequenciais e programas de mestrado e doutorado no ano anterior.

Parágrafo único. Para fazer face às despesas decorrentes deste artigo, fica o Poder Executivo Federal autorizado a utilizar os recursos oriundos do pagamento da dívida dos respectivos Estado junto à União.

Art. Os recursos federais de que trata o artigo anterior serão aplicados pelas instituições de ensino superior públicas estaduais e municipais para a manutenção e desenvolvimento do ensino, compreendendo:

I. remuneração e aperfeiçoamento do pessoal docente e demais profissionais da educação;
II. aquisição, manutenção, construção e conservação de instalações e equipamentos necessários ao ensino;
III. uso e manutenção de bens vinculados ao ensino;
IV. levantamentos estatísticos, estudos e pesquisas visando precipuamente ao aprimoramento da qualidade e à expansão do ensino;
V. realização de atividades meio necessárias ao funcionamento do sistema estadual de ensino;
VI. concessão de bolsas-trabalho para alunos de baixa renda;
VII. amortização e custeio de operações de crédito destinadas a atender aos incisos deste artigo;
VIII. aquisição e produção de material didático.

Parágrafo único. Os excedentes financeiros dos recursos serão automaticamente incorporados ao exercício seguinte.

Art. As instituições de ensino superior públicas estaduais e municipais ficam isentas da contribuição social instituída pela Lei Federal n. 8213, de 24 de julho de 1991.

Como assinala Ristoff (1999) em "A tríplice crise da universidade brasileira", "três grandes crises afetam hoje a universidade brasileira: 1) a crise financeira; 2) a crise do elitismo; e 3) a crise de modelo."

Logo, é necessário construir o consenso que encaminhe a solução para essas três crises.

Entendemos que a proposta do MEC caminha nessa direção, ao menos em relação ao sistema federal de ensino superior. É preciso caminhar no mesmo sentido em relação às universidades estaduais paulistas, claro que respeitando nossas peculiaridades. Talvez, a elaboração do Plano Diretor para o Ensino Superior Público Paulista para os próximos quinze anos, em gestação na Secretaria de Ciência e Tecnologia, esteja oferecendo essa oportunidade.

São Paulo, fevereiro de 2005.

A discussão da segunda versão do anteprojeto no âmbito da Unesp

Em seguida apresentamos uma síntese da discussão havida nas várias unidades universitárias da Unesp

Em linhas gerais a segunda versão do anteprojeto de reforma do ensino superior encaminhado pelo MEC aos interessados ficou melhor. Nesse sentido, muitas das sugestões encaminhadas ao MEC foram contempladas, particularmente àquelas feitas pela Unesp. O texto ficou mais conciso e muitos detalhes que não cabem em uma legislação de âmbito nacional foram suprimidos.

Entretanto, insiste-se na abordagem da educação superior de forma isolada, sem relação com a educação básica, portanto, sem uma visão sistêmica da educação brasileira, relegando, desse modo, ao segundo plano os avanços conceituais conquistados por ocasião da aprovação da LDB (Lei federal, 9.394/96).

Considera-se um avanço importante que o Estado assuma seu papel de regulador e supervisor das Instituições de Educação Superior, sejam elas públicas ou privadas, buscando aumentar as responsabilidades sociais e exigências em termos de oferta de educação de qualidade por parte dessas instituições. Também é salutar a preocupação com a inclusão social, mediante a ampliação de vagas no ensino superior público.

Todavia, é preciso considerar que, de modo geral, o MEC recuou nas exigências em relação ao setor privado, de cunho mercantilista.

Verifica-se, ainda, que o novo texto mantém o ordenamento da organização acadêmica, disciplinado no Decreto Federal nº 3.860, de 9 de julho de 2001, quando concebe a organização da Educação Superior em Universidade, Centro Universitário e Faculdade, atribuindo aos Institutos Superiores de Educação o *status* de Faculdade. Restabelece ao Centro Universitário a autonomia e as competências a ele atribuídas anteriormente e fortalece os cursos de Educação Tecnológica, com duração de dois anos. Todavia, nesse quesito, é necessário destacar que nos art. 24 e 25, ao definir as atribuições do Centro Universitário e da Faculdade, o faz de maneira muito sucinta, deixando de estabelecer de forma clara o papel real do Centro Universitário e da Faculdade, como integrantes do subsistema de ensino superior do país.

Considera-se aspecto positivo da segunda versão, a concepção do Sistema Estadual de Ensino, como está estabelecida nos art. de 27 a 29, quando reconhece como órgãos normativos dos respectivos sistemas estaduais os Conselhos de Educação e quando acena com o financiamento da União às Instituições de Ensino Superior mantidas por estados e municípios. Entretanto, não fica claro como se dará o financiamento federal às instituições de ensino superior estaduais e municipais. Gera dúvida também o *status* que é dado às instituições municipais de ensino superior, uma vez que há conflito entre o art. 27 e os arts. 2º e 14.[2]

2 Art. 2º – As normas gerais para a educação superior se aplicam às: I – Instituições públicas de educação superior *mantidas* pela União, Estados, Distrito Federal e Municípios; II – Instituições privadas de educação superior; e III – Instituições de pesquisa científica e tecnológica, pública ou privada, quando promoverem a oferta de cursos e programas de graduação ou de pós-graduação (grifo meu). Artigo 14 – As instituições e educação superior classificam-se como: I – públicas, inclusive por consórcio público, a instituição *criada e mantida* pelo Poder Público. II... e III.... (grifo meu). Artigo 27 – A educação superior nos sistemas estaduais de ensino compreende: I – as instituições de educação superior estaduais e municipais; e II – órgãos e entidades vinculadas à educação superior no âmbito dos respectivos Estados e do Distrito Federal. Parágrafo único. Os sistemas estaduais de ensino têm como órgão normativo os respectivos conselhos, conforme legislação própria.

O Plano de Desenvolvimento Institucional (PDI) está abordado de forma muito sucinta (art. 26), embora com enfoque conceitual satisfatório.

São também pontos positivos o tratamento dispensado à educação a distância, que praticamente ficou esquecida na primeira versão, e a realização de uma Conferência Nacional de Educação Superior, no interregno de quatro anos.

É louvável a sistemática de regulação estabelecida nos arts. 34 a 45, uma vez que visam ao aprimoramento da educação superior e à melhoria da qualidade. Entretanto, os prazos estabelecidos no art. 58 são muito longos.

Por fim, cabe assinalar que alguns aspectos amplamente rejeitados pela Comunidade Acadêmica, quando da discussão da primeira versão, continuam presentes na 2ª versão, como são os casos: 1) ciclo básico; 2) sistema de cotas (embora atenuado: dá-se um prazo maior); 3) extração anual de uma loteria federal para custear os programas de assistência estudantil.

Alterações propostas

Art. 6º, inc. IV, letra C, § 1º – Acrescentar ao final: *guardadas as características de cada um.*

§ 3º, inc. II – Cursos estruturados na forma do § 2º, com a duração mínima de quatro anos, *de acordo com as diretrizes curriculares de cada curso estabelecidas pelo Conselho Nacional de Educação***.**

Art. 7º – Acrescentar no final do Parágrafo único: *e dos Conselhos Federais das respectivas profissões.*

Art. 8º – Supressão do § 2º (é matéria a ser prevista no âmbito de cada Instituição de Ensino Superior.

Art. 9º – Supressão do Parágrafo único.

Art. 13, Parágrafo 4º – Propõe-se a seguinte redação: *Em qualquer caso, cem por cento do capital total e do capital votante das entidades mantenedoras de instituição de educação superior, quando constituídas sob a forma de sociedade com finalidades lucrativas, deverão pertencer direta ou indiretamente a brasileiros natos ou naturalizados há mais de dez anos, que exercerão obrigatoriamente a gestão de suas atividades.*

Art. 14 – Propõe-se a seguinte redação: *As instituições de educação superior classificam-se como:*

I – pública, *com ensino gratuito***,** inclusive por consórcio público, a instituição criada e mantida pelo Poder Público.

Art. 17 – Sugere-se a seguinte redação para o inc. III: avaliação institucional interna e externa, abrangendo seus cursos e programas, com a participação de docentes, estudantes, pessoal técnico e administrativo e representantes da sociedade, *sendo a participação dos referidos representantes somente em relação a prestação de serviços e atividades de extensão.*

Art. 18, inc. IV – Sugere-se a seguinte redação *metade* do corpo docente em regime de tempo integral ou dedicação exclusiva, com titulação acadêmica de mestrado ou doutorado. (Obs.: Foi suprimida a expressão majoritariamente.)

Inc. V – *dois terços* do corpo docente com titulação acadêmica de mestrado ou doutorado, sendo pelo menos metade destes doutores.

§ 1º substituir um curso de mestrado e um de doutorado por: *dois cursos de mestrado e dois de doutorado.*

Art. 23, III – Propõe-se a seguinte redação: *um terço* do corpo docente em regime de tempo integral ou dedicação exclusiva; IV – *metade* do corpo docente com titulação acadêmica de mestrado ou doutorado, sendo *metade* destes doutores.

Art. 25 – Está muito genérico e sem nenhuma exigência de titulação acadêmica.

Art. 26 – Estabelecer o período de cinco anos para a vigência do PDI, como, aliás, estava presente na primeira versão.

Art. 33 – Substituir a expressão majoritária por *paritária.*

Art. 44 – Regulamentar o licenciamento de marca.

Art. 50 – Acrescentar após a palavra comunidade o adjetivo *universitária.*

Art. 57 – Propõe-se a seguinte redação para o parágrafo único: *Os recursos necessários à manutenção dos alunos carentes nas Unidades Universitárias Públicas serão providos pelo Ministério da Educação.*

Considerações finais

A manutenção das atividades típicas das universidades: ensino, pesquisa e extensão, que como afirma o Plano Nacional de Educação (Lei Federal nº 10.172/01), constituem o lastro necessário para o desenvolvimento científico, tecnológico e cultural do país, não será possível sem o fortalecimento do setor público, o que não significa obstar o crescimento do setor privado, desde que garantida a qualidade, exigência, que, aliás, também vale para o segmento público da educação superior.

Um aspecto que necessita ser considerado pelo legislador é o da desigual distribuição das vagas pelas diferentes regiões geográficas do país. Entretanto, deve-se levar em conta que essa desigualdade é registrada sobretudo pelo lado do setor privado, com a concentração das matrículas na Região Sudeste, que é economicamente mais desenvolvida.

Outro ponto que fala a favor de uma expansão da matrícula no setor público é o de que no conjunto da América Latina, o Brasil apresenta um dos índices mais baixos de acesso à educação superior, mesmo quando também se considera o setor privado.

Nesse sentido, não se pode perder de vista que o PNE estabelece como um dos objetivos do ensino superior: "Prover até o final da década, a oferta de educação superior para, pelo menos, 30% da faixa etária de 18 a 24 anos".

Ainda em uma perspectiva analítica, que estamos procurando seguir na redação deste texto, é necessário destacar que os estudantes do ensino superior, além de estarem em sua grande maioria em IES privadas, frequentam cursos noturnos, que representam, aliás, 82,1% das matrículas, segundo dados do Censo de Educação Superior (2003).

Por si só, esses dados justificam a urgência do estabelecimento de uma nova política educacional para o ensino superior brasileiro.

Nessa direção, na exposição de motivos que acompanha o anteprojeto encaminhado ao Congresso Nacional, o MEC aponta para a construção de um sistema nacional de educação superior "que supere a fragmentação atual e busque responder a algumas questões fundamentais, tais como:

a) Qual o papel do Estado na avaliação e na supervisão de um sistema de educação superior público/privado tão heterogêneo?
b) Que nível de massificação seria aceitável para o sistema público de educação superior para que ele continue a cumprir sua função na pós-graduação e na pesquisa fundamental e aplicada?
c) Qual a função estratégica das universidades na geração de conhecimentos científicos e tecnológicos e na construção de um projeto de Nação soberana e inserida na competição internacional?

Por fim há que se reconhecer que muitas das críticas feitas ao anteprojeto, principalmente quando da divulgação de sua primeira versão, foram acolhidas pelo Ministério da Educação, situação que levou a uma sensível diminuição no número de artigos, passando de cem para 69 artigos, fato que, sem dúvida, contribuiu para diminuir o nível de detalhamento presente na primeira versão.

Todavia, a proposta ainda está aquém das exigências de uma lei orgânica para o ensino superior brasileiro, à medida que mantém muitas contradições existentes na atual legislação para o ensino superior.

Talvez, o maior equívoco presente no anteprojeto encaminhado ao Congresso Nacional esteja no estabelecimento de um modelo único para o ensino superior que contempla apenas três modalidades organizativas: universidade, centro universitário e faculdade.

7

Programa de Melhoria do Ensino Público da Fapesp: especificidades e contribuições

Maria da Graça N. Mizukami

A mesa-redonda intitulada "Programa de Melhoria do Ensino Público da Fapesp: limites e possibilidades" foi concebida, neste congresso, como um fórum que pudesse aglutinar análises institucionais e análises de pesquisadores que conduziram ou que estejam conduzindo projetos de pesquisa englobados nesse programa.

Considerando que o referido programa completa nove anos de existência e que há muitos projetos já desenvolvidos e vários outros em desenvolvimento, pensou-se na composição de uma mesa com um representante da Fapesp que tivesse acompanhado o programa desde sua concepção/criação[1] e de um pesquisador que tivesse participado desse programa também desde sua primeira chamada. Minha participação, nesta mesa-redonda, refere-se ao segundo critério. Desen-

---

1 "Ensino Público e Pesquisa: um breve balanço do Programa Ensino Público – Fapesp. O desenvolvimento de pesquisas sobre o ensino público, no âmbito de linha especial de fomento da Fapesp, abriu novos horizontes em torno de um conjunto de esforços voltados para a melhoria da escola pública no estado de São Paulo. O Programa tem propiciado novas possibilidades de interação entre a Universidade e as redes de ensino público, envolvendo importantes instituições de ensino e pesquisa. Após nove anos de existência, o Programa acumula um leque significativo de temáticas, instituições e escolas e professores envolvidos, oferecendo elementos importantes para uma compreensão mais densa das relações entre essas investigações e a constituição de políticas públicas no âmbito da educação. Os elementos desse balanço poderão oferecer contribuições relevantes para o aperfeiçoamento no âmbito das instituições de fomento à Pesquisa" (SPÓSITO, 2005, p.19).

volvo projetos de pesquisa vinculados ao Programa Ensino Público desde o início do programa[2], a saber:

1996-2000 – "A reflexão sobre a ação pedagógica como estratégia de modificação da escola pública elementar numa perspectiva de formação continuada no local de trabalho".[3]

2001-2003 – "Do projeto coletivo da escola à sala de aula: analisando processos de desenvolvimento profissional de professoras das séries iniciais do ensino fundamental".

2004-2006 – "O programa mentoria do Portal dos Professores[4] – formação on-line de professores iniciantes".

Este texto, pois, contém análises de uma pesquisadora, membro de um grupo, e não representa, em momento algum, a visão institucional, e sim visão pessoal e grupal. Com isso penso justificar o título desta apresentação, focalizando as especificidades e contribuições do Programa Ensino Público e não seus limites e possibilidades (título da mesa-redonda), o que seria de competência da agência de fomento, já que a mesma concebeu e implementou o programa, assim como vem acompanhando todos os projetos desenvolvidos até o momento.

Minha contribuição ao debate consiste em uma sistematização de algumas análises feitas ao longo dos projetos desenvolvidos, tendo em conta o objetivo central da mesa redonda em pauta.

Esse texto é composto pelas seguintes partes:

1. Algumas informações sobre o Programa Especial Melhoria do Ensino Público.
2. Focos/dilemas/desafios importantes para análise de projetos vinculados ao Programa Ensino Público:
   - Relação entre conhecimento do professor e aprendizagem do Aluno e Paradoxos sobre impactos da pesquisa na cultura escolar.
   - Pesquisa colaborativa/pesquisa-ação colaborativa-pesquisa com os professores e pesquisa *dos* professores.
   - Algumas questões metodológicas.
3. Uma primeira sistematização de projetos vinculados ao Programa Ensino Público (1998) – pesquisa colaborativa e produção de conhecimento sobre desenvolvimento profissional de professores.

---

2 Nos dois primeiros como coordenadora e membro da equipe de pesquisadores e no terceiro como membro da equipe de pesquisadores.

3 O referencial teórico-metodológico, assim como os principais resultados desse projeto, estão publicados no livro *Escola e aprendizagem da docência:* processos formativos e investigativos, 2003.

4 Disponível em: <http://www.portaldosprofessores.ufscar.br>.

Algumas análises sobre decorrências, impactos, dilemas, dificuldades, assim como contribuições do tipo de pesquisa desenvolvido no âmbito do Projeto Ensino Público – novamente ressaltando minha visão a partir das pesquisas que venho participando, e de acompanhamento, via publicações, de outros cinco[5] projetos de pesquisa iniciados em 1996 – são apresentadas nas três partes que compõem este texto. Mesmo com essas restrições, espero que o texto contribua para os demais projetos desenvolvidos ou em desenvolvimento no âmbito do citado programa.

Algumas informações sobre o Programa Especial Melhoria do Ensino Público[6]

Iniciado em 1996, o Programa Especial Melhoria do Ensino Público apoia pesquisas voltadas à melhoria da qualidade do ensino público do estado de São Paulo. Esse programa financia pesquisas aplicadas relativas a problemas concretos do ensino fundamental e médio de escolas paulistas.

As pesquisas vinculadas a esse programa devem ser desenvolvidas mediante parcerias entre instituições de pesquisa e as escolas das redes públicas estadual e municipal, objetivando o desenvolvimento de experiências pedagógicas inovadoras que possam trazer benefícios para as escolas. Para tanto, os projetos devem, desde sua concepção, envolver essa parceria em sua construção. As diferentes etapas dos projetos devem ser documentadas sistematicamente, servindo de instância para reflexão crítica por parte dos participantes envolvidos. Segundo a Fapesp, o objetivo é corresponsabilizar pesquisadores e instituições pela qualidade e constante inovação do ensino público, em todos os seus níveis.

Instituições de pesquisa e escolas se envolvem via os projetos vinculados a esse programa na produção de conhecimento, que pode servir de base para o delineamento de políticas públicas educacionais e para o aperfeiçoamento da qualificação dos professores.

A Fapesp concede auxílios de dois tipos nesse programa: a) para estudo de problemas e necessidades originados de realidades escolares e b) para apoio a propostas que façam parte de projetos de pesquisa já em andamento e por ela financiados.

O Programa Ensino Público volta-se diretamente à pesquisa. Não são oferecidos auxílios para atividades de formação continuada de professores em suas diferentes modalidades e para a produção de material didático, a não ser que sejam caracterizados como atividade de pesquisa. Atividades de consultoria também não são financiadas, pois se parte do pressuposto de que as tarefas que seriam

5 Ver terceira parte deste texto

6 As informações contidas nessa seção foram retiradas de: < http://www.fapesp.br/materia.php?data[id_materia]=46>.

atribuídas a esses profissionais são tarefas que devam ser realizadas pelos pesquisadores em seus grupos de pesquisa.

Um aspecto bastante importante é a concessão de bolsas a professores das escolas parceiras. Os vários tipos de bolsas são fixados em função da qualificação de cada bolsista, da natureza das atividades a serem realizadas e do total de horas dedicadas ao projeto.

Usualmente, os projetos têm a duração de um ano e podem ser renováveis a cada doze meses, com limite de até quatro anos para o término da pesquisa.

O responsável pelo projeto deverá possuir título de doutor ou equivalente, ser pesquisador de qualquer área do conhecimento e ter vínculo com instituição de pesquisa do estado de São Paulo. As equipes deverão ser formadas por profissionais da rede pública do ensino, de forma a garantir parceria na concepção, execução e avaliação do projeto.

Aspectos importantes para análise de projetos vinculados ao Programa Ensino Público

Relação entre conhecimento do professor e aprendizagem do aluno Paradoxos sobre impactos da pesquisa na cultura escolar

Ao analisar políticas públicas educacionais para países em desenvolvimento e algumas tendências dominantes sobre formação e desenvolvimento profissional de professores nelas contidas (presentes tanto no discurso quanto na execução de tais políticas), Torres (1998) conclui que muito do que está rotulado como sendo "nova tendência" no campo da formação de professores refere-se, na realidade, a antigas tendências reapresentadas sob novas formas e conservando uma visão dicotômica e binária, que entende políticas educativas como opção entre pares, por exemplo: formação inicial *versus* formação continuada, escola *versus* universidade, educação de crianças *versus* educação de adultos etc.

Em educação, segundo a autora, é típico se passar de um polo para o outro.

[Essa tradição dicotômica das políticas educativas levou a ver-se a reforma educativa, e até a inovação educativa, como um eterno optar entre pares, o que dificultou a compreensão integral e sistêmica dos problemas e da mudança educativa] (p.173).

Para Torres (1998, p.173), "um conjunto de velhas e novas tensões, em geral entendidas como 'opções' marcam a definição de políticas" [na área educacional]. Entre várias tensões por ela arroladas e analisadas, uma se refere muito diretamente à natureza de vários projetos desenvolvidos no Programa Ensino Público, qual seja: "conhecimento do professor versus aprendizagem do aluno, assumindo-se uma relação direta e mecânica entre ambos, ou – como tendência dominante na atualidade – negando-se ou minimizando-se o impacto do primeiro sobre o segundo" (p.173).

Pela análise de estudos e experiências realizadas em vários países em desenvolvimento desde a década de 1980 (América Latina, Ásia e África), a autora conclui que tais estudos e iniciativas colocaram em debate a ideia usualmente tida como garantida de que quanto mais qualificado o professor, melhor seria sua prática em sala de aula. Professores com mais anos de estudos, mais cursos, créditos e diplomas nem sempre propiciam condições que levam a melhores aprendizagens dos alunos. Não há garantia, a curto prazo, que cursos e/ou programas de formação continuada variados tenham impacto direto sobre o desempenho dos alunos. Muitas vezes, há impacto observável no discurso e em atitudes dos professores, o que não é garantia de imediata melhoria da aprendizagem dos alunos.

Segundo Torres (1998), em muitas escolas e programas não convencionais,

> vistos por muitos como uma opção de "segunda" e atacados pelo status quo escolar, os alunos, com menos horas de aula por dia, chegam a aprender mais do que os estudantes de escola convencional, com horários mais longos e com professores graduados (p.175) ... Há, em definitivo, vários sinais de que a formação docente convencional está em crise e não se traduz em melhor desempenho dos professores e, muito menos, em melhor rendimento escolar (p.175)

Para a autora, é importante analisar como se relacionam a formação docente, o desempenho dos professores e o rendimento escolar dos alunos. Segundo Torres (1998, p.175):

> "*Não existe uma relação mecânica entre conhecimento do professor e aprendizagem do aluno, ou entre capacitação do professor e rendimento escolar* [grifos nossos]: Não se pode esperar que cada ano de estudos, cada curso ou oficina de capacitação resultem imediata e necessariamente em quantidades mensuráveis de aprendizagem (melhorada) por parte do alunado.
>
> Esta visão corresponde a uma percepção da educação e da aprendizagem escolar que equipara escola e fábrica e vê o ensino e a aprendizagem à luz do modelo fabril insumo-produto (inputs-outputs). Nesta concepção fabril de ensino, a escola é uma fábrica que produz objetos, mercadorias, não um espaço de produção de conhecimento, aprendizagem e socialização.
>
> Há problemas com a investigação educativa e com seu uso. Hoje em dia, em educação, pode-se fazer qualquer afirmativa e buscar as análises de que se necessita para prová-la. É recorrente legitimar posições e até decisões de política educativa a partir de (uma seleção parcial e interessada de) resultados de investigação.
>
> O certo é que a informação disponível até o momento não permite afirmações definitivas em quase nenhum campo. Assim como existem demonstrações de que mais anos de estudos e mais capacitação não correspondem, necessariamente, a melhores resultados de aprendizagem, também existem provas de que tal relação existe. Conforme a posição que interessa sustentar, mostram-se (e generalizam-se) certos estudos e não se mencionam outros.

Realizando um estudo sobre estudos que investigam processos formativos da docência desenvolvidos em vários países, Torres (1998; 1999) argumenta que frequentemente os estudos que são comparados entre si partem de objetivos e de marcos teóricos e metodológicos diferentes. Quando os resultados desses estudos são agrupados, resultados que não são comparáveis são justapostos. A partir de análise de alguns dos estudos utilizados para concluir que a capacitação docente não é "custo-efetiva", pois não melhora a aprendizagem, Torres (1998; 1999) comprovou que tais estudos lidam com noções muito diversas – do que se entende por conhecimento ou por capacitação docente, por exemplo. Em alguns casos, a variável considerada é conhecimento. Em outros estudos, anos de estudo. Em outras pesquisas, ainda, capacitação em serviço. Segundo ela,

> Tirar conclusões válidas para o Terceiro Mundo em geral, a partir desta mescla, é fazer uso viciado da informação e da investigação, é violar princípios e requisitos básicos da investigação científica e da investigação comparada em particular. (1998, p.175)

Torres (1998; 1999) também questiona os conceitos de rendimento escolar, eficácia e conhecimento existentes nesses estudos. Via de regra, utilizam de definições bastante limitadas: a qualidade educativa, segundo ela, não se esgota no rendimento escolar. Aprendizagem, por sua vez, nem sempre equivale a rendimento – o que o professor ensina em sala de aula vai além do que o aluno é capaz de repetir em uma prova. A aprendizagem social, cultural e de valores que acontece na sala de aula não se mede com as provas escolares convencionais e não aparece no rendimento escolar.

Além da relação entre conhecimento do professor e aprendizagem do aluno não implicar relação causal em geral e muito menos a curto prazo (o que é um dos tipos de expectativas/cobranças/dilemas/desafios inerentes a muitas das pesquisas desenvolvidas no Programa Ensino Público), é importante igualmente considerar um outro fator: a pesquisa do professor e a mudança da escola (relação também não facilmente detectável, objetivável a curto prazo e para a qual necessitam ser desenvolvidos indicadores que possam captá-la em suas naturezas e especificidades).

Berger et al. Boles; Troen (2004) exploram as relações entre a pesquisa do professor e a mudança de toda a escola. Investigaram três escolas norte-americanas descritas como tendo laços estreitos entre a pesquisa do professor e a cultura escolar. Seus dados indicaram que deslocar a pesquisa do professor para além da sala de aula e para a escola toda é um trabalho extremamente difícil e cheio de paradoxos. Os autores indicam seis paradoxos-chave e concluem que, quando esses paradoxos são considerados, a pesquisa do professor tem o potencial de afetar tanto a cultura das escolas e as experiências de ensino e aprendizagem tanto para alunos. Trata-se de análise extremamente importante para parte de projetos desenvolvidos no Programa Ensino Público.

Para Berger et al. Boles; Troen (ibidem) há ampla evidência na literatura educacional de que a pesquisa do professor pode ser um fator importante na vida dos professores pesquisadores (Cochran-Smith; Lytle, 1998; Cochran-Smith; Lytle, 1999; Tom, 1997; Wilson, 2000, por exemplo). Entre os resultados de vários estudos, professores pesquisadores relatam aprender mais sobre seus alunos, sobre suas escolas, sobre si próprios, usando seus conhecimentos para mudar suas práticas.[7]

Wilson (2000), por exemplo, indica que "A questão não é 'como eu ensino melhor', mas

> como eu posso organizar meu pensamento sobre o que está acontecendo em sala de aula de forma que eu seja possível obter compreensões mais aprofundadas sobre o processo de aprendizagem e maximizar a efetividade das experiências de aprendizagem que eu preparo para meus alunos e as partilho com eles? (p.303)

Berger, et al. (ibidem) lançam questões sobre como a pesquisa do professor pode ser considerada como uma ferramenta poderosa para mudança e melhoria não só das vidas de professores individuais e de seus alunos, mas também das escolas. Os autores exploram conclusão de pesquisa anterior por eles desenvolvida: as pesquisas dos professores tiveram impacto em relação aos professores envolvidos, mas não tiveram impacto nas culturas das escolas nas quais esses professores ensinavam. Encontraram que a aprendizagem evidenciada dentro dos grupos de professores pesquisadores ou era ignorada ou explicitamente rejeitada por outros professores. Concluíram que "iniciativas individuais embora bem concebidas, mas que não contemplem o re-delineamento de toda a escola e a cultura do ensino –, não terão impacto a longo prazo nas escolas" (p.33).

Os seis paradoxos identificados por Berger, et al. são arrolados a seguir e se relacionam a diferentes tipos de pesquisa que são desenvolvidas no Programa Ensino Público (p.101-3).

Paradoxo 1 – *Deve ser ordenada; não pode ser ordenada*

Segundo os autores, a pesquisa do professor deve ser ordenada para todos os professores caso se pretenda ter um impacto na cultura escolar. Ao mesmo tempo, os autores descobriram que os diretores não podem forçar os professores a se engajarem em pesquisa. Para Berger et al. (2004), a pesquisa do professor não contribuirá para a reforma da escola como um todo se não for mandatória, mas o diretor que induz o processo deve ser extraordinariamente cuidadoso sobre como implementar e apoiar essas iniciativas, indicando os benefícios da pesquisa para os professores e para seu ensino.

7 Ver, igualmente, contribuições apontadas na terceira parte deste texto.

Paradoxo 2 – *Deve ser defendida por um forte dirigente; o dirigente não pode considerá-la sua propriedade*

O dirigente da escola exerce papel central e deve dispor de diferentes estratégias para apoiar a pesquisa dos professores. Para os autores parece um interessante paradoxo quando o diretor desempenha um papel chave que requer forte liderança de forma fomentar a pesquisa, estabelecer as estruturas, por um lado e, por outro, delegar a autoria da pesquisa aos professores

Paradoxo 3 – *Deve haver um ator de fora do contexto; o papel do ator de fora é questionável.*

Um profissional de fora dos contextos específicos das escolas pode trazer ideias, estratégias e habilidades importantes para apoiar os professores em suas investigações. Ao mesmo tempo, os participantes das escolas pesquisadas pelos autores não souberam indicar em que ponto exatamente os agentes de fora tinham sido úteis ou o que poderia ter acontecido com a ausência dos mesmos. Esse resultado é instigante em relação ao próprio papel dos pesquisadores da universidade em colaboração com os das escolas.

Paradoxo 4 – *Os professores devem aprender habilidades requeridas para a pesquisa; professores devem confiar em seu próprio conhecimento de forma que não sejam sobrecarregados por coisas que eles necessitam aprender*

Nas escolas investigadas pelos autores, foi observado que boa parte dos professores se intimidava inicialmente com a ideia de pesquisa e a consideravam estranha às suas próprias compreensões. Tinham dificuldades em formular questões de pesquisa, relacionar os métodos de coleta de dados com a questão de pesquisa e chegar a conclusões a partir de dados frequentemente confusos das escolas. Para os autores, quando os professores se familiarizavam com os procedimentos investigativos, a pesquisa parecia bastante simplista.

Paradoxo 5 – *O ensino dos professores muda profundamente; professores dizem que suas pesquisas confirmam coisas que eles já sabem*

Professores parecem mudar seu ensino em resposta a resultados que apoiam suas prévias suposições. Talvez a sistematização dos resultados e as evidências encontradas, mesmo confirmando suposições prévias, tenham oferecido algum tipo de segurança em direção à mudança.

Paradoxo 6 – *Para que funcione como uma reforma que abranja a escola inteira, as pesquisas dos professores devem estar imbuídas na cultura da escola; a pesquisa dos professores é contrária à cultura da escola*

Os autores descobriram que havia características comuns aos grupos de pesquisa que eram claramente diferentes de culturas escolares típicas. Para eles, as escolas tipicamente têm culturas que apoiam o ensino como atividade isolada e atribuem significados peculiares a "equidade", "colaboração" e "excelência".

> as culturas dentro dos grupos de pesquisa eram substancialmente diferentes. Esses grupos eram marcados por professores que eram colaborativos, que tinham orientações para o coletivo (como oposto ao individual) e que estavam dispostos a partilhar recursos. Esses professores se sentiam seguros dentro dos limites do grupo de forma a estar dispostos a se tornarem vulneráveis e a assumirem riscos dentro e fora da sala de aula. Finalmente eles eram curiosos sobre o ensino e aprendizagem e suas próprias práticas, eles visualizavam questões maduras para exploração em cada aula e eles estavam interessados em obter dados empíricos em relação a essas questões ao invés de se basearem exclusivamente em sua própria intuição. (Berger et al., 2004, p.103)

Quando não se lida bem com tais paradoxos, a pesquisa do professor perde seu potencial mesmo de ter impacto em sua sala de aula. Quando os paradoxos são bem administrados, os autores encontraram mini culturas de inquirição e colaboração nas quais os esforços de pesquisa dos professores foram bem-sucedidos e tiveram potencial de se expandir por toda a escola, criando culturas mais colaborativas.

Os paradoxos apresentados pelos autores são de extrema pertinência quando se considera projetos vinculados ao Programa Ensino Público, envolvendo tanto desenvolvimento profissional dos participantes quanto impactos na melhoria do ensino oferecido nas escolas.

Pesquisa colaborativa/pesquisa-ação colaborativa – pesquisa com os professores e pesquisa dos professores

Há, na literatura educacional, diversidade teórica considerável no que se refere aos conceitos de pesquisa colaborativa, pesquisa-ação, pesquisa-intervenção, pesquisa-ação colaborativa, pesquisa com os professores e pesquisa dos professores. Tal diversidade tem repercussão direta no desenho dos projetos e na coerência teórico-metodológica.

Quais tipos de professores queremos formar e para qual modelo educativo? Quais aspectos dos processos de aprendizagem e desenvolvimento profissional precisam ser mais bem investigados? Como o referencial teórico adotado se relaciona com o desenho de estratégias de formação e de investigação? Essas são questões presentes no dia a dia de boa parte dos projetos vinculados ao Programa Ensino Público.

Boa parte das pesquisas que objetivam estudar e melhor compreender processos de aprendizagem e de desenvolvimento profissional da docência tem sido realizada por meio de colaboração entre pesquisadores acadêmicos e profissionais de escolas de diferentes níveis e modalidades de ensino ou por meio de pesquisas realizadas pelos próprios profissionais das escolas, o que é considerado na literatura sobre formação de professores como "professor pesquisador de sua prática" ou "pesquisa dos práticos". No primeiro caso podemos nos referir a pesquisas realizadas com os professores. No segundo, a pesquisas dos professores.[8] Pesquisas realizadas por meio de parcerias colaborativas envolvendo profissionais de universidades e profissionais das escolas possuem especificidades e enfrentam dilemas, problemas, desafios ainda novos e não existentes em outros tipos de pesquisa. Envolvem os pesquisadores nas situações que investigam na qualidade de participantes e coautores de ações/intervenções/projetos etc. Eles também são envolvidos na qualidade de investigadores de tais processos acionados e vividos por eles e pelos demais participantes.

Tais tipos de pesquisa que objetivam desenvolvimento profissional de professores e demais participantes das escolas – frequentemente os mais presentes no Programa Ensino Público pela própria natureza desse programa de pesquisa – envolvem processos ao mesmo tempo formativos e investigativos. Trata-se de um desafio de grande porte, já que **a** pesquisa deve estar sempre presente e o problema de pesquisa muito claro para os pesquisadores envolvidos de forma a não se mover para um dos polos, o das intervenções, cursos, ações, programas. Como o processo investigativo e formativo é altamente dinâmico, as demandas das escolas frequentemente prementes e os problemas postos pelo cotidiano escolar e exigindo soluções urgentes –, a vigilância investigativa deve ser atitude sempre presente nos pesquisadores, de forma que a pesquisa não se converta em instância de resolução de problemas práticos oriundos do dia a dia escolar, distanciando-se do próprio processo investigativo. É claro que, pela própria natureza dessas pesquisas, constantes redirecionamentos são necessários, já que se lida com situações dinâmicas, mutáveis, imprevistas. O fio condutor da investigação, no entanto, deverá estar sempre presente nas análises e decisões dos processos formativos a serem desenvolvidos nas escolas.

Pesquisa-ação (muitas vezes típica de projetos vinculados ao Programa Ensino Público), embora tenha várias conceituações/definições, pode ser descrita como:

---

8 Um melhor detalhamento sobre a pesquisa sobre, com e dos professores pode ser encontrado em MIZUKAMI, 2003.

> Um processo participativo, democrático e dedicado ao desenvolvimento de conhecimento prático na busca de propósitos humanos valorosos... Procura associar ação e reflexão, teoria e prática em participação com outros, na busca de soluções práticas para questões de preocupação urgente das pessoas e, de forma geral, o crescimento de pessoas individualmente consideradas e suas comunidades. (Reason; Bradbury, 2001, p.1)

Ou

> Pesquisa-ação é uma forma de investigação coletiva e autorreflexiva levada a cabo por participantes de situações sociais, com a finalidade de melhorar a racionalidade e justiça das suas próprias práticas educacionais, bem como sua compreensão dessas práticas e das situações em que essas práticas acontecem. (Kemmis; McTaggart, apud Zeichner; Noffke, 2001, p.303)

Dick (2004), revisando livros recentes sobre pesquisa-ação e baseado nessa literatura, identificou algumas tendências: o crescimento da pesquisa-ação e, especialmente, da inquirição apreciativa; um aumento de sentido de comunidade entre os participantes e uma crescente atenção a detalhes práticos de participação e envolvimento. O autor questiona a ausência de mais material referente à construção de teoria a partir da pesquisa-ação, assim como sobre pesquisa-ação e complexidade.

Clark et al. (1996) caracterizam a pesquisa colaborativa como tendo quatro elementos básicos: colaboração, foco em problemas práticos, ênfase no desenvolvimento profissional e necessidade de tempo e apoio para comunicação aberta. A característica central que permeia as várias concepções de colaboração e de pesquisa colaborativa é seu potencial de melhoria do desenvolvimento profissional ao oferecer oportunidades para inquirição sobre a prática, para reflexões e críticas partilhadas grupalmente e para mudanças apoiadas pelo grupo. Colaboração é a característica-chave entre os quatro elementos, porque permite compreensões mútuas e consenso, tomada de decisão democrática e ação comum.

Para Clark et al. (1996), pesquisas colaborativas vêm apresentando contribuições importantes para processos de desenvolvimento profissional e mudanças (tanto conceituais quanto de práticas educacionais) de professores e pesquisadores por possibilitar conversações de diferentes naturezas relativas ao fenômento educacional e à prática pedagógica e pelo diálogo. Uma dimensão importante colocada pelos autores é a de que colaboração não implica participação de todas as partes em todas as fases do projeto de pesquisa e tampouco que essa participação tenha a mesma intensidade e reflita o mesmo grau de envolvimento de seus participantes.

> Vemos, assim, como uma acepção fundamentalmente diferente de colaboração, pois caracteriza partilha e mutualidade não em termos de fazer o mesmo trabalho de

> pesquisa, mas em termos de compreender o trabalho um do outro. Tal distinção é ao mesmo tempo sutil e crítica, porque ... pode permitir aos professores e pesquisadores obter mais igualmente os benefícios (e partilhar as cargas) da colaboração. A diferença parece estar no trabalho. Como é frequentemente conceptualizada, a colaboração entre professores e pesquisadores se refere à partilha do trabalho de pesquisa. Para que os professores sejam também os "donos" espera-se que eles "desenvolvam questões, escolham metodologia e escrevam os resultados" ... para fazer o trabalho de pesquisa. Não apenas isso coloca uma carga adicional para os professores-colaboradores (com nenhuma indicação de que os pesquisadores partilharão o trabalho de ensino), mas implicitamente, desvaloriza o trabalho dos professores e privilegia o dos pesquisadores. Mais ainda, reforça a noção de que mudança, reflexão e desenvolvimento profissional só ocorrerão a partir dos professores, por meio de seu engajamento no trabalho de pesquisa. ... Ao invés do trabalho, o diálogo se torna o aspecto central e partilhado da pesquisa colaborativa, quando o que é ganho é um nível de compreensão sobre as limitações/características das práticas uns dos outros e uma oportunidade que permite os professores e pesquisadores trazerem suas diversas especialidades para um empreendimento que é potencialmente enriquecedor para todos os envolvidos. Tal reconceptualização é difícil ... (Clark et al., 1996, p.196-7)

Para Clark et al. (1996) mudanças na prática e na reflexão resultantes de envolvimento em processos colaborativos de inquirição ocorrem tanto em relação aos professores quanto em relação aos pesquisadores.

> Por meio de nossas experiências de colaboração, nós nos tornamos cada vez mais conscientes de quanto cada um mudou. ... vemos mudança e desenvolvimento profissional ocorrendo em toda a nossa vida – tanto como professores quanto como pesquisadores. A consciência da natureza mútua de nossa colaboração tem sido desenvolvida a todo tempo. Por meio de nossas interações, passamos a nos ver e a ver os outros de forma diferente. (Clark et al., 1996, p.224)

Os participantes, segundo os autores, passam progressivamente a se sentirem mais confortáveis em relação à mudança, embora a resistência à mudança seja um fator constante a permear as relações do grupo. Os participantes mudam (nem sempre da mesma maneira e com o mesmo grau de intensidade) em relação a suas práticas, teorias ou expectativas em relação a si próprios e aos demais.

> Colaboração bem-sucedida envolve melhorar nossas compreensões dos mundos e dos papéis dos outros por meio de diálogo partilhado, como oposto a trabalho partilhado. Aqui, professores e pesquisadores, conjuntamente, se engajam em diálogo partilhado de forma a melhorar seu desenvolvimento mútuo e a melhorar suas compreensões de uma situação ou de uma questão. Assim, colaboração não só é definida pelo fato de que todos fazem tudo, mas pelo fato de que todos ganham a partir da interação. (Clark et al. 1996, p.226)

A importância de uma estrutura teórica que integre os diferentes e múltiplos modelos de colaboração é defendida por John-Steiner et al. (1998). Contrapondo-se a Clark et al. (1998),esses autores afirmam que focalizar exclusivamente o diálogo significa ignorar a complementaridade de habilidades, esforços e papéis em relações de confiança como uma alternativa à falta de justiça e poder desigual em relações colaborativas. Concordam com a importância do diálogo, mas defendem que tal diálogo esteja ligado aos valores dos participantes, aos objetivos partilhados e ao trabalho comum, caso contrário a colaboração não se constrói e consolida. Steiner et al. (1998) defendem a importância do planejamento, do ensino, da interação com os alunos e de rotinas burocráticas partilhadas. Para uma definição de colaboração, segundo os autores, a ferramenta diálogo é restrita e ambivalente. Os relatos narrativos, embora informativos, raramente se limitam à descrição e neles estão implícitos: seleção, destaque e negociação sobre o que é relatado.

> Teorias de colaboração, quaisquer que sejam seus focos, envolvem distinções e generalizações cuidadosas – por exemplo, aprendizagem cooperativa no ensino fundamental; colaboração professor-professor; colaboração professor-pesquisador; aprendizagem colaborativa na universidade ou autorreflexão coletiva em projetos de ação. Quando uma teoria é sensível ao contexto, incorporada nos detalhes das atividades colaborativas, pode ajudar a detectar características significativas dessas atividades. (John-Steiner et al.1998, p.777)

Para Steiner et al. (1998) é importante que as variações nos padrões de colaboração sejam consideradas. Em colaborações orientadas para o produto, os papéis tendem a ser mais claramente delineados e a eficácia é um objetivo central. Por outro lado, em colaborações mais integradas e com ênfase no processo, diálogo e resultados de emancipação resultam em papéis mais flexíveis e divisão de trabalho.

A crescente e mútua compreensão entre os participantes – pesquisadores e professores – é um produto significativo de pesquisas colaborativas segundo Clark et al. (1998). Para John-Steiner et al. (1998), é importante que outros aspectos sejam igualmente considerados: impactos da colaboração sobre a interação professor-professor e professor pesquisador, tais como percebidos pelos participantes; melhoria do relacionamento e do apoio mútuo entre os professores. Para esses autores, os aspectos mencionados necessitam de melhor elaboração, réplica e compreensão teórica. Referindo-se ao trabalho de Clark et al. (1998), John-Steiner et al. (1998) analisam que:

> apresentando seu estudo a partir de um ponto de vista pós-moderno e recusando-se a referenciá-lo teoricamente, tornaram complicadas as possibilidades de aplicação de sua experiência para outras situações. Rejeitando práticas usuais – validação múltipla,

> triangulação e comparações sistemáticas entre os estudos – eles obrigaram os leitores a empreendê-las por si próprios. (John-Steiner et al. 1998, p.778)

Analisando as pesquisas que envolvem colaboração entre pesquisadores-professores, verifica-se a necessidade atual de construção de uma teoria da colaboração que explicite e explique múltiplas definições e múltiplos modelos de prática colaborativa.

Algumas dificuldades que pesquisas colaborativas vêm enfrentando (tanto no planejamento das intervenções quanto no registro dos dados e nos instrumentos de acesso ao conhecimento dos professores) são:

> desenvolver diálogo crítico sobre a prática pedagógica e sobre ideias dos professores, já que usualmente não é oportunizado pela cultura escolar, sendo, pois, difícil de ser instaurado; capturar a aprendizagem dos professores nesses contextos; capturar o conhecimento individual e o conhecimento grupal; identificar contextos nos quais os professores revelem o que não sabem, que possibilitem discordância pública, nos quais não tenham resistência de se exporem e de partilharem problemas, discutirem conhecimentos tácitos, assim como de experimentarem soluções. É difícil, igualmente, estabelecer limites – com relativa segurança e precisão – sobre impactos na prática, mesmo quando se considera como fonte os relatos dos professores. Via de regra há mais segurança em se considerar indicadores de que professores aprendem a falar em grupos, a analisar criticamente as práticas e ideias dos pares a adquirir conhecimento do discurso profissional e de suas normas do que considerar relações desses com correspondente mudança de práticas pedagógicas e/ou mesmo de crenças/valores/teorias implícitas do professor. Permanece em aberto, ainda, questão que tem estado presente em várias investigações sobre aprendizagem de professores (assim como em discussões relacionadas à epistemologia da prática): qual o estatuto do conhecimento construído? (Mizukami, 2003, p.212)

Para Fenstermacher,

> Há problemas epistemológicos sérios na identificação de conhecimentos que professores acreditam, imaginam, intuem, sentem e refletem sobre. Não é que tais atividades mentais não possam conduzir a conhecimentos; mas muito mais, é que esses eventos mentais, uma vez inferidos ou expressos, devem ser submetidos a avaliação em relação a seu mérito epistêmico. (1994, p.47)

Voltando a um aspecto crucial desse tipo de pesquisa, é importante reforçar a compreensão da perspectiva situacional. Os pesquisadores são parte dos contextos nos quais procuram compreender e explicar processos de aprendizagem e desenvolvimento profissional de professores, assim como da construção de conhecimentos da docência.

Considerando que parte de pesquisas vinculadas ao Programa Ensino Público assume delineamentos envolvendo colaboração, parceria, pesquisa-ação (em suas diferentes concepções), não se pode esquecer que os pesquisadores, ao mesmo tempo em que procuram compreender o fenômeno, o estão influenciando e configurando. Encontram-se pesquisando um fenômeno enquanto estão tentando produzi-lo, construí-lo, o que é extremamente complicado e traz problemas específicos, pois que estão em jogo desenvolvimento profissional significativo e condução de investigação rigorosa.

Intimamente ligada à pesquisa-ação e pesquisa colaborativa está a denominada de pesquisa dos práticos, via de regra considerada como sendo o professor o investigador de sua própria prática, produzindo conhecimento sobre a docência, sobre processos de aprendizagem e desenvolvimento profissional. O que se entende por professor-pesquisador também é oriundo de aportes teórico-metodológicos que podem ser bastante diversificados

> A prática de todo professor é o resultado de uma ou outra teoria, quer ela seja reconhecida quer não. Os professores estão sempre a teorizar, à medida que são confrontados com os vários problemas pedagógicos, tais como a diferença entre as suas expectativas e os resultados. Na minha opinião, a teoria pessoal de um professor sobre a razão por que uma lição de leitura correu pior ou melhor do que esperado é tanto *teoria* como as teorias geradas nas universidades sobre o ensino da leitura: ambas precisam ser avaliadas quanto à sua qualidade, mas ambas são teorias sobre a realização de objetivos educacionais. Na minha opinião, a diferença entre teoria e prática é, antes de mais nada, um desencontro entre a teoria do observador e a do professor, e não um fosso entre a teoria e a prática. (Zeichner, 1993, p.21)

As pesquisas sobre o ensino realizadas nas últimas décadas apresentam um redirecionamento para estudos do pensamento do professor, do conhecimento do professor, desenvolvidos a partir de diversidade de abordagens teórico-metodológicas. Adota-se usualmente outro paradigma de investigação, o interpretativo, que difere do paradigma que orienta pesquisas processo-produto não apenas em suas bases disciplinares, mas também em amplitude, considerando desde micro análises de interações verbais até a macro análise de escolas ou comunidades inteiras.

Para Cochran-Smith; Lytle (1990), o que aglutina essa diversidade de investigações é a concepção de ensino como uma atividade altamente complexa, específica a contextos e interativa e que considera importantes as diferenças entre salas de aulas, escolas e comunidades. As suposições centrais desse tipo de pesquisa incluem: a) a atenção à interação recíproca entre pessoas e seus ambientes, mais do que a busca de causalidade unidirecional de professor para estudante; b) a consideração de ensino e de aprendizagem como processos interativos contínuos, não reduzindo o ensino a variáveis isoladas; c) a consideração da sala de aula como um contexto existente dentro de outros contextos (escola, comunidade, cultura), que influenciam o que é observado; e d) a consideração de processos inobserváveis, tais como pensamentos, atitudes e percepções, como fontes importantes de dados.

Zeichner; Noffke (2001, p.299), baseando-se em Hodgkinson, arrolam algumas das críticas usualmente feitas ao envolvimento dos professores como investigadores da própria prática:

- Os professores não são treinados de forma apropriada para realizar pesquisas e as pesquisas que eles conduzem não têm alcançado padrões aceitáveis.
- Mesmo os que reconhecem esse tipo de pesquisa a veem como uma forma inferior de pesquisa e como tendo padrões menos rigorosos que a pesquisa acadêmica.
- Não se reconhece a pesquisa do prático como um indicador de uma forma emergente de ciência educacional.
- A pesquisa do professor é considerada muito mais como "senso comum quantificado" do que um tipo de estudo científico.
- A partir da visão positivista de validade externa, a pesquisa do prático é considerada de valor questionável porque muitos dos estudos não envolvem investigação de grupos representativos de populações amplas, sendo impossível realizar generalizações.
- Para alguns, a pesquisa do prático não conduziria ao auto desenvolvimento do professor, mas a uma autoilusão e maior estagnação de professores que usariam sua pesquisa meramente para justificar suas práticas atuais.

Zeichner; Noffke (2001, p.299) consideram a pesquisa do prático como uma forma legítima de inquirição educacional que deveria ser avaliada com critérios que são sobrepostos aos, mas que de alguma forma sejam diferentes daqueles usados para avaliar a confiabilidade da pesquisa educacional acadêmica. A despeito das críticas à inquirição do prático como uma forma legítima de pesquisa educacional, observa-se atualmente, segundo os autores (2001), um apoio crescente à geração desse tipo de conhecimento:

- Professores não mais considerados como meramente consumidores de pesquisa educacional, mas como mediadores e produtores de conhecimento educacional.
- Desafios à concepção de acadêmicos de universidades e de instituições de pesquisa, segundo a qual essas instituições seriam as únicas produtoras de conhecimento educacional.
- Desafios à sistemática de se aplicar as normas e os padrões referentes à pesquisa educacional acadêmica à avaliação de pesquisas de práticos.

- O aparecimento de propostas de utilização de variedade de indicadores diferenciados para avaliar a qualidade da pesquisa.
- A consideração de que os professores, por viverem as situações educacionais em suas escolas e salas de aula, podem oferecer compreensões importantes para o processo de produção de conhecimento.

O debate educacional atual refere-se a uma questão central desdobrada: a pesquisa dos práticos é, realmente, pesquisa? Qual é, de fato, o estatuto epistemológico das pesquisas dos práticos?

Para Anderson; Herr (1999), duas tendências estão presentes ao mesmo tempo: ou a pesquisa dos práticos resistirá às universidades e às escolas, ou será domesticada como novas técnicas para melhorar o desenvolvimento profissional.

> Do lado da escola, muitos administradores e especialistas de desenvolvimento profissional veem a pesquisa de práticos como uma nova bala de prata na reforma da escola mas, ao mesmo tempo, querem controlar os tipos de questões postas. Acadêmicos tendem a se sentirem confortáveis com as pesquisas de práticos como uma forma de conhecimento local que conduz a mudanças dentro do ambiente da própria prática, mas se sentem menos confortáveis quando é colocado como conhecimento público com exigências epistemológicas além do ambiente da prática ... Para muitos acadêmicos, a aceitação da pesquisa de práticos é dada apenas com a condição de que seja criada uma outra categoria de conhecimento para ela. Usualmente tal categoria é expressa como sendo alguma variação entre "conhecimento formal" (criado em universidades) versus "conhecimento prático" (criado em escolas) e uma separação da pesquisa em relação à prática define a pesquisa de práticos como "inquirição prática" a qual é focalizada sobre a "melhoria da prática" e usa sua própria definição para relegá-la a segundo plano em relação à pesquisa formal (leia-se real). (p.14-5)

Os autores (ibidem) propõem que se saia dos campos de batalha e que se façam alianças produtivas, que implicam "elos" com a pesquisa "de fora". Consideram possíveis alianças entre os que estão "dentro" do processo de investigação (práticos) e aqueles que, ao empreenderem tal processo, realizam-no com afastamento tal que são considerados como sendo "de fora" (acadêmicos).

> acadêmicos querem compreender o que é ser de dentro sem "se tornar nativos" e perder suas perspectivas de fora. Práticos já sabem o que é ser de dentro, mas porque são "nativos" ao ambiente, eles podem trabalhar considerando como garantidos aspectos de sua prática a partir da perspectivas dos de fora. (Anderson et al. apud Anderson; Herr, 1999, p.15)

Sugerem combinar as vantagens de ambos – os de dentro e os de fora via pesquisa colaborativa que tragam acadêmicos e práticos das escolas juntos em equipes de pesquisa, há, para eles, outra forma pela qual podem informar-se uns aos outros. Quando os práticos se engajam em suas próprias pesquisas, eles tendem a ler mais pesquisas realizadas na e pela universidade e com maior interesse. Ironicamente, um movimento crescente de pesquisa de práticos poderá conduzir a uma maior e não menor demanda de pesquisa de acadêmicos.

As concepções sobre "professor reflexivo", "ensino reflexivo" também usualmente estão presentes em projetos vinculados a projetos desenvolvidos no âmbito do Programa Ensino Público. Há em relação a esses conceitos, assim como aos outros aqui mencionados, vários aportes teóricos e metodológicos. Em relação particularmente ao professor reflexivo, sem a mínima pretensão de fazer um levantamento na área educacional, há trabalhos de pesquisadores que desenvolveram projetos junto ao Programa Ensino Público que caracterizam bem como os mesmos foram apropriados por pesquisas e experiências formativas da docência em nosso contexto. Essa afirmação tem como base o primeiro processo de discussão de alguns projetos realizado em 1998 – no Seminário Universidade-Escola: pesquisa colaborativa para a melhoria do ensino público[9].

Algumas questões metodológicas: validade e rigor em pesquisas com e dos professores

Muitos dos projetos envolvendo pesquisas com e dos professores, pesquisa--ação, pesquisa colaborativa etc, vêm enfrentando críticas em relação ao tipo de conhecimento produzido, o que envolve questões ligadas a rigor, especificidades de desenho metodológico e validade.

Schön (1991), ao analisar o que denominou de guinada reflexiva – a mudança do paradigma da racionalidade técnica para o da racionalidade prática na compreensão de processos formativos e de desenvolvimento profissional – elenca e analisa quatro temas centrais a processos formativos e a processos investigativos que são de extrema pertinência a projetos desenvolvidos no Programa Ensino Público.

Sobre o que é apropriado refletir?

Segundo o autor (1991, p.9-11), todos os contextos da prática são complexos e ricos em dados. Há inúmeras relações que poderão ser estabelecidas, inúmeros

9 Ver por exemplo, MARIN et al., 2000; COMPIANIET al., 2000; ALMEIDA et al., 2000; PIMENTA et al., 2000; LEITE et al., 2000; MISUKAMI et al., 2000. Há, igualmente, outros trabalhos que indicam os cuidados que devem ser considerados quanto à adoção acrítica de pesquisa-ação e a universalização inquestionada – e não fundamentada teoricamente e metodologicamente – dos termos professor reflexivo, pesquisa feita pelo professor, paradigma da racionalidade prática, pesquisa do prático etc (Ver, por exemplo, GARRIDO, 2000; PIMENTA, 2002; LÜDKE; CRUZ, 2006; ZEICHNER; DINIZ-PEREIRA, 2005).

recortes a serem considerados, inúmeros focos a serem analisados. Em face desse tipo de investigação, coloca questões que deverão ser contempladas por todos os participantes do tipo de pesquisa aqui considerada:

- Como o pesquisador deve escolher uma estratégia de atenção?
- Que tipos de fenômenos e quais níveis de fenômenos determinam o seu campo/objeto de estudo?
- Quando é apropriado dizer que o estudo é muito amplo ou que não se estudou algo suficientemente?
- Como se poderia escolher unidades de descrição e análise? Sob quais circunstâncias e por meio de quais critérios, por exemplo, faz sentido estudar um episódio de interação de vinte minutos ou quinze anos da vida de uma única pessoa em uma organização? Ou: quais os critérios para se optar por estudar os pensamentos e ações de uma única pessoa, a evolução de um grupo, um sistema organizacional, a "cultura" partilhada por uma família de organizações?

Qual seria uma forma apropriada de observar e refletir sobre a prática?

Para Schön (1991, p.9-11), é importante delimitar em quais tipos de atividade se materializa a reflexão. Isso se refere tanto aos meios quanto às estratégias de representação e descrição. O autor coloca questões pertinentes ao tipo de investigação aqui considerada:

- Nós refletimos, por exemplo, somente quando nós falamos sobre as coisas que nós dizemos e fazemos, ou gestos, desenhos, artefatos ou a própria ação constituem reflexão sobre a ação?
- Como devemos representar, em palavras ou outros símbolos, nossas descobertas sobre prática ou conhecimento da prática?

  a) contando histórias – se sim, que tipos de histórias?

  b) por meio de descrições sobre procedimentos?

  c) por meio de modelos explicativos?

  d) por meio da construção de teorias implícitas em padrões de ação?
- Quais estratégias formativas e investigativas poderiam ser delineadas com base no problema de pesquisa contemplando esse segundo aspecto?
- Para o autor, assumindo-se que diferentes estratégias de representação podem ser apropriadas para diferentes propósitos, como deveremos avaliar as consequências de nossas escolhas?

- Alguns tipos de descrição são mais apropriados do que outros para determinados objetivos?

Quando se assume a guinada reflexiva, o que constitui rigor apropriado?

Para Schön (1991, p.9-11), segundo tendência dominante no julgamento das pesquisas, observar e estudar a prática de forma a descobrir as compreensões já nela incorporadas ou relacionadas é esquecer uma concepção particular de pesquisa rigorosa. Via de regra, o rigor considerado é o inerente à racionalidade técnica, que considera a visão do conhecimento profissional como prático, instrumental, tornado rigoroso por meio da aplicação de ciência baseada em teoria.

Para ele, rigor apropriado em estudos reflexivos da prática tem a ver com dois critérios intimamente relacionados: validade e utilidade. Para tanto, lança as seguintes questões:

- Antes de tudo, o que nós devemos considerar como evidência de verdade de nossas afirmações?
- Como nós sabemos o que nós dizemos que sabemos?
- Tendo como base quais tipos de dados, por exemplo, estaríamos preparados para ceder ou revisar aquilo que consideramos verdade?
- Quanto de evidência ou que tipos de evidência seriam suficientes para nós?
- É suficiente contar uma história plausível que forneça os dados que nós escolhemos fornecer ou deveríamos considerar, igualmente, outras histórias plausíveis, gerando uma base para discriminar entre alternativas, revisão ou síntese de nossas histórias?

Em qualquer um dos casos, "verdade" não é suficiente. Para o autor, a guinada reflexiva traz consigo uma intenção de tornar o estudo da prática útil aos práticos: pretende-se que eles aprendam, direta ou indiretamente, a partir de nossos estudos sobre ou com eles. Para tanto, levanta as seguintes questões norteadoras da pesquisa:

- O que, então, deve ser considerado como um estudo útil da prática?
- Quais são os testes de utilidade?
- E o que se segue a partir de um compromisso de tornar nossos estudos mais ou menos imediatamente úteis aos práticos – ou seja, ajudar práticos a aprenderem no presente a partir de nossas pesquisas mais do que nos vermos como contribuindo para um corpo gradualmente cumulativo de conhecimento a partir do qual eles possam ser capazes de derivar aplicações úteis?

- E como são relacionadas as exigências distintas de validade e utilidade?
- Como nós deveríamos pensar de forma diferentes sobre testagem apropriadamente rigorosa de nossas exigências de verdade, já que nós também temos como meta a produção de conhecimento imediatamente útil?

Finalmente, o que a guinada reflexiva implica para a atitude do pesquisador em relação a seu empreendimento – em direção a seus sujeitos, sua atividade de pesquisa e para si próprio?

Trata-se de questão, para o autor (1991, p.9-11), tanto de ética quanto de atitude, de método e de epistemologia.

- De que forma, por exemplo, um pesquisador deve 'dar razão' ao prático em sua investigação?
- Dar a razão cessa com a tentativa de descobrir como os padrões de ação dos práticos têm sentido ou revelam compreensões tácitas?
- Em que medida e de que forma uma atitude colaborativa torna o pesquisador vulnerável à reflexão de sua própria prática como pesquisador?
- De que maneiras isso afeta a meta de se conseguir significado, verdade e utilidade?
- Como as regras do jogo e as exigências da pesquisa mudam quando o pesquisador se torna um agente mais do que um expectador manipulador?
- Quanto da subjetividade do pesquisador deveria entrar na conduta de pesquisa do pesquisador e nos resultados da pesquisa?
- Em que medida o pesquisador deveria adotar a voz "objetiva" de um expectador neutro e distanciado, ou em que medida deveria falar na primeira pessoa e descrever sua pesquisa e resultados em termos de sua própria experiência?
- Quais são as diferentes exigências éticas colocadas ao pesquisador como um resultado de uma escolha de papel e atitude?
- Quais tipos de promessas – de confidencialidade, confrontabilidade e responsabilidade, por exemplo – deveria o pesquisador fazer e manter?

De maneira geral, pode-se dizer que quatro frentes permanecem presentes (Schön, 1991) em pesquisas com e dos professores: a) sobre o que é apropriado refletir, nos contextos ricos e complexos da prática, incluindo aqueles que o prático já conhece; b) qual o forma ou quais as formas apropriadas de observação e reflexão sobre a prática, c) o que constitui o rigor apropriado (validade e fidedignidade) e d) quais as dimensões éticas de tal tipo de investigação. São consideradas pelo autor como desafios: questões atuais relativas ao fenômeno, à causalidade, à generalização e à ética.

Utilizando-se de vários tipos de delineamentos e implicando tomadas constantes de decisão durante o desenvolvimento da pesquisa, a partir das situações enfrentadas e dos dados obtidos, e tendo como eixo o problema sob investigação, são utilizadas fontes variadas de dados não presentes usualmente em pesquisas sobre os professores: diários que oferecem acontecimentos da vida da sala de aula durante determinado tempo; inquirições orais que consistem em análises orais dos professores sobre suas próprias práticas realizados individualmente ou em ambiente grupal; entrevistas coletivas; narrativas de histórias de vida descrevendo relações entre experiência de vida de professores e/ou de formadores de professores e suas práticas atuais; registros de estudos de sala de aula que representam explorações dos professores em relação ao seu trabalho, usando dados baseados em observações, entrevistas e documentos; dramatizações; elaboração e análise de casos de ensino; elaboração de histórias; desenhos e murais; poemas; fotografias; filmes; novelas; testemunhos etc. Ensaios de professores e livros que contêm representações e análises de trajetórias escolares, situações vividas no dia a dia escolar, entre outros, também são considerados. Se, por um lado as fontes de dados e as formas de analisá-las são ampliadas e diversificadas, por outro questões referentes ao rigor, à precisão, à validade são colocadas novamente em cena principalmente no caso das pesquisas dos práticos, já que os critérios existentes se ajustam às pesquisas acadêmicas tradicionais, incluindo as qualitativas.

Sugere-se que a pesquisa dos práticos não seja julgada pelos mesmos critérios de validade com os quais se julgam a pesquisa positivista e a pesquisa naturalista. Isso requer uma nova definição de rigor, de forma a não conduzir erroneamente e a não marginalizar as pesquisas dos práticos.

Algumas perguntas são pertinentes, em face dessa sugestão: se não podem ser utilizados os critérios atuais de validade para avaliar a pesquisa de práticos, como tais pesquisas podem ser avaliadas? A quem competiria desenvolver tais critérios? Como pode se distinguir uma boa de uma má pesquisa de práticos?

Zeichner; Noffke (2001) defendem a redefinição de rigor, tendo em vista a validade da pesquisa de práticos. Ao analisarem pesquisas publicadas por práticos, consideram que o conhecimento gerado por intermédio da pesquisa do prático não nos dispensa da questão da validade, da confiabilidade. Uma aceitação acrítica de todo conhecimento que é gerado por meio de inquirição do prático sem qualquer atenção à qualidade de pesquisa servirá, segundo eles, apenas para comprometer a aceitação da pesquisa do prático como uma forma legítima de geração de conhecimento em educação.

Zeichner; Noffke (2001) apresentam uma revisão bastante importante de pesquisadores que propõem critérios para avaliação da pesquisa dos práticos segundo as especificidades da mesma e que possam responder a seus propósitos e condições. A triangulação, considerando comparação e contraste entre diferentes espécies de evidências, é bastante enfatizada para esse tipo de pesquisa.

A título de exemplo, apresentam-se os critérios desenvolvidos por Anderson et al. (apud Zeichner; Noffke, 2001, p.319), que refletem a especificidade de quem está dentro de uma situação e gerando conhecimento sobre sua própria prática. Podem ser considerados como critérios para avaliar a validade da pesquisa do prático:

1. *Validade democrática* – a extensão na qual a pesquisa é feita em colaboração com todas as partes que estão envolvidas com o problema a ser investigado e as múltiplas perspectivas e interesses são levados em conta.
2. *Validade de produto* – a medida na qual as ações que ocorrem conduzem à resolução do problema que está sendo estudado ou a finalização de um ciclo de pesquisa que resulta em ação.
3. *Validade de processo* – a adequação de processos usados em diferentes fases da pesquisa, tais como coleta de dados, análise etc. Essa validade inclui a triangulação como garantia de compreensão dos dados de forma não viesada.
4. *Validade catalítica* – o grau em que a pesquisa estimula os participantes a conhecerem a realidade de forma que possam transformá-la.
5. *Validade dialógica* – o grau em que a pesquisa promove o diálogo reflexivo entre todos os participantes da pesquisa.

Ainda em relação à avaliação desse tipo de pesquisa, Dadds (apud Zeichner; Noffke, 2001, p.321) defende que a pesquisa-ação necessita ser avaliada em relação:

- Ao conhecimento que é gerado pela pesquisa.
- À qualidade do texto que é produzido para representar a pesquisa.
- Ao impacto da pesquisa sobre a prática do pesquisador ou sobre a situação ou sobre ambos.
- À qualidade da colaboração na pesquisa.

Sumarizando, Dadds, como a maioria daqueles envolvidos com a literatura da pesquisa do prático e que contemplaram a questão de determinar a qualidade da pesquisa, acredita que critérios, padrões e processos de validação necessitam ser desenvolvidos que sejam mais congruentes com a natureza e os propósitos da pesquisa dos práticos do que são aquelas presentes nas práticas tradicionais na academia. Ela continua argumentando que, dada a diversidade desse gênero de pesquisa, tentativas de desenvolver um conjunto de critérios para toda comunidade de pesquisa de práticos são provavelmente misguided. (Zeichner; Nofke, 2001, p.322)

Por fim, mas não esgotando a questão, como essas pesquisas são conduzidas por grupos formados por profissionais com repertórios, experiências, expectativas, conhecimentos, valores etc. diferentes, pode-se dizer, igualmente, que o grande desafio enfrentado, nesse tipo de pesquisa, é o de construir estratégias investigativas e formativas que permitam, processualmente, oferecer respostas, mesmo que provisórias, a problemas de investigação, observando critérios de rigor e de validade.

Wasser; Bressler (1996) concebem a interpretação como um ato colaborativo e utilizam, em seu trabalho, o conceito de zona interpretativa, considerada como "o lugar onde múltiplos pontos de vista são considerados em tensão dinâmica quando um grupo procura dar sentido a temas/problemas e significados num campo de trabalho" (p.5).

Segundo as autoras, há várias questões metodológicas críticas em relação a processos interpretativos de pesquisa qualitativa de equipes. Tais questões não têm sido, segundo elas, contempladas adequadamente.

> quais são os principais problemas éticos que as equipes encontram em termos de acesso, confidencialidade e reciprocidade? Como temas relativos a vozes deveriam ser abordados, a partir de dois pontos de partida, o teórico e o prático? Quais são os custos e os benefícios de uma equipe de pesquisa? Quais são os problemas de credibilidade envolvidos nos processos interpretativos dos grupos? Consenso é uma necessidade? O que seria definido como consenso interpretativo? Como se chega a uma interpretação adotada pelo grupo? Como a adoção dessa interpretação representa as múltiplas vozes que conduzem à forma final? (Wasser; Bresler, 1996, p.8)

Para as autoras, o grupo configurado como ferramenta interpretativa tem forma e possui vozes múltiplas que funcionam como lentes. O grupo enfrenta, a todo momento, um processo contínuo que consiste em colocar à prova e em esclarecer quão importante e quão complexa consiste a questão das crenças e suposições que permeiam todo o processo interpretativo. Os participantes do grupo têm seus papéis e posições alterados quando observam as preocupações, os temas, as questões, os problemas dos outros, permitindo que cada um veja os dados a partir de novas posições e de novas formas. Situações de ambiguidade são sempre enfrentadas. Contradições surgem a partir de diferentes tipos de conhecimentos e incertezas são evidenciadas em situações problemáticas. A inquirição dialógica deve, por definição, engendrar certa quantidade de ambiguidade que pode ser considerada de várias formas, dependendo das circunstâncias nas quais é levantada.

A construção do processo grupal passa por diferentes compreensões – individuais e grupais – do próprio grupo e do projeto de pesquisa desenvolvido, assim como por diferentes rotas relativas ao processo de tomada de decisões, que afetam tanto a construção do grupo quanto os rumos teórico-metodológicos do projeto de pesquisa.

Nesse processo, a zona interpretativa é um conceito importante na consideração da dinâmica produtiva do grupo como ferramenta interpretativa e não pode permanecer à parte dos processos de tomada de decisão e análise dos dados.

"Universidade-escola: pesquisa colaborativa para a melhoria do ensino público"[10]

Uma primeira sistematização de projetos vinculados ao Programa Ensino Público: pesquisa colaborativa e produção de conhecimento sobre o desenvolvimento profissional de professores – 1998

Em 1998, foi realizada, na Universidade de São Paulo, uma primeira análise de alguns projetos vinculados ao Programa Ensino Público e referentes à primeira edição do programa. Professores e pesquisadores das equipes de oito projetos em desenvolvimento, uma consultora nacional, a profa. dra. Marli E. D. A. André, e um consultor internacional, prof. dr. Vicenc Benedito, participaram do evento, patrocinado pela Fapesp.

A inclusão de alguns dos resultados referentes ao seminário é feita neste texto com o objetivo de indicar que muito do que foi colocado na seção anterior já foi ou apontado ou analisado já nesse encontro como sendo especificidades desse tipo de pesquisa e contribuições que pesquisas vinculadas ao Programa Ensino Público potencialmente poderiam oferecer.

Esse primeiro seminário teve como objetivos:

- analisar e comparar experiências de pesquisas colaborativas;
- confrontar os resultados parciais e as teorias que os informam, na perspectiva de subsidiar o novo conhecimento;
- subsidiar políticas públicas de qualificação do ensino.

As questões norteadoras que aglutinaram as análises ao longo do evento foram: Os projetos têm alterado as representações e as práticas escolares? Qual o potencial de impacto na qualidade profissional dos professores neles envolvidos?

10 Esta seção foi construída tendo como documento básico o relatório do seminário. Para outras informações e análises ver MIZUKAMI, 2000.

Que caminhos metodológicos estão sendo mobilizados? Qual o potencial de impacto para as políticas públicas de formação de professores?

Em uma análise geral, o prof. Vicenc Benedito, da Universidade de Barcelona, salientou a necessidade de rigor nos registros (diários, entrevistas, questionários, diários de campo, fotos etc.) referentes à coleta de dados, assim como da fundamentação teórica que subsidia/fundamenta as tomadas de decisão em processo, as estratégias de coleta e a análise dos dados. Deu ênfase à natureza da pesquisa-ação, que não prevê término, requerendo compromissos assumidos mutuamente, de forma a levar à autossuficiência e à autonomia dos grupos envolvidos. Indicou a necessidade de se conhecer e assumir claramente os diferentes papéis dentro do grupo de pesquisa. Aconselhou a construção de parceria entre profissionais diferentes, considerando as especificidades de cada um, os diferentes níveis de envolvimento, assim como os respectivos papéis assumidos na condução da pesquisa. Salientou a importância da criação de uma rede de relações entre os grupos, considerando três fatores importantes: o poder político (por envolver universidades e escolas), as trocas de diferentes naturezas entre os grupos e a possibilidade de construção de conhecimento científico (e nesse sentido, a comparação entre os resultados obtidos nos diferentes projetos é fundamental para encaminhamentos e tomadas de decisões posteriores). Indicou a importância da criação de rede interinstitucional para produção continuada de conhecimentos na área, implicando a realização continuada de investigações, a sistematização de ações e o oferecimento de subsídios para políticas públicas educacionais a partir do conhecimento gerado nas realidades das escolas públicas brasileiras.

A profa. Marli André, da Universidade de São Paulo, levantou, igualmente, pontos críticos e específicos à natureza das pesquisas em andamento. Para ela, as seguintes questões eram fundamentais para todos os grupos: qual a diferença entre formação continuada (preocupações voltadas para a formação continuada – o grupo estará autônomo com a saída dos pesquisadores?) Quais são os critérios para a diferenciação entre pesquisa sobre a formação e cursos de formação continuada de professores residem nos referenciais teórico-metodológicos adotados para a definição dos problemas e para a análise dos dados – que demanda tempo considerável –, e questões éticas? Sendo a pesquisa colaborativa, o relatório deve ser colaborativo? O que deve ser publicado? Quais os critérios de seleção?

Indicou a necessidade de serem estabelecidas relações entre questões estudadas e teorizadas com o conhecimento produzido na pesquisa e alertou para a ilusão em se acreditar na igualdade entre o professor e o pesquisador, indicando a necessidade de se reconhecer as diferenças, do ponto de vista econômico, dos tempos que cada um passa na escola e na universidade, que geram relações de poder entre os pesquisadores e os professores e que devem ser explicitadas: qual o papel de cada um na pesquisa? Em que medida são coincidentes o querer do pesquisador e o dos professores?

Para Marli André, os pontos a serem considerados pelos grupos referiam-se às seguintes questões: Como avaliar o impacto do projeto? Como medir se os objetivos foram atingidos? Qual foi o conhecimento produzido? A reflexão e ação propiciadas pelo projeto têm levado aos resultados esperados? O que o grupo pretendia? O que vem sendo realizado?

Levantou, igualmente, pontos a serem considerados pelos professores sob forma das seguintes questões: Em que medida a minha ação está afetando o meu contexto de trabalho? Em que medida deveria estar afetando? Que fatores colaboram para que estejam ou não afetando?

Apontou, em relação aos projetos apresentados e discutidos, algumas dificuldades a serem enfrentadas: Como medir o processo reflexivo? Como medir o valor das ações, que devem ser enfrentadas em termos da realização das pesquisas e da produção de conhecimentos sobre os processos investigados? O projeto ajudou a esclarecer como deve ser a parceria universidade-escola? O projeto ajuda a repensar como deve ser a formação de professores da universidade? Quais os conhecimentos produzidos pela pesquisa para delinear políticas públicas?

Em relação às discussões entre pesquisadores e professores dos diversos projetos que participaram do seminário, é importante, igualmente, indicar os principais pontos referentes às questões norteadoras.

a) Os projetos têm alterado as representações e as práticas das escolas?

Segundo os participantes, os projetos estavam alterando as representações e as práticas nas escolas, alterações que implicavam novas formas de pensar e agir. Para eles, o processo vivenciado estava sendo lento e havia necessidade de tempo, espaço institucional e trocas entre os diferentes participantes para que tais alterações comecem a ser percebidas e discutidas. Alguns indicadores foram arrolados:

- Atividades individuais gradativamente cedem espaço a atividades grupais, que implicam troca entre os profissionais.
- Maior incidência de análises mais articuladas sobre situações educacionais em geral e sobre as relacionadas a processos concretos de ensinar e aprender.
- Gradativa exposição dos professores ao grupo, falando mais abertamente sobre o ensino que desenvolvem e analisando mais confortavelmente erros evidenciados nos processos.
- Movimento de deslocamento de uma visão mais micro para uma mais macro em relação a variáveis que interferem no ensino e que têm poder na configuração de práticas pedagógicas relacionadas com sucesso e fracasso escolares.

- Elaboração de propostas e projetos comuns entre os diferentes participantes da escola.
- Compreensão de que não há receitas prontas e que as soluções às situações do dia a dia escolar dependem de empreendimento individual e grupal, assim como do comprometimento da instituição escolar.
- Compreensão de que as crenças e valores pessoais têm força nas práticas pedagógicas que são desenvolvidas, apontando a necessidade de objetivação e até mesmo mudanças.
- Busca de informações, leituras.
- Compreensão de que as mudanças são lentas, porém perceptíveis e positivas.

b) Qual o potencial de impacto na qualidade profissional dos professores envolvidos nos projetos?

Houve dificuldade inicial, por parte dos professores, quanto ao entendimento dos objetivos dos projetos vinculados ao Programa Ensino Público, já superadas por ocasião do Seminário. O impacto inicial, para os professores, foi sobre suas próprias práticas. Os resultados dos alunos foram considerados, por muitos deles, como um critério partilhado em relação à questão posta, já que alguns dos projetos visavam a atingir os alunos por meio da qualificação profissional de professores e investigar tal processo. Um tipo de aprendizagem profissional analizado referia-se à incorporação crítica do trabalho que os projetos estavam realizando com os professores em termos de construção dos conhecimentos relativos ao próprio trabalho por eles realizado com seus alunos, em suas salas de aula. Alguns indicadores apresentados foram:

- troca de ideias entre os pares;
- volta aos estudos;
- momentos de reflexão e apoio à reflexão;
- mudanças nas práticas pedagógicas, tanto no que se refere aos conteúdos quanto às metodologias utilizadas;
- reconhecimento do próprio trabalho;
- construção partilhada do projeto pedagógico da escola;
- compreensão da atividade de pesquisa; e
- reconhecimento do próprio grupo em termos de construção do trabalho docente.

c) Que caminhos metodológicos estavam sendo mobilizados pelos projetos?

Verificou-se que os diferentes projetos adotavam metodologias bastante diversificadas. Tinham, porém, como característica partilhada o fato de implicarem intervenções e de se constituírem em investigações de tais intervenções. As pesquisas, em sua maioria, apresentavam características de um modelo construtivo-colaborativo, o que implica a definição processual tanto das intervenções quanto de redirecionamentos das pesquisas, de forma que as questões e objetivos dos projetos estivessem constantemente contemplados. As pesquisas analisadas tinham caráter processual e a análise dos processos constituía produção de conhecimento sobre os problemas investigados. Os professores enfatizaram mais as ações/intervenções. Poucos foram os indicadores relacionados à organização parcial de dados das pesquisas que pudessem configurar uma produção mais sistematizada sobre processos de desenvolvimento e aprendizagem profissional de professores, no local de trabalho.

Como estavam sendo considerados projetos de pesquisa que não apresentavam um delineamento configurado de forma detalhada e controlada a priori, mas projetos que implicavam construção processual, tendo como eixo o problema sob investigação e como prováveis direções a serem seguidas as análises possíveis a partir de dados parciais obtidos, foi salientada a importância de manutenção de coerência teórico-metodológica e a necessidade e de vigilância grupal. Os indicadores arrolados quanto aos caminhos metodológicos foram os seguintes:

- modelo construtivo-colaborativo: estratégias ao mesmo tempo de ação e de investigação concebidas e desenvolvidas ao longo do processo investigativo, objetivando oferecer respostas ao problema de pesquisa e informações necessárias para processos de tomada de decisão inerentes à pesquisa;
- melhor compreensão de pesquisadores e participantes das escolas parceiras em relação ao que constituía um projeto de pesquisa e o que constituía um projeto de extensão;
- a compreensão dos projetos de pesquisa como sendo processos investigativos abertos: cada projeto estava construindo seus próprios caminhos a partir do problema geral e das questões específicas de pesquisa;
- cada grupo foi construindo seu próprio processo de gerenciamento do projeto.

d) Qual o potencial de impacto dos projetos para as políticas públicas de formação de professores?

Todos os participantes dos oito projetos consideraram importante enfatizar a natureza das pesquisas relacionadas ao Programa Ensino Público, qual seja, a de propiciar a produção de conhecimentos que subsidiassem a elaboração de políticas públicas na área de formação de professores. No que se refere ao potencial de tais projetos para políticas públicas de formação, considerou-se que os mesmos estavam propiciando:

- indicadores para a compreensão de processos relativos à formação de professores (continuada e inicial), propiciando aproximação das agências formadoras com os sistemas de ensino;
- indicadores para a compreensão de processos relativos a programas de formação continuada de professores, na medida em que se tem evidenciado, na prática, princípios já consagrados teoricamente, tais como a indissociabilidade entre formação inicial e a formação continuada, a necessidade de continuidade das políticas de formação continuada, a responsabilidade do Estado quanto a essa modalidade de formação e condições para a sua realização na vida dos professores;
- indicadores para a organização e o funcionamento dos sistemas de ensino, revendo sistemáticas de atribuição de aulas e considerações relativas à carreira docente, de forma a assegurar que a participação dos professores nos projetos seja reconhecida em suas carreiras;
- indicadores para a organização e funcionamento das escolas, com destaque ao tempo a ser destinado aos professores para participarem de projetos e situações diversas que possibilitem reflexão individual e coletiva;
- indicadores de que têm impacto na vida das escolas uma vez que evidenciam a importância de se investir – individual e coletivamente – nos professores e na instituição como um todo.

Vale a pena, por fim, ressaltar alguns pontos resultantes da discussão final de todos os participantes com os consultores:

- a importância do trabalho coletivo e da especificação de estratégias para composição de parcerias;
- a importância da análise de processos que evidenciem a transformação do professor e do pesquisador;
- a importância de se explicitar claramente os processos de investigação e os de ação e as relações entre eles;
- a necessidade de se considerar a especificidade do tipo de pesquisa empreendido pelos grupos: a importância da análise dos processos, das tomadas de decisáo, dos vários tipos de dados coletados de forma a contemplar o problema sob investigação;

- a importância do envolvimento das diretorias de ensino nos processos de parceria;
- a consideração de que os projetos apresentam características novas quanto à investigação, não havendo, pois, caminhos predeterminados, mas sim os construídos processualmente;
- a necessidade de se construir e de se sistematizar uma metodologia de coleta e análise de dados que garanta credibilidade e cientificidade, de forma que esse tipo de investigação venha a ter, cada vez mais, força política para oferecer subsídios a políticas públicas educacionais;
- a necessidade de que a questão de pesquisa esteja clara e que seja assumida coletivamente por cada grupo, de forma a possibilitar análises acuradas dos dados coletados, reflexões sobre as práticas que os suportaram e elaboração de conclusões, sem perder de vista o referencial teórico-metodológico e o estado historicamente sempre processual de tais conclusões;
- a importância de registros detalhados sobre situações de trabalho, participações efetuadas, resultados obtidos, processos de negociação, impasses constatados e enfrentamento dos mesmos, de forma a transformá-los de empecilhos a desafios;
- a importância da explicitação de compromissos expressos pelos grupos quanto ao retorno dos conhecimentos produzidos: conhecimentos que possam evidenciar compreensões sobre processos de ensino e aprendizagem em geral e aprendizagem e desenvolvimento profissional da docência especificamente, assim como conhecimentos sobre educação, escola e ensino público que possam vir a oferecer subsídios para análise e reestruturação de cursos de formação inicial e/ou programas de formação continuada de professores. Tais conhecimentos poderão oferecer novos rumos investigativos para programas de pós-graduação e pesquisa na área.

Relacionando os resultados explicitados nessa terceira parte do texto com os pontos e análises apresentados nas Partes 1 e 2, assim como a contribuição de obras mais recentes sobre a natureza dos vários projetos que poderiam ser relacionados ao Programa Ensino Público, pode-se verificar os mesmos são ainda atuais e específicos a várias pesquisas ou já desenvolvidas ou em desenvolvimento. Os resultados do I Seminário indicaram contribuições muito importantes desse tipo de projeto para conhecimento dos processos de aprendizagem e de desenvolvimento profissional da docência, para aprofundamento teórico-metodológico, para desafios/impasses/dificuldades/dilemas inerentes a esse tipo de pesquisa, assim como contribuições – mesmo que provisórias e bastante iniciais, considerando o número de projetos envolvidos e duração dos projetos até o momento do Seminário – para delineamento de políticas públicas educacionais para formação de professores.

Para finalizar este texto, considero importante ainda indicar dois pontos de naturezas diferentes.

O primeiro refere-se às recomendações para uma inquirição científica, oferecidas pelo National Research Council Report sobre pesquisa educacional (Shavelson; Towne, apud Zeichner, 2006, p.740), que podem ajudar na análise de projetos já desenvolvidos no âmbito do Programa Ensino Público e na construção de novos delineamentos e metodologias para os projetos que serão submetidos ao Programa:

1. Definição clara e consistente dos termos.
2. Descrição completa da coleta de dados, dos métodos de análise e dos contextos nos quais a pesquisa é conduzida.
3. Pesquisa situada em relação a referenciais teóricos relevantes.
4. Desenvolvimento de mais programas de pesquisa.
5. Maior atenção ao impacto da formação de professores sobre a aprendizagem dos professores e sobre as suas práticas.
6. Pesquisa que relacione formação de professores ao aprendizado dos alunos.
7. Portifólio completo de estudos que incluem abordagens multidisciplinares e multimetodologicas ao estudo das complexidades da formação de professores.
8. Desenvolvimento de melhores formas para mensuração do conhecimento e do desempenho dos professores.
9. Pesquisa que examine a preparação dos professores em matérias diferentes, além de Matemática e Ciências, e que considere as disciplinas ensinadas quando do exame dos efeitos dos componentes dos programas de formação de professores.
10. Análise mais sistemática das alternativas nitidamente identificáveis em formação de professores usando técnicas de controle ou estudos aleatórios como estudos separados ou em conjunto com estudos de caso em profundidade.
11. Mais estudos de caso em profundidade de programas de formação de professores multiinstitucionais e de seus componentes.

O segundo refere-se à sugestão feita ao final do I Seminário "Universidade-Escola: pesquisa colaborativa para a melhoria do ensino público" (1998), qual seja:

> [que] seja empreendida uma análise abrangente e em profundidade dos projetos relacionados ao Programa Ensino Público, no sentido de se apreender: a) os impactos (nas escolas e nos professores); b) as reais implicações para o desenvolvimento profissional dos participantes (participantes das escolas e das universidades); e c) os conhecimentos produzidos e a força e possibilidade que tais conhecimentos possam vir a ter para subsidiar políticas públicas educacionais... (Mizukami, 2000, p.14)

Tal sugestão faz-se pertinente considerando os nove anos de existência do programa: o leque variado das temáticas investigadas; instituições, escolas, pesquisadores e professores envolvidos; o número de projetos já desenvolvidos e em desenvolvimento, implicando produção continuada e significativa de conhecimentos sobre aprendizagem e desenvolvimento profissional de professores, sobre organização e funcionamento de escolas, sobre diferentes características de processos de ensino e aprendizagem, sobre diferentes traduções de políticas públicas educacionais em práticas pedagógicas realizadas pelas escolas e pelos professores, por exemplo.

Referências bibliográficas

ALMEIDA, C. M. C. et al. Professores da universidade e da escola básica: parceiros no ensino e na pesquisa. *Pro-Posições*, v.11, n.1, p.43-55, mar. 2000.

ANDERSON, G. L.; HERR, K. The new paradigm wars: is there room for rigorous practitioner knowledge in schools and universities? *Educational Researcher*, n.28, v.5, p.12-21, 1999.

BERGER, J.G. et al. Teacher research and school change: paradoxes, problems, and possibilities. *Teaching and Teacher Education,* n.21, v.25, p.93-105, 2004.

CLARK, C. et al. Collaboration as dialogue: teacher and researchers engaged in conversation and professional development. *American Educational Research Journal,* n.33, v.1, p. 193-232, Spring 1996.

COCHRAN-SMITH, M.; LYTLE, S. Research on teaching & teacher research: the issues that divide. *Educational Researcher*, n.19, v.2, p. 2-11, 1990.

_______. Teacher research: the question that persists. *International Journal of Leadership in Education*, v.1, n.1, p.19-36, 1998.

_______. The teacher research movement: a decade later. *Educational Researcher,* n.28, v.7, p.15-25, 1999.

COMPIANI, M. et al. Geociências e a formação continuada de professores em exercício no ensino fundamental: reflexões. *Pro-Posições*, v.11, n.1, p.25-35.

DICK, B. Action research literature. Themes and trends. *Action Research*, n.2, v.4, Sage Publications, p.425-44.

FENSTERMACHER, G. D. The knower and the known: the nature of knowledge in research on teaching. In: HAMMOND, L.D. (Ed.) *Review of Research in Education*, v.20, p.3-56, Washington, D.C.: American Educational Research Association, 1994.

GARRIDO, E. *Pesquisa universidade:* escola e desenvolvimento profissional do professor. São Paulo, 2000. Tese (Livre-docência) – Faculdade de Educação da Universidade de São Paulo.

GOMES, A. A. et al. Melhoria do ensino público: a formação de professores no Curso Normal. *Pro-Posições*, v.11, n.1, p.70-82, mar. 2000.

JOHN-STEINER, V. et al. The challenge of studying collaboration. *American Educational Research Journal,* n.35, v.4, p.773-84, 1998.

LÜDKE, M., CRUZ, G. B. da. Aproximando universidade e escola de educação básica pela pesquisa. *Cadernos de Pesquisa,* v.35, n.125, p.81-109, 2005.

MARIN, A. J. et al. Desenvolvimento profissional docente e transformações na escola. *Pro-Posições*, v.11, n.1, p.15-24, mar. 2000.

MIZUKAMI, M. G. N. A pesquisa sobre formação de professores: metodologias alternativas. In: BARBOSA, R. L. L. (Org.). *Formação de educadores:* desafios e perspectivas. São Paulo: Editora da UNESP, 2003.

MIZUKAMI, M. G. N. Pesquisa colaborativa e produção de conhecimento sobre desenvolvimento profissional de professores. *Pro-Posições,* v.11, n.1, p.5-14, mar. 2000.

_______ et al. Desenvolvimento profissional da docência: analisando experiências de ensino e aprendizagem. *Pro-Posições*, v.11, n.1, p.97-109, mar. 2000.

_______. Escola e aprendizagem da docência: processos de investigação e formação. São Carlos: EdUFSCar, Inep, Comped, 2003.

PIMENTA, S. G. Professor reflexivo: construindo uma crítica. In: _________, GHEDIN, E. (Org.). *Professor reflexivo no Brasil:* gênese e crítica de um conceito. São Paulo: Cortez Editora, 2003.

_______ et al. Qualificação do ensino público e formação de professores. *Pro-Posições*, v.11, n.1, p.56-69, mar. 2000.

REASON, P., BRADBURY, H. (Eds.). *Handbook of action research:* participative inquiry and practice. London: Sage, 2001.

SCHÖN, D. *The reflective turn.* New York/London: Teachers College Press, 1991.

SPÓSITO, M. Ensino público e pesquisa: um breve balanço do Programa Ensino Público – Fapesp. Congresso Estadual Paulista sobre Formação de Educadores. Modos de ser educador: artes e técnicas – ciências e políticas. Textos geradores e resumos, 8, Águas de Lindoia, Unesp, 2005. *Anais...*, Águas de Lindoia, Unesp, 2005.

TOM, A. R. *Redesigning teacher education*. Albany, NY: State University of New York Press, 1997.

TORRES, R. M. Tendências da formação docente nos anos 90. In: SEMINÁRIO INTERNACIONAL, 2, São Paulo, PUC, 1998. *Novas políticas educacionais:* críticas e perspectivas. São Paulo, PUC, 1998.

_______. Nuevo rol docente: qué modelo de formación, para qué modelo educativo? In: FUNDACIÓN SANTILLANA. *Aprender para el futuro:* nuevo marco de la tarea docente. Documentos en Debate. Madrid, 1999.

WASSER, H. D., BRESLER, L. Working in the interpretative zone: conceptualizing collaboration in qualitative research teams. *Educational Researcher*, v.25, n.5, p.5-15.

WILSON, C. Developing and disseminating teacher knowledge. *Research in Science Education,* n.30, v.3, p.301-15, 2000.

ZEICHNER, K. M. *A formação reflexiva de professores:* ideias e práticas. Lisboa: Educa, 1993.

_______. A research agenda for teacher education. In: COCHRAN-SMITH, M., ZEICHNER, K. M.(Eds.) *Studying teacher education:* the report of the AERA panel on research and teacher education. Washington, DC: Aera, Lawrence Erlbaum Associates, Inc., 2006.

_______; NOFFLE, S. E. Practitioner research. In: RICHARDSON, V. (Ed.). *Handbook of research on teaching.* 4.ed. Washington, D.C.: American Educational Research Association, 2001.

_______. DINIZ-PEREIRA, J. E. Pesquisa dos educadores e formação docente voltada para a transformação social. *Cadernos de Pesquisa,* v.35, n.125, p.63-80, 2005.

8

A precariedade da formação de professores para os anos iniciais da escolarização: 35 anos depois do início da formalização de novos modelos

Alda Junqueira Marin
Luciana Maria Giovanni

> *Não há reparação para um presente perdido.*
>
> Bourdieu, 2001c

Introdução

O objetivo central deste texto é relatar parte de análises das condições nas quais o alunado sai dos novos cursos de formação de professores para atuar nos anos iniciais da escolaridade. O estudo foi realizado em sua dimensão cultural, recuperando problemas de modelos formativos anteriores propostos e implantados ao longo do século. Para tanto, foram colhidos dados bibliográficos, bem como revisadas algumas pesquisas realizadas desde a década de 1970. O texto aponta, de modo sintético, debates e ações políticas na direção da formação de professores no âmbito do ensino superior até a Lei n. 9.394/96, que estipula tal exigência, dando centralidade ao curso normal superior. Com o aporte da Sociologia, componente científico que permite compreender criticamente o modelo formativo atual, essa política é analisada por dentro das instituições formadoras, a partir de sua efetivação, cotejando-se os dados atuais com os da década de 1970. Foram escolhidos e analisados dados relativos às condições formativas de alunos concluintes, em 2005, de um curso normal superior, em instituição privada de um município do interior paulista.

Problemas dos modelos formativos nas últimas décadas

Estudos já realizados a respeito das condições em que se vem realizando a formação de professores no Brasil (Ribeiro, 1986; 1987; Giovanni, 1992; Moraes; Torriglia, 2000; Giovanni; Onofre, 2004; Saviani, 2004; 2005; André, 2004; Tanuri, 2000, por exemplo) e dos efeitos dessa formação sobre as práticas docentes futuras desses novos professores (Hypolito, 1999; Marin et al., 2004; e Borges, 2005, entre outros), bem como estudos sobre os diferentes fatores sociais, econômicos e culturais determinantes das políticas públicas voltadas para a educação em geral e, em particular, para a formação de professores (a exemplo de Catani et al., 1986; Shiroma et al., 2002; Suárez, 2002; Maués, 2003; Giovanni, 2005), vêm desvendando a complexidade das situações nas quais a imposição das questões econômicas sobre as questões socioculturais e o predomínio dos interesses privados sobre os interesses públicos (desde a ditadura militar) acabam resultando na manutenção e no agravamento de vários problemas, sistematicamente apontados nas investigações realizadas.

Uma síntese de tais contribuições permite apontar, por exemplo, o controle burocrático e verticalista da formação e da atuação docentes; a dualidade nos níveis de formação propostos para a formação de professores para atuação nos anos iniciais do Ensino Fundamental (formação no âmbito do Ensino Médio, com Habilitação Específica para o Magistério e Centro Específico de Formação e Aperfeiçoamento para o Magistério e formação no âmbito do Ensino Superior, com o Curso de Pedagogia e, a partir de 1996, o Curso Normal Superior); a ambiguidade e a multiplicidade de propostas e modalidades de formação e formas de organização curriculares (Habilitação Específica para o Magistério no Ensino Médio, Curso de Pedagogia, Curso Normal Superior, Institutos Superiores de Educação, Licenciaturas plenas e curtas); indefinição e descaracterização da identidade profissional do professor a ser formado; processo de privatização crescente das instituições formadoras; documentos e diretrizes norteadoras de organização e funcionamento dessas instituições formadoras, caracterizados por afirmações retóricas, generalizantes e prescritivas; mecanismos e processos legais de precarização e aligeiramento das condições de formação e das exigências para certificação dos professores; mecanismos de rebaixamento das exigências, tanto nos processos de seleção de novos alunos para ingresso nos cursos quanto nos processos de recrutamento e seleção dos docentes formadores; mudanças curriculares e processos avaliativos centralizados, calcados no conceito nuclear de "competências"; concepções distorcidas e hierarquizantes na composição do corpo docente e na divisão técnica do trabalho nas instituições escolares – campo futuro de atuação dos novos professores em formação – que resulta em distorções nos salários e nas futuras condições de trabalho; poder desmobilizador da estrutura e do funcionamento do sistema escolar de Ensino Fundamental sobre as ideias e ideais resultantes do processo de formação dos novos professores.

Pesquisas sobre formação de professores a partir da década de 1970

A década de 1970

Dois grandes marcos da pesquisa sobre formação de professores podem ser identificados nessa década.

O estudo realizado por Gouveia (1970), intitulado "Professoras de amanhã", sobre fatores determinantes de escolhas ocupacionais das então chamadas normalistas, alunas-mestres dos antigos Cursos Normais – formadores, à época, de professores alfabetizadores –, constatava que tais escolhas ocorriam muito mais por influências familiares e pressões sociais do que pelo interesse e conhecimento da natureza específica da profissão docente.

Em seguida, três estudos foram publicados, simultaneamente, em 1977: o primeiro mapeia aspectos específicos da legislação relativa à formação do então *professor primário*, no período de 1957 a 1975 (Gatti; Rovai, 1977); o segundo analisa a estrutura e os padrões de funcionamento da Habilitação Específica para o Magistério no âmbito do então Ensino de 2º grau (Gatti, Rovai; Paro, 1977), e o terceiro volta-se para a avaliação das habilidades para ensinar em concluintes dos cursos de formação para o magistério no âmbito de 2º grau (Gatti; Bernardes, 1977), Esse conjunto de estudos já denunciava, nessa época, a ambiguidade da legislação, as deficiências dos cursos e seus currículos, as práticas de ensino irrisórias, a formação precária e inadequada dos futuros professores, bem como o despreparo dos próprios formadores.

Tais características de estrutura e processo de formação resultavam, evidentemente, segundo tais investigações, em um perfil de jovens futuros professores, marcado, de um lado, pelo desconhecimento da realidade escolar e do alunado e, de outro, pela ausência das competências básicas para ensinar, do domínio e critérios de seleção, ordenação e priorização dos conteúdos a serem ensinados e dos procedimentos adequados de ensino e de avaliação a serem adotados, especialmente nas áreas de Língua Portuguesa e Matemática.

A década de 1980

O grande marco dos estudos sobre formação de professores dessa década consistiu no que se tornou conhecido como "O Movimento de Revitalização da Escola Normal", que aglutinou investigações específicas, diagnósticos e as chamadas "pesquisas de cotidiano escolar", envolvendo os Cursos de Formação para o Magistério Primário e as quatro primeiras séries do ensino de 1º grau.

Nesse momento, estudos realizados em diferentes regiões do país, como os de Brandão (1982); Mello et al. (1982; 1984); Marturano (1984); Novaes (1984); Fernandes (1986); Candau; Lelis (1983); Lelis (1983); Mediano (1988); Giovanni et al. (1988; 1989); Marin et al. (1990); Fusari; Cortese (1989); Tanuri (1988;

1989; 2000); André; Fazenda (1990); Pimenta (1990), além dos veiculados em coletâneas e dossiês dos principais periódicos e eventos da área, trouxeram para os debates, novas constatações, acréscimos de informações e reflexões, compondo o cenário de agravamento das condições de formação de professores/as alfabetizadores/as no país, reiterando antigas denúncias e trazendo novos modelos teóricos e metodológicos para o estudo da escola.

Desse conjunto de novas constatações é possível pôr em destaque, por exemplo, a expansão quantitativa da escola pública primária, que materializa o processo de democratização do acesso à escola com a expansão da chamada *escola popular de massas;* o agravamento da inadequação e o aligeiramento da formação de professores, ampliando o despreparo desses profissionais para o trabalho com as crianças das *camadas populares*; a reiteração de altos índices de evasão e repetência e o reconhecimento da influência potencial da formação, atuação e condições de trabalho dos professores, atenuando ou agravando esse quadro; a intensificação da divisão de trabalho na escola, acompanhada da perda do "saber fazer" por parte dos professores; a ausência de percepção da dimensão política do processo escolar por formadores, professores em formação e professores em exercício; impasses e inadequações curriculares e administrativas, bem como a situação funcional dificultadora do trabalho dos formadores em cursos de formação.

A década de 1990 e início dos anos 2000

Estudos e pesquisas realizados nesses últimos quinze anos, publicados em livros, coletâneas, dossiês de periódicos (Cedes, Educação e Sociedade, Cadernos de Pesquisa, *Revista Brasileira de Educação*, Série Ideias) e em Anais e livros dos principais eventos da área (ANPEd, Endipe, CEPFE e outros), reiteram e vêm aprofundando as mesmas denúncias e constatações das décadas de 1970 e 1980, com o avanço e a ampliação dos chamados "estudos em parceria" com professores ou *pesquisas colaborativas*, que articulam objetivos de pesquisa e objetivos de ação nas escolas.

Além disso, ampliam-se as pesquisas enraizadas no paradigma "pensamento ou conhecimento prático dos professores", com foco nos processos pelos quais os professores adquirem e geram conhecimentos – o "aprender a ensinar", bem como se intensificam as análises críticas e contextuais em tais estudos.

Debates, movimentos e ações políticas na direção da formação de professores para os anos iniciais da escolaridade no âmbito do ensino superior

Duas ideias iniciais precisam ser postas em destaque para a análise desses debates, movimentos e ações políticas que propõem a formação de professores alfabetizadores em nível superior. Em primeiro lugar, a ideia de que essa discussão sobre o *locus* da formação de tais docentes não é recente e, em segundo, a ideia de que a proposta de *universitarização* da formação docente, como tentativa de proporcionar maior qualificação aos "professores primários", vem se dando, no Brasil, por meio de mecanismos de aligeiramento e precarização dessa formação.

Alguns exemplos desse movimento ilustram essa tendência, desde as primeiras décadas do século XX. Entre tais exemplos, sem dúvida, destaca-se, segundo Tanuri (2000), a *Escola Normal Superior*, proposta como meta dos reformadores republicanos paulistas e mantida na legislação, mesmo não concretizada, até 1920, bem como os debates sobre tal temática na década de 1920, sintetizados por Evangelista (2002). Da mesma forma, na década de 1930, por curto período, são criadas em São Paulo e no Rio de Janeiro as chamadas *Escolas de Professores*, depois transformadas nas Faculdades de Educação.

Esse é o modelo que se expande para os demais estados orientando, nas décadas de 1960 e 1970, o *Currículo Mínimo* do Curso de Pedagogia (Parecer CFE n. 251/62), bem como a reordenação do Ensino Superior (pela Lei Federal n. 5.540/68) e do Ensino de 1º e 2º grau (com a Lei Federal n. 5.692/71), desvinculando a escola básica do ensino superior e, portanto, desvinculando a formação do *professor primário* da universidade, que continuava formado pelo então ensino de 2º grau. Apontava-se essa vinculação como ideal, mas atuava-se com o esquema provisório, reforçado por essa legislação da década de 1970, que formalizava o novo modelo de formação: a *Habilitação Específica para o Magistério,* no âmbito do ensino de 2º grau.

A partir de meados da década de 1970, ampliam-se os debates e os movimentos dos educadores para a melhoria da escola básica e da formação de seus professores. Tais debates e movimentos aglutinaram-se em torno de associações científicas e sindicais recém criadas (ANPEd, Andes, CNTE, Afope/Conarcfe), de periódicos específicos (*Revista Educação & Sociedade*, *Revista Ande* e *Cadernos Cedes*, por exemplo) e de eventos e fóruns de debates promovidos em âmbito nacional e estadual (CBE, SBPC, CEPFE).

Finalmente, na década de 1990 e início dos anos 2000, a nova Lei de Diretrizes e Bases – Lei Federal n. 9.394/96 – coloca no cenário nacional os novos modelos de formação de professores, representados pelo *Instituto Superior de Educação* e pelo *Curso Normal Superior*.

A expectativa que direcionou os debates, após análises, estudos e reflexões das décadas anteriores, foi a de que a formação dos professores para as séries iniciais passasse, de fato, para o âmbito do ensino superior e, com isso, se superassem os problemas apontados, alçando os alunos uma formação de cunho universitário, com boa fundamentação teórica, dando-lhes as condições para o difícil exercício nessa faixa de escolaridade.

A Lei n. 9.394/96, em seu art. 63, inc. I (Saviani, 1997), normatiza essa formação em âmbito superior, indicando o preparo de professores para a Educação Infantil e anos iniciais do Ensino Fundamental por meio do Curso Normal Superior, como parte das incumbências dos Institutos Superiores de Educação.

Assim, intensa polêmica é retomada sobre o *locus* de tal formação nesse momento de regulamentação e delineamento de diretrizes curriculares para tais cursos e para o Curso de Pedagogia (Freitas, 1999; Melo, 1999; Scheibe; Aguiar, 1999 em Dossiê elaborado pela *Revista Educação & Sociedade* nessa mesma data e em 2002, com novos artigos específicos sobre o tema, como o de Freitas, 2002, além de diversos eventos, encontros e fóruns).

Debates à parte, o Curso Normal Superior foi implantado em diversas instituições, distribuídas por todo o país (Bello, 2003), marcados, segundo essa mesma autora, por três traços de cultura: *cultura do aligeiramento*, *cultura da ambiguidade* e *cultura da racionalidade técnica.*

A pesquisa realizada

É sobre esse modelo que incide o estudo aqui relatado: o Curso Normal Superior como expressão de ação política para a formação de professores para os anos iniciais da escola básica no país. Trata-se de focalizá-lo por perspectiva teórico-metodológica que vai ao seu interior, à sua efetivação, abordando seus/suas alunos/as como parte de seus agentes, correspondendo à perspectiva de Bourdieu em várias de suas obras, sobretudo no que se refere à interrogação da realidade em suas relações presentes e anteriores.

Trata-se de pesquisa inserida nos amplos estudos realizados no âmbito do Projeto *Escola: entre saberes, professores e alunos* (projeto de pesquisa coletivo do Programa de Estudos Pós-Graduados em Educação: História, Política, Sociedade da PUC-SP). Os resultados do estudo confluem para o foco geral, que é a escola duplamente abordada: a escola em que os alunos formandos estão e aquela a que se destinam profissionalmente, articulando-se aos alunos concluintes do curso, os saberes e conhecimentos escolares que nortearão sua atuação profissional futura.

A questão norteadora da pesquisa problematizou o Curso Normal Superior: implantado tal modelo para formar professores no ensino superior, buscando superar problemas anteriormente denunciados, como estão sendo certificados esses alunos-mestres? Quais as condições que exibem para o exercício da docência?

Dois objetivos foram então estipulados. O primeiro orientou a investigação do domínio de alguns conhecimentos gerais dos alunos, considerando-se o fato de já terem cumprido a escolaridade básica: compreensão de leitura, acesso a informações possíveis aos chamados *alfabetizados funcionais* e percepção de relações entre imagem e texto. O segundo objetivo orientou a busca de informação sobre domínio, por esses mesmos alunos, de alguns conhecimentos básicos sobre organização da escola e componentes curriculares, aliados a conhecimentos pedagógicos.

São selecionados para o estudo uma amostra de 28 sujeitos, regularmente matriculados na 3ª série de um Curso Normal Superior presencial, com três anos de duração, em instituição universitária particular do interior do estado de São Paulo, com o seguinte perfil: 100% mulheres (à época da recolha dos dados), com cerca de 60% mulheres jovens, solteiras; egressas de escolas públicas de ensino fundamental e médio frequentadas no período diurno há menos de cinco anos; com pais e mães trabalhadores assalariados sem nível superior; residentes em casas alugadas, com bens materiais que incluem: televisão em cores, videocassete, rádio, geladeira, máquina de lavar roupa e um carro e telejornal constituindo a principal fonte de informação, sem referências a outros materiais culturais (perfil detalhado por Giovanni; Onofre, 2004, em estudo realizado sobre a população de alunas da qual fazem parte os sujeitos aqui analisados).

A coleta das informações entre tais sujeitos foi feita por meio de dois instrumentos construídos para essa finalidade, com base em questões oriundas de outros instrumentos já construídos e testados, que avaliaram alunos em diversas esferas: Ensino Médio (Enem de 2004), Cursos de Pedagogia (Provão de 2001, 2002 e 2003), de cursos em nível superior, para formar professores já em exercício (Proesf, Unicamp, 2005) e testes de avaliação do Índice Nacional de Alfabetismo Funcional da população em âmbito nacional (Inaf de 2001 e 2004).

A primeira parte do instrumento referia-se à busca de informações para atender ao primeiro objetivo. Foi composta por cinco questões, que deveriam ser respondidas na íntegra:

- a primeira questão (extraída do Inaf de 2004) exigia duas respostas para demonstrar compreensão de leitura de uma notícia curta de jornal;
- a segunda questão (do Inaf de 2001) com a mesma finalidade e procurando apreender opção dos alunos, utilizava noticiário sobre "filmes em cartaz" e exigia três respostas (a terceira dividida em três partes);
- a terceira questão (Enem de 2004) exigia a escolha de uma resposta entre cinco alternativas, a partir da compreensão de várias informações contidas em um texto curto sobre "terrenos à venda", que exigiam localização espacial diante de pontos cardeais em pequeno mapa representando quarteirões, com localização de terrenos de várias dimensões e em posições diversas;
- a quarta questão (Enem de 2004) exigia compreensão de texto e de gráfico de barras, com a escolha de uma única resposta correta entre cinco alternativas;
- a última questão (Enem de 2004) solicitava duas respostas: uma escolha entre cinco possibilidades e a justificativa da escolha feita, com base em relação a

ser estabelecida entre uma mensagem de texto e cinco imagens, identificando a conexão entre as duas linguagens.

O segundo instrumento, composto de oito questões, dividia-se em duas partes. Para a primeira parte foram selecionadas seis questões sobre Metodologia do Ensino (Língua Portuguesa, Matemática, Ciências, História e Educação Física), das quais as alunas deveriam escolher quatro. Na segunda havia duas questões sobre o trabalho de professores em outros espaços que não a sala de aula (Conselho de Escola e relações com a equipe técnica e professores do Ciclo II do Ensino Fundamental). As questões ficaram assim distribuídas:

- a primeira questão (extraída do Provão destinado aos Cursos de Pedagogia de 2001) exigia duas respostas, demonstrando compreensão de leitura de um pequeno texto para identificar três ideias defendidas acerca da relação entre escola e leitura, bem como apresentar e descrever uma prática de sala de aula para estimular e tornar fecunda essa relação;
- a segunda questão (também extraída do Provão, Pedagogia de 2003) solicitava, com base na descrição de uma situação sobre escrita de crianças de 1º ano do Ciclo I do Ensino Fundamental: identificar se a criança compreendeu a função social da escrita, justificando a resposta, e indicar a avaliação a ser atribuída pela professora a essa criança, explicando por quê;
- na terceira questão (Provão, Pedagogia de 2001), que reproduzia trecho de um texto sobre ensino de Matemática, as alunas deveriam explicar como deve ser o ensino da Matemática para crianças de sete a dez anos e propor uma atividade que pudesse ser realizada por tais crianças;
- a quarta questão (Provão, Pedagogia de 2002) reproduzia parte do trabalho realizado por uma professora no ensino de História e solicitava duas respostas: uma descrição de procedimento para construir a noção de tempo histórico e a proposição de uma atividade para os alunos explicando a forma de realizá-la;
- na quinta questão (Provão, Pedagogia de 2002) eram apresentadas duas situações escolares em que as professoras adotavam procedimentos diversos em ensino de Ciências, sobre os quais as alunas, após a leitura do enunciado, deveriam responder a duas questões: identificar e explicar a concepção de Ciência e de conhecimento científico das duas professoras e relacionar a concepção de Ciência de cada professora com as metodologias de ensino descritas;
- a sexta e última questão (Proesf de 2005), que encerrava a primeira parte desse instrumento, relatava as relações percebidas por uma professora dos anos iniciais do Ensino Fundamental entre seu próprio trabalho e o trabalho desenvolvido, com sua classe, pela professora de Educação Física Escolar. As respostas (duas) exigiam um posicionamento crítico diante da situação descrita

e a explicitação da importância da Educação Física e sua contribuição para o trabalho do professor nesse segmento da escolaridade básica.

Na segunda parte desse segundo instrumento, as duas últimas questões (entre as quais as alunas deveriam escolher uma) abordavam os outros espaços do trabalho do professor na escola:

- a primeira (Provão, Pedagogia de 2002), relacionada aos Conselhos de Classe, apontando problemas em seu funcionamento, solicitava às alunas explicação de como deve ser realizado o Conselho para melhorar o desempenho dos alunos e todo o processo pedagógico da escola, bem como a caracterização do papel da equipe de gestão e da coordenação pedagógica nesse processo;
- finalmente, a última questão (Provão, Pedagogia de 2001), sobre problemas de relacionamento entre professores dos anos iniciais e finais do Ensino Fundamental e suas consequências para a organização da escola, pedia que as alunas propusessem e justificassem duas modificações importantes na escola a serem realizadas pela equipe escolar.

As alunas responderam individualmente às questões de ambos os instrumentos, em duas situações coletivas de sala de aula.

A análise dos dados coletados teve três etapas. Na primeira foram identificadas/numeradas as alunas respondentes (36 na primeira situação e trinta na segunda). Eliminando os sujeitos não coincidentes, obteve-se um total de 28 alunas respondentes aos dois instrumentos.

Na segunda etapa, a correção foi feita por dois juízes (as autoras/pesquisadoras) com uso dos gabaritos oficiais dos instrumentos de origem das questões, divulgados na internet (www.mec.gov.br). Os resultados, registrados em duas planilhas, foram cotejados. Em 572 possibilidades de respostas (28 alunas com 24 alternativas de respostas cada uma), houve apenas 4% de discrepâncias, ou seja, 22 partes de respostas, reavaliadas em seguida pelas pesquisadoras.

A terceira etapa, que vem sendo cumprida gradativamente, consiste na análise das informações mapeadas. A parte já organizada foi quantificada, duas tabelas que sintetizam acertos totais, acertos parciais e erros apresentados pelas alunas respondentes em cada uma das questões. Na Tabela 16.1, apenas na primeira questão foi possível computar acerto parcial por causa dotipo de informação solicitada. Nas demais questões, um erro em qualquer parte da questão anulava-a totalmente.

Resultados obtidos

Na Tabela 8.1 estão os resultados obtidos após a análise quantitativa das respostas às questões do primeiro instrumento, ou seja, as cinco questões que verificaram os conhecimentos gerais exibidos pelas alunas após os onze anos mínimos da escolaridade básica e os três anos de ensino superior.

Tabela 8.1 Resultados de questões sobre conhecimentos gerais relativos ao Ensino Básico

<table>
<tr><th rowspan="2">Questões</th><th colspan="2">Acertos</th><th rowspan="2">Erros</th><th rowspan="2">Sem resposta</th></tr>
<tr><th>Totais</th><th>Parciais</th></tr>
<tr><td>1. Compreensão de texto - Inaf/04</td><td>16</td><td>11</td><td>1</td><td>–</td></tr>
<tr><td></td><td>Totais</td><td>Parciais</td><td></td><td></td></tr>
<tr><td rowspan="3">2. Informação de jornal (Inaf/01)</td><td>a) 23</td><td>–</td><td>4</td><td>–</td></tr>
<tr><td>b) 24</td><td>–</td><td>4</td><td>1</td></tr>
<tr><td>c) 03</td><td>–</td><td>25</td><td>–</td></tr>
<tr><td></td><td>d) 07</td><td>–</td><td>21</td><td>–</td></tr>
<tr><td>3. Localização com mapa (Enem/04)</td><td>04</td><td>–</td><td>20</td><td>4</td></tr>
<tr><td>4. Conhecimentos gerais + lógica na leitura de gráfico (Enem/04)</td><td>11</td><td>–</td><td>14</td><td>3</td></tr>
<tr><td>5. Relação imagem e texto (Enem/04)</td><td>20</td><td>–</td><td>08</td><td>–</td></tr>
</table>

Analisando os dados sintetizados na Tabela 8.1, é possível apontar algumas questões sérias sobre as condições apresentadas pelas 28 alunas respondentes após a conclusão da escolaridade básica e superior: onze alunas em 28 não conseguiram acertar totalmente a questão mais simples de compreensão de leitura de um texto pequeno, com quinze linhas, que retratava uma situação comum presente, por exemplo, em telenotícias.

A segunda questão, um pouco mais longa (sobre filmes a serem exibidos na TV), continha mais informações, o que pode ter provocado o índice maior de erros. Assim, é possível verificar que, nas duas últimas partes dessa questão, quase a totalidade do grupo de 28 alunas respondeu de modo inadequado ao que se pedia. Nessas duas partes esperava-se uma única resposta correta para identificação de uma informação simples sobre "o melhor e o pior filme", de uma relação que incluía comentários críticos específicos sobre cada um dos filmes.

Esses erros podem ser considerados muito sérios do ponto de vista da formação básica de qualquer aluno nessa faixa de escolaridade. Mas são, sobretudo para professorandas, mais sérios ainda, por se tratar de material e atividade indicados frequentemente para uso em sala de aula.

A terceira questão foi a que apresentou maior índice de erros nas respostas: vinte erros em 28 sujeitos, além de apresentar quatro sujeitos que não responderam à questão. Trata-se, ao que tudo indica, do conteúdo escolar com menor domínio por parte das alunas, pois só quatro conseguiram acertar a localização do "terreno correto" coordenando informações espaciais com base nos pontos cardeais e na metragem do terreno, a ser estimada com o uso de escala indicada no mapa.

Conhecimentos gerais sobre atualidades (Olimpíadas), aliados a cálculos de porcentuais e quantidades, estavam presentes na questão de número quatro. A resposta poderia ser baseada apenas no raciocínio lógico, caso os cálculos não fossem feitos com os dados do enunciado e do gráfico. Entretanto, o número de respostas erradas foi bem alto (catorze em 28), ou seja, a metade das alunas respondeu de modo errado e mais três deixaram a questão sem resposta, certamente por não saber. Tratava-se, no entanto, de cálculos muito simples para quem já havia concluído a escola básica e estava prestes a terminar o ensino superior!

Quanto à quinta pergunta, exigia-se o estabelecimento de relações entre texto e imagens. Para tanto, a compreensão do pequeno texto era fundamental. O índice de erros, embora menor que em algumas outras questões, também aqui pode ser considerado alto, tendo em vista o fato de que a relação a ser estabelecida na questão, entre texto e imagens, não era complexa.

Talvez o término das análises sobre argumentos e critérios adotados para responder algumas questões permita elucidar as razões de tantos erros quanto à leitura e compreensão das mensagens veiculadas. Entretanto, os dados obtidos impõem ao pesquisador ampliar a análise desse primeiro conjunto. Observa-se estreita relação entre condições objetivas precárias de vida familiar e precariedade de capital cultural básico obtido também na vida escolar. Os dados descritivos sobre tais alunas permitem verificar, por um lado, dificuldade para a aquisição da cultura escolar, assim como ausência de propensão para adquiri-la, no que diz respeito à herança cultural da família. De outro, são alunas que não ficaram barradas durante a escolaridade, ou seja, a escola não as eliminou, dando a elas oportunidade de acesso ao ensino superior. No entanto, nem a família nem a escolaridade forneceram a essas jovens futuras professoras as possibilidades que o domínio da língua falada e escrita fornece, ou seja, não apenas um instrumento do pensamento, mas também o sistema de categorias para deciframento e manipulação de estruturas complexas, necessárias à vida atual em tudo o que ela oferece e exige.

Esse mecanismo – flagrado pela não seletividade e não expulsão da escola, mas pelo crescimento da escolarização na chamada "escola de massas" – sanciona e consagra, como diz Bourdieu (2001b), as desigualdades reais, contribuindo para perpetuar e multiplicar as desigualdades pelas quais as futuras professoras serão responsáveis, em face do sem-número de turmas a serem potencialmente a elas atribuídas. A despeito de terem passado pelo ensino superior, essas jovens professorandas se mantêm, na realidade, em situação de pobreza, não material, mas de condições adversas no entendimento e no manejo de informações, no preparo escolar e cultural para falar, ouvir, ler e escrever, como aponta Sirvent (1998), entre outras pobrezas sociais.

A Tabela 8.2 traz as sínteses quantitativas das respostas às questões que abordavam o conhecimento da organização da escola e o domínio dos conteúdos e metodologias dos componentes curriculares obrigatórios para o Ciclo I do Ensino Fundamental.

Tabela 8. 2 Resultados de questões sobre ensino de componentes curriculares e organização da escola

	Questões	Nº de escolhas	Nº de acertos integrais	Nº de acertos parciais	Nº de erros
COMPONENTES CURRICULARES	1. Ensino da leitura (escola x leitura/descrição de uma atividade) – Provão/2001	18	6	11	1
	2. Ensino da escrita (função social da escrita/ descrição de uma atividade) – Provão/2003	20	–	13	7
	3. Ensino da Matemática (como deve ser e uma atividade) – Provão/2001	22	11	9	2
	4. Ensino da História (noção do tempo e uma atividade) – Provão/2002	12	3	7	2
	5. Ensino de Ciências (identificar concepção de Ciência e metodologia de ensino – Provão/2002	14	2	5	7
	6. Ensino da Educação Física (posicionamento crítico sobre descontração e papel da EF dentro e fora) – Proesf/2005	25	11	8	6
ORGANIZAÇÃO DA ESCOLA	7. Conselho de classe (como realizar e o papel da equipe técnica) – Provão/2002	12	–	3	9
	8. Relações entre professores do Ciclo I e Ciclo II (problemas/propor duas condições para superação) – Provão/2001	16	–	3	13

A análise da Tabela 8.2 permite verificarmos as maiores lacunas e as melhores áreas quanto ao domínio de outros componentes curriculares da escola básica, assim como as perspectivas dos conteúdos pedagógicos e da organização da escola.

No que se refere a conteúdos básicos, verifica-se que o ensino da escrita – sete erros em vinte respostas – e o ensino de Ciências – sete erros em catorze escolhas – são as áreas mais frágeis para essa turma. Já no que se refere à organização da escola, a formação das alunas evidencia-se bem precária pela quantidade de erros: nove em doze na questão de número sete, relativa ao funcionamento do Conselho de Classe, e treze em dezesseis na questão de número oito, referente às relações entre os professores dos dois segmentos do Ensino Fundamental.

Destacando-se, ainda, os acertos parciais em todas as questões e a ausência ou baixa frequência de acertos integrais, evidencia-se um quadro geral de precariedade no preparo das alunas para o ensino dos diferentes componentes curriculares do Ensino Fundamental I, com desempenho um pouco melhor apenas na Matemática e na Educação Física.

É possível aventar aqui, por um lado, possíveis relações com a dificuldade de candidatas à profissão de professor e alunas de cursos de formação se manifestarem em relação à função docente e seu núcleo, ou seja, a atividade de ensinar. Em outro estudo (Marin, 2003), tal dificuldade manifestou-se de modo explícito em professoras já atuantes nas séries iniciais do Ensino Fundamental, quando questionadas sobre os motivos de escolha da profissão. É possível pensar, então, que tal dificuldade leva professores formadores e alunas professorandas a valorizar apenas o trabalho com crianças, desconsiderando a necessidade de domínio dos conteúdos e suas metodologias.

Por outro lado, é possível aventar a possibilidade de dificuldade dos cursos novos definirem seus rumos e seus projetos, com clareza, diante das circunstâncias e da tradição formativa, polarizada entre: o preparo técnico para o exercício docente ou fundamentação teórica sólida? Parece que, entre uma e outra possibilidades, o curso analisado não se definiu, pois não tem clareza da realidade com a qual trabalham seus agentes, em especial se considerarmos que eles não parecem atuar de acordo com uma "pedagogia racional e universal", como diz Bourdieu (2001a), segundo a qual o curso "se obrigaria a tudo em favor de todos", organizando-se os meios de as futuras professoras adquirirem o que não lhes foi dado ao longo de sua trajetória de vida pessoal e escolar, nem será dado, por elas, a seus futuros alunos.

Algumas considerações finais

O que os dados apresentados permitem dizer neste final?

Em primeiro lugar, apontam – mais uma vez – a falha da escola em sua função educativa no que se refere à transmissão dos conhecimentos escolares básicos. A eloquência do que está disposto e comentado nas páginas anteriores por si leva à percepção de que a escola não vem transmitindo os conhecimentos básicos necessários para a vida em sociedade. São professoras-alunas e alunas-professorandas prestes a obter a certificação em um curso superior, após passagem mínima de catorze anos pelos bancos escolares. Estão adquirindo os benefícios simbólicos que o certificado escolar lhes garante, em um país com as características de analfabetismo, sobretudo o simbolismo que advém de seu valor convencional, juridicamente garantido.

Esses dados, entretanto, permitem apontar que a escola não falha naquilo que vem fazendo há muitas décadas, ou seja, a manutenção de grandes contingentes da população sem acesso ao conhecimento escolar, ao capital cultural escolar, um dos valores básicos da estratificação social há séculos estabelecidos. Mantêm-se as distinções e ampliam-se, gradativamente, as camadas sociais desprovidas das condições de vida digna. Ou seja, a escola não vem falhando na radicalização de sua função seletiva, reprodutora de desigualdades.

Os dados impõem-nos a necessidade de considerar a manutenção e, talvez, o acirramento de problemas apontados sobre a formação de professores de décadas anteriores. Nesse momento da análise, é possível apontar pelo menos dois problemas entre os citados no início. Mantém-se a indefinição da identidade profissional docente e do conjunto de ações que, historicamente, se atribuiu aos professores e, nas últimas décadas do século XX, foram esmaecendo a ponto de atualmente encontrarmos, nas escolas, as diversas ações dos professores pseudossubstitutivas de outras funções sociais. Essa manutenção se acirra, neste estudo, pela expressão da ausência da condição mínima de exercício da função docente, pela ausência de domínio dos conhecimentos escolares e das habilidades básicas que deveriam possuir e deverão ensinar.

O processo legal vivido durante o curso – que seria a expressão de um capital cultural institucionalizado pelo certificado obtido – se esvazia de seu significado maior, pois é um curso que forma precariamente essas profissionais. A situação vivida na submissão aos testes relatados exigiu das alunas formandas a demonstração do "desvalor" de seu capital cultural, o mais simples capital cultural escolar esperado. Esse certificado vai lhes permitir conversão desse capital simbólico em capital econômico possibilitando a empregabilidade? Se sim, até quando? Em que circunstâncias? Em circunstâncias de concurso, por exemplo, estão altamente sujeitos a obter nada "no *continuum* das diferenças infinitesimais entre as performances", como diz Bourdieu (2001c, p.78).

Perguntamos-nos: há insuficiência ou ausência de pesquisas acumuladas para rever o processo formativo? Já vem sendo denunciado há tempos o uso das pesquisas – parcial ou distorcidamente – por muitas ações políticas. Entre quase 5 mil pesquisas sobre ensino fundamental realizadas por dissertações e teses, cerca de 30% se referem a professores durante o período de 1981 a 1998 (Marin et al., 2005), além de tantos outros balanços realizados (André et al., 1999; Brzezinski; Garrido, 2001). Além disso, vale perguntar ainda: e os formadores desses professores? Boa parte de tais estudos – para não dizer todos – foram realizados por profissionais que hoje são formadores de professores, como os investigados neste estudo.

Ao enfocar o tema da formação dos professores nos cursos especialmente criados para essa finalidade, tentamos buscar algumas respostas, precisas e cuja possibilidade de verificação está plenamente aberta. Gostaríamos, muito, de que esses dados aqui relatados fossem apenas uma pontual exceção, para que não seja plena verdade a epígrafe selecionada para introduzir este estudo.

Referências bibliográficas

ANDRÉ, M. 40 anos de estudos da Fundação Carlos Chagas na área de formação de educadores. In: COSTA, A. O. et al. (Orgs.). *Uma história para contar*: a pesquisa na Fundação Carlos Chagas. São Paulo: Annablume, 2004.

ANDRÉ, M. E. D. A.; FAZENDA, I. Construção coletiva de uma pesquisa sobre o cotidiano da escola normal e a construção de um novo saber e um novo fazer didático. Boletim do Departamento de Didática (A situação de Ensinar e Aprender). Araraquara-SP: Unesp/FCL-Ar, v.IX, n.6, p.93-105, 1990.

ANDRÉ, M.E.D.A. et al. Estado-da-arte da formação de professores no Brasil. Educação & Sociedade. Campinas: Cedes, v.XX, n.68 (*Especial*: Formação de profissionais para a Educação: políticas e tendências), p.299-309, dez.1999.

BELLO, I. M. Trajetórias do curso normal superior em São Paulo: das propostas oficiais de formação de professores ao cotidiano das Instituições de Ensino Superior. São Paulo, 2003. Dissertação (Mestrado em Educação: História, Política, Sociedade) – Pontifícia Universidade Católica de São Paulo.

BORGES, V. L. A. Subsídios para a história da formação docente no Brasil. In: GATTI Jr., D.; INACIO, F. G. *História da Educação em perspec*tiva: ensino, pesquisa, produção e novas investigações. Campinas/Uberlândia: Autores Associados/Edufu, 2005.

BOURDIEU, P. A escola conservadora: as desigualdades frente à escola e à cultura. In: NOGUEIRA, M. A., CATANI, A. (Orgs.). *Escritos de educação*. Petrópolis: Vozes, 2001a.

______. Os três estados do capital cultural. In: NOGUEIRA, M. A.; CATANI, A. (Orgs.). *Escritos de educação*. Petrópolis: Vozes, 2001b.

______. Futuro de classe e causalidade do provável. In: NOGUEIRA, M. A.; CATANI, A. (Orgs.). *Escritos de educação*. Petrópolis: Vozes, 2001c.

BRANDÃO, Z. A formação de professores e a questão da educação de crianças das camadas populares. *Cadernos de Pesquisa*. São Paulo: Fundação Carlos Chagas, n.40, p.45-57, fev.1982.

BRASIL. Ministério da Educação. Instituto Nacional de Estudos e Pesquisas Educacionais Anísio Teixeira. Exame Nacional do Ensino Médio (Enem). Brasília: Inepe, 2004.

BRASIL. Ministério da Educação. Instituto Nacional de Estudos e Pesquisas Educacionais. Sistema Nacional de Avaliação do Ensino Superior (Provão). Brasília: Inep/Daes/Consórcio Fundação Cesgranrio e Fundação C. Chagas, 2001; 2002; 2003.

BRZEZINSKI, I.; GARRIDO, E. Análise dos trabalhos do GT de Formação de Professores: o que revelam as pesquisas do período 1992/1998. *Revista Brasileira de Educação*. Rio de Janeiro: Uerj/ANPEd, n.18, p.82-100, 2001.

CANDAU, V. M.; LELIS, I. A. *A relação teoria-prática na formação do educador*. Tecnologia Educacional. Rio de Janeiro, v.12, n.55, p.12-8, nov./dez. 1983.

CATANI, B. C. et al. (Orgs.). *Universidade, escola e formação de professores*. São Paulo: Brasiliense, 1986.

CEDO, E. *Formação de professores e diretrizes curriculares nacionais*: para onde caminha a educação. Teias. Rio de Janeiro: UERJ-FE, ano 1, n.2, p.7-19, 2000.

EVANGELISTA, O. *A formação universitária do professor*: o Instituto de Educação da Universidade de São Paulo (1934-1938). Florianópolis: Cidade Futura, 2002.

FERNANDES, F. A formação política e o trabalho do professor. In: CATANI, B.C. et al. (Orgs.). *Universidade, escola e formação de professores*. São Paulo: Brasiliense, 1986.

FREITAS, H. C. L. de. A reforma do Ensino Superior no campo da formação dos profissionais da educação básica: as políticas educacionais e o movimento dos educadores. *Educação & Sociedade*. Campinas: Cedes, v. XX, n.68 (Especial: Formação de profissionais para a Educação: políticas e tendências), p.17-44, dez./1999.

FREITAS, H. C. L. de. Formação de professores no Brasil: 10 anos de embate entre projetos de formação. *Educação & Sociedade*. Campinas: Cedes, v.23, n.80, p.137-68, set. 2002 (Especial: Políticas públicas para educação: olhares diversos sobre o período 1995-2002).

FUSARI, J. C.; CORTESE, M. P. Formação de professores a nível de 2º Grau. *Cadernos de Pesquisa*. São Paulo: Fundação Carlos Chagas, n.68, p.70-80, fev. 1989.

GATTI, B. A.; ROVAI, E. Alguns aspectos da legislação sobre a formação do professor primário (1957/1975) no Estado de São Paulo. *Cadernos de Pesquisa*. São Paulo: Fundação Carlos Chagas, n.20, p.7-14, 1977.

______; BERNARDES, N. M. G. Concluintes de cursos de formação de professores a nível de 2º grau: avaliação de habilidades. *Cadernos de Pesquisa*. São Paulo: Fundação Carlos Chagas, n.20, p.39-110, 1977.

______ et al. Um estudo sobre os cursos de formação de professores a nível de 2º grau (antigos Cursos Normais). *Cadernos de Pesquisa*. São Paulo: Fundação Carlos Chagas, n.20, p.15-38, 1977.

GIOVANNI, L. M. (Coord.). *O ensino e o momento atual em Araraquara*: habilitação específica para o magistério em nível de 2º grau. Araraquara: Unesp, Núcleo de Ensino, 1988. (Relatório de Pesquisa).

______. (Coord.). *Repensando o trabalho do professor na HEM-2º grau*: parte comum e parte diversificada. Araraquara: Unesp, Núcleo de Ensino, 1989. (Relatório de Pesquisa).

______. Os estudos sobre a formação de professores em nível de 2º grau nos últimos 20 anos: a situação revelada. Congresso estadual paulista de formação de educadores, 2, São Pedro: Runesp, 1992. Anais..., São Pedro, 1992.

GIOVANNI, L. M. Recrutamento de formadores e seleção de alunos em cursos de formação inicial de professores alfabetizadores no Brasil. Congresso Internacional de Educação e Trabalho. Representações Sociais, Competências e Trajetórias Profissionais. Aveiro: Universidade de Aveiro – Departamento de Ciências da Educação, 2005.

______; ONOFRE, E. C. Perfil de professoras alfabetizadoras em formação: repercussões sobre a concepção da profissão, o projeto de formação e o desempenho profissional docente. Conferência Internacional de Sociologia de La Educación. Buenos Aires, 2004. Anais... Aires-Argentina: ISA, 2004.

GOUVEIA, A. J. *Professoras de amanhã: um estudo de escolha ocupacional.* São Paulo: Pioneira, 1970.

HYPOLITO, A. M. Trabalho docente e profissionalização: sonho prometido ou sonho negado? In: VEIGA, I. P. A.; CUNHA, M. I. (Orgs.). *Desmistificando a profissionalização do magistério.* Campinas: Papirus, 1999.

LELIS, I. A. O. A formação do professor para a escola básica: da denúncia ao anúncio de uma nova prática. Rio de Janeiro, 1983. Dissertação (Mestrado) – Pontifícia Universidade Católica, 1983.

MARIN, A. Formação de professores: novas identidades, consciência e subjetividade. In: TIBALLI, E. F. A.; CHAVES, S. M. (Orgs.). *Concepções e práticas em formação de professores*: diferentes olhares. Rio de Janeiro: DP & A, 2003.

MARIN, A. J. et al. Aspectos determinantes de dificuldades na formação de professores em nível de 2º Grau. *Boletim do Departamento de Didática* (A situação de Ensinar e Aprender). Araraquara-SP: Unesp/FCL-Ar, v.IX, n.6, p.79-92, 1990.

______. Formação e ação docentes: tempos sombrios os que se delineiam para o futuro. In: ROMANOWSKY, J. P. et al. (Orgs.). *Conhecimento local e conhecimento universal.* Práticas sociais: aulas, saberes e políticas. Curitiba: Champagnat, 2004.

______. A escola como objeto de estudo nos trabalhos acadêmicos brasileiros: 1981-1998. *Cadernos de Pesquisa*. São Paulo: Fundação Carlos Chagas, v.35, n.124, p.171-99, 2005.

MARTURANO, E. M. Escolarização inicial: reflexões sobre a formação do professor. *Arquivos Brasileiros de Psicologia*. Rio de Janeiro, v.36, n.2, p.118-25, abr./jun. 1984.

MAUÉS, O. Os organismos internacionais e as políticas públicas educacionais no Brasil. In: GONÇALVES, L. A. O. (Org.). *Currículo e políticas públicas*. Belo Horizonte: Autêntica, 2003.

MEDIANO, Z. D. (Coord.). Recriando a escola normal. (Relatório de Pesquisa). Rio de Janeiro: PUC-RJ, 1988.

MELLO, G. N. et al. *As atuais condições de formação do professor de 1º grau*: algumas reflexões e hipóteses de investigação. Em Aberto. Brasília, v.1, n.8, p.1-11, ago. 1982.

______. Magistério. *Revista Ande*. São Paulo: Cortez, v.4, n.7, p.41-5, 1984.

MELO, M. T. L. *Programas oficiais para formação dos professores da Educação Básica*. Educação & Sociedade. Campinas: Cedes, v.XX, n.68 (Especial: Formação de profissionais para a Educação: políticas e tendências), p.45-60, dez. 1999.

MONTENEGRO, F. et al. *Indicador Nacional de Alfabetismo Funcional – Inaf*: um diagnóstico para a inclusão social pela educação. São Paulo: Instituto Montenegro/Ação Educativa/Ibope Opinião, 2001.

______*4º Indicador Nacional de Alfabetismo Funcional*: um diagnóstico para a inclusão social pela educação (INAF – Avaliação de Habilidades Matemáticas). São Paulo: Instituto Montenegro/Ação Educativa/Ibope Opinião, 2004.

MORAES, M. C. M.; TORRIGLIA, P. L. Educação light, que palpite infeliz! Indagações sobre as propostas do MEC para a formação de professores. *Teias*. Rio de Janeiro: UERJ-FE, ano 1, n.2, p. 51-9, 2000.

NOVAES, M. E. *Professora primária*: mestra ou tia. São Paulo: Cortez/Autores Associados, 1984.

PIMENTA, S. G. Redefinindo a habilitação de magistério no 2º grau. *Revista Ande*. São Paulo: Cortez, v.9, n.15, p.41-5, 1990.

RIBEIRO, M. L. S. *História da educação brasileira*: a organização escolar. São Paulo: Moraes, 1986.

______. *A formação política do professor de 1º e 2º graus*. São Paulo: Cortez/ Autores Associados, 1987.

SAVIANI, D. *A nova lei da educação*. Campinas: Autores Associados, 1997.

______. O legado educacional do "longo século XX" brasileiro. In: ______ et al.

O legado educacional do século XX no Brasil. Campinas: Autores Associados, 2004.

______. Reflexões sobre o ensino e a pesquisa em História da Educação. In: GATTI JR., D.; INACIO F. G. *História da educação em perspectiva*: ensino, pesquisa, produção e novas investigações. Campinas/Uberlândia: Autores Associados/Edufu, 2005.

SCHEIBE, L.; AGUIAR, M. A. Formação de profissionais da educação no Brasil: o curso de Pedagogia em questão. *Educação & Sociedade*. Campinas: Cedes, v.XX, n.68 (Especial: Formação de profissionais para a Educação: políticas e tendências), p.220-38, dez. 1999.

SHIROMA, E. O. et al. *Política educacional*. Rio de Janeiro: DP&A, 2002.

SIRVENT, M. T. Multipobrezas, violencia y educación. In: IZAGUIRRE, I. (Coord.) *Violencia social y derechos humanos*. Buenos Aires: Eudeba, 1998.

SUARÉZ, D. Formação docente, currículo e poder. In: HYPOLITO, J. S. V.; GARCIA, M. M. A. (Org.). *Trabalho docente*: formação e identidades. Pelotas-RS: Seiva, 2002.

TANURI, L. *A formação de professores em nível de 2º grau*. Seminário: O ensino de 2º grau: Perspectivas. São Paulo: Feusp, maio 1988.

______. Política integrada de formação de professores. *Cadernos de Pesquisa*. São Paulo: Fundação Carlos Chagas, n.71, p.82-5, nov. 1989.

______. História da formação de professores. *Revista Brasileira de Educação*. Rio de Janeiro/Campinas: ANPEd-Uerj/Autores Associados, n.14, p.61-88, maio/ago.2000.

UNICAMP. Edital n.1 de 13/05/2005. ProEsF. Campinas: FE-Unicamp, jul. 2005.

9

Construindo uma comunidade de aprendizagem docente: o Programa de Mentoria do Portal dos Professores da UFSCar em perspectiva

Aline M. de M. R. Reali
Regina M. S. P. Tancredi
Maria da Graça N. Mizukami

O Portal dos Professores da UFSCar (www.portaldosprofessores.ufscar) é a ferramenta principal do Programa de Apoio aos Educadores: Espaço de Desenvolvimento Profissional.[1] Trata-se de um espaço virtual que vem, ao longo de seu primeiro ano de funcionamento, agregando projetos voltados para a formação continuada de professores e outros agentes educacionais que articulam atividades de ensino, pesquisa e extensão e consideram as necessidades formativas desses profissionais em função das diferentes etapas de seu desenvolvimento profissional.

A construção do Programa de Apoio aos Educadores aponta para um novo, amplo e pouco conhecido campo de investigação e de intervenção: *a formação continuada de professores e outros agentes educacionais via educação a distância*, empregando como meio de comunicação a internet. Tem suscitado, igualmente, questões de diferentes naturezas relativas a processos, atividades e recursos pedagógicos para a formação de professores via Web. Em termos acadêmicos, essa nova modalidade formativa vem impondo um conjunto de desafios cuja superação vem consubstanciando-se com base em resultados de pesquisas conduzidas por membros do grupo proponente e alunos de pós-graduação.[2]

---

1 Financiado pelo Programa de Apoio à Extensão Universitária voltado às Políticas Públicas – Proext 2003/SESu-MEC e Proext 2004/SESu-MEC.

2 No momento, outros projetos de pesquisa e extensão vêm sendo desenvolvidos de forma concomitante: projeto de dissertação de mestrado e de doutorado de dois alunos do PPGE-ME/UFSCar; dois projetos de extensão financiados pela Proex-UFFSCar; um projeto de pesquisa financiado pela Fapesp (processo 04/00160-9) e outros dois pelo CNPq.

Nesta apresentação, analisarei, ainda que preliminarmente, algumas das dimensões observadas na construção de uma comunidade de aprendizagem de professores mentores e alguns dos desafios (tensões) identificados no desenvolvimento de um programa de formação continuada de professores por meio de uma pesquisa-intervenção de caráter construtivo-colaborativo sob responsabilidade da Universidade. Antes, porém, procurarei caracterizar o Portal dos Professores como espaço virtual de aprendizagem da docência.

O Portal dos Professores da UFSCar – dados gerais

A despeito dos numerosos investimentos voltados para a educação básica nos últimos anos, observa-se que a qualidade do ensino recebida pela população brasileira, mesmo em centros urbanos desenvolvidos, tem deixado a desejar. Diversos indicadores educacionais podem ser apontados como reveladores dessa situação. Embora o acesso e a permanência dos alunos na escola sejam uma realidade, frequentemente mesmo o aluno aprovado e tido como "bom aluno" pode ser considerado fracassado porque apenas "repete o que o professor quer e diz" (Dani; Isaía, 1997, p.1). Isso sem contar com numerosos alunos que concluem o ensino fundamental sem terem pleno domínio da língua materna e de conteúdos escolares considerados elementares.

O fenômeno do fracasso escolar, mesmo com novas "vestimentas", compõe uma problemática complexa, multifacetada e multideterminada. Não se pode negar, no entanto, que entre as suas variadas causas a formação de professores possa ser destacada. Embora a literatura não aponte de forma conclusiva a influência da qualificação dos professores sobre o desempenho dos alunos, acredita-se fortemente na relação entre boa formação profissional e atuação competente.

Para atender às demandas impostas pela sociedade em geral e pelas reformas e políticas educacionais em particular, parece ser necessário que os professores dominem o conteúdo específico que ensinam e adotem estratégias de ensino adequadas aos alunos, a seu nível de desenvolvimento, ao grau de motivação, características culturais e linguísticas; ofereçam oportunidades de aprendizagem e recursos, entre outras variáveis importantes que afetam os processos de ensino e aprendizagem.

Diante de tais desafios e considerando que *aprender a ensinar* e a *ser professor* é um processo contínuo que ocorre ao longo da vida, faz-se necessário destacar que a competência profissional para a docência não decorre apenas da realização de cursos de formação inicial, qualquer que seja o grau de ensino a que estejam afetos. Uma vez que o *aprender a ensinar* abarca o entendimento do outro, dos estudantes, da matéria, da pedagogia, do desenvolvimento do currículo, das estratégias e técnicas associadas com a facilitação da aprendizagem do aluno, entre outros aspectos, e o *ser professor* abrange as características do ensinar, mas vão além delas, pois envolve a participação na instituição escolar, um local próprio de uma comunidade profissional (Knowles et al., 1994), torna-se imperativo o oferecimento de apoio permanente para que esses profissionais possam desenvolver-se durante a carreira.

A literatura da área de formação de professores vem destacando a existência de diferentes fases na vida profissional dos docentes, com características e problemáticas próprias. Assim, futuros professores, professores iniciantes e aqueles mais experientes apresentam competências profissionais distintas e demandas de formação específicas. Tradicionalmente, nos programas de formação continuada não tem-se dado às especificidades dessas fases da carreira, considerando-se uma formação global, mesmo quando centrada na escola.

Outro aspecto também precisa ser levado em conta. O uso de ambientes virtuais como espaços de conhecimento profissional[3] tem crescido em nosso país. No caso de professores, algumas iniciativas têm sido desenvolvidas com a finalidade de promover atividades voltadas para seu desenvolvimento profissional por meio da informática e para que dominem as ferramentas dessa mídia, como as que ocorreram no âmbito do Projeto de Educação Continuada do Estado de São Paulo (PEC) implementado pela PUC-São Paulo e as que fizeram parte de pesquisas que investiram nessa direção, como a de Morgado (2003).

Com a perspectiva de aproveitar os recursos tecnológicos para potencializar a formação de professores, o Portal dos Professores da UFSCar, com base no conjunto de seções que o compõem, procura atender a demandas docentes de diferentes naturezas, tendo em consideração os aspectos mencionados. Tem-se caracterizado como base de apoio para os docentes do ensino básico, sobretudo, e como contexto para projetos e atividades de ensino, pesquisa e extensão que envolvem alunos das licenciaturas e da pós-graduação em Educação da UFSCar.

Entre as principais ações oferecidas para os usuários do Portal dos Professores (professores e outros agentes educacionais), em acréscimo ao Programa de Mentoria, que será apresentado adiante, destacam-se:

- atendimentos individualizados via *Pergunte para quem sabe*, que consiste em uma seção em que um professor, aluno ou qualquer pessoa formula uma questão a ser respondida por um especialista da área;
- *Minicursos* desenvolvidos on-line e certificados pela Proex/UFSCar, sobre diversos temas, com duração de no mínimo 36 horas e sob a responsabilidade de docentes ou pós-graduandos da UFSCar;
- seção *Biblioteca e Publicação,* na qual estão sendo disponibilizadas obras de diferentes naturezas que oferecem contribuições para a formação e a atuação

3 Termo baseado nas ideias apresentadas por DOWBOR, 1993.

de professores, como monografias de conclusão de curso, teses e dissertações, material não convencional (artigos não publicados, relatórios de pesquisas, trabalhos completos publicados em anais, relatos de experiências, material elaborado para uso didático), vídeos etc.

- *Glossário educacional*, em que são apresentadas explicações simples e sucintas sobre temas, conceitos, teorias, autores ligados à área educacional;
- seção *Traduzindo conhecimentos científicos em saberes escolares...*, cujo conteúdo se encontra na fronteira entre a difusão e a educação científica e objetiva, entre outros aspectos, oferecer subsídios para os professores ampliarem sua base de conhecimento para o ensino, incluindo seu conhecimento e sua compreensão sobre avanços e processos científicos e tecnológicos, bem como sua lógica;
- seção *Escolas em Vitrine*, que apresenta relatos de professores sobre experiências envolvendo práticas pedagógicas bem-sucedidas.

Pretende-se, em um futuro próximo, expandir as ações do Portal com a instalação de novas seções: a de *Casos de Ensino*, que objetiva promover a formação de professores tendo como ponto de partida a elaboração ou análise de casos que apresentam situações pedagógicas plausíveis e sejam disparadoras de reflexões sistematizadas; e a *Galeria de Vídeos*, que consiste em uma biblioteca de vídeos de curta duração e de vinhetas, de diferentes temas, que podem ser disponibilizados pelos usuários ou pela administração do Portal; está também em vias de ser disponibilizada uma seção de construção e desenvolvimento de projetos conduzido por diferentes usuários.

As ações propostas abrangem diferentes temas, tópicos e áreas do conhecimento, níveis e modalidades de ensino e procuram, preferencialmente, responder às demandas apresentadas pela população-alvo: os professores. Incluem desde atendimentos pontuais até ações de longa duração, bem como envolvem atividades de diferentes naturezas, como discussão de um plano de aula por parte de um professor, confecção de materiais de apoio para atividades práticas e elaboração e desenvolvimento de projetos específicos das escolas.

Com relação à aceitação do Portal, nota-se, mês a mês, um crescimento paulatino no número de acessos e de pessoas cadastradas. Em outubro de 2004, primeiro mês de funcionamento, houve 766 acessos e vinte cadastros; em agosto de 2005, 5.485 acessos e cinquenta novos cadastros. No total, nesses dez meses de funcionamento, foram 57 mil acessos e 680 cadastros de usuários.[4]

No momento, procura-se ampliar as bases estruturais de uma comunidade virtual de aprendizagem da docência. Para tanto, estão sendo instalados seis Postos de Atendimento fixos em diferentes locais do município de São Carlos (SP), além

4 Dados até 21 de setembro de 2005.

de um posto móvel com o propósito de oferecer condições para que diversos grupos de professores, que ainda não têm acesso à internet em casa ou nas escolas em que trabalham, possam participar gratuitamente das diversas seções do Portal dos Professores.

Além disso, a UFSCar cedeu uma área de 70 metros quadrados para sediar o Portal dos Professores, composta de uma secretaria, uma sala para reuniões, uma sala para coordenação e um pequeno laboratório de informática.

O Programa de Mentoria em perspectiva

O Programa de Mentoria é um projeto de pesquisa-intervenção cujo objetivo principal é avaliar, por meio da adoção de uma abordagem construtivo-colaborativa, as contribuições de um programa de mentoria, via Web, para o desenvolvimento profissional de professoras iniciantes e de professoras experientes, as mentoras, que acompanham as primeiras em suas dificuldades profissionais.

Ao longo de sua execução, pretende-se produzir conhecimento sobre desenvolvimento profissional da docência, compreender quais são as aprendizagens profissionais de professores iniciantes quando em contato virtual estreito com profissionais mais experientes, e como essas ocorrem. Pretende-se, também, investigar processos formativos de mentores para atuar predominantemente por meio da internet, com professores iniciantes, avaliar a metodologia de formação continuada adotada e oferecer subsídios à formação básica e continuada de professores.

A proposição e o desenvolvimento desse Programa de Mentoria levou em consideração que há fortes indícios apontando para a necessidade de se voltar a atenção para um período crítico do desenvolvimento profissional de professores o início da carreira docente. Trata-se de uma fase em que o jovem profissional aparentemente sofre de um tipo de "miopia" (Grossman et al., 2001a), posto que focaliza suas ações sobretudo no desenvolvimento de suas competências como professor e no gerenciamento das demandas mais imediatas da sala de aula. Sua visão, durante algum tempo, permanece fixa sobre os contextos mais próximos de atuação. Ele luta para desenvolver um repertório de comportamentos profissionais relacionados ao ensinar e ao ser professor, ao conteúdo específico que deve ensinar e à sua representação da maneira pela qual os alunos aprendem.

Por sua vez, raramente os contextos de atuação profissional dispõem de recursos voltados para minimizar as dificuldades características dessa fase da carreira ou mesmo de outras mais avançadas, pois em nosso país não há a tradição de a escola acompanhar a inserção profissional de professores iniciantes nem de se constituir em um ambiente de desenvolvimento profissional sistematizado para todos os professores.

Embora o professor iniciante venha sendo sujeito de muitas pesquisas, inclusive no Brasil, poucas têm sido as iniciativas em investigar meios de superar ou minimizar as dificuldades características desse período por meio de programas que envolvam seu acompanhamento por profissionais mais experientes, os mentores. Nota-se, também, a ausência de políticas públicas nos diferentes sistemas e níveis de ensino voltadas à formação de professores que levem em conta as características da docência nos primeiros anos de trabalho. Também tem havido poucos estudos sobre professores experientes ensinando outros professores a ensinar.

Considerando o exposto, decidiu-se investir em organização, implementação e análise de um programa de educação a distância voltado para a formação de professores iniciantes de 1ª a 4ª série do ensino fundamental, a ser desenvolvido por professores experientes e bem conceituados profissionalmente e o qual ocorresse via internet. Assim surgiu o Programa de Mentoria do Portal dos Professores da UFScar, que conta atualmente com dez mentoras relacionando-se com 23 professoras iniciantes em atividades de formação a distância, via internet. As bases teóricas e os primeiros resultados dessa pesquisa-intervenção são apresentados a seguir.

Bases teóricas e metodológicas do Programa de Mentoria

O modelo de pesquisa adotado para a condução do Programa de Mentoria pauta-se em um referencial denominado construtivo-colaborativo.

Desde 1993, Knowles et al. (1994) vêm nos ensinando que a aprendizagem da docência é um processo contínuo que começa antes da preparação formal nos cursos específicos, prosseguem ao longo deste e permeia toda a prática profissional. Essa aprendizagem é influenciada por fatores cognitivos, afetivos, éticos, de desempenho, pelas crenças e valores que temos e pelo contexto em que atuamos, entre outros aspectos.

Por ser desenvolvimental, a aprendizagem da docência requer tempo e recursos para que novas concepções, novos valores, novas técnicas sejam confrontados com os que já temos e *comprovem* sua eficácia na situação de atuação. Assim, não basta, para mudar a prática, aprender novas vertentes teóricas ou aprender novas técnicas. Quando um professor deseja ou precisa fazer mudanças e desenvolver novas práticas para contemplar exigências sociais ou políticas públicas, ele precisa fazer revisões conceituais, entre elas aquelas sobre o processo educacional e instrucional e sobre os lastros teóricos da própria atuação profissional.

Outro aspecto deve ser considerado: o ensino é um ato dinâmico, não completamente previsível, sujeito ao que acontece em classe, na interação com os alunos e também no contexto institucional. A essas situações o professor precisa dar uma resposta e faz isso em função do constante monitoramento do que ocorre durante a aula e agindo com base em percepções e interpretações sobre o que está acontecendo (Schoenfeld, 1997).

Conhecimentos, crenças, metas e hipóteses dos professores são elementos fundamentais na determinação do que eles fazem em sala de aula e do por que o fazem; concepções sobre a matéria que lecionam, conteúdo curricular, alunos e aprendizagem também influenciam sua prática de sala de aula.

Para agirem nas situações *instáveis* da sala de aula, os professores precisam de uma *base de conhecimento*, composta por conhecimentos de diferentes tipos e natureza, os quais sustentam seus processos de tomada de decisões (Shulman, 1986; 1987). Essa base de conhecimento é constituída por um conjunto de compreensões, conhecimentos, habilidades e disposições necessárias para a atuação efetiva em situações específicas de ensino e aprendizagem. Os conteúdos dos conhecimentos profissionais dos professores, conhecimento pessoal prático, conhecimento da profissão, conhecimento de casos, conhecimento dos fundamentos educacionais e de metáforas, entre outros, são igualmente importantes para o processo de desenvolvimento profissional da docência (Schoenfeld,1997).

Compreendendo a aprendizagem da docência, ocorre considerarmos que os programas de formação continuada devem estar adaptados às necessidades específicas dos professores e também a escolas específicas. Dessa forma, sua estrutura e o conteúdo devem ser determinados pelos professores.

Adicionalmente, mas não de forma secundária, a formação deve considerar que a aprendizagem do adulto se volta mais diretamente ao prático que ao teórico (Darling-hammond, 1994; Marcelo Garcia, 1998; Calderhead, 1996; Schoenfeld, 1997) e, portanto, à necessidade de oferecer respostas para os problemas enfrentados no dia a dia.

Uma das estratégias formativas consideradas adequadas para a formação continuada de professores e atende às especificidades desejadas no Programa de Mentoria é a reflexão sobre a ação pedagógica que deve ocorrer, prioritariamente, no local de trabalho e entre os pares. Para isso, as escolas, por meio das políticas públicas, devem assegurar tempo e espaço mental para os professores se desenvolverem profissionalmente no local de trabalho (McDiarmid, 1995). Nesse espaço é possível favorecer o desenvolvimento profissional de todos aqueles que, de uma forma ou de outra, participam do processo educativo (professores e corpo técnico-administrativo). Centrar a formação continuada na escola pode, assim, reverter em benefícios para a escola e para os processos de ensino e de aprendizagem nela realizados.

Aberta essa possibilidade, o sistema ou instituição educacional poderia se perceber como uma organização que aprende que pode desenvolver-se por meio da aprendizagem de seus membros e, ao adotar uma dinâmica formativa contínua e compartilhada, acompanha e propicia as mudanças na realidade segundo suas necessidades e a de seus objetivos (Argyris; Schön, 1996).

Embora se considere que, prioritariamente, a formação continuada deve estar centrada na escola e nas necessidades de seus professores, esse "centrar-se" não se refere apenas ao espaço físico. Mais importante do que isso, é "centrar-se" nas necessidades dos docentes, essas sim contextualizadas em seu local de trabalho. Dessa forma, abre-se espaço para que a formação ocorra em outras instâncias (físicas) e mesmo a distância, sem que a escola deixe de ser um elemento fundamental. Ela apenas passa a estar presente por meio de seus professores, o que é da maior relevância. Nada adianta usar fisicamente o espaço escolar e oferecer a professores programas "fechados" de formação, que não considerem o enfrentamento das situações vividas e precisam ser superadas.

Na vertente proposta, a colaboração entre os participantes da atividade formativa é fundamental, sendo concebida como diálogo, implicando pessoas engajadas em conversações, trocas e desenvolvimento profissional recíproco. A colaboração permite compreensões mútuas e consenso, tomada de decisão democrática e ação comum (Clark et al., 1996, 1998). Implica uma tendência para a inquirição, a qual objetiva gerar novos conhecimentos e contemplar problemas do dia a dia escolar.

A apresentação das necessidades, a reflexão sobre a realidade, a sua interpretação considerando o contexto ao qual se referem consiste um ato colaborativo (Wasser; Bresler, 1996), no qual "múltiplos pontos de vista são considerados em tensão dinâmica quando um grupo procura dar sentido a temas/problemas e significados de um campo de trabalho" (p.5).

Além disso, considera-se a importante ideia de comunidade de aprendizagem ou comunidade de prática (Grossman et al., 2001b). Em uma comunidade de aprendizagem formada por professores, algumas concepções estão presentes: a docência exige aprendizado contínuo e proveniente de diversos meios e fontes e por isso seus membros se consideram aprendizes; os membros identificam-se uns com os outros, do que decorre que o trabalho desenvolvido é negociado entre eles; há uma preocupação com os alunos e suas aprendizagens (que Grossman et al., 2000 chamam de *tensão essencial*). De acordo com Gallucci (2003), as comunidades de prática "criam, expandem e trocam conhecimentos sobre suas práticas, assim como desenvolvem suas capacidades individuais" (p.15).

Para se caracterizar como uma comunidade de aprendizagem, é essencial que a comunidade vá, ao longo do tempo, construindo uma identidade grupal, definindo normas de interação, compreendendo e aceitando as diferenças individuais, desenvolvendo, de forma negociada, a compreensão de que a aprendizagem docente e a aprendizagem dos alunos são processos inter-relacionados e deve haver uma responsabilização coletiva pelo crescimento individual.

Complementarmente, no caso de uma comunidade de aprendizagem de professores, esses profissionais, ao interagirem, modificam seus modos de pensar, aprendem novas ações e transformam sua identidade profissional. Nesse processo de aprendizagem profissional, têm peso substancial as demandas originadas das políticas educacionais – representadas pelas demandas escolares, pois envolvem, quase sempre, a desestabilização dos processos existentes, e exigem a responsividade de professores e seu engajamento na construção de novas condições de ensino para seus alunos, assim como que, em consequência, podem desencadear mudanças em suas práticas docentes (Mizukami et al., 2003).

Ainda são incipientes os resultados de pesquisa que indicam com precisão as dimensões/marcadores que constituem comunidades profissionais de professores, bem como os processos que dão sustentação ou constituem obstáculos para sua manutenção e funcionamento (Grossman et al., 2000). Nem sabemos, ainda, se tais dimensões podem ser precisadas ou se seria desejável que fossem flexíveis. Em linhas gerais, tem sido indicada a necessidade de criar comunidades profissionais de professores abertas e fortes em lugar de comunidades refratárias e fracas. Nas comunidades abertas e fortes, os professores participantes trabalham em conjunto, com objetivos partilhados e negociam suas responsabilidades e decisões, além de estarem abertos, por exemplo, a novas políticas e a novas experiências. Diferentemente, as comunidades refratárias e fracas têm como destaque o trabalho individual e o fato de serem fechadas às inovações ou mesmo a modificações em suas práticas (Galucci, 2003). Sob a perspectiva adotada, nem se caracterizariam por comunidades de aprendizes, visto que por comunidade entendemos um grupo de pessoas que partilham um objetivo comum e constroem caminhos para alcançá-lo.

Considerando as escolas brasileiras, evidencia-se que os professores, usualmente, compõem comunidades de professores com seus pares em escolas, associações de classe e grupos de estudos entre outros. A participação nessas comunidades poderia oferecer maiores e melhores condições para que os professores se engajassem em processos de aprendizagem profissional individuais e coletivos. Contudo, o exame dos contextos de trabalho de professores indica que nem sempre as escolas isso ocorre, em parte, por causa dos responsáveis pelas políticas públicas e sistemas de ensino oferecem condições adequadas para a construção e manutenção de comunidades abertas e fortes. Algumas dessas dificuldades, especialmente presentes nas escolas públicas, são: carga horária excessiva, trabalho em mais de uma instituição de ensino, número elevado de alunos por série e uso inadequado dos Horários de Trabalho Pedagógico Coletivo (HTPC). No caso de professores em início de carreira, essa dificuldade é ainda maior, como foi verificado por vários autores, entre eles Von Zanten; Grospiron (2001), Marcelo Garcia (1998), Pacheco; Flores (1999).

Tendo em vista esse referencial, um de seus aspectos mais importantes do Programa de Mentoria é o fato de que em especial as pesquisadoras e o grupo de professoras mentoras estão em processo de composição de uma comunidade de aprendizagem ou de prática. De modo especial, o grupo formado por mentoras e pesquisadoras foi, ao longo do tempo, construindo sua identidade e responsabilizando-se, ainda que de forma incipiente e mais como forma de colaborar do que de responsabilizar-se, com as aprendizagens dos pares, compartilhando com eles seus conhecimentos e experiências. O foco de atenção do grupo é a aprendizagem profissional das professoras iniciantes e, em segundo lugar, mas não menos importante, seu próprio desenvolvimento profissional.

Embora as mentoras sejam professoras experientes e bem conceituadas em suas áreas de atuação, e as pesquisadoras também tenham familiaridade com atividades formativas, observa-se que todas se consideram em processo formativo e procuram apoiar-se mutuamente.

Para a investigação e o desenvolvimento partilhados, no contexto do Programa de Mentoria, vem-se trabalhando fundamentalmente com fontes de dados documentais as correspondências on-line trocadas entre as mentoras e as professoras iniciantes e das mentoras entre si e os diários reflexivos de mentoras e professoras iniciantes. Outra fonte importante são os dados de observação[5] dos encontros semanais mantidos entre mentoras e pesquisadoras da Universidade.

O objetivo dessas reuniões semanais, na Universidade, entre pesquisadoras, mentoras, bolsistas e especialistas, é estudar e analisar o processo formativo que está sendo desenvolvido pelas mentoras com cada uma de suas professoras iniciantes, propor soluções para os problemas encontrados no trabalho de mentoria, contribuir com conhecimentos e experiências para o trabalho de cada mentora. Assim o grupo se fortalece e se compromete com as aprendizagens recíprocas.

No caso dos dados de observação, um dos desafios tem sido a sistematização das *conversas,* de maneira que os conhecimentos construídos, assim como os processos envolvidos, sejam identificados e compreendidos em especial os relacionados à construção de comunidades de aprendizagem de professores. Tem-se tomado como base, para as análises preliminares, o trabalho de Carrol (2005), que oferece subsídios para análise dos diálogos e a construção de ideias em grupos, e o modelo de análise proposto por Little (2002) para a compreensão das trajetórias de participação e prática ao longo do tempo, que considera os dilemas associados à análise interna de comunidades de professores, e também o modelo de indicadores de formação de comunidades de aprendizagem profissionais de Grossman et al. (2001b).

No caso das fontes documentais, consideram-se os textos das professoras (iniciantes e mentoras) como narrativas, uma forma de saber que possibilita a caracterização, compreensão e representação da experiência humana (Vaz et al., 2001). Compreendem-se as experiências vivenciadas como *histórias vividas*, um ponto de partida para processos reflexivos, as *narrativas* são *histórias contadas* (Clandinin; Conelly, 1994).

---

5 As reuniões são gravadas em áudio e vídeo e acompanhadas por bolsistas especialistas.

A opção por adotar a redação de correspondências e os diários reflexivos para identificar e compreender as visões pessoais das professoras investigadas se pauta na ideia de que essas realizações facilitam a emergência de seus conhecimentos e das crenças que dão lastro às práticas pedagógicas. Segundo Kramer (2000), a escrita favorece "... que a história vá adquirindo novos sentidos... A escrita do texto remete à escrita da história" (p.112). Ademais, em termos formativos, "... trabalhar com linguagem, leitura e escrita pode favorecer uma ação que convida à reflexão, a pensar sobre o sentido da vida individual e coletiva" (p.114). Destaca-se que com essa estratégia se pretende investigar o que as professoras *sabem*, o que por sua vez relaciona-se estreitamente a *o que dizem saber* (Freeman, 2000). As palavras são consideradas o veículo para o pensamento e podem representá-lo de modo isomórfico; seus pensamentos, crenças, conhecimento e sentimentos estão "contidos" em suas palavras. Nessa perspectiva, "as pessoas são consideradas a partir do que dizem" (Freeman, 2000, p.294). Assume-se, portanto, uma leitura *representacional* sobre o que as professoras relatam acerca de suas experiências como professoras iniciantes e mentoras, no que se refere à análise dos dados das narrativas por elas elaboradas.

Um breve histórico da construção do Programa de Mentoria e da pesquisa

O programa de formação continuada de professores iniciantes por professores experientes (mentores) sob a responsabilidade de pesquisadoras da Universidade se caracteriza por ser um processo de longa duração, que envolve a construção de uma base conceitual em termos teóricos e uma base de confiança em termos das relações entre os envolvidos, bases essas imprescindíveis para o desenvolvimento do programa proposto.

Esse processo precisa ser entendido considerando as seguintes instâncias:

- *as pesquisadores entre si* – instância já consolidada, considerando a constituição da equipe do projeto em termos de opção teórica e metodológica e de construção de ferramentas formativas e investigativas, a partir de projetos anteriores; habitualmente se reúnem duas vezes por semana;
- *as pesquisadoras e as mentoras* – inclui estudos teóricos e metodológicos sobre a aprendizagem da docência nas séries iniciais do ensino fundamental, conhecimento da criança e de como estas aprendem, domínio dos conteúdos dos diversos componentes curriculares e de formas possíveis de ensiná-los, das relações professor-aluno e professor-comunidade, da organização e funcionamento da escola e do sistema escolar, das políticas públicas educacionais etc. Construção do Programa de Mentoria e das estratégias formativas e sua

avaliação permanente. Esse processo foi iniciado em outubro de 2003 e permanece em andamento, com reuniões semanais entre as participantes.

- *as mentoras e as professoras iniciantes* – envolve interação e aprendizagens recíprocas de mentoras e professoras iniciantes com base em situações concretas de enfrentamento de problemas cotidianos presentes nas séries iniciais do ensino fundamental; é, mais precisamente, a implementação do Programa de Mentoria e as respectivas estratégias formativas, que contemplam reajustes processuais. Cada díade mentora-professora iniciante "conversa" entre si ao menos duas vezes por semana;
- as pesquisadoras, as professores mentoras e as professoras iniciantes – caracteriza-se como processo contínuo de construção e reconstrução do programa com base em sua implementação e avaliação processual.

Destaca-se que essas instâncias são interdependentes, flexíveis e muitas vezes concomitantes. Por exemplo, caso um novo mentor venha a integrar a equipe, a segunda instância deverá se reconfigurar; se alguma situação vivenciada pelo professor iniciante envolver formas de enfrentamento não previstas no programa, novas estratégias deverão ser elaboradas envolvendo as outras instâncias etc. As decisões têm sido processuais e são construídas a partir de situações concretas; exigem ações compartilhadas e pautadas em experiências e repertórios dos diferentes participantes. Sob essa ótica, o tempo é uma variável poderosa, tanto para as aprendizagens das mentoras das professoras iniciantes e das pesquisadoras quanto para as sucessivas reelaborações do Programa que envolvem formas alternativas de compreensão e de superação dos problemas evidenciados.

A construção do Programa de Mentoria, das estratégias formativas e sua avaliação permanente por parte das pesquisadoras e mentoras foi iniciado em outubro de 2003 e permanece em andamento, com reuniões semanais entre essas participantes. Nesse período foram ainda desenvolvidas estratégias formativas com as mentoras no que diz respeito ao domínio das Tecnologias em Informática e Comunicação (TICs) e em seu desenvolvimento profissional, tendo em vista as atividades envolvidas nos processos de mentoria, via encontros semanais (duas horas de duração) dos grupos de professoras mentoras, pesquisadoras, auxiliares de pesquisa.

As dez mentoras são professoras com formações e experiências de ensino diversificadas. Todas apresentam mais de quinze anos de experiência docente e suas trajetórias profissionais seguiram percursos variados e específicos. Destacam-se três aspectos comuns a todas: são profissionais que ao longo de sua carreira investiram fortemente em seu próprio desenvolvimento profissional, possuem experiências variadas e são avaliadas pelos pares como boas profissionais.

Vinte e três professoras foram selecionadas entre fevereiro e junho de 2005 para participarem do Programa de Mentoria, das quais vinte estão participando efetivamente do programa. São as seguintes as suas características, tomadas quando do preenchimento do questionário de inscrição e atualizadas no decorrer do Programa:

- Estão na faixa etária entre 22 a 52 anos: 65% (15) das professoras têm entre 21 e 30 anos; 17% (4) entre 31 e 40; 17% (4) entre 41 e 49 anos e 4% (1) acima de 50 anos.
- Variação de um a cinco anos de exercício profissional nas séries iniciais (conforme critério de inscrição), embora algumas já tenham mais anos de exercício em outros níveis de ensino; 17% (4) têm até um ano de exercício profissional; 13% (3), dois anos; 26% (6), três anos; 30% (7), quatro anos e 13% (3), cinco anos.
- No início do programa, quando fizeram sua inscrição, a distribuição das séries assumidas pelas iniciantes assim se configurava: 26% (6) lecionavam na 1ª série; 35% (8) na 2ª série; 17% (4) na 3ª série; 22% (5) na 4ª série. Ao longo dos meses de desenvolvimento do programa, a situação foi modificada: uma professora iniciante passou a ministrar aulas de inglês para alunos de 1ª a 4ª série; duas assumiram programas de apoio a alunos com dificuldades de aprendizagem, passando, cada uma delas, a ministrar aulas para cerca de 150 alunos, subdivididos em grupos de dez a quinze alunos; duas assumiram classes adicionais em outros períodos e duas foram trabalhar na zona rural (assentamento do MST) com classes multisseriadas.
- Essas professoras exercem suas atividades de ensino em escolas públicas municipais (65% ou 15), do Serviço Social da Indústria (Sesi) (17% ou 4), duas delas também atuam em escolas privadas (9%) e outras duas (9,5%) em escolas da zona rural.
- Vinte e duas residem no estado de São Paulo (três em São Carlos e as demais em outras cidades da região) e uma no estado de Santa Catarina.
- No que se refere às *dificuldades* enfrentadas, essas professoras indicaram as relacionadas à sua interação com os outros professores e a direção das escolas (65% ou 15); aquelas mais específicas de sala de aula (como o uso de materiais didáticos) (13% ou 3) e o fato de ensinarem em escolas situadas na zona rural (assentamentos) (9% ou 2) e as precárias condições de espaço físico (9% ou 2).

Algumas professoras iniciantes apresentam trajetórias de ingresso bastante conturbadas, em especial no que se refere à escolha da série/escola, como também aos primeiros contatos com a instituição escolar. Outras dificuldades foram aos poucos sendo reveladas. A despeito da indicação da existência do HTPC e de trabalhos coletivos nas escolas em que atuam, nota-se forte sentimento de isolamento acompanhado de uma série de dilemas sobre o que e como ensinar crianças com repertórios acadêmicos diversos; como avaliar; como relacionar-se com outros professores. Tem chamado a atenção a mobilidade das funções em curtos intervalos de tempo e o exercício em atividades de ensino em outros níveis de ensino por parte das professoras que têm procurado o programa. Por exemplo, duas das professoras iniciantes foram ao longo do primeiro semestre de 2004 deslocadas de salas de aula regulares para o atendimento de crianças em grupos de apoio. Nesses grupos elas são responsáveis por cerca de 120 alunos, em média, com dificuldades de ensino e aprendizagem. Depreende-se, deste último aspecto, que angústias, dilemas e tensões características da iniciação à docência (Garcia, 1999) não ocorrem possivelmente apenas nas primeiras inserções profissionais, mas sim a cada mudança que as professoras têm de enfrentar em seu decorrer.

As atividades do Programa de Mentoria com as professoras iniciantes tiveram início em março de 2005. Esse primeiro semestre de trabalho tem-se caracterizado pela realização de sondagens, aproximações, levantamento de necessidades, criação de linguagem comum entre mentora e professora iniciante e entre as diferentes mentoras e o conjunto das professoras iniciantes. Além disso, os trabalhos têm implicado desenvolver *experiências de ensino e aprendizagem* (Mizukami et al., 2002) que podem, neste caso, ser compreendidas como situações estruturadas, planejadas pelas mentoras com cada uma de suas professoras iniciantes e implementadas pelas professoras iniciantes a partir de temas apontados como de seu interesse. Seu desenvolvimento caracteriza um processo circunscrito, que implica ações de diversas naturezas por parte das mentoras e professoras iniciantes e envolve, dependendo do caso, os alunos das professoras iniciantes. São originadas das dificuldades práticas enfrentadas pelas professoras iniciantes.

As principais características do Programa de Mentoria foram definidas em sua primeira etapa de construção. Os conceitos elaborados em reuniões entre pesquisadoras e mentoras são o apoio para o desenvolvimento dos trabalhos e a eles o grupo se volta quando em dúvida sobre os encaminhamentos a dar aos relacionamentos e às aprendizagens a serem mais fortemente apoiadas. A seguir, apresentam-se as ideias que norteiam as ações dos pesquisadores e mentores e as quais estão disponibilizadas em sua página.

a) Conceito de Ensino e Formação

Ensino – ensinar é um processo sistemático, organizado, reflexivo, dialógico que envolve resolução de problemas e tomada de decisões. Exige autoavaliação permanente do professor e coparticipação dos alunos. É criar ambientes de aprendizagem para que alunos e professores possam avançar na construção de conhecimentos e de competências. É favorecer o estabelecimento de relações entre os conhecimentos cotidianos, os saberes sistematizados e as exigências do mundo atual.

Formação – processo contínuo, sistemático, organizado e permanente de desenvolvimento pessoal e profissional, que permite um movimento de construção e reconstrução de conhecimentos e competências. Possibilita melhor compreensão e aprimoramento dos procedimentos adotadas para a eficiência e eficácia do trabalho.

b) O Modelo de Mentoria adotado

O programa caracteriza-se por ser a distância e ter por objetivo o atendimento a professores iniciantes das séries iniciais. O modelo de mentoria tem como eixo metodológico a reflexão dos professores iniciantes sobre a própria prática, levando em conta as características da aprendizagem do adulto e os contextos de atuação profissional. Cada professor iniciante inscrito terá um mentor (um professor experiente) que o acompanhará durante a vigência do Programa. Respeito e comprometimento mútuos entre professor mentor e professor iniciante são aspectos marcantes.

c) Duração

O programa terá a duração de um ano (aproximadamente 120 horas). O número total de horas do programa inclui os contatos entre o professor iniciante com o mentor e a realização de trabalhos individuais (observações, registros, relatórios, planejamento etc.).

d) População-alvo

Estar ministrando aulas em classes de 1ª a 4ª série do Ensino Fundamental há menos de cinco anos. Ter noções básicas de informática,disponibilidade de tempo (no mínimo quatro horas/semana), acesso a internet, possuir algumas características pessoais: disponibilidade para aprender, flexibilidade, disposição para aceitar e experimentar práticas inovadoras, paciência, sensibilidade, disciplina.

e) Alguns princípios

Programa gerenciado por professores da UFScar e professores experientes no ensino fundamental – séries iniciais – os docentes mentores. O programa é flexível, com atividades adaptadas às necessidades individuais e à situação de trabalho do professor iniciante. O programa pauta-se em padrões ético-profissionais (sigilo quanto à identidade dos professores iniciantes, aos fatos descritos, à escola, aos alunos, à correspondência entre o professor iniciante e seu mentor etc.). O contato entre mentor e professor iniciante deverá ocorrer ao menos uma vez por semana e essencialmente via internet. A UFSCar oferecerá certificação aos professores que concluírem o programa, disponibilizará recursos didáticos e bibliográficos diversificados, possibilitará acesso ao programa apenas a professores inscritos e selecionados.

f) Papéis dos mentores

Analisar, com o professor iniciante, os problemas e as dificuldades apresentados por ele.

Sugerir encaminhamentos possíveis a cada caso, com base em teorias e práticas educacionais.

Dar apoio e ajuda a seu mentorado diante de dúvidas, conflitos, tensões, dificuldades manifestadas por ele, em seu exercício docente. Propor e estudar casos em com o professor iniciante.

Auxiliar os professores iniciantes na construção de conhecimentos profissionais.

Promover reflexões sobre a prática docente.

Oferecer devolutiva dos registros das atividades realizadas pelos professores iniciantes.

Auxiliar o professor iniciante a aprender a filosofia e os valores culturais das escolas e a estabelecer um repertório de comportamentos profissionais esperado pela comunidade escolar em que atua.

Visitar excepcionalmente o professor iniciante na escola na qual atua.

Manter encontros presenciais com os professores iniciantes, caso necessário.

Promover avaliações sistemáticas com o professor iniciante sobre o processo de mentoria, redirecionando-o, caso necessário.

g) Objetivos gerais

Criar situações, em diferentes contextos e momentos, que possibilitem o autoconhecimento profissional.

Proporcionar apoio e assessoria didática aos professores, promovendo seu bem-estar pessoal e profissional, facilitando sua adaptação e integração crítica ao sistema de ensino, à realidade da escola e da comunidade e a seus pares.

Favorecer a autonomia dos professores promovendo a melhoria da ação docente tanto no desenvolvimento do currículo, na gestão do conhecimento e da classe quanto no relacionamento com os diferentes membros da comunidade escolar.

Promover o desenvolvimento e a sociabilização profissional de professores.

Contribuir para a formação de professores reflexivos, estimulando um processo constante de autoavaliação das competências profissionais e a reorientação do seu trabalho.

Criar situações que possibilitem ao professor explicitar e analisar seus conhecimentos, crenças e valores.

Ajudar os professores a superar suas incertezas, dúvidas, angústias e temores diante das dificuldades didático-pedagógicas, organizacionais, disciplinares etc. que surgem em diferentes momentos da profissão.

Promover a autoestima e autoconfiança dos docentes como profissionais competentes e bem-sucedidos.

Contribuir para a permanência dos professores no magistério.

Favorecer a busca continua do aperfeiçoamento profissional.

Promover a melhoria da ação docente quanto às dificuldades de domínio dos conteúdos dos diversos componentes curriculares.

Possibilitar processos de construção do conhecimento pedagógico de conteúdo de diferentes componentes curriculares, das formas e dos recursos didáticos disponíveis.

Favorecer a compreensão da cultura dos contextos escolares, desenvolvendo conhecimento em relação ao sistema educativo, à escola e aos diversos membros da comunidade escolar.

Promover a compreensão de problemas sociais, políticos e econômicos e a construção de estratégias que minimizem a influência que exercem sobre o processo de ensino e de aprendizagem.

Favorecer o conhecimento de leis que regem o estatuto do magistério, seus direitos e deveres como profissional de dada instituição.

Favorecer o desenvolvimento de um bom relacionamento do professor iniciante com quem convive e trabalha, valorizando, respeitando e compreendendo os limites de cada um.

h) Conteúdo das atividades

Observação e registro de ações dos alunos em diferentes contextos.

Procedimentos de registro escrito das ações pedagógicas (antes, durante e depois).

Diários reflexivos.

O construtivismo e os processos de ensino e de aprendizagem.

Aspectos históricos, econômicos, culturais, filosóficos, psicológicos, sociais relacionados a processos educacionais.

Base de conhecimento para o ensino nas séries iniciais: conhecimento dos conteúdos dos diferentes componentes curriculares; conhecimento dos alunos; conhecimento de fins e metas da educação; conhecimento do currículo; conhecimento de políticas públicas educacionais; conhecimento pedagógico.

Alfabetização, Língua Portuguesa e Matemática, Geografia, História, Ciências, Educação Física, Educação Artística nas séries iniciais do Ensino Fundamental.

Planejamento de ensino: seleção de conteúdos, encaminhamentos didático-metodológicos, materiais de apoio e avaliação.

Tipos e instrumentos de avaliação.

Elaboração, seleção, uso e avaliação de materiais didáticos e de recursos tecnológicos.

Elaboração, implementação e avaliação de Projetos de Trabalho (definir o que adotaremos como Projeto de Trabalho e Tema Gerador).

Gestão da sala de aula.

Planejamento de agrupamentos produtivos de alunos na sala de aula.

Rotina de trabalho pedagógico: utilização do espaço e do tempo didático.

Aspectos psicológicos, sociais, culturais e políticos que influenciam relações interpessoais entre diferentes membros da comunidade escolar.

Relação escola-professor-aluno-família-comunidade.

Políticas Públicas: ensino em ciclos, progressão continuada, classes de aceleração, recuperação paralela, recuperação de ciclo, PCN, propostas curriculares do Estado e do município, sistemas de avaliação, ECA, EJA, inclusão e outras.

Proposta Político-pedagógica da escola: elaboração, implementação e avaliação.

Aprendizagem da docência.

Sociabilização profissional.

Relacionamento e ética profissional.

i) Ferramentas a serem utilizadas nas atividades de mentoria

Questionário inicial detalhado sobre expectativas, concepções, dificuldades, práticas pedagógicas etc. dos participantes.

Narrativas de diferentes naturezas sobre a escola e os alunos com os quais o professor trabalha.

Mapeamento e caracterização das dificuldades indicadas.

Indicação de bibliografia para temas específicos.

Encontros entre professores/professores e mentores/professores.

Visitas às escolas.

Observações de práticas pedagógicas.

Questionamentos que levem o professor à reflexão e à construção de possíveis respostas às suas dificuldades.

Atendimento presencial.

Indicação de diferentes espaços de conhecimento: cursos, sites educacionais, museus etc.

Análise e construção de casos de ensino.

Consulta a materiais de apoio sobre conteúdos específicos.

Construção de estratégias e materiais didáticos.

Construção e análise de diferentes instrumentos de avaliação.

Análise de produções de alunos.

Realização de pesquisas como princípio didático.

Construção de textos.

Leituras e discussões de textos.

Ao longo desses primeiros meses de desenvolvimento do Programa, foram trocadas aproximadamente 1.200 correspondências entre mentoras e professoras iniciantes, sobre temas referentes às dificuldades enfrentadas por estas. Mais recentemente, tanto mentoras quanto professoras iniciantes têm manifestado a necessidade de ter o material de seus alunos examinado pelas mentoras, e por isso algumas professoras têm encaminhado esse material por correio ou até pessoalmente para a UFSCar. Até o final desse semestre letivo, estão sendo programadas visitas de algumas mentoras às suas professoras iniciantes com vistas a possibilitar a observação direta de suas práticas pedagógicas. Outra necessidade identificada é a de fomentar-se interações entre as diversas professoras iniciantes de uma mesma mentora e entre as professoras iniciantes de diferentes mentoras entre si. Para tanto, está sendo providenciado um Fórum de debates dentro do Programa de Mentoria para que tais interações possam ser promovidas.

Desafios (tensões) identificados no desenvolvimento e na investigação do Programa de Mentoria e indicadores (marcadores) da construção de uma comunidade de aprendizagem

Um primeiro aspecto a ser considerado no desenvolvimento das atividades relacionadas ao programa diz respeito ao *tempo,* uma variável-chave para o desenvolvimento e sucesso das ações empreendidas, uma vez que o tempo da pesquisa e o das necessidades das professoras iniciantes e mentoras não é o mesmo. A pesquisa exige mais flexibilidade, tentativas de encaminhamento, reflexões mais demoradas, enquanto o tempo das professoras iniciantes é a urgência de solucionar os problemas da prática. As mentoras, por sua vez, encontram-se nesse fio de navalha: devem atender aos reclamos e urgências de suas mentoradas e, concomitantemente, proporcionar a elas as reflexões e os conhecimentos de que precisam para serem autônomas, isto é, devem atender, também, à flexibilidade de tempo exigida pela pesquisa.

Tal descompasso precisa ser considerado e compreendido para que, de um lado, não se tenha resultados aligeirados em virtude de ações de curta duração e, de outro, se possa atender às demandas que o Programa de Mentoria faz às atividades de pesquisa, as quais exigem intervenções. Considerando a realização de um trabalho cuja interação – pelo menos para uma parcela dos participantes – tem-se dado predominantemente *on-line*, acredita-se que com maior razão a variável tempo tem tido papel de destaque. O tempo não pode ser abreviado, uma vez que é preciso apreender a realidade, as necessidades dos professores iniciantes e o trabalho de mentoria por vias que não envolvem a presença física das pessoas.

Adicionalmente, e não menos importante, as professoras iniciantes participantes do Programa de Mentoria não dispõem de um tempo institucional destinado a essa atividade formativa e têm aproveitado seu tempo livre para tal. A maioria delas acessa o Portal à noite, de madrugada ou durante os fins de semana. Ou seja, no tempo subtraído ao descanso e ao lazer. Já se pode dizer, apenas de acordo com esse dado, que são profissionais comprometidas com a própria aprendizagem e com a aprendizagem dos alunos.

A variável tempo assume, no contexto das relações *on-line*, ainda outra feição que não deve ser desprezada: o intervalo de tempo entre a apresentação de um dilema ou problema por parte da professora iniciante e o trabalho subsequente da mentora. Nem sempre as urgências podem ser atendidas prontamente, uma vez que o Programa de Mentoria tem por base promover aprendizagens profissionais que devem se caracterizar como um processo construção de conhecimento a partir e ao longo das experiências vivenciadas pelas professoras iniciantes o que envolve levantamento de hipóteses, o teste de alternativas, avaliações, retomadas, ações que dificilmente ocorrem (nem podem ocorrer) em um espaço temporal predeterminado ou definido. Se, por um lado, essa flexibilidade angustia algumas mentoras, que esperam ansiosamente pelas respostas das iniciantes, para essas é um ponto positivo, pois não se sentem pressionadas a realização de tarefas que não cabem em seu cotidiano.

Um segundo aspecto, relacionado ao primeiro, corresponde ao *atendimento das demandas das professoras iniciantes* por parte das professoras mentoras. Nas fases iniciais do desenvolvimento do programa com as professoras iniciantes, as mentoras apresentaram muitos conflitos sobre como deveriam proceder mediante as demandas, como hierarquizá-las, quais critérios adotar, quais demandas poderiam/deveriam ter repostas mais imediatas, quais mereceriam ter atendimento processual, por qual começar... Em síntese, se viram diante do desafio de equilibrar as reivindicações apresentadas pelas professoras iniciantes com as características estabelecidas para o desenvolvimento do programa. Esse balanço envolveu avaliar a quantidade de demandas e sua natureza; se poderiam ser articuladas, inter-relacionadas umas às outras ou se eram demandas isoladas; se exigiam repostas mais pontuais ou outras mais amplas e gerais; se estavam sob o controle da professora iniciante ou estavam ligadas a outras variáveis, como a política da escola. As mentoras referiam-se a essa situação como "dar o peixe ou ensinar a pescar".

O terceiro aspecto a ser considerado são as dificuldades originadas do *trabalho com um currículo aberto*, como o que caracteriza o Programa de Mentoria. Em alguns momentos, notamos a dificuldade das mentoras em apresentar domínio em todos os conteúdos específicos acionados ao desenvolverem suas atividades. Nessas ocasiões a diversidade dos perfis profissionais, das experiências e das trajetórias das mentoras mostrou ser uma virtude do grupo. Nota-se que o sentimento de maior segurança ao estar "ancorada" em um currículo definido foi substituído, aos poucos, por trocas de informação, de material e de sugestões entre as mentoras. Esse processo de trocas e colaboração tem favorecido a ampliação da base de conhecimento das mentoras, especialmente o conhecimento de conteúdo específico e conhecimento pedagógico de conteúdo. Depreende-se, tendo em vista esse desafio, de um lado, que nenhum mentor é capaz de atender todas as demandas de um professor iniciante, pois dificilmente um único profissional dispõe de uma base de conhecimento tão ampla e diversificada. Por outro, esse desafio aponta para a importância de trabalhos envolvendo grupos de profissionais que, de maneira colaborativa e construtiva, buscam soluções aos problemas enfrentados por seus membros.

Um quarto aspecto, relacionado ao anterior, refere-se à promoção de um *ensino/formação não diretivo*, que envolve adaptações permanentes e não comporta a replicação de práticas por parte das mentoras. Numerosas situações apresentadas pelas professoras iniciantes foram vivenciadas por parte das mentoras, não apenas no início de suas atividades profissionais, mas ao longo de suas trajetórias. Embora em muitos momentos as mentoras tenham tomado tais experiências como referência, "as soluções" tiveram de ser construídas tendo em vista cada caso em particular e as variáveis específicas relacionadas à situação sob análise. Aos poucos, as mentoras identificaram a natureza dinâmica e pouco previsível dos processos de ensino e aprendizagem pelos quais são responsáveis tendo em vista cada uma de suas professoras iniciantes. Aos poucos, deixaram para trás a ideia de que têm sempre de acertar com suas professoras iniciantes. E também a ideia de que devem lhes dizer exatamente o que fazer e como fazê-lo. Isso muitas vezes angustia as mentoras, pois gostariam que suas mentoradas as "ouvissem" melhor e atendessem as suas sugestões quase imediatamente. Também o modo pelo qual as interações mentoras e professoras iniciantes ocorre revela suas concepções do processo de ensinar e aprender. Algumas são mais diretivas e outras mais abertas à discussão das propostas e ao "convencimento".

Um quinto aspecto tem relação com os dilemas relativos ao *desempenho de papéis de professoras e pesquisadoras por parte das mentoras*. Embora se percebam como professoras que devem contribuir para a aprendizagem e o desenvolvimento profissional das professoras iniciantes, e refletem sistematicamente sobre a própria prática, a participação mais ativa em um grupo de pesquisas suscita nessas profissionais o desejo de desenvolverem repertórios de comportamentos profissionais de pesquisadores, como é o caso da participação em eventos científicos. No entanto, esse não é o único aspecto a ser considerado tendo em vista o desafio no momento analisado. As professoras-mentoras têm atuado como copesquisadoras, pois estão engajadas na exploração mútua de suas próprias experiências, assim como nas das demais participantes do grupo. Ações como o registro, a inquirição, a interpretação e a representação mais sistemática de suas próprias experiências e das demais têm sido notadas cada vez com mais frequência. Em um movimento contínuo, observamos suas preocupações em auxiliar as pesquisadoras a situar e a interpretar as informações coletadas via pesquisa. Também a leitura e a discussão de textos mais "densos", voltados para sua capacitação como professoras em desenvolvimento contínuo e como pesquisadoras, que devem analisar sistematicamente as produções de suas mentoradas, têm sido, para algumas mentoras, momentos de desafios que estão superando com visível prazer.

Adequar a linguagem, articular os diferentes formatos de interação (*e-mails*, diários reflexivos, documentos), ter acesso às práticas das professoras iniciantes, compreender os eventos relatados e avaliar a fidedignidade e a validade das informações registradas é outro conjunto de preocupações que caracterizam o sexto aspecto o do *desenvolvimento de ações de formação a distância*, sem contato face a face enfrentado pelas mentoras e pesquisadoras. A tradição de ações formativas que evolvem contatos pessoais, nos quais a entonação, a linguagem não verbal, além das palavras eos quais possivelmente têm um peso importante na compreensão dos diálogos mantidos entre as pessoas, surge com frequência como item da pauta de discussão de mentoras e pesquisadoras. Nota-se que as mentoras, numerosas vezes, se questionam sobre seu grau de compreensão a respeito das ideias colocadas pelas professoras iniciantes e a respeito de se suas palavras estão de fato sendo compreendidas como desejariam que fosse.

Aceitar perspectivas diversas das suas tem sido um desafio entre as mentoras e entre estas e as professoras iniciantes, caracterizando um sétimo aspecto. No início nas reuniões das pesquisadoras com as mentoras, notou-se um movimento de negação dessas diferenças, de camuflagem dos conflitos teóricos existentes entre elas. Ao longo do tempo, os conflitos começaram a emergir de modo mais transparente. Hoje, as opiniões divergentes começam a ser explicitadas, discutidas e, em algumas circunstâncias, nota-se uma tendência de compreensão e uso apropriado da diferença por parte de algumas das mentoras, gerando, em consequência, novos conhecimentos. Esse processo é mais claramente evidenciado nas mentoras entre si do que entre as mentoras e as professoras iniciantes. Uma hipótese para que a interação entre mentoras e professoras não seja dessa maneira compreendida pode estar relacionada ao fato de as mentoras não perceberem as professoras iniciantes como membros da mesma comunidade de aprendizagem profissional.

O último aspecto de alguma maneira conduz aos dilemas relacionados à *natureza das interações* mantidas entre as mentoras e entre mentoras e as pesquisadoras. Nota-se claramente que a participação das mentoras nas atividades do Programa é desigual, em especial no que concerne à sua preocupação com a aprendizagem dos pares. Colaboram entre si, discutem e analisam as situações apresentadas pelos pares, dão acesso aos materiais de que dispõem, mas não apareceu claramente, até o momento, a responsabilização coletiva com a aprendizagem recíproca. Essa constatação sugere que o crescimento intelectual e o formar-se formador é concebido por algumas das mentoras como responsabilidade individual, e não do grupo como um todo. Esse é o comportamento típico de um grupo de profissionais que ainda não tem amadurecida a ideia de que uns são responsáveis pelo desenvolvimento dos demais.

Notam-se também diferentes envolvimentos com as professoras iniciantes, embora, majoritariamente, ele seja muito grande. Cada mentora, como não poderia deixar de ser, marca de forma idiossincrática seu relacionamento com as iniciantes. Algumas são mais objetivas, centrando seu trabalho na sugestão de alternativas para as práticas, dando sugestões de leitura, instigando as reflexões e os diagnósticos. Outras se voltam mais para o apoio emocional, centrando seu trabalho nos incentivos, no ouvir, no perguntar sobre as iniciantes, sendo mais sucinta no atendimento das necessidades indicadas.

Todos esses aspectos têm sido alvo de análises e intervenções constantes por parte das pesquisadoras. Afinal, estão relacionados aos objetivos que o desenvolvimento do Programa de Mentoria pretende promover: a *construção de uma comunidade de aprendizagem da docência.*

Referências bibliográficas

ARGYRIS, C.; SCHÖN, D. A. *Organizational learning II*: theory, method, and practice. Reading: Addison-Wesley, 1996.

CALDERHEAD, J. Teachers: beliefs and knowledge structures and comprehension processes. In: _____, CALFEE, R. C. (Eds.). *Exploring teacher´s thinking*. New York: Macmillan, 1996.

CARROL, D. *Learning through interactive talk*: a school-based mentor teacher study group as a contexto for professional learning. Teaching and Teacher Education, n.21, 2005.

CLANDININ, D.J.; CONELLY, F. M. Personal experience methods. In: DENZIN, N. K.; LINCOLN, Y. S. (Eds.). *Handbook of Qualitative Research*. Thousand Oaks: Sage, 1994.

CLARK, C. et al. Collaboration as dialogue: teacher and researchers engaged in conversation and professional development. *American Educational Research Journal*, v.33, n.1, 1996.

_______. Continuing the dialogue on collaboration. *American Educational Research Journal*, v.37, n.4, 1998.

DANI, L. S. C.; ISAÍA, S. M. de A. Ressignificando o fracasso escolar no ensino fundamental. ANPEd, 1997.

DARLING-HAMMOND, L. *Review of research in education*. Washington: American Educational Research Association, v.20, 1994.

DOWBOR, L. *O espaço do conhecimento*. 1993. (mimeo).

FREEMAN, D. To take them at their word: language data in the study of teacher´s knowledge. In: BRIZUELA, B. M. et al. (Eds.). Acts of inquire in qualitative research. *Harvard Educational Review*. Reprint Series, n.34, 2000.

GALLUCCI, C. *Theorizing about responses to reform: the role of communities of practice in teacher learning*. An Occasional Paper, Center for the Study of Teaching and Policy, University of Washington, 2003.

GARCIA, C. M. *Formação de professores: para uma mudança educativa*. Porto: Porto Editora, 1999.

GROSSMAN, P. et al. *What makes teacher community different from a gathering of teachers*. An Occasional Paper, Center for the Study of Teaching and Policy, Dec. 2000.

_______. District policy and beginning teachers: wheres the twain shall meet. *Research report*. Center for Study of Teaching and Policy, University of Washington, 2001a.

_______ et al. *Toward a theory of teacher community*. Teachers College Record, v.103, n.6, 2001b.

KNOWLES et al. *Through preservice teacher's eyes*: exploring field experiences through narrative and inquiry. New York: Macmillan, 1994.

KRAMER, S. Escrita, experiência e formação: múltiplas possibilidades de criação da escrita. In: CANDAU, V. (Org.). Linguagens, espaços e tempos no ensinar e aprender. Encontro Nacional de Didática e Prática de Ensino (Endipe). Rio de Janeiro, 2000.

LITTLE, J. W. Locating learning in teacher's communities to practice: opening up problemas of analysis in records of everyday work. *Teaching an Teacher Education*, n.18, 2002.

MARCELO GARCIA, C. Pesquisa sobre a formação de professores. *Revista Brasileira de Educação*, n.9, p.51-75, 1998.

McDIARMID, G. W. *Realizing new learning for all students: a framework for the professional development of Kentucky Teachers*. National Center for Research on Teacher Learning, NCRTL, 1995.

MIZUKAMI, M. G. M. et al. Do projeto coletivo da escola à sala de aula: analisando processos de desenvolvimento profissional de professores das séries iniciais do ensino fundamental. Relatório de pesquisa. Fapesp, Ensino Público, 2003. Não publicado.

MORGADO, M. J. L. Formação de professores de matemática para o uso pedagógico de planilhas eletrônicas de cálculo: análise de um curso a distância via Internet. São Carlos, 2003. Tese (Doutorado) Universidade Federal de São Carlos.

SCHOENFELD, A. H. *Toward a theory of teaching-in-context*. Disponível em: <www.gse.berkeley.edu/facultv/aschoenfeld/teachincontext/teachin-in-context.html>, 1997.

SHULMAN, L. S. *Those who understand: knowledge grow in teaching*. Educational Researcher, v.15, n.2, p.4-14, 1986.

_______. Knowledge and teaching: foundations of the new reform. *Harvard Educational Review,* v.57, n.1, p.1-22, 1987.

VAZ, A. et al. Episódios e narratives de professors: experiências e perspectivas docentes discutidas a partir de pesquisa sobre conhecimento pedagógico de conteúdo. *Reunião Anual da ANPEd*, 24, Caxambu, out. 2001.

VON ZANTEN, A.; GROSPIRON, M. F. *Les carriers enseignantes dans les établissements difficiles: fuite, adaptation et développement professional.* VET Enjeus, n.124, p.224-68, 2001.

WASSER, J.D.; BRESSLER, L. Working in the interpretative zone: conceptualizing collaboration in qualitative research teams. *Educational Research*, v.25, n.5, p.5-15, 1996.

10

Apontamentos a respeito da formação de professores

Maria Isabel de Almeida

Introdução

Abordar os fundamentos teórico-metodológicos da formação dos professores requer, de início, um esforço de contextualização e conceituação do próprio termo *formação*. Sua amplitude e seus múltiplos significados e dimensões (fala-se hoje em formação do consumidor, formação para a cidadania, formação de pais, formação sexual etc.) acabam, muitas vezes, por desvirtuá-lo. Mesmo se reduzirmos a abrangência do foco, centrando-o no campo educacional, ele aparece muitas vezes carregado de equívocos, como *slogan* de agências interessadas no comércio de certificados ou como elemento que possa assegurar a chancela de "politicamente correta" a algumas atuações governamentais, por exemplo.

Buscando pontuar algumas referências para essa delimitação conceitual, tomamos como ponto de partida as balizas apresentadas por Marcelo Garcia (1995). Diz o autor que, potencialmente, formação refere-se a ações voltadas para a aquisição de saberes, de saber-fazer e de saber-ser, associando-se em geral ao preparo para o exercício de alguma atividade. Igualmente importante é reconhecer que a formação está também associada ao desenvolvimento pessoal, ao esforço de autodesenvolvimento, de trabalho sobre si mesmo mediante os mais variados meios, evidenciando um componente pessoal, fruto da combinação do amadurecimento, da possibilidade de aprendizagens e das experiências vividas. É então o sujeito o articulador de suas finalidades, metas e valores. É ele também o responsável último pela ação de formar-se, ou seja, pela capacidade e pela vontade de formar-se. É possível então afirmarmos que a formação pode adotar diversas perspectivas do ponto de vista que a orienta ou do sujeito que a coloca em ação.

Caminhamos então, nessa tentativa de delimitação conceitual, rumo ao entendimento da formação como um processo que pressupõe crescimento e desenvolvimento pessoal e cultural, não na perspectiva de uma construção apenas técnica, mas sim de desenvolvimento reflexivo, uma vez que o sujeito tem de contribuir com o processo de sua própria formação com base em conhecimentos, representações e competências que já possui. Estamos portanto diante do que Marcelo Garcia (1995), referenciando-se em Lhotelier, define como a capacidade de transformar em experiência significativa os acontecimentos cotidianos vividos, no horizonte de um projeto pessoal e coletivo.

Como nosso objetivo nesta reflexão é discutir a formação do professor, um aspecto importante é localizá-la no campo da formação especializada, que se coloca como uma dimensão da formação profissional, ou seja, no campo do esforço para preparar e capacitar pessoas para exercerem uma atividade de trabalho, que requer conhecimentos e habilidades específicas. Como o campo de trabalho do professor é o ensino, deduz-se que sua formação é o processo por meio do qual ele aprende a ensinar.

Para aclarar mais essa compreensão, valemo-nos da definição de formação de professores, formulada por Marcelo Garcia, como

> o campo de conhecimentos, investigações e de propostas teóricas e práticas que, dentro da Didática e da Organização Escolar, estuda os processos mediante os quais os professores – em formação e em exercício – se implicam individualmente ou em equipe, em experiências de aprendizagem através das quais adquirem ou melhoram seus conhecimentos, destrezas e disposições, e que lhes permitem intervir profissionalmente no desenvolvimento do ensino, do currículo e da escola, com o objetivo de melhorar a qualidade da educação que recebem os alunos (1995, p.183).

Assim, discutir os pressupostos da formação do professor é discutir como assegurar um domínio adequado da ciência, da técnica e da arte da profissão docente, ou seja, é tratar da competência profissional. Para tanto, há que se compreender a formação pela confluência entre a pessoa do professor, seus saberes e seu trabalho.

Em seu processo de formação, o professor se prepara para dar conta do conjunto de atividades pressupostas em seu campo profissional. Atualmente, concebe-se essa formação voltada para o desenvolvimento de uma ação educativa capaz de preparar seus alunos para a compreensão e a transformação positiva da sociedade em que vive. Portanto, o exercício da docência não se pode resumir à aplicação de modelos previamente estabelecidos; deve dar conta da complexidade que se manifesta no contexto da prática concreta desenvolvida pelos professores, posto que o entendemos como um profissional que toma as decisões que sustentam os encaminhamentos de suas ações.

Se assim compreendermos a prática docente, o processo de formação que lhe é pressuposto requer a mobilização dos saberes teóricos e práticos capazes de propiciar o desenvolvimento das bases para que os professores investiguem sua própria atividade e, dela, constituam seus saberes em um processo contínuo. Essa nova perspectiva sobre a formação de professores traz implicações sobre a profissão docente, pressupondo uma política de valorização e de desenvolvimento pessoal e profissional.

Contextualizar a formação no âmbito do processo de desenvolvimento profissional dos professores decorre do entendimento de que a formação se processa como algo dinâmico, que vai além dos componentes técnicos e operativos normalmente impostos aos professores pelas autoridades competentes, que não levam em conta a dimensão coletiva do trabalho docente e as situações reais enfrentadas por esses profissionais em suas práticas cotidianas. Essa contextualização também propicia um caráter mais orgânico às várias etapas formativas vividas pelo professorado, assegurando-lhes um caráter contínuo e progressivo.

À medida que a formação se articula com os demais aspectos da atuação dos professores – contexto social, ética, condições de trabalho, carreira, salário, jornada, avaliação profissional –, permite considerar a docência como uma profissão dinâmica, em constante desenvolvimento, propiciando a gestação de nova cultura profissional (Almeida, 1999a). Porém, se essa articulação não ocorre, as novas possibilidades formativas, pensadas para responder ao dinâmico processo de mudanças sociais e educacionais, acabarão apenas por adicionar mais atribuições à sobrecarga que lhes é imposta na atualidade, como bem analisa Nóvoa (1999).

Pressupostos teórico-metodológicos da formação de professores

Nas últimas décadas, por decorrência das mudanças sociais, econômicas e culturais, o mundo todo tem prestado mais atenção à educação, submetendo-a a uma análise pública constante. O resultado desse interesse tem-se consubstanciado em reformas educativas, desencadeadas em grande número de países. Nesse contexto, as questões relativas à atuação e à formação docente estão no centro de amplas discussões, ocorridas em fóruns que ultrapassam os espaços dos especialistas ou dos gestores dos sistemas de ensino.

Sacristán (1999) considera que a formação de educadores tem-se constituído em "uma das pedras angulares imprescindíveis a qualquer intento de renovação do sistema educativo", o que nos ajuda a entender a importância que essa temática vem adquirindo nas últimas décadas, em meio aos esforços globais para melhorar a qualidade do ensino. Nos processos de reformas educativas, ela é colocada como o elemento – muitas vezes quase mágico – capaz de assegurar as transformações qualitativas almejadas.

Porém, se nas várias iniciativas reformistas encontramos diagnósticos e pressupostos semelhantes, nem sempre tal ocorre com seus resultados. A explicação para tal fenômeno encontra-se no próprio desenvolvimento histórico, político, social e cultural de cada país, mas sobretudo na maneira pela qual cada um assegura a implantação e a continuidade da mudança educacional, o que está diretamente relacionado com o modo pelo qual são conduzidas as alterações das condições para o efetivo exercício profissional dos professores.

É consenso entre estudiosos e analistas dos processos de reformas educativas que os professores desempenham papel fundamental na efetivação destas. Thurler (1994, p.33) afirma que "a mudança em educação depende daquilo que os professores pensarem dela, do que dela fizerem e da maneira como eles conseguirem construí-la ativamente". A mudança educacional, portanto, pressupõe nova atitude ao planejar, ensinar, organizar o conhecimento, avaliar etc., o que exige atenção especial à dimensão pessoal pressuposta nesse processo, ou seja, o impacto que a nova proposta tem no modo de pensar e de agir dos professores. Os movimentos de reformas educacionais precisam envolver os professores desde sua fase de elaboração e precisam assegurar um programa de formação contínua, contextualizado em um processo de desenvolvimento profissional, capaz de subsidiá-los para responder aos novos desafios (Almeida, 1999b).

A relação do professor com sua formação é muito mais complexa do que a que comumente vemos ser implementada em muitas das políticas educacionais em vigor, regra da qual nosso país não escapa, centradas ainda na organização de programas de aperfeiçoamento ou capacitação. Compreender o professor como sujeito de suas práticas, analista do contexto em que atua, articulador dos conhecimentos teóricos com as dinâmicas sociais e necessidades de aprendizagem de seus alunos e construtor de conhecimentos acerca de sua profissão, têm relação direta com as novas dimensões de atuação que lhe têm sido colocadas e vão além dos contornos estabelecidos pela concepção técnica do fazer docente.

Ao professor têm sido formuladas demandas de naturezas bastante distintas. Do ponto de vista social, tem tido de aprender a conviver mais intensamente com os interesses e o pensamento de alunos e pais no cotidiano escolar e a ter maior interação com a comunidade que circunda a escola. Do ponto de vista institucional, tem sido solicitado a participar mais ativamente nas definições dos rumos pedagógicos e políticos da escola, a definir recortes adequados no universo de conhecimentos a serem trabalhados em suas aulas, a elaborar e gerir projetos de trabalho. Do ponto de vista pessoal, tem sido chamado a tomar decisões de modo mais intenso sobre seu próprio percurso formador e profissional, a romper paulatinamente com a cultura de isolamento profissional pela ampliação da convivência com colegas em horários de discussões coletivas e nos trabalhos em projetos, a debater e a reivindicar condições que permitam tornar viável a essência do próprio trabalho.

Por isso, alguns autores (Gauthier et al., 1998; Imbernón, 1997; Alarcão, 1998; Pimenta, 2002a) argumentam sobre a importância de uma concepção ecológica da formação docente, que leve em conta o entorno, o indivíduo, o coletivo, a instituição, a comunidade, as bases implícitas subjacentes, as decisões e as atitudes do professorado em um contexto específico – a escola e a aula –, capaz de tornar mais eficiente sua atuação e os saberes que a sustentam. Ou seja, uma formação que tenha a prática educativa e o ensinar como objeto de análise, que assegure os elementos que permitam aos professores compreender as relações entre a sociedade e os conhecimentos produzidos, e os ajude a desenvolver a atitude de pesquisar como forma de aprender. Mas antes de discutirmos as bases desta proposta, identificaremos alguns traços das concepções que a antecederam.

O crescimento das pesquisas brasileiras em educação (décadas de 1980 e 1990) ocorreu em um contexto no qual começavam a emergir manifestações socioculturais e forte crítica social, que abriram espaço para um período de lutas pelo retorno da democracia. Essa produção pode ser acompanhada pelo movimento que sustentou as Conferências Brasileiras de Educação da década de 1980, bem como o desenvolvimento das reuniões anuais da Associação Nacional de Pesquisas e Pós-Graduação em Educação (ANPEd) e apresenta as mesmas marcas críticas que identificamos aqui. No campo específico da formação de professores, a crítica se expressa no questionamento às perspectivas identificadas como "tradicional" e "técnica", cujas linhas centrais identificaremos a seguir.

A concepção tradicional entende que a finalidade do ensino é transmitir os conhecimentos vinculados diretamente aos modos de se fazer as coisas necessárias ao desenvolvimento da vida. Portanto, a preparação dos jovens se dá na direção da reprodução não só das técnicas, mas também dos hábitos, dos modos de pensar e agir, consagrando o que é socialmente estabelecido e valorizado. Para Pimenta & Anastasiou (2002a, p.183), ensinar nessa perspectiva "se identifica com transmitir, de geração a geração, os valores, os modos de pensar, os costumes e as práticas" e dela decorre o modelo do *professor artesão* ou *tradicional*, cuja atividade é vista como artesanal. Portanto, sua formação se dá na prática, à semelhança do aprendiz, que aprende com o mestre, ou seja, aprende fazendo ..., não sendo necessário investir na sua formação e no seu desenvolvimento profissional".

Tal concepção de formação, embora venha enfrentando severas críticas, oferece uma perspectiva que se tem prestado a justificar encaminhamentos políticos em algumas reformas educacionais com características neoliberais, preocupadas em reduzir os investimentos com as estruturas educacionais públicas.

A concepção técnica está baseada na separação entre teoria e prática e na transmissão acadêmica de conhecimentos, traduzidas em um currículo normativo e disciplinar. No entender de Perez Gómez, essa perspectiva considera que "o ensino é uma ciência aplicada e o professor é um técnico que domina as aplicações do conhecimento científico produzido por outros e convertido em regras de atuação" (1992, p.402). Imbernón complementa afirmando que essa orientação

> coloca ênfase em um determinado conceito de competência docente, entendida como processo técnico generalizável, sistemático, rotineiro ... A finalidade é formar professores eficazes, capazes de aplicar técnicas previamente aprendidas, mais ou menos elaboradas, para resolver situações bem definidas, recorrentes e generalizáveis. (1997, p.38)

Tal entendimento faz que o foco da formação esteja centrado no que os professores devem saber e fazer, portanto, no modelo normativo baseado na aquisição de conteúdos e de destrezas fragmentários.

Tal qual ocorre com a concepção tradicional, a racionalidade técnica também fundamenta uma concepção de professor e de profissão que ainda orienta parte considerável das instituições formadoras, dificultando que se tome a profissão e a profissionalidade docente como eixo estruturante da formação, concepção esta que permanece viva nas representações do professorado.

Identificados sinteticamente os elementos desse percurso, voltemos então à concepção ecológica da formação docente. Formulada com base na contribuição de vários autores, sustenta-se na necessidade de se formar um professor que seja capaz de desenvolver uma cultura profissional que lhe assegure o papel e a possibilidade de ser, individual e coletivamente, um agente de mudança que dê conta de enfrentar situações problemáticas contextualizadas, em meio às quais ele saiba não só o que fazer e como fazer, mas também por que e para que fazê-lo. O desenvolvimento dessa tendência entre nós contou com importantes contribuições da literatura internacional, que trouxe significativos aportes para a formação de professores, apontando para a interdependência entre as dimensões pessoal, profissional e organizacional na profissão docente, a importância da trajetória pessoal na constituição do professor e o caráter reflexivo pressuposto em sua formação e atuação.

Assumir que os professores são produtores de um saber prático, originário das respostas que produzem à imprevisibilidade e à ambiguidade da prática, possibilitou avançar no entendimento da profissionalidade docente como o conjunto de saberes específicos, construídos no trabalho docente, que caracterizam profissionalmente o professor (Guimarães, 2004). Possibilitou também novas orientações de sentido para um significativo número de pesquisas nas últimas décadas, como apontam Feldens (1989), André (2000; 2004), Pimenta (2000), Pimenta; Lisita (2004) em balanços realizados sobre a produção de pesquisas educacionais no Brasil, especialmente no campo da formação de professores.

Tal movimento tem na matriz teórica conhecida como "professor reflexivo", desenvolvida por Donald Schön (1992; 2000), grande referência. Ludke afirma que as sugestões desse autor

> corresponderam de tal forma à expectativa dos formadores de futuros professores, que alcançaram um sucesso dificilmente obtido por outras ideias no campo da educação. O componente da reflexão passou a ser considerado imprescindível para o trabalho e para a formação do bom professor, correndo até o risco de ser tomado como garantia suficiente para tanto. (2001, p.80)

As formulações de Schön contribuíram para a difusão do conceito de reflexão, e popularizaram e estenderam ao campo da formação de professores as teorias sobre a epistemologia da prática. Possibilitaram o desenvolvimento de estudos sobre os saberes produzidos pelos professores, permitindo que o conhecimento pessoal, tácito, intuitivo e não sistemático, produzido por eles com base na reflexão-na-ação (quando analisa sua ação no ato) e na reflexão-sobre-a-ação (que implica o olhar retrospectivo e a reflexão sobre o que foi realizado), ganhasse reconhecimento e visibilidade. Por meio desse processo reflexivo, reconheceu-se que os professores aprendem mediante a análise e a interpretação de sua própria atividade, e podem transformar suas práticas do conhecimento aí produzido.

Pimenta (2002) vem-se dedicando à análise da proposição do professor reflexivo, evidenciando a fertilidade nele implícita e apontando seus limites e/ou lacunas a partir da interlocução que outros pesquisadores nacionais e internacionais têm estabelecido com essa ideia. É assim que identifica, a partir de Liston & Zeichner e de Pérez Gómez, o risco de se reforçar o individualismo dos professores, uma vez que o enfoque de Schön não considera o contexto institucional e pressupõe a prática reflexiva de modo individual. Em Zeichner encontra fundamentos para criticar a maneira pela qual Schön concebe a proposta reflexiva, que possibilita o desenvolvimento de práticas de treinamento em uma perspectiva técnica, podendo favorecer um novo modismo. Com as contribuições de Contreras, Stenhouse, Kemmis, Giroux, Law, Libâneo e Gimeno Sacristán, a autora empreende uma análise crítica da epistemologia da prática, decorrente da perspectiva da reflexão. Enfatizando a importância da teoria para se chegar à critica coletiva e ampliada, que vá além dos contextos da aula e da escola, e para fundamentar o significado político da atividade docente, Pimenta aponta a fertilidade das ideias de professor reflexivo e pesquisador da prática, que ganham, em seu entender, nova dimensão no conceito de professor como intelectual crítico, como formulado por Contreras (2002).

O conceito de professor reflexivo favoreceu o desenvolvimento de um conjunto de pesquisas que tomam o trabalho do professor ou o próprio professor como foco de investigação. Autores como Demo (1991; 1996), Geraldi et al. (1998), André (1995; 1997; 1999), Pimenta (1997; 1998; 1999; 2002) e Mizukami (2002), cada um com seu olhar próprio, sustentam a indissociabilidade entre ensino e pesquisa, bem como o próprio caráter formador desta, oferecendo possibilidades metodológicas para a aproximação entre universidade e escola, em especial por meio da pesquisa-ação.

A consolidação de tal enfoque teórico sobre o professor e sua formação vem possibilitando o desenvolvimento de uma epistemologia da prática, que apresenta promissora perspectiva aos estudos educacionais. Pela capacidade de dar conta das questões aí presentes, a categoria *"saber docente"* tem permitido questionar a visão de que os professores mantêm uma relação com os saberes que se reduz à função de transmissão dos conhecimentos já constituídos, ou que os saberes da prática constituem uma instância de conhecimentos inferiores (Tardif, 2002).

Embora bastante recente, essa formulação teórica representa uma contribuição significativa à conquista da autonomia profissional dos professores na perspectiva da emancipação. Para Contreras (2002, p.185) "a autonomia supõe um processo contínuo de descobertas e de transformação das diferenças entre nossa prática cotidiana e as aspirações sociais e educativas de um ensino guiado pelos valores da igualdade, justiça e democracia".

Tal conceito mostra-se também favorecedor do desenvolvimento de nova cultura profissional sustentada na cooperação, na parceria, na troca, no apoio mútuo. A constituição dessa nova cultura, ainda tão distante da que hoje permeia a identidade profissional existente, constitui-se um importante foco dos esforços daqueles que apostam na dimensão coletiva da profissão docente e da própria escola.

Como vimos, é vasta a base que permite aos professores redimensionarem sua profissionalidade, à medida que se constituam como sujeitos de suas práticas, analistas do contexto em que atuam, articuladores dos conhecimentos teóricos com as dinâmicas sociais e as necessidades de aprendizagem de seus alunos. Estamos então diante de uma concepção da atuação docente que ultrapassa as balizas postas pelas concepções tradicional e técnica do fazer docente. E a qual enfatiza que os professores deixem de ser meros consumidores de conhecimento e passem a produzi-lo em uma perspectiva colaborativa, valorizando a si e a seus parceiros.

Evidentemente um movimento de tal envergadura, que propõe uma reconfiguração da formação e da identidade do professor, não se estabelece ou se desenvolve espontaneamente. Requer, portanto, uma intenção metodológica coerente com seus objetivos. Trabalhar na perspectiva da formação de professores centrada na práxis educativa demanda estratégias metodológicas voltadas para os saberes docentes nela produzidos e os quais considerem os professores sujeitos ativos desse processo. Como toda opção metodológica representa o paradigma de pesquisa subjacente ao ato de pesquisar, espessando a compreensão que se tem do contexto social, dos valores, dos objetivos que a orientam, as opções metodológicas formativas e voltadas para a emancipação intelectual dos envolvidos, como a dinâmica compreensiva, a pesquisa-ação ou a pesquisa colaborativa, colocam-se como as mais pertinentes aos propósitos aqui explicitados (Franco, 2000; Franco; Lisita, 2004).

Compreender a formação dos professores como um processo sustentado na capacidade de investigação reflexiva sobre a prática e integrante de seu desenvolvimento profissional favorece um campo novo de interações, que traz transformações não só no âmbito da atuação profissional – que envolve as múltiplas dimensões da vida do professor e de seus alunos –, mas também social. Sacristán & Gómez explicitam esse potencial ao dizer que

> a realidade é transformada porque esse processo de interações inovadoras requer novas condições sociais, nova distribuição do poder e novos espaços para ir situando os retalhos de nova cultura que emergem da aula. Como todo processo de mudança conduz inevitavelmente a confrontos polêmicos, dentro de uma realidade plural cujo desenlace, ainda que imprevisível, será obviamente uma modificação da realidade. (1998, p.377)

Os argumentos expostos evidenciam as bases teórico-metodológicas que sustentam nossa concepção a respeito da formação de professores. Acreditamos, porém, que ainda se faz necessário afirmarmos alguns elementos que ajudam a delimitá-la mais claramente, e os quais poderíamos chamar de princípios orientadores da formação. Uma primeira afirmação é em favor da imprescindível articulação entre teoria e prática na formação docente, de maneira a superar a tradicional justaposição entre elas. Defendemos que, tanto na formação inicial como na continuada, o conhecimento prático e o conhecimento teórico sejam integrados de modo a assegurar um entendimento adequado da ação docente.

Outro aspecto importante é assegurar a integração entre a dimensão disciplinar e a dimensão pedagógica dos conteúdos que serão ensinados. Os professores precisam ter uma compreensão de seu campo científico diferente da que têm os especialistas, o que será assegurado pela compreensão didático-pedagógica. É essa compreensão que permitirá ao professor estruturar seu pensamento pedagógico.

Igualmente importante é atentar para o papel da individualização na formação dos professores, já que aprender a ensinar não é a mesma coisa para todos. O desenvolvimento das potencialidades de cada um requer que suas particularidades sejam levadas em conta ao longo do processo formativo, ou seja, que sejam respeitados como pessoas e como profissionais em formação. Outra perspectiva da ideia de individualização é levar-se em conta as necessidades e as características de grupos (área, nível de ensino, faixa profissional) ou a escola em sua totalidade. Assegurar a dimensão crítica nos processos formativos é igualmente importante e capaz de proporcionar aos professores a possibilidade de questionarem suas crenças e práticas, bem como a de seus parceiros, as dinâmicas institucionais, as propostas e as orientações oficiais etc.

Outra ideia fundamental é a de que a formação precisa ser assumida como um *continuum,* que ganha vida na articulação das suas diversas etapas ao longo do desenvolvimento profissional docente, no qual a formação inicial seja considerada o primeiro passo de um processo formativo que se desenvolverá ao longo da carreira. Ao mesmo tempo, esse *continuum* de formação precisa estar integrado com os processos de mudanças e inovações educacionais em desenvolvimento, pois é nele que reside a possibilidade de se efetivar as mudanças e melhorar efetivamente o ensino. E se falamos em melhoria do ensino, é preciso articular a formação dos professores e a mudança com o contexto da escola. Ela é o espaço onde as ações educativas (de alunos e professores) se desenvolvem, onde a cultura profissional é incessantemente construída-reconstruída, onde os professores aprendem continuamente sobre suas práticas. Pensar em ações de formação que tenham como foco a pesquisa sobre o contexto da atuação docente parece ser um caminho promissor para desenvolver a pessoa do professor e também a escola, o que torna a pesquisa elemento essencial dessa formação profissional e desse desenvolvimento institucional.

Como ideia final, queremos reafirmar que nossa compreensão acerca do processo de formação dos professores está assentada na compreensão que temos a respeito do papel desses profissionais no mundo contemporâneo, responsáveis não só pelas ações que se desenvolvem em sala durante a aula, mas também pelo conjunto de decisões que lhes são pressupostas, como as opções político-educacionais relativas a currículo, projetos, disciplina e avaliação, entre outros Entendemos, então, que cada vez mais ele precisa se constituir como um profissional que toma decisões, avalia, seleciona e constrói sua forma de agir e interagir com os educandos, mediando o contato com o mundo do conhecimento. É necessário que ele se assuma como um intelectual profissional da educação, e para isso é imprescindível sua formação.

Referências bibliográficas

ALARCÃO, I. Formação contínua como instrumento de profissionalização docente. In: VEIGA, I. P. A. (Org.). *Caminhos da profissionalização do magistério*. Campinas: Papirus, 1998.

ALMEIDA, M. I. *O sindicato como instância formadora dos professores: novas contribuições ao desenvolvimento profissional*. São Paulo, 1999a. Tese (doutoramento). Faculdade de Educação, Universidade de São Paulo.

______. Os professores diante das reformas educacionais. In: BICUDO, M. A.; SILVA JR., C. A. *Formação do educador e avaliação educacional:* organização da escola e do trabalho pedagógico. São Paulo: UNESP, 1999b. v.3.

______. O trabalho dos educadores. In: SILVA, A. M. M.; AGUIAR, M. A. S. (Org.). *Retrato da escola no Brasil.* Brasília: CNTE, 2004.

ANDRÉ, M. E. D. A. *Etnografia da prática escolar.* Campinas: Papirus, 1995.

______. Avanços no conhecimento etnográfico da escola. In: FAZENDA, I. (Org.). *A pesquisa em educação e as transformações do conhecimento.* Campinas: Papirus, 1997.

______ (Org.). *Pedagogia das diferenças na sala de aula.* Campinas: Papirus, 1999.

______. A pesquisa sobre formação de professores no Brasil – 1990/1998. In: CANDAU, V. M. F. (Org.). *Ensinar e aprender:* sujeitos, saberes e pesquisas. Rio de Janeiro: DP&A, 2000.

______. A formação de professores nas pesquisas dos anos 1990. In: MACIEL, SHIGUNOV NETO (Orgs.). *Formação de professores*: passado, presente e futuro. São Paulo: Cortez, 2004.

CONTRERAS, J. D. *A autonomia de professores.* São Paulo: Cortez, 2002.

DEMO, P. *Pesquisa:* princípio científico e educativo. São Paulo: Cortez, 1991.

______. *Educar pela pesquisa.* São Paulo: Autores Associados, 1996.

FELDENS, M. G. F. A pesquisa em educação na formação de professores: contribuições e desafios. ENDIPE, 5, 1989, Belo Horizonte. *Anais...* Belo Horizonte, 1989.

FRANCO, M. A. S. Dinâmica compreensiva: integrando identidade e formação docente. ENDIPE, 10, 2000, Rio de Janeiro. *Anais...* Rio de Janeiro, 2000. CD-ROM.

FRANCO, M. A. S.; LISITA, V. M. S. S. Pesquisa-ação: limites e possibilidade na formação docente. ENDIPE, 12, 2004, Curitiba. *Anais...* Curitiba, 2004. CD-ROM.

GAUTHIER, C. et al. *Por uma teoria da pedagogia.* Ijuí: UNIJUí, 1998.

GERALDI, C. M. G. et al. (Orgs.). *Cartografias do trabalho docente.* Campinas: Mercado das Letras, 1998.

GUIMARÃES, V. S. *Formação de professores:* saberes, identidade e profissão. Campinas: Papirus, 2004.

IMBERNÓN, F. *La formación del profesorado.* Barcelona: Paidós, 1997.

LUDKE, M. O professor, seu saber e sua pesquisa. *Educação & Sociedade*, Centro de Estudos Educação e Sociedade, n.74, Campinas: Cedes, 2001.

MARCELO GARCIA, C. *Formación del profesorado para el cambio educativo.* Barcelona: EUB, 1995.

MIZUKAMI, M. G. N. et al. *Escola e aprendizagem da docência:* processos de investigação e formação. São Paulo: EduFSCar, 2002.

NÓVOA, A. (Org.). *Profissão Professor.* Porto: Porto Editora, 1991.

______ (Coord.). *Os professores e sua formação*. Lisboa: Publicações Dom Quixote, 1992.

______. Os professores na virada do milênio: do excesso dos discursos à pobreza das práticas. *Educação & Pesquisa,* v.25, p.11-20, São Paulo: Feusp, 1999.

PÉREZ GOMES, A. La función y formación del profesor/a en la enseñanza para la comprensión. Diferentes perspectivas. In: SACRISTÁN, J. G.; PÉREZ GÓMEZ, A. *Comprender la enseñanza.* Madrid: Morata, 1992. p.398-429.

PIMENTA, S. G. A Didática como mediação na construção da identidade do professor: uma experiência de ensino e pesquisa. In: ANDRÉ, M.; OLIVEIRA, M. R. (Orgs.). *Alternativas do ensino de didática*. Campinas: Papirus, 1997.

______. A prática (e a teoria) docente re-significando a Didática. In: OLIVEIRA (Org.). *Confluências e divergências entre didática e currículo.* Campinas: Papirus, 1998.

______ (Org.). *Saberes pedagógicos e atividade docente.* São Paulo: Cortez, 1999.

______. A pesquisa em didática – 1996/1999. ENDIPE, 10, 2000, Rio de Janeiro. *Anais,* Rio de Janeiro, 2000. CD-ROM.

PIMENTA, S. G. Professor reflexivo: construindo uma crítica. In: PIMENTA, S. G.; GHEDIN, E. (Orgs.). *Professor reflexivo no Brasil:* gênese e crítica de um conceito. São Paulo: Cortez, 2002.

______; ANASTASIOU, L. G. C. *Docência no ensino superior.* São Paulo, 2002.

______; LISITA, V. M. S. S. Pesquisas sobre professores e sua formação: uma análise de pesquisas desenvolvidas no programa de pós-graduação da Feusp – 1990/1998. ENDIPE, 12, 2004, Curitiba. *Anais...,* Curitiba, 2004. CD-ROM.

SACRISTÁN, J. G. *Poderes instáveis em educação.* Porto Alegre: Artes Médicas, 1999.

______, PÉREZ GÓMEZ, A. *Compreender e transformar o ensino.* Porto Alegre: Artes Médicas, 1998.

SCHÖN, D. Formar professores como profissionais reflexivos. In: NÓVOA, A. (Org.). *Os professores e sua formação.* Lisboa: Dom Quixote, 1992.

______. *Educando o profissional reflexivo:* um novo design para o ensino e a aprendizagem. Porto Alegre: Artes Médicas, 2000.

TARDIF, M. *Saberes docentes e formação e formação profissional.* Petrópolis:Vozes, 2002.

THURLER, M. G. Levar os professores a uma construção activa da mudança. In: THULER, M. G.; PERRENOUD, P. *A escola e a mudança.* Lisboa: Escolar Editora, 1994.

11

Fazendo uma narrativa: os caminhos das licenciaturas em uma universidade pública – cenas de uma experiência

Maria Inês Petrucci Rosa

Começar a contar uma história

Sou docente na Faculdade de Educação da Unicamp e ocupei por dois anos um cargo na Coordenação de Licenciaturas dessa Faculdade, dividindo essa tarefa no primeiro ano, com a profa. dra. Márcia Strazzacappa e no segundo ano, com o prof. dr. Pedro da Cunha Pinto Neto, atual coordenador de licenciaturas.
Na tentativa de fornecer elementos para a discussão do lugar do conhecimento educacional nas licenciaturas, gostaria de trazer aqui cenas de uma história vivida pela universidade nos últimos três anos, a qual, de certa forma, representa a complexidade do tema em questão. Faço-o, no lugar de *sujeito ex-posto*, aberto à sua própria experiência prenhe de significados, como nos propõe Larrosa:

> Se o experimento é genérico, a experiência é singular. Se a lógica do experimento produz acordo, consenso ou homogeneidade entre os sujeitos, a lógica da experiência produz diferença, heterogeneidade e pluralidade. Por isso no compartir a experiência, trata-se mais de uma heterologia do que uma homologia, ou melhor, trata-se mais de uma dialogia que funciona heterologicamente do que uma dialogia que funciona homologicamente. Se o experimento é repetível, a experiência é irrepetível, sempre há algo como a primeira vez. Se o experimento é preditível e previsível, a experiência tem sempre uma dimensão de incerteza que não pode ser reduzida. Além disso, posto que não se pode antecipar o resultado, a experiência não é o caminho até um objetivo previsto, até uma meta que se conhece de antemão, mas é uma abertura para o desconhecido, para o que não se pode antecipar nem pré-ver nem pré-dizer. (Larrosa, 2001,11)

As licenciaturas na universidade não tinham currículos desenvolvidos com base em um projeto pedagógico próprio desde 1975. Isso porque antes a licenciatura era um complemento do bacharelado como em todo o país, e assim, o lugar do conhecimento educacional se configurava de um conjunto de disciplinas como complemento pedagógico à formação do bacharel, para que ele assim se tornasse professor ou professora.

Nos últimos dez anos, em todo o território nacional, instituições universitárias de ensino superior dedicaram-se arduamente a compreender, recontextualizar e implementar as orientações presentes na legislação educacional, especificamente no documento intitulado Diretrizes Curriculares Nacionais para Formação de Professores (Brasil, 2001). Com a Universidade Estadual de Campinas, não foi diferente. Mesmo sabendo que não foi esse conjunto de orientações oficiais o único deflagrador de uma série de movimentos de reformulação curricular nessa instituição, foi a partir de meados da década de 1990, que os debates se intensificaram dando novas formas e possibilidades para os currículos de formação docente.

Em 2002, a Faculdade de Educação instalou um Fórum de Formação de Professores que congregava docentes da unidade e também dos institutos responsáveis por bacharelados cujas licenciaturas estavam em reformulação curricular. Esse Fórum desenvolveu uma série de atividades, produziu textos e reflexões durante 2002 e 2003.[1]

Na ocasião, a profa. Helena Freitas trouxe importante contribuição para o debate, propondo uma perspectiva de formação, configurada com base na discussão já acumulada na Faculdade:

> Entende-se que o projeto pedagógico de formação dos profissionais da educação é da **instituição** e não apenas da Faculdade de Educação e institutos das áreas específicas, inserindo-se no projeto maior de desenvolvimento da graduação e da pós-graduação, implicando com isso a destinação de recursos próprios, para criação, melhoria e aprimoramento das condições de ensino no que diz respeito a:
>
> - equipamentos, laboratórios de ensino, laboratórios de informática;
> - produção de material didático próprio;
> - incorporação dos estudantes nos projetos de pesquisa, nos grupos de pesquisa, criação e aumento de programas e bolsas de iniciação científica;
> - participação em encontros, congressos e eventos da área educacional, apresentando trabalhos nos fóruns internos e externos à instituição;
> - criação e/ou ampliação dos programas de apoio didático e/ou monitoria, visando a apoiar as atividades docentes e o atendimento aos estudantes;
> - garantia da qualidade social nos cursos noturnos, que deverão ser (re) organizados de modo a contemplar o atendimento, preferencialmente, de profissionais da rede pública, seja na formação inicial seja na formação continuada;

1 Disponíveis em: <http://lite.fae.unicamp.br/forumfor/>

> Para isso, caberá aos órgãos da Universidade:
> - promover a valorização dos cursos de formação dos profissionais da educação – Licenciaturas e Pedagogia –, que será tarefa igualmente prioritária, entendendo-se por isso:
> - sua idêntica priorização, no interior das IES, em termos de dotação orçamentária;
> - contratação de novos professores e/ou revisão da forma de organização das unidades responsáveis pela formação de professores para a educação básica;
> - ampliação de suas vagas com dotação de bolsas de estudo para os alunos trabalhadores;
> - valorização do ensino como temática de pesquisa e objeto de áreas de concentração em nível de pós-graduação;
> - criação, junto às agências financiadoras, de linhas de apoio a pesquisas específicas voltadas à formação dos profissionais da educação.
>
> Certamente caberá à Faculdade de Educação, em parceria com os institutos das áreas específicas, constituir um colegiado único reunindo os diferentes cursos no interior do Programa, com a participação de professores e estudantes, responsável pela definição da política global de formação nos cursos e programas de formação dos profissionais da educação, buscando articulação também com a pós-graduação, no que diz respeito à pesquisa e à articulação da formação de profissionais para o ensino superior e à incorporação dos estudante – via Iniciação Científica, TCC e outras modalidades de trabalho – a(os) (grupos de) pesquisa.É nosso entendimento que as Universidades e suas Faculdades de Educação constituem-se o *locus* privilegiado da formação dos profissionais da educação para atuação na educação básica e superior. As exigências cada vez mais presentes no campo da formação de professores nos coloca também o desafio de repensar as estruturas atuais das Faculdades de Educação e a organização dos cursos de formação em seu interior, no sentido de superar a dicotomia entre a formação dos pedagogos e dos demais licenciandos e a fragmentação entre graduação e a pós-graduação, considerando-se a docência como a base da formação e da identidade profissional de todos os profissionais da educação. (Freitas, 2002)

Nesse contexto, o Grupo de Trabalho constituído no Fórum de Formação para discutir composições curriculares que levassem em conta as 400 horas de práticas e 400 horas de estágio supervisionado, previstas nas DCNFP (2001), aponta algumas possibilidades. Nesse campo de possibilidades, o GT propõe que em cada disciplina do currículo de formação profissional do educador, desde o início do curso, haja horas de atividades práticas. Essas horas seriam horas dos alunos – contempladas na grade curricular – em que desenvolveriam atividades sugeridas (pelos professores de cada uma das disciplinas e constantes projeto pedagógico do curso) em determinados semestres como interessantes e relevantes para a formação do educador.

Nessa proposta, cada um dos Departamentos da Faculdade de Educação seria responsável por oferecer uma disciplina, de caráter teórico, no núcleo comum da formação de professores. Essa disciplina poderia variar de acordo com algumas especificidades: campos do conhecimento educacional, campo das disciplinas escolares, campo das práticas pedagógicas etc. Do conjunto das disciplinas oferecidas pela FE, haveria as seguintes caracterizações no currículo

- que sejam obrigatórias e representem uma trajetória unitária (alunos seriam obrigados a fazer 5 determinadas disciplinas);
- que sejam obrigatórias e representem uma trajetória em diferenciação (alunos optariam por 5 entre um conjunto de ofertas de disciplinas);
- que incluam também disciplinas optativas; e
- que incluam também disciplinas que tratem de relações específicas com a formação de professor de *alguma disciplina escolar*.

As atividades de estágio supervisionado deveriam contemplar uma gama variada de possibilidades ligadas à pesquisa, à extensão e à educação formal e não formal. A carga horária relativa às 400 horas de estágio supervisionado deveria ser composta de modo a contemplar pelo menos duas diferentes experiências dos alunos em um desses quatro campos mencionados. Quanto à supervisão, caberia aos Departamentos da Faculdade de Educação e dos diferentes Institutos e Faculdades parceiros na formação docente, a oferta, via coordenação de estágios a ser criada, algumas propostas semestrais (Amorim, 2002).

Se uma das inspirações para essa proposta é o documento das Diretrizes Curriculares Nacionais para Formação de Professores, é sensível a percepção de que:

> o documento quer garantir é que a prática profissional torne-se, também, cada vez mais próxima dos princípios organizadores, quando associada à teoria: a relação entre teoria e prática também vai se constituindo no documento como aquilo que vai garantir os arremates finais mais próximos da figura única, e da figura de identidade como uma ideal, essencial, única, e não singularidades e multiplicidades. (2005, p.26)

O essencial e a multiplicidade

Talvez, como a história depois nos mostrou, aí estaria o ponto de tensão mais agudo e decisivo: o dilema entre único e múltiplo, pairando sobre a formação identitária do(a) educador(a) que se pretende.

Como um dos frutos do ciclo de debates promovido por esse Fórum, a Faculdade de Educação elaborou, por intermédio de uma comissão especial constituída para isso, o documento conhecido como Plano Integrado de Formação de Professores, que foi enfim, mostrado à Universidade, na Comissão Central de Graduação no início de julho de 2003.

O Planinfo, sigla pelo qual ficou conhecido esse Plano Integrado, teve recepção bastante heterogênea nas várias unidades de ensino na universidade, desde uma aversão completa à proposta até uma adesão incondicional. Essa recepção heterogênea dinamizou uma resposta que já vinha sendo potencializada de reconfiguração das responsabilidades sobre os cursos de licenciatura na Universidade.

Assim, no final de 2003, o Conselho Universitário retirou a exclusividade da responsabilidade pelas licenciaturas da Faculdade de Educação, reservando a ela outro modo de participação, que passou a figurar no Regimento Geral da Universidade como parceria acadêmica.

Na parceria acadêmica entre a Faculdade de Educação e os demais institutos responsáveis por cursos de licenciatura, a Faculdade passou a compartilhar as decisões a respeito de planejamento, organização e gestão curricular, com a participação ativa de representantes nas comissões de graduação dos institutos. Além disso, a Comissão de Licenciaturas da Faculdade passou a congregar esses representantes, transformando-se no lugar de acolhimento e desenvolvimento de debates, exercendo sua atribuição de subsidiar a congregação em todos os assuntos relacionados com as licenciaturas.

A Faculdade de Educação tornou-se então coordenadora dos debates sobre as licenciaturas também em outra instância fora dela, na Reitoria, presidindo a Comissão Permanente de Formação de Professores, cuja composição é feita pelos coordenadores de graduação dos cursos de licenciatura da universidade. A presidência e a vice-presidência dessa Comissão, segundo a deliberação Consu de 2003, é permanentemente da Faculdade de Educação. Assim, essa passou a contar com dois espaços institucionais de debates e deliberações a respeito das licenciaturas: a Comissão de Licenciaturas interna à FE, que já funcionava desde 1993, e a Comissão Permanente de Formação de Professores alocada junto à Reitoria.

A partir daí, a Faculdade entrou no processo de reformulação curricular dos 21 cursos de licenciaturas da universidade com uma proposta parecida com a original: um conjunto de atividades na forma de disciplinas que pudesse ser entendido não como uma mera prestação de serviços, mas, sim, como espaço curricular definido para a constituição do profissional docente. A ideia que permanece na Faculdade é a de responsabilidade compartilhada pelos cursos de licenciatura, com participação deliberada em determinados tempos e espaços dos currículos.

Os 21 cursos de licenciatura da Unicamp envolvem, de fato, dezesseis unidades de ensino, além da Faculdade de Educação. Nas primeiras movimentações de reformulação curricular de todos esses cursos, o que começou a se delinear foi um conjunto de desenhos desiguais. O comum estava começando a se tornar desigual. De maneira geral, os cursos das áreas tecnológicas propunham reformulações muito diferentes daqueles oriundos das áreas de humanas. Outros cursos definiam suas reformulações com base em nítidas idiossincrasias.

Aí, então, se reafirmou o importante papel da Comissão Permanente de Formação de Professores presidida pela Faculdade de Educação, ao trazer uma condução mais unitária aos projetos. Para isso, foi necessário construir um regimento interno a ela, com base nele, elencar atribuições e estabelecer parâmetros de análise para os projetos de reformulação. Com tais parâmetros, os projetos reformulados seriam aprovados ou não, encaminhados ou não para a Conselho de Ensino e Pesquisa do Consu, para poderem vigorar.[2]

O processo, como um todo, foi bastante diversificado. A reformulação nas licenciaturas levou à reconfiguração do lugar do conhecimento educacional, do lugar do conhecimento específico científico, do lugar da construção de identidades profissionais, de forma tão intensa, que até os bacharelados passaram a ser reformulados também. Em algumas áreas, como já citado, nas tecnológicas (Química e Física, entre outras) a desvinculação entre bacharelado e licenciatura se deu por completo. Em outras, como História, Filosofia, Ciências Sociais e Biologia, a ressignificação da vinculação entre bacharelado e licenciatura criou outra forma de expressão curricular.

Nesse movimento intenso, ocorreu também a criação de novos cursos de licenciatura, como a licenciatura noturna em Física e a licenciatura integrada em Física e Matemática. Nesta, a presença da Faculdade de Educação na forma de disciplinas, foi definida para todos os semestres do curso.

Para que os projetos reformulados chegassem à aprovação pelo Cepe do Consu,[3] foi necessário que cada um deles fizesse o seguinte trajeto:

1. Em um primeiro momento, a discussão interna na comissão de graduação do instituto, com a participação da FE.
2. Discussão interna na comissão de licenciatura, com a participação de representantes do instituto
3. Encaminhamento às respectivas congregações: instituto e faculdade de educação
4. Encaminhamento dos projetos aprovados pelas congregações à Comissão Permanente de Formação de Professores presidida pela FE.
5. Encaminhamento dos projetos aprovados para a Comissão Central de Graduação e, posteriormente, a Câmara de Ensino de Pesquisa do Conselho Universitário.

Quais foram os ganhos dessa nova experiência na universidade?

Nesse novo processo, o debate sobre os currículos não ficou mais restrito a um conjunto de professores representantes nas unidades. O debate foi ganhando espaço em lugares diferentes com pessoas diferentes participando das várias etapas de proposição, discussão, replanejamento, aprovação.

---

2 Disponível em: <http://www.prg.unicamp.br/ccg/subformprofessores.html>

3 Comissão de Ensino, Pesquisa e Extensão do Conselho Universitário

Nessa via, o processo não buscou consenso, homogeneidade, mas, sim, procurou colocar em negociação as identidades plurais do cotidiano dos cursos de licenciatura. E nessa negociação de pluralidades, o lugar do conhecimento educacional teve de ser, por vezes, defendido, por vezes, reiterado e, por vezes, ampliado.

Tal processo teve também como ganho a reafirmação do caráter universitário da formação de professores, uma vez que houve a assunção de diferentes itinerários curriculares para as licenciaturas, com características compartilhadas.

Entre as características compartilhadas, é importante citar: a flexibilidade; a autonomia dos estudantes e as identidades articuladas entre bacharelado e licenciatura.

Onde estiveram as maiores dificuldades? Há campos que recorrem às licenciaturas como uma espécie de "tábua de salvação" na relação com o mundo do trabalho, em especial aqueles que têm dificuldade de definir sua identidade profissional. Essa crise de identidade vem por vezes, por parte daqueles que escolhem licenciaturas tendo como única referência, a presença da disciplina no currículo do ensino básico. Nesse sentido, a distinção entre bacharelado e licenciatura sempre foi muito discutida. Assim, até que ponto a diferença excludente entre eles se sustenta? O bacharel também precisa de uma formação humanística, ética, de cunho político-social. O bacharel também precisa ser reflexivo, porque tem função social no mundo do trabalho.

Em alguns cursos reformulados na Universidade, os bacharelados passaram a ter em seu currículo disciplinas oferecidas pela Faculdade de Educação, que eram originariamente oferecidas para as licenciaturas.

(In)conclusões

Enfim, quero concluir tentando esboçar muito levemente uma análise do lugar do conhecimento educacional nas licenciaturas. Esse agora é um lugar que passou de apêndice para o lugar de um fluxo, um lençol que atravessa todo o percurso, o campo, a trajetória, o currículo.

Os alunos passaram a lidar com questões do campo da educação desde a seu ingresso na universidade, em suas mais variadas expressões ou áreas disciplinares, sejam elas: a psicologia, a sociologia, a filosofia e a antropologia, entre outros. Os ingressantes em cursos de licenciatura entram em contato, desde o início do curso, com possibilidades de trajetórias curriculares que podem ser diferenciadas, mas que de uma forma ou de outra sempre irão levar à reafirmação do lugar do conhecimento educacional, seja ele na forma de disciplinas, seja na participação dos estágios em campos profissionais.

Bem, rememorar essa experiência tem sido importante, compartilhar seus significados também, falar ou escrever sobre ela sempre me faz ou nos faz sujeitos expostos, sujeitos da experiência. Para finalizar, gostaria de deixar aqui uma frase da Clarice Lispector, de *A hora da estrela*:

> Aliás – descubro eu agora – eu também não faço a menor falta, e até o que escrevo, um outro escreveria.

Referências bibliográficas

AMORIM, A. C. *Propostas para formação de professores.* Texto resultado do GT 2 do Fórum de Formação da Faculdade de Educação da Unicamp, que se responsabilizou pela discussão e proposição de composições curriculares que levem em conta as 400 horas de práticas e 400 horas de estágio supervisionado. *Textos. Fórum de Formação. Faculdade de Educação da Unicamp.* Disponível em: <http://lite.fae.unicamp.br/forumfor/>

AMORIM, A. C. de. A prática como SobreNome Professor. In: ROSA, M. I. P. (Org.). *Formar – encontros e trajetórias com professores de Ciências.* São Paulo: Escrituras p.17-30, 2005.

BRASIL, *Diretrizes Curriculares para Formação de Professores para a Educação Básica,* Ministério da Educação, Secretaria de Educação Superior, CNE/CP 009/2001.

FREITAS, H. L. Considerações sobre Formação de Professores na FE. *Textos. Fórum de Formação. Faculdade de Educação da Unicamp*. Disponível em: <http://lite.fae.unicamp.br/forumfor/>

LARROSA, J. La experiência y sus lenguajes. Texto da conferência proferida pelo autor no Seminário Internacional *La Formacion Docente entre el siglo XIX y el siglo XXI.* <www.me.gov.ar/curriform/publica/oei_20031128/ponencia_larrosa.pdf. 2003>. Acesso em abril de 2005.

LISPECTOR, C. *A hora da estrela*. Rio de Janeiro: Rocco, 1998.

12

O projeto pedagógico do curso de Pedagogia da Faculdade de Ciências e Letras de Araraquara/UNESP: uma descrição analítica do processo

Vera Teresa Valdemarin
Fátima Neves do Amaral Costa

I. Pontos de partida

Nos anos finais da década de 1990 teve início o processo de reorganização curricular do curso de Pedagogia da Faculdade de Ciências e Letras de Araraquara cuja implantação ocorreu em 2002. A motivação interna para esse processo era o entendimento de que o projeto do curso então em vigor desde 1985 deveria incorporar as mudanças ocorridas no cenário educacional e aquelas advindas da renovação de seu corpo docente. Na dinâmica própria do trabalho acadêmico, o desenvolvimento de pesquisas e a produção de novos conhecimentos possibilitaram a necessária atualização do conteúdo das disciplinas ministradas, a fim de acompanhar a reflexão sobre questões educacionais em geral e sobre a formação de educadores, em particular, mas tal atualização implicou a descaracterização paulatina do projeto original do curso, impondo-se a necessidade de reflexão.

A pretendida revisão da estrutura curricular teve início com o estudo do processo de criação do curso de Pedagogia da FCL, acompanhando-se nesses documentos, as alterações propostas (efetivadas ou não) ao longo de sua vigência. Foram analisados também relatórios das gestões anteriores do Conselho do Curso, sobretudo aquelas que se voltaram para atividades avaliativas, a fim de estabelecer uma linha de continuidade nos trabalhos do Conselho, considerando e valorizando todo o esforço já efetuado, bem como demarcando as dificuldades apresentadas para a realização de tal reforma.

Esse estudo resultou na indicação de algumas questões a serem enfrentadas nas discussões, entre elas o impacto dos problemas da escola pública sobre o curso de Pedagogia; a ausência de articulação entre as disciplinas cursadas no mesmo ano ou na sequência das séries; a necessidade de criação de espaços formais para a discussão do curso e das disciplinas que o compõem; a valorização da atividade didática na avaliação docente; a rigidez do currículo e a falta de tratamento adequado de alguns temas; a ampliação ocorrida no quadro docente, trazendo pluralidade de perspectivas de abordagem da questão educacional; a necessidade de harmonizar a formação geral (teórica) e as disciplinas de natureza prática ao longo do curso, evitando-se o modelo 3 + 1 (formação geral + habilitação profissionalizante).

Com base nesses indicativos foi realizada uma série de reuniões coletivas, departamentais e interdepartamentais, reunindo o corpo docente e o discente, coordenadas pelo Conselho de Curso, que possibilitaram o encaminhamento dos trabalhos para a elaboração de nova estrutura curricular para o Curso de Pedagogia da Faculdade de Ciências e Letras de Araraquara, com a seguinte agenda:

- incorporar os conhecimentos originários das habilitações existentes à formação geral do pedagogo;
- adotar a formação de professores como eixo formativo, dado que, para exercer as funções de apoio técnico (coordenação, orientação, administração e supervisão pedagógicas) o exercício no magistério é um pré-requisito e, ao mesmo tempo, contemplar uma demanda do corpo discente que, em sua maioria, procura o curso tendo como objetivo principal o exercício da docência;
- flexibilizar a grade curricular, introduzindo um rol de disciplinas optativas que, ao mesmo tempo, diferencie e aprofunde a formação dos alunos; e
- compatibilizar a organização curricular desejada com a legislação em vigor.

É importante ressaltar aqui que, no transcurso dessas discussões, aguardávamos a elaboração das Diretrizes Nacionais para o Curso de Pedagogia (que ainda tramitam no Conselho Nacional de Educação) e, portanto, exercitávamos a liberdade de pensar um curso sem formatação legal específica externamente determinada (com todos os riscos aí implicados) mas, não ignorando as discussões em andamento na área educacional, nas quais nos fazíamos representar. Cabia-nos expressar essas aspirações em um projeto pedagógico e formatar em um currículo essas intenções.

Acompanhamos os trabalhos da Comissão de Especialistas de Ensino de Pedagogia do SESu/MEC na tentativa de definir as áreas de atuação profissional do pedagogo ("docência na educação infantil, nas séries iniciais do Ensino Fundamental e nas disciplinas de formação pedagógica do nível médio, bem como na organização de sistemas, unidades, projetos e experiências educacionais escolares e não escolares, na produção e difusão do conhecimento científico e tecnológico do campo educacional") e da Comissão para elaboração das Diretrizes Curriculares para Cursos de Formação de Professores, cujos trabalhos se entrelaçavam e, algumas vezes, se chocavam, pois, ambas tinham como objetivo normatizar a formação de professores (a primeira como eixo da atividade do pedagogo e a segunda pretendendo criar cursos exclusivos para tal fim).

A tendência assumida para a reformulação do Curso de Pedagogia da FCL/Ar, qual seja, incorporação das habilitações e ênfase na formação de professores, era defendida também no Fórum Paulista de Pedagogia, no Grupo de Trabalho de Pedagogia do Congresso Estadual Paulista de Formação de Professores e no Fórum de Pró-reitores de Graduação das Universidades Brasileiras.

Quanto às determinações legais, considerávamos o impacto causado particularmente sobre o Curso de Pedagogia da FCL/Ar com a promulgação da Lei de Diretrizes e Bases da Educação Nacional ao determinar que a formação de professores para a educação infantil e 1ª a 4ª série do Ensino Fundamental, deve ser feita em cursos superiores, extinguindo-se de modo gradativo a formação de professores em cursos de nível médio. Essa determinação extinguiria o *locus* prioritário de atuação docente do licenciado em nosso curso, dado que uma de suas habilitações, mais especificamente, aquela voltada para o magistério das matérias pedagógicas do Ensino Médio, formava professores para esse nível de atuação. O art. 64 da LDBEN expandia as possibilidades formativas então concentradas nas Habilitações do Curso de Pedagogia (Administração Escolar, Supervisão Escolar e Orientação Educacional) para os cursos de pós-graduação, restringindo ainda mais as possibilidades de atuação profissional do formado em Pedagogia.

Durante esse processo de discussões foi promulgado o Decreto nº 3276/99 que fixava os Cursos Normais Superiores como responsáveis exclusivos pela formação de professores para a educação infantil e séries iniciais do ensino fundamental e que, após firme reivindicação da comunidade acadêmica (pública) foi revisto, retirando-lhes a exclusividade.

No início de 2002, quando o projeto do curso de Pedagogia da FCL/Ar estava sendo finalizado, foram instituídas as Diretrizes Curriculares para a Formação de Professores da Educação Básica, em nível superior, obrigando-nos a novas discussões, incidindo, basicamente, sobre a distribuição da carga horária que se pretendia implantar. Enfim, sem a definição legal sobre os cursos de pedagogia, deveríamos incorporar a legislação sobre formação de professores, dados os objetivos que havíamos coletivamente fixado para a pretendida reforma.

II. O projeto pedagógico do curso de Pedagogia da FCL/Ar

Considerando as discussões sobre a formação dos profissionais da educação já mencionadas e o contexto sociopolítico do país, verifica-se grande ampliação de vagas no Ensino Fundamental e Médio criando um contingente cada vez maior de crianças e jovens, originários de diferentes processos culturais, em busca de uma educação de qualidade que lhes permita incorporar-se ao desenvolvimento tecnológico e econômico, marcadamente globalizado, e, ao mesmo tempo, participar da vida democrática e exercitar a cidadania, objetivos ainda a serem plenamente alcançados na sociedade brasileira.

À universidade pública cabe papel decisivo no enfrentamento dessas complexas demandas postas para a formação dos profissionais da educação, uma vez que, dada a crescente participação da iniciativa privada na educação superior, permanece, para as instituições públicas, a responsabilidade de atuarem como modelo e referencial de excelência dessa formação. Das universidades públicas, por manterem a pesquisa, a inovação e a análise crítica como substrato do ensino, espera-se respostas qualificadas para os desafios apresentados pelo contexto brasileiro e, de modo mais específico, paulista, para a formação dos profissionais da educação.

A LDBEN considera a educação infantil e o Ensino Médio como etapas da educação básica a serem estendidas a todas as crianças e jovens, estabelecendo, em decorrência, novas exigências para a formação do profissional da educação e a tentativa de fortalecer a escola, em seus diferentes níveis, como espaço específico para o ensino, para a aprendizagem e para o enriquecimento cultural, criando as condições para o desenvolvimento das capacidades a que todo cidadão tem direito, notadamente aquelas que têm na educação escolarizada seu *locus* de efetivação.

Essas proposições sobre a escola e os professores demandam que o profissional da educação não tenha sua formação dicotomizada entre o exercício da docência e o exercício de funções técnicas existentes nas unidades escolares. Ao contrário, exige-se cada vez mais uma formação profissional que possibilite a compreensão e a atuação no complexo processo da educação escolarizada, cuja meta é garantir a aprendizagem dos alunos sob sua responsabilidade. O profissional da educação é chamado, cada vez mais, a participar de decisões sobre diferentes propostas educacionais, bem como de sua implementação nas unidades ou nos sistemas escolares. A escola é a instituição que, durante um longo período, deve exercer influência cultural planejada e sistematizada sobre a vida de crianças e adolescentes.

Nesse contexto, a reformulação do curso Pedagogia impõe-se como uma necessidade que encontra justificativa nas promulgações legais, no contexto interno da Faculdade de Ciências e Letras de Araraquara e na reflexão crítica sobre a formação de professores resultante da atividade de pesquisa.[1] Às universidades públicas cabe assumir o compromisso com a formação de professores de qualidade, adotando o curso de Pedagogia como *locus* dessa formação, embora admitindo a existência de outras modalidades e instituições. Tal determinação prende-se à qualificação diferenciada que as universidades públicas podem fornecer a seus alunos, dada a indissociabilidade entre ensino e pesquisa e à larga tradição na formação de professores, quer regularmente no curso de pedagogia na forma de habilitações, quer participando de projetos e pesquisas de intervenção na rede pública de ensino, produzindo um corpo de conhecimentos sólido que pode ser configurado em atividades voltadas para a formação inicial de professores.

Assumindo a responsabilidade na formação de profissionais que cabe à universidade pública, é preciso equacioná-la às condições reais de efetivação e trabalhar de modo a entender as limitações atuais como passíveis de serem superadas em um curto espaço de tempo e, ao mesmo, tempo, explorar ao máximo as possibilidades existentes. Sem a delimitação de diretrizes sobre o curso de pedagogia, o corpo docente da FCL/Ar investiu esforços com o objetivo de formatar uma organização curricular para o curso sem as habilitações que tradicionalmente o caracterizam, isto é, ao final do processo contribuiríamos com uma concepção estruturada para a formação do pedagogo, simultaneamente às discussões nacionais. De modo concreto, as proposições se baseavam na criatividade e no lastro de conhecimentos consolidados do corpo docente que eram também uma limitação a ser enfrentada: a formatação final do curso deveria ser pensada com o corpo docente existente e não baseado-se emde novas contratações. Nessas condições, foi possível, ao final, propor um curso de pedagogia cuja formação docente estava circunscrita à formação de professores para as séries iniciais do Ensino Fundamental e à formação de professores em Educação Especial. Embora todas as discussões apontassem para a necessidade e para o desejo de formar também professores para a Educação Infantil não tínhamos profissionais em número suficiente para efetivar essa aspiração com o aprofundamento necessário.

A organização curricular, ao final proposta, pretende realizar uma formação de alto nível qualitativo do pedagogo, entendido aqui como um profissional capaz de desempenhar a função básica da docência nas séries iniciais do Ensino Fundamental e classes de educação especial, bem como um profissional capaz de com-

1 Entre as principais referências, pode-se citar GARRIDO, 2002 a; 2000 b; 2000c; SACRISTAN, 1995; 1999; TARDIF, 1991; 2002; ANDRÉ, 2001; CANDAU, 2000.

preender e atuar em unidades escolares, exercendo funções ou desenvolvendo atividades próprias da coordenação de áreas, temas ou projetos; gestão e planejamento de ações, projetos ou atividades; e realizando orientação de alunos com vistas a seu desenvolvimento e aproveitamento escolares. Entende-se que essa formação profissional deva estar vinculada às demandas próprias do ensino escolarizado com todas as suas características e dificuldades. Estamos distantes do tempo em que as funções de docência e planejamento do ensino encontravam-se separadas e isoladas em cargos e funções. Cabe atualmente, aos professores, não apenas a responsabilidade pelo trabalho com alunos em sala de aula: exige-se desse profissional a responsabilidade de planejar e desenvolver ações diferenciadas que estejam vinculadas à situação específica na qual atua, envolvendo-se com o grupo de professores ao qual pertence, com a comunidade de origem de seus alunos e, ainda, adequando-se criticamente às diretrizes emanadas dos órgãos educacionais superiores.

Os conteúdos curriculares da formação do pedagogo devem, portanto, estar organizados de modo a possibilitar a aquisição e o domínio de referenciais teóricos que possam ser mobilizados em situações específicas, transformando-se em guias para iniciativas e ações que levem à obtenção dos resultados pretendidos. Entende-se que as disciplinas que caracterizam a formação do pedagogo devem contemplar elementos de sólida fundamentação teórica, essencial ao exercício da profissão, preparando um licenciado com desenvolvimento intelectual que inclua dimensões históricas, filosóficas, psicológicas, políticas, sociológicas e didático-pedagógicas. Tais disciplinas e/ou conteúdos devem ir além da transmissão de conhecimentos e informações específicas, circunscritas a seus campos originais de conhecimento; devem estar diretamente articuladas aos desafios das rápidas transformações da sociedade e das condições de exercício profissional no campo educacional.

Entende-se que as disciplinas que caracterizam a formação do pedagogo deverão também incorporar conteúdos curriculares das antigas habilitações, de modo a possibilitar uma formação mais ampla para o exercício profissional. O pressuposto para essa proposição é a complexidade que o trabalho docente adquiriu no sistema escolar contemporâneo. Exige-se do professor a responsabilidade pela elaboração de suas ações e, em decorrência, a capacitação sobre elementos determinantes de seu trabalho que não se esgotam na transmissão de conhecimentos e na docência. Exige-se que saiba articular conhecimentos sobre problemas específicos dos alunos e suas aspirações, sobre o trabalho coletivo a ser desenvolvido com seus pares e sobre o desencadeamento de ações que envolvem toda a unidade escolar por um longo período de tempo, entre outras. Em síntese, pretende-se que o conhecimento, antes limitado às habilitações específicas e segmentados em funções técnicas, seja incorporado à formação de todo pedagogo, de modo a prepará-lo para os desafios próprios das unidades escolares e mesmo para o prosseguimento na carreira docente, ocupando funções de gestão e avaliação do ensino.[2]

Em tal organização curricular, o conteúdo, caracterizado prioritariamente como conceitual e teórico, deve ser mobilizado para a busca constante da compreensão de situações educativas específicas, isto é, dos desafios cotidianos próprios da situação de ensinar e aprender, possibilitando que o futuro profissional possa transformar seu conhecimento em instrumento posto a serviço da aprendizagem dos alunos e de seu próprio avanço e autonomia.

Além dos conteúdos que permitam a compreensão da educação como um complexo processo, envolvendo múltiplos agentes e determinações, o futuro pedagogo deverá ter conhecimentos próprios ao ensino das séries iniciais do ensino fundamental, que lhe permitam propor programas, projetos e atividades específicas, com vistas a garantir aos alunos uma base sólida e homogênea de conhecimentos matizada pelos contextos particulares e específicos de sua atuação. Entende-se que tal formação para a docência das séries iniciais do ensino fundamental deve possibilitar uma reflexão aprofundada sobre a produção do conhecimento científico em suas diferentes modalidades mas, acima de tudo, deverá proporcionar ao futuro professor condições de experimentação e ensaio sobre "como ensinar", isto é, como transformar objetos de conhecimento em objetos de ensino, transpostos em atividades sequenciadas e exercícios passíveis de avaliação.

Dadas as características desse nível de atuação profissional, qual seja, notadamente multidisciplinar, a articulação e o planejamento das atividades e ações deve constituir-se em elemento formativo decisivo para o qual concorrem tanto a formação geral adquirida quanto a formação específica e o domínio do conteúdo a ser ensinado.

Ao lado do conhecimento conceitual e teórico, mas não separado ou desarticulado dele, a formação do profissional da educação se deve contemplar também conhecimento de tipo teórico-prático. O curso de Pedagogia, proporcionando formação inicial de professores e profissionais da educação e, portanto, não exigindo prática anterior no exercício da profissão, deve contemplar na formação dos alunos situações características ao exercício efetivo da profissão, adotando diferentes modos de realizar tal intento. Considerando a prática uma dimensão importante do conhecimento, pretende-se articular a reflexão e o exercício da atividade profissional investigativa baseada em situações-problema, no desenvolvimento

2 As disciplinas que compõem a formação geral do pedagogo são: Filosofia da Educação; História da Educação; Psicologia da Educação; Teorias Sociológicas; Socioantropologia, Cultura e Escola; Estado, Educação e Sociedade; Estrutura e funcionamento da Educação Básica; Política Educacional Brasileira; Orientação Educacional e Formação do Educador; Educação Especial; Teoria e Prática do Currículo; Didática; Gestão Educacional; Ação Pedagógica Integrada e Coordenação Pedagógica.

de projetos específicos e em simulações didáticas. Entende-se que essa articulação não pode prescindir da realidade escolar tal como se apresenta nas unidades escolares mas, ao mesmo tempo, esse não deve ser seu único horizonte. As disciplinas de natureza teórico-prática devem constituir-se em oportunidade para o exercício de propostas inovadoras, de análise de coleções didáticas, do desenvolvimento de materiais e métodos de ensino.[3] Entende-se que a sala de aula na universidade pode constituir-se em espaço propício para incentivar no aluno o exercício de pensamento crítico e da formulação de projetos para intervenção na realidade escolar.[4]

A decisão de oferecer também formação de professores para classes de educação especial no Curso de Pedagogia da FCL encontra sua justificativa no conhecimento e na experiência acadêmicos acumulados pelos profissionais existentes na Faculdade de Ciências e Letras de Araraquara, mas também nos desafios propostos pela educação inclusiva. Diante desse cenário político educacional, que considera a inclusão do aluno com necessidades especiais no ensino regular, cumpre proporcionar condições para que todos os alunos se desenvolvam de acordo com seus potenciais e sejam respeitadas suas diferenças. Portanto, torna-se imprescindível uma revisão não só das práticas pedagógicas como também a implantação de uma política de formação de professores que vise à maior qualificação do trabalho pedagógico, capaz de oferecer a todos os alunos formação de cidadãos conscientes e participativos.[5]

A formação do docente em classes de educação especial deverá ter garantida a mesma formação básica que os demais, prevista no currículo mínimo. Em seguida, passará para uma formação mais específica e aprofundada preparando-o

---

3 Todas as disciplinas componentes da formação para a docência são de natureza teórico-prática e desenvolvem-se de acordo com projetos específicos. São exemplos a serem citados: a produção de histórias na disciplina Filosofia para crianças; a análise de livros didáticos de diferentes conteúdos; o planejamento e a elaboração de Feira de Ciências; o desenvolvimento de jogos e materiais didáticos etc..

4 As disciplinas que compõem a formação de professores para as séries iniciais são: Educação Infantil: teoria e prática; Filosofia para crianças: teoria e prática, Estágio Curricular Supervisionado; Conteúdo Metodologia e Prática de Ensino de Alfabetização; Conteúdo, Metodologia e Prática de Ensino de História e Geografia; Conteúdo, Metodologia e Prática de Ensino de Ciências; Linguagens em Educação: teoria e prática; Conteúdo, Metodologia e Prática de Ensino de Língua Portuguesa; Conteúdo, Metodologia e Prática de Ensino de Matemática; Desenvolvimento vocacional: Identidade e escolarização.

5 As disciplinas que compõem a formação de professores em Educação Especial são: Processos e Problemas de Aprendizagem: teoria e prática; Deficiência: fundamentos e concepções (teoria e prática); Estágio Curricular Supervisionado; Conteúdo, Metodologia e Prática de Ensino de Alfabetização; Desenvolvimento Infantil: teoria e prática; Avaliação e Intervenção: teoria e prática; Bases Biológicas do Conhecimento: teoria e prática; Metodologias de Ensino em Educação Especial: teoria e prática.

para oferecer atendimento eficaz e de qualidade aos educandos com necessidades especiais que incluem a conceituação presente nesse campo; o ensino de crianças com necessidades educacionais especiais, focalizando a metodologia, a avaliação, a aprendizagem e a prática de ensino.

Na seriação ideal, a formação de professores tem início no terceiro semestre letivo e desenvolve-se de modo concomitante à formação em Pedagogia, de modo a não se constituírem em segmentos estanques mas, ao contrário, comporem um conjunto de conhecimentos articulados, embora com especificidades. O curso estrutura-se, primeiro, com as disciplinas tradicionalmente consideradas ciências da educação e, no terceiro semestre, o aluno deverá optar entre um dos eixos oferecidos para a formação docente.[6] A fim de garantir certa especificidade e aprofundamento na formação dos alunos, estão previstas também nessa organização curricular seis disciplinas optativas a serem escolhidas entre aquelas constantes de um rol específico oferecido em cada semestre. A Faculdade oferece ainda um rol extenso e variável de atividades extracurriculares desenvolvidas pelos Grupos de Estudos e Pesquisas, pelo Centro de Assessoria e Orientação Educacional Dante Moreira Leite e por projetos de iniciação científica, entre outros.

II.1. O estágio curricular supervisionado

No processo de reformulação do curso de Pedagogia, as atividades componentes do Estágio Curricular Supervisionado mereceram reflexão e desenvolvimento de projeto específico. Procurando favorecer o equilíbrio entre o realismo ou a objetividade desmedidos – que emergem da prática – e a idealização excessiva proveniente das discussões teóricas, pretendeu-se a valorização da prática, associada direta e imediatamente ao exercício intelectual sobre ela, capaz de auxiliar na emergência de conhecimentos e destrezas profissionais em diferentes contextos reais; a leitura de experiências vividas na prática ultrapassa regras e determinações quase sempre presentes nas discussões teóricas e rompe com a lógica de solucionar problemas por meio exclusivamente da aplicação rigorosa de teorias e técnicas científicas.

A partir daí, em um trabalho coletivo coordenado pelo Conselho de Curso e pautado em reuniões, assembleias, contando com o envolvimento de docentes e discentes, foi adotado um conjunto de diretrizes, com o objetivo de fortalecer o vínculo entre a instituição formadora e o sistema educacional; o acompanhamento da rotina do trabalho pedagógico durante um período contínuo; auxílio aos alunos, no decorrer da prática, para desenvolverem conduta investigativa sobre sua atuação, aprendendo a adotar procedimentos de pesquisa como instrumento

6 O segundo eixo de formação de professores poderá ser cursado após o término do primeiro ou, paralelamente, de acordo com a disponibilidade de tempo do aluno e obedecido o teto máximo de carga horária fixado pela Faculdade.

de trabalho; auxiliar os alunos a desenvolverem projetos de intervenção com base em dada realidade, articulando nesse processo a apropriação do processo histórico do conhecimento desenvolvido e de pesquisas produzidas; ajudar os alunos a transformarem seus saberes em pilares para as atividades profissionais exercitadas em campo; discutir os padrões éticos da profissão; compreender os contextos sociais em que estão configuradas as situações de aprendizagem dos alunos no sistema educacional; desenvolver o exercício reflexivo teórico-prático; identificar lacunas dos conhecimentos necessárias ao efetivo exercício de sua prática e implementar projetos que supram tais lacunas; trabalhor com os alunos sobre determinadas situações-problemas que envolvem a reflexão, a experimentação, a ousadia para agir a partir dos conhecimentos construídos.

Entende-se que o presente projeto avançou em relação à legislação ao designar ao Estágio Curricular Supervisionado I e II, um caráter de disciplina uma vez que, das 200 horas respectivas em uma e outra, 60 horas teóricas foram atribuídas para trabalho em sala de aula. Tal fato supera qualitativamente a proposta legal uma vez que não se tratou tão só de acrescentar algumas horas ao Estágio Supervisionado mas de rever a forma pela qual se vinham organizando tais atividades e valorizar, nessa disciplina a partir daí, a oportunidade de se transformar em um momento que possibilite a orientação consistente do trabalho de campo, tornando-o mais adequado às novas concepções de formação qualitativa do professor, além de se constituir em um momento-chave de articulação teórico-prático, possibilitando o exercício da reflexão sobre a ação e transformação da prática.

Nesse sentido, à disciplina Estágio Supervisionado caberá a inserção dos graduandos na realidade educacional como forma de obter conhecimento experiencial da sua prática docente.

Confluem para essa disciplina a possibilidade de articular os conhecimentos teóricos com as necessidades reais do cotidiano escolar e do exercício de reflexão sempre mediado pela discussão coletiva na universidade e com os professores da rede de ensino.

II.1.1. Fundamentos teóricos da proposta

Além das disposições legais, um conjunto de pesquisas relevantes sobre a formação de professores fundamentou a construção teórica do Projeto Pedagógico da Disciplina Estágio Curricular Supervisionado, cuja finalidade é aproximar o aluno da realidade na qual atuará, tendo o cuidado de não situar o estágio como um momento prático do curso, mas como uma aproximação à prática, uma vez que será consequente a teorias estudadas e, por sua vez, se constituem em fundamentos das reflexões sobre a realidade das séries iniciais do Ensino Fundamental.

Em relação à formação inicial, pesquisas têm demonstrado que os cursos de formação, ao desenvolverem um currículo formal com conteúdos e atividades de estágio distanciados da realidade das escolas, que não conseguem trabalhar as contradições presentes na prática social de educar, pouco têm contribuído para gerar nova identidade do profissional docente. (Garrido, 2002a; 2000b; 2003). Buscando construir essa nova identidade, foi privilegiado um conjunto de pesquisas que faz avançar essa discussão, notadamente as que inserem o estágio em um processo de formação pessoal e profissional, valorizando e construindo em seu desenvolvimento as relações teórico-práticas (Garrido, 2002a; 2002b; 2003; Tardif, 2002); as que consideram que bons professores são investigadores da própria prática e, portanto, ressaltam a necessidade de investir na formação inicial a fim de desenvolver uma conduta investigativa na qual o estágio se transforma em campo de excelência de investigação sobre o próprio trabalho profissional (Gimeno, 1995; 1999; Tardif, 1991; 2002); aquelas que consideram o professor como sujeito do conhecimento (Tardif, 1991; 2002); as que apresentam ainda o contexto social e pedagógico da escola e de seus alunos apontando desdobramentos fundamentais para a prática pedagógica (Gimeno, 1995; 1999; Contreras, 2002); as que trazem o trabalho pedagógico para o cotidiano escolar, com seus entraves e superações (Veiga, 1995; Candau, 2000); e as que discutem os desafios da escola Ciclada (Barreto; Mitrulis, 2001).

As estratégias básicas para propiciar experiências significativas a serem desenvolvidas pelos alunos, bem como para consolidar parcerias institucionais são: conhecer o contexto da escola em que os alunos estagiários estão inseridos, refletir sobre seu projeto pedagógico, acompanhar as atividades desenvolvidas em sala de aula pelos professores e problematizar e intervir na rotina do trabalho pedagógico da escola.

Para adentrarmos às escolas/campos de estágio foram estabelecidos acordos formalizados na Universidade com diferentes instâncias do sistema de ensino: Secretarias Municipais de Educação, Secretarias Estaduais de Educação, Diretoria de Ensino de Escolas Particulares. Na ocasião foi apresentado o Projeto da Disciplina e também sua intenção em estabelecer, a partir daí, nova relação Universidade/Escolas-Campo. Tais acordos visavam a garantir a abertura das diversas Instituições às parcerias com a Universidade no processo formativo do aluno.

A adesão real ao projeto, avaliada após dois anos de experiência em curso, permitiu fixar quatro escolas que reuniam condições de oferecerem diferenciadas e ricas experiências formativas aos alunos do Curso de Pedagogia, caracterizando um campo representativo da situação educacional da cidade com seus elementos desafiadores. Essas escolas se predispuseram a receber o estagiário, proporcionado condições necessárias para o desenvolvimento de seu estágio, entre elas a concordância do professor em receber o aluno estagiário em sua sala de aula, ao longo do semestre, e desenvolver com ele a conduta de "tutor". Tal participação, valoriza o trabalho do professor, despertando-o para uma conscientização mais profunda do significado desse trabalho, auxiliando na avaliação do aluno estagiário, ao longo do semestre, sobre questões amplas de responsabilidade profissional e questões específicas do trabalho docente das séries iniciais.

Dessa forma a Universidade se aproximava diretamente das escolas conquistando espaço para ampliar parcerias, além de também oferecer subsídios aos professores, partindo de suas solicitações.

Os alunos foram preparados em sala na Universidade para a imersão no campo de estágio por meio de análise e discussão do significado da disciplina Estágio Supervisionado, orientações sobre observação, registro e coleta de dados, análise de casos e leituras orientadas versando sobre o contexto da escola, projeto pedagógico e gerenciamento de salas de aula. A inserção no campo ocorreu mediante observação participante, discussões dialogadas contínuas após as experiências de campo com o professor tutor e o professor supervisor de estágio, identificação de diferentes fontes de dados de pesquisa, registro e análise de dados em diário de campo, ensaios da docência e análise desses ensaios com o professor tutor buscando aprofundar a compreensão das competências necessárias ao trabalho nas séries iniciais. Os estágios realizados em campo eram supervisionados diretamente pelo professor da disciplina Estágio Supervisionado I e II assim como pelo docente da Disciplina Didática que em muito contribuiu com as discussões avaliativas ao longo do semestre.

O processo de desenvolvimento do Estágio Curricular Supervisionado, processo em constante movimento e avaliação, forneceu um conjunto de dados que permitem caracterizar essa atividade formativa como uma etapa desafiadora, de aprendizagem, investigação, explicação, interpretação e também de transformação.[7] Para os alunos em formação implica a construção de um novo olhar sobre o ambiente onde desenvolverão atividades profissionais: a complexidade do trabalho realizado, a identificação com os sujeitos em situações reais, as relações entre estudo de textos e o cotidiano escolar, a articulação entre conhecimentos originários da formação geral e sua transformação em instrumento de trabalho a serviço de necessidades específicas propostas por situações reais.

Na perspectiva dos professores "tutores" percebe-se o cuidado em avaliar e contribuir com a formação do estagiário, detectando características a serem aprofundadas, a realização adequada e segura de atividades em sala de aula.

A esses dados foram incorporados os provenientes dos relatórios dos alunos sobre os estágios desenvolvidos que apontavam consistência em observações e

---

7 Análise mais detalhada desses dados está apresentada em COSTA, 2004. Ver também FRANÇA, 2005.

registros sobre o contexto da escola, as crianças e os professores, com base nos quais eram tecidas considerações sobre: participação dos pais na vida da escola; relações entre projeto pedagógico e currículo; finalidades da escola, seu papel social e caminhos a serem empreendidos; o professor e sua prática pedagógica. Ao final, com uma autoavaliação o aluno demonstrava a importância do estágio para o desenvolvimento de sua profissionalidade docente, apontando necessidades relativas à intervenção profissional; às lacunas de conhecimentos a serem buscadas; aos modelos de professores (alguns exemplares, outros nem sempre adequados); e à reprodução das relações sociais em sala de aula.

O papel imprescindível do Estágio Curricular Supervisionado na formação do aluno do Curso de Pedagogia pode ser avaliada ainda como espaço acadêmico/disciplinar que possibilita percepção de aspectos do trabalho docente que só se transformam em questões para reflexão quando decorrem da articulação entre conhecimentos teóricos e práticos: necessidade de subsídios teóricos para a compreensão dos determinantes da prática; busca permanente de referenciais para apreender a complexa relação ensinar-aprender; e transformação da cultura em conteúdo de ensino; entre outras.

As disciplinas Estágio Supervisionado Curricular I e II têm elementos indispensáveis para se efetivarem como espaço formativo inicial ao futuro pedagogo, embora algumas condições ainda precisam ser conquistadas para seu êxito pleno. O Projeto, mesmo concebido coletivamente, pela complexidade de sua natureza, deveria ser acompanhado por um conjunto de docentes e não apenas por professoras das disciplinas Estágio e Didática, possibilitando uma articulação mais abrangente da relação Universidade/Escola.

Vale ressaltar aqui a dificuldade sempre presente na introdução de reformulações curriculares: elas não têm um marco zero de implantação, ponto do qual tudo será diferente. Pelo contrário, projetos de mudança encontram na estrutura e nas práticas já sedimentadas tanto obstáculos a serem transpostos quanto bases sobre as quais o novo se sedimentará, em num processo constante. O esforço para tal fim tem sido recompensado uma vez que o curso obteve boa conceituação na avaliação externa promovida pela Unesp.

Referências bibliográficas

ANDRE, M. (Org.). *O papel da pesquisa na formação e na prática dos professores*. Campinas: Papirus, 2001.

BARRETO, E. S.; MITRULIS, E. Trajetória e desafios dos ciclos escolares no País. *Estudos Avançados*, 15(42), 2001, p.103-41.

CANDAU, V. (Org.). *Reinventar a escola*. Petrópolis: Vozes, 2000.

CONTRERAS, J. *A autonomia de professores*. São Paulo: Cortez, 2002.

COSTA, F. N. do A. Apresentando o projeto pedagógico do estágio curricular supervisionado no curso de pedagogia da UNESP-FCL-Araraquara. *Anais* do XII Endipe. Curitiba, 2004, p.40818.

FRANÇA, D. de S. A constituição da docência: o que se ensina e o que se aprende sobre o fazer docente na relação entre professoras em exercícios e futuras professoras. Araraquara: Faculdade de Ciências e Letras, Programa de Pós-Graduação em Educação Escolar, 2005 (Tese Doutorado).

GARRIDO, S. P. *O estágio na formação de professores*: unidade teoria e prática? São Paulo: Cortez, 2002(a)

_____________. *Saberes pedagógicos e atividade docente*. São Paulo: Cortez, 2002(b)

_____________. (Org.). *Pedagogia e pedagogos*. São Paulo: Cortez, 2003.

GIMENO, S. *Poderes instáveis em educação*. Porto Alegre: Artes Médicas Sul, 1999.

GIMENO, S. Consciência e ação sobre a prática como libertação profissional dos professores. In: NÓVOA, A. (Org.). *Profissão Professor*. Porto: 1995.

KUENZER, A. *A formação dos profissionais de educação: Proposta de Diretrizes Curriculares Nacionais*. 2000. (mimeo)

LUDKE, M.; ANDRE, M. *Pesquisa em educação:* abordagens qualitativas. São Paulo: EPU,1986.

MINISTÉRIO DA EDUCAÇÃO. Proposta de Diretrizes para a Formação Inicial de Professores da Ed. Básica, em Cursos de Nível Superior. Maio/2000.

PROPOSTA de reformulação dos cursos de Pedagogia da Faculdade de Ciências e Letras de Araraquara, 2001.

SEVERINO, A. (Coord.). Documento Norteador para Elaboração das Diretrizes Curriculares para os Cursos de Formação de Professores. 2001.

TARDIF, M. *Saberes docentes e formação profissional*. Petrópolis: Vozes, 2002.

_________; LESSARD, C.; LAHAYE, L. Os professores face ao saber: esboço de uma problemática do saber docente. *Teoria e educação*. Porto Alegre, n.4, p.215-33,1991.

VEIGA, I. (Org.). *Projeto político pedagógico da escola:* uma construção possível. Campinas: Papirus, 1995.

13

Estágio e pesquisa na escola básica: fundamento do Programa de Formação de Professores da USP

Sonia Teresinha de Sousa Penin

Introdução

Universidade e escola básica têm em comum o fato de serem instituições estabelecidas socialmente para desenvolver ensino, cada uma em um diferente nível.

A universidade, no Brasil, criada na década de 30 do século XX, manteve o mesmo espírito das universidades europeias do século XII, que tiveram como missão o cultivo do conhecimento e a formação de profissionais. A partir do século XX, cobrou-se da universidade um envolvimento mais intenso com a sociedade. Atualmente, está bem estabelecida a tríplice função da universidade: gerar conhecimento, formar profissionais e prestar serviços à comunidade, assegurando a indissociabilidade entre tais ações. Ainda que uma dessas funções refira-se de modo especpifico à relação com a sociedade (prestação de serviços), todas devem exercê-la, sob o risco de não cumprirem o que propõem.

A escola de educação básica, com início no século XIX, só se firma na segunda metade do século XX. Hoje, por lei, os profissionais da escola básica são formados em nível superior.

Parcerias da universidade com a escola básica acontecem no exercício de suas três funções. A escola básica é para a universidade, simultaneamente, espaço de pesquisa, local de trabalho para seus egressos e objeto de estudo e de ação formativa de professores e demais profissionais da educação.

No Brasil, projetos de formação de profissionais para a educação e o ensino, impulsionados também pela legislação em vigor, têm procurado aperfeiçoar a parceria entre universidade e escola básica; há que se acompanhar e expandir esse movimento.

No caso da Universidade de São Paulo, essa parceria e as diferentes formas de relação entre estágio e pesquisa na formação docente estão amalgamadas no Programa de Formação de Professores, aprovado pelos órgãos centrais em 2004 e atualmente em fase de implementação. Esse Programa foi elaborado pela Comissão Permanente de Licenciatura, criada em 2001, e tem como motivação para sua instalação a exigência do Conselho Estadual de Educação (CEE), seguindo o estabelecido na nova Lei de Diretrizes e Bases da Educação Nacional, de 1996, ou seja, a necessidade da definição de um projeto de licenciatura com base no qual cada instituição deve proceder a avaliação dos cursos sob sua responsabilidade.[1]

Para além das questões de ordem legal, a Universidade, por sua própria natureza, explicitada em seus objetivos e funções, tem papel de destaque a desempenhar nas respostas às demandas educacionais impostas pela sociedade. Além disso, há que se considerar que a educação é uma questão de relevância pública, daí a importância de uma formação de professores que se vincule a valores e aspirações da esfera pública e traduza nas relações pedagógicas essa orientação, contribuindo para a formação de indivíduos com espírito público.

A concretização desse ideal requer a formação de um professor não apenas dotado de competência em sua área de saber, mas também capaz de compreender essa diversidade, de modo a corresponder às expectativas daqueles que atualmente frequentam a escola. Tal compreensão pressupõe o entendimento de que as respostas mais adequadas para cada comunidade escolar emergirão de um trabalho compartilhado e que deve ser objeto de discussão nos cursos de formação de professores. Responder a essas demandas de formação exige da USP esforço significativo que promova reformulações importantes em seus cursos de licenciatura. Tal renovação só será possível com o envolvimento de docentes das diferentes unidades.

---

1 A Comissão Permanente de Licenciatura da USP foi composta por docentes representantes de 32 unidades e por três representantes discentes. A seguir, o nome dos membros da equipe que redigiu o texto final: professores: José Sérgio F. Carvalho (presidente da Comissão Permanente de Licenciatura), Adelaide Faljoni-Alário, César Minto, Cláudia P. Vianna, Edna M. Zuffi, Elza Garrido, Eunice J. Cardoso de Almeida, Francisco C. Scarlato, Heloísa H. C. Peres, Iole F. Druck, Íris Dias, Kátia M. Abud, Luis Carlos Gomes, Maria Angélica P. Pipitone, Maria Cristina M. Toledo, Maria de Fátima P. Fernandes, Maria Eunice R. Marcondes, Maria Helena S. Patto, Maria Isabel de Almeida, Maria Izabel G. Pereira, Maria Regina Kawamura, Maria Sabina Kundman, Maria Vicentina P. A. Dick, Marilza de Oliveira, Nídia N. Pontusschka, Noeli Prestes P. Rivas, Osvaldo L. Feraz, Paulo A. Porto, Paulo T. Sano, Paulo César F. Giannini, Pedro P. Sales, Regina S. B. Machado, Roberto Bolzani Filho, Rubens B. Camargo, Sérgio P. Campana Filho, Sílvia Basseto, Sílvia G. Garcia, Sonia G. B. C. Lopes, Somia M. V. Bueno; discentes: Estela F. A. Ribeiro, Juliana T. e Tesende, Vivian L. Mendonça.

Os princípios e os objetivos gerais a seguir resultaram dos debates realizados pela Comissão Permanente de Licenciatura, internamente e com a comunidade da USP envolvida com a formação de professores. Eles constituem eixos norteadores para a proposição dos projetos a serem desenvolvidos nas unidades.[2]

Princípios e objetivos

I. Princípios

1. *A formação de professores no âmbito da USP exige empenho permanente de suas diversas unidades, de maneira a inspirar projetos integrados que visem a preparar docentes para a educação básica, em seus níveis fundamental e médio.*

Para tanto, a Universidade deve mobilizar-se não para uma simples remodelação técnica ou curricular *stricto sensu*, mas para o estabelecimento de uma política de formação de professores.

2. *A docência, a "vida escolar" e as instituições a ela ligadas, na peculiaridade de seus saberes, valores, metas e práticas cotidianas, devem ser os objetos privilegiados de qualquer projeto que vise à preparação para o exercício profissional na escola contemporânea.*

A formação de professores deve basear-se na noção de que a docência não se realiza em um quadro abstrato de relações individualizadas de ensino e aprendizagem, mas em um complexo contexto social e institucional. Não raramente, essa especificidade tem sido obscurecida pela incorporação e transposição acrítica de teorias, conceitos e perspectivas forjados partindo-se de interesses alheios à educação como direito público. Importa, pois, que os princípios que norteiam a formação de professores se afastem da simples transposição, voltando-se para a análise das peculiaridades históricas dessas instituições, de seus agentes sociais e das tarefas específicas de seus profissionais.

3. *A formação de professores deve ter na escola pública seu principal foco de interesse de estudo, investigação, acompanhamento, intervenção e melhoria da ação docente.*

Dado o caráter público da educação, o estabelecimento de vínculos entre os cursos de Licenciatura desta Universidade e as escolas das redes municipais e estadual constitui um instrumento importante para a formação de professores, para os serviços de extensão e, em decorrência, para um esforço de aperfeiçoamento do ensino nessas instituições.

---

2 Este texto é uma reescrita resumida do referido programa, tendo em vista a temática da mesa-redonda.

4. *O projeto de formação deve prever a indissociabilidade entre ensino, pesquisa e extensão, a fim de garantir a qualidade da formação inicial, introduzindo os licenciandos nos processos investigativos em sua área específica e na prática docente, tornando-os profissionais capazes de promover sua formação continuada.*

As relações entre ensino, pesquisa e extensão requerem articulação entre teorias, práticas, disciplinas e projetos de intervenção, tendo em vista o entendimento de que a realidade educacional e escolar não é objeto específico de uma disciplina, mas permite uma pluralidade de abordagens.

5. *A formação do professor dar-se-á ao longo de todo o processo de formação nos cursos de graduação.*

Dessa forma, os conteúdos ligados à formação específica e os vinculados à formação profissional do professor devem enriquecer-se mutuamente.

6. *As estruturas curriculares dos cursos de formação de professores devem ser flexíveis, de modo a preservar os objetivos e respeitar perspectivas gerais da Universidade, oferecendo uma pluralidade de caminhos aos licenciandos.*

A flexibilização pode ser concretizada pela ampliação de ofertas de disciplinas a serem compartilhadas por mais de um programa, além de projetos de formação e de intervenção potencialmente multidisciplinar e interunidades.

7. *A instituição escolar e sua proposta pedagógica, concomitantemente com as características das áreas específicas de atuação dos licenciandos, devem ser o eixo norteador das diferentes modalidades de estágio supervisionado, que poderão também estender suas ações investigativas e propositivas a órgãos centrais e espaços socioinstitucionais relevantes para a educação pública.*

O próprio caráter coletivo das instituições escolares exige que o professor não seja concebido como um preceptor em ação isolada, mas como integrante de uma instituição educacional complexa, na qual cada uma de suas decisões ou atitudes é sempre potencialmente educativa ou deseducativa. Assim, ainda que comporte uma série diversa de projetos e atividades, a iniciação do licenciando na vida escolar deve ser feita por meio de projetos que focalizem as instituições escolares ou demais instituições de relevância para a educação pública.

Objetivos gerais

O objetivo geral dos cursos de Licenciatura da USP está definido nos mesmos termos do objetivo geral da Graduação: "formação de um profissional competente, socialmente crítico e responsável pelos destinos de uma sociedade que se deseja justa, democrática e autossustentável" (*Objetivos da Graduação*, USP, Pró-Reitoria de Graduação, outubro de 2000). Daí decorre um conjunto de objetivos que devem nortear a formação do licenciando, levando-o a:

1. Compreender o contexto da realidade social da escola brasileira (seus valores, representações, história e práticas institucionais), a fim de poder assumir um conduta crítica e responsável pela transformação dessa realidade, e contribuir para o desenvolvimento de novas formas de interação e de trabalho escolar.
2. Orientar suas escolhas e decisões profissionais por princípios éticos, pela superação de preconceitos, pela aceitação da diversidade dos alunos, partindo do princípio de que todo aluno é capaz de aprender.
3. Compreender os processos de ensino e de aprendizagem, reelaborar os saberes e as atividades de ensino, sempre considerando a realidade social, os objetivos da escola básica, o cotidiano escolar e as experiências dos alunos.
4. Criar, implementar, avaliar e aperfeiçoar projetos de ensino e de aprendizagem, articulando-os com outras áreas do conhecimento e estimulando ações coletivas na escola, de modo a caracterizar uma nova concepção de trabalho educacional.
5. Investigar o contexto educativo em sua complexidade e analisar sua prática profissional, bem como as práticas escolares, tomando-as como objeto de reflexão, para poder criar soluções mais apropriadas aos desafios específicos que enfrenta e dar prosseguimento ao processo de sua formação continuada.

Organização e articulação das licenciaturas

Em que pese algumas experiências e propostas inovadoras de institutos, departamentos ou mesmo de um conjunto isolado de docentes, a licenciatura ainda se configura, para a maior parte dos alunos da USP, como um apêndice à sua formação inicial específica.[3] Essa dissociação ocorre em níveis distintos e complementares: nas unidades de origem, entre os conteúdos específicos e a formação de professores; na relação das disciplinas das áreas específicas com as pedagógicas; e, por último, das disciplinas pedagógicas entre si e com as atividades de estágio.

Para que um quadro como esse seja transformado, urge propor formas de organização institucional que tenham como objetivo *tornar viável projetos articuladores das licenciaturas* que sejam capazes de contemplar, com base em um

3 Há, evidentemente, iniciativas isoladas e até mesmo cursos de licenciatura na USP que fogem à essa descrição, por exemplo, organizando um currículo próprio para a licenciatura desde o início dos estudos ou propondo atividades integradas de estágio. Contudo, a maior parte dos licenciandos da USP não tem-se beneficiado desses tipos de organização curricular ou de atividades.

núcleo mínimo comum de princípios e procedimentos, a diversidade de perspectivas e necessidades formativas características desta Universidade. Para tanto, os mecanismos institucionais de organização e articulação das diferentes licenciaturas devem fomentar a constante proposição de soluções inovadoras por parte de docentes, faculdades e institutos envolvidos na formação de professores.

Nesse sentido, a Comissão Permanente de Licenciatura propõe:

1. A reativação – ou a instalação – de Comissões Coordenadoras de Curso(s) de Licenciatura (CoCs) em cada unidade que ofereça a licenciatura;
2. A criação, na Faculdade de Educação, de uma Comissão de Acompanhamento das Licenciaturas (CAL/FE);
3. A criação de uma Comissão Interunidades das Licenciaturas (CIL).

Essas instâncias serão, nos âmbitos das unidades e da Universidade, os órgãos responsáveis pela implantação, avaliação e constante reformulação de programas de formação de professores.

II. As Comissões Coordenadoras de Cursos de Licenciatura

Às Comissões Coordenadoras de Cursos (CoCs) de Licenciatura caberá não só o acompanhamento e a avaliação da estrutura curricular e das atividades vigentes, mas também a proposição de novos arranjos curriculares, de atividades formativas (a serem incluídas nos *componentes comuns*[4]) capazes de dinamizar a formação de professores e, progressivamente, integrar o currículo de formação específica às disciplinas e atividades responsáveis pela formação profissional do professor.

A Comissão de Acompanhamento das Licenciaturas na Faculdade de Educação (CAL/FE)

Caberá à Faculdade de Educação, além de participar dos diversos órgãos ligados à Licenciatura, organizar internamente uma Comissão de Acompanhamento das Licenciaturas. A criação desta Comissão justifica-se em decorrência do elevado número de alunos atendidos, da diversidade de cursos de licenciatura de que é parceira e da necessidade de articulação de sua ação formadora e de sua participação nas diversas instâncias organizadoras da formação de professores na Universidade.[5]

---

4 O termo "componente comum" refere-se às atividades previstas pelo Conselho Nacional de Educação (CNE) para a formação de professores, como os "estágios supervisionados" ou a "prática como componente curricular". O teor dessa normatização e suas implicações para este Programa serão examinados adiante.

5 Nos *campi* do interior é provável que as CoCs deem conta desta articulação. Nada impede contudo, que uma comissão com essa finalidade e característica seja criada, se necessário.

A Comissão Interunidades das Licenciaturas

Além da implantação – ou renovação do papel – das CoCs de Licenciatura e da CAL/FE tal como proposto, a Comissão propõe também a criação de uma Comissão Interunidades das Licenciaturas, de caráter permanente e vinculada à Pró-Reitoria de Graduação e a qual deve ser o centro articulador da política de formação de professores desta Universidade. Ela deve contar com a participação de docentes de todas as unidades que têm a Licenciatura como opção a seus alunos.

Entre as atribuições desta Comissão Interunidades das Licenciaturas, estão:

- analisar e discutir as estruturas curriculares formuladas pelas unidades, assessorando-as no aprimoramento de seus programas e zelando por sua adequação aos objetivos gerais do Programa de Formação de Professores da USP;
- articular as atividades das CoCs de Licenciatura das várias unidades;
- sistematizar e divulgar ações e informações entre o conjunto dos cursos de formação de professores, envolvendo discentes e docentes;
- estimular a elaboração e a implementação de projetos integrados, capazes de congregar docentes, disciplinas, departamentos ou institutos em atividades de formação e de estágio supervisionado;
- realizar seminários, fóruns, palestras ou atividades para o conjunto dos licenciandos da USP e para os professores da rede de escolas parceiras (para efeito de estágio), de forma a estabelecer maior mobilização e integração entre eles; e
- divulgar aos profissionais das escolas parceiras as possibilidades de formação (inicial e continuada) e de pesquisa oferecidas pela Universidade.

III. Proposta de Estrutura Mínima Comum às Licenciaturas

O Programa de Formação de Professores da USP será sempre a expressão das propostas desenvolvidas de forma articulada pelas unidades. Caberá a cada instituto ou faculdade responsável por um curso específico em cooperação com as unidades e os departamentos responsáveis por disciplinas pedagógicas a elaboração de um Projeto Pedagógico Integrado para a Formação de Professores em sua área de conhecimento.

Com o objetivo de buscar uma identidade comum a todas as licenciaturas, como parte do Programa de Formação de Professores da USP, propõe-se a seguinte estrutura mínima, na qual cada unidade definirá sua especificidade.

Organização curricular

A proposta de estrutura curricular mínima está organizada em quatro blocos de disciplinas e atividades (Quadro 13.1), que correspondem a diferentes dimensões da formação dos licenciandos e se articulam com os componentes comuns previstos na legislação: os "estágios supervisionados", a "prática como componente curricular", as "atividades acadêmico-científico-culturais" e os "conteúdos curriculares de natureza científico-cultural". A divisão por blocos e atividades tem como finalidade explicitar a organização proposta, já que a execução do projeto prevê a articulação e a integração entre blocos, disciplinas e atividades. Trata-se de uma estrutura mínima a ser complementada pelas unidades, avaliada e redimensionada pelas CoCs, pela CAL/FE e pela CIL.

Quadro 13.1

Bloco I	Formação Específica	Disciplinas e atividades diretamente relacionadas aos conhecimentos da área específica.
Bloco II	Iniciação à Licenciatura	Disciplinas e atividades introdutórias à formação do professor da Educação Básica.
Bloco III	Fundamentos Teóricos e Práticos da Educação	Disciplinas e atividades relacionadas à formação pedagógica em geral
Bloco IV	Fundamentos Metodológicos do Ensino	Disciplinas e atividades relacionadas ao ensino das áreas específicas.

Bloco I – Formação Específica

Respeitando-se a autonomia das unidades e dos docentes que a integram, as CoCs de Licenciatura devem promover um esforço contínuo de articulação entre os conteúdos específicos de cada área e sua relevância na formação de professores. Desse modo, a formação de professores não se restringirá a um conjunto isolado de disciplinas, mas deverá estar presente nos diversos momentos formativos, incentivando a reflexão sistemática sobre os compromissos da universidade com a educação básica.

Bloco II – Iniciação à Licenciatura

As ações a serem contempladas neste bloco visam a sensibilizar e introduzir o aluno ao estudo sistemático de alguns conceitos e questões educacionais fundamentais presentes na sociedade em que vive, relacionando-as com sua área de conhecimento. A responsabilidade pelas disciplinas e atividades que compõem esse bloco será compartilhada entre a Faculdade ou os Departamentos de Educação e as unidades de origem. Assim, é proposta a presença no máximo até o 4º semestre de todos os cursos que têm a possibilidade de Licenciatura de duas disciplinas a seguir descritas.

Não se trata necessariamente da inclusão de novas disciplinas, mas de um novo arranjo curricular. A primeira dessas disciplinas, denominada *Introdução aos Estudos da Educação*, já integra a maior parte dos currículos de licenciatura, com um programa único e obrigatório. Nesse caso, é proposta a substituição desse programa único por um leque de programas eletivos, ampliando as possibilidades de abordagem temática. No caso da segunda disciplina deste bloco, ela pode representar tanto uma inclusão, como reorientação de uma disciplina ou programa já existente e com propósitos semelhantes. Pode até mesmo ser a explicitação de que uma disciplina já existente cumpre de forma satisfatória o papel que lhe cabe, conforme sugerido a seguir.

Disciplinas de Introdução aos Estudos da Educação

Haverá um conjunto de disciplinas de quatro créditos, agrupadas sob o título Introdução aos Estudos da Educação e composto de uma diversidade de programas,[6] entre os quais cada aluno escolhe um. As disciplinas desse conjunto visam a apresentar e discutir algumas questões centrais da educação e da escolaridade básica em suas vinculações com o exercício da cidadania, por meio do exame geral de aspectos fundamentais da cultura das instituições educacionais, de suas práticas, de seus agentes sociais, de seus princípios e valores. Contudo, no arranjo aqui proposto, essas disciplinas poderão recorrer às mais diversas perspectivas disciplinares e teóricas (por exemplo, a partir da sociologia, da história, da filosofia, da didática etc.), ou incluir a reflexão educacional na interface de diferentes linguagens (como o cinema, a literatura, as artes etc.). Assim ampliam-se tanto as possibilidades de participação das unidades quanto o leque de opções dos alunos.

De posse do elenco das disciplinas credenciadas que comporão esse conjunto, as CoCs de Licenciatura, em cooperação com as Comissões de Graduação, deverão selecionar aquelas que serão ofertadas a seus alunos, informando-os sobre os horários e programas disponíveis.

O processo de concepção, de proposição de disciplinas e, em consequência de avaliação e credenciamento, deverá assumir um caráter dinâmico, permitindo alterações periódicas no conjunto de disciplinas de Introdução aos Estudos da Educação a serem sugeridas pelas CoCs, pela CAL/FE e pela Comissão Interunidades das Licenciaturas.

---

6 Disciplinas registradas com códigos próprios.

Disciplina(s) de intersecção da área específica com a Educação Básica ou Profissional Técnica

As propostas de ementas deverão contemplar as diferentes perspectivas com que cada área de conhecimento pode contribuir para a compreensão de aspectos relevantes da educação e para o exercício docente naquela área, visando a integrá-los. As propostas deverão partir das próprias unidades, que poderão oferecê-las isoladamente ou em com outros departamentos ou mesmo unidades, criando novas disciplinas ou reorientando os programas das já existentes.

Em algumas unidades, já existem disciplinas com propostas deste teor, como *História das ciências*, do departamento de História, *Evolução dos conceitos químicos* do Instituto de Química, ou *Fauna, flora e ambiente*, do Instituto de Biologia, ou ainda as já projetadas: *Literatura e formação do homem* e *Educação e a política do idioma nacional,* do Departamento de Letras Clássicas e Vernáculas da Faculdade de Filosofia, Letras e Ciências Humanas. Não se trata, portanto, da introdução de uma disciplina necessariamente ligada às características metodológicas do ensino, mas sim de uma contribuição teórica ou prática de cada departamento ou unidade para a formação de seus professores.

Bloco III – Fundamentos Teóricos e Práticos da Educação

As ações a serem contempladas por este bloco, sob a responsabilidade da Faculdade ou dos Departamentos de Educação, deverão ter como centro de suas preocupações a instituição escolar, tendo em vista tanto a compreensão de seus fundamentos teóricos como de suas práticas sociais. O objetivo geral das disciplinas que o integram será o de privilegiar temas da educação e do ensino, de modo a oferecer subsídios à formação didática do professor e à sua qualificação profissional. Essas disciplinas poderão focalizar temáticas como as instituições escolares e educacionais (sua história, práticas, valores e procedimentos); as políticas públicas de educação; os estudos sobre seus agentes sociais, como alunos, professores e demais profissionais da educação e questões relativas ao ensino e à aprendizagem, a partir das mais variadas perspectivas disciplinares, interdisciplinares e teóricas.

Tais programas devem ter como objetivo congregar grupos de docentes, disciplinas e atividades curriculares em torno de uma temática unificadora ou de um projeto integrado de formação de professores[7] que reflita a diversidade de pers-

7 Nossa sugestão, a ser examinada pelos departamentos responsáveis, é que as disciplinas possam ser articuladas em torno de eixos temáticos ou de propostas de intervenção nas escolas. Esse é um possível caminho em direção à integração de docentes e disciplinas, bem como destas com as atividades práticas. Esse é o sentido de um *Projeto Integrado de Estágio*: um – ou alguns – projeto(s) ligado(s) por preocupações temáticas comuns e por propostas institucionais de estágio.

pectivas teóricas e programáticas no que concerne à formação de professores. Eles deverão, progressivamente, estabelecer programas institucionais de cooperação com escolas parceiras, de forma a articular os "estágios supervisionados" com suas perspectivas teóricas. Por último, é desejável que tais projetos possam contar de modo progressivo com o apoio de agências de fomento à pesquisa, de forma que a investigação sistemática sobre educação esteja presente ao longo da formação dos licenciandos.

Bloco IV – Fundamentos Metodológicos do Ensino

As ações a serem contempladas nesse bloco referem-se mais diretamente à interface entre o saber pedagógico e o conteúdo específico, visando à reflexão e à prática das questões de ensino relacionadas a diferentes áreas do conhecimento, sempre na perspectiva de sua inserção no conjunto da instituição escolar e da articulação com as demais ações educacionais. As atividades desse bloco deverão estar organizadas em, pelo menos, duas disciplinas responsáveis também pela supervisão dos estágios, além de disciplinas ou práticas relacionadas à instrumentação para o ensino, eventualmente oferecidas pelas unidades de origem.

Além das disciplinas de Metodologia, a interface com as questões específicas do "Ensino de..." poderá ser objeto de outras disciplinas ou atividades, buscando proporcionar aos futuros professores instrumentos concretos para a ação, oportunidade para vivenciá-los e sobre eles estabelecer uma reflexão crítica. Caberá a cada projeto especificar as eventuais complementações a este bloco.

A legislação e os "Componentes Comuns"

Ao fixar as exigências legais para os cursos de formação de professores, o Conselho Nacional de Educação, na resolução CNE/CP 2/2002, estabelece que os cursos de licenciatura, de graduação plena, devem garantir em seu projeto pedagógicos quatro "Componentes Comuns": 1) "prática como componente curricular", com duração mínima de quatrocentas horas; 2) "estágio curricular supervisionado", com duração mínima de quatrocentas horas; 3) "conteúdos curriculares de natureza científico cultural ", com duração mínima de 1.800 horas; e 4) "atividades acadêmico-científico-culturais", com duração mínima de duzentas horas, totalizando pelo menos 2.800 (duas mil e oitocentas horas) ao longo de, no mínimo, três anos.

Já a resolução CNE/CP 1/2002, em seu art. 7º, inc. I, destaca que "a formação deverá se realizar em processo autônomo, em curso de licenciatura plena, em uma estrutura com identidade própria" (grifos nossos), indicando a necessidade de uma interpretação própria da aplicação desses componentes para cada programa de formação de professores, a fim de se respeitar a autonomia das instituições universitárias, seus objetivos e práticas.

Em síntese, com base na análise e na interpretação das resoluções e dos pareceres do Conselho Nacional de Educação, entende-se que:

a) Os componentes comuns devem ser interpretados como princípios gerais básicos e não como regras para a elaboração da estrutura curricular. Ficará a cargo das CoCs e da CAL/FE analisar se o currículo vigente em cada licenciatura reflete o espírito da lei ou se, em um caso particular, seria recomendável propor alterações, seja na estrutura curricular, seja nas ementas dos cursos já oferecidos. Eles não se confundem, portanto, com os créditos necessários à obtenção do grau de bacharel ou licenciado, segundo as normas dos cursos e as desta universidade, até porque pode haver disciplinas (e créditos) que não necessariamente integram o núcleo de componentes comuns mínimos exigidos pelo CNE.
b) O único acréscimo significativo em termos de carga horária é relativo ao componente estágio curricular supervisionado, que passa a ter 400 horas, das quais trezentas estão sob a responsabilidade dos Departamentos ou da Faculdade de Educação, e cem sob a responsabilidade dos institutos de origem.

Estágios supervisionados e as escolas-campo de estágio

Os "estágios supervisionados" serão feitos de maneira preferencial em escolas e instituições previamente determinadas e ligadas a um projeto de trabalho elaborado por uma equipe de professores envolvidos com cursos de licenciatura.[8] Esses projetos poderão envolver professores de diversas unidades ou disciplinas, e devem ter um papel de elemento integrador na formação do professor, oferecendo ao estudante de licenciatura oportunidades de ampliar e utilizar as habilidades e os conhecimentos adquiridos no curso para responder às necessidades e aos desafios da realidade escolar.

O estágio supervisionado poderá recorrer a:

1. atividades que propiciem a iniciação dos licenciandos nos diversos aspectos da cultura das instituições escolares (conselhos de escola e de classe, reuniões de professores e de pais, atividades dos grêmios etc.);
2. atividades em sala de aula por meio de observação, exercício da docência, coordenação de atividades didáticas, como seminários, estudos do meio, acompanhamento dos alunos etc.;

8 As CoCs e a CAL/FE devem almejar tornar esse tipo de procedimento progressivamente obrigatório, de forma que – salvo casos excepcionais com justificativa aceita pela Comissões envolvidas – todos os estágios estejam vinculados a algum dos diferentes projetos ligados às escolas conveniadas e aos projetos de formação de professores.

3. projetos de orientação a grupos de alunos e produção de material didático, entre outras;
4. participação em atividades de gestão e coordenação da escola e do trabalho escolar; e
5. atividades de ensino que ocorram em projetos educacionais desenvolvidos em diferentes espaços socioinstitucionais, como associações de bairro, fábricas, igrejas, sindicatos etc.

IV. Ações de implementação do Projeto

Um programa articulado de formação de professores, como o proposto neste documento, necessita, para sua implementação, de recursos humanos, materiais e de apoio institucional, além da instauração de mecanismos para um acompanhamento sistemático de sua evolução e contínua avaliação.

A viabilização deste programa pressupõe a contratação de docentes, educadores e técnicos, assim como o estabelecimento de uma infraestrutura capaz de fornecer o apoio necessário para o desenvolvimento das ações aqui programadas.

No caso dos docentes, as horas de trabalho devem ser contabilizadas como horas de atividade didática. Os educadores serão licenciados, com experiência de docência na escola básica, tornando-se elos importantes na implementação e desenvolvimento dos estágios supervisionados. Suas atividades não se confundem com as atribuições próprias aos docentes responsáveis pelos estágios.

Ao longo de 2005 foi preparada a implantação do Programa para o ano de 2006, tendo sido encaminhadas questões relativas ao Regimento Interno da Comissão Interunidades da Licenciatura (CIL) e das Comissões de Curso (CoCs), assim como solicitação de verba específica no orçamento da USP.

Implantar e avaliar a implantação deve ser objeto de pesquisa acadêmica, a fim de manter atualizada a relação escola-sociedade-contemporaneidade, tendo em vista o cumprimento da função social da universidade, tanto na direção da formação de professores quanto na busca de um projeto de desenvolvimento sustentável do país.

Referências bibliográficas

AZANHA, J. M. P. *Educação:* temas polêmicos. São Paulo: Martins Fontes, 1995.

______. Comentários sobre a formação de professores. In: SERBINO, R. et al. (Org.). *Formação de professores*. São Paulo: Unesp, 1996.

BRASIL. Conselho Nacional de Educação. Resolução CNE n.1/ 2002.

BRASIL. Conselho Nacional de Educação. Resolução CNE n.2/2002.

BRASIL. Plano Nacional de Educação, Lei n.10.172, de 9 de janeiro de 2001.

FÉTIZON, B. A. M. Subsídios para o estudo da Universidade de São Paulo, v.I e II. São Paulo, 1986. Tese (Doutorado) – Faculdade de Educação da USP.

NAGLE, J. As universitárias e suas licenciaturas: educadores versus pesquisadores. In: CATANI, D. et al. *Universidade, escola e formação de professores*. São Paulo: Brasiliense, 1986.

SANTOS, B. S. *Pela mão de Alice*: o social e o político na pós-modernidade. 2. ed. São Paulo: Cortez, 1996.

SÃO PAULO. Conselho Estadual de Educação. Indicação CEE n.7/2000. Uma reflexão sobre a formação do professor na escola básica.

14

A articulação entre estágio-pesquisa na formação do professor-pesquisador e seus fundamentos[1]

Evandro Ghedin

Questões que nos colocam diante do problema da formação do professor-pesquisador

O estágio nos cursos de formação de professores tem sido desenvolvido como o momento de operacionalizar o exercício da unidade prática-teoria-prática, buscando atingir a práxis, como possibilidade de interferência no processo educativo por meio do ensino.

O ensino que se dá pela prática, tão importante para o aprendizado da profissão, no processo de seu contato com a realidade imediata dos problemas cotidianos que enfrenta o profissional, pela cultura das escolas e pelo contexto mundial em que nos encontramos, tem se mostrado instrumento insuficiente para que o professor dê conta da complexidade dos problemas que precisa enfrentar no espaço escolar. O próprio contexto tem demonstrado que um profissional apenas tecnicamente competente não consegue pensar de modo significativo os problemas próprios da profissão de professor. Por isso, são necessários novos modelos que nos ajudem a ampliar as dimensões que compõem os aspectos da formação do professor.

---

1 Texto elaborado com base na proposta orientadora da prática de Estágio Curricular desenvolvida no Curso Normal Superior da Universidade do Estado do Amazonas (UEA). Colaboração de César Lobato de Brito, Ierecê Barbosa Monteiro, Márcia Montenegro, Maria Inês Alcântara, Maria Rodrigues Farhat, Norma Aprecida Lopes de Oliveira.

Nossa proposta é que a formação desses profissionais não mais se dê nos moldes de um currículo normativo, que primeiro apresenta a ciência, depois sua aplicação e por último um estágio que supõe a aplicação pelo aluno dos conhecimentos técnicos e profissionais adquiridos ao longo de sua formação universitária. Propomos uma inversão epistemológica desse modelo: que o profissional em formação, ao mesmo tempo que entra em contato com os conteúdos conceituais dos saberes que compõem as Ciências da Educação, possa também fazer um exercício dos procedimentos próprios que essas ciências usam para se autoproduzir.

O estágio, em nossa proposta, toma por base e assume como princípio formativo a reflexão na ação e sobre a reflexão na ação, em que o conhecimento faz parte da ação, em uma apropriação de teorias que possam oferecer uma perspectiva de análise e compreensão de contextos históricos, sociais, culturais, éticos, políticos, estéticos, técnicos, organizacionais e dos próprios sujeitos como profissionais, a fim de transformar a escola em espaço de construção da identidade profissional vinculada à produção do conhecimento com autonomia do professor.

A pergunta que nos fazemos, e se torna orientadora de nossas ações à medida que é problematizada, pode ser formulada nos seguintes termos: como a disciplina de estágio poderá contribuir para a formação do professor-pesquisador como intelectual crítico?

Partimos da constatação de que o estágio, nos moldes tradicionalmente assumidos na formação universitária, não tem dado contribuições para a análise da prática docente, nem mesmo de novas propostas curriculares para os cursos de formação de professores, e não tem conseguido formar uma cultura docente que consiga superar aquela cultura escolar que ainda carrega muitos vícios de uma perspectiva tecnicista da educação. Parece-nos que um dos problemas que impedem as mudanças significativas na educação tem sido uma prática, uma cultura e um *habitus* assumido pelos professores. Quando o novo professor chega à escola, como estagiário ou profissional recém-concursado e/ou formado, não consegue instituir as práticas inovadoras na escola e logo se rende a essa cultura escolar. Pensamos que, em parte, a falta de insistência do professor neófito nas práticas inovadoras seja pela falta de consistência epistemológica que lhe dê lastro para resistir a um modelo cultural que a escola, nas práticas docentes, assume como sua. Também somos levados a pensar que o modelo de gestão que está na cultura da gestão escolar é outro fator que dificulta os processos inovadores e criativos na escola, mas esse não é um problema, ainda, objeto de nossa análise. Cremos que tal questão precisaria de uma pesquisa sistemática com maior consistência para que pudéssemos avaliá-la com mais propriedade.

Voltando ao ponto, podemos dizer que, na modalidade de estágio curricular que propomos, o estagiário, com o professor orientador, pela pesquisa, buscará compreender o exercício da docência, os processos de construção da identidade docente, a valorização e o desenvolvimento dos saberes dos professores como sujeitos e intelectuais capazes de produzir conhecimento, de participar de decisões e da gestão da escola e dos sistemas educativos. E, mediante a prática de ensino em classes de educação infantil, ensino fundamental (primeiras séries), educação de adultos e outras modalidades, desenvolver a docência, preparando o estagiário para efetivar as práticas de ser e estar fazendo-se professor.

O desenvolvimento dessa modalidade de estágio só pode ser assumido por uma universidade/institutos de educação comprometida com a formação e o desenvolvimento profissional de professores, capazes de aliar a pesquisa aos processos formativos, em projetos emancipatórios e comprometidos com a responsabilidade de tornar a escola parceira na democratização social, econômica, política, tecnológica e cultural, podendo cumprir significativo papel na promoção de uma sociedade mais justa e igualitária.

Outra questão importante, que se constitui um pré-requisito para o desenvolvimento de uma proposta de estágio vinculado a um projeto de pesquisa, é que os estagiários com os docentes devem formar uma comunidade de investigação. O estágio vinculado ao processo de formação do professor-pesquisador implica formação de uma comunidade investigativa que, no coletivo, busca investigar as problemáticas que mais atingem a escola e exige uma alternativa, que pode ser elaborada em com a universidade. Isso quer dizer que não há como vincular um processo de estágio a uma dinâmica de pesquisa se os docentes da universidade, os estagiários e os(as) professores(as) das escolas não se tornarem parceiros no processo dessa prática, que implica olhares teóricos e epistemológicos, que os professores da universidade podem estar mas bem preparados para oferecer. Penso que sem essa relação de parceria entre estagiário e docente universitário com o professor da escola o processo de estágio vinculado à pesquisa torna-se inviável.

Na direção da constituição de uma comunidade de investigação composta por docentes da universidade, estagiários e professores das escolas, uma questão se coloca como imperativa: como formar um núcleo de pesquisa, com base na experiência do estágio como atividade de pesquisa, no qual universidade e escola possam pensar um novo paradigma sobre a formação de professores e de uma nova escola, mobilizando os saberes da experiência, os saberes pedagógicos e os saberes científicos, no processo de reconstrução da identidade do professor-pesquisador como profissional?

Não há uma receita pronta e acabada, como em todo processo pedagógico. Há a possibilidade de uma articulação de caráter interdisciplinar que nos possibilitaria elaborar um projeto de pesquisa em comum, no qual professores das escolas, estagiários e professores da universidade teriam objetos comuns de investigação. Isso implica planejamento coletivo e interdisciplinar. Tarefa não muito facilmente planejada e implementada, em especial por que os docentes que estão atuando profissionalmente receberam uma formação disciplinar e, depois, porque as disciplinas que ministram, seja na universidade, seja na escola, acabam por constituir territórios de propriedade privada de caráter sagrado, de modo que esse se torna intocável pelo interesse coletivo. Essa dificuldade para uma prática interdisciplinar pode minar a possibilidade de uma prática de estágio vinculado à pesquisa. Até porque essa forma de desenvolver o estágio implica processos de organização, planejamento e implementação de ações coletivas e interdisciplinares. De certo modo, tal perspectiva acaba por exigir que, antes de qualquer coisa, se rompa com um modo individualizado de conduzir o processo de formação de professores. Isso, por si só, já implica uma radical mudança epistemológica.

Por que formar um professor-pesquisador usando o estágio como eixo articulador?

O conhecimento produzido em educação não tem a mesma perspectiva das ciências da natureza, pois enquanto as ciências pensam matematicamente, em educação procura-se pensar o mundo real e imediato, que, muitas vezes, condiciona o que somos ou potencializa o que podemos ser como humanidade.

Nesse sentido, produzir conhecimento nesses dois campos exige métodos e metodologias totalmente diferentes. Em educação, o sujeito encontra-se mergulhado na realidade de modo que a tradicional separação entre sujeito e objeto, posta por Aristóteles e tantos outros, confunde-se no ato da pesquisa. Na educação, o próprio sujeito que investiga pode ser objeto de pesquisa. Nesse caso, organiza-se um conjunto de perspectivas que procuram oferecer alternativas[2] a essa modalidade de produção do conhecimento.

O modelo tradicional de ensino de estágio tem-se caracterizado fundamentalmente por uma cultura tecnicista, que segue um modelo fundado quase exclusivamente no nível da informação (com base nas ciências naturais) e tem como habilidade cognitiva básica a memória, a descrição dos dados e o relato da experiência como base do conhecimento. Esse procedimento, para a formação de futuros professores, não é suficiente, embora possa ser necessário para seu trajeto inicial. *Esse*

---

2 A pesquisa em educação, nas duas últimas décadas, tem revelado ampla e fértil discussão no campo epistemológico e metodológico de seu desenvolvimento no Brasil. Como exemplo, podemos destacar, entre outros: ALVES (1991; 2001), ANDRÉ (1984; 1983; 2001), BRITO; LEONARDOS (2001), CAMPOS (1984), CUNHA (1991), DEMO (1985), ESTEVES (1984), FRANCO (1984; 1988), FRIGOTTO (1985), GATTI (1983; 2001), GOUVEIA (1984), LUDKE (1988), LUNA (1988), MARTINS (1982), MELLO (1983), REZENDE (1982), THIOLLENT (1984), TONNUCI (1982) WARDE (1990), GATTI (2002). Em relação à pesquisa-ação, podemos ressaltar Barbier (2002), em História de Vida, na Pesquisa Colaborativa merece destaque o trabalho de Pimenta (1999), na Pesquisa Participante é indispensável às reflexões de BRANDÃO (1999), FREIRE (1999) e BORDA (1999).

modelo de aprendizagem não dá conta da complexidade do conhecimento que o professor precisa dominar para responder às necessidades da sociedade do presente. O que queremos dizer é que apenas o dado e a informação não são suficientes para que possamos produzir conhecimento na universidade. Especialmente aquele formador do modo pelo qual os estudantes (futuros professores) serão formados.

O conhecimento que se busca na universidade – não em todas – é aquele que se produz com autonomia, e não sua mera reprodução. Uma universidade que não se dedica à produção de pesquisa e à elaboração de novos conhecimentos cumpre sua função acadêmica, mas não desempenha seu papel político em fazer avançar o saber da sociedade como condição estratégica de desenvolvimento econômico. Sabemos que o conhecimento não consiste em um conjunto de informações que vamos acumulando, mas em um processo de significação e de sentido que vamos construindo coletivamente. Nesse sentido, a formação consiste em um processo de preparação intelectual que pretende responder às necessidades da realidade em que nos encontramos, como sujeitos históricos.

É claro que esse modelo responde a uma tradição na educação brasileira, pois a universidade brasileira foi – e em certos aspectos ainda é – marcada pelo tomismo, de tradição jesuítica, e pela tradição positivista que, de certo modo, negligencia a formação epistemológica (filosófica, teórico-prática) em detrimento de uma formação técnica (exclusivamente centrada na prática e no saber fazer.[3] Faz sentido aqui lembrar que, quando a educação escolar era destinada às elites, propunha-se uma formação cultural, quando ela se destina às massas, tem-se é um ensino de caráter técnico, voltado para a formação do trabalhador, que lhe nega o acesso à cultura produzida e organizada pelo ser humano ao longo de sua história.

Insistimos que o conhecimento produzido na universidade exige uma conduta investigativa; portanto, outra pedagogia. Assim, o conhecimento há de ser produzido de forma competente, crítica e criativamente. Vale ressaltar que o curso de formação de professores assumido na modalidade de "normal superior" é uma proposta extremamente nova. Por isso, ainda não conseguiu sedimentar um saber a seu respeito. Ele pode assumir formatos diversos para que em sua execução seja possível a produção de conhecimento científico. Nesse sentido, para formar professores(as) que atuem nas escolas de Educação Infantil e Ensino Fundamental, é preciso ter como foco de aprendizagem e pesquisa esse mesmo nível de ação e prática social. O curso normal superior deve ser objeto de análise e pesquisa que há de ser feita por aqueles docentes que atuam no exercício formativo nesse pró-

---

3 Com isso não queremos dizer que o aluno (futuro professor) não precise aprender a fazer, mas queremos enfatizar que para aprender a fazer ele necessita, antes, aprender a pensar melhor a realidade. Isso só é possível se ele for munido com um conjunto de instrumentos que ampliem a possibilidade que tem de compreender e interpretar a realidade de modo significativo e a qual responda a nossos desafios contemporâneos.

prio curso. Com isso queremos dizer que não é por ser "normal superior" que deve ser uma formação meramente técnica, preocupado apenas com as questões operacionais da prática pedagógica. A defesa da pesquisa no processo de formação de professores é para dizer, antes de tudo, que o professor deve dominar os instrumentos técnicos para a produção do conhecimento, para que seja um cientista da escola e não um mero operador de metodologias.

A universidade, além do cuidado para com a formação voltada para o ensino, não pode descuidar-se de uma preocupação com a formação do cientista da educação – aquele estudioso que se volta para os problemas que atingem a educação na sua interface social. Isso pode dar-se, como pensam alguns, somente na pós-graduação. Insistimos, porém, que esse processo de apropriação dos instrumentos técnicos e operacionais da produção autônoma do conhecimento deve iniciar-se já na graduação, aliando os saberes epistemológicos, filosóficos, metodológicos e científicos ao estágio curricular. Desse modo, assumir o estágio como prática orientada pela pesquisa pode criar as condições necessárias para um curso que tem, por natureza caráter interdisciplinar.

Desse modo, propomos que a construção da identidade profissional do futuro professor seja pensada e elaborada não só em relação à prática, mas também envolvida em um conjunto de ações que lhe permitirão ampliar o horizonte de sua compreensão e de sua atuação no campo de trabalho. É significativa nesse sentido a pesquisa desenvolvida por Pimenta (2000), que procura verificar os processos de construção identitária dos futuros professores, oriundos das licenciaturas, mediante a elaboração dos saberes da docência, produzidos no espaço pedagógico, na área de conhecimento em que se formam e pela experiência. Ela traz a possibilidade de a construção do saber docente ser elaborada da prática pedagógica dos professores. A categoria principal que norteia a pesquisa é a atividade prática que os professores realizam em escolas públicas, como forma de desenvolvimento profissional e, nessa atividade, como se dá o processo de construção de seu saber-fazer docente.

Entendemos que a atividade docente é uma das atividades ligadas à ação educativa mais ampla que ocorre na sociedade, que é o ensinar. Em sua acepção corrente, é definida como uma atividade prática. O professor em formação está preparando-se para efetivar as tarefas práticas de ser professor. Uma vez que não se trata de formá-lo como reprodutor de modelos práticos dominantes, mas capaz de desenvolver a atividade material para transformar o mundo natural e social humano, cumpre investigar qual a contribuição que o estágio profissional pode dar nessa formação. Para que isso seja possível, é necessário que também o professor do estágio torne-se um pesquisador da própria prática instituída durante a formação inicial.

Colocando a atividade docente como objeto de investigação, necessário se fez compreendê-la em suas vinculações com a prática social em sua historicidade. Apreender na cotidianidade a atividade docente dos estudantes supõe não perder de vista a totalidade social, pois sendo a escola parte constitutiva da práxis social, representa em seu dia a dia as contradições da sociedade na qual se localiza. Assim, o estágio como estudo, pesquisa e prática pedagógica da atividade docente cotidiana envolve o exame das determinações sociais mais amplas, bem como da organização do trabalho nas escolas.

Dessas considerações, nos perguntamos em que medida a organização pedagógico-administrativa das escolas favorece a atividade docente do bom professor? Os estudos das pesquisas sobre formação de professores que seguem as teorias do "professor reflexivo" confirmam que categoria, organização da escola, é fundamental na formação de professores (Pimenta, 1986, p.28-36).

Compreendendo o ensino como atividade específica, mas não exclusiva, do professor, entendemos o estágio, como teoria-prática do ensino-aprendizagem, uma área de conhecimento fundamental no processo de formação de professores. Assim, o desenvolvimento da disciplina de Didática vincula-se com o estágio profissional à medida que colocamos o ensino como a atividade específica do professor e tema de estudos aos estudantes do curso de formação de professores. Ao mesmo tempo, questiona-se o papel do conhecimento na sociedade contemporânea e sua presença na formação dos futuros professores. O que é o conhecimento? O que é conhecer e produzir conhecimento? Qual o papel da escola diante do conhecimento? Como a escola trabalha o conhecimento? Essas questões surgem com base nas transformações tecnológicas e do mundo do trabalho que vêm ocorrendo nos últimos anos. Os estudantes dos cursos de formação de professores, especialistas em uma área do conhecimento, estão indagando-se sobre seu trabalho com o conhecimento na sociedade, em especial na escola (em sua atividade de ensinar). Por isso, no desenvolvimento da pesquisa sobre a prática dos professores, é necessário introduzir a compreensão da dinâmica do trabalho do professor com o conhecimento na escola (Machado, 1995; Morin, 1996; Lojkine, 1994).

As três grandes categorias da pesquisa, que emergem dos estudos teóricos e do campo, podem assim ser sintetizadas: como se dá o processo de construção do saber fazer docente (ensinar) na atividade prática de professores concretamente situados em escolas? Como a organização do trabalho na escola (ou o entorno administrativo, burocrático da sala de aula) determina essa construção? Como os professores se posicionam diante do conhecimento na sociedade contemporânea (e como lidam com ele na atividade de ensinar nas escolas)? Essas categorias se desdobraram em outras duas: saberes da docência e identidade do professor – saberes da experiência, das áreas de conhecimento e pedagógicos; e relações entre pedagogia, ciências da educação e didática. Estas, por sua vez, indicaram a importância de conceitos como professor/pesquisador; reflexão/pesquisa da ação; metodologia investigação/ação/intervenção; a reflexão na ação/sobre a ação como metodologia de formação de professores.

Seguindo na esteira da necessária pesquisa dos processos de formação, é fundamental pensar quais metodologias de pesquisa podem ser orientadoras do processo investigativo, no qual devem envolver-se professores e estudantes, como sujeitos que realizam o estágio vinculado à pesquisa.

Considerar a prática em sua concretude como caminho para ressignificar as teorias (e as práticas) pedagógicas, a fim de novas formulações teórico-práticas, requer, necessariamente, a adoção de abordagens qualitativas, em especial a pesquisa-ação-colaborativa. Para compreender os fenômenos em suas múltiplas determinações, precisamos realizar investigação teórica sobre teorias do ensino articuladas pela didática, formação de professores e modos de conduzir o ensino da prática profissional pelo estágio.

Diante de uma proposta em que se assume o ensino articulado com a pesquisa, como possibilidade de desenvolvimento do estágio profissional, torna-se necessária um posicionamento teórico-metodológico que responda ao desafio de formar o novo professor por meio da pesquisa como prática profissional. Do ponto de vista metodológico, a abordagem qualitativa deveria responder à necessidade dos princípios investigativos norteadores de um processo de pesquisa vinculado à aprendizagem da profissão, isto é, a dinâmica da pesquisa-ação-colaborativa para o professor que orienta e pesquisa o estágio nesta modalidade é a perspectiva mais indicada. Já para as pesquisas dos estudantes estagiários, as opções devem circular em torno das abordagens qualitativas da pesquisa em educação.

Visto que o processo se dá orientado por um trabalho de reflexão sobre a prática, o estágio vinculado à pesquisa procura promover a aproximação dos professores com a escola, com os professores da universidade e os estudantes estagiários articulados pela prática da pesquisa que os move, tornando-os participantes, pelo entendimento da pesquisa e de seus objetivos, ao mesmo tempo que compartilham processos e produtos, pois colaboram com os rumos que adquire a pesquisa na e sobre a escola e seus problemas, que podem encontrar alternativas mediante a parceria nas atividades desenvolvidas no estágio profissional.

A presente proposta procura dar estímulo a iniciativas e projetos de professores e estudantes, que procurarão relatar com maior consciência sua prática considerando o trabalho com a pesquisa, sistematizando suas aulas, o que será considerado o embrião de um resultado de maior reflexão sobre a prática docente (Pereira, 1997).

A dinâmica de um processo formativo interdisciplinar em que o estágio vincula-se à pesquisa objetiva formar o professor, como profissional reflexivo, capaz de compreender e atuar na realidade educacional contemporânea e propor novas alternativas pedagógicas tendo por base prática de estágio.

Em sua dinâmica específica, o professor que acompanha o estagiário procura: buscar um referencial teórico que fundamente a prática do estágio como atividade de pesquisa; orientar os estudantes estagiários na elaboração de projetos de pesquisa consistentes e viáveis de serem executados nas escolas onde atuam como estagiários; acompanhar, incentivar, apoiar e assessorar as atividades de investigação do objeto de estudo do estagiário; subsidiar os estagiários na análise dos dados obtidos no processo investigativo; auxiliar na análise dos dados compatibilizando-os com os objetivos propostos no projeto de pesquisa; criar oportunidade de socialização e divulgação dos resultados; proporcionar a interdisciplinaridade entre o estágio profissional e as disciplinas do curso de formação de professores, com vista à elaboração de uma monografia; criar um Núcleo de Estudo e Pesquisa em Educação para a produção de conhecimento sistemático sobre a realidade da escola e seus problemas; acompanhar os estudantes estagiários pesquisadores em sua prática de ensino na educação infantil, ensino fundamental, educação de adultos e outras modalidades de ensino.

A justificativa fundamental em que se sustenta essa ideia de um processo formativo de professor que não seja um mero executor de tarefas está centrada na ideia de que os processos reflexivos só se tornam estruturantes de processos de pensamento à medida que os processos de ensino conseguem centrar-se na dinâmica da aprendizagem. Isso significa que aquilo que se propõe aqui implica mudança epistemológica dos processos de ensino. Isto é, implica mudar o foco da aprendizagem centrada no ensino para o ensino centrado na aprendizagem e sua vinculação aos modos de produção do conhecimento em sua dinâmica cognitiva.

Fundamentos epistemológicos que permitem sustentar a formação do professor-pesquisador vinculado ao estágio

A experiência de estágio na formação de professores representa, para o aluno estagiário, uma primeira aproximação de seu campo de atuação profissional. Tal experiência o obriga a realizar um trabalho de síntese entre teoria e prática educativa, algo que nem sempre se resolve de maneira equilibrada, sem que haja perdas em uma ou em outra dimensão. Acredita-se que tanto o desenvolvimento profissional quanto o curricular só poderão dar-se no contexto de um processo que articule intimamente teoria e prática educativa, um diálogo estreito com os sujeitos e as circunstâncias concretas de cada processo educacional (Miranda, 2001).

Uma revisão da atual literatura sobre a formação de educadores mostra claramente a forte tendência a pensar o educador como alguém capaz de articular, de maneira mais proveitosa, formação teórica e prática educativa (Contreras, 2002; Carr, 1996; Kemmis, 1985). Trata-se da concepção de *professor reflexivo*: aquele que reconstrói reflexivamente seus saberes e sua prática (Zeichner, 1993; Pimenta; Ghedin, 2005). Um profissional que reflete a ação deverá refletir também sobre a estrutura organizacional, os pressupostos, os valores e as condições de trabalho docente. Deverá compreender ainda como o modo de organização e controle do trabalho do professor interfere na prática educativa e na autonomia do profissional (Contreras, 2002). Como o conhecimento se produz e se reproduz em uma dinâmica imprescindível para compreender as teorias educativas e as práticas pedagógicas.

O processo formativo fundado sobre a reflexão na ação e sobre a ação, ao mesmo tempo que valoriza a prática docente como fonte de pesquisa e de autonomia do professor dá a estea responsabilidade por seu desenvolvimento profissional.

Em sintonia com o debate sobre a articulação teoria e prática, levanta-se também a discussão sobre a importância da pesquisa na formação de professores, enfatizando-a como princípio educativo e científico (Demo, 1990). Trata-se de nova concepção de formação do professor, a qual afirma que ele deve ser capaz de produzir conhecimento com base em sua prática educativa, e superar, dessa forma, as tradicionais perspectivas acadêmica e técnica de formação de professores. Nessa perspectiva, destacam-se algumas propostas que estimulam uma revisão na formação acadêmica dos professores: o professor *investigador em aula* (Elliott, 1996) e o professor pesquisador (Carr; Kemmis, 1988).

No âmbito da formação especificamente acadêmica, a perspectiva do professor/pesquisador traz algumas implicações que obrigam a uma revisão do processo formativo e, até mesmo, da concepção curricular. Uma dessas implicações diz respeito às formas de superação do tradicional distanciamento (e até oposição) entre pesquisa acadêmica e prática pedagógica. Para Zeichner (1998), a prática reflexiva é o mesmo que prática orientada pela pesquisa (Ludke, 1993); daí a necessidade de implementar no curso de formação de professores a pesquisa como alternativa de crescimento profissional para professores (em formação) e pesquisadores (Pimenta, 2005).

No caso da formação de professores, tal colaboração se dá não somente pela relação professor/pesquisador-aluno, mas, sobretudo, na pessoa do próprio aluno, que compreende e assume a tarefa de fazer de sua prática educativa (no caso, o estágio) seu campo de pesquisa, cujo objetivo é não só aprimorar a prática, mas também gerar conhecimentos. O aluno estagiário passa a ser sujeito e objeto de pesquisa. Tendo o compromisso de articular o saber teórico com o saber prático, instituído na escola.

Nas pesquisas acompanhadas e orientadas por Pimenta realizadas nos últimos anos (Pimenta, 1999; 2002; Abdalla, 2000; Guimarães, 2001) com professores nas escolas que utilizam uma abordagem investigativa denominada prático-interpretativa sobre formação de professores, de início o desenvolvimento do estágio profissional o que uma perspectiva de pesquisa como orientador da prática profissional do futuro professor. Obviamente que esse processo de prática de estágio vinculado aos processos de formação pela pesquisa encontra ressonância nas pesquisas realizadas por outros pesquisadores (Gerald, 1998; Mizukami, 1998;

Marin, 1998; Cunha, 1998; Brezinski, 1999; Libâneo, 1998; Therrien, 1998; Contreras, 1997; Sacristán, 1983; Zeichener, 1993; Perrenoud, 1993; Heargreaves, 1997; Elliot, 1996; Gauthier, 1996; Baird, 1987; Kemmis, 1993; Porlán, 1987; Pérez-Gómes, 1989; Charlot, 1996; Alarcão, 1996; Esteves, 1996).

As respostas fornecidas pelas pesquisas nos permitem, a partir das questões discutidas (André, 2002; Lüdke, 2001; Mizukami, 2002), apontar a necessidade de aprofundamentos dos conceitos em contextos de prática. A pesquisa de natureza teórico-interpretativa sobre o conceito de professor reflexivo (Pimenta; Ghedin, 2002), por sua vez, nos permite sustentar epistemologicamente a proposta de formação de um professor-pesquisador ao longo da formação inicial.

Os desdobramentos e as possibilidades da proposta colocam em evidência que estamos nos referindo a uma política de formação e exercício docente que valoriza os professores e as escolas como capazes de pensar, de articular os saberes científicos, pedagógicos e da experiência na construção e na proposição das transformações necessárias às práticas escolares e às formas de organização dos espaços de ensinar e de aprender.

Os professores e as escolas não são considerados meros executores e cumpridores de decisões técnicas e burocráticas gestadas de fora. Para isso, o investimento em sua formação inicial e no desenvolvimento profissional e o investimento nas escolas, para que se tornem ambientes capazes de ensinar com a qualidade social que se requer, precisam ser grandes. São necessárias condições de trabalho para que a escola reflita, pesquise e seja um espaço de análise crítica permanente de suas práticas. É preciso uma política que transforme as jornadas fragmentadas em integral; é preciso elevar os salários a patamares decentes que dignifiquem a profissão docente. A sólida formação, por sua vez, só pode ser desenvolvida por universidades comprometidas com a formação e o desenvolvimento de professores, capazes de aliar a pesquisa aos processos formativos. Falamos, portanto, falando de um projeto emancipatório, compromissado com a responsabilidade de tornar a escola parceira na democratização social, econômica, política, tecnológica e cultural, uma escola mais justa e igualitária (Pimenta; Ghedin, 2005).

A profissão docente é uma prática educativa que, como tantas outras, é uma forma de intervenção na realidade social. Entendemos que a atividade docente é uma das atividades de ensino e formação ligadas à prática educativa mais ampla que ocorre na sociedade. Em sua acepção corrente, é definida como uma atividade prática. O professor em formação está preparando-se para efetivar as tarefas práticas de ser professor. Uma vez que não se trata de formá-lo como reprodutor de modelos práticos dominantes, mas como ser capaz de desenvolver a atividade material para transformar o mundo natural e social humano, cumpre assumir novos modelos para sua formação. Apreender na cotidianidade a atividade docente supõe não perder de vista a totalidade social, a escola como parte constitutiva da práxis social, representa em seu dia a dia as contradições da sociedade na qual se localiza.

Os estudos de Pimenta (2000) apontam indicativos que permitem referendar a pertinência das práticas formativas com base em processos de pesquisa. Tais estudos estabelecem a importância da relação entre pesquisa e formação de docentes e realçam que a pesquisa deve realizar-se com base na formação e na prática dos docentes, a qual se organiza dos dados e das informações advindas da pesquisa e referendadas como teoria.

Ao colocar em destaque o protagonismo do sujeito professor nos processos de mudanças e inovações, essa perspectiva pode gerar a supervalorização do professor como indivíduo e um praticismo estratégico, que valorizaria a prática como condição necessária e suficiente para a construção do saber docente.

Para Zeichner; Liston (1993), o conceito de reflexão desenvolvido por Schön aplica-se a profissionais individuais, cujas mudanças que conseguem operar são imediatas: eles não conseguem alterar as situações além das salas de aula. Segundo Pimenta (2002), esses autores acreditam que Schön tinha a consciência dessa limitação dos profissionais reflexivos. Para eles, Schön não especifica as reflexões sobre a linguagem, os sistemas de valores, os processos de compreensão e a forma com que definem o conhecimento, sem os quais os professores não conseguem mudar a produção do ensino, de forma a fazê-lo segundo ideais de igualdade e justiça. E mais, só a reflexão não basta, é necessário que o professor seja capaz de tomar posições concretas para reduzir tais problemas.

Os docentes não conseguem refletir concretamente sobre mudanças porque são eles próprios condicionados ao contexto em que atuam. Nesse sentido, Zeichner; Liston (1990) consideram que o enfoque de Schön é reducionista e limitante por ignorar o contexto institucional e pressupor a prática reflexiva de modo individual. Afirmam que isso ocorreu porque o autor não objetivou elaborar um processo de mudança institucional e social, mas somente centrou-se nas práticas individuais. Afirmam que Schön concede aos profissionais a missão de mediação pública, facilitadores do diálogo público nos problemas sociais, mas não indica qual deveria ser o compromisso e a responsabilidade pública dos professores (Pimenta; Ghedin, 2005).

Zeichner (1992) entende que a concepção de intervenção reflexiva proposta por Schön, a partir de Dewey, é uma forma de sustentar a incoerência em se identificar o conceito de professor reflexivo-pesquisador com práticas ou treinamentos que possam ser consumidos por um pacote a ser aplicado tecnicamente. E é isso que, a seu ver, vem ocorrendo com o conceito: um oferecimento de treinamento para que o professor torne-se reflexivo. A nosso ver, esse "mercado" do conceito entende a reflexão como superação dos problemas cotidianos vividos na prática docente, tendo em conta suas diversas dimensões. Essa massificação do termo tem dificultado o engajamento de professores em práticas mais críticas, reduzindo-as a um fazer técnico.

Discorrendo sobre o tema, Pimenta (2000) afirma que o saber docente não é formado apenas da prática, sendo também nutrido pelas teorias da educação. A teoria tem importância fundamental na formação dos docentes, pois dota os sujeitos de variados pontos de vista para uma ação contextualizada, e oferece perspectivas de análise para que os professores compreendam os contextos históricos, sociais, culturais, organizacionais e de si próprios como profissionais.

Pérez-Gómez (1992), referindo-se a Habermas, pontua que a reflexão não é apenas um processo psicológico individual, uma vez que implica a imersão do ser humano no mundo de sua existência, um mundo carregado de valores, intercâmbios simbólicos, correspondências afetivas, interesses sociais e cenários políticos. Nesse sentido, quanto à abordagem da prática reflexiva, torna-se necessário estabelecer os limites políticos, institucionais e teórico-metodológicos relacionados a esta, para que não se incorra em uma individualização do professor, advinda da desconsideração do contexto em que ele está inserido.

A transformação da prática dos professores deve-se dar, pois, em uma perspectiva crítica. Assim, deve ser adotada uma conduta cautelosa na abordagem da prática reflexiva, evitando que a ênfase no professor não venha a operar, estranhamente, a separação de sua prática do contexto organizacional no qual ocorre. Fica, portanto, evidenciada a necessidade da realização de uma articulação, no âmbito das investigações sobre prática docente reflexiva, entre práticas cotidianas e contextos mais amplos, considerando o ensino prática social concreta.

Contreras (2002) destaca-se entre os autores que realizam uma análise crítica da epistemologia da prática, decorrente da perspectiva da reflexão, para também apontar suas possibilidades. Ele realiza uma sistematização dessa crítica tendo por base diferentes autores.

Na concepção do professor como investigador desenvolvida por Stenhouse (1987), vários autores concordam que este não inclui a crítica ao contexto social em que se dá a ação educativa e, assim, reduz a investigação sobre a prática aos problemas pedagógicos que geram ações particulares em aula. Para Kemmis (1985), por exemplo, a centralidade na aula como lugar de experimentação e de investigação e no professor como o que se dedica, individualmente, à reflexão e à melhoria dos problemas, é uma perspectiva restrita, pois desconsidera a influência da realidade social sobre ações e pensamentos e sobre o conhecimento como produto de contextos sociais e históricos.

Nesse sentido, há que se aceitar a afirmação de Giroux (1990) de que a mera reflexão sobre o trabalho docente de sala de aula é insuficiente para uma compreensão teórica dos elementos que condicionam a prática profissional. Também Lawn (1988) analisa que uma coisa é identificar o lugar onde o professor realiza sua função; outra é reduzir o problema a esse lugar. Por isso, o processo de emancipação a que se refere Stenhouse (1987) é mais o de liberação de amarras psicológicas individuais do que o de uma emancipação social.

Concordando com a crítica desses autores, entendemos que a superação desses limites se dará mediante teorias que permitam aos professores entenderem as restrições impostas pela prática institucional e histórico-social ao ensino, de modo a identificar o potencial transformador das práticas. Na mesma direção, Libâneo (1998) destaca a importância da apropriação e da produção de teorias como marco para a melhoria das práticas de ensino e dos seus resultados. Contreras (2002) chama a atenção para o fato de que a prática dos professores precisa ser analisada, considerando que a sociedade é plural, no sentido da pluralidade de saberes, mas também desigual, no sentido das desigualdades sociais, econômicas, culturais e políticas. Assim, concorda com Carr (1995), ao apontar o caráter transitório e contingente da prática dos professores e da necessidade da transformação dessas em uma perspectiva crítica.

Fundamentos metodológicos que permitem a articulação teoria-prática-práxis no processo de formação do professor-pesquisador

A grande questão que embaça a perspectiva da formação do professor pesquisador é de ordem metodológica, e se dá em dois aspectos: um relacionado à forma de organizar a dinâmica do processo formativo ao longo da formação inicial; o outro vinculado ao tipo de abordagem, procedimento ou método investigativo que se deve adotar para orientar tanto as pesquisas dos estudantes quanto as dos docentes e, também, dos professores da escolas.

Penso que no que se refere às ações de pesquisa, os procedimentos metodológicos que deveriam ser adotados são os que, na esteira da pesquisa qualitativa, são assumidos e desenhados na perspectiva da pesquisa-ação-colaborativa.

Tal perspectiva tem-se configurado como fertilizadora para as pesquisas, pois seu enfoque é o de colaborar com os processos de construção identitária de professores. Ela entende que o exercício da docência não se reduz à aplicação de modelos previamente estabelecidos, mas que, ao contrário, é construído na prática dos professores. Assim, um processo formativo mobilizaria os saberes da teoria da educação necessários à compreensão da prática docente, capazes de desenvolverem as competências e habilidades para que os professores investiguem a própria atividade docente e, dela, constituam seus saberes-fazeres docentes, em um processo contínuo de construção de novos saberes (Pimenta, 2006).

Isso é importante porque uma identidade profissional se constrói, sim, da significação social da profissão; da revisão constante dos significados sociais da profissão; da revisão das tradições. Mas também da reafirmação de práticas consagradas culturalmente que permanecem significativas. Práticas que resistem a inovações porque prenhes de saberes válidos às necessidades da realidade. Do confronto entre as teorias e as práticas, da análise sistemática das práticas à luz das teorias existentes, da construção de novas teorias. Constrói, também, pelo significado que cada professor, como ator e autor, confere à atividade docente em seu cotidiano, mediante seus valores, seu modo de se situar no mundo, sua história de vida, suas representações, seus saberes, suas angústias e anseios, o sentido que tem em sua vida ser professor, sua rede de relações com outros professores, nas escolas, nos sindicatos e em outros agrupamentos.

Por isso, é importante mobilizar os saberes da experiência, os saberes pedagógicos e os saberes científicos, constitutivos que são da docência, nos processos de construção da identidade de professores (Pimenta, 2000). Será essa complexa dinâmica que possibilitará que a pesquisa, articulada ao estágio, torne possível as relações cognitivas que possibilitarão outras práticas docentes no espaço da escola.

Essa perspectiva apresenta um novo paradigma sobre formação de professores e suas implicações sobre a profissão docente. Tendo emergido em diferentes países nos últimos 25 anos, configura-se como uma política de valorização e desenvolvimento pessoal-profissional de professores e instituições escolares, uma vez que supõe condições de trabalho propiciadoras da formação contínua dos professores, à medida que ele aprende a dominar os instrumentos da pesquisa como condição de sua atuação profissional.

Ao denominar o desenvolvimento do estágio como atividade de pesquisa, assumimos a perspectiva da pesquisa como colaborativa e/ou pesquisa-ação, e entendemos que sua finalidade é criar uma cultura de análise das práticas que objetiva suas transformações pelos professores, com a colaboração dos professores da universidade e dos estagiários. Concordamos com Zeichner (1998, p.223): "a pesquisa colaborativa é um importante caminho para superar a divisão entre acadêmicos e professores, mas não é qualquer pesquisa colaborativa que faz isso". Neste caso, importa-nos configurá-la como pesquisa-ação. E como "pesquisa-ação crítica" (Kincheloe, 1998, p.180).

Um dos principais desafios da pesquisa colaborativa é o estabelecimento dos vínculos entre os pesquisadores da universidade, os estagiários e os professores da escola. Uma forma de superar esse obstáculo inicial é partir das necessidades de estagiários, professores e escolas onde a prática se efetivará. Para isso, é preciso ter como base as inquietações fortemente vinculadas às suas práticas cotidianas, que emergem de suas necessidades. Devemos evitar "começar" a pesquisa e o trabalho como se a universidade já tivesse a resposta para os problemas que a escola enfrenta. Também é necessário superar a representação de que os professores da universidade levam as respostas/receitas do que deveriam fazer para resolver seus problemas. Essa mentalidade apenas serve para manter a reprodução de um preconceito entre escola e universidade.

É importante que se diga que, sem a conquista da relação de parceria e a confiança dos professores, não é possível desenvolver esse trabalho de estágio como pesquisa. Fundamental é priorizar o diálogo sistemático das questões cotidianas com a colaboração dos professores que estão na escola e de outros instrumentos. Ao longo do processo de estágio e da presença desswa atividade, pode ser significativo selecionar textos para estudos coletivos na escola, propor questões, escrever, dialogar com os autores, envolver os estudantes (futuros professores).

A pesquisa da prática na formação e identidade profissional de professores tem sido desenvolvida por diferentes autores. Na perspectiva do desenvolvimento de pequenos projetos teoricamente sustentados, podemos lembrar os trabalhos de Sacristán (1983; 1992; 1999) e Porlán (1987). Sobre equipe escolar, reflexão na ação e pesquisa da prática, podemos destacar as pesquisas de Contreras (2002), Goodson (1993), Zeichner (1991; 1998), Fiorentini (1998), Elliot (1993), Heargreaves (1997), Baird (1986), Pimenta (1998) e Penteado (1998), entre outros trabalhos significativos que respaldam a produção do conhecimento na direção da pesquisa que se dá no espaço da escola como ação-colaborativa.

Tendo em vista melhor explicitar o estágio como processo de pesquisa neste horizonte de trabalho, retomamos seus objetivos na abordagem de Thiollent (1994) para nos orientar na perspectiva metodológica da pesquisa-ação.

Os objetivos do trabalho de orientação do estágio e da pesquisa são: articular o desenvolvimento profissional dos professores envolvidos; analisar os processos de construção dos saberes pedagógicos pela equipe escolar; estimular mudanças na cultura organizacional escolar; oferecer subsídios para as políticas públicas de formação contínua de professores.

Seu pressuposto: todo professor pode produzir conhecimentos (práticos/teóricos) sobre o ensino à medida que propõe inovações nas práticas e as transforma e reorienta, visando a superar dificuldades e necessidades detectadas pela investigação reflexivo-colaborativa (Pimenta, 2005).

Os resultados esperados dessa colaboração podem assim ser resumidos: mudanças pedagógicas, que produzem valorização do trabalho, crescimento pessoal e compromisso profissional, desenvolvimento de uma cultura de análise e de práticas organizacionais participativas.

Analisando o movimento da pesquisa-ação-crítico-colaborativa, é possível configurá-la como a contínua intervenção no sistema pesquisado; envolvimento dos sujeitos da pesquisa; mudanças seguidas da ação, ditadas pela reflexão. Dois objetivos se apresentam: objetivo prático (ou resolução de problemas): contribuir para o equacionamento do problema central na pesquisa, por meio de possíveis soluções e de propostas-ações que auxiliem os agentes (ou atores) em sua atividade transformadora da situação; objetivo de conhecimento (ou tomada de consciência): obter informações que seriam de difícil acesso por meio de outros procedimentos;

aumentar nosso conhecimento de determinadas situações (reivindicações, representações, capacidades de ação/mobilização etc.).

A relação entre esses dois objetivos é variável. De modo geral, maior conhecimento leva a melhor condução da ação. No entanto, as exigências cotidianas da prática, tal como se encontra organizadas em nossas escolas, pautada pelas atuais políticas públicas, com frequência limitam o tempo para o conhecimento. Na condução da pesquisa, deve-se manter um equilíbrio entre o objetivo prático e o de conhecimento.

Podemos indicar como aspectos da pesquisa: ampla e explícita interação entre pesquisadores e pessoas (professores) implicados na situação investigada; dessa interação resulta a definição de prioridades dos problemas a serem pesquisados e das soluções a serem encaminhadas sob forma de ações concretas; o objetivo da investigação não é constituído pelas pessoas e, sim, pela situação social e pelos problemas de diferentes naturezas encontrados na situação; objetivo da pesquisa-ação consiste em resolver ou, pelo menos, esclarecer os problemas da situação observada; há, durante o processo, um acompanhamento de decisões, ações e de toda atividade intencional dos atores da situação; a pesquisa não se limita a uma forma de ação (risco de ativismo): pretende aumentar o conhecimento dos pesquisadores ou o nível de consciência das pessoas e dos grupos considerados, analisando esses aspectos com o grupo e utilizando-os como categorias de análise do processo.

A metodologia da pesquisa-ação é característica orientadora do projeto de estágio. Entretanto, os projetos são desenvolvidos pelos estudantes, que têm autonomia na escolha de suas metodologias, assim como de suas estratégias de investigação. Por exemplo: pesquisa etnográfica, estudo de caso, história de vida, pesquisa participante ou até mesmo a pesquisa-ação, embora não seja recomendada para pesquisadores iniciantes.

Referências bibliográficas

ABDALLA, M. de F. B. *Formação e desenvolvimento profissional do professor*: o aprender da profissão (um estudo em escola pública). São Paulo, 2000. Tese (Doutorado) Feusp.

ANDRÉ, M. *O papel da pesquisa na prática e na formação dos professores*. Campinas: Papirus. 2002.

ALVES, N. (Org.). *Criar currículo no cotidiano*. São Paulo: Cortez, 2002.

ALARCÃO, I. Por que da admiração dos professores por Donald Schön? *Revista da Faculdade de Educação da USP*, v.22, n.2, 1996.

ALMEIDA, M. I. de. *O sindicato como instância formadora dos professores*: novas contribuições ao desenvolvimento profissional. São Paulo, 1999. Tese (Doutorado) Feusp.

BAIRD, J. R. et al. Teachers as researchers: the rationale; the reality. *Research in Science Education*, n.17, p.129-38, 1987.

BREZINSKI, I. *Pedagogia, pedagogos e formação de professores*. Campinas: Papirus, 1996.

CARR, W. *Una teoría para la educación:* hacia una investigación educativa crítica. Madrid: Morata, 1996.

______; KEMMIS, S. *Becoming critical*: education, knowledg and action research. Londres: Falmer Press, 1986.

______. *Una teoria para la educacion*: hacia una investigacion educativa critica. Madrid: Morata, 1996.

CHARLOT, B.; BEILLEROT, J. (Orgs.). *La construction des politiques d'éducation et de formation*. Paris: PUF, 1995.

CONTRERAS, J. *La autonomia del profesorado*. Madrid: Morata. 1997.

______. *Autonomia de professores*. São Paulo: Cortez, 2002.

DEMO, P. *Pesquisa*. Princípio científico e educativo. 9.ed. São Paulo: Cortez, 2002.

ELLIOT, J. *Reconstructing teacher education*. London. The Falmer Press. 1993.

______. Recolocando a pesquisa-ação em seu lugar original e próprio. In: FIORENTINI et al. (Orgs.). *Cartografias do trabalho docente*. Campinas: Mercado de Letras, 1998.

ELLIOTT, J. Teacher evaluation and teaching as a moral science. In: HOLLY, M.; MALOUCHLIN C. S. (Orgs.). *Perspectives on teacher prodessional development*. Barcome: Falmer Press, 1989.

ELLIOTT, J. *La investigación-acción en educación*. Madri: Morata, 1990.

FRANCO, L. F. Racionalidade técnica, pesquisa colaborativa e desenvolvimento profissional de professores. In: PIMENTA; GHEDIN (Orgs.). *Professor reflexivo no Brasil:* gênese e crítica de um conceito. São Paulo: Cortez, 2002.

FRANCO, M. A. *A pesquisa fecundando a prática docente*: fundamentos epistemológicos. São Paulo, 2000. Tese (Doutorado) Feusp.

______. *A pedagogia como ciência da educação*: entre práxis e epistemologia. São Paulo, 2002. Tese (Doutorado) Universidade de São Paulo.

GARRIDO, E. et al. A pesquisa colaborativa na escola como abordagem facilitadora para o desenvolvimento da profissão do professor. In: MARIN, Alda Junqueira (Org.). *Educação continuada.* Campinas: Papirus, 2000.

GATTI, B. *Formação de professores e carreira*. Campinas: Autores Associados, 1997.

GAUTHIER, C. et al. *Por uma teoria da pedagogia*. Pesquisas contemporâneas sobre o Saber Docente. Ijuí: ditora Unijui, 1998.

PIMENTA; GHEDIN (Orgs.). *Professor reflexivo no Brasil:* gênese e crítica de um conceito. São Paulo: Cortez, 2002.

GIROUX, H. *Os professores como intelectuais*. Porto Alegre: Artes Médicas, 1997.

GUIMARÃES, V. *Saberes docentes e identidade profissional*. Um estudo a partir da Licenciatura. São Paulo, 2001. Tese (Doutorado) Feusp.

HABERMAS, J. *Conhecimento e interesse*. Rio de Janeiro: Zahar, 1982.

HARGREAVES, A. *Profesorado, cultura y postmodernidad*. Madrid: Morata, 1996.

HOUSSAYE, J. Une illusion pédagogique? *Cahiers Pédagogiques*, n.334, INRP, Paris, p.28-31, 1995.

KINCHELOE, J. *A formação do professor como compromisso político:* mapeando o pós-moderno. Porto Alegre: Artes Médicas, 1998.

LAWN, M. Atrapados por el trabajo diario: las posibilidades de investigar de los professores. In: CARR, W. (Org.). *Calidad de la enseñanza e investigación-acción*. Sevilha: Díada, 1993.

LIBÂNEO, J. C. *Adeus professor, adeus professora?* São Paulo: Cortez, 1998.

LIMA, M. S. L. *A formação contínua dos professores nos caminhos e descaminhos do desenvolvimento profissional*. São Paulo, 2001a. Tese (Doutorado) Feusp.

______. *A hora da prática*. Reflexões sobre o estágio supervisionado e a ação docente. Fortaleza: Edições Demócrito Rocha/Uece, 2001b.

LOJKINE, J. *A revolução informacional*. São Paulo: Cortez, 1994.

LÜDKE, M. Combinando pesquisa e prática no trabalho e na formação de professores. *Revista da Ande*, n.19, ano 12, p.31-8, 1993.

MACHADO, N. J. *Epistemologia e didática:* as concepções de conhecimento e inteligência e a prática docente. São Paulo: Cortez, 1995.

MARIN, A. J. Investigando com os professores na Escola Pública. Endipe, 4, 1998. *Anais*... 1998.

MIRANDA, M. G. de. O professor pesquisador e sua pretensão de resolver a relação entre a teoria e a prática na formação de professores. In: ANDRÉ, M. *O papel da pesquisa na formação e na prática dos professores*. Campinas: Papirus, 2001.

MIZUKAMI, M. das G. N.; RODRIGUES, A. M. *Formação de professores:* práticas pedagógicas e escola. São Carlos: Edufscar, 2002.

MORIN, E. *Ciência com consciência*. Barcelona: Anthropos/Editorial del Hombre, 1994.

MIZUKAMI, M. da G. N. et al. *Escola e aprendizagem da docência*: investigação e formação. São Carlos: Inep/Conped, 2002.

PÉREZ GOMEZ, A. Autonomía profesional del docente y control democrático de la prática educativa. *Volver a pensar la educación* (v.II). *Prácticas y discursos educativos*. Madrid: Morata, 1995.

PERRENOUD, P. *Práticas pedagógicas, profissão docente e formação*. Lisboa: Dom Quixote, 1992.

PIMENTA. S. G. A organização do trabalho na escola. *Ande, Revista da Associação Nacional de Educação*, v.11, p. 29-36, 1986.

______ *O estágio na formação de professores*: unidade teoria e prática? São Paulo: Cortez, 1994.

______. Formação de professores: saberes da docência e identidade do professor. *Revista da Faculdade de Educação da USP*, v.22, n.2, p.72-89, 1996.

______. A didática como mediação na construção da identidade do professor: uma experiência de ensino e pesquisa. In: ANDRÉ, M.; OLIVEIRA, M. R. (Orgs.). *Alternativas do ensino de didática*. Campinas: Papirus, 1997.

______. A prática (e a teoria) docente re-significando a didática. In: OLIVEIRA (Org.). *Confluências e divergências entre Didática e Currículo*. Campinas: Papirus, 1998.

______ (Org.). *Saberes pedagógicos e atividade docente*. São Paulo: Cortez, 1999.

______. *Saberes pedagógicos e atividade docente*. São Paulo: Cortez, 2000.

______. Itinerário teórico/metodológico de uma pesquisadora. In: ______. *De professores, pesquisa e didática*. Campinas: Papirus, 2002a.

______. Professor reflexivo: construindo uma crítica. In: PIMENTA; GHEDIN (Orgs.). *Professor reflexivo no Brasil:* gênese e crítica de um conceito. São Paulo: Cortez, 2002b.

______; GHEDIN, E. (Orgs.). *Professor reflexivo no Brasil:* gênese e crítica de um conceito. 3.ed. São Paulo: Cortez, 2005.

______; LIBÂNEO, J. C. Formação dos profissionais da educação – visão crítica e perspectivas de mudança. In: PIMENTA, S.G. (Org.). *Pedagogia e pedagogos:* caminhos e perspectivas. São Paulo: Cortez, 2002.

______; LIMA, M. S. L. *Estágio e docência*. São Paulo: Cortez, 2004.

PORLÁN, R. El maestro como investigador en el aula. Investigar para conocer, conocer para enseñar. *Investigación en la Escuela*, 1, p.63-70, 1987.

SACRISTÁN, G. J. *Poderes instáveis em educação*. Porto Alegre: Artes Médicas, 1999.

_______.Tendências investigativas na formação de professores. Tradução de José C. Libâneo. In: PIMENTA; GHEDIN (Orgs.). *Professor reflexivo no Brasil:* gênese e crítica do conceito. São Paulo: Cortez, 2002.

STENHOUSE, L. *La investigación como base de la enseñanza*. Madrid: Morata, 1987.

THIOLLENT, M. *Metodologia da pesquisa-ação*. São Paulo: Cortez, 1998.

ZARAGOZA, J. M. E. *O mal-estar docente*. A sala de aula e a saúde dos professores. Bauru: Edusc, 1999.

ZEICHNER, K. El maestro como profesional reflexivo. *Cuadernos de pedagogía,* n.220, p.44-9, 1993.

______. Para além da divisão entre professor-pesquisador e pesquisador-acadêmico. In: FIORENTINI et al. (Orgs.). *Cartografias do trabalho docente.* Campinas: Mercado de Letras, 1998.

______; LISTON, D. P. *Formación del profesorado y condiciones sociales de la escolarización.* Madrid: Morata, 1990.

15

"Humanidades" e formação: horizontes e possibilidades

Sílvio Gallo

Este seminário temático do VIII Congresso Estadual Paulista sobre Formação de Educadores tem o objetivo de enfocar a "formação humanista" no ensino médio. Sabemos que a política educacional brasileira recente, por meio dos Parâmetros Curriculares Nacionais (PCN), aponta para um nível médio de ensino articulado em torno de três grandes áreas: linguagens, códigos e suas tecnologias; Ciências da Natureza, Matemática e suas tecnologias; e Ciências Humanas e suas tecnologias. Isso nos leva a pensar em uma formação razoavelmente equilibrada, entre as ciências naturais, as humanidades, as linguagens e as respectivas técnicas. Não necessariamente, porém, esse equilíbrio se traduz nos currículos escolares, pois as grades horárias das disciplinas pertencentes a cada um dos três blocos são muito diferenciadas.

Os PCN para ensino médio, área de ciências humanas, destacam que, após a reforma tecnicista da década de 1970, que relegou as humanidades a um segundo plano, é tempo de recuperarsua contribuição:

> o momento, hoje, porém, é o de se estruturar um currículo em que o estudo das ciências e o das humanidades sejam complementares e não excludentes. Busca-se, com isso, uma síntese entre humanismo, ciência e tecnologia, que implique a superação do paradigma positivista, referindo-se à ciência à cultura e à história. (MEC-semt, 1999, p.19)

Em tal contexto é que se tem discutido intensamente a introdução, de forma obrigatória, das disciplinas Filosofia e Sociologia no currículo do ensino médio das escolas brasileiras. Não são poucos os discursos que tomam como argumento de defesa da introdução dessas disciplinas no currículo a defesa de uma formação humanista, que reequilibre esse nível de ensino, para além de um treinamento de natureza mais técnica e instrumental.

Tenho participado intensamente desse debate, mas não podemos estar nele de forma ingênua; é preciso refinar os argumentos, e não assumir acriticamente posições que não saem do "senso comum". Penso ser necessário questionar, então: faz sentido, hoje, afirmar o humanismo? Em que consistiria uma formação humanista no ensino médio? Seria ele condizente com os desafios e as necessidades de nosso tempo histórico? É com esse pano de fundo que proponho repensar o ensino médio de forma geral e, nele, a presença da Filosofia e da Sociologia.

Com o objetivo de trazer apenas algumas contribuições pontuais para este debate, que é muito mais amplo e abrangente, proponho nesta oportunidade discutir criticamente a defesa do humanismo e de uma formação humanista e, em um segundo momento, arriscar algumas considerações em torno da organização geral do ensino médio e o lugar da Filosofia e da Sociologia nesse nível de ensino.

"Rosto de areia": crítica ao humanismo e às humanidades

O humanismo renascentista foi um movimento filosófico que objetivou colocar o homem no centro das preocupações e dos debates, fazendo a defesa das capacidades humanas, em especial a racional, abrindo caminho para outros movimentos, como o Iluminismo do século XVIII (talvez fosse mais correto falarmos em *Aufklärung* entre os alemães, no *Enlightment* para os ingleses e nas *Lumières* dos franceses, cada um com suas características próprias, mas todos destacando o exercício da razão como fonte de emancipação humana) e o positivismo do século XIX.

Para não me alongar demais, limito-me a destacar, nesse movimento, as figuras de Erasmo de Rotterdã e de Giovanni Pico, conde de la Mirandolla. O primeiro escreveu o famoso *Elogio da loucura*, no qual, com seu estilo refinado e irônico, ao destacar a miserabilidade da condição humana e as loucuras de tal condição, faz o elogio da grandeza do homem e da razão. Pico, por sua vez, situa a grandeza do homem na liberdade, no fato de nada nem ninguém fazê-lo bom ou mau por natureza, mas destacando a consciência individual e autônoma de cada um, que pelo exercício da razão pode escolher os próprios caminhos.

Se a Renascença é o alvorecer da modernidade e está marcada pela afirmação da dignidade do homem, o humanismo será a marca desse período de nossa história. Mas, se encontramos na filosofia renascentista e moderna a afirmação do humanismo, será também na filosofia que encontraremos sua crítica.

Ainda no século XIX, o filósofo alemão Friedrich Nietzsche fez a crítica do humanismo que marcou a modernidade. Se o Iluminismo matou Deus, colocando em seu lugar o homem, é preciso admitir que também o homem está morto, que não passa de um conceito e, historicamente, de um "rito de passagem".

Já no Prólogo de *Assim falou Zaratustra*, uma de suas obras mais conhecidas, Nietzsche apresenta, no discurso que esse estranho profeta que é Zaratustra faz aos homens da primeira cidade que encontra ao descer da montanha após dez anos de meditação solitária, uma profunda crítica ao homem e, consequentemente, ao humanismo. Escolho algumas frases:

> Eu ensino-vos o sobre-humano. O homem é algo que deve ser superado. Vós que haveis feito para o superar?
>
> Todos os seres, até agora, criaram algo que está para além de si próprios; e vós quereis ser a vazante dessa grande maré e até retornar ao animal, de preferência a superar o homem?
>
> O que é o macaco para o homem? Uma risada e uma dolorosa vergonha. E é isso mesmo que o homem dever ser para o super-homem: uma risada ou uma dolorosa vergonha.
>
> Haveis percorrido o caminho desde o verme até o homem, e em vós há ainda muito de verme. Em tempos, fostes macacos, e, ainda agora, o homem é mais macaco que qualquer macaco.
>
> Em verdade, o homem é um rio imundo. Há mesmo que ser um mar, para se poder incorporar um caudal imundo sem se ficar turvo.
>
> Olhai, eu ensino-vos o sobre-humano: ele é esse mar, nele pode afundar-se seu grande desprezo. (Nietzsche, 1998a, p.12-3)

Vemos, nestes trechos do discurso de Zaratustra aos homens, o contradiscurso de Nietzsche em relação ao humanismo. Se foi feita toda a construção moderna da dignidade e grandeza do homem, aqui o filósofo faz a demolição da imagem do homem: ele é um verme, um macaco, um rio imundo. Para Nietzsche, se há grandeza no homem é o fato de ele ser uma passagem, uma etapa de transição entre o animal e aquilo que ele chama de além-do-homem (*Übermensch* no original alemão e sobre-humano ou super-homem, nessa tradução portuguesa que estou utilizando aqui). Um pouco mais adiante, lemos:

> O homem é uma corda amarrada entre o animal e o super-homem – uma corda por cima de um abismo. Um perigoso passar para a outra banda, um perigoso ir a caminho, um perigoso olhar para trás, um perigoso estremecer e ficar parado.
>
> O que é grande no homem é que ele é uma ponte e não um fim; aquilo de que se pode gostar no homem é que ele é uma *travessia* e um *afundamento*. (Nietzsche, 1998a, p.15)

O problema do homem moderno, para Nietzsche, é o de ter hipervalorizado a razão, a alma, ao mesmo tempo que exercitou a recusa do corpo, da vida, da terra. Embriagado por sua suposta grandeza, o que de grande fez o homem, com o exercício da razão, com a criação da ciência, senão negar-se a si mesmo e ao mundo? Segundo o filósofo, portanto, é preciso que o homem supere a si mesmo, que vá além de si, fazendo um pacto com a terra, com a vida.

Em outro texto emblemático, *A Gaia Ciência*, Nietzsche afirma (no § 115) que a educação do homem deveu-se a quatro erros: tomar-se sempre como imperfeito; atribuir a si mesmo qualidades fantasiosas; colocar-se em posição hierárquica falsa em relação aos animais e à natureza; inventar tábuas de valores que eram tomados como eternos. E completa: "se se abstrair o efeito desses quatro erros, abstrair-se-á também a humanidade, a natureza humana e a 'dignidade humana'" (1998b, p.132). Compreendemos, então, que o homem é uma invenção, uma abstração, um conceito. Uma construção histórica, e não uma universalidade. Só podemos afirmar a dignidade humana como uma espécie de fábula.

Parte desta fábula deve-se à construção da ciência, um tipo de saber que pretende-se racional, mas totalmente desencarnado. Nietzsche afirma que também o desenvolvimento do conhecimento científico deveu-se a três erros (§ 37): primeiro, porque por meio dele acreditava-se ser possível entender a bondade e sabedoria de Deus; em segundo, porque se acreditava em sua utilidade absoluta; por fim, em razão de se confiar na ciência como um empreendimento altruísta, inofensivo e autossuficiente (1998b, p.51).

Para Nietzsche, o antídoto está em superar a ilusão da possibilidade de um conhecimento puramente racional, investindo-se em um saber encarnado, produzido corporalmente, mediante afetos e percepções, vontades e valores:

> *Incorporar o saber* e torná-lo instintivo, eis o que constitui uma *tarefa* absolutamente nova, ainda que não claramente discernível e que os olhos humanos ainda mal percebem. É uma tarefa que só é vista por aqueles que compreenderam que, até o presente, só os nossos *erros* se tinham incorporado em nós e que toda a nossa consciência se reporta aos erros. (Nietzsche, 1998b, p.25)

O projeto nietzschiano consiste, assim, em uma crítica à modernidade e ao conceito de homem produzido historicamente, um conceito que acaba por nos enganar a respeito de nós mesmos. Depois de termos inventado uma "imagem do humano", passamos a viver de acordo com ela, como se ela fosse verdadeira, universal, transcendente. Ou, para dizer de outro modo, defendemos a "dignidade do homem", perdendo de vista que essa dignidade foi inventada, fabricada por nós mesmos, para responder a determinados interesses.

Insistir no humanismo, na defesa de uma educação humanista seria, pois, mostra-nos Nietzsche, insistir em um erro, em uma ilusão. Importa mais superar o humanismo do que defendê-lo.

Ainda na primeira metade do século XX, outro filósofo alemão, Martin Heidegger, retoma a inspiração de Nietzsche da crítica ao humanismo. Heidegger insiste na ideia de ser humano como *Dasein*, o "ser-aí", o "ser da presença". Um ser que existe como que arrancado de si mesmo, no mundo, em meio às coisas. Um ser da falta, da busca, da procura, e aí estaria sua grandeza: justamente no que lhe falta e lhe faz abrir-se ao mundo e à busca de um sentido que precisa ser construído.

Em 1946, o filósofo francês Jean-Paul Sartre, que havia sido muito influenciado pelas teses de Heidegger, mas das quais se afastara, pronunciou uma conferência, que seria publicada com o título *O existencialismo é um humanismo*, na qual defendeu que sua teoria filosófica, denominada existencialismo (ele próprio, assim como Heidegger, repudiava essa denominação), era uma afirmação do humano e não sua negação. Heidegger foi interrogado por seu tradutor e editor francês, Jean Beaufret, sobre a afirmação de Sartre e, em resposta, escreveu a ele uma longa carta, que foi publicada com o título *Sobre o "humanismo"*.

Nesse texto denso e ricamente conceitual, Heidegger afirma que não faz o menor sentido, hoje, falar-se em humanismo. Para o filósofo, falar em humanismo significa falar na essência do homem; acontece que o homem moderno "perdeu" sua essência, ou melhor, perdeu-se de sua essência, à medida que o exercício técnico da razão levou-o para longe de si mesmo. Em outras palavras, a essência moderna do homem é anti-humana; afirmar o humanismo, nessas condições, é negar o próprio humano no homem.

Heidegger, porém, toma o cuidado de afirmar que criticar o humanismo não significa defender o inumano ou a barbárie:

> Porque se fala contra o "humanismo", teme-se uma defesa do in-umano e uma glorificação da barbárie brutal. Pois o que é "mais lógico" do que restar, para aquele que nega o humanismo, apenas a afirmação da desumanidade?
>
> Porque se diz que o homem consiste em "ser-no-mundo", imagina-se que o homem foi degradado a um ser meramente mundano, reduzindo-se assim a Filosofia ao positivismo. Pois o que é mais lógico que isto: quem afirma a mundaneidade do ser-homem só dá valor ao que é daqui de baixo, negando o que é do além e renunciando a toda "transcendência"?
>
> Porque em tudo isso, em toda parte, se fala contra aquilo que para a humanidade vale como elevado e sagrado, tal filosofia ensina um 'niilismo' irresponsável e destruidor. Pois o que é "mais lógico" do que isto: quem nega, em toda parte, o ente verdadeiro, coloca-se do lado do não ente e, com isto, proclama que o simples nada é o sentido da realidade efetiva?
>
> Destas observações deve ter resultado um pouco mais claro que a oposição ao "humanismo" não implica, de maneira alguma, a defesa do inumano, mas abre outras perspectivas. (Heidegger, 1983, p.166-7)

A perspectiva de Heidegger é que a palavra humanismo foi esvaziada de sentido, ou seu sentido foi invertido; portanto, negar o humanismo não significa negar o homem, mas abrir para ele novas perspectivas, possibilidades de superação e de construção de novos sentidos. Ficar restrito ao humanismo, ao contrário, significaria manter o humano escravo dessa construção histórica da modernidade, marcada pela tecnificação da razão, pelo esquecimento das origens e pela perda de sua essência. Afirmar o humanismo hoje, e defender uma formação humanista, seria, assim, colocar-se na contra mão da história, na defesa de uma negação do humano.

Já na segunda metade do século XX, encontraremos outro filósofo que, também influenciado por Nietzsche, fará a crítica ao humanismo: trata-se de Michel Foucault. Em uma de suas importantes obras, *As palavras e as coisas*, publicada na França em 1966, o filósofo dedica-se a fazer uma arqueologia das ciências humanas, buscando as matrizes históricas de sua construção. A tese exposta e defendida por Foucault é a de que o homem é um conceito moderno e é esse conceito que possibilita a emergência disso que chamamos de "ciências humanas". Mas sua arqueologia mostra que esse conceito tem uma origem histórica, um desenvolvimento e, ainda, que dá mostras de estar completamente desgastado.

Escreveu Foucault:

> Uma coisa em todo caso é certa: é que o homem não é o mais velho problema nem o mais constante que se tenha colocado ao saber humano. Tomando uma cronologia relativamente curta e um recorte geográfico restrito – a cultura europeia desde o século XVI – pode-se estar seguro de que o homem é aí uma invenção recente. Não foi em torno dele e de seus segredos que, por muito tempo, obscuramente, o saber rondou ... O homem é uma invenção cuja recente data a arqueologia de nosso pensamento mostra facilmente. E talvez o fim próximo.
>
> Se estas disposições viessem a desaparecer tal como apareceram, se, por algum acontecimento de que podemos quando muito pressentir a possibilidade, mas de que no momento não conhecemos ainda nem a forma nem a promessa, se desvanecessem, como aconteceu, na curva do século XVIII, com o solo do pensamento clássico – então se pode apostar que o homem desvaneceria, como, na orla do mar, um rosto de areia. (Foucault, 1990, p.403-4)

Quando fazemos o elogio do homem, de sua dignidade, estamos fazendo o elogio de um conceito, de uma ideia, de uma imagem de homem. Falar em humanismo é reforçar a imagem moderna de homem que, segundo Foucault, está já desgastada.

Anos depois, em 1982, quando estava dando um seminário na Universidade de Vermont, nos Estados Unidos, Foucault concedeu uma entrevista, anos depois publicada sob o título *Verdade, poder e si mesmo*, na qual ele avalia vários aspectos de sua produção. E tece considerações importantes sobre o humanismo. O foco aqui é em relação ao papel desempenhado pelo humanismo nos processos de normalização:

> Através dessas diferentes práticas – psicológicas, médicas, penitenciárias, educativas – formou-se uma certa ideia, um modelo de humanidade; e essa ideia do homem tornou-se atualmente normativa, evidente, e é tomada como universal. Ora, é possível que o humanismo não seja universal, mas correlativo a uma situação particular. O que chamamos de humanismo foi utilizado pelos marxistas, pelos liberais, pelos nazistas e pelos católicos. Isso não significa que devamos rejeitar o que chamamos de "direitos do homem" e de "liberdade", mas implica a impossibilidade de dizer que a liberdade ou os direitos do homem devem estar circunscritos dentro de certas fronteiras ... O que me assusta no humanismo é que ele apresenta uma certa forma de nossa ética como um modelo universal válido para qualquer tipo de liberdade. Penso que nosso futuro comporta mais segredos, liberdades possíveis e invenções do que o humanismo nos permite imaginar, na representação dogmática que fazem dele os diferentes componentes do espectro político: a esquerda, o centro e a direita. (Foucault, 2004, p.299-300)

Assim, mais do que servir para construir um saber do homem sobre o humano, o humanismo serviu e tem servido a uma tática política de universalização, como se fosse válido e legítimo para todo tempo e lugar. E para esforços de normalização dos discursos e das práticas, sempre em nome de interesses localizados, mas apresentados como universais.

Também com Foucault aprendemos, pois, que a defesa do humanismo pode ser mais prejudicial do que positiva; pode nos lançar ao passado, em lugar de nos abrir possibilidades de futuro. Reafirmar a necessidade de uma formação humanista hoje significa, pois, fazer o jogo desses interesses universalizantes, embora locais. A questão é saber: em nome de quem fazemos o discurso da defesa do humanismo? A que interesses estamos reforçando, quando afirmamos a necessidade de uma educação humanista e, nela, a presença da Filosofia e da Sociologia?

Diante dessas críticas filosóficas ao humanismo, penso não ser mais possível nem desejável que utilizemos a defesa de uma "formação humanista" para afirmar a necessidade e o lugar da Filosofia e da Sociologia no currículo do ensino médio brasileiro. A seguir, procurarei desenvolver outra argumentação em torno da importância e necessidade destas disciplinas, sem cair na armadilha moderna, demasiado moderna do humanismo.

"Mestiçagem": o ensino médio e as três potências do pensamento[1]

Se o humanismo já não nos serve na defesa de um currículo equilibrado, que não privilegie uma preparação técnica em detrimento de uma formação mais ampla, que contemple a Filosofia e a Sociologia, como então podemos argumentar?

---

1 Reproduzo aqui partes do texto *Filosofía y educación: pensamiento y experiencia*, que escrevi para as I Jornadas Internacionales de Filosofía, Buenos Aires, julho de 2005.

Penso que encontramos subsídios interessantes na última obra escrita por dois importantes pensadores franceses do século XX: Gilles Deleuze e Félix Guattari. Em *O que é a filosofia?*, obra publicada na França em 1991 e traduzida no Brasil em 1992, eles afirmam que travamos uma luta sem tréguas do pensamento com a opinião. E o pensamento vale-se de três potencias: a Arte, a Ciência e a Filosofia.

Aprendemos com Deleuze e Guattari que vivemos sempre à beira do caos, que ameaça nos tragar. Cair no caos é ceder ao não pensamento. Há uma promessa de segurança: a opinião nos oferece proteção contra o caos. A opinião promete nos manter afastados do caos, na segurança do pensamento correto, na segurança de sempre saber que decisão tomar. Mas a promessa da opinião é um canto de sereia, afirmam os filósofos franceses, pois é impossível vencer o caos. Aquilo que a opinião oferece é uma falsa saída. É também, a seu modo, uma forma de não pensamento, pois a falsa sensação de segurança nos impede de arriscar e, fora do risco, não há criatividade ou pensamento possíveis.

Segundo esses autores, há três potências do pensamento que ousam mergulhar no caos, para nele encontrar a criatividade, retornando como vencedores, sem perder-se no não pensamento. Cada uma dessas três potências age de modo próprio; cada uma delas cria de forma diferente; e cada uma delas tem um produto distinto. Assim, sendo completamente distintas, elas são complementares: cada uma nos oferece sua contribuição específica.

As três potências do pensamento são a Arte, a Ciência e a Filosofia. Em seu mergulho no caos, a Arte traça um plano de composição e cria perceptos e afectos. A Ciência, por sua vez, traça um plano de referência e cria funções. Já a Filosofia traça um plano de imanência e cria conceitos. Pensar por perceptos, pensar por funções, pensar por conceitos: são as três modalidades do pensamento criativo, produtivo, que não apenas repete o já pensado, que não cede aos apelos da opinião.

Arte, Ciência e Filosofia nada nos prometem, mas nos convidam a pensar, a experimentar, a buscar novos caminhos, novos acontecimentos. Estão em constante luta contra a opinião, que nos promete a segurança do mesmo, do já pensado, de uma suposta fuga do caos.

Como relacionar a educação com as três potências do pensamento? Se ousarmos sair da opinião do já pensado, de uma perspectiva fundacionista da educação, podemos fazer a experiência de pensá-la como uma intersecção destas três áreas.

A educação já foi pensada exclusivamente no âmbito da filosofia. Na Antiguidade, ela era tomada como um capítulo da filosofia (aliás, como quase tudo o era). Em Platão e em Aristóteles, por exemplo, as considerações sobre educação aparecem em obras destinadas à política, e ela era considerada *tekné*, isto é, uma forma de arte, de prática. Na modernidade, com a emergência do método científico, também a educação foi contaminada com a "vontade de verdade", e desejou constituir-se como ciência, por meio das ciências da educação.

Parece-me suficientemente claro, portanto, que historicamente a educação tem transitado por entre as três áreas que Deleuze e Guattari identificam como as potências do pensamento, mas ora identificando-se com uma, ora identificando-se com outra. A educação já se compreendeu como uma espécie de arte; já tomou a filosofia como fundamento; já tomou as ciências como fundamentos. Mas em momento algum a educação considerou-se mestiça, na confluência destas três áreas. E, ao assumir-se ora uma coisa, ora outra, a educação valia-se de uma potência específica, mas perdia as demais. Ora servia à educação a potência do conceito; ora à potência das funções; ora à potência dos perceptos e dos afectos.

Se, no entanto, pensarmos a educação na confluência das três potências do pensamento, poderemos ter a educação como conceito, como função e como afecto, ao mesmo tempo.

Não esteve sempre presente na educação a potência do afecto? Como relação humana, não se vale a educação das relações afetivas? Em grande medida, não é a educação um processo de sedução, pelo conhecimento, pelo mundo, pelas pessoas?

Não esteve sempre presente, também, a potência da função? Não procuramos sempre compreender os processos, para, em uma relação de causa-efeito, produzir nas relações pedagógicas os efeitos desejados?

E não esteve sempre ali a potência do conceito? Não vemos também na educação esse pensamento que ilumina os problemas de uma forma completamente nova, instituindo acontecimentos?

Educação mestiça, sem fundamentos, mas em diálogo criativo com as artes, as ciências, as filosofias, produzindo, nas relações pedagógicas, afectos e perceptos, ao modo da arte; funções, ao modo da ciência; conceitos, ao modo da filosofia. Na intersecção das três potências do pensamento, podemos ver a educação como esta zona de indiscernibilidade, na qual as experiências são constantes, as criações são constantes.

Pensando ainda em outra dimensão, se o currículo do ensino médio brasileiro, conforme aponta a legislação educacional em vigor, em especial os Parâmetros Curriculares Nacionais, deve buscar um equilíbrio, superando o positivismo, devemos também superar essa imagem do humano que embasou o próprio positivismo, que foi o humanismo.

Para além do humanismo, podemos conceber o currículo do ensino médio como essa mestiçagem das três potências do pensamento, a arte, a ciência, a filosofia. Um currículo que articule as potências do pensar por conceitos, do pensar por afectos, do pensar por funções. Mais do que potencializar o equilíbrio do currículo pelas ciências, pelas humanidades e pelas técnicas, conforme apontam os PCN já citados, permanecendo assim no âmbito do mesmo positivismo que é criticado, conceber o currículo na inter-relação das três potências do pensamento significaria superar a construção dessa ficção moderna (humanismo; iluminismo; positivismo), tão bem desmascarada por Nietzsche, Heidegger e Foucault.

Em tal perspectiva curricular, garante-se de antemão a presença da filosofia, desenvolvendo a potência do conceito; e pode-se também garantir a presença da Sociologia, investindo na potência do pensamento por funções dirigido aos fenômenos sociais.

Mas, ainda mais importante do que garantir a presença da Filosofia e da Sociologia, estaríamos investindo em um currículo que nos coloca para além das armadilhas modernas do humanismo, da ilusão de uma universalidade, para apostar na potência do pensamento contra a opinião. Uma luta que só poderemos vencer com investimento coletivo de desejo e forças, construindo novas possibilidades de pensamento e de ação.

Referências bibliográficas

DELEUZE, G.; GUATTARI, F. *O que é a filosofia*? São Paulo: 34, 1992.

ERASMO. *Elogio da loucura*. 3. ed. São Paulo: Abril Cultural, 1984. (Col. Os Pensadores).

FOUCAULT, M. *As palavras e as coisas*. 5. ed. São Paulo: Martins Fontes, 1990.

_______. *Ética, sexualidade, política*: ditos e escritos. Rio de Janeiro: Forense Universitária, 2004. v.5.

HEIDEGGER, M. *Sobre o "humanismo"*. 3. ed. São Paulo: Abril Cultural, 1983. (Col. Os Pensadores).

MEC-SEMT. Parâmetros Curriculares Nacionais: Ensino Médio – v.4: Ciências Humanas e suas Tecnologias. Brasília: Ministério da Educação – Secretaria de Educação Média e Tecnológica, 1999.

NIETZSCHE, F. *Assim falava Zaratustra*. Lisboa: Relógio D'Água, 1998a.

______. *A Gaia Ciência*. Lisboa: Relógio D'Água, 1998b.

PICO, G. *A dignidade do homem*. 2. ed. Campo Grande: Solivros/Uniderp, 1992.

SARTRE, J.-P. *O existencialismo é um humanismo*. 3. ed. São Paulo: Abril Cultural, 1984. (Col. Os Pensadores).

16

Tendências emergentes na formação do educador de jovens e adultos: especificidade e profissionalização

José Carlos Miguel

Introdução

Historicamente, no Brasil, a atividade docente na educação de jovens e adultos tem sido atribuída, de forma significativa, a monitores sem formação específica para o magistério. Tal fato deve-se ao descaso com que se trata essa área educacional, quase sempre relegada a segundo plano no contexto da política educacional. No entanto, transformações em processo na organização social, econômica e política da história recente do país vêm exigindo respostas urgentes dos processos de formação docente para o problema.

A educação de jovens e adultos tem-se constituído, em especial nas duas últimas décadas, como um vasto campo de práticas e reflexão que ultrapassa os limites da alfabetização instrumental. O movimento que se nota nesse período envolve processos formativos diversos, que visam desde à qualificação profissional, ao desenvolvimento comunitário e à formação política até a abordagem de questões culturais que não se restringem ao espaço escolar.

O desenvolvimento da economia na sociedade globalizada incorpora progressivamente novas tecnologias e novas formas de gestão, o que impõe outras exigências de conhecimento escolar por parte dos trabalhadores. Cresce a necessidade de que maior número de trabalhadores domine competências para a resolução de problemas, para a visualização do processo produtivo e a capacidade de assimilar, de modo autônomo, novos conhecimentos.

Sobre a formação inicial e contínua do educador recai o compromisso efetivo de situá-lo em condições para o desenvolvimento de uma concepção adequada de educação, bem como do instrumental necessário para sua mediação.

Mais do que uma discussão sobre o *locus* legítimo da formação do professor de Educação de Jovens e Adultos (EJA), particularmente daquele que deve atuar nas séries iniciais do ensino fundamental, a questão que atualmente se coloca como emergente refere-se à natureza e à qualidade da formação do educador em um contexto de múltiplas exigências apresentadas pela sociedade de classes típica do momento de crise da sociedade capitalista.

Por outro lado, uma análise atenta da história da educação brasileira revelará que as mudanças pedagógicas não se fazem apenas pela legislação, embora se deva reconhecer a importância de seu papel. Elas são processuais e se constituem no tempo, pela dinâmica da articulação entre a subjetividade (vontade de mudar) e a objetividade (condições objetivas para que as mudanças ocorram).

Inegavelmente, também, começa a constituir-se uma tendência de profissionalização do educador da EJA, à medida que essa ação educativa é de modo progressivo assumida por organismos oficiais.

A cultura escolar sobre a EJA tradicionalmente considera que o jovem e o adulto voltam para a escola em virtude de exigências do mercado de trabalho. Atualmente, isso é verdade apenas em parte. Com a tendência à universalização do ensino fundamental, nota-se que o problema do analfabetismo começa a concentrar-se nas camadas adultas da população. Ampliam-se os motivos para o ingresso ou para a volta à escola: aceitação social (muitos declaram que voltam porque querem ler a Bíblia ou para partilhar uma receita, por exemplo), atuação em movimentos sociais e populares e, até mesmo, pelo tempo livre de que dispõem após criar os filhos ou aposentar-se.

Acentuando-se a tendência de desenvolvimento da educação popular na rede oficial de ensino, impõe-se aos processos de formação do educador de jovens e adultos uma séria reflexão sobre a ruptura com a lógica da produtividade do mercado, a incorporação de novas tecnologias de informação à escola, a busca de superação dos mecanismos de burocratização do trabalho docente, a imperiosidade de compreensão da relação entre família, escola e políticas educacionais e a concretização de uma forma de organização do trabalho na escola que possa amenizar a dinâmica do individualismo, da insegurança e da impossibilidade de projetos coletivos como consequências da fragmentação do trabalho docente.

Assim, um dos principais desafios atuais da EJA é a proposição e o desenvolvimento de práticas educativas que contribuam de modo efetivo para a construção de uma sociedade mais justa, sustentada por valores democráticos, pelo respeito aos direitos humanos e à diversidade cultural. O melhor encaminhamento da questão parece-nos situar no contexto das respostas que possamos dar aos questionamentos postos a seguir.

Quem é o educando da EJA que queremos formar?

A organização da ação docente em EJA tem considerado a identidade cultural dos educandos, suas histórias de vida? Ao pensar a especificidade da relação educador-educando e ao fazer a releitura dos princípios norteadores destacados na legislação do ensino, o que poderia ser mudado em nossas práticas escolares de EJA?

Penso que não basta ao educando adulto conhecer, ele tem de saber mobilizar conhecimentos em determinada situação.

Vivemos um tempo no qual a conjuntura social, política e cultural está sendo profundamente alterada. Na construção desse novo tecido sociocultural, atores sociais antes invisíveis, organizam-se em movimentos, passam a ter voz, explicitando suas diferenças e trazendo à baila suas demandas específicas. São sujeitos efetivos de conhecimento. Assim, o que antes era tratado como um problema de minorias hoje é uma questão política ampla e deve ser socialmente considerada.

Claro está que a EJA tem sua história muito mais tensa do que a história da educação básica de processo regular. Ouso afirmar que, infelizmente, a história oficial da EJA confunde-se com a história do lugar social reservado aos setores populares. É uma extensão do trato dado pelas elites desse país aos adultos oriundos das classes populares. O analfabetismo revela-se, então, como a negação de um direito social articulada à negação, também histórica, de outros direitos inalienáveis da condição humana: o direito à sobrevivência digna, à moradia decente, à saúde física e mental... Por isso, a estreita relação entre analfabetismo e pobreza.

Embora não possam declarar abertamente, setores do pensamento político e pedagógico oficial parecem entender que, educando as crianças, não teremos adultos analfabetos no futuro. Todavia o que fazer com os 16 milhões de adultos que desconhecem completamente os processos de leitura e de escrita? E com os supostos 30 milhões de analfabetos funcionais?

Não devemos esquecer, entretanto, que a diversidade dos movimentos sociais e populares e o pensamento pedagógico progressista têm inspirado concepções e práticas de EJA criativas e promissoras. Essa história faz parte também da memória da EJA. É outra história que se coloca na contramão da história oficial, adotando concepções e práticas paralelas que, por vezes, são incorporadas por administrações públicas voltadas para os interesses populares.

Cumpre, então, questionar, como o faz Paiva (2001, p.13), se

> Os modelos e as normas compartilhadas da e na escola não estão reforçando e atribuindo exclusividade aos suportes e textos de leitura escolar, afastando-se da multiplicidade de outros suportes e textos, que atravessam e organizam o cotidiano dos próprios alunos.

A questão colocada pela autora no que se refere à leitura pode ser estendida a outros conteúdos que se fazem emergentes no contexto atual. Assim, novas abordagens teóricas fazem-se necessárias, pelas pressões produzidas no amplo espectro do espaço social pelas fortes desigualdades e discriminações a que os grupos minoritários estão submetidos e suas decorrentes consequências. Essa é a condição que se coloca na articulação entre o subjetivo e o objetivo. Essas instâncias se complementam dialeticamente.

O desafio é considerável, posto que o desenvolvimento profissional docente implica superar, nos processos de formação, a mera preocupação com a introdução de inovações técnico-pedagógicas para conceber o profissional de educação em sua totalidade, isto é, enfatizando-se aspectos como o propósito do professor em face do sujeito que se quer formar, sua identidade cultural, o contexto real de sua atuação e a cultura do ensino. Se outrora a seletividade do sistema de ensino se concretizava pela negação da vaga às classes populares, hoje se mostra camuflada pela dificuldade da escola em atender à demanda e garantir o êxito da clientela trazida pelo processo de democratização do ensino.

Na ótica das camadas populares, tal dificuldade se acentua. E a responsabilidade social do educador, também. É mediante processo de ressignificação desses conceitos postos em questão que concretizaremos as possibilidades de autonomia e de mudança em nossas práticas.

Qual é a concepção de aprendizagem que devemos desenvolver em função do educando jovem ou adulto que pretendemos formar?

Ainda é muito presente na discussão em relação ao analfabetismo, do ponto de vista pedagógico, a compreensão enviesada de que as dificuldades e os problemas que os educandos adultos apresentam em sala de aula são próprios de sua condição e não decorrem da condição de vida a que são submetidos pela divisão social do trabalho. De meu ponto de vista, considero que a concepção de aprendizagem passa pelo processo de construção de conhecimento que se desenvolve no convívio humano, na interação entre o indivíduo e a cultura na qual vive, com a qual e para a qual se forma.

Trata-se de processo que deve levar em conta as características individuais e as experiências de vida na constituição de suas competências. Para que o aluno tenha uma aprendizagem significativa, é preciso que seja desafiado a aprender por situações-problema que exijam ação e reflexão.

As pesquisas sobre a EJA demonstram com clareza que o fazer pedagógico significativo, a prática de um bom professor, é caracterizado pela articulação entre as dimensões política, técnica e humana e não deve se restringir à adoção incondicional de uma teoria.

Outro aspecto fundamental nas visões de alunos e professores é a necessidade de se aproximar a escolarização da realidade concreta, com destaque para o mundo do trabalho. Não se trata de apenas colocar a questão da qualificação profissional, mas de se discutir o cotidiano das práticas de trabalho e (des) emprego a que é submetida a maioria dos sujeitos das classes populares que frequentam as classes de EJA.

Cumpre pensar, como Brandão (1986, p.68),

> a educação popular, como um nome que denuncia diferenças políticas de uso da prática pedagógica e não apenas diferenças técnicas.

Quais são os conteúdos socialmente relevantes para que o educando da EJA aprenda, construa conhecimentos e seja competente para a transformação da ação social e política?

A consciência do papel do conteúdo e do conjunto de estratégias que poderão ser adotadas de modo a modificar o curso das relações interpessoais no contexto escolar é certamente uma competência a ser adquirida pelo futuro educador de jovens e adultos, tendo-se como premissa que o conhecimento está em constante transformação, e coloca de modo progressivo novas exigências sobre os processos de formação docente.

Uma concepção de processo de formação de professores é função direta da concepção de educação que se tem e do ideal de homem que se quer formar diante das exigências colocadas pela sociedade. Há que se considerar, então, a imperiosidade de buscas de respostas sobre a qualidade do processo formativo voltado para a satisfação das necessidades impostas pelo mundo contemporâneo, de modo que ao se colocar em prática as ações formadoras para a EJA há que se considerar o educador em processo contínuo de formação, tendo-se como parâmetro as condições do sujeito que aprende, as condições objetivas desse espaço de formação e a articulação de um projeto que atribui determinado papel à educação escolar.

Do mesmo modo que se impõe a necessidade da superação do estreito conceito de alfabetização, em sentido estrito e instrumental, apresentando-se o conceito mais amplo de educação de jovens e adultos, não se concebe, também, um aligeiramento da formação, no que se refere a conteúdos, métodos e processos. A EJA configura processo educativo específico que reclama do educador a especialização. Há que se pensar que os conteúdos são meio e lastro para a constituição das competências e devem ser desenvolvidos em suas diferentes dimensões: conceitual, na forma de teorias, conceitos e informações; procedimental, na forma do saber-fazer e atitudinal, sob a forma de valores e atitudes.

Na prática cotidiana da EJA, como os conteúdos são desenvolvidos? Consideramos o que os alunos já sabem e buscamos convencê-los da importância de nosso saber ou simplesmente impomos nosso modo de saber? Nós já desenvolvemos o hábito de observar, refletir e registrar nosso fazer pedagógico cotidiano? Não é assim que seria possível falarmos em sujeitos de conhecimento? Ou já revogamos a tese freiriana de que os homens se educam em comunhão? Como os educandos percebem, sentem e ressignificam os conhecimentos de sala de aula?

Como o processo escolar de EJA pode abrir possibilidades de mudança de mentalidades?

Parece-nos que a crise generalizada do ensino em todos os níveis guarda relação direta com a situação dos processos de formação docente. O problema não pode ser tratado apenas em termos de uma nova organização curricular, mas depende da definição de diretrizes e princípios voltados para o equacionamento de problemas decorrentes, situando-se o processo no contexto de exigências postas pelo cenário nacional de educação.

De um lado, o fato é que demoramos quatro séculos e meio para garantir o acesso de cerca de 35% dos sujeitos em idade escolar às salas de aulas e batemos no início do século XXI com algo em torno de 97% das crianças na escola. Reconhecidamente, houve um esforço hercúleo para o alcance dessa meta, resultante da pressão dos sujeitos das classes populares por vagas na escola.

Some-se a isso o também inegável esforço para a consolidação da EJA e temos de considerar que, encaminhado o problema do acesso à escola, outro tão grave se coloca em razão desse atendimento: a escola de ensino fundamental e médio dá sinais evidentes de não saber lidar com essa clientela que, antes excluída por falta de vagas, hoje tem considerável parcela alijada da dinâmica do processo educativo em virtude da dificuldade explícita da escola em garantir, com êxito, sua permanência.

Por outro lado, o processo de democratização do ensino ainda está distante de alcançar de forma significativa o enorme contingente de adultos excluídos da escolarização. Urge grande esforço social para pensar conteúdos e metodologias alternativas que deem conta desse problema que, mais do que educativo, é social, e, mais do que competência técnica, exige compromisso político. Ou nos renderemos ao argumento fetichista, quase nunca declarado, mas quase sempre presente nessa discussão, de que educando as crianças não teremos adultos analfabetos?

Como se encontra organizada, a escola básica não atende aos reclamos da sociedade, do filho do operário aos segmentos formadores de opinião, passando pelos interesses da classe dirigente e chegando mesmo a não responder a interesses básicos do empresariado por causa do desenvolvimento tecnológico que impõe novas formas de produção. Nesse modo de pensar, o papel da EJA nos processos de formação de opinião se reveste de maior responsabilidade.

Considerar essa premissa na discussão sobre os processos de formação docente em EJA implica pensar nas contradições inerentes à definição do papel social do conhecimento e do choque entre certas concepções de trabalho educativo; implica pensar nas respostas não dadas adequadamente a essas contradições, na escola, diante das iniciativas dos setores dominantes da sociedade de acionar os mecanismos que conduzem a reformulações no ensino, tornando-os compatíveis com suas crenças. Parece-nos que já está consagrado o fato de que é precisamente nesses momentos que os reformadores de currículo são convocados a dar novas respostas que possam atender às experiências e exigências do setor dominante da sociedade.

Nesse modo de pensar, a pesquisa sobre educação já consagrou que as escolas, todas elas, inclusive os núcleos de educação popular, não controlam apenas pessoas; também ajudam a controlar significados. A escola que se oferece para o povo é a escola possível. Trata-se de pensar, por consequência, a escola necessária cuja construção está colocada nas mãos dos educadores e da sociedade como um todo.

É preciso considerar, então, o duplo papel da escola: de um lado, contribui para a alienação; de outro, é elemento fundamental para a libertação, para a constituição da subjetividade. Assim, o valor de uma teoria sobre a formação de educadores para a EJA se revela no momento em que se transforma em prática. A capacidade de um grupo social de transformar seu conhecimento em conhecimento universal vincula-se a seu poder no campo da ação política e econômica mais amplo. Desde que preservem e distribuam o que é considerado o "conhecimento legítimo" (conhecimento que todos devem ter), as escolas e/ou núcleos de educação popular conferem legitimação cultural ao conhecimento de grupos específicos.

Todas as pesquisas e os diagnósticos já realizados pelas instituições acadêmicas e institutos de pesquisa, bem como por órgãos governamentais, apontam para a seletividade e para a excludência do sistema de ensino brasileiro, o que demonstra que uma transformação no panorama educacional passa necessariamente pela formação do professor. Situar os processos de formação de professores nesse contexto implica pensar os fatores que os condicionam, a saber, o caráter histórico do conhecimento (típico da evolução do pensamento organizado e da própria sociedade), a dimensão psicopedagógica da difusão deste e a natureza do próprio conteúdo programático veiculado pela instância formadora.

Não há uma forma neutra de realizar esse trabalho, porque a própria identificação das competências supõe opções teóricas e ideológicas e, portanto, certa arbitrariedade nas representações do trabalhador-professor em suas múltiplas facetas. Ao discutir as competências exigidas para ensinar na sociedade contemporânea, Perrenoud confere especial destaque para a organização e a direção de situações de aprendizagem, administrando a progressão das aprendizagens. Isso implica pensar um trabalho pedagógico desenvolvido com base nas representações dos alunos, considerando-se o problema dos erros e dos obstáculos à aprendizagem. Em estilo provocador, o autor nos remete, por exemplo, ao direito do aluno de não estar constantemente atento e de não ser obediente o tempo todo que permanece na escola, isto é, o aluno tem o direito, segundo seu pensamento, de resistir ao ato de aprender e caberia ao professor a competência de desenvolver situações pedagógicas que pudessem motivá-lo a aprender.

É nesse contexto que se colocam os desafios para um processo de formação de professores com qualidade. Essa perspectiva de formação pode traduzir-se em várias representações opostas. Por um lado, pode-se perceber uma pedagogia hermética a ser desvendada e, por outro, uma pedagogia construída e em construção pelo homem; em certo sentido, uma pedagogia única em oposição a outra de múltiplas faces; uma pedagogia feita só de abstrações mentais, ou uma pedagogia sintonizada com as atividades humanas.

Opõe-se, então, a pedagogia do professor que sabe e ensina diante de um aluno que não sabe e aprende e a pedagogia que considera que professor e aluno aprendem em comunhão, como nos ensinou Paulo Freire. Vê-se, então, que esse dilema nos processos de formação de professores para a EJA de há muito apresenta basicamente dois atributos importantes da educação. Ela pode ser libertadora, no sentido de remover barreiras que impeçam a criatividade das pessoas, que habilite os alunos a participar do processo decisório pelo conjunto das experiências vivenciadas, e pode ser funcional, no sentido de que o saber pedagógico que os futuros educadores de EJA devem dominar é um saber não cristalizado, adaptável a situações imprevistas, que lhes possibilite relacionar domínios distintos e explorar as particularidades de cada um.

Essas premissas levam-nos a pensar em três componentes básicos na formação professor: conhecimento em conteúdos específicos, conhecimento das teorias de educação e conhecimento em conteúdos de áreas que contribuem para a construção do educador e para sua profissionalização. Torna-se necessário eliminar a mera justaposição de disciplinas e desenvolver uma coerência de objetivos, uma conduta unificadora e uma articulação prática dessas três vertentes no exercício da ação pedagógica do futuro professor.

Que aspectos são fundamentais na formação e no desenvolvimento profissional dos educadores de EJA?

Um dos principais aspectos para compreender a formação e o desenvolvimento profissional dos educadores de EJA é a busca de entendimento de que a prática do professor é o que ele traz de suas experiências. São os conhecimentos de si mesmo, de seu meio, da matéria de ensino, da organização curricular da escola, da gestão da escola e de seu projeto político-pedagógico.

Em suma, a discussão sobre a formação de professores não pode abdicar da busca de ruptura e/ou de alteração de velhas práticas pedagógicas e de políticas públicas inadequadas. Essa busca passa pelo rompimento com a lógica da produtividade do mercado, que acaba influenciando os cursos de formação de professores, aligeirando esses processos, determinando tempos de formação, currículos e programas dos cursos e formas de organização dos estágios. Implica, ainda, a superação da lógica do modelo tecnoburocrático de controle do aparelho escolar, que impõe a divisão do trabalho na escola e a anulação de possíveis diferenças contextuais.

A incorporação das novas tecnologias de comunicação e informação à escola e seu uso crescente no ensino presencial e em formas adequadas de ensino a distância, paralelamente à implementação de uma forma de organização do trabalho escolar que supere as práticas culturais típicas da meritocracia configuradas no individualismo, na insegurança e na impossibilidade de projetos coletivos, são exigências para a superação do trabalho solitário do professor.

Tais demandas marcam, impregnam, determinam a profissionalização docente, reorientando o papel do professor e a dimensão do trabalho na escola, bem como evidenciando tendências consistentes para a formação do educador de EJA:

1. conhecimento do aluno como sujeito pensante;
2. conhecimento das teorias de educação;
3. conhecimento adequado de metodologias de ensino;
4. exercício da prática escolar;
5. capacitação como professor crítico-reflexivo; e, por fim,
6. compreensão e experiência no trato científico do professor, gerando sua representação.

A dimensão das teorias da educação e das metodologias do ensino é, de certo modo, reconhecível nos processos de formação de professores; a da prática de ensino, embora muito apregoada, a nosso ver ainda não encontrou sua operacionalização adequada, com o debate e a iniciativa do comando da política educacional concentrando-se mais nos aspectos quantitativos da tarefa; quanto às duas últimas, são emergentes.

O foco do processo de formação não se pode distanciar das condições reais do trabalho docente, evitando dissociação entre saber e saber fazer, seja na formação inicial, seja na formação contínua. É fundamental o desenvolvimento de uma prática pedagógica em que o professor pensa seu trabalho em função de diretrizes e princípios de ação não só para a tomada de decisão sobre o processo de ensino, mas também para correção de rumos.

Não devemos imaginar o "professor competente" apenas como aquele que prepara muito bem os conteúdos a serem ministrados aos alunos, cumpre o programa, consegue lidar bem com a relação conteúdo-forma ou consegue sempre estimular os alunos, em geral, os mais dotados.

Esse educador tido como competente consegue, quase sempre, nesse modo de pensar, estabelecer para si a missão de levar os alunos a criar hábitos de disciplina intelectual, de prestar atenção na aula, aceitando passivamente que o mestre sabe tudo. Para nós, competência implica liberdade, no sentido de que o aluno possa aprender a ser independente, aprender a questionar, a raciocinar, a duvidar do já sabido.

O compromisso deve ser entendido como inconformismo com o quadro geral de fracasso escolar em suas múltiplas dimensões. É um compromisso de ação e de transformação; portanto, político. Dito isso, nos processos de formação de professores para a EJA deve-se garantir que o futuro profissional não perca as oportunidades que se apresentarem de modificar o quadro geral de fracasso na escola básica; para tanto, é necessário conhecimento mais consistente sobre a situação das escolas nas quais será profissional.

A educação deve levar em conta tanto a vocação ontológica do homem (vocação de ser sujeito) quanto às condições nas quais ele vive (contexto). Quanto mais o homem reflete sobre sua realidade, sobre sua própria condição concreta, mais se torna consciente, comprometido com a mudança dessa realidade.

Considerações finais

A ação pedagógica em EJA contribuir para a promoção do indivíduo como sujeito pensante, e não apenas ajudá-lo a socializar-se. Nessa visão sociocultural, uma situação de ensino-aprendizagem constitui uma educação conscientizadora que objetiva o desenvolvimento pleno das capacidades intelectuais e concebe o diálogo como a essência desse modelo educacional.

Se a escola de EJA que temos ainda não é a escola de EJA que queremos, havemos de considerar que ela é a escola possível dentro da multiplicidade de fatores que a determinam e, de certo modo, tem cumprido papel histórico importante na configuração da sociedade brasileira contemporânea, posto que tem sido, em geral, a principal, talvez única fonte de informação para os sujeitos das camadas populares. As classes populares sabem da importância da escola e a procuram progressivamente todos os anos, tanto para matricular-se quanto para matricular seus filhos.

Para finalizar, indico quatro questões, corriqueiramente colocadas na discussão sobre o trabalho pedagógico, mas nem sempre consideradas na devida conta;

julgo que elas possam sintetizar as preocupações que deve ter um professor em sala de aula de EJA:

a) A quem ensinar?

O curso de formação de educadores para a EJA deve propiciar aos futuros profissionais elementos concretos para a caracterização da clientela que deverá abordar. O ensino não pode depender apenas dos conteúdos a serem ensinados, mas, antes de tudo, o indivíduo a quem se pretende ensinar; deve preparar o professor para o exercício da descentração.

b) O que ensinar?

Trata-se da questão da relevância social dos conteúdos. O que importa não é ensinar muito, mas ensinar bem, utilizando uma metodologia adequada, evitando fatos e problemas puramente especulativos, estabelecendo uma integração entre o saber escolar, o saber aplicado e o saber cotidiano.

c) Como ensinar?

Não se resolve todos os problemas da escola com base no tratamento metodológico, como parecem sugerir certas abordagens; no entanto, a questão metodológica por certo exerce papel importante. Pensar uma abordagem na formação do professor que possibilite a ele compreender a relação conteúdo-forma, o específico do fazer pedagógico, não perdendo de vista a importância de se abordarem diferentes representações de um mesmo conceito, conduzindo o aluno a estabelecer conexões entre elas, é fator decisivo para a transformação na ação pedagógica em processos de EJA.

d) Para que ensinar?

Objetivamente, impõe-se a necessidade de clareza acerca do posicionamento do educador em face do contexto do processo de formação. A ação formadora deve refletir sobre os valores universais da educação em suas relações com os diferentes níveis de ensino, a saber:

I – sua utilidade na vida cotidiana;

II – sua utilidade em diversas áreas de saber; e

III – suas implicações no desenvolvimento cognitivo.

Os objetivos dos cursos de formação devem ser formulados em termos de aquisições dos alunos, quanto ao conhecimento, à ação, ao pensamento, à expressão e ao sentimento, visando à melhoria geral do processo.

O desenvolvimento de um pensamento pedagógico em EJA construído sobre interesses e enfoques próprios será o impulso decisivo para provocar a elevação do trabalho pedagógico ao desejado nível profissional. Se a cultura educacional específica em EJA ainda não conseguiu se firmar a contento, não nos será permitido, nem de longe, desconsiderar a urgência dessa construção. Não o será, porém, do ponto de vista exclusivamente científico. A esse impulso deve-se somar a preocupação dos trabalhadores pedagógicos de superar o estágio de uma preparação técnica e alcançar o polo da formação profissional.

Um trabalho pedagógico é prestigiado no seio da comunidade quando, além de desenvolver instrumentos intelectuais adequados, procura colocá-los a serviço do aprimoramento dessa comunidade. Isso, que é válido para qualquer tipo de trabalho pedagógico, alcança validade muito especial para o que realiza a tarefa de educar jovens e adultos.

Se a todo profissional se lhe pede uma severa formação, nenhum como o educador popular necessita, além da formação, da consciência do valor e da situação de sua atividade.

Referências bibliográficas

BRANDÃO, C. R. *A educação como cultura*. São Paulo: Brasiliense, 1986.

BRASIL, República Federativa. *Diretrizes Curriculares Nacionais para a Educação de Jovens e Adultos*. Brasília: Coeja/SEF, 2000.

PAIVA, J. Novos significados para as aprendizagens da leitura na educação de jovens e adultos. São Paulo, *Revista Alfabetização e Cidadania,* n.12, 2001.

PERRENOUD, P. *Dez novas competências para ensinar*. Porto Alegre: Artmed, 2000.

17

A aprendizagem dialógica na educação de pessoas jovens e adultas: articulando investigação, formação e ação social para a transformação

Roseli Rodrigues de Mello

Introdução

Os processos educativos ocorrem em práticas sociais amplas e também cotidianas, nas quais nos educamos na relação com o mundo e com os outros sujeitos. Assim, aprendemos a ser e aprendemos a viver de modo contextualizado. Essa contextualização não tem caráter imediato, pois somos seres de história e de cultura. Porém, é mediatizada pelo tempo e pelo lugar e mediada pelos sujeitos e pela cultura que nos abraçam. Por fim, o educar-se significa, também, escolher caminhos, e comprometer-se com eles. Ao chegarmos à vida adulta, estamos, pois, todos educados e educadas e, ao mesmo tempo, em processo de educar-nos, já que "não somos, estamos sendo", como diz Freire.

É importante afirmar tal condição, antes de nos referirmos à Educação de Pessoas Jovens e Adultas como processo de escolarização tardia, conforme significado partilhado na área educacional em países como o Brasil ou como espaço de formação permanente e como espaço de compartilhamento cultural, portanto, direito ao longo da vida.

Fazer esse destaque possibilita atentarmos para o fato de que nos educamos em muitos espaços e entre muitas pessoas e, historicamente, que a educação de pessoas jovens e adultas se dá em diferentes comunidades, em práticas sociais e culturais concretas, formando sujeitos de história e de cultura. No caso da América Latina, e do Brasil como parte dela, a educação de pessoas jovens e adultas vem-se construindo em lutas, resistências, conquistas, movimentos, instituições. A educação é, assim, processo de vida, de interação, de comunicação, de ação.

Partindo de tais reflexões, a abordagem que aqui será tratada não restringe a educação aos processos escolares, mas os destaca como parte importante da vida como direito social e com especificidade política e pedagógica, em um mundo globalizado que produz cada vez mais desigualdades e exclusões.

Ao serem entendidos como direito social, os processos de escolaridade e de difusão cultural remetem à discussão sobre o papel do Estado na garantia da efetiva igualdade de direitos, com formação de profissionais, produção de conhecimento necessário, condições materiais de ingresso, permanência e aprendizagem nas práticas escolares de Educação de Pessoas Jovens e Adultas e nas instituições culturais. Cabe aqui ressaltar, no caso brasileiro, que em geral se localizam apenas as práticas escolares, e mais especificamente as de alfabetização, como Educação de pessoas jovens e adultas, já que o analfabetismo e a dívida de acesso à escolaridade básica, em nosso país, ainda são flagrantes. Por essa realidade, o eixo de escolarização continua a ser sinônimo de educação de jovens e adultos e principal compromisso a ser assumido por todos (governos, pesquisadoras e pesquisadores, especialistas, educadores(as), educandos(as)) com o que estamos de acordo, como necessidade principal, mas não exclusiva nem eterna; há que se ter em mente que as práticas de difusão cultural são mais amplas e envolvem as escolares e é a isto que se refere o discurso sobre a "educação como direito ao longo da vida".

Na busca de atender a principal necessidade social da educação de pessoas jovens e adultas, mas entendendo-a inserida em uma perspectiva de ação cultural e política para a transformação social, é que o Núcleo de Investigação e Ação Social e Educativa (Niase/UFSCar), grupo que articula ensino, pesquisa e extensão para a produção de conhecimentos e ações comprometidos com a superação de desigualdades sociais e de discriminações culturais, vem trabalhando com educadores, participantes (educandos) e dirigentes de programas, projetos e sistemas de educação de pessoas jovens e adultas, desde 2002, em uma perspectiva de educação dialógica.

Diante da globalização e do desenvolvimento da Sociedade da Informação, a escolarização ganha cada vez mais força como distintiva de acesso ao mundo do trabalho. Ao mesmo tempo, e como processo mais amplo, a educação transforma-se em ferramenta fundamental para a movimentação dos sujeitos nos diferentes âmbitos da vida social, Castells (1994) se refere a esses processos.

Base teórico-metodológica para o trabalho na Educação de Pessoas Jovens e Adultas

Tratando da educação de pessoas jovens e adultas, Flecha (1990) comenta que a pesquisa sobre o desenvolvimento das pessoas adultas e, em decorrência, as práticas educativas escolares e culturais, estiveram atreladas a teorias e métodos ligados ao estudo da infância e da adolescência. Tal vínculo, segundo o autor, produziu uma literatura que atribuiu à vida adulta características de degeneração física ou de estagnação da aprendizagem, servindo como lastro para a crença de que as capacidades de aprendizagem na vida adulta decrescem. Essas elaborações alimentaram muitos dos preconceitos referentes à idade, desenvolvidos na sociedade industrial.

A partir da década de 1970, segundo o autor, estudos longitudinais foram demonstrando os equívocos que os estudos transversais produziram. Os conceitos de educação não formal e de educação informal, os dois referentes a espaços e aquisições de aprendizagem mais ampla, romperam com a ideia de que se aprende apenas na escola. No caso brasileiro, Flecha (ibidem) indica a contribuição de Paulo Freire como fundamental para as mudanças nas concepções sobre o desenvolvimento na vida adulta e a educação de pessoas nessa fase da vida.

Contrapondo-se a pesquisas e conceitos que geraram preconceitos, e contribuindo para a construção de teorias e práticas transformadoras, Flecha (1997) remete aos conceitos de inteligência prática e de inteligência acadêmica, desenvolvidos por Sylvia Scribner (1988 apud Flecha, 1997), com base nos quais constrói o conceito de inteligência cultural.

Foi com base nas contribuições de Freire, de Sylvia Scribner e de Habermas, que o Centro Especial de Investigação em Teorias e Práticas Superadoras de Desigualdades (Crea) construiu o conceito de aprendizagem dialógica e a metodologia comunicativa de ação e investigação, que compõem a base teórico-metodológica do trabalho desenvolvido pelo Niase.

A aprendizagem dialógica é composta por sete princípios que devem estar presentes no âmbito das práticas educativas: diálogo igualitário, inteligência cultural, transformação, dimensão instrumental, criação de sentido, solidariedade e igualdade de diferenças conceitos abordados mais recentemente em Mello (2002; 2003).

O diálogo igualitário supõe que as falas e as proposições de cada participante serão tomadas por seus argumentos e não pelas posições que ocupam. Isso significa que o poder está na argumentação, entendida como apresentação de razões com pretensões de validade.

Cada qual apresenta seus argumentos com base no que sabe e no que pensa e, na interlocução, vão construindo-se novas compreensões e consensos em benefício de todos. Os conhecimentos complementam-se e a aprendizagem pela compreensão das razões da diversidade torna-se característica positiva do processo.

As posições de cada participante devem ser debatidas e confrontadas e o consenso se estabelecerá com base nos melhores argumentos, sendo que o critério será sempre a superação de obstáculos no processo de aprendizagem, tornando possível que todas as pessoas aprendam. Isso implica que todos são participantes do diálogo.

O diálogo é tido como instrumento de aprendizagem amplamente reconhecido em educação. Valls (2000) remete a Bruner e a Dewey como maneira de exemplificar tal reconhecimento. Teoricamente, porém, o amparo de tal argumentação está pautado em Vygotsky, na vinculação que estabelece entre linguagem e pensamento e no desenvolvimento humano pautado na aprendizagem advinda da interação social.

Para o estabelecimento do diálogo igualitário, há que se empenhar em superar obstáculos muros antidialógicos: sociais, culturais e pessoais (Flecha, 1997, p.24).

Para que a aprendizagem dialógica se estabeleça, há de se utilizarem as habilidades comunicativas (Crea, 1998) nos entornos familiares, escolares, de tempo livre, da comunidade, participando de maneira crítica e reflexiva na sociedade. Surge assim, outro conceito: o de inteligência cultural.

Partindo das definições de Scribner (1988, apud Valls, 2000; e Flecha, 1997) sobre inteligência prática e inteligência acadêmica, o Crea desenvolveu o conceito de inteligência cultural.

Por inteligência cultural entende-se a capacidade que todos nós temos de ação em diferentes contextos e de adaptação dos conhecimentos a novos contextos, aprendendo a nos mover, a decidir, a nos comportarmos em um novo meio. Em um mesmo grupo de encontro, cada pessoa pode apresentar, via o diálogo, diferentes maneiras de pensar e se pôr diante de situações, construindo em conjunto mais compreensões e alternativas.

Flecha (1997, p.25) indica três passos fundamentais no processo de transferência das capacidades de outros contextos para o espaço acadêmico: a autoconfiança interativa, que envolveria o reconhecimento, por parte do grupo durante o encontro (aula, tertúlia, reunião), das capacidades de cada um já demonstradas em outros lugares; a transferência cultural, que estaria na utilização de conversas informais desenvolvidas em outros espaços também para o espaço de encontro (aula, tertúlia, reunião), descobrindo-se a possibilidade de demonstrar a mesma inteligência cultural em um novo contexto (o acadêmico) e, por fim, a criatividade dialógica, que se dá via a constatação do aprendizado gerado pelas manifestações das pessoas participantes.

Sobre o princípio de transformação, defende-se que, ao compartilhar diferentes pontos de vista e maneiras de analisar e resolver as situações, por meio do diálogo guiado pela validade dos argumentos, necessariamente estabelece-se um processo de mudança com duas orientações comunicáveis: uma transformação interna, em cada participante, e a transformação externa buscada em benefício de todos.

Nesse processo de transformação, o acesso ao conhecimento instrumental é uma necessidade para a vida na atualidade e a transformação do entorno. Trata-se da dimensão instrumental da aprendizagem dialógica.

Também no aspecto instrumental, é evidente a presença dos elementos anteriores: propõe-se o diálogo igualitário também no campo do que se vai aprender, já que se pressupõe que todas as pessoas podem apresentar conhecimentos diversos no processo, tendo em vista que possuímos inteligência cultural, em um diálogo que visa e promove a transformação pessoal e social.

Cada pessoa passa a ser protagonista de seu processo de aprendizagem, bem como no centro educativo e no entorno. Veem-se, então, os outros três princípios da aprendizagem dialógica em ação.

Em uma sociedade em que a mudança social é uma constante, pode-se estabelecer um clima de perda de sentido. A participação proposta na aprendizagem dialógica é instrumento importante na criação de sentido pelas pessoas na condução da própria vida.

Diante das múltiplas possibilidades de escolha de como viver, é difícil ter-se um único projeto para todos os coletivos ou pessoas, sendo igualmente difícil para a escola saber que valores afirmar. Assim, propor, por meio da aprendizagem dialógica, a criação de sentido pelas pessoas e pelo grupo, no diálogo igualitário, em que cada pessoa pode examinar as possibilidades, refletir criticamente sobre elas e fazer suas escolhas, torna-se fundamental.

A solidariedade transforma-se, dessa maneira, em elemento da aprendizagem dialógica, desde a interação pessoa a pessoa, como de pessoas com a solidarização com os grupos em situação de exclusão social.

O diálogo igualitário, a inteligência cultural, a transformação, a dimensão instrumental, a criação de sentido e a solidariedade estão ainda acompanhados e agindo de modo integrado na aprendizagem dialógica, pelo princípio da igualdade de diferenças, ou como define Freire, pela unidade na diversidade.

Ao se propor que por meio da inteligência cultural cada pessoa participa do diálogo igualitário contribui para a transformação do centro educativo e de seu entorno, para que todos tenham acesso ao conhecimento instrumental, cria novos sentidos para a vida de cada um(a) e de todos(a), em um processo de construção solidária de alternativas, em benefício de grupos e pessoas que sofrem exclusão social, busca-se o igual direito que temos de escolher um modo de vida e, portanto, assumir nossas diferenças.

Por meio da aprendizagem dialógica, cada pessoa construindo novas compreensões sobre a vida e o mundo e reflete sobre sua cultura e sobre as demais, podendo escolher com maior liberdade sua maneira de viver e se relacionar, bem como desenvolver o senso de que esse processo ocorre com outras pessoas, criando respeito aos diferentes modos de vida.

Completa-se, assim, o ciclo de desenvolvimento de condução da própria vida e de participação na construção de um mundo melhor para todas as pessoas.

De acordo com esses princípios, a metodologia de ação social articula-se à de investigação social, em um processo incessante de construção de conhecimento. A metodologia de investigação comunicativa está apoiada principalmente na Teoria da Ação Comunicativa, de Habermas (1987, av.1 e 2). Tal metodologia pressupõe uma conduta realizativa do acadêmico (contempla tomada de posição diante dos temas discutidos, sem omitir sua visão; porém, seu posicionamento não ocupará lugar de destaque ou domínio no sentido de ter valor em si, por ser a de um especialista).

Em tal metodologia de investigação, a realidade é entendida como composta por três mundos: pelo mundo objetivo, "definido como totalidade dos estados de coisas que existem ou que podem apresentar-se ou serem produzidas mediante uma adequada intervenção no mundo" (Habermas, 1987, p.125); pelo mundo social, que "consta de um contexto normativo que fixa quais interações pertencem à totalidade de relações interpessoais legítimas" (ibidem, p.128); e pelo mundo subjetivo, caracterizado como a "totalidade de vivências subjetivas às quais o agente tem acesso privilegiado frente aos demais" (ibidem, p.132). Assim, ao posicionar-se ou expressar-se sobre um tema, um sujeito o faz dentro das fronteiras do mundo objetivo, do mundo social e do mundo subjetivo (este último constituído dos outros dois).

Habermas (1987) descreve os tipos de ação que envolveriam de maneira diferente os três mundos. A ação teleológica pressuporia o mundo objetivo; a ação com base em normas, o mundo objetivo e o social; por fim, a ação dramatúrgica, envolveria o mundo subjetivo, mas também o social e o objetivo, já que a subjetividade se forma na intersubjetividade do mundo social e na referência do mundo objetivo.

O autor diferencia a ação comunicativa das outras três e explica como o meio linguístico se põe na ação comunicativa:

> em que se refletem como tais as relações do ator com o mundo – ator porque o sujeito age sobre o mundo. O entendimento linguístico é um mecanismo de coordenação da ação. Assim, na ação comunicativa, a linguagem é um meio de entendimento, em que falantes e ouvintes se referem, desde o horizonte pré-interpretado que seu mundo da

> vida representa, simultaneamente a algo no mundo objetivo, no mundo social e no mundo subjetivo, para negociar definições da situação que possam ser compartilhadas por todos. (p.137-8)

O conceito de mundo da vida (conceito que Habermas, 1987, toma de Schütz apud Habermas) ganha importância na maneira de entender os atores sociais:

> O significado desta expressão pode ser esclarecido intuitivamente pela referência àqueles objetos simbólicos que geramos quando falamos e atuamos, desde as manifestações imediatas (como são os atos de fala, as atividades teleológicas etc.), passando pelos sedimentos de tais manifestações (como são os textos, as tradições, os documentos, as obras-de-arte, as teorias, os objetos da cultura material, os bens, as técnicas, etc.) até os produtos gerados indiretamente, suscetíveis de organização e capazes de estabilizar-se a si mesmos (como são as instituições, os sistemas sociais e as estruturas da personalidade). (p.154)

Ou ainda:

> Um mundo da vida constitui, como vimos, o horizonte de processos de entendimento com os quais os implicados chegam a um acordo ou discutem sobre algo pertencente ao mundo objetivo, ao mundo social que compartilham, ou ao mundo subjetivo de cada um. (p.184)

Entende-se, com base nesses conceitos, que há uma experiência comunicativa entre falante e ouvinte no processo de investigação. Nesse processo, o pesquisador assume uma conduta realizativa diante da pesquisa, diferente da maioria das abordagens de investigação – vê-se aqui como exceção a pesquisa-ação. A conduta realizativa diz respeito a uma participação do investigador que contempla tomada de posição diante de temas discutidos, não omitindo sua visão. Porém, seu posicionamento não ocupa lugar de destaque ou domínio; sua palavra não é a de um especialista, no sentido de ter valor em si por ser a de um especialista. O investigador está em relação de igualdade com os demais: sua palavra é apresentada e tomada pela validade dos argumentos, como ocorre com todas as falas. Esse princípio soma-se ao de desaparição do pressuposto de hierarquia interpretativa nas investigações que diferencia a metodologia comunicativa de pesquisa da pesquisa-ação.

Para Habermas (1987), a diferença entre a interpretação dos participantes e do observador é uma diferença de função, não de estrutura. Explica que os participantes (sujeitos) se envolvem na interpretação com a intenção de chegar a um consenso para a coordenação de suas ações, enquanto o pesquisador se põe na conversação para descrever e interpretar, em busca de decursos de ação simplificados em termos típico-ideais. Indica que a compreensão, o entendimento, pressupõe intersubjetividade no próprio cotidiano.

Por fim, cabe destacar que, ao formular a compreensão sobre a relação entre os três planos do mundo da vida (cultura, sociedade e personalidade) e os três processos de reprodução funcionalmente realizados pelos subsistemas sociais (reprodução cultural, integração social e socialização), Habermas (1987, v.1 e 2) põe o diálogo no centro da construção de consensos democráticos, pautados na validade de argumentos.

Sumariando os princípios de conduta realizativa e de desaparição do pressuposto de hierarquia interpretativa, a metodologia comunicativa se ancora na compreensão de que os processos de entendimento mediante argumentações amparadas por pretensões de validade é que guiam a interlocução e a interpretação nos processos de pesquisa. Trata-se de uma objetividade intersubjetiva das pretensões de validade – o que significa que a visão do pesquisador não se sobrepõe à dos participantes pelo fato de ser especialista; tampouco sua posição se anula diante da posição dos participantes: sua interpretação, como a dos participantes, se sustenta, ou é superada, perante os melhores argumentos.

Conceitos elaborados por Habermas, em torno da ação comunicativa, mudam a perspectiva de submissão dos sujeitos aos sistemas ou, por outro lado, a perspectiva de total independência dos sujeitos em relação aos sistemas, propondo uma visão de sujeitos que participam e atuam no contexto social, por meio da ação comunicativa.

Isso traz para os pesquisadores das ciências sociais dupla responsabilidade: assumir compromissos com a construção de transformações sociais e assumir que todos temos condição de compreensão do contexto vivido e de motivações de ação.

É na mesma direção que a obra de Paulo Freire oferece bases para a construção de compreensões e de ações no mundo, incluindo-se a pesquisa.

Preocupado em transformar contextos autoritários e de pobreza em contextos democráticos e mais igualitários, Freire trabalha, por várias décadas, em ações educativas e na divulgação de suas ideias.

Marco em sua obra, a *Pedagogia do oprimido* trouxe o conceito de dialogicidade, eixo em torno do qual suas construções/ações se desenvolvem. Tendo a palavra como veículo do diálogo, Freire (2001a) destaca a indissociabilidade entre reflexão e ação, para que a palavra não se torne vazia (verbalismo, ou ativismo). A palavra verdadeira, para ele, é a palavra comprometida com a transformação e dita na interação entre as pessoas, de maneira igualitária:

> Mas, se dizer a palavra verdadeira, que é trabalho, que é práxis, é transformar o mundo, dizer a palavra não é privilégio de alguns homens, mas direito de todos os homens. Precisamente por isto, ninguém pode dizer a palavra verdadeira sozinho, ou dizê-la para os outros, num ato de prescrição, com o qual rouba a palavra aos demais. (p.78)

Para Freire, a relação dialógica implica um falar com, e não um falar por ou falar para, pois não se trata da conquista de uma pessoa por outra; é uma conquista do mundo pelos sujeitos dialógicos. Por isso, segundo ele, são condições para a realização do diálogo: o amor pela vida e pelos homens, a humildade e a fé nas pessoas – condições que estabelecem uma relação horizontal e de confiança entre os que dialogam.

Vinte e cinco anos depois, tempo em que continua expondo a dialogicidade como centro do trabalho transformador, Freire retoma o conceito em seu livro *À sombra desta mangueira*, em uma síntese importante de sua obra.

Reafirma a relação dialógica como prática fundamental da natureza humana e da democracia:

> A relação dialógica – comunicação e intercomunicação entre sujeitos, refratários à burocratização de sua mente, abertos à possibilidade de conhecer e de conhecer mais – é indispensável ao conhecimento. A natureza social deste processo faz da dialogicidade uma relação natural com ele. Neste sentido, o antidialógico autoritário ofende a natureza do ser humano, seu processo de conhecer e contradiz a democracia. (Freire, 2001b, p.80)

Assim pensando, destaca a comunicação e a informação como elementos que ultrapassam o suporte (como contexto de inserção dos homens e das mulheres), já que por meio delas a humanidade transforma este suporte em mundo e a existência em vida.

Nesta perspectiva, Freire (2001b) afirma que a curiosidade, como capacidade de surpreender-se e necessidade de compreender para explicar, põe os seres humanos em permanente disponibilidade para aprender.

Distingue, no entanto, a curiosidade "desarmada", que temos no dia a dia, da que nos leva ao conhecimento teórico, que envolveria uma curiosidade epistemológica. Esclarece que não se trata do lugar em que cada qual se dá, mas da rigorosidade do método que usamos para conhecer; tal rigorosidade dependeria do distanciamento que se toma do que nos propomos a conhecer. Tal distância não seria física, mas envolveria uma objetivação. Dessa forma, um momento do contexto diário pode converter-se em momento teórico.

Freire (2001b) então indica a necessidade de estabelecimento de um clima dialógico como favorecedor da curiosidade e da reflexão epistemológicas:

> A experiência dialógica é fundamental para a construção da curiosidade epistemológica. São constitutivos desta: a postura crítica que o diálogo implica; a sua preocupação por apreender a razão de ser do objeto que medeia os sujeitos do diálogo. (p.81)

Por fim, lembra que a história, como futuro, não está dada, assim como que o único predeterminado é que somos responsáveis por construí-la e pela luta ética para assumi-la.

Tais conceitos e princípios dão base às ações de pesquisa, ensino e extensão universitária realizadas pelo Niase, conforme já indicado. São eles que possibilitam a indissociabilidade dessas ações em nosso trabalho. Assim, as pesquisas nascem de necessidades expostas no trabalho de ação social e de ensino e para elas se voltam, na busca de construir ações que efetivamente transformem os contextos.

Investigação, formação e ação social para a transformação: o trabalho do Niase

Pesquisa, ensino e extensão são eixos indissociáveis do trabalho da universidade pública brasileira, como instituição comprometida com o desenvolvimento do país. Sua qualidade é medida e garantida sobretudo por se apoiar no conhecimento já constituído nas diferentes áreas e submetido ao crivo da comunidade acadêmica. Porém, quando abordamos tais eixos e sua indissociabilidade na perspectiva de promoção de transformações sociais, que nos levem a uma sociedade mais justa e igualitária, tanto o conhecimento anterior, que apoia as ações de pesquisa, ensino e extensão, quanto o novo conhecimento, produzido na pesquisa e difundido no ensino e na extensão, necessitam de outro crivo: o prático, para a busca de construção de uma vida mais digna para toda a população (ao que alguns autores da sociologia intitulam vida feliz). Nesse sentido, há que se rever o papel do conhecimento teórico e do conhecimento empírico na academia e no mundo.

A seguir, dedicamo-nos ao relato e à análise das ações e investigações que o Niase vem desenvolvendo na educação de pessoas jovens e adultas, tendo a aprendizagem dialógica como articuladora da investigação, da formação e da ação social para a transformação.

Para o desenvolvimento de práticas de participação social e de educação transformadoras na Educação de Pessoas Jovens e Adultas, o encontro entre pesquisadores da Universidade Federal de São Carlos (professores e alunos de pós-graduação e de graduação de diferentes áreas), especialistas vinculados à Secretaria de Educação da Prefeitura Municipal de São Carlos, educadores e educadoras de EJA (Educação de Jovens Adultos), de (Mova) e de Brasil Alfabetizado e participantes de educação de pessoas jovens e adultas (educandos) tem possibilitado ampla construção de conhecimentos e práticas sociais e educacionais.

Os projetos e programas voltados para esse âmbito educacional estão inseridos no Programa de Extensão "Democratização do Conhecimento e da Escolarização", da Universidade Federal de São Carlos, e têm sido por ela parcialmente financiados. A partir do ano de 2003, nova linha de financiamento do MEC possibilitou ampliar e aprofundar as ações já em curso, por meio de financiamento do Proext 2003/SESu-MEC/SESu e posteriormente do Proext 2004/SESu-MEC/SESu. No processo, bolsas de Iniciação Científica e de mestrado do CNPq, e bolsas de mestrado da Capes juntaram-se ao financiamento dos estudos e da investigação de aspectos da realidade a serem potencializados ou transformados.

O início dos trabalhos do Niase, voltados à Educação de Pessoas Jovens e Adultas, ocorreu em 2002, com a criação da primeira Tertúlia Literária Dialógica em São Carlos, na Universidade da Terceira Idade, da Fundação Educacional de São Carlos.

Atividade cultural e educativa, criada por educadores e participantes de educação de pessoas adultas no centro educacional e cultural de La Verneda de Sant-Martí (Espanha), na década de 1970, a Tertúlia Literária Dialógica envolve a leitura de livros de Literatura considerados clássicos, segundo algum recorte cultural (por região: continentes ou países; por período histórico; por grupos específicos, como o de mulheres escritoras, etc.). A finalidade não é apenas interpretar o que diz o autor ou a autora do texto, senão tomar a obra como referência para falar sobre a vida e a humanidade – descolonizando o conhecimento. O objetivo principal é promover espaços de diálogo igualitário.

A atividade efetivou-se na Uati, com homens e mulheres de diferentes idades, ascendências, grupos sociais e graus de escolaridade que se uniram ao movimento internacional, em dois grupos de Tertúlia Literária Dialógica (ver Bento et al,. 2003a). Primeiro, nasceu a turma da manhã, que desde outubro de 2002 se reúne às quintas-feiras, das 8 às 10 horas, com pelo menos dois membros do Niase, para ler e discutir as obras. A segunda turma da Uati iniciou suas atividades em abril de 2003, e caracteriza-se por ser um grupo formado apenas por mulheres. Ela funciona das 14 às 16 horas, também às quintas-feiras.

No compartilhamento da leitura, escolhida em consenso pelos membros de cada grupo, os participantes e o coordenador da atividade vão desenvolvendo a aprendizagem dialógica, educando-se em comunhão. Os participantes da Uati, desde 2003, são parceiras na divulgação da atividade e no apoio à sua criação em outras instituições e outros grupos. Por seu intermédio, em 2003, estudantes do ensino médio de uma escola pública estadual e estudantes de um cursinho universitário pré-vestibular, na cidade de São Carlos, experimentaram a atividade. Depois, no ano de 2004, uma turma de EJA iniciou uma tertúlia. Em 2005, verificando com participantes e educadores o potencial transformador das práticas e relações que a Tertúlia Literária Dialógica tem, com o financiamento do Proext/2004, o Niase se propôs a desenvolvê-la em mais duas turmas de EJA iniciante, acompanhando mais sistematicamente seus resultados.

Neste período, foram escolhidos, lidos e compartilhados nas Tertúlias Literárias Dialógicas livros como *Memórias de Adriano*; *Os sertões*; *A divina comédia*; *Madame Bovary*; *A metamorfose*; *No caminho de Swann*, *Vidas secas*, *O voo do flamingo*, *Dom Quixote*. Em processo de aprendizagem dialógica, participantes de educação de pessoas jovens e adultas vão fazendo a leitura da palavra e a leitura do mundo de maneira compartilhada. Nessa atividade, estudantes e professores da universidade, com educadores e educandos da educação de pessoas jovens e adultas vão construindo interpretações sobre a vida, os processos de exclusão e as possibilidades de transformação.[1]

Concomitantemente à criação da Tertúlia Literária Dialógica, ainda em 2002, outra ação foi gestada junto à Educação de Pessoas Jovens e Adultas, por parte do Niase. Professoras universitárias, vinculadas ao grupo, supervisionavam estágio curricular de estudantes de Pedagogia, em salas de EJA. No contraste entre a extrema escolarização da educação na EJA e a possibilidade de educação como ação cultural, nasceu então a ideia da segunda ação que o Niase passou a desenvolver: a organização do I Congresso Regional de Educação de Pessoas Adultas (Crepa), com o objetivo de criar um espaço de encontro onde sujeitos, grupos, instituições da região pudessem discutir em conjunto o trabalho que vinham realizando e projetar articulações para potencializar o já em curso e criar novas possibilidades. A universidade assumiria o papel de organizadora do existente e de estimuladora para que se formassem e se fortalecessem redes de conhecimento em torno do tema. Dar visibilidade ao existente, valorizar o conhecimento já construído e os agentes em trabalho, parecia-nos mais coerente e importante que propor qualquer ação gerada no seio de discussões acadêmicas distanciadas do já constituído. Com a coordenação do Movimento de Alfabetização e da Educação de Jovens e Adultos, da Prefeitura Municipal de São Carlos, iniciamos o mapeamento de projetos, programas, sistemas e instituições, para compor as conferências e mesas do evento. O evento ocorreu em novembro de 2003, mobilizando pesquisadores, especialistas e dirigentes, educadores(as) formados e em formação, da cidade e da região, possibilitando o desejado encontro e o fortalecimento e criação de redes.[2] No final, projetávamos o II Crepa, pensado como espaço de elaboração de diretrizes que apoiassem a criação de políticas públicas. No segundo encontro, seria fundamental incorporar a ideia de que também os educandos(as) da Educação de Pessoas Jovens e Adultas deveriam participar de sua organização e de suas atividades, com o desenvolvimento de ações que orientassem a criação de políticas públicas – comentaremos o II Crepa e I ConPar mais adiante, para dar nexo ao relatado.

No percurso de organização do I Crepa, em 2003, ao estarmos já trabalhando em conjunto com as coordenações do Mova e do EJA, da cidade de São Carlos,

1 Para saber mais sobre a atividade e o trabalho do Niase, ver BATEL & BOGADO, 2003; BENTO et al., 2003; FLECHA, 1997; FLECHA; MELLO, 2005; GUEIROS et al., 2003; MELLO, 2003b; MELLO et al., 2004.

2 Para saber mais sobre a atividade e o trabalho do Niase, ver Campos et al., 2004.

aceitamos o desafio de propor um projeto de formação de educadores e educadoras, por intermédio do Brasil Alfabetizado lançado pelo governo federal no decorrer do primeiro semestre de 2003. Compusemos, então, entre professoras e professores da Universidade Federal de São Carlos, dos departamentos de Metodologia de Ensino, de Educação e de Letras, cinco turmas de formação intensiva, no mês de julho, depois acompanhadas semanalmente de agosto a dezembro do mesmo ano. A formação ocorria em uma disciplina que articula ensino, pesquisa e extensão, criada pela UFSCar, e permite reunir no espaço da universidade estudantes de graduação, pós-graduação e pessoas da comunidade externa, para desenvolver formação básica e continuada, pesquisa e extensão; esta disciplina recebe o nome de Atividade Curricular de Integração Ensino, Pesquisa e Extensão (Aciepe). Vale ressaltar que a UFSCar não possui disciplina específica destinada à formação para a educação de pessoas jovens e adultas em nenhum de seus cursos de licenciatura; a criação da Aciepe com esse tema veio, assim, enriquecer a formação dos próprios alunos e alunas da universidade, além de possibilitar a formação continuada de profissionais que já atuavam nessa modalidade, sem formação específica, e de constituir uma nova temática de pesquisa nos cursos de pós-graduação da educação e das ciências humanas da UFSCar.[3] Ao supervisionarmos turmas de alfabetização e as práticas dos educadores, investigando elementos transformadores e elementos que se apresentavam como obstáculos ao processo, nasceu a ideia de trazermos para as aulas computadores como instrumento no auxílio da aprendizagem da leitura e da escrita; nascia a quarta ação do Niase, voltada para a educação de pessoas jovens e adultas: o Inclusão Digital (concorrendo no edital Proext/2003-MEC/SESu, o projeto foi contemplado com financiamento).

Em 2004, continuamos com a Aciepe como espaço da formação inicial e continuada de educadoras e educadores para a educação de pessoas jovens e adultas, mas agora discutindo, também, o computador e a internet como ferramentas na aprendizagem da leitura e da escrita. Encontrávamo-nos semanalmente para estudar e debater textos sobre o tema, planejar aulas e preparar materiais, entre alunos e alunas da universidade; educadores e coordenações de Brasil Alfabetizado e Mova de São Carlos e professoras e professores da UFSCar. Os estudantes, uma vez por semana, participavam, também, das aulas de inclusão digital nas classes de alfabetização, aprendendo com as práticas de educadores e criando com eles e elas materiais e atividades. As aulas de inclusão digital eram realizadas nas Escolas do Futuro (bibliotecas e salas de informática criadas em escolas de ensino básico, da rede municipal de São Carlos) ou na própria sala de aula (no caso das

3 Para saber mais sobre a atividade e o trabalho do Niase, ver MELLO, et al. 2004.

turmas de zona rural, de abrigos de idosos, ou em locais isolados, a Prefeitura levava computadores portáteis até o local, onde os e as estudantes da universidade e a educadora da turma desenvolviam as atividades com os educandos).[4]

Em 2004, a rede de formação, atuação, conhecimento e solidariedade entre universidade e Prefeitura já estava bastante estabelecida. Muitas ações estavam sendo realizadas e a produção de conhecimento se fazia notar: projetos de iniciação científica e pesquisas de mestrado decorriam do trabalho. Dela também foi decorrente o projeto apresentado ao MEC/SESu, no edital de 2004 do Proext, articulando todas essas ações e agregando a elas uma mais: a produção de material didático específico para o ensino de matemática para a educação de pessoas jovens e adultas. O projeto aprovado e financiado intitulava-se, então: *Educação de Pessoas Jovens e Adultas: Aprendizagem Dialógica de Leitura e de Escrita, de Matemática e Inclusão Digital - Proext/2004. Após* tal articulação, as atividades foram potencializadas e ampliadas.

Foram objetivos do Programa: a) aprofundar o estabelecimento de práticas de aprendizagem dialógica e de participação de jovens e adultos em processo inicial de escolarização (Mova, Brasil Alfabetizado e EJA); b) desenvolver práticas dialógicas de formação de educadores para a educação de pessoas jovens e adultas, aprofundando conceitos e elaborando aulas e materiais pedagógicos; c) criar interlocução a respeito do tema entre especialistas acadêmicos, educadores e educandos, para construção de políticas para a efetiva democratização do acesso ao conhecimento e à educação. O programa foi desenvolvido a partir de cinco frentes de trabalho interdependentes.

A primeira frente de trabalho deu-se por meio da realização de uma Aciepe. No caso específico, o tema abordado foi "Educação de Pessoas Jovens e Adultas e Aprendizagem Dialógica". O trabalho foi realizado com duas turmas, uma às sextas-feiras pela manhã e outra à noite, reunindo, ao todo, setenta pessoas, entre estudantes de graduação e pós-graduação, educadores(as) de Mova e Brasil Alfabetizado, coordenadores da Secretaria de Educação do Município e professores da Universidade. Sua estrutura manteve-se a mesma das ofertas anteriores: encontros semanais de quatro horas, com aprofundamento de conhecimentos sobre aprendizagem dialógica e participação de jovens e adultos em processo inicial de escolarização, com estudo de conceitos, bem como preparo de aula e materiais para leitura e escrita, matemática e inclusão digital. Envolveu, ainda, supervisão em salas de alfabetização. A cada três semanas, abordava-se, em forma de módulo, uma das frentes de trabalho, com base em texto sobre a temática, elaborado por membros do Niase para essa finalidade. Discutiu-se, a cada semana, o desenvolvimento dos trabalhos em salas de alfabetização e a aplicação de atividades

4 Para saber mais sobre a atividade e o trabalho do Niase, ver MELLO et al., 2004.

elaboradas na semana anterior, na disciplina. Ao final de cada aula, havia, ainda, reunião entre estudantes da universidade, monitores bolsistas ou voluntários, para discutir especificamente atividades de Inclusão Digital.

O trabalho de Inclusão Digital envolveu, por sua vez, a atuação direta em salas de alfabetização, com duração de duas horas semanais. Estudantes da universidade e educadores(as) preparavam atividades de leitura e escrita, tendo o computador como suporte e instrumento dos alfabetizandos(as). Montou-se um banco de atividades para tal finalidade, que agora está sendo transformado em página web, para disponibilizar material a educadores(as) e educandos(as) de outras localidades. A internet foi explorada como meio de acesso à informação, em temas de interesse dos participantes (educandos). As aulas continuaram a ser desenvolvidas em salas de informática acopladas a bibliotecas de escolas de ensino básico do município, em Linux. As turmas que se encontravam perto das escolas a elas se dirigiam com seu(sua) educador(a), encontrando ali o estudante que estava como monitor. As turmas localizadas em lugares distantes de postos fixos de informática eram levadas em transportes específicos para as escolas que se encontravam na região, ou para a universidade. A intenção foi, também, apoiar as pessoas jovens e adultas para que superassem o mal-estar que sentiam ao entrar em espaços públicos que lhes são de direito. Para as turmas de zona rural, ou que por algum motivo não podiam locomover-se (caso de abrigo de idosos, Núcleo de Assistência Integral etc.), criou-se o que intitulamos de "posto móvel". Em transporte da Prefeitura, *notebooks* eram levados até as salas, acompanhados pelo(a) monitor(a).

Com relação à Tertúlia Literária Dialógica, como já comentado, a atividade implicou a leitura de clássicos da literatura estrangeira ou brasileira, com educandos de duas turmas de EJA (neoleitores), para experimentar a dinâmica de aprendizagem dialógica como fortalecimento do manejo da leitura e da escrita e acompanhar seus resultados. Em duas salas de aula de EJA, em reuniões semanais de duas horas, participantes dedicaram-se à leitura de páginas de livro por eles escolhido, destacando e comentando trechos do lido. Foram lidos *Vidas secas* e *Dom Quixote*.

A aprendizagem dialógica de matemática envolveu a tradução, a adaptação e o teste de material de matemática elaborado pelo Crea/Universidade de Barcelona. Em encontros semanais, monitoras desenvolveram atividades em duas classes de EJA inicial, discutindo com os educandos as transformações a serem feitas para que o material seja uma boa fonte para uso no Brasil. O trabalho continua em processo, prevendo-se sua publicação para 2006.

Por fim, o II Congresso Regional de Educação de Pessoas Adultas e o I Congresso de Participantes de Educação de Pessoas Jovens e Adultas encerraram o processo de trabalho, em 2005. Em formato de trijornadas, os dois congressos foram organizados com a participação de professores e alunos da universidade, educadores e educandos da educação de pessoas jovens e adultas e especialistas da Secretaria de Educação. Contemplaram a apresentação e o debate de pesquisas, de práticas de formação de educadores, de práticas docentes e de práticas de aprendizagem na educação de pessoas jovens e adultas.

A programação do evento foi montada com educadores, bem como com participantes da educação de pessoas jovens e adultas, em reuniões periódicas realizadas na universidade e em salas de Mova, Brasil Alfabetizado e EJA. Membros do Niase deslocavam-se até as salas, discutindo com participantes as melhores datas, dias, horários, palestrantes, dinâmicas a serem realizadas. A previsão de transporte gratuito para o deslocamento dos participantes de educação de pessoas jovens e adultas, dos bairros para a universidade, garantiu sua grande presença nos Congressos.

A abertura dos eventos foi feita pela profa. dra. Ana Maria de Araújo Freire, que expôs a contribuição de Paulo Freire para a educação de jovens e adultos no Brasil e no mundo. Depois, em quatro mesas, atores sociais expuseram seu trabalho, suas propostas e seus compromissos para com a educação de pessoas jovens: a primeira mesa foi composta por pesquisadoras, a segunda por educadoras de Mova e de EJA, a terceira por representantes do governo municipal e federal e a quarta por líderes de movimentos sociais, culturais e educacionais e educandas de EJA. Durante as mesas, revezavam-se atores na exposição e na escuta, para estabelecer, depois, diálogo sobre as necessárias transformações a serem feitas no sistema, nos movimentos, nas práticas de educação de pessoas jovens e adultas.

Quatro espaços foram originais e fundamentais nestes congressos, além das mesas nas quais quem em geral está na plateia assumiu sua palavra e foi escutada (educandas e educadoras). Os momentos de café foram considerados parte acadêmica dos eventos, pois neles nos propusemos, todas e todos, a interagir com os diferentes atores ali presentes; diálogo entre educandos, pesquisadores e educadores foi o marco desses momentos. Em oficinas diversificadas, pesquisadores, educadores, participantes de educação de pessoas jovens e adultas compartilharam conhecimentos acadêmicos e práticos, fosse na função de quem oferecia oficinas, fosse na de quem delas participava (oficinas de tecelagem, de artesanato, de bordado, por exemplo, foram oferecidas por mulheres em processo de aprendizagem da leitura e da escrita; oficinas de dança, de ortografia, de leitura, de movimento, de reciclagem, por exemplo, foram oferecidas por estudantes e professores(as) da universidade; oficinas de economia solidária, cooperativismo, educação étnico-racial, por exemplo, foram oferecidas por movimentos sociais e culturais da região). Nos espaços de comunicação oral e pôsteres, educandos, educadores juntaram-se a estudantes e pesquisadores da universidade, para apresentar seus relatos e reflexões sobre a educação de pessoas jovens e adultas; aqui também revezaram-se entre ouvir e expor, para depois debater. Também houve grupos de trabalhos, nos quais os diferentes segmentos puderam expressar suas preocupações, análises e sonhos quanto à educação de pessoas jovens e adultas, indicando ações a desenvolver (financiamentos, formação de educadores, organização das escolas, das aulas e dos currículos, relação entre movimentos e sistemas, necessidades de novas pesquisas, interação entre universidade, educadoras e educandos etc.); ao final dos eventos, em reunião plenária, foram indicadas as reivindicações que dali saíam e as quais deveriam ser remetidas ao Conselho Municipal de Educação, para incorporação nas Diretrizes da Educação para o Município de São Carlos.[5]

Em três dias de trabalho, oitenta educadores e mais de 350 educandos de educação de pessoas jovens e adultas reuniram-se nas diferentes atividades com pesquisadores, formadores, lideranças de base, estudantes da universidade, dirigentes de governos. Os eventos proporcionaram a divulgação, a análise e a avaliação do conhecimento que vem sendo produzido na e sobre a educação de pessoas jovens e adultas, bem como sua produção conjunta e a indicação de caminhos a trilhar CD-Rom contendo a conferência de abertura, as mesas, as comunicações orais, os pôsteres e a carta do II Crepa e I ConPar está em processo de conclusão.

Os eventos foram por nós entendidos como síntese provisória do trabalho que vimos desenvolvendo entre muitos agentes, muitas vozes e segmentos sociais e culturais. Nessa perspectiva, nos ajudaram a avaliar e a projetar as ações, teorias e diálogos.

Construção de caminhos, de diálogos e de transformações

Após o relato do trabalho que vimos desenvolvendo no Niase, desde 2002, no tocante à educação de pessoas jovens e adultas, em uma perspetiva dialógica e comunicativa, vale indicar os resultados a que chegamos até o momento e reflexões que se têm mostrado importantes na continuidade da construção de uma educação de pessoas jovens e adultas que efetivamente auxilie na transformação social.

Em consonância com os objetivos e metas propostos, destacamos como resultados dos trabalhos:

1. Quanto à formação de educadores (inicial e continuada): formação de 120 educadores, com foco na necessidade de postura ativa diante da educação de pessoas jovens e adultas como processo de acesso a conhecimento instrumental e de desenvolvimento de segurança de base para participar dos espaços e

---

5 Para saber mais ver <www.ufscar.br/~crepa>.

processos políticos públicos. A educação de pessoas jovens e adultas é uma fase com características específicas e envolve necessidade de compreender e respeitar os conhecimentos que os educandos já têm. Estimula-se a autonomia dos educadores para desenvolverem aulas e materiais adequados à fase da escolaridade, com base na interlocução com os próprios educandos. A principal reflexão que fazemos no âmbito da formação de educadores diz respeito à necessidade de dar significância ao conhecimento acadêmico (sociologia, psicologia, linguística, pedagogia, metodologia) a partir da avaliação prática de sua existência, ou seja, sua validade e sua eficiência devem ser medidas pela potencialidade que têm para atender a anseios e necessidades dos atores a quem se destina: os participantes da educação de pessoas jovens e adultas. Tal significância não se estabelece de maneira solitária e, por isso, a riqueza de fazer encontrarem-se, em mesmos espaços, cada qual dizendo sua palavra, educadores e educadoras já diplomados e em processo de graduação, educandos e pesquisadores, todos nós, em processo de formação. O formar-nos na relação com a prática ultrapassa, em nossa perspectiva, o mero território da profissionalidade em que a ação é sempre estratégica e dada por um único agente, fazendo da interação um pretexto para se chegar ao fim determinado pelo profissional. Para nós, o formar-se deve ocorrer como efetivo espaço de comunicação e de dialogicidade, na construção do conhecimento e no processo de educarmo-nos todas e todos em comunhão: pesquisadores, formadores, educadores, educandos.

2. Inclusão digital: acesso ao uso de computadores por cerca de oitocentos educandos, em práticas de aprendizagem de leitura e de escrita, desenvolvidas e orientados pelos educadores de sala e pelos estudantes da universidade que atuaram como monitores de aulas semanais, com duração de duas horas. Incorporaram-se computadores às práticas de leitura e de escrita, como instrumentos de aprendizagem e como direito de acesso a tais instrumentos e a espaços públicos onde educandos(as) estão. A principal reflexão que fazemos quanto á Inclusão Digital, aliada à aprendizagem da leitura e da escrita, dirige-se ao fato de que o computador pode ser incorporado pelas pessoas adultas como instrumento que as ajuda a enfrentar alguns obstáculos sociais, como: a dificuldade que alguns trabalhadores(as) rurais manifestavam para fazer os movimentos necessários à produção manuscrita, vendo no computador a possibilidade de não terem de se preocupar com o desenho das letras; as relações edistas (preconceito por idade) que vários homens e mulheres sofriam na própria família, ganhando o respeito dos mais novos e alterando sua autoimagem ao dominarem instrumentos identificados com a juventude; as relações sexistas que as mulheres sofriam e por vezes assumiam, quando entendiam que

máquinas pertencem apenas ao universo masculino; as relações classistas, que impõem a compreensão de que apenas pessoas com poder aquisitivo podem usufruir dos avanços tecnológicos; as relações academicistas, que defendem que apenas pessoas com alta escolaridade podem usufruir de instrumentos como o computador e a internet.

3. A Secretaria de Educação da Prefeitura Municipal de São Carlos assumiu, em 2005, o Programa de Inclusão Digital como política pública própria; o Niase apoia a ação contribuindo para a formação de educadoras e educadores e monitores, bem como discutindo os elementos que facilitam e os que dificultam o acesso e a participação dos educandos(as) às aulas. Entendemos que trabalhar para que o Estado assuma suas obrigações, quanto à garantia de igualdade de acesso e de aprendizagem a todos os segmentos sociais, implica, por parte da universidade, fazer parcerias, criar frentes de atuação e aos poucos ir retirando-se do protagonismo da ação, para que a democratização de espaços, meios e conhecimentos se efetive, por meio de políticas públicas. No caso de Inclusão Digital, cabe aos governos criarem espaços públicos e dotá-los das novas Tecnologias de Informação e Comunicação (TIC), renovando os equipamentos frequentemente, e garantindo meio de transporte para aqueles que estão distantes desses espaços. Para efetivar-se o acesso às TIC, há, ainda, que se formar os educadores para incorporarem em sua vida e em suas práticas pedagógicas seu uso.
4. Produção de material pedagógico específico, destinado à educação de pessoas jovens e adultas: considerando as especificidades da vida adulta, os conhecimentos práticos que as pessoas já possuem e os conhecimentos acadêmicos a serem aprendidos, temos adaptado e produzido materiais próprios, com educadoras e participantes da EJA. Entendemos que se há um papel bastante específico dos especialistas em educação este é o de produzir materiais que facilitem o acesso aos conhecimentos, respeitando as características de quem os usa. Tal tarefa não pode ser realizada, porém, de maneira isolada, contemplando apenas o pensamento acadêmico aqui cabe uma vez mais a reflexão sobre a produção dialogada do conhecimento e dos materiais pedagógicos. Além de pesquisadores, bem como de educadores (que recentemente passaram a ser considerados parceiros nas pesquisas por grupos que utilizam o referencial sobre o professor pesquisador, ou o professor reflexivo), há que se trabalhar também com os participantes, cujas interpretações trazem à produção de conhecimentos e materiais o crivo mais efetivo para a transformação social.
5. Leitura de livros clássicos e compartilhamento de conhecimentos, como processo de fortalecimento de aquisição da leitura e da escrita e de sua articulação com o mundo da vida de pessoas jovens e adultas que se alfabetizaram há

pouco tempo (termo I ou II da Suplência), via Tertúlia Literária Dialógica. Os participantes relatam que o domínio da leitura e da escrita foi muito enriquecido no processo, não apenas como domínio técnico, mas também como domínio compreensivo, desmitificando a palavra escrita como única forma de conhecimento: ao lerem e debaterem o livro *Vidas secas*, por exemplo, deram-se conta de que sabiam muito sobre os lugares, costumes e sofrimentos contidos no livro, bem como o vocabulário nele utilizado; educavam as educadoras com suas palavras, ao mesmo tempo que também se educavam na leitura da palavra e na leitura de mundo compartilhadas. Destaca-se desse trabalho a necessidade de oferecer às pessoas jovens e adultas, em processo de aprendizagem da leitura e da escrita e em todo o seu processo de escolarização, textos de boa qualidade, sem facilitações que, muitas vezes, impregnam o material de pré-conceito classista do tipo literatura clássica destina-se apenas à elite. Entendemos que o medo de submeter a cultura popular à cultura dominante, argumento muitas vezes utilizado por pesquisadores e educadores da educação de pessoas jovens e adultas, ao tentar proteger os educandos, nega-lhes acesso ao conhecimento letrado e revela a dúvida sobre sua capacidade crítica e conhecimento de mundo para contrapor-se ao dominante. O que tem de ser cuidado é o quanto nós, pesquisadores e educadores, mitificamos essas obras e desenvolvemos a prática pedagógica de maneira bancária. A base da Tertúlia é a aprendizagem dialógica, que propõe uma forma de estar no mundo e na relação pedagógica.

6. Participação de quinhentas pessoas no II Congresso Regional de Educação de Pessoas Adultas e I Congresso de Participantes, com apresentação de painéis e comunicações orais por educadores/as, estudantes da UFSCar e educandos de EJA, Mova. Nesses congressos, foi possível divulgar todos os resultados obtidos no trabalho até junho de 2005, desenvolver interlocução entre pesquisadores, educadores e educandos da educação de pessoas jovens e adultas e gerar sugestões e indicações de necessidades a serem contempladas em políticas de pesquisa, de formação de educadores e de participação de educandos na educação de pessoas jovens e adultas. Em nosso ponto de vista, quando se trabalha pela transformação social, os congressos, seminários, simpósios têm de se transformar em espaços de diálogo e, portanto, de falar *com* os agentes envolvidos nos processos focalizados pelos eventos em nosso caso, educandos e educadores. Geralmente o que se faz e assiste na academia é: fala-se *com* pesquisadores, *sobre* educandos, *para* educadores. Há que se transformar tais relações.

Tratando-se de âmbito que faz encontrar cultura popular e cultura acadêmica, saber e trabalho, ação no mundo e transformação, a Educação de Pessoas Jovens e Adultas é campo que nos coloca o desafio de escolher teorias que nos ofereçam instrumentos para analisar os condicionantes sociais e históricos que limitam nossas ações, mas também para atuar em fronteiras tensas, conflituosas, difíceis, construindo possibilidades. Há teorias que oferecem tais instrumentos (de análise e de ação) e outras que, ao assumirem visões deterministas (o homem e a mulher são determinados), conformistas (há que se adaptar às novas condições, pois não há alternativa) ou dissolventes (dissolução do sujeito e sua incomunicabilidade), oferecem instrumentos analíticos, mas não instrumentos para desenvolver ações transformadoras.

Vale por fim explicitar que o conhecimento acadêmico (baseado na ação teleológica e estratégica) já constituído sobre a Educação de Pessoas Jovens e Adultas (no caso, o conhecimento pedagógico, o conhecimento sobre participação social e o conhecimento sobre formação de professores) é fundamental para os avanços na área e no tema, mas não é por nós tomado como bom em si mesmo, o que nos levaria a assumi-lo como prescritivo e a avaliá-lo apenas com parâmetro interno. Entendemos sua importância na relação com a realidade e os contextos sociais e culturais onde atuamos e, portanto, em verificação constante de ação comunicativa com diferentes sujeitos sociais.

Referências bibliográficas

BATEL, T.; BOGADO, A. Tertúlia literária dialógica: superando o preconceito pela idade. Congresso Regional de Educação de Pessoas Adultas (I Crepa), I, 2003, São Carlos. *Anais*... São Carlos, 2003.

BENTO, P. et al. Tertúlia literária dialógica: prática de leitura e descolonização do mundo da vida. II Encontro sobre Prática de Leitura, Gênero e Exclusão. Congresso de Leitura, 14, 2003, Campinas. *Anais*... Campinas, 2003.

CAMPOS, D. et al. [Re]conhecer diferenças – construir resultados. Congresso Regional de Pessoas Adultas, I. Congresso Brasileiro de Extensão Universitária, 2, 2004, UFMG. *Anais*... Minas Gerais, 2004.

CASTELLS, M. Flujos, redes e identidades: una teoría crítica de la sociedad informacional. In: FLECHA et al. Nuevas perspectivas críticas en educación. Barcelona: Paidós, 1994.

CENTRE DE RECERCA SOCIAL I EDUCATIVA (Crea). *Habilidades Comunicativas y Desarrollo Social*. DGCYT, Dirección General de Investigación Científica y Técnica. Madrid, 1998.

FLECHA, R. *Educación de personas adultas*: propuestas para los años noventa. Barcelona: El Roure, 1990.

_______. *Compartiendo palabras*. Barcelona: Paidós, 1997.

_______; MELLO, R. R. Tertúlia literária dialógica: compartilhado histórias. Presente – *Revista de Educação*, p.29-33, mar./maio 2005.

FREIRE, P. *Pedagogia do oprimido*. 30 ed. São Paulo: Paz e Terra, 2001a.

_______. *À sombra desta mangueira*. São Paulo: Olho D'água. 2001b.

GUERIOS, S. et al. Tertúlia literária dialógica: vozes de mulheres. Congresso Regional de Educação de Pessoas Adultas (I Crepa), 1, São Carlos, 2003. *Anais*... São Carlos, 2003.

HABERMAS, J. *Teoría de la acción comunicativa*. I: racionalidad de la acción y racionalización social; II: crítica de la razón funcionalista. Madrid: Taurus, 1987.

MELLO, R. R. Comunidades de aprendizagem: contribuições para a construção de alternativas para uma relação mais dialógica entre a escola e grupos de periferia urbana. Barcelona: Centro de Investigação Social e Educativa (Crea), Universidade de Barcelona, Relatório de Pós-Doutorado. Fapesp, 2002.

_______. Aprendizagem dialógica: base para a alfabetização e para a participação. Congresso Brasileiro de Leitura e Escrita, 14, Campinas, Unicamp, 2003. *Anais*... Campinas, 2003a.

_______. Tertúlia literária dialógica: espaço de aprendizagem dialógica. Revista Contrapontos – *Revista de Educação da Universidade do Vale do Itajaí*, v.3, n.3, p.449-57, set./dez. 2003b.

_______. Redes de conocimiento y de solidaridad. *Cuadernos de Pedagogía*, n.341: outra educación. Otras escuelas, p.62-5, dez. 2004.

_______ et al. Tertúlia literária dialógica. In: CORREA et al. *[Re]conhecer diferenças*: construir resultados. Brasília: Unesco, 2004a.

_______ et al. Inclusão digital e alfabetização de adultos. Congresso Brasileiro de Extensão Universitária, 2, Minas Gerais, UFMG, 2004. *Anais*... Minas Gerais, 2004.

VALLS, M. R. Comunidades de aprendizaje – una práctica educativa de aprendizaje dialógica para la Sociedad de la Información. Barcelona, 2000. Tese (Doutorado em Pedagogía Social y Políticas Sociales) Departamento de Teoría y Historia de la Educación, Universidad de Barcelona.

18

Para não matar dois Coelhos com uma cajadada só

João Luís C . T. Ceccantini

A ideia de abordar aspectos ligados à obra de dois Coelhos (os escritores Coelho Neto e Paulo Coelho) no seminário temático "Literatura e Formação de Professores", inserido no VIII Congresso Estadual Paulista sobre Formação de Educadores, cujo tema central foi Modos de Ser Educador: Artes e Técnicas; Ciências e Políticas, teve por origem uma certa irritação de que me vi tomado quando, um tanto por acaso, em uma dessas muitas pesquisas que fazemos na internet, caí na página de um cursinho pré-vestibular que discorre sobre alguns autores do final do século XIX e do início do século XX. A página apresenta um único e implacável parágrafo para tratar do escritor Coelho Neto e, indiretamente, de Paulo Coelho:

> Henrique Maximiliano Coelho Neto (1864-1934) foi em sua época o que hoje é Paulo Coelho em termos de Literatura Brasileira: um escritor de grande apelo popular, prolífico e de baixa qualidade. Deputado, o "príncipe dos prosadores brasileiros" (como foi eleito em 1928) escrevia freneticamente não apenas romances e contos, mas também artigos para jornais brasileiros e estrangeiros. (Realismo, 2005)

Isso é tudo o que encontramos sobre o escritor no site. Em algumas míseras linhas, esse tão importante escritor brasileiro de outros tempos foi "liquidado" de forma taxativa e dogmática, sendo comparado a um escritor contemporâneo hoje em dia bastante em evidência. A "execução" sumária e simultânea de um escritor do século XIX na aproximação com outro do século XX (avançando para o XXI) pareceu-me emblemática de um fenômeno que tenho observado com recorrência, atualmente, em diferentes contextos – o de uma grande simplificação na abordagem dos fenômenos literários e, de modo geral, na abordagem da cultura, em uma perspectiva que, muitas vezes, assume uma linha polarizadora, maniqueísta e, antes de mais nada, redutora. É frequente a oposição entre um pequeno e "nobre" grupo de objetos e autores e um outro (imenso) grupo de rejeitados e condenados à vala comum do desprezo e do esquecimento, como se, da mesma maneira que na Fórmula 1, em uma maratona ou em um concurso de modelos, mereçam atenção apenas o pódio e os que chegam até ele. Isso, tanto na imprensa quanto no meio acadêmico, e com todos os consequentes desdobramentos que essa atitude acarreta para o Ensino Fundamental e Médio.

Antes de avançar para considerações que procuram colocar em xeque esse tipo de abordagem que engessa o fenômeno literário, em suas relações com questões ligadas à didática da literatura e à formação de leitores, vale a pena recuperar alguns aspectos da vida e da obra dos dois autores, especulando o que de sintonia e o que de contradição pode haver entre essa comparação.

De início, é preciso lembrar que Coelho Neto, escritor maranhense nascido em Caxias e falecido no Rio de Janeiro, foi mesmo um escritor prolífico à sua época – o último quartel do século XIX e as primeiras décadas do século XX, momento de grande efervescência cultural em um país que acordava para o atraso de sua condição e corria em busca da superação desse estado de coisas. Escreveu mais de 130 livros, com uma obra que atingiu cerca de 250 edições até meados do século passado e alcançou um conjunto estimado em 600 mil exemplares vendidos, o que o tornou por um longo período o autor mais lido do país. Trata-se de números impressionantes ainda para os parâmetros atuais e muito mais para os da época. Especialmente quando consideramos que, por volta do início da década de 1920, tínhamos pouco mais de trinta livrarias no Brasil, cerca de 80% da população era analfabeta e a primeira edição de títulos de grandes nomes do cenário literário brasileiro ficava nos quinhentos, quando muito mil exemplares, sendo que, em boa parte das vezes, esses volumes levavam dois, três, quatro, até mesmo cinco anos para sair das prateleiras e chegar às mãos dos leitores.

Além de o nome de Coelho Neto evocar esses números substantivos, é preciso chamar a atenção também para o fato de que, como poucos à sua época, ele foi efetivamente um profissional da literatura, conseguindo viver essencialmente de sua escrita, fato admirável para o Brasil de então, assim como para o de hoje. Além disso, em virtude da distinção que gradativamente conquistou, ocupou diversos cargos públicos de destaque, como o de professor do Colégio Pedro II, o de diretor dos Negócios do Estado ou o de deputado federal pelo estado do Maranhão, sua terra natal. Foi, de nossos escritores, dos mais festejados em vida, e sua obra alcançou grande legitimação, o que pode ser ilustrado pelo fato de ter sido membro e presidente da Academia Brasileira de Letras, pelos prêmios e homenagens a ele concedidos, pelas resenhas constantes que receberam suas obras na imprensa, ou mesmo por ter sido eleito em um concurso público realizado pelo jornal *O Malho* com o já referido título de "o príncipe dos prosadores brasileiros".

O "último dos helenos", como ele mesmo também se intitulou, não obteve, entretanto, unanimidade crítica. Lima Barreto, seu contemporâneo, constituiu um dos mais corrosivos críticos de sua obra, e expressou de forma ácida sua posição em relação ao escritor, em uma atitude que muito influenciaria sucessivas gerações críticas, contribuindo de forma significativa para o gradativo "apagamento" do episódio Coelho Neto na história da Literatura Brasileira, a ponto de hoje ser difícil encontrar jovens (ou mesmo aqueles não tão jovens assim...) que tenham lido uma única obra sequer do escritor. Também nenhuma de suas obras continua ainda a ser editada, a não ser no caso de brevíssimas antologias. O que afirmou Lima Barreto:

> O Senhor Coelho Neto é o sujeito mais nefasto que tem aparecido no nosso meio intelectual ... Sem visão da nossa vida, sem simpatia por ela, sem vigor de estudos, sem um critério filosófico ou social seguro, o Senhor Neto transformou toda a arte de escrever em pura chinoiserie de estilo e fraseado. (Barreto, 1961, p.188-91)

Ao longo do tempo, essa visão negativa da obra do escritor seria reiterada por diversas gerações de críticos, em particular e de maneira intensa por aquela constituída pelos modernistas heroicos, traduzindo-se em ataques à obra de Coelho Neto, que se concentraram sobretudo nos seguintes pontos: o abuso das palavras difíceis e pouco utilizadas na língua cotidiana (com frequência pesquisadas pelo autor em dicionários e clássicos portugueses); o excesso de descritivismo e verborragia, que comporiam um conjunto ornamental e prolixo; uma dicção rebuscada, em que sobressairia a forma em prejuízo da verticalização dos temas abordados.

Mas, entremeados aos críticos que expurgaram Coelho Neto de nossa literatura, há aqueles que volta e meia têm procurado tirá-lo do limbo, abordando sua obra de forma mais ponderada, ressaltando suas qualidades, operando a triagem dos melhores títulos, alimentando o debate em torno da figura do escritor, defendendo o interesse que pode despertar nas novas gerações de leitores. Como aponta Marcos Aparecido Lopes, na visada panorâmica que oferece sobre a bibliografia crítica a respeito de Coelho Neto (Lopes, 1997), sobressaem: Brito Broca, na década de 1950; Cavalcanti Proença, na de 1960; Wilson Martins e Alfredo Bosi, na de 1970. Tais críticos destacam qualidades do escritor como o uso acertado de certos traços realistas, bem como de determinados matizes românticos; a poeticidade própria de numerosos fragmentos; a valorização de algumas técnicas documentais e narrativas; e mesmo a sobriedade e a profundidade de análise por vezes obtida, entre outras tantas características que, no conjunto, valorizam obras como

A capital federal (1893), *Miragem* (1895), *Inverno em flor* (1897), *O morto* (1898), *A conquista* (1899), *Tormenta* (1901), *Turbilhão* (1906), *Rei negro* (1914), e *Fogo fátuo* (1929), para citar alguns dos títulos mais elogiados.

Os aspectos aqui elencados permitem perceber a riqueza do caso Coelho Neto, especialmente se o fenômeno literário for considerado um complexo sistema de autores, obras e público (para citar a clássica acepção de Antonio Candido), e não apenas julgado com base em aspectos imanentes aos textos produzidos por um dado autor. Como desconsiderar o papel desempenhado por um escritor como Coelho Neto na formação de leitores, em um país de tradição iletrada como o nosso? Como ignorar sua contribuição para um conhecimento mais acurado da realidade social de sua época? Como desprezar sua contribuição para o complexo processo de profissionalização do escritor no Brasil?

Uma vez feitas essas breves considerações sobre Coelho Neto, trato de Paulo Coelho, nascido em 1947, na cidade do Rio de Janeiro. No quesito popularidade, apontado na comparação entre os dois autores, deve-se dizer que é inegável que Paulo Coelho seja hoje um dos escritores mais populares do país e, na verdade, do planeta. Os números alardeados pela mídia a cada oportunidade indicam que já vendeu 65 milhões de exemplares (dos quais 20 milhões no Brasil), tendo sido traduzido para sessenta línguas. Vale ressaltar que pesquisas recentes entre professores de Língua Portuguesa do Ensino Público apontam Paulo Coelho como um de seus escritores preferidos e mais lidos. E, tal como Coelho Neto, Paulo Coelho também conquistou a legitimação de seus companheiros de ofício, ao ser admitido como membro da Academia Brasileira de Letras.

Do ponto de vista da quantidade de títulos escritos e publicados, no entanto, é injusta a aproximação de Paulo Coelho a Coelho Neto, uma vez que não se deve considerar prolífico um escritor que publicou até hoje quinze títulos – não necessariamente um exagero para quem é editado de forma sistemática desde 1988. Vale dizer, também, que, se Paulo Coelho recebeu o aval de seus pares ao ingressar na ABL, os críticos literários da academia e do meio jornalístico têm sido implacáveis com sua literatura, desde a estreia do escritor. Tem vigorado uma espécie de tácito acordo entre a intelectualidade brasileira – para além dos muros da ABL – condenando e atacando pesadamente a literatura do "mago".

As principais críticas concentram-se no estilo, considerado "primário", "tosco", "claudicante". O que revelaria a falta de domínio da língua portuguesa por parte do autor, sendo apontado mesmo um significativo número de "erros gramaticais" que, paradoxalmente, Paulo Coelho se recusa a corrigir, nas sucessivas reimpressões de algumas de suas obras, sobretudo as primeiras, em virtude de suas muitas superstições.

Nessa linha dos ataques que sofre o escritor, de forma recorrente também tem sido levantada a hipótese de que Paulo Coelho teria feito sucesso no exterior, porque sua agente literária soube escolher a dedo seus tradutores, capazes de melhorar muito o estilo do autor nas publicações em outros idiomas.

Em face dessas considerações, Paulo Coelho seria exatamente o oposto de Coelho Neto: o que faltaria em um, sobraria em outro – o domínio da língua, a riqueza do léxico, o apuro nas construções linguísticas. Do mesmo modo, na questão dos temas abordados e de seu desenvolvimento, se Coelho Neto foi muitas vezes valorizado pela carga imaginativa de uma dada vertente de sua obra, Paulo Coelho, ao contrário, tem sido acusado de mera diluição da tradição já bem consolidada de certa literatura oriental, da qual toma emprestado numerosos motivos, conferindo-lhes um caráter raso.

Somente nos últimos tempos, começam a surgir, em meio à crítica respeitada e esclarecida, vozes dissonantes, que procuram poupar a literatura de Paulo Coelho de ataques furiosos ou mesmo efetivamente valorizá-la. Walnice Nogueira Galvão, por exemplo, aberta à discussão do fenômeno dos best-sellers, tem abordado a produção do autor ao lado de *Harry Potter*, de J. K. Rowling (que valoriza bastante), e do *O código Da Vinci*, de Dan Brown (que execra). Depreende-se das declarações de Galvão que Paulo Coelho ocuparia uma posição intermediária entre esses dois autores:

> O autor de *O alquimista* é um precursor do gênero "autoajuda travestido de esotérico". Ele estava lá no seu canto, escrevendo livros em que oferecia esoterismo, ocultismo, autoajuda, quando o mundo inteiro deu uma guinada nessa direção. Vamos dizer que o mundo é que foi ao encontro de Paulo Coelho. Como ele escreve dentro de um certo "mínimo denominador comum", isso o globaliza imediatamente. Ele pode ser lido em qualquer lugar.
>
> *Harry Potter*, Paulo Coelho e *O código Da Vinci,* além de serem best-sellers, oferecem esoterismo, religiosidade, o oculto e a magia, que são, a meu ver, compensatórios do excesso de materialismo de nosso tempo, do fundamentalismo do mercado, do primado da mercadoria e da idolatria do consumo e seu templo, que é o shopping center. (Galvão apud Ribeiro, 2005)

Luís Antônio Giron, jornalista cultural dos mais respeitados e também escritor, não teme a polêmica, ao defender a ideia de que a crítica militante condena Paulo Coelho acima de tudo porque ele vende bem e declara que ela nem se dá ao trabalho de ler o conjunto de sua obra, menos ainda o de analisá-la. Aponta diversas qualidades na literatura do autor e procura chamar a atenção para o fato de que seus livros, ao longo do tempo, gradativamente se aperfeiçoaram. Em um texto irreverente, cuja provocação maior já se faz presente no título – nada mais nada menos do que "Paulo Coelho para o Prêmio Nobel" – , Giron defende a ideia de que Paulo Coelho é um "autor místico de grande qualidade", atuando em seara até então pouco fecunda no Brasil:

> O Brasil não conta com celebridades literárias no campo da literatura espiritualista. Monte Alverne fez vibrar o espírito dos românticos. Antonio Conselheiro poderia ter sido um pregador de renome, mas não teve tempo para recolher suas prédicas. Há o padre Antônio Vieira, português que viveu no Brasil colonial. O estilo dos seus sermões é insuperável e foi considerado o modelo da sintaxe da língua portuguesa por outro místico, o imenso poeta Fernando Pessoa...
>
> *Mutatis mutandis*, Paulo Coelho opera no espectro dos pregadores, dos sermonistas, dos contadores de histórias edificantes. Ele não está preocupado em formular romances que impressionem as gentes acadêmicas, e sim devota-se a uma espécie de catequese. O projeto literário de Paulo Coelho é converter o gentio a uma espiritualidade mais livre do que a consagrada pelo cristianismo. Cada um de seus livros é um passo na direção do aperfeiçoamento místico do ser humano. Toda a sua produção pode ser entendida como iniciática.
>
> Jesuíta de formação, membro de uma sociedade secreta católica, que ele denomina de Guerreiros da Luz, Coelho sempre trabalhou movido por inspiração. Como místico, ele pratica uma literatura que se divide entre a fábula alegórica e a autobiografia.
>
> ...
>
> Em todos os seus livros, Paulo Coelho jamais enganou ninguém. Não se especializou na exploração da violência urbana, ou nas misérias do sexo, como boa parte dos autores brasileiros atuais, mais preocupados em chocar do que em construir uma obra em escala monumental. Paulo Coelho, nesse sentido, possui uma coerência assombrosa. Elaborou parábolas com o objetivo de elevar o ser humano, de consolar o leitor nos momentos difíceis, de alimentar alegria e converter os profanos.
>
> É puro preconceito dizer que isso não é literatura. As pessoas gostam da mensagem mística do autor, não de seu estilo – que, aliás, é simples e direto, quase desprovido de efeitos de retórica. Atinge o que quer de imediato, como deve agir sempre o pregador. Se o leitor não gosta de religião e misticismo é melhor ficar longe e não julgá-lo. Se gosta, vai encontrar nos seus livros um manancial de conselhos, símbolos e fábulas edificantes. Paulo Coelho é um Esopo à brasileira: um contador de histórias morais que passou pelo banho do batismo e hoje se considera um missionário dentro da literatura. Nem medíocre, nem farsante, nem gênio: apenas um escritor honesto nos seus propósitos. (Giron, 2005)

Como se pode depreender dos aspectos aqui explorados de forma rápida a respeito de um e de outro escritor, afora o extraordinário interesse que evidenciam os dois fenômenos para uma visada de caráter mais sociológico, é possível dizer que a "baixa qualidade" da literatura dos dois é muito menos pacífica do que quer fazer crer o parágrafo que nos serviu de mote, bem como não é assim tão simétrica a aproximação possível entre os dois escritores. Embora possa até apresentar alguns pontos de contato plausíveis, revela diferenças marcantes e, sobretudo, em um aspecto fulcral para o estudo da literatura: o modo muito distinto com o qual cada um desses escritores se relaciona com a língua.

Mas, na verdade, o parágrafo do site interessa ainda mais à medida que faz vir à tona certo tipo de conduta cristalizada – que, na esfera dos cursinhos pré-vestibulares pode-se transformar até em caricatural –, muito presente nos diferentes níveis de ensino: o de reproduzir, ao longo de gerações, uma visão estática do fenômeno literário. Nesse contexto, a literatura tem sido abordada segundo uma perspectiva bastante sacralizadora, fundada em julgamentos de valor tomados a terceiros, sem explicitação dos critérios que os embasam, muitas vezes perdidos no tempo, desenraizando as obras literárias da sociedade e da História, e, sobretudo, deseducando o leitor, no sentido de que o ensina a abrir mão de sua condição de sujeito, para acatar, de forma passiva, um lote de informações domesticadas sobre o conjunto dos "geniais escritores" que seria imperativo conhecer a qualquer preço em detrimento dos demais. E ressaltando-se que isso não significa, na maior parte das vezes, ler, de fato, as obras desses grandes autores, o que, em verdade, seria bastante desejável.

Tanto na academia, em minhas aulas como professor de Literatura Brasileira na Graduação e na Pós-graduação, quanto em meu trabalho sistemático com a formação continuada de educadores, tenho deparado com certo impasse a que hoje chegam alunos e professores, que passa tanto pelo objeto em foco quanto pelo método com que deve ser enfrentado, abarcando o nível pessoal e profissional: como conjugar a leitura de autores contemporâneos, amplamente divulgados pela mídia, consumidos no dia a dia, muitas vezes na surdina, e a outra leitura – em geral escolarizada – dos escritores vinculados ao patrimônio literário instituído? Expandido-se este para a esfera de tantos outros objetos culturais – filmes, canções, peças teatrais etc. Há como gerir simultaneamente esses dois universos? Admitem algum tipo de conciliação?

Talvez, mas tão só se nos desfizermos da perspectiva congelante e dicotomizadora que tem balizado a abordagem dos fenômenos da cultura, em particular a literatura, configurando o que já se convencionou considerar autêntica "guerra das culturas", em que se situa, de um lado, a alta cultura e, de outro, a baixa; de um lado, a "verdadeira arte", de outro, a indústria cultural; de um lado, a "cultura erudita", de outro, "a cultura de massa"; de um lado, "a" literatura, de outro, a paraliteratura; de um lado o cânon, de outro, "o que sobra".[1]

Para os mediadores empenhados em formar leitores – professores, bibliotecários e animadores culturais, entre outros – que são os que vivem na prática o descompasso entre as obras valorizadas e legitimadas como alta literatura e as leituras concretas realizadas pelos jovens leitores em formação, essa cisão da cultura em dois campos rigidamente delimitados pode gerar razoável embaraço, uma vez que se imaginem utilizando livros que certamente despertarão grande

1 Retomo aqui algumas ideias abordadas em artigo de minha autoria ,"Leitores de Harry Potter: do negócio à negociação da leitura" (JACOBY; RETTENMAIER, 2005, p.23-52).

prazer em boa parte de seus potenciais leitores, alinhados que estão a seu horizonte, mas considerados por muitos especialistas de má qualidade.

O que fazer? Ignorar que existem Paulo Coelho, *Harry Potter*, *O código Da Vinci*? Buscar outros livros, menos polêmicos? Escamotear a questão, fugindo dos críticos "azedos" e fiar-se nos mais condescendentes? Evitar a literatura contemporânea e trabalhar apenas com os "clássicos", ainda que sob o risco de muito menor adesão por parte dos jovens leitores em formação? Como despertar o gosto pela leitura sem perder de vista também a depuração do senso crítico e estético?

São questões, essas, das mais justas, que afloram de modo recorrente entre os que lidam com a formação de leitores. E emergem de um cenário em que dois aspectos, intimamente ligados, merecem destaque: 1) por um lado, verifica-se como hegemônico o modelo bastante enrijecido de uma reflexão sobre a cultura, ainda moldada por padrões consolidados em outras épocas, nas quais a produção, a circulação e a recepção dos bens culturais eram muito distintas do modelo atual; e 2) no debate cultural, seja no Brasil, seja no exterior, com frequência têm sido discutidos indiferenciadamente o problema do valor literário e a questão da formação do leitor; como se se tratasse de um único objeto.

A posição de críticos literários como Harold Bloom, por exemplo, o renomado professor da New York University e de Yale, que rejeita toda a "literatura de mercado" e chega a organizar coletâneas para crianças e jovens com autores canônicos que representariam a "verdadeira arte",[2] espécie de tábua de salvação aos "desafortunados leitores" reféns do mercado, dá o tom da rigidez com que os produtos culturais têm sido pensados até pouco tempo atrás, na oposição cultura erudita/cultura de massa. De um lado, o bom, o belo e o verdadeiro; de outro, o primário, o grotesco e o descartável. Os últimos quixotes defensores da arte elevada *versus* os abjetos rebaixadores da cultura. Ou, como preferiu Umberto Eco, em um texto hoje em dia pouco citado, mas certamente pioneiro e fundador nessa reflexão sobre "guerra das culturas"[3]– apocalípticos *versus* integrados.

No admirável estudo de Eco, ao tentar definir os traços que caracterizariam os objetos culturais de um e outro lado da contenda, o pensador italiano expõe toda a fragilidade da divisão, à medida que os revela frequentemente intercambiáveis, alertando para a necessidade de investigar formas mais dinâmicas de se compreender o processo cultural na contemporaneidade. O caso Coelho Neto é, nesse sentido, exemplar: permite-nos constatar, para o contexto brasileiro, como, em um curto período de tempo – pouco mais de um século – um autor despenca dos píncaros da glória literária para o mais completo desprezo ou silêncio das histórias da literatura, dos compêndios, manuais e livros didáticos ou mesmo das pá-

2 É o caso da Coleção Contos e poemas para crianças extremamente inteligentes de todas as idades (em quatro volumes) publicados pela Editora Objetiva.

3 Trata-se de Apocalípticos e integrados, de 1964.

ginas da internet e, ao mesmo tempo, permite observar como a produção do autor sofre um contínuo movimento de tentativa de reabilitação, no intuito de que, sob essa ótica, reintegre o cânon. Toda a historicidade do processo, nesse caso, salta aos olhos.

E, como se sabe, muitos outros fenômenos culturais vivem e viveram processo semelhante, seja saindo da trivialidade e ascendendo ao cânon, seja dele sendo expulso. Lawrence Levine, em *Highbrow/lowbrow* (1988), deslinda o caminho trilhado pela obra de Shakespeare, à sua época vista como cultura popular e secundária e hoje considerada um dos mais elevados patamares culturais a que pode ter acesso um indivíduo, como recorrentemente defende, aliás, o próprio Harold Bloom. O mesmo Levine desnuda o que ocorreu – no caso da música – com a ópera, de início vista com enorme desconfiança por setores aristocráticos da sociedade, isso, sobretudo por sua enorme popularidade, até que, ao longo dos anos alcançasse a aura da "grande arte" – para ser fruída por uns poucos privilegiados.

Entre nós, não deixa de ser admirável a perspectiva assumida já de longa data pelo crítico Antonio Candido (quando os estudos culturais ainda nem haviam entrado em voga), que, embora um profundo conhecedor e estudioso do cânon ocidental e, em particular, da literatura brasileira, adota, em suas reflexões sobre a natureza e as funções da literatura, um ponto de vista que considera o fenômeno literário de modo bastante mais abrangente do que tem pregado a tradição acadêmica:

> Chamarei de literatura, da maneira mais ampla possível, todas as criações de toque poético, ficcional ou dramático em todos os níveis de uma sociedade, em todos os tipos de cultura, desde o que chamamos folclore, lenda, chiste, até as formas mais complexas e difíceis da produção escrita das grandes civilizações.
>
> Vista deste modo, a literatura aparece claramente como manifestação universal de todos os homens em todos os tempos. Não há povo e não há homem que possa viver sem ela, isto é, sem a possibilidade de entrar em contato com alguma espécie de fabulação. (Candido, 1995, p.242)

E dessa formulação, desenvolve sua conhecida argumentação sobre as três principais funções da literatura – a psicológica, a formativa e a de conhecimento do mundo –, funções que se torna absurdo desprezar no terreno da didática da literatura, merecendo cada qual seu devido peso. Pensar como Candido a literatura é rejeitar as divisões estanques que se impuseram, sobretudo, a partir das vanguardas da virada do século e a instauração do Modernismo, quando se passa a dividir sistematicamente a cultura em alta e baixa, erudita e massiva.

Atualmente, vários pesquisadores têm procurado pensar os fatos da cultura, entre eles a produção que circula sob a rubrica dos diferentes gêneros e subgêneros literários, para além da forma maniqueísta que os divide entre a legítima e prestigiada cultura e o resto. Buscam o reconhecimento de que os modos pelo qual se produzem bens culturais, hoje, nas modernas sociedades tecnológicas são bastante complexos, assim como o são as formas pelas quais circulam. É o caso de Silvia Borelli, que, ao analisar a obra de Marcos Rey, realiza aguda reflexão sobre o problema:

> As tradições teóricas que enfatizam separações entre literatura e não literaturas tendem a construir modelos semelhantes àqueles que adotam os referenciais da cultura erudita, culta ou letrada como únicos legítimos na definição do que deve – ou não – ser incorporado ao campo cultural. Essa postura, consequentemente, encara a problemática de duas maneiras: ou ignora a existência de um grau de diversidade nas manifestações culturais e não as incorpora como objetos da reflexão cultural, ou passa a qualificá-las por meio das ausências como, por exemplo, as estéticas, de linguagem, conteúdo, consistência. O objetivo, em uma ou outra postura, parece ser o mesmo: negar a estas manifestações o estatuto de fato cultural ou literário e considerar cultura ou literatura como sinônimo de erudição. (Borelli, 1996, p.28)
>
> ...
>
> a insistência nos processos de dissociação parece ser uma postura inadequada, pouco de acordo com as tendências teóricas do final do século XX [e início do XXI]. As sociedades modernizam-se, a cultura internacionaliza-se e as antigas perspectivas exaltadoras do nacional contra o estrangeiro, do popular *versus* o erudito, do local obstáculo ao global cedem lugar a um tipo de reflexão sobre cultura que tenta dar conta das diversidades, particularidades, localidades, sem perder de vista os processos mais gerais de globalização e internacionalização da cultura, sem perder a noção e o sentido de que se vive um amplo movimento denominado, na precisa conceituação moriniana, planetarização da cultura. Algo que pode ser idealizado por imagens, múltiplas e unitárias, que relacionam, conflituosamente, elementos aparentemente indissociáveis: natureza-cultura, unidade-diversidade, entropia-neguentropia, ordem-desordem, consciência objetiva-consciência subjetiva, pátria-terra, terra-pátria. O que se evidencia nas entrelinhas é o aflorar de uma postura teórica que se pretende heterodoxa e superadora de relativismos estéreis. (Borelli, 1996, p.109-10)

Como afirma Edgar Carvalho, pensador que também se encontra na base da reflexão desenvolvida por Borelli,

> Cultura erudita, cultura popular, cultura de massa representam divisões cifradas sobre um tipo de reflexão imaginária que os homens sempre realizaram sobre eles mesmos. Qual seria o sentido de mantê-las [... neste século] que se empenha em planetarizar a vida e as ideias, na busca desesperada de uma concepção mais universalista para a condição humana? (Carvalho apud Borelli, 1996, p.11)

Em face desse cenário de rígida categorização da cultura, há pelo menos um século, e ao ainda recente esforço teórico em pensar o fenômeno segundo outros parâmetros, é compreensível que a discussão da formação do leitor venha se dando, há tanto tempo, imbricada à do julgamento de valor da obra literária, apesar das implicações negativas dessa sobreposição.

Que críticos do quilate de um Lima Barreto ou de um Harold Bloom avaliem impiedosamente esta ou aquela obra é mais do que aceitável, no contexto da tradição historiográfica e crítica. Todos saem ganhando quando temos intelectuais dessa grandeza voltados à avaliação sistemática da produção de literatura da mais variada natureza em relação à série histórica e à literária. É ótimo que se empenhem em averiguar em que medida dadas obras chegam a desestabilizar ou não o sistema estabelecido e queiram aferir seu grau de originalidade e consistência. Isso, ainda que sempre haja aqueles que possam sustentar pontos de vista radicalmente divergentes e não seremos nós a saber quem levou a melhor, já que apenas o tempo – muito tempo – poderá dizer quem estava com a razão. Por quantos anos, décadas ou séculos irão permanecer as venturas de um pequeno bruxo ou as desventuras de um velho mago, vindo a encantar (ou não) as novas gerações?

O que não faz muito sentido, porém, é que tais críticos e especialistas arvorem-se como "as" autoridades na formação de jovens leitores, decretando que "o" caminho para a leitura dos jovens seja este ou aquele "insubstituível autor". Quem vive, no dia a dia a formação de leitores já sentiu na carne as muitas barreiras (linguísticas, contextuais, intelectuais etc.), por vezes intransponíveis para a absoluta maior parte de alunos de uma dada sala, que certas obras canônicas impõem, mesmo aos "bem nascidos", e sua consequente rejeição. O que dizer, então, entre os estudantes oriundos de meio iletrado e iniciantes?

Em situações concretas de formação de leitores, dificilmente despertaremos o gosto pela literatura enfiando à força goela abaixo dos jovens apenas os títulos de nossa predileção ou da crítica – é preciso fazê-los dialogar, da forma a mais viva possível, com o horizonte ficcional, estético, histórico desses alunos. Caso insistamos no velho modelo, o mais provável é que ocorra o oposto: a conhecida "vacina" antileitura de que já tratou Lobato há tanto tempo. Assim, misturar indiscriminadamente a discussão do valor literário e a da formação do leitor parece-nos um equívoco recorrente que só faz prejudicar os dois campos.

Por improvável que possa parecer aos puristas, uma obra pode ser considerada muito boa para atender às necessidades de formação de leitores em dado contexto e ser julgada banal do ponto de vista da História da Literatura. Isso significaria dizer que estamos fazendo a apologia indiscriminada de qualquer obra que agrade aos leitores? De maneira alguma.

De fato, há no mercado numerosos livros que pouco podem oferecer além da imediata adesão dos leitores. Triviais, rasos, pobres nas ideias e nas letras, ficam ensimesmados na repetição de fórmulas, em textos que não têm outra intenção que não a de "fisgar o leitor". Essas numerosas obras pouco têm a oferecer e, como a tirar leite de pedras, apenas grandes malabarismos interpretativos levariam a buscar nesses textos múltiplos sentidos ou grande engenho de construção. Há outras obras, entretanto, que, em menor número, não deixam também de apresentar algumas qualidades, que, por vezes, só se revelam com alguma boa vontade e alguma ação de garimpagem, mas que têm um desmedido poder de atuar no eixo da empatia e da identificação. São capazes de conquistar um imenso contingente de leitores em determinado momento histórico, priorizando, quem sabe, mais uma do que as outras das funções da literatura apontadas por Antonio Candido – geralmente a psicológica (capacidade de atender a nossa necessidade universal de ficção e fantasia).

No que concerne a arregimentar jovens e novos leitores, Coelho Neto já foi exemplar e Paulo Coelho faz hoje sua parte. É o caso, então, de concentrar esforços na possibilidade concreta que fenômenos desse tipo oferecem, em sua capacidade de seduzir um contingente tão significativo de leitores: uma chance como poucas de praticar a negociação de leituras e a negociação de múltiplos sentidos viáveis ou não para as obras em pauta. Se o grande desafio, hoje, é certamente o de formar leitores críticos e sensíveis em meio ao emaranhado de fios que compõe as malhas do mercado, que nos lancemos à empreitada munidos de conceitos arejados de leitura e de literatura, e, sobretudo, tematizando-os continuamente com os leitores em formação. Sem fazê-lo, parece improvável que venham a conquistar o estatuto de sujeitos-leitores, autônomos, capazes de emitir juízos críticos e realizar suas próprias escolhas, seja no âmbito do que se tem convencionado chamar indústria cultural, seja no do patrimônio cultural instituído. Decidir em que medida prevalece em dada obra arte ou técnica, ciência ou política será tarefa delegada a esses sujeitos, e não ao reduto dos especialistas.

Para finalizar, vale citar um depoimento do respeitado crítico literário José Castello, que, de alguma forma, também teve a coragem de assumir uma voz dissonante em meio ao coro afinado dos detratores de Paulo Coelho. Comedido, Castello expõe sua posição de quem, pessoalmente, não se sente atraído pela obra de Coelho, considerando-a distante de seu gosto pessoal. Mas acha fundamental reconhecer seu valor no sistema literário nacional. E ele assume uma posição muito arejada não apenas em relação a Paulo Coelho mas, de forma geral, no que concerne à atitude do sujeito perante o patrimônio literário instituído, posição pouco frequente entre a crítica:

> Eu não gosto da literatura de Paulo Coelho, acho uma literatura primária, agora, eu tenho um enorme respeito por ele, porque o cara conseguir o que ele conseguiu, tantas pessoas apaixonadas pela escrita dele, em tantas partes do mundo ele é reverenciado; ele chega no Irã, para o Irã, chega no Japão, para o Japão, ele vai à Bósnia, para a Bósnia, na França, que eles são tão rigorosos... todo mundo lê Paulo Coelho. Quer dizer, alguma coisa tem de valor, ele conseguiu tocar em algum ponto, em alguns pontos sensíveis, com enorme habilidade, e depois é um cara que consegue isso, quer dizer, consegue ser traduzido, vender, ser reconhecido em tantas partes do mundo, só merece você tirar o chapéu pra ele ... Mas eu não gosto da literatura dele, acho a literatura dele simples, beirando o simplório, ela não me diz nada, muito pouco; teve livro que gostei mais, um que gostei menos, dos que li, mas não me diz nada praticamente; porém, existem tantos grandes autores que também não me dizem nada, autores con-

> sagrados e considerados geniais, que também não me dizem nada, da mesma forma ... Vou dar um exemplo brasileiro, os poetas concretos, que são tão prestigiados e tão premiados, influenciam toda a poesia até hoje, e a poesia concreta não me diz nada, eu não tenho o menor interesse por ela. Não é que seja contra, não tenho o menor interesse, acho aquilo uma brincadeira, intelectual, erudita, sofisticada, mas uma brincadeira, que não me interessa; se interessa a outras pessoas, ótimo, não tenho nada contra; sou a favor da liberdade de expressão completa, mas ela, a mim, pessoalmente, não diz nada; como Paulo Coelho também não me diz nada. Estou querendo dizer o quê? Que Paulo Coelho é igual à poesia concreta? Não, certamente é completamente diferente, estão em mundos diferentes, e até talvez antagônicos ... Eu reconheço, por exemplo, a grandeza da obra de Guimarães Rosa, mas não é um escritor que me deixe empolgado; eu reconheço muito a grandeza da poesia de Drummond, é um poeta extraordinário, tem algumas coisas do Drummond que me tocaram muito, mas, no geral, o Vinícius, o João Cabral e o Bandeira me tocam muito mais do que o Drummond. É problema do Drummond? Não, talvez problema meu. Óbvio que o Drummond é um grande poeta, com todo reconhecimento que ele tem, enfim, e porque tem muitas coisas que eu acho extraordinárias mesmo; agora, o fato de eu ter menos sintonia com ele, não diz nada a respeito dele, diz a meu respeito, possivelmente, se é que diz alguma coisa, da minha sensibilidade, ou das minhas limitações mesmo. É a mesma coisa que eu sinto em relação ao Paulo Coelho; agora, o que eu acho odioso, primeiro essa tentativa de desqualificar o Paulo Coelho "não, não é um escritor", "não, não faz literatura", o que ele faz então? (Castello apud Pinto, 2005)

O posicionamento de Castello é muito elucidativa no sentido de como pode se comportar, fora do âmbito de simulação própria do universo escolar, um leitor maduro, que, necessariamente não rejeita *a priori* todas as obras não canônicas, sendo capaz de perceber seus méritos, ou mesmo até enfatizá-los, ainda que nelas não se reconheça; mais do que isso, um leitor que é capaz de fazer escolhas profundamente conscientes e motivadas, pinçando no coração do cânon aquilo que mais profundamente lhe parece tocante, reconhecendo intenso valor em muitos escritores consagrados, mas não se achando necessariamente na obrigação de gostar de todos, ou seja, um leitor capaz de selecionar os "seus" clássicos, para usar aqui a bela expressão cunhada por Italo Calvino (1993). José Castello, no contexto deste artigo, pode ser visto como uma espécie de leitor emblemático do que um ensino das letras efetivamente democrático objetivaria alcançar, em um projeto com a coragem de conferir autonomia plena a seus leitores, oferecendo-lhes instrumentos teóricos eficazes para que pudessem situar-se no emaranhado de possibilidades próprias do complexo sistema literário que hoje vigora, já razoavelmente distante daquele no qual foi engendrado o objeto que hoje chamamos literatura. E, nesse contexto, quando um professor de literatura, no afã de formar leitores, sentisse a real necessidade de tirar algum coelho da cartola, esse coelho poderia ter vários nomes, e isso certamente não significaria a chegada do apocalipse.

Referências bibliográficas

BARRETO, L. Histrião ou literato. In: ________. *Impressões de leitura*. 2.ed. São Paulo: Brasiliense, 1961.

BORELLI, S. H. S. *Ação, suspense, emoção*: literatura e cultura de massa no Brasil. São Paulo: Educ/Estação Liberdade, 1996.

BOSI, A. *História concisa da literatura brasileira*. 3.ed. São Paulo: Cultrix, 1985.

CANDIDO, A. O direito à literatura. In: _______. *Vários escritos*. 3.ed. rev. e ampl. São Paulo: Duas Cidades, 1995.

ECO, U. *Apocalípticos e integrados*. 6.ed. São Paulo: Perspectiva, 2001.

GIRON, Luís Antônio. Paulo Coelho para o Prêmio Nobel. Disponível em: <http://noticias.aol.com.br/colunistas/luis_antonio_giron/2005/0006.adp.> Acesso em: 19 set. 2005.

HUYSSEN, A. Introdução. In: _______. *Memórias do modernismo*. Trad. Patrícia Farias. Rio de Janeiro: Ed. UFRJ, 1996.

JACOBY, S.; RETTENMAIER, M. (Orgs.). *Além da plataforma Nove e Meia*: pensando o fenômeno Harry Potter. Passo Fundo: UPF, 2005.

LEVINE, L. W. *Highbrow/lowbrow*: the emergence of cultural hierarchy in America. Cambridge (Massachusetts): Harvard University Press, 1988.

LOPES, M. A. *No purgatório da crítica*: Coelho Neto e seu lugar na história da literatura brasileira. Campinas: Instituto de Estudos da Linguagem da Universidade Estadual de Campinas – Unicamp, 1997. 248 p. Dissertação (Mestrado em Teoria Literária) – Instituto de Estudos da Linguagem.

PINTO, S. O. Literatura arrastando a vida: uma entrevista com José Castello. Disponível em: <http://www.leituralivre.com.br/index.asp?conteudo=noticias&cod=137>. Acesso em: 17 set. 2005.

RIBEIRO, J. A. Fenômeno: *O código Da Vinci* em questão (um debate com Walnice Nogueira Galvão e Luiz Felipe Pondé). Disponível em: <http://p.php.uol.com.br/tropico/html/textos/2606,1shl>. Acesso em: 17 set. 2005.

Realismo/Naturalismo/Parnasianismo. Disponível em: <http://vestibular.setanet.com.br/resumos/realismo.htm>. Acesso em: 5 set. 2005.

RIDING, A. Paulo Coelho – o escritor de linguagem universal: entrevista concedida em St. Martin, França, para o *New York Times*. Trad. Deborah Weinberg. Disponível em: <http://noticias.uol.com.br/midiaglobal/nytimes/2005/08/30/ult574u5774.jhtm>. Acesso em: 17 set. 2005.

SILVA, M. Confrontos literários e linguísticos no Pré-Modernismo brasileiro: Lima Barreto *versus* Coelho Neto. *Boletim do Centro de Letras e Ciências Humanas*, n.35, p.161, jul./dez. 1998.

19

Algumas questões sobre o Conselho Municipal de Educação

Cleiton de Oliveira

A legislação de 1996 – Emenda Constitucional n. 14/96, Lei n. 9.394/96, que estabelece as Diretrizes e Bases da Educação Nacional, e Lei n. 9.424/96 que regulamenta o Fundef – mostrou-se fortemente indutora à municipalização do ensino fundamental. A questão orçamentária, sob as regras do Fundef, foi determinante na explicação dessa nova atuação.

Os dados do MEC/Inep/Seec para 2004, considerando o Brasil um todo, testemunham essa afirmação. Em 1996, as matrículas do Ensino Fundamental na rede estadual correspondiam a 55,47% do alunado, enquanto a rede municipal atendia a 32,96%. Daí em diante, as matrículas municipais registraram constante crescimento, ao mesmo tempo que as estaduais apresentaram movimento inverso. Em 2000, as matrículas em escolas municipais ultrapassaram as estaduais. Em 2004, as escolas estaduais atenderam a 37,33% do alunado, enquanto as municipais corresponderam a 52,81% das matrículas.

A análise dos dados desagregados evidencia que os municípios têm atuado mais no segmento inicial do Ensino Fundamental, correspondente aos quatro primeiros anos, enquanto os estados têm-se concentrado mais no atendimento dos quatro últimos anos. Os dados oficiais, para 2004, conforme a mesma fonte, evidenciam que do primeiro ao quarto ano as matrículas municipais correspondem a 64,43%, e as estaduais atingem 23,60%. Já no segundo segmento, o atendimento municipal compreende 34,04% das matrículas, e o estadual, a 53,44%.

Em consequência desse crescimento, foi criado e/ou ampliado o aparato municipal referente à administração do ensino: a presença do dirigente municipal de educação foi reforçada, foram instituídos sistemas municipais de educação e implantados órgãos municipais de educação, entre os quais os Conselhos Municipais de Educação, além de outras providências.

Considerando os dados da realidade e o caráter recente da criação dos sistemas municipais de educação, este trabalho aponta algumas questões referentes aos Conselhos Municipais de Educação, valendo-se de algumas pesquisas recentes sobre a temática.

Conselhos Municipais de Educação

A União Nacional dos Dirigentes Municipais de Educação (Undime), considerando a atuação municipal em relação à manutenção e ao desenvolvimento do ensino, solicitou ao Conselho Nacional de Educação (CNE) um Parecer Orientador "a respeito do entendimento do Município enquanto sistema". O Conselho, por intermédio da Câmara de Educação Básica, aprovou o Parecer 30/00, no qual o relator Carlos R. J. Cury, depois de analisar a noção de sistema, a legislação sobre o assunto, bem como autores que tratam da questão, concluiu que os municípios, pela Constituição federal de 1988, constituem sistemas de ensino.

O art. 18 da Lei de Diretrizes e Bases (LDB) define que os sistemas municipais de ensino compreendem as instituições de ensino da educação básica mantidas pelo poder municipal, as instituições de educação infantil da iniciativa privada, além dos órgãos municipais de educação. Entre estes órgãos depreende-se que esteja o Conselho Municipal de Educação (CME).

Conforme o Parecer CEB/CNE 04/01, igualmente relatado pelo Conselho Carlos Roberto Jamil Cury:

> Os Conselhos de Educação (dada a existência atual e a tradição desta nomenclatura nos poderes públicos subnacionais) Municipais, Estaduais e Distrital, junto com o Conselho Nacional de Educação (assim denominado por leis), são todos órgãos colegiados, de caráter normativo, deliberativo e consultivo que interpretam, deliberam, segundo suas competências e atribuições, a aplicação da legislação educacional e propõem sugestões de aperfeiçoamento da educação dos sistemas de ensino.

Diante de uma explicação tão clara sobre as atribuições dos Conselhos Municipais de Educação, passaremos a apresentar alguns dados históricos sobre estes. A existência de colegiados municipais no âmbito educacional não é recente. A história registra (cf. Moacyr, 1939; 1940) a existência de colegiados nessa esfera governamental, durante o Império, nas seguintes províncias: Alagoas, Bahia, Espírito Santo, Paraná, Rio de Janeiro, Santa Catarina e São Paulo.

Essas experiências não tiveram vida longa e constituem um campo de pesquisa a ser explorado.

Outras experiências são registradas na história educacional brasileira. O Colégio Pedro II, ainda no Império, tinha seu Conselho Diretor, o qual foi mantido no período republicano; na Reforma Benjamin Constant, em 1892, foi criado o Conselho de Instrução Superior; a Reforma Rivadávia Correa, em 1911, criou o Conselho Superior de Ensino; a Reforma Rocha Vaz, em 1925, criou o Conselho Nacional de Ensino; em 1931, foi criado o Conselho Nacional de Educação, o qual "vigeu por decreto até 1936"; a Lei n. 4.024/61 criou o Conselho Federal e os Estaduais de Educação, tendo o primeiro vigência até 1994; por último, a Lei n. 9.131/95 criou o atual Conselho Nacional de Educação (Cury, 2004, p.46).

Quanto aos Conselhos Municipais de Educação, a Lei n. 5.692/71 acenou para a "progressiva passagem para a responsabilidade municipal de encargos e serviços de educação, especialmente de 1º grau...", conforme parágrafo único do art. 58. Já no art. 71, na mesma lei, está afirmado que "os Conselhos Estaduais da Educação poderão delegar parte de suas atribuições a Conselhos de Educação que se organizem nos Municípios onde haja condições para tanto". Como no período os Conselhos Estaduais, de modo geral, não efetivaram essa delegação, não foram comuns as experiências desse colegiado municipal no país.

A Constituição federal de 1988 não fez referência explícita ao Conselho Municipal de Educação, porém, ao fixar os princípios que devem ser observados, referiu-se à "gestão democrática do ensino público", conforme art. 206, VI, o qual pressupõe a existência de colegiado(s) em oposição a uma direção autoritária. A Lei n. 9.394/96 reafirmou esse princípio e em seu art. 9º, § 1º, explicitou que "na estrutura educacional haverá um Conselho Nacional de Educação, com funções normativas e de supervisão e atividade permanente, criado por lei".

O CNE, no já citado Parecer 4/01, afirmou em relação ao colegiado municipal que "o órgão com funções normativas da educação e dentro da lei específica de educação é aquele simétrico" ao colegiado de nível nacional. Considerando a legislação federal, as Constituições Estaduais e Leis Orgânicas, esses colegiados "se denominavam e (ainda) se denominam Conselhos (Estaduais/Municipais/Distrital) de Educação".

As Constituições Estaduais foram elaboradas em período anterior à atual Lei de Diretrizes e Bases da Educação Nacional. Porém, considerando os princípios estabelecidos na Carta Magna, bem como a existência de colegiados estaduais desde a primeira LDB, prevaleceu a continuidade da existência dos Conselhos Estaduais de Educação. Muitas Constituições Estaduais definiram a composição e atribuições/competências destes colegiados (Oliveira; Catani, 1993, p.52-9).

No estado de São Paulo, a Constituição Estadual manteve a existência do Conselho Estadual de Educação e previu a criação de Conselhos Regionais e Municipais de Educação em seu art. 243. A regulamentação desse artigo deu-se pela Lei n. 9.143/95. Sobre o assunto manifestou-se o CEE por intermédio das Deliberações 6/95, 9/95 e 11/97, delegando competências e orientando quanto à constituição de sistemas municipais de educação.

Uma revisão da literatura sobre os Conselhos Municipais de Educação evidencia, entre outros estudos, as pesquisas de Giubilei (2001), Giubilei et al. (2004), Lima (2001), Ribeiro (2004) e Teixeira (2004).

O Laboratório de Gestão Educacional (Lage), da Faculdade de Educação da Unicamp, desenvolveu duas pesquisas sobre a educação municipal. O primeiro estudo, envolvendo treze pesquisadores,[1] compreendeu a investigação sobre onze municípios paulistas, detendo-se na análise da criação e em alguns casos do funcionamento dos Conselhos Municipais de Educação dos seguintes municípios: Americana, Campinas, Indaiatuba, Leme, Paulínia, Piracicaba, Santo Antonio do Pinhal e Valinhos. A pesquisa teve financiamento da Fapesp e seu relatório final aprovado por essa agência.

A pesquisa foi desenvolvida no período de 1998-2000, ocasião em que a municipalização do ensino paulista, por intermédio da criação de sistemas próprios ou de convênios com o órgão estadual, estava sendo implantada. Daí a existência relativamente recente desses colegiados. O estudo analisou: as expectativas dos conselheiros quanto ao colegiado, constatando o reconhecimento da importância deste órgão; a dependência do colegiado ao dirigente municipal de educação e à Secretaria ou repartição local equivalente; e a falta de apoio – recursos humanos e materiais – para o funcionamento do colegiado.

A segunda pesquisa, desenvolvida sob a coordenação de Sônia Giubilei, contou com dezesseis pesquisadores,[2] e teve como objetivo analisar a organização e o funcionamento dos Conselhos Municipais de Educação da Região Metropolitana de Campinas. Essa região compreende dezenove municípios,[3] sendo que dois deles – Engenheiro Coelho e Vinhedo – não contavam com esse colegiado até a

---

1 A investigação contou com os seguintes pesquisadores: Adelina M. Martins, Alfredo Sérgio R. dos Santos, Antonio Carlos Will Ludwig, Cleiton de Oliveira, Delfina de Paiva Villela, Igínia C. Finelli Silva, Ismael Bravo, Maria Lúcia R. C. Duarte, Maria Raineldes Tosi, Pedro Ganzeli, Sebastião Orlando da Silva, Sônia Giubilei (coordenadora) e Zacarias Pereira Borges. (Giubilei), 2001.

2 Este estudo contou com os seguintes pesquisadores: Antonio Carlos Will Ludwig, Cleiton de Oliveira, Domingas M. C. R. Primiano, José Dujardis da Silva, Igínia C. Finelli Silva, Maria Lúcia Morrone, Maria Raineldes Tosi, Miguel Henrique Russo, Nilson Robson Guedes Silva, Pedro Ganzeli, Roque Lúcio, Rosângela Aparecida Ferini, Salim Andraus Júnior, Sônia Giubilei (coord.), Volmer Áureo Pianca e Zacarias Pereira Borges.

3 Municípios que constituem a Região Metropolitana de Campinas: Americana, Artur Nogueira, Campinas, Cosmópolis, Engenheiro Coelho, Holambra, Hortolândia, Indaiatuba, Itatiba, Jaguariúna, Monte Mor, Nova Odessa, Paulínia, Pedreira, Santa Bárbara d'Oeste, Santo Antonio da Posse, Sumaré, Valinhos e Vinhedo.

conclusão da coleta de dados em dezembro de 2003. O estudo foi desenvolvido pela revisão bibliográfica e análise documental, incluindo o exame das Atas dos Conselhos Municipais de Educação, bem como por entrevistas com conselheiros. A pesquisa contou com financiamento da Fapesp, tendo concluído seu relatório final em novembro de 2004, o qual foi aprovado pela agência.

Tal trabalho, entre outros aspectos, analisou: a estrutura legal dos Conselhos; a composição do colegiado e alterações ocorridas desde sua criação; os segmentos do magistério representados; a forma de escolha dos membros; os recursos humanos e materiais disponíveis para o funcionamento do colegiado; os temas mais frequentemente abordados nas reuniões; a abrangência de atuação; o processo de tomada de decisões; interferências externas; a divulgação de seus estudos e decisões; o relacionamento com outros órgãos; e a interação com a Região Metropolitana de Campinas.

Lima (2001), em sua tese de doutorado apresentada na PUC-SP, desenvolveu sua pesquisa analisando a estrutura e o funcionamento do Conselho Municipal de Educação de Diadema (SP) e do Conselho de Acompanhamento e Controle Social do Fundef de Cascavel (PR). Este se mostrou mais atuante e com um funcionamento mais estável que aquele.

O primeiro colegiado apresentou uma composição diversificada: conselheiros ligados à educação e representantes de segmentos do magistério e entidades da sociedade civil. Essa característica, aliada a interferências externas, no mais das vezes de ordem político-partidária, representou dificuldades no funcionamento do colegiado.

Já o Conselho do Fundef revelou-se, no município estudado, bastante eficiente, cônscio de seu papel e responsabilidade, recusando-se a aprovar despesas que não fossem as legalmente indicadas para a manutenção e o desenvolvimento do ensino, bem como revendo processos anteriores, redundando suas ações em economia para o município.

Ribeiro (2004), em sua dissertação de mestrado apresentada na UFBa em 1998, analisou a situação de nove municípios baianos, sete dos quais contavam com delegação de competências por parte do CEE.[4] Seu estudo revelou que em apenas três municípios o órgão colegiado estava em pleno funcionamento.

O estudo revelou, também, que o colegiado ainda não gera benefícios para a garantia do direito à educação da comunidade local (p.101), embora ressalte que em alguns casos houve melhoria na educação; ressaltou que nas localidades em que o

4 Os municípios pesquisados foram Camaçari, Catu, Guanambi, Paripiranga, Salvador, Simões Filho, Vitória da Conquista, Feira de Santana e Serrinha; os dois últimos não tinham delegação de competências do colegiado estadual.

colegiado estava mais estruturado verificou-se uma rede escolar mais equilibrada, com menos desigualdades entre escolas (p.102); reconheceu que ainda não se exigem "as funções consultiva e fiscalizadora deste órgão" (p.102); por último, reconheceu que os colegiados funcionam mesmo que de modo improvisado.

A pesquisa "Autonomia Municipal: a criação dos sistemas municipais de ensino" foi desenvolvida pelo Núcleo de Estudos do Conhecimento e da Educação (Nesce) da Faculdade de Educação da Universidade Federal de Juiz de Fora, e teve como coordenadora Diva Chaves Sarmento, contando com sete pesquisadores.[5] A pesquisa contou com apoio financeiro da Fapemig, cujo relatório foi concluído e aprovado em 2003. Teixeira (2004) apresentou a parte da pesquisa referente aos Conselhos Municipais de Educação. Foram pesquisados nove municípios mineiros[6] que até o ano 2000 tinham delegação de competências por parte do CEE; é de se acrescentar que em 2005 são vinte os municípios nessa situação. O estudo ressaltou a importância do colegiado como espaço democrático e apresentou uma análise da caracterização e das competências dos colegiados estudados.

O estudo constatou que os colegiados foram criados na década de 1990, exceto o de Juiz de Fora, que foi criado em 1968, instalado em 1972 e recriado em 1985. Quanto à natureza destes, observou que todos têm caráter deliberativo e consultivo, verificando-se a função normativa em sete municipalidades. Analisou sua composição, vendo como ponto positivo a participação de membros da sociedade civil. Constatou ainda: a participação de representantes do Poder Legislativo, em algumas localidades, na composição do colegiado; a duração dos mandatos, variando de dois a quatro anos; e a existência de pagamento de "jeton" em um município.

A respeito da delegação de competências, critério adotado para selecionar municípios nas duas pesquisas citadas anteriormente, Cury (2004, p.23), referindo-se ao Parecer CNE 12/97, afirma que

> tendo os municípios as competências que a lei lhes outorga não há que falar em "delegação de competências". Assim, as competências dos conselhos estaduais de educação devem ser por eles exercidas, cabendo aos sistemas municipais executar o que a lei lhes confere.

Temos ainda a pesquisa, em nível nacional, desenvolvida pelo Pró-Conselho que, por sua abrangência, merece uma seção à parte.

---

5 O estudo foi desenvolvido pelos seguintes pesquisadores: Ana Maria Beraldo Crespo, Danielle Maria Vieira Alves, Diva Chaves Sarmento (coord.) Eliza Ferreira Brugiolo, Lúcia Helena Gonçalves Teixeira, Ricardo Sartine F. de Oliveira e Rute Couto Abreu.

6 Os municípios pesquisados foram Belo Horizonte, Caratinga, Francisco Sá, Governador Valadares, Juatuba, Juiz de Fora, Lavras, Patos de Minas e Ribeirão das Neves.

Pró-Conselho

O Programa Nacional de Capacitação de Conselheiros Municipais – Pró-Conselho desenvolvido pelo MEC, por intermédio da Secretaria de Educação Básica – contando com o auxílio de diversas instituições e entidades,[7] instalou o Sistema de Informações dos Conselhos Municipais de Educação (Sicme), importante banco de dados sobre o perfil desses colegiados.

Dos 5.560 municípios brasileiros, 2.425 (44%), responderam por adesão à pesquisa em tela. Doravante os dados apresentados e em parte analisados referem-se aos municípios que aderiram ao programa (Coelho; Araújo, 2004).

A existência de Conselhos Municipais de Educação não é uma decorrência direta da preexistência de sistemas municipais de ensino. De fato, em 72% dos municípios registrou-se a existência daquele colegiado, embora em apenas 39% estivessem oficializando os sistemas. Os estados que apresentaram maiores porcentuais de colegiados foram: Santa Catarina (98%), Espírito Santo e São Paulo (96%), Rio de Janeiro (95%), Rio Grande do Sul (92%) e Rio Grande do Norte (86%). De outra parte, os que apresentaram menores porcentuais foram: Acre (7%), Rondônia (17%), Piauí (23%), Paraná (27%) e Mato Grosso do Sul (36%).

O fato de existir legalmente o Conselho Municipal de Educação não significa necessariamente que ele esteja em atividade. Assim, 1.369 municípios (56%) possuem esse colegiado em funcionamento. Os estados que apresentaram maiores índices de colegiados em atividade foram: Santa Catarina e Rio de Janeiro (92%), São Paulo (84%), Rio Grande do Sul (81%) e Goiás (73%); e os apresentaram menores índices foram: Acre sem nenhum colegiado em atividade, Rondônia (9%), Piauí (12%) e Pará (14%).

Em relação às funções exercidas pelo Conselho, a pesquisa revelou: 85% exercem função normativa, 78%, consultiva, 75%, deliberativa, 68%, fiscalizadora, 36%, propositiva, 35%, mobilizadora e 8% exercem outras funções. É de se registrar que o instrumento indicava as funções para que os respectivos campos fossem preenchidos. É bem provável que o modelo tenha induzido a esses resultados, uma vez que aos colegiados, na legislação, são em geral consignadas atividades de natureza normativa, consultiva e deliberativa.

Quanto à periodicidade das reuniões, 46% afirmaram que essa é mensal, 26%, bimestral, 12%, semestral, 5%, quinzenal e 11% indicaram outra.

---

7 O Pró-Conselho é resultado de um trabalho do MEC em ação com a União Nacional dos Dirigentes Municipais de Educação (Undime) e a União Nacional dos Conselhos Municipais de Educação (Uncme) em parceria com o Programa Nacional das Nações Unidas para o Desenvolvimento (PNUD), Conselho Nacional de Educação (CNE), Fórum Nacional dos Conselhos Estaduais de Educação e Fundo das Nações Unidas para Infância (Unicef).

A pesquisa do MEC revelou que "a maioria dos Conselhos está organizado com seis a nove membros; há um bom número com cinco a doze integrantes". Registrou ainda que foram indicados "8 Conselhos com mais de 25 membros e um deles com 47" (Coelho; Araújo, 2004, p.28).

Em relação à duração do mandato, a pesquisa revelou que em 61% dos municípios a mesma é de dois anos, em 23%, de quatro anos, em 2%, de um ano e 14% registram outra duração.

O dirigente municipal de educação, conforme a pesquisa, é o presidente do Conselho Municipal de Educação em 22% dos casos; em 10% a presidência é de indicação do prefeito; em 64% há eleições pelos pares e 5% apresentaram outra forma.

A eleição pelos pares, por si só, não garante a independência ou um exercício mais autônomo do Conselho. Há que se considerar, e isso a pesquisa não revela, quais os porcentuais dos segmentos representados e o peso relativo daqueles que são indicados diretamente pelo Poder Executivo. Se esses dados estivessem disponíveis, muito provavelmente verificaríamos que a dependência do colegiado ao Executivo é grande.

Outro fator de dependência reside no fato de que a grande maioria dos colegiados não constitui unidade orçamentária, e depende de recursos humanos e materiais do sistema municipal de educação.

Esses dois fatores, aliados aos ranços da tradição patrimonialista, à ainda pequena experiência de participação, bem como à existência de executivos fortes, podem concorrer para maior dependência do colegiado municipal.

Considerações finais

A experiência dos Conselhos Municipais de Educação, considerando o país um todo e a legislação vigente, é relativamente recente. Os problemas detectados pelas pesquisas apresentadas efetivamente não concorrem para que esse colegiado tenha um funcionamento democrático e consequente. É ainda significativa a dependência em relação ao dirigente municipal de educação, ao sistema municipal de ensino e, diretamente ou por extensão, ao poder executivo municipal.

Se isso ainda ocorre em muitos casos, não podemos afirmar que assim se dê em todas as experiências. Nesse sentido é alvissareira a existência desse colegiado, considerando análises de algumas experiências relatadas nas pesquisas apresentadas.

Observa-se, ainda, uma influência do sistema estadual de educação. Isso se deve, entre outras razões, à existência mais antiga deste, bem como ao fato de um número considerável de dirigentes municipais e de conselheiros terem tido como única experiência a rede estadual. Há ainda um caminho a ser trilhado pelos sistemas municipais de educação, mais especificamente no caso em tela pelos Conselhos Municipais de Educação, a fim de que possam dar feições próprias à educação de seus municípios.

Há ainda duas questões não suficientemente resolvidas. A primeira delas refere-se aos requisitos para a participação como conselheiro: se, de um lado, a exigência de "notório saber" impedia representação mais democrática, de outra parte há decisões que exigem do participante familiaridade com os assuntos educacionais. Um dos casos estudados por Lima (2001) evidencia muito bem essa situação: os conselheiros oriundos da área educacional reclamavam do excesso de atribuições que tinham a desempenhar, considerando a inexperiência ou o desconhecimento dos demais em relação à legislação educacional. Por outro lado, Teixeira (2004) aponta para os ganhos que o colegiado terá com a participação desses conselheiros, recomendando a existência de um corpo técnico para assessorá-los nas questões específicas da legislação e burocracia educacionais.

Outra questão diz respeito ao âmbito de atuação do Conselho Municipal de Educação. Temos observado que, em geral, este se atém às questões do sistema municipal de ensino, não se mobilizando/posicionando/pleiteando em relação às questões do ensino no território municipal. As preocupações do Conselho Municipal de Educação devem estar voltadas às questões educacionais do município, embora sua atuação em relação à manutenção e ao desenvolvimento do ensino esteja restrita às duas primeiras etapas do ensino básico. Isso não impede que o nível local tome iniciativas para alertar às demais esferas de governo para que atendam as suas reivindicações. O regime de colaboração entre as esferas de governo pressupõe uma atuação de não subordinação e não alheamento do nível municipal em relação às questões educacionais em seu território.

Por último, a existência da União Nacional dos Conselheiros Municipais de Educação (Uncme) pode constituir-se em um espaço privilegiado para discussões e apoio aos colegiados. Ocorre que dos 5.560 municípios brasileiros, apenas 2.425 responderam ao questionário do MEC e 1.459 estão filiados àquela entidade.[8] Há que se destacar também a importância das iniciativas em relação à formação/atualização dos conselheiros, considerando o pouco tempo de existência do colegiado, a inexperiência de parte dos membros, bem como a importância que os Conselhos Municipais de Educação têm em relação à gestão democrática do ensino municipal.

Referências bibliográficas

BRASIL. Constituição Federal de 1988. Emenda Constitucional n.14/96.

______. Lei Federal n.5.672/71 e n.9.394/96.

______. Conselho Nacional de Educação, Pareceres CNE/CEB 30/00, 04/01.

COELHO, R. de C.; ARAÚJO, M. R. de. *Programa Nacional de Capacitação de Conselheiros Municipais de Educação*: perfil dos conselhos municipais de educação. Brasília: MEC, SEB, 2004.

8 Disponível em: <www.undime.org.br>. Acesso em: 17 set. 2005.

CURY, C. R. J. O Regime de Colaboração no ordenamento jurídico da educação escolar brasileira. In: MEC. *Programa Nacional de Capacitação de Conselheiros Municipais de Educação Pró-Conselho*: caderno de referência/coordenação geral de articulação e fortalecimento institucional dos sistemas de ensino. Brasília: MEC, SEB, 2004.

GIUBILEI, S. (Org.). *Descentralização, municipalização e políticas educativas*. Campinas: Alínea, 2001.

GIUBILEI, S. et al. *Os Conselhos Municipais de Educação da Região Metropolitana de Campinas*: organização e funcionamento. Relatório Final de Pesquisa. Campinas, 2004.

LIMA, A. B. de. Conselhos Municipais de Educação: perspectivas de democratização da política educacional municipal. São Paulo, 2001. Tese (Doutorado) – Pontifícia Universidade Católica.

MOACYR, P. *A instrução e as províncias*: subsídios para a História da Educação no Brasil – 1835-1889. São Paulo: Companhia Editora Nacional, 1939-1940. 3v.

OLIVEIRA, C. de. Estado, Município e Educação: análise da descentralização do ensino no Estado de São Paulo (1983-1990). Campinas, 1992. Tese (Doutorado) Faculdade de Educação, Universidade de Campinas.

OLIVEIRA, R. P. de; CATANI, A. M. *Constituições Estaduais brasileiras e educação*. São Paulo: Cortez, 1993.

RIBEIRO, W. *Municipalização*: os Conselhos Municipais de Educação. Rio de Janeiro: DP&A, 2004.

SÃO PAULO (Estado). Constituição Estadual, 1989.

______. Lei n.9.143/95.

______. Conselho Estadual de Educação. Deliberações: 6 e 9/1995, 11/1997.

SARMENTO, D. C. et al. Autonomia municipal: a criação dos sistemas municipais de ensino. *Relatório Final de Pesquisa*. UFJF, Juiz de Fora, 2003.

TEIXEIRA, L. H. G. Conselhos Municipais de Educação: autonomia e democratização do ensino. *Cadernos de Pesquisa*, São Paulo, n.123, set./dez. 2004.

20

Conselhos Municipais na educação: uma participação dissolvente?

Antonio Bosco de Lima

Conselhos e conjuntura político-econômica das décadas de 1980 e 1990

Os debates e a implementação de Conselhos ocorrem principalmente nas décadas de 1980 e 1990, com o processo de democratização da sociedade brasileira e pela necessidade de controle institucional das políticas de "descentralização".[1]

Na década de 1980, ocorre a implantação de Conselhos Populares, representativos dos movimentos sociais, por Prefeituras dirigidas pelo Partido dos Trabalhadores.[2] Durante esta década e na de 1990, os estados brasileiros também vão instituir Conselhos Institucionalizados,[3] oriundos, por um lado, da determinação dos anseios da sociedade e, por outro, como instrumentos de controle e fiscalização das políticas públicas locais.

---

1 Compreendemos que o processo de "descentralização" das políticas que ocorrem nas décadas de 1980 e 1990, na verdade, é uma forma de camuflar a privatização. As políticas de "descentralização" são, nada mais, que políticas de desconcentração. Como afirma Casassus, desconcentração é *"uma perspectiva e uma política que reflete os interesses do poder central"* e descentralização é *"uma perspectiva que reflete os interesses do poder local"* (1995, p.40).

2 Experiências pioneiras de Conselhos desta natureza ocorreram em Diadema (São Paulo) durante a administração de Gilson Menezes (1983-1988) e em Vila Velha (Espírito Santo), quando da administração de Magno Pires (1989-1992), ambas administrações do Partido dos Trabalhadores.

3 Os conselhos de escola, da educação, da saúde e dos direitos da criança e do adolescente, entre outros.

Observe-se que a diferença entre os Conselhos Populares (CP) e os Conselhos Institucionalizados (CI) é que os primeiros constituem-se de forma autônoma, incentivados pelas organizações locais e sem o lastro do controle oficial, enquanto os Conselhos Institucionalizados são implantados por meio de uma legislação que os normatizam, caracterizando sua natureza (concepção, composição e fins). Releve-se ainda, que, a constituição dos CIs é vital para que o município receba verbas para Educação, Saúde, Assistência Social; portanto, esses Conselhos acabam por ser instrumentos e instrumentalizadores do processo de desconcentração da execução das tarefas relacionadas às áreas citadas.

A desconcentração de tarefas tem laço estreito com a desregulamentação do Estado. Por meio da desresponsabilização pela manutenção da educação pública e gratuita, as políticas educacionais reforçam o preceito da publicização dos serviços da educação. Tal publicização não significa o financiamento por parte do Estado, mas, sim, a indicação de que a iniciativa privada também pode oferecer serviços públicos.[4] É nessa direção que instrumentos de controle local são criados, em uma perspectiva de que quem controla e fiscaliza pode participar e exercer parceria em sua manutenção.

Nosso pressuposto é que, com a implantação de instrumentos de controle, avança-se em dois rumos: da fiscalização e do controle dos serviços públicos que, segundo análises oficiais, tem sido um serviço precário, devido ao mau-gerenciamento. Tal referendo oficial induz à constituição de uma prática para controle e fiscalização dos serviços, que pode ser oferecida pela iniciativa privada, com a manutenção do Estado.

O que percebemos é que supostamente esse movimento em relação à constituição de Conselhos tem o objetivo de fortalecer, estimular e organizar o "poder local". Porém, tal movimento configura-se em uma forma de constituir colegiados que são utilizados para referendar a implantação e a implementação de políticas ditas "descentralizadoras", na qual o município passa a responsabilizar-se pela oferta de serviços dos quais o Estado se exime.

Por outro lado, surge, em tese, a possibilidade de que se estabeleça uma gestão municipal de educação democrática, superando-se, assim, o predomínio em nosso país de uma cultura autoritária e centralizadora de gestão educacional.

---

4 É uma reconfiguração sobre o conceito de público. O público não estatal "são organizações ou formas de controle 'públicas' porque voltadas ao interesse geral; são 'não estatais' porque não fazem parte do aparato do Estado, seja por não utilizarem servidores públicos, seja por não coincidirem com os agentes políticos tradicionais" (Bresser Pereira & Grau, 1999, p.16).

A implementação do Fundef[5] implica a organização de colegiados, pois requer a criação de um Conselho de Acompanhamento e Controle Social (Cacs), e propicia a criação de Conselhos Municipais de Educação (CME), nos municípios que optarem pela construção de seu Sistema Municipal de Ensino (SME). Os preceitos constitucionais e as leis que os regulamentam indicam uma possibilidade de participação por parte da comunidade escolar, tanto nas questões que dizem respeito ao financiamento da educação quanto aos aspectos administrativos e pedagógicos.

No entanto, o contexto no qual são implantados os Conselhos é marcado por sua institucionalização em uma conjuntura em que o Estado configura-se mínimo quanto à manutenção dos serviços sociais, e máximo quanto a seu controle. É, portanto, questionável esta prática de implementação de Conselhos. Surge daí a questão: por que ocorre a implementação de CI na década de 1990 e não na de 1980? Em virtude da conjuntura econômica, da articulação/desarticulação dos movimentos sociais?

Um modelo de Estado "enxuto", minimizado, requer formas de controle via desconcentração. Note-se que as obrigações são desconcentradas (aspectos financeiros) enquanto o controle é concentrado (currículo e avaliação).

Nessa sintonia, os Conselhos se configurariam como institucionalizadores e colaboradores da implantação e da implementação de determinadas políticas, sem terem o poder de deliberar, visto que não ocorre, de fato, a descentralização. Constatamos que as diretrizes e os parâmetros para a educação são de responsabilidade da União, por intermédio do Ministério da Educação e Desporto (MEC) e do Conselho Nacional de Educação (CNE); cabe ao Conselho Municipal sua adequação no município, e ao Cacs, o controle e fiscalização da aplicação das verbas na Educação Municipal.

---

5 Fundo de Manutenção e Desenvolvimento do Ensino Fundamental e de Valorização do Magistério (Fundef), conhecido também como "fundão", ou "fundinho". Foi regulamentado pela Lei Federal n. 9.424, de 24 de dezembro de 1996. Essa Lei regulamenta a Emenda Constitucional nº 14, a qual dá nova redação aos arts. 34, 208, 211 e 212 da Constituição Federal e ao art. 60 do Ato das Disposições Constitucionais Transitórias (ADCT). Dessa forma, é criado um fundo no âmbito dos estados e do Distrito Federal, de natureza contábil, constituído pelo recolhimento de 15% das verbas relacionadas às transferências do Fundo de Participação Estadual e Fundo de Participação Municipal (FPE/FPM), do Imposto sobre Circulação de Mercadorias e Serviços (ICMS) e Impostos sobre Produtos Industrializados (IPI/Exportação) e Lei Complementar n. 87/96 (ICMS/Desoneração das Exportações). O valor é distribuído no âmbito de cada estado e do Distrito Federal em razão do número de alunos regularmente matriculados nas respectivas redes de Ensino Fundamental. Mediante Decreto Presidencial, é estabelecido um valor custo/qualidade, mínimo aluno/ano, único, para os estados e seus municípios, sendo que, para 1998, esse piso anual é de R$ 300,00.

Se a canalização participativa e a institucionalização desses órgãos servem como forma de atrelamento comunitário às decisões de cúpula, e suas decisões são de controle do dirigente, tal atrelamento pode ser rompido, por ser o colegiado um espaço de contradição que pode questionar o controle dos dirigentes.

Os Conselhos podem referendar as políticas autoritárias atuais, bem como podem tornar-se espaço de resistência e de contra-hegemonia, espaço de luta coletiva. Entre outras formas de luta e de mobilização popular, os Conselhos podem ter papel relevante nesse processo histórico, uma vez que constituem possibilidade de superação do ranço individualista e centralista que domina as instâncias decisórias.

Coletivamente é possível exercer controle social sobre os vícios do Estado paternalista, buscando, também, superar a ideia corrente de que a intervenção, para a obtenção de conquistas, pode se dar apenas mediante a influência partidária ou sindical. Tal transformação, porém, não é obra de simples ensaios, depende da superação da cultura de submissão impregnada historicamente em nossa sociedade, do rompimento com a hierarquização e com a burocratização, nas quais o respeito ao superior – não importa seus desmandos – impera.

O poder de decisão, nesse sentido, deve ser democratizado. As pessoas que estão envolvidas em uma organização precisam participar de forma ampla nas tomadas de decisões. Só assim, com a democratização das tomadas de decisões, os participantes podem intervir em favor de uma política de cunho igualitário, seja ela educacional, de segurança, saúde, habitação ou outra que interfira diretamente na vida do cidadão.

Isso não é obra simples, visto que o preceito constitucional presente no art. 1º, que trata da organização política nacional embasada na democracia representativa e direta, foi rompido no momento em que grande maioria de governos que assumem a direção do Estado, na década de 1990, imbuem-se do poder delegado a eles pelos milhares de eleitores, autoproclamado-se os "representantes" do povo. Some-se também a isso as poucas experiências que ocorreram no período a partir de modelos diretos de participação (a anunciada democracia direta).

O poder de decisão e controle, portanto, não foi socializado, como reivindicavam os movimentos sociais na década de 1980. Cada vez mais temos uma redução no processo de práticas participativas.

A participação é um mecanismo "natimorto" por duas razões principais: quando os membros participantes não veem resultado na participação e quando ela é tutelada pelos preceitos meritocráticos.

Assim, há Conselhos Institucionalizados, porém esses estão tutelados em uma via que se duplica e se fortalece: participam deles, em geral, aqueles que têm as condições meritocráticas e cujas decisões, em geral, sofrem anuência por homologação do secretário de Educação, ou seja, os CIs tornam-se meros apêndices do Executivo e na escola do Diretor de Escola.

Descentralização e os Conselhos Municipais na Educação

A municipalização do Ensino Fundamental tem sido equivocadamente vinculada à descentralização. Um dos pontos que desautoriza essa vinculação é a ausência de instrumentos participativos, de controle e fiscalização da Educação Municipal nos projetos e programas de municipalização, visto a centralizada determinação educacional municipal pelo executivo local. De fato, observamos o não, empenho pela criação de Conselhos na Educação Municipal nas décadas de 1970, 80 e na primeira metade da de 90.

A descentralização exige autonomia para gerir e gerar serviços públicos com poder de determinação de políticas e com a participação da sociedade civil em seu planejamento. Para tanto, são necessários recursos públicos. Se não houver tais condições, não há descentralização.

O processo de "descentralização" no Brasil via municipalização, que se concretizou mediante programas e parcerias entre estados e municípios,[6] não se constituiu em uma descentralização em seu sentido pleno, visto que o Estado não cumpria com sua parte no financiamento, o que causou transtornos aos municípios, pois estes tiveram de arcar com os serviços municipalizados com ou sem financiamento. Em consequência, os serviços foram ofertados precariamente.

Um marco importante que vincula a municipalização, a descentralização e os CMEs é o advento da Lei n. 5.692/71, que estabelece as Diretrizes e Bases para o antigo ensino de 1° e 2° grau, quando se refere à municipalização tratando de questões de transferências de encargos e competências. Seu art. 58, parágrafo único,[7] enfatiza a gradativa passagem do ensino do 1° grau (atual Ensino Fundamental) para o município.

Essa lei cita, pela primeira vez, a possibilidade da criação dos Conselhos Municipais de Educação em âmbito Nacional. A lei trata ainda da responsabilização, por meio da assunção, por parte de municípios, encargos e serviços de educação do 1° grau. Paradoxal é a proposição dessa lei que, em um período autoritário, cria instrumentos de participação (CME) e "descentraliza" o Ensino Fundamental para o âmbito municipal.

Naquele período, porém, nem ocorre a propalada descentralização, visto a centralização das decisões e o controle das políticas educacionais pelo Executivo

---

6 Sobre esses programas e parcerias, vale a pena consultar, entre outros, Arelaro (1999); Oliveira (1999,1992); Hidalgo (1998); Oliveira (1997); Guimarães (1995); Evangelista (1994).

7 Registra-se neste parágrafo do art. 58 que "As providências de que trata este artigo visarão à progressiva passagem para a responsabilidade municipal de encargo e serviços de educação, especialmente de 1° grau, que pela sua natureza possam ser realizados mais satisfatoriamente pelas administrações locais."

Federal, nem a implantação de Conselhos conforme prescrevia a Lei. Percebe-se que a municipalização não está vinculada à efetiva democratização da organização da educação municipal, à participação e a transparência de informações.

As décadas de 1980 e 90, no tangente às políticas de municipalização do Ensino Fundamental (EF), são marcadas por uma tentativa de municipalização das matrículas dos anos iniciais desse nível de ensino, por meio de vários programas de parcerias, os quais, no entanto, não se constituíram em uma política municipal educacional fundada na participação e construção da qualidade dos serviços educacionais.

A partir de 1995 tem início nova forma de indução à municipalização com a discussão da Proposta de Emenda Constitucional (PEC-233), aprovada ao final de 1996 como Emenda Constitucional n. 14 (EC-14), e sua regulamentação pela Lei n. 9.424/96. No decorrer de 1995, tal movimento legal caracteriza-se como o divisor de águas sobre a municipalização. O contexto que precede a EC-14 e aglutina as tentativas estaduais de compor parceria com os municípios e o contexto do Fundef estão ligados, com certeza, ao discurso da centralidade da Educação Básica, defendida pelos Organismos Internacionais de Financiamento.

É evidente que o movimento de municipalização que antecede o Fundef é marcado pelas tentativas de "forçar" o município a assumir programas de municipalização do ensino. Assim, no período posterior à Constituição Federal de 1988, o município é responsável por cumprir com os preceitos legais e assumir sua responsabilidade com o Ensino Fundamental. Mediante esse indicativo, o Estado coloca-se como parceiro, embora nem sempre corresponda às obrigações de contrapartida. Há de se considerar que o que fundamenta o movimento gerado a partir de 1995 é o cunho mercadológico, subsidiado pelo racionalismo tacanho que direciona o papel do Estado para a desresponsabilização em relação à educação. Rasga-se o preceito federativo que trata da cooperação entre União, estados e municípios, induzindo, pela subtração de parte das verbas orçamentárias do Município, a municipalização de matrículas do Ensino Fundamental.

Portanto, o que ocorre na segunda metade da década de 1990 é apenas um aperfeiçoamento de medidas indutoras da municipalização tentadas durante os anos 1980 e a primeira metade de 1990, quando, com os pressupostos da "descentralização", autonomia e participação, os Conselhos no Brasil adquiriram importância significativa nos debates, sem no entanto ocorrer uma implementação daqueles.

Atualmente, o Conselho Municipal de Educação (CME) e o Conselho de Acompanhamento e Controle Social do Fundef (Cacs) configuram-se em um contexto político-econômico de desobrigação do Estado em relação à manutenção das políticas sociais, mas de controle centralizado sobre estas, visto que, se, por um lado, são arquitetados e implementados com base nas mobilizações por participação da sociedade, por outro, também o são por força da necessidade legal estabelecida pelos determinantes e condicionantes do processo de "descentralização".

O Conselho Municipal de Educação

Os pressupostos de participação e "descentralização" na educação estão referendados em vários textos legais, seja por meio da implementação de colegiados,[8] seja por meio da expressão do princípio de gestão democrática do ensino público,[9] ou pela obrigatoriedade dos sistemas de ensino público terem de definir as normas de gestão democrática na Educação Básica, de acordo com suas peculiaridades.[10]

Nem o movimento de "descentralização" presentes na história da educação, nem a Lei n. 5.692/71, também com impulso descentralizador das tarefas e criadora do CME, tampouco o movimento descentralizador e participacionista presentes na década de 1980 contribuíram para a criação e implantação de Conselhos.

A pesquisa de Poleto (1982) contempla tal constatação, conforme podemos averiguar no Quadro 20.1.

Embora os indicativos de constituição e implementação de Conselhos datem da década de 1970, quando a Lei n. 5.692/71 impõe, entre outras determinações, a "descentralização" do ensino, os Conselhos Municipais de Educação não tiveram a implantação efetivada em âmbito nacional. Possivelmente dois indicativos de cunho centralizador tenham congelado a criação deles: a centralidade de poder decisório nos Conselhos Estaduais de Educação (CEE) e a centralidade nas Secretarias ou Diretorias Municipais de Educação. Acrescente-se a estes dois indicativos a desmobilização popular causada pelo autoritarismo do regime de governo da época.

Os textos legais[11] de normalização dos CMEs de São Paulo e do Paraná são coincidentes em relação ao atrelamento dos CMEs aos CEEs.

---

8 Conforme previsto na Lei n. 5.692/71, em Constituições Estaduais, promulgadas em 1989, ou mais recentemente na Lei n. 9.424/96.

9 Constituição da República Federativa do Brasil, 1988, "Art. 206 – O ensino será ministrado com base nos seguintes princípios: ... VI – gestão democrática do ensino público, na forma da lei".

10 LDB n. 9.394, de 20 de dezembro de 1996, "Art. 3º O ensino será ministrado com base nos seguintes princípios: ... VIII – gestão democrática do ensino público, na forma desta Lei e da legislação dos sistemas de ensino" e "art.14 Os sistemas de ensino definirão as normas da gestão democrática do ensino público na educação básica, de acordo com as suas peculiaridades e conforme os seguintes princípios: ... II – participação das comunidades escolar e local em conselhos escolares ou equivalente".

11 Segundo Teixeira (2004), em Juiz de Fora, foi criado em 1968 o primeiro Conselho Municipal de Educação, instalado em 1972, que funcionou por um curto espaço de tempo e foi reinstalado em 1985.

Quadro 20.1 Situação dos Conselhos Municipais de Educação – Brasil

Estados	Conselhos Existentes	Situação
Mato Grosso	Dois	Desativados
Minas Gerais[12]	Sem informação	Estudos em andamento
Santa Catarina	Dois pareceres do CEE para a criação	Sem funcionamento
São Paulo	O CEE informa que há Prefeituras que mantêm o órgão	Sem maiores informações
Pernambuco	Existe Estatuto Padrão Res. n. 06, de 16/10/1969 Res. n. 14, de 20/05/1981	Sem informações sobre implantação, existência e funcionamento dos mesmos
Bahia	Nenhum	
Rio G. do Sul[13]	33	Treze com funcionamento pleno Quinze nunca funcionaram Cinco desativados

Fonte: Adaptado de Poleto (1982).

De acordo ainda com as leis em tela, as funções normativas e deliberativas do CEE só poderão ser exercidas pelos Conselhos Municipais mediante prévia delegação de competência, por expressa solicitação de cada CME. Ora, conforme tal disposição, o que percebemos é que a delegação pode causar um atrelamento dos CMEs aos CEEs, constituindo-os em meros apêndices dos "Conselhos Maiores".

Embora tal preceito, presente no texto legal, já esteja superado, pois a criação, por parte do município, de seu Sistema de Ensino está vinculada à constituição do órgão colegiado, o que ocorre é uma articulação entre os Conselhos, no qual o CME tende a referendar os indicativos do CEE. Ocorrem, portanto, sérios riscos de os "menores" tornarem-se congêneres dos Conselhos maiores na hierarquia: o CNE e o CEE.

---

12 O estado do Rio Grande do Sul é o objeto de pesquisa de Poleto, que faz a opção por uma amostra de 33 aos 232 municípios da época. Desta amostragem, treze têm Conselhos funcionando. Se comparada ao resultado da enquête nacional, percebe-se a presença quantitativa de elevado número de Conselhos naquele estado.

13 No estado de São Paulo, os CME são referendados na Constituição de 1989, pela Lei Estadual n. 9.143, de 9.3.1995, e pela Deliberação CEE/SP 9.95, de 21.6.1995. No Paraná as referências estão na Indicação CEE/PR 002/95, de 9.6.1995, e na Deliberação CEE/PR 9/95, de 9.6.1995.

Como podemos perceber no Quadro 20.2, há substancial aumento dos Conselhos Municipais. O que ocorre, com certeza, mais por influência do teor legal (LDB – Lei n. 9.394/96, Emenda Constitucional n. 14/96 e Fundef – Lei n. 9.424/96), visto que muitos municípios (mais de 40%), ao optarem por constituir seus SMEs, criam automaticamente os CMEs.[14]

Quadro 20.2 - Situação dos Conselhos Municipais de Educação – Brasil

Situação – Condição de funcionamento	Ano: 2005
Criados	2,425 (44%)
Criados e ativos	1,369 (25%)
Presidência: indicado pelo prefeito	10%
Presidência: secretário	22%
Presidência: eleito no colegiado	64%
Média de conselheiros	sete
Total de municípios	5.561 (100%)

Fonte: Adaptação de informações da SEB/MEC (2005).

Destacamos, portanto, dois elementos presentes na configuração dos CMEs: sua sintonia com a municipalização e seu atrelamento aos CEEs. Essa constatação é válida para os Conselhos de São Paulo e do Paraná, sobretudo quando comparamos as deliberações que os regulamentam e, ao delegar/estabelecer suas competências, implicam a organização interna dos Conselho, desde sua composição até sua atuação.

A análise dos documentos legais que normatizam a criação dos Conselhos Municipais na Educação tem consonância, ainda, com três questões importantes: a primeira trata do processo de desconcentração administrativa, a qual atrela os Conselhos maiores ao Conselho menor; a segunda vincula explicitamente a cria

14 Outro elementos indicativo da criação de Conselho ocorre com o Decreto n. 40.673, de 16.2.1996, que institui o Programa de Ação de Parceria Educacional Estado-Município para atendimento do Ensino fundamental. O Termo de Convênio deste Decreta estabelece como obrigação do município "1 – criar e instalar o Conselho Municipal de Educação, nos termos da lei n. 9.143, de 9.3.1995".

ção dos colegiados com o processo de municipalização e, por fim, o fato de os conselhos de São Paulo e do Paraná iniciarem "coincidentemente" manifestações favoráveis à criação dos CMEs apenas em 1995, quando se acentua o processo de municipalização do ensino e o movimento de criação do Sistema Municipal de Ensino, a partir da tramitação da LDB n. 9.394/96, da EC-14/96, e, posteriormente, da Lei n. 9.424/96.

A mudança de postura do CEE em relação à implantação de CMEs fica explícita com a fala de Dias:

> Durante os nove anos em que fui Conselheiro, isso foi entre 72 e 81, frequentemente vinham aqui um ou outro Município participar, mas como é que eles tinham que fazer para criar o Conselho Municipal? E ele era desencorajado. O Conselho Estadual naquela época resistia à ideia de criação de Conselhos Municipais. Mas, a partir do início dessa década, o Conselho mudou de orientação e a partir de então passou a incentivar, tanto que até criou uma comissão justamente para ajudar os municípios que quisessem criar o Conselho Municipal. No momento, o Conselho Estadual é totalmente favorável, dá todo o apoio.[15]

O depoimento referenda, ainda, que os Conselhos na Educação encontram-se em uma fase dependente do Poder Executivo. Da mesma forma, a relação intraconselhos pende a uma dependência, visto que os Conselhos Municipais podem transformar-se em réplica do CEE, como as mesmas alusões burocráticas, e tornar-se, assim, órgãos paralelos de fiscalização e de normalização burocrática das escolas.

É necessário, porém, notar que fatores vários influenciam a perspectiva de democratização via órgãos colegiados. Sua concepção, sua composição e suas finalidades, embora estejam previstas em leis, podem sofrer alterações que possibilitem uma construção autônoma para que os Conselhos exerçam de fato papel dinâmico de questionamento de elaboração, aplicação e implicações das leis. Além disso, os Conselhos podem sair do mero campo da fiscalização (no caso do Cacs) e partir para a efetiva discussão de políticas.

Outro ponto idealizado, mas possível de concretização, é a aproximação que os Conselheiros podem compor com a população, rompendo com a característica de representavidade e constituindo o caminho possível e realizável da democracia participativa.

Essas observações elucidam que a concretização da gestão democrática não depende apenas de planos legais, mas dos indivíduos que os implementem. Portanto, cabem aos Conselheiros, além da compreensão técnica, a compreensão

15 Depoimento do prof. José Augusto Dias, assessor da Presidência do CEE/SP, em 6.5.1999.

política, das questões educacionais, o que depende, também e sobremaneira, da atuação das Secretarias Municipais e dos próprios conselhos, mediante uma gestão político-pedagógica na qual conselheiros, funcionários e população assimilem a dimensão política do processo educacional.

O Conselho de Acompanhamento e Controle Social do Fundef

O Conselho de Acompanhamento e Controle Social (Cacs) e o Fundef estão vinculados à EC 14, que altera os padrões de financiamento do Ensino Fundamental com a criação de um fundo de natureza contábil, no âmbito de Estado e do Distrito Federal. Esse fundo retém e redistribui parte das verbas relacionadas às transferências e receitas dos estados e municípios. O valor redistribuído no âmbito de cada estado ocorre de acordo com o número de alunos regularmente matriculados nas Redes Públicas de Ensino Fundamental.

Para disciplinar essa redistribuição, o Fundef criou o Conselho de Acompanhamento e Controle Social, instituído em cada esfera de governo, com a atribuição de acompanhar e controlar a repartição, a transferência e a aplicação dos recursos do Fundo.

Com isso, pode-se pressupor que, com a obrigatoriedade e a disseminação de Conselhos de Acompanhamento, pode-se amparar em um referencial da popularização do controle, fiscalização e direcionamento de políticas educacionais, pelo menos para sua democratização.

O fato, porém, é que os Conselhos de Acompanhamento têm papel restrito quanto a garantir a transparência e a democracia na definição de políticas educacionais e na utilização dos recursos públicos, vinculados constitucionalmente ao desenvolvimento do ensino público e, valorização do magistério, pois aquele não é normativo nem indicativo de políticas. Estabelece-se, na verdade, como órgão fiscalizador.

Conforme a Lei n. 9.424/96, cabem ao Conselho o acompanhamento e o controle social sobre repartição, transferência e aplicação dos recursos do Fundo em relação aos respectivos governos no âmbito da União, dos estados, do Distrito Federal e dos municípios, os quais deveriam ser instalados no final de junho de 1997, se considerarmos o prazo de 180 dias estabelecidos pela lei. Para se ter uma ideia do índice de Conselhos implantados no Brasil, apresentamos o Quadro 20.3.

Vale destacar, ainda, que não existe obrigatoriedade por parte do município quanto a criar o Conselho Municipal de Educação.[16] A obrigatoriedade reside

16 Com exceção, no caso dos municípios paulistas, daqueles que exercerem convênios de parceria com o estado, pois são obrigados a criar o CME, conforme o Decreto Estadual n. 40.673, de 16.2.1996.

na criação, por parte dos municípios, do Conselho de Acompanhamento e Controle Social do Fundef, caso o Município tenha alunos matriculados no Ensino Fundamental, para que tenha restituído o valor *per capita* pelo número de alunos matriculados.

Quadro 20.3 Municípios com Conselhos de Acompanhamento e Controle Social do Fundef, Brasil e Regiões – 1998

Região	Porcentual de municípios			
	Com Conselho	Sem Conselho	Sem informação	Total
Brasil	80,6	14,3	5,1	100
Norte	61,3	30,0	8,8	100
Nordeste	86,8	5,6	3,3	100
Sudeste	74,3	14,2	11,5	100
Sul	79,8	17,8	2,4	100
Centro-oeste	80,7	15,7	3,7	100

Fonte: MEC, Balanço do primeiro ano do Fundef, 1998.

Esse movimento de municipalização, posterior à implantação do Fundef, não tem corroborado a democratização da escola, sua qualidade e a efetivação da participação da comunidade, visto que a análise sobre a implantação de Conselhos não tem apontado para a democratização e a transparência das políticas educacionais do Executivo Municipal. É o que indica a avaliação da União Nacional dos Dirigentes Municipais da Educação (Undime) quanto ao Cacs do Fundef. Segundo a Undime, não houve a implantação propalada, e, em muitos estados e municípios, não obstante sua implantação, os Conselhos encontram-se desarticulados, com casos de sonegação de informações e de inconfiabilidade na prestação de contas.

Segundo ainda a avaliação da instituição em tela, o Governo Federal, que deveria dar o exemplo, não tem priorizado o Conselho Nacional, realizando reuniões sem definição de resultados.

Consoante com a Undime, a Confederação Nacional dos Trabalhadores em Educação (CNTE) afirma que o não funcionamento dos Conselhos Gestores tem propiciado desvios de recursos, nem sempre denunciados pela falta de acesso aos documentos e de esclarecimentos sobre as formas e competências dos processos.

Considerações finais

É preciso considerar que não há como impingir nos Conselhos Municipais um carimbo classificando-os como meros instrumentos da reprodução das desigualdades e das políticas de exclusão, ou como instituição com excelência para a superação das relações de dominação. Os conselhos podem constituir-se por uma ou outra opção, depende de sua correlação de forças, de sua relação com os MS e com o poder executivo.

Os conselhos não podem ser descartados por causa da atual conjuntura político-econômica de exclusão e centralização do poder. Por ser um espaço coletivo, o Conselho pode fazer parte de um movimento pela democratização da sociedade, e, portanto, com escolas, sindicatos e partidos, pode ser um elemento que carrega perspectivas favoráveis para efetivar-se a democratização.

Nesse sentido, mais do que nunca, é necessário adjetivar conceitos e práticas, ditas instrumentalizadoras da democracia. A utilização pelos conservadores desses meios, como a descentralização, a participação e a autonomia, desfiguradas do contexto de transformação social, política e econômica, tem sido referendada pela sociedade civil. Os Conselhos são instrumentos articulados nesse contexto. É necessário, então, recuperar tais conceitos e reconfigurá-los à luz da democracia transformadora, adjetivando-os. Democratização para a qualidade de vida, participação transformadora, autonomia libertadora, portanto, Conselhos transformadores, autônomos, libertadores e populares.

A atuação dos Conselhos em uma perspectiva crítica exige que estes não se furtem ao diálogo com a sociedade civil organizada, com os movimentos sociais, se tiverem finalidades democráticas e de transformação da sociedade. Ao contrário, ausentando-se, eles criam raízes burocráticas que só servem aos interesses vigentes, independentemente de quem esteja no poder.

Os Conselhos também não podem resumir-se em instituições democráticas representativas, nas quais participam apenas especialistas. Ao contrário, devem ser ampliadas a atuação diretas, transparente dos Conselheiros, implementando uma pedagogia dos Conselhos na qual os "leigos" nos assuntos educacionais, na leitura e feitura de leis possam aprender com os "intelectuais", e ter o domínio e o manuseio da especificidade educacional, expor e decidir conjuntamente o que é melhor para a classe majoritária. É necessário que os Conselhos passem a *fazer com* e não a *fazer para* a população trabalhadora e estudantil.

Embora consideremos que ocorra uma dinâmica conflitual no interior dos Conselhos, eles, em si, tornam-se hegemônicos com relação a suas deliberações e seu relacionamento com o Poder Executivo. Além disso, a figura de seu presidente(a) exerce forte influência nas determinações, sejam estas realizadas *ad referendum* ou mesmo com uma discussão mais ampla. Acrescente-se, ainda, o poder da presidência de elaborar a pauta, privilegiando ou não determinados assuntos e mesmo o controle de tempo da fala dos demais Conselheiros. Essa é uma característica predominante da cultura hierarquizada, na qual o poder do conhecimento e do saber são sinônimos do poder de decisão e de dominação, pelo qual o presidente conduz e condiciona tais determinações.

Quanto à composição, se os Conselhos são instituídos por um número específico de membros,[17] há outras formas de se superar tais limitações: por meio da divulgação de suas decisões, por convite para membros da comunidade participarem da reunião, por intermédio de reuniões descentralizada, ou seja, incrementar uma perspectiva de democracia direta, saindo da mera representatividade.

Outra questão diz respeito à rigidez da pauta. Nesse tocante, o regimento interno é muito importante para o controle. A sequência é sempre semelhante. A abertura da reunião, a leitura da última ata, os assuntos do dia e a prestação de contas (no caso do Cacs, a conferência das notas fiscais). Resta pouco tempo para a discussão de temas gerais vinculados à educação. Se a pauta é uma condição de trabalho, ela não pode ser utilizada como uma mordaça para calar os conselheiros que querem contrapor-se à determinada forma de condução das reuniões. Ao optar por objetivos produtivos, ou seja, vinculados às questões de funcionamento burocrático dos Conselhos, faz-se uma opção por calar elementos externos às reuniões. Ou seja, o que está privilegiado na pauta é o legal, pertinente ao Regimento, o que é alheio é marginal.

Ainda vale destacar que os Conselhos não podem ser o "canal legítimo" de mobilização da sociedade. Os Conselhos podem e devem, se assim for sua opção política, contribuir com as organizações coletivas e movimentos sociais que ainda prescindem de um relacionamento democratizado com o executivo municipal, e ainda atuam pela democratização da sociedade e, pela ampliação da participação.

Se a relação do poder público é relativamente forte na hierarquização com tais instituições, estas precisam construir em sua organização a democratização das relações internas, para se fortalecerem em sua relação com o Executivo, e não podem passar pelo viés hierárquico, ou seja, pela concepção burocrática de poder.

Se, por um lado, é necessário que o Executivo democratize-se, por outro, é necessário também que as instituições colegiadas democratizem-se para que as

---

17 Não há padronização do número de conselheiros no CMF. A constituição do Conselho depende do aval do chefe do Poder Executivo, que pode cria-lo sem participação da comunidade escolar ou proporcionar um debate mais amplo com a sociedade. Desse debate será estabelecido, entre outros, o número de componentes e sua representatividade. A organização do CME depende, portanto, da especificidade de cada município. Por exemplo, em maio de 2000, segundo informações do CEE/SP, o CME que tinha o menor número de componentes era o de Barueri (com cinco membros), enquanto o maior era o de Diadema (com trinta membros), seguido por Presidente Prudente (32 membros).

perspectivas de democratização das políticas sociais, em particular das educacionais, sejam ampliadas.

O que podemos perceber é que a legitimação dos canais de participação pode referendar a participação dos movimentos sociais no espaço de poder do Estado, buscando a cooptação destes. Havendo tal cooptação, a tendência é que esses movimentos, no seio do Estado, tornem-se "movimentos representativos" da sociedade e, portanto, sejam enquadrados no modelo de democracia representativa. Constatamos também, que, mesmo sendo um movimento representativo, o Conselho é um espaço, sem dúvida, para a progressiva transparência e controle de ações governamentais. É um espaço de debate pela natureza aberta de sua representatividade. Depende da dinâmica que o "grupo" desenvolve e da atuação dos sujeitos em seu interior. É o velho dilema entre democracia direta e representativa, eventos que dependem de que a sociedade civil esteja organizada; dependem, portanto, de Conselhos transformadores, que dependem, por sua vez, de sujeitos transformadores.

Referências bibliográficas

APP-SINDICATO. Lei de diretrizes e bases da educação nacional. Lei n.9.394/96. In: Um trabalho elaborado pelo fórum paranaense em defesa da escola pública, gratuita e universal. Curitiba, jun. 1997.

ARELARO, L. R. G. A municipalização do ensino no Estado de São Paulo: antecedentes históricos e tendências. In: OLIVEIRA, C. de et al. *Municipalização do Ensino no Brasil.* Belo Horizonte: Autêntica, 1999.

BRASIL. Constituição da República dos Estados Unidos do Brasil. Promulgada em 16 de julho de 1934.

______. Lei n.9.424/96, de 24 de dezembro de 1996. In: Um trabalho elaborado pelo Fórum Paranaense em defesa da escola pública, gratuita e universal. Curitiba, jun. 1997.

______. Emenda Constitucional n.14. Brasília: Undime, 1996.

______. Lei de Diretrizes e Bases do Ensino de 1º e 2º graus. Lei n.5.692, de 11 de agosto de 1971. In: BREJON, M. (Org.). *Estrutura e funcionamento do ensino de 1º e 2º graus*: leituras. São Paulo: Pioneira, 1982.

BRESSER PEREIRA, L. C.; GRAU, N. C. (Orgs.). *O público não estatal na reforma do Estado*. Rio de Janeiro: FGV, 1999.

CASASSUS, J. A centralização e a descentralização da educação. *Cadernos de Pesquisa*, n.95, São Paulo: FCC, 1995.

CNTE. *Fundef: a avaliação do primeiro ano*. Brasília: s/e. 1999.

EVANGELISTA, O.; SCHMIDT, M. A. Relação Estado/Município no Paraná: construção ou desconstrução da Escola Pública de qualidade? *Cadernos Fó-*

rum Paranaense em Defesa da Escola Pública Gratuita e Universal. 11ª Sessão temática: Avaliação das políticas educacionais do Estado do Paraná. Toledo, Paraná, maio 1994.

GUIMARÃES, J. L. *Desigualdades regionais na educação*: a municipalização do ensino em São Paulo. Marília: UNESP, 1995.

HIDALGO, A. M. Tendências contemporâneas da privatização do ensino público: o caso do Estado do Paraná. São Paulo, 1998. Dissertação (Mestrado) Pontifícia Universidade Católica.

OLIVEIRA, C. de. Estado, município e educação: análise da descentralização do ensino no Estado de São Paulo (1983-1990). Campinas, 1992. Tese (Doutorado) Universidade de Campinas.

______. A municipalização do ensino brasileiro. In: ______ de et al. *Municipalização do ensino no Brasil.* Belo Horizonte: Autêntica, 1999.

OLIVEIRA, R. P. de. A municipalização do ensino no Brasil. In: OLIVEIRA, D. A. (Org.). *Gestão democrática da educação*: desafios contemporâneos. Petrópolis: Vozes, 1997.

PARANÁ. Conselho Estadual de Educação. Indicação n.2/95. Câmara de Legislação e Normas. Aprovada em 8.6.1995.

______. Conselho Estadual de Educação. Deliberação n.9/95. Câmara de Legislação e Normas. Aprovada em 9.6.1995.

POLETO, I. Papel do Conselho Municipal de Educação na ação educacional do município. Brasília, 1982. Dissertação (Mestrado) – Universidade de Brasília.

SÃO PAULO. Constituição do Estado de São Paulo. Promulgada em 5 de outubro de 1989. São Paulo: Imesp, 1989.

______. Decreto n.40.673, de 16 de fevereiro de 1996.

______. Conselho Estadual de Educação. Deliberação CEE n.9/95, de 21 de junho de 1995. In: Conselho Estadual de Educação. Conselhos Municipais de Educação no Estado de São Paulo. Série Estudos e Normas, n.2. São Paulo: SEE, 1995.

______. Lei n.9.143, de 9 de março de 1995. Conselho Estadual de Educação. Conselhos Municipais de Educação no Estado de São Paulo. Série Estudos e Normas, n.2. São Paulo: SEE, 1995.

TEIXEIRA, H. G. T. Conselhos municipais de educação: autonomia e democratização do ensino. *Cadernos de Pesquisa*, n.123, v.34, São Paulo/Campinas: Fundação Carlos Chagas/Autores Associados, set./dez. 2004.

UNDIME. *O Fundef na avaliação da Undime.* Brasília, 1999.

UNIVERSIDADE ESTADUAL DO PARANÁ. Normas para apresentação de trabalhos. 10 v. Curitiba: UFPR, 2000.

21

Educação, meio ambiente e desenvolvimento humano: da crise do paradigma científico à necessidade da dialética

Edilson Moreira de Oliveira
Simone Azevedo Buchala

Introdução

Quem educa o educador?

Tal questão proferida por Karl Marx torna-se, em nosso entendimento, para os fins deste texto, o ponto de partida por meio do qual nos propomos a refletir sobre o tema proposto para este seminário: "Educação, Meio Ambiente e Desenvolvimento Humano: políticas públicas e programas".

Nesse intuito, observamos que, no decorrer da história da humanidade, filósofos, cientistas, artistas e religiosos, entre outros, são exemplos de atores sociais que apontaram a necessidade de empreendermos esforços em busca de soluções para a degradação ambiental, pois casos típicos, como o processo erosivo oriundo da má-utilização do solo e a questão do abastecimento d'água, já eram tratados no Código de Hamurabi, evidenciando o fato de que a degradação ambiental já fazia parte das preocupações de nossos antepassados.

Embora essa preocupação remonte à Antiguidade, foi a partir da década de 1960, em virtude de pressões externas, que essas questões começaram, ainda em escala reduzida em nosso país, a ser abordadas pelo meio acadêmico. Autores como Dias (1993) e Mininni (1994) relataram o aumento das denúncias sobre casos de degradação ambiental, ocorridos a partir desse período, e sua posterior intensificação, graças ao apoio da mídia, que se caracterizou como a grande divulgadora e instituidora das representações e dos sentidos referentes à temática ambiental e à educação ambiental.

Sorrentino (1988) e Carvalho (1989) relatam que, na década de 1960, quando se iniciou em nossa sociedade um processo de reformulação do sistema educacional, o tema Educação Ambiental foi instituído, iniciando uma longa trajetória no sentido de sua inserção/enraizamento no cenário educacional.

Tal fato, em nosso entendimento, tendo em vista a proposta norteadora dessa discussão, qual seja, discutir "Educação, Meio Ambiente e Desenvolvimento Humano: políticas públicas e programas", torna-se importante para as reflexões que pretendemos realizar, pois a temática elencada para essa discussão traz à tona uma necessária abordagem acerca da "condição humana", foco central e irradiador das questões oriundas da relação estabelecida entre o gênero humano, organizado em sociedade, com a natureza, e o processo educativo, por meio da "educação ambiental".

Assim argumentamos, pois muitos foram os encontros e eventos internacionais posteriormente realizados com o intuito de abordar a temática ambiental e a educação ambiental. Entre eles, destacamos a primeira **Conferência** Internacional sobre Educação Ambiental, em Tbilisi – Geórgia, que em sua recomendação de n.13, dirigida aos Estados-membros, adverte às universidades sobre a necessidade de incorporarem, "desde o início, nos programas de formação de docentes, o estudo das ciências do ambiente e da educação ambiental", fato esse que, em nossos dias, se constitui em um grande desafio e carece de uma adequada investigação, no que diz respeito ao processo de "enraizamento da educação ambiental" em processo na instituição escolar (Secretaria do Meio Ambiente, SP, 1994, p.39).

As conferências promovidas pela ONU/Pnuma (Programa de Meio Ambiente das Nações Unidas) resultaram em uma série de documentos que se configuram como representativos de um processo de formalização/institucionalização/universalização das questões referentes à temática ambiental e à educação ambiental. No âmbito dessas discussões, um discurso sobre o meio ambiente e o desenvolvimento começou a ser instituído, buscando alternativas ao discurso desenvolvimentista que excluía a questão ecológica.

Entendemos esse fato como significativo, pois esse processo de institucionalização das discussões relativas à temática ambiental traz à tona, forçosamente, a dimensão ecológica que está em sua base e a necessidade de interpretação dessa realidade em um processo relacional no qual se entrelaçam as questões sócio-histórico-econômicas e os fundamentos físico-químico-biológicos que, normalmente, dão suporte à ecologia.

Disso se depreende que as concepções formadas a partir das representações divulgadas pela mídia, no que diz respeito à temática ambiental e à educação ambiental, e pela dinâmica de formação histórico-discursiva em curso, nos mais variados contextos do planeta, mostram-nos distintos sentidos evocados pelos movimentos ambientalistas. A respeito disso, Silva (1995) argumenta que:

> Uma posição antinuclear e pacifista, por exemplo, terá um sentido determinado para os países da Europa, que viveram em seu território as grandes guerras; uma posição alternativa, anticonsumista, por outro lado, terá sentido determinado para um país como os EUA, que se representam como uma sociedade de consumo "mais desenvolvida". Se, no entanto, o sentido do movimento ambientalista se produz diferentemente, através de diferenças históricos-discursivas, estas se relacionam com uma determinada representação do real histórico enquanto espaço político. (Silva, 1995, p.12)

Nesse processo, no que diz respeito às representações que norteiam as discussões acerca da temática ambiental, observamos que, apesar do aparente consenso existente, no que diz respeito aos limites e possibilidades da educação ambiental em face das urgências sociais demandadas pela degradação ambiental existente, em nível crescente em nosso planeta, um fato nos chama a atenção: apesar de a temática ambiental abranger um todo dinâmico, no qual se incluem aspectos sociais, econômicos, históricos, culturais, éticos e estéticos, atualmente essa continua reduzida, no pensamento dominante, a suas dimensões naturais e técnicas (Sorrentino, 1988; Carvalho, 1989; 1996; Gonçalves, 1990; Reigota, 1994; 2002; Oliveira, 1998).

Tal fato, em nosso entendimento, é demarcado por uma característica muito sutil, porém determinante, qual seja, o aspecto reducionista com que as questões que envolvem as urgências sociais demandadas pelo crescente processo de degradação ambiental à instituição escolar são abordadas, em um claro processo de elaboração de consensos norteado pela óptica da racionalidade instrumental, em parceria como uma fundamentação de matizes pragmáticos, próprios de uma abordagem equivocada dessa questão, alicerçada em um processo educativo de matiz estritamente epistemológica, caracterizando, assim, o enfoque reducionista anteriormente apontado.

Em nosso cenário educativo, observamos, tal como nos apontam as tendências e perspectivas registradas nas sequentes edições do Epea[1] e do grupo de trabalho de Educação Ambiental da Anped[2], que, atualmente, a educação ambiental tem sido trabalhada com maior ênfase que na década anterior, bem como se observa um crescente mercado dos livros didáticos voltados à "educação ambiental". Tal fato nos chama atenção para o enfoque ecológico que norteia essas edições, nas quais pouca ou quase nenhuma ênfase é dada à forma como essas questões reper-

1 Epea: Encontro de Pesquisa em Educação Ambiental – organizado na suas três primeiras edições numa parceria entre Unesp/USP/UFSCar.

2 Anped: Associação Nacional de Pós-Graduação e Pesquisa em Educação.

cutem no cotidiano das pessoas, reforçando, portanto, o reducionismo com que a mesma é trabalhada (Carvalho et al., 1996).

No âmbito das universidades, a perspectiva reducionista anteriormente elencada nos remete à recomendação de n.13, dirigida aos Estados-membros presentes na Conferência Internacional sobre Educação Ambiental, em Tbilisi, pois, no que diz respeito à formação dos professores, aos quais as urgências sociais oriundas da degradação ambiental vão exigir dos mesmos uma proposta educativa que atenda aos anseios da sociedade na qual ele se insere, um fato permeia repetidamente esse processo nas Universidades, tal como nos informa Pagotto:

> A própria instituição universitária que tem, dentre seus objetivos, de promover essa tarefa [ou seja, a formação de professores aptos a abordarem a temática ambiental e a educação ambiental], tem dado mostras de que este é um objetivo secundário, principalmente para aqueles onde a pesquisa e a pós - graduação constituem-se como função principal. As experiências analisadas na pesquisa Novos Rumos para a Licenciatura (Candau, 1989) permitiram que se levantasse a hipótese de que, quanto maior é o envolvimento com a pesquisa e a pós-graduação menor é a preocupação com a formação de professores. (Pagotto, 1995, p.111)

O aspecto descrito por Pagotto, no que diz respeito ao maior comprometimento dos docentes com suas pesquisas, do que com o processo de formação de docentes, tomando, por exemplo, a área de Ciências Biológicas, e a fragmentação que caracteriza a tônica do mesmo, o que pode ser ilustrado no relato de um dos informantes de sua pesquisa, o qual retrata o reducionismo e a fragmentação que caracteriza o processo de formação por ele vivenciado: "Não temos uma visão geral da Biologia. Sabemos, por exemplo, muitas coisas específicas sobre a glândula da perna da vespa, mas não sabemos o seu papel na biosfera. Isso é praticamente em todas as disciplinas" (Pagotto, 1995, p.196).

Tal fato se configura, dentro de seus limites, em um bom exemplo do processo histórico em curso no seio das universidades e em todas as instituições responsáveis pela formação de professores, às quais são endereçadas o desafio de uma formação que supere a abordagem reducionista, característica do paradigma que norteia a produção do conhecimento científico, presente na abordagem da temática ambiental e da educação ambiental, e, também, a ideologia de que tornar-se professor depende, tão somente, da apropriação desse conhecimento e de um "dom pessoal" para "transmiti-lo" aos alunos.

Portanto – no que concerne às políticas públicas e programas voltados à educação, meio ambiente e desenvolvimento humano, observamos que a interface necessária à abordagem dessas três áreas é trabalhada nas escolas por meio da educação ambiental, a qual se institui como catalizadora da necessária articulação das distintas demandas oriundas dessas três áreas do conhecimento. Na história recente, um fato tornou-se evidente: desde a tese do crescimento zero, defendida pelo Clube de Roma, em 1972, até a elaboração do "Nosso Futuro Comum" ou relatório Brundtland, de 1987, que lança as premissas básicas que configuraram a ECO-92 e dão sustentação ao discurso sobre o desenvolvimento sustentável, o *processo educativo*, além de questões sociais e econômicas, adquire grande importância no que diz respeito às questões ambientais.

Segundo Carvalho et al., atualmente existe uma forte tendência, nos mais diferentes setores sociais, de se atribuir ao processo educativo a possibilidade de provocar mudanças e alterações no atual quadro de degradação existente. No entender deste autor, independentemente do referencial teórico utilizado para analisar o atual quadro de degradação ambiental, o processo educativo é sempre apresentado como "um agente eficaz de transformação... Muitas vezes, a contribuição do processo educativo para as mudanças almejadas é tão supervalorizada, que leva facilmente à idealização ou à mistificação" (Carvalho et al., 1996, p.78).

De acordo com o autor, nas disciplinas escolares que abordam o tema natureza – e isso ocorre frequentemente no processo de formação de professores, especialmente aos da área das Ciências Biológicas –, geralmente os conteúdos relacionados a esse tema têm sido trabalhados por meio de uma abordagem descritiva e classificatória, apresentando os diversos componentes da natureza de forma isolada, sem considerar as inúmeras inter-relações e os dinâmicos processos de transformações existentes na natureza, contribuindo "para reforçar particularidades que muitas vezes prejudicam a compreensão da natureza de uma forma mais integrada" (ibidem, 1996, p.81).

Em virtude da amplitude da temática ambiental, que não poderia ser esgotada por uma só disciplina – que para muitos seria intitulada educação ambiental –, bem como do fato que a questão da formação de professores continua sendo atravessada por inúmeras controvérsias, Amaral (1994) observa que o processo de formação de professores, enquanto uma das expressões das políticas públicas,

> envolve múltiplas e interativas determinações, que afetam o professor tanto como indivíduo quanto como profissional, regendo suas reações psicoafetivas e sua conduta pedagógica. As condições que levam o professor à construção de uma concepção pedagógica ou as barreiras que o impedem de mudá-la não são meramente de teor cognitivo, mas envolvem concepções político-filosóficas, valores, emoções, fatores sociais, econômicos e culturais. Por isso, somente são afetadas quando compreendidas e atacadas conjuntamente. E, mesmo no plano cognitivo e no da capacitação técnica, a fragmentação precisa ser eliminada, trabalhando-se no sentido da indissolubilidade entre teoria e prática, entre planejamento, conteúdo, métodos de ensino, relação professor-aluno e avaliação. Em síntese, a capacitação precisa ser trabalhada como um processo essencialmente interdisciplinar. (Amaral, 1994, p.3)

Assim, observa-se que a questão da formação dos docentes responsáveis por um trabalho educativo que se ocupe da relação do homem, organizado em sociedade, com a natureza, trata-se de uma tarefa complexa e repleta de dificuldades, uma vez que a mesma se encontra referencializada por uma matriz teórica essencialmente epistemológica, fundamentada na concepção de verdade oriunda do pensamento grego (*aletheia* – o não letal, o que não muda, o que permanece, enfim, do que "É", oriunda do pensamento do filósofo pré-socrático Parmênides), a qual, ao retirar da filosofia aristotélica – que nos dá o referencial lógico formal que sustenta a produção do conhecimento científico, ou seja, a nossa maneira de fazer ciência –, as questões relativas à causa primeira ou eficiente e à causa final, permitiu, assim, em termos filosóficos, a estruturação de uma vertente operativa, instrumental, desvinculada de valores, na produção do conhecimento, por meio da utilização somente da causa material e da causa formal presente no pensamento do estagirita.

Limites do reducionismo epistemológico e possibilidades na formação do educador ambiental

Em busca de uma melhor compreensão acerca dos elementos que constituíram a multidimensionalidade da crise ambiental e suas implicações no trabalho educativo dos que se ocupam dessa nova urgência social denominada educação ambiental, em consonância com os argumentos de Unger (1992), entendemos que a superação dessa questão passa pelo estabelecimento de uma nova ética, a ser construída no embate e na tentativa de superação da concepção de mundo reducionista que trata todos os seres como objetos a serem submetidos à racionalidade do cálculo e da produtividade.

Nesse percurso, faz-se mister preocuparmo-nos com essas questões: o que é educação ambiental? Qual o perfil do educador ambiental? Que contribuição oferece um processo de formação, que objetive formar profissionais para atuarem com a temática ambiental? No decorrer de nossa trajetória docente, observamos que construímos muitas dessas respostas, porém nenhuma definitiva. Entretanto, alguns princípios básicos se fazem presentes nessas respostas, e fundamentam cada uma delas, entre os quais destacamos três, que serão oportunamente discutidos, no decorrer do texto:

a) a educação ambiental nada mais é que educação;
b) a educação é um ato político;
c) a educação não tem um fim em si mesmo, estando sempre atrelada, subordinada e norteada por um projeto de sociedade a ser construído.

Muitos são os textos que se referem à temática ambiental e à educação ambiental. Cada vez mais, essas publicações avolumam-se diante da velocidade com que novas publicações, principalmente as lançadas com o descriptor educação ambiental, são editadas, exigindo do leitor e do pesquisador a necessidade de escolha.

Assim, amparamo-nos nas questões levantadas, delineadas e desenvolvidas a partir do trabalho de Carvalho et al.(1996), os quais analisaram os materiais didáticos impressos no Brasil, referentes à temática ambiental e educação ambiental. Nesse trabalho, Carvalho et al. privilegiaram a análise de três aspectos:

1. A análise do conteúdo desses materiais, feita com o objetivo de localizar elementos considerados pelos pesquisadores como fundamentais em propostas educativas que se apropriem da temática ambiental e da educação ambiental. Entre eles, destacam-se:

> os componentes, fenômenos e processo naturais considerados pelos autores das obras, a visão do processo educativo a partir de indicações explícitas ou não nos textos analisados, as atividades propostas aos leitores dos mesmos, *a visão do processo de produção do conhecimento científico e tecnológico veiculado por esses materiais* e as concepções referentes à relação homem/natureza.(Carvalho et al., 1996, p.79 grifos meus)

2. A presença ou não de considerações acerca de valores éticos e estéticos;
3. A presença ou não de aspectos relacionados com a dimensão política, na busca de alternativas ou de soluções para os problemas ambientais.

Em outro momento, o autor (Carvalho, 2000, p.4) retoma essa discussão e afirma, a partir dos elementos utilizados na pesquisa sobre os materiais didáticos que se ocupam da educação ambiental, a necessidade de serem trabalhadas três dimensões na formação do educador:

a) A dimensão relacionada à *natureza dos conhecimentos* presentes nos diferentes programas de formação.
b) A dimensão relacionada com os *valores éticos e estéticos* que têm sido veiculados pelos mesmos.
c) O tratamento dado às possibilidades de *participação política do indivíduo*, tendo como meta a formação de cidadãos e a construção de uma sociedade democrática.

Carvalho (2000), ao discorrer sobre essas dimensões, fornece-nos um referencial necessário a ser observado nos processos de formação, projetos de pesquisas e atividades que se ocupem da relação entre a temática ambiental e a educação ambiental. No que diz respeito à primeira dimensão, o conhecimento, o autor argumenta que o mesmo se estruturou e tem sido trabalhado por meio de uma abordagem descritiva e classificatória dos elementos, fenômenos e processos naturais, reduzindo a diversidade do real a uma abordagem estanque e isolada, sem levar em consideração as complexas interações entre o conhecimento e os constantes e dinâmicos processos de transformação da natureza. Persistindo a ênfase na descrição e na classificação dos elementos naturais, tal concepção de ensino contribui para reforçar particularidades, em detrimento da totalidade dos fenômenos, prejudicando a compreensão da natureza de forma integrada.

O autor afirma a necessidade de se evitar essa abordagem, na formação de professores, e propõe um enfoque ecológico-evolutivo, argumentando que a perspectiva ecológica se ocupa da dimensão espacial, por meio do estudo dos aspectos físicos, químicos, geológicos e biológicos do meio, além de enfatizar a interação entre os diferentes componentes, fenômenos e processos do conhecimento. Por outro lado, a abordagem evolutiva possibilita a compreensão mais profunda da dinâmica natural das espécies vivas, e sua interação com o ecossistema.

Porém, a exemplo de Carvalho (2000), autores como Borheim (1985), Gonçalves (1989), Reigota (1995), Sorrentino (1995) e Pardo Díaz (2002) afirmam que tal proposta de formação não deve restringir-se somente à dimensão dos aspectos naturais do meio, mas ocupar-se de uma análise crítica acerca da relação do homem, organizado em sociedade, com a natureza, objetivando-se evitar a perspectiva fatalista, o reducionismo biológico e a análise a-histórica, ainda muito presentes no processo de formação de professores.

No que diz respeito aos conteúdos, procedimentos e recursos didáticos, existem várias possibilidades a serem exploradas, tais como o reconhecimento, a compreensão e as implicações, em trabalhos que se ocupem da educação ambiental, dos princípios básicos que estruturam as distintas tendências pedagógicas. A respeito disso, Carvalho (2000) argumenta que:

> O importante a ser percebido pelos educadores é que não existem fórmulas prontas e mágicas para o desenvolvimento de práticas educativas relacionadas com a temática ambiental. Será a partir de reflexões cuidadosas e escolhas conscientes dentre diferentes possibilidades, de avaliações sistemáticas e inovações criativas que novas perspectivas poderão ser traçadas. (Carvalho, 2000, p.5)

Em autores como Adorno; Horkheimer (1985) e Kneller (1986), encontramos elementos que nos reportam ao argumento de Carvalho (1989; 1996; 2000), que nos adverte que, num processo de formação de professores, a ciência seja apresentada como uma atividade humana, isto é, como uma instituição que se estabelece por meio de paradigmas e visões de mundo próprias a seu intento, impregnada de contradições, submetida a seu contexto e altamente comprometida com os que a financiam, ao contrário das teses que advogam sua pretensa neutralidade.

Portanto, não se trata apenas de apresentar os diferentes conhecimentos científicos e filosóficos, existentes acerca da natureza e da cultura e historicamente produzidos, mas, também, de analisar o próprio processo de produção do mesmo. Trata-se de uma análise dos princípios epistemológicos que o sustenta, em sintonia com uma análise dos distintos fatores de ordem econômica, política e social que influenciam na produção desse conhecimento. Em síntese, analisar a íntima relação existente entre ciência/tecnologia/ sociedade, bem como os impactos experimentados pelas sociedades contemporâneas, no que diz respeito ao desenvolvimento tecnológico, sua utilização e as questões ambientais.

Quanto à segunda dimensão, ou seja, os valores, Carvalho et al. (1996) reportam-se ao indicativo de autores como Krasilchik (1986), Giordan e Souchon (1995), Pardo Díaz (2002), que apontam a necessidade de a incorporarmos nos processos de formação de professores, com o objetivo de compreendermos as questões colocadas pelos ambientalistas e demais atores sociais, que se ocupam dessa temática e defendem a construção de novos padrões de relação com o meio natural.

Em associação aos aspectos éticos, Oliveira e Buchala (2003), que advogam a arte como um princípio articulador do trabalho educativo, chamam a atenção para a importância dos trabalhos educativos que se ocupam em sensibilizar os cidadãos em relação às dimensões estéticas presentes na natureza. A respeito disso, Carvalho (2000) argumenta que:

> Parece-me, assim, necessário, com o intuito de recuperarmos a importância da dimensão estética da natureza para a realidade humana, que façamos o exercício de nos colocarmos frente "à antítese corriqueira entre arte e ciência, que separa as duas em diferentes setores culturais, a fim de que, enquanto setores culturais, possam ser administradas" (Horkheimer e Adorno, 1989). É importante que os educadores que pretendam trabalhar com a temática ambiental não estejam atentos apenas para oferecer aos seus alunos atividades que envolvam experiências relacionadas com a dimensão estética da natureza e da própria ciência, mas também tenham oportunidades, nos seus cursos de formação, de experiências próprias em relação a estes aspectos. O conhecimento e a possibilidade de desvendar os mistérios do nosso mundo poderiam, assim, não ser, necessariamente, entendidos como possibilidades de domínio do homem sobre a natureza, mas, antes de tudo, como possibilidades de experimentar a *beleza* da natureza. (Carvalho, 2000, p.9)

A terceira dimensão destacada pelos ambientalistas e pelos educadores diz respeito à participação política dos indivíduos, no sentido de construção da cidadania e de uma sociedade democrática Nessa perspectiva, autores como Carvalho (1991; 1992), Covre (1991), Aguiar (1994), Manzochi (1994), Giordan; Souchon (1995), Sorrentino (1995; 1998), Leonardi (1997), Pardo Díaz (2002), entre outros, apontam como um dos objetivos principais do trabalho educativo o envolvimento e a participação coletiva dos indivíduos na busca de soluções para os diversos problemas ambientais existentes no contexto onde habitam. Esse momento é descrito como uma valiosa ocasião para o desenvolvimento de atitudes relativas à participação política e ao processo de construção da cidadania.

Com o intuito de oferecer contribuições ao debate que se ocupa dessa temática, Lencastre; Leal (2003) fazem referência a algumas das limitações do pensamento ecologisante e sistêmico que, nas décadas de 1980 e 1990, marcaram o cenário no qual as questões ambientais e a educação ambiental se instituíram.

Nesse período, observou-se a divulgação de uma pedagogia dita ecológica, por meio de escritos sobre ecopedagogia e diversos textos sobre educação ambiental, pautados por propostas norteadas a partir de estudos dos modos de funcionamento dos sistemas físicos, que trouxeram, para o cenário educativo, termos e temas inspirados nas ciências físicas e biológicas, ressuscitando certas formas de naturalismo presentes em concepções análogas às que se desenvolveram por meio da sociobiologia, na década de 1970.

Na opinião dos autores, esse naturalismo, questionado e rejeitado pelas ciências humanas por ser uma forma extrema de reducionismo, reaparece, hoje, sob a forma do ecologismo, no discurso da educação ambiental, apontando novas perspectivas a serem seguidas pela educação. Por trás de muitos dos discursos naturo-antropocêntricos expressos por essa vertente, residem novas formas de naturalismo que, no campo educativo, correm o risco de cair em impasses axiológicos e práticos importantes.

A respeito disso, Lencastre (1999) afirma que, ao se instituir o "ecológico" como princípio articulador e estruturador por meio do qual se busca interpretar ou organizar o trabalho educativo, incorre-se em metáforas sistemistas, pautadas na concepção de um universo em equilíbrio, de abrangência planetária, que conotam as relações que unem os seres humanos entre si e ao resto do mundo vivo e não vivo, importando visões genéricas da ecologia que não problematizam os modos concretos com que os seres se organizam localmente, em sociedade.

Ocupando-se da mesma temática, Leff (2001) argumenta que a constituição epistemológica de um saber ambiental, rumo a uma racionalidade ambiental, tem por efeito combater os efeitos ideológicos do reducionismo ecologista e do funcionalismo sistêmico, ao qual se reporta Lencastre (1999), pois as teorias sociobiológicas que a sustentam:

a) desconhecem a especificidade das relações sociais de produção, das regras de organização cultural e das formas como o poder político e a ideologia, dele oriunda, nas quais se inscrevem as mudanças sociais e as formas de uso dos recursos produtivos, se produzem;
b) têm por característica metodologizar a ecologia, instituída como a disciplina das inter-relações, transformando-a numa teoria geral dos sistemas (TGS), configurando-a como a "ciência das ciências, por meio da qual será possível integrar distintas

> ordens da realidade, diferentes processos materiais como subsistemas de um ecossistema global. Nesse proceder, tal proposta promete a reconstrução do real como um todo, por meio da integração dos distintos ramos do saber, em um processo interdisciplinar, dificultando, assim, a reconstrução da realidade histórica, a partir da especificidade e da articulação de processos de ordem natural e social, econômicos, ecológicos, tecnológicos e culturais;
>
> c) buscam a uniformização dos níveis ontológicos do real por meio de uma Teoria Geral dos Sistemas (TGS), que estabeleça os isomorfismos e as analogias estruturais por meio da análise formal de processo de diferentes ordens de materialidade, em detrimento do valor da diferença e do potencial existente na diversidade, no heterogêneo;
>
> d) têm por objetivo legitimar, orientar e integrar, por meio de critérios de eficácia e de eficiência, a produção do conhecimento que se ocupa do sistema social, instituído como instrumento de otimização, controle e adaptação funcional da ciência, em detrimento e sujeição, segundo o propósito a que se destina, do potencial crítico, criativo e propositivo do conhecimento, por meio do acoplamento de um saber holístico e sistêmico sem fissuras, para um todo social sem divisões;
>
> e) contribuem para confundir os níveis e as condições teóricas necessárias à produção de conhecimentos interdisciplinares acerca dos processos materiais, em confluência nos sistemas socioambientais, por meio da aplicação e integração de saberes técnicos e práticos no processo de planejamento e gestão ambiental;
>
> f) reduzem o estudo das determinações estruturais e dos sistemas de organização das distintas ordens de materialidade do real a uma energética social, vinculada a um cálculo de fluxos de energia e matéria que, embora úteis em um esquema integrador transdisciplinar e na avaliação do potencial produtivo dos ecossistemas e de certas práticas culturais, não se fundamentam como o princípio último organizador de conhecimentos acerca dos processos ecológicos e econômicos, bem como das relações entre a natureza, a técnica e a cultura. (Leff, 2001, p.63-4)

Desse processo emerge, em face aos aspectos e efeitos reducionistas e empiristas nele presentes, princípios epistemológicos que atribuem suas especificidades às ciências a às formas de articulação da ordem histórica, simbólica e biológica vigentes, pois, conforme argumenta Leff (2001, p.67), as propostas sociobiológicas pretendem "explicar e resolver a problemática ambiental por meio de uma análise funcional da sociedade, inserida como um subsistema dentro do ecossistema global do planeta", gerando práticas discursivas que objetivam a neutralização, na consciência dos sujeitos, dos antagonismos e dos distintos interesses em conflitos existentes no seio da mesma, pois:

> Dessa forma, a consciência ideológica sobre os limites do crescimento, ao propor a responsabilidade compartilhada de "todos os homens que viajam na nave Terra", encobre, sob o véu unitário do sujeito do enunciado, as relações de poder e de exploração, fonte de desigualdade entre os companheiros de viagem. (Leff, 2001, p.67)

Em outra vertente, Lencastre; Leal (2003) argumentam que a redefinição das relações entre o humano e o não humano constitui uma prioridade, em virtude dos monismos naturalistas presentes nos discursos ambientalistas, em oposição a uma vertente culturalista. A oposição entre a natureza como o reino da necessidade e a cultura como o reino da liberdade deve ser substituída por uma visão mais completa, que mostra que o não humano (o animal, por exemplo) não é o desumano, do mesmo modo que o humano não é o angelical.

Uma educação estruturada por meio desses princípios pressupõe não só o reconhecimento da ligação íntima entre a natureza e a cultura, em busca de um novo sentido/movimento/trajetória que as compreenda como instâncias interdependentes, na qual uma tem a possibilidade de criar/recriar a outra, no seio do movimento evolutivo e histórico que conduziu à situação atual, mas também o reconhecimento desse sentido/movimento/trajetória, no seio da própria gênese humana, nos diferentes níveis em que se entende essa humanidade, sejam eles os da cultura, espécie, populações, famílias, os do próprio indivíduo ou as incessantes interações formativas que emergem do corpo e do espírito, da razão e da emoção, do desejo e da vontade, dos interesses e da moral.

Tal proposta ultrapassa tanto o dualismo do corpo e do espírito na definição do humano (natureza X cultura), como o monismo do corpo (a natureza como referente) ou do espírito (a cultura como referente). Entre as duas visões, entrecruzam-se laços materiais e simbólicos que nunca foram tão evidentes como nos dias de hoje.

Portanto, as discussões que se ocupam da temática ambiental contribuem para trazer à tona novas percepções e práticas culturais que nos permitem compreender a cosmogonia naturalista/artificialista, instituída na cultura ocidental, e a impor maior resistência às propostas de trabalho educativo que derivam dessa concepção de pensamento e de ação. Porém, como nos adverte Lencastre; Leal (2003), as críticas globalizantes sobre os currículos, particularmente em suas vertentes inter ou transdisciplinares, demonstraram muitas das suas fragilidades na prática, pois,

> Pretendendo escapar ao que designam de reducionismo disciplinar, identificando-o como formas de poder da parte sobre o todo, caem num outro tipo de redução, sistemista ou holista, que se transforma em formas de poder do todo sobre as partes [não atendendo] às condições reais da interdisciplinaridade (ignorando os "lugares brancos" entre as ciências) e, ao promover uma inter/transdisciplinaridade de enfoque, reinjecta, a outro nível, o mito da unificação da ciência ou seja, a sua simplificação. (Lencastre; Leal, 2003, p.71)

Ao ocuparem-se dessa temática e objetivando a construção de um enfoque erigido a partir da comunidade escolar, os autores nos alertam para o fato de que o trabalho educativo se realiza por meio de processos de comunicação, no qual se fazem presentes tanto os conhecimentos disciplinares, orientados/organizados por sua lógica de constituição, quanto os sujeitos individuais e coletivos, com os seus saberes comuns, interesses, conflitos, valores, afinidades estéticas e seu código de normas e de conduta.

No cotidiano da instituição escolar, observa-se que, no que diz respeito ao trabalho educativo que se ocupa da temática ambiental, não ocorre a problematização dos efeitos diretos e indiretos das ações individuais sobre a qualidade global do ambiente, das contradições entre o que é anunciado e o que é vivido, das questões relacionadas à forma como o homem, organizado em sociedade, relaciona-se com a natureza, por meio da mediação da ciência e da tecnologia. Esses fatores são apenas algumas das facetas da multidimensionalidade das questões que configuram o cenário do trabalho educativo a ser realizado a partir de um conjunto confuso de referentes que se ocupam da temática ambiental e que urge organizar-se.

Atuando por meio da investigação epistemológica, que consiste na fundamentação, na diferenciação disciplinar rumo a uma possível e sempre almejada complementarização entre distintos campos de investigação (multi/interdisciplinaridade), e na análise de níveis de objetivação científica e social (transdisciplinaridade), os autores propõem, a exemplo da delimitação exposta por Carvalho (2000), alguns níveis de constituição do objeto ambiental, os quais correspondem a atividades de organização, comunicação ou decisão que se organizam a partir de *locus* identificáveis e cujo reconhecimento se torna indispensável, principalmente para o educador ambiental. São eles:

a) nível de constituição científica do objeto ambiental;
b) nível de constituição social do objeto ambiental;
c) nível de constituição política do objeto ambiental:
d) nível de constituição educativa do objeto ambiental.
(Lencastre; Leal, 2003, p.71)

A educação ambiental, assim, apresenta-se como proposta educativa por meio da qual se tornaria possível colaborar com um processo mais amplo de construção de uma outra concepção de mundo, ao envolver distintos setores da sociedade e desencadear a revisão do atual modelo de civilização.

Nessa perspectiva, os caminhos anteriormente apontados implicam uma reforma profunda de pensamento que, no entender de Morin (2002), somente será realizada por meio de uma reforma da educação. Tal fato nos impõe, a exemplo do autor, a célebre questão de Marx: *quem educará os educadores?* É preciso que eles se eduquem a si mesmos, eis a resposta de Morin (2002).

Assim, como nos resta tal ação, observamos que o atual processo de formação de educadores está intimamente ligado ao momento histórico e ao modelo de sociedade no qual se insere, razão pela qual afirmo que ele não tem um fim em si mesmo, por estar a serviço do modelo de sociedade da qual participa. Tal afirmação não se trata de uma apologia da reprodução de ideias no seio da comunidade escolar, mas um chamar atenção para as relações que a escola estabelece com a sociedade a qual serve e às urgências sociais que lhe são endereçadas, no sentido de busca de soluções.

Entendemos que a educação ambiental seja uma delas e, por mais que o adjetivo ambiental ofusque o termo educação, colocando em cena a dimensão ambiental, reconhecemos e defendemos a ideia de que educação ambiental nada mais é que educação. Enquanto tal, a mesma se apresenta como um ato político, pois é uma realização humana e, nesse sentido, como ato político, configura-se, em nossa sociedade de classes, por seu caráter reprodutor/transformador. Portanto, observamos que o educador, em suas atividades diárias, vive a constante tensão dialética presente no trabalho educativo, estabelecida entre o reproduzir e o transformar. Temos, porém, a acrescentar que a adjetivação do termo educação, apesar das controvérsias geradas, torna-se necessária, pois expressa a necessidade de delimitação de um campo conceitual por meio do qual nos ocupamos e investigamos a relação entre o homem e a natureza.

Assim, observando esse mar de incertezas no qual os neófitos no trato com a temática ambiental e a educação ambiental se lançam sem as devidas precauções, observamos inúmeras ondas que se caracterizam pelo irrompimento de modismos amparados em perspectivas idealísticas, gestados sob a matriz teórica daquilo que Evangelista (1997) denomina de irracionalismo pós-moderno, filiamo-nos aos argumentos de Moraes (1997), que encaminha suas reflexões acerca da relação homem/natureza a partir da recusa em acatar o paradigma "holístico", amplamente difundido entre os que se filiam à perspectiva teórica pós-moderna, em virtude de o mesmo, em nome de uma visão integrativa entre os fenômenos sociais e naturais, culminar por um empobrecimento e um reducionismo significativo na análise dos processos políticos e econômicos nele imbricados, à denominação de uma variável de estudo denominada ação antrópica.

Em sintonia com o pensamento do autor, concordamos com suas reflexões acerca da necessidade de um anterior desenvolvimento disciplinar da pesquisa ambiental, em face ao trabalho indisciplinar, uma vez que, sem uma sólida base disciplinar, o interdisciplinar vira um discurso vazio, culminando com a necessidade de que a discussão sobre a questão ambiental se estabeleça, em um primeiro momento, em sólidas bases disciplinares, a partir das quais, posteriormente, esse cabedal de conhecimento se traduza em matéria-prima para posteriores integrações interdisciplinares, ressaltando, assim, um aspecto evidenciado pelo autor, ou seja, "o interdisciplinar alimentando-se do disciplinar" (Moraes, 1997, p.50).

Nessa perspectiva, observamos que, em nosso trabalho educativo, devemos levar em consideração os argumentos do autor, uma vez que o campo da produção disciplinar do conhecimento, pelas ciências, é demarcado por uma estruturação e organização estruturada a partir da lógica formal aristotélica, que dá sustentação às pesquisas que constituem o arsenal do conhecimento científico.

Porém, o trabalho educativo exige de quem o realiza um sólido domínio do conteúdo específico a ser objeto de ensino, além de uma adequada formação que contribua para que o neófito desse processo, ao ministrar uma aula, compreenda os limites da lógica formal aristotélica como um instrumental destinado a uma abordagem disciplinar do conhecimento, e compreende também as suas limitações em frente a situações onde tal abordagem – a exemplo da temática ambiental e da educação ambiental, que exigem uma abordagem dos aspectos sociais, econômicos, culturais, políticos e, não somente um reducionismo biológico, a partir de uma análise ecológica dessa questão –, que se torna inoperante, exigindo, assim, o emprego da lógica dialética para o trato das questões de cunho interdisciplinar.

Nesse ir e vir de propostas educativas que abordam a relação homem/natureza, matizadas pelos tons pós-modernos, observamos que as essas são abordadas pelo viés unidimensional da crítica e ruptura com "os principais temas da racionalidade moderna – ciência, verdade, progresso... [dando lugar] à valorização do fragmentário, do microscópio, do singular, do efêmero, do imaginário" (Evangelista, 1997, p.24). Assim, como argumenta o autor, as críticas endereçadas ao racionalismo moderno, estendidas ao vigente paradigma de produção do conhecimento, são questionáveis, uma vez que as mesmas não levam em conta que

> as virtualidades presentes no racionalismo moderno não sofreram um desenvolvimento integral. As "potencialidades emancipatórias da modernidade foram inibidas pela expansão crescente do seu vetor manipulatório, instrumental, sistêmico", cuja expressão modelar é o positivismo. Por outro lado, no seu polo oposto, temos o marxismo como sua vertente emancipatória que, em alguns momentos, sob a influência positivista, e padecendo de seus limites, esteve a ponto de se comprometer como projeto teórico-político de transformação social. (ibidem, p.23-4)

Dessa forma, como nos informa o autor, observa-se que o referencial pós-moderno instituiu-se por meio da rejeição às grandes sínteses intelectuais, caracterizadas como "metanarrativas", pela rejeição do conhecimento das causas primárias e da busca do sentido da história, demarcando um processo de desreferencialização do real, dessubstancialização do sujeito e pelo descentramento da política. Esse processo resultou numa representação simbólica que, no decorrer de sua constituição, exige o fim da determinação ontológica sobre o conhecimento. Nessa perspectiva, não há mais o real, mas tão somente o simulacro, a imagem, a representação imaginária dessa realidade, culminando com a perda, por parte do sujeito histórico, de qualquer substrato ontológico, reduzindo a realidade, como observa o autor:

a um feixe de sensações hedonistas... [a partir das quais] o discurso é que constitui o sujeito... [Assim] a perspectiva racional e totalizante na observação dos fenômenos históricos-sociais deve ser substituída por um "miríade de pontos luminosos de igual intensidade, elevando tudo ao estatuto de objeto de conhecimento... [promovendo] o descentramento do político e a redefinição da política e seus objetivos. Como a história não tem sentido, o cotidiano substitui o futuro como preocupação. O imediato toma o lugar do mediato. (Evangelista, 1997, p.25-6)

A partir dessa vertente, os críticos pós-modernos demonstram grande desprezo pelas questões ontológicas, nutrindo-se ideia de que a história é a resultante de uma caótica avalanche de episódios, fatos e acontecimentos totalmente desconectados uns dos outros. Concordamos com Evangelista a respeito das consequências oriundas desse esvaziamento da dimensão ontológica promovido pela ofensiva pós-moderna, uma vez que:

É justamente o desprezo pela dimensão ontológica do real que faz com que determinadas teorias sociais não consigam ultrapassar a superfície aparente dos fenômenos societários, escapando-lhes a integralidade do seu ser social. Quando o fragmentário, o microcosmo e o fatual, que abundam na cotidianidade, não são vistos como produzidos pela reificação das relações sociais no capitalismo, instala-se a *irrazão*. O mediato foge à percepção da consciência, restando, exclusiva ou principalmente o imediato. Essa é, no essencial, a origem do irracionalismo contemporâneo. (Evangelista, 1997, p.35-6 grifos do autor).

Portanto, a partir desse contexto, em que assistimos a uma franca ofensiva do irracionalismo pós-moderno, por meio das críticas endereçados ao atual paradigma de produção do conhecimento científico, divulgadas por grupos de ecologistas e educadores ambientais consonantes a tal referencial teórico, observamos a necessidade de um exame detalhado acerca das relações que se estabelecem entre a ciência a tecnologia e a sociedade na qual nos encontramos.

Tal necessidade surge de encaminhamentos teóricos e propostas educativas empreendidas e divulgadas por ecologistas e educadores ambientais afoitos e acríticos, os quais, amparados nas propostas irracionalistas de cunho pós-moderno, apregoam a atabalhoada ideia de que devemos "jogar fora a criança junto com a água do banho". Entendemos que, ao nos ocuparmos da multimensionalidade da questão ambiental, essa não pode ser, evidentemente, abordada e encaminhada somente por meio da ciência e da tecnologia, que não podem ser descartadas, sob os auspícios das acusações infundadas que lhe são endereçadas e do constante ir e vir de propostas educativas perniciosas que em nada contribuem para um encaminhamento crítico da relação homem/natureza.

Atento à tais questões acerca da problemática e da ofensiva dos partidários da condição pós-moderna, Gadotti (2000) nos aponta as categorias que, em sua concepção, podem nos ajudar a interrogar e explicar os projetos voltados à educação do futuro, e, entre elas, cita as categorias "contradição", "determinação", "reprodução", "mudança", "trabalho", "práxis", "dialogicidade", "dialeticidade", que, oriundas do referencial marxista, da pedagogia freiriana e da fenomenologia de Hegel, ainda "continuam inspirando nossa educação e deverá atravessar o milênio" (Gadotti, 2000, p.34).

Considerações finais

Ao nos propormos refletir acerca da questão inicialmente colocada, qual seja, quem educa o educador?, optamos pelo encaminhamento filosófico norteado pelo primado da matéria sobre a consciência, por entender ser esse o trajeto mais fecundo para se fazer frente à ofensiva da racionalidade instrumental como referencial de uma proposta de educação ambiental fundamentada somente em primados epistemológicos, a exemplo da racionalidade instrumental, rumo a uma abordagem em que ocorra o devido equacionamento entre uma vertente epistemológica e outra estruturada na perspectiva da ontologia do ser social.

Para tanto, fez-se necessário apontar os limites da lógica formal, e, nesse instante, evidenciar a necessidade da dialética como lógica organizadora do ato cognoscente, pois entendemos que, subjacente a qualquer proposta de organização metodológica do conteúdo de ensino dos professores, encontra-se um princípio lógico a fundamentar o encaminhamento metodológico do mesmo, seja ele de matriz lógico formal ou de lógica dialética.

Se optarmos pela primeira vertente de organização lógica, lidaremos com referenciais teóricos distintos, a exemplo dos pensamentos de Parmênides, Platão, Aristóteles e Kant, porém firmemente norteados por um fio condutor comum, o princípio da *aletheia*, da verdade grega que fundamenta nosso modelo de produção do conhecimento científico, ao dizer o que o "Ser é". Em outra perspectiva, lidaremos com a lógica dialética, presente no pensamento de Heráclito, Hegel e Marx, fortemente unidos pelo fio condutor da ideia do "devir", do movimento.

Tal consideração se faz necessária, pois, ao analisarmos as críticas endereçadas à ciência, procuramos evidenciar os limites do paradigma hegemônico do conhecimento e suas relações com a degradação ambiental, manifestando nossa posição em relação à ciência, positivada pela não adoção da vertente teórica denominada por Evangelista (1997) de irracionalismo pós-moderno, ao compreendermos os limites da ciência, por conta de sua organização lógico-formal, e que as questões que envolvem a temática ambiental e a educação ambiental cada vez mais necessitam ser tratadas na perspectiva de uma questão política, configurada como um campo em que as dimensões ontológicas, oriundas da ontologia do ser social, e epistemológicas inerentes à temática ambiental e à educação ambiental, cruzam-se; e não somente nos pautarmos por uma análise interna da questão do conhecimento, que por estruturar-se a partir dos princípios da lógica formal aristotélica tem seus limites de atuação.

Assim, em nosso entendimento, no que diz respeito ao tema proposto, "Educação, Meio Ambiente e Desenvolvimento Humano: Políticas Públicas e Programas", procuramos evidenciar o predomínio da vertente epistemológica, estruturada nos princípios da lógica formal aristotélica (princípio da identidade, não contradição e do terceiro excluído) que se constituem em elementos fortemente estruturadores da organização metodológica do conteúdo de ensino. Assim, entendemos que a superação dessa situação ocorrerá mediante um programa de formação que permita aos futuros docentes o correto exercício da existente no trajeto por ele realizado, ao trabalhar o conteúdo de ensino oriundo das ciências de referências, transformando-o em saber ensinado, isto é, quando ele operacionalizar, de forma desenvolta, a relação que se estabelece entre o (1) o princípio da *identidade*, preconizado por Aristóteles, com o princípio da *unidade na diversidade* proposto por Marx; (2) o princípio da *não contradição* apregoado por Aristóteles, ao princípio da *contradição* presente na dialética hegeliana/marxista e, finalmente, (3) o princípio do *terceiro excluído* proposto por Aristóteles, com o princípio lógico de Marx, que apregoa a *síntese de múltiplas determinações*.

Portanto, entendemos que tal proposta, ou seja, uma formação que leve em conta uma abordagem espistemológica/ontológica, exige atentarmos para a necessidade do não uso da lógica formal quando a mesma encontrar-se limitada, diante de aspectos sociais, econômicos, políticos, culturais, a uma vez que o seu emprego dessa acaba gerando os mais diversos reducionismos presentes na abordagem da temática ambiental e da educação ambiental. O uso da lógica dialética traz conservados em seu interior os princípios da lógica formal. Observamos que a lógica dialética nos permite articularmos a lógica da ciência, baseada na não contradição, e a lógica do ensino, no qual devemos evidenciar as contradições existentes no pensamento do aluno em relação ao conteúdo de ensino com eles trabalhados.

Em síntese, entendemos que superando essa limitação, de ordem lógica, poderemos avançar em direção à educação por meio da arte, tomando-a, por meio da história da arte, como o princípio articulador da educação ambiental, associando o processo constitutivo da aprendizagem ao processo constitutivo da obra, por meio de um caminho abstrato e imaterial que nos move em direção aos procedimentos materiais que concretizam a obra ou nossas ações no caminho educacional.

Assim concebemos tal proposta, pois, no campo das artes, as teorias estéticas se incumbem de observar os procedimentos e materiais utilizados nas obras de manifestações artísticas distintas. O importante é atingir o belo artístico, por meio do estilo de época e pessoal do artista dentro de um sistema artístico escolhido pelo mesmo, partindo de um esquema geral pela busca do novo, do desvio dentro de um princípio dinâmico que pretende mimetizar a essência humana, culminando por incorporar as estruturas mais intrínsecas da concepção, da reflexão, do caráter do ser, indo além de uma estruturação meramente epistemológica e adentrando a busca pelo sentido ontológico da configuração do Ser.

Portanto, compreendemos que cada obra-de-arte pode revelar-se em seu universo circular e centrípeto; por promover um olhar que volta sobre si mesmo para seu pequeno universo procedimental e material, adquire a capacidade de desvelar toda obscuridade, o inaudível que compõe a natureza humana, tornando-se um termômetro das atitudes desse ser, possibilitando ao mesmo acesso e o conhecimento da sua essência, superando a dicotomia corpo/espírito, objetivo/subjetivo, implantada em nossa moderna sociedade ocidental, pois, como argumenta Buchala (2002, p.36), "o trabalho artístico se situa nesse campo de conversão do conteúdo subjetivo em corpo objetivo".

Por sua vez, a ciência, uma das promotoras do desenvolvimento concreto e reflexivo da humanidade, tem a capacidade de desvendar esse processo de forma mais objetiva, tornando, assim, importante o papel científico do estudo dos procedimentos artísticos que embasam o pensamento racional e espiritual, em todas as épocas históricas conhecidas, a exemplo do prescrito por Kandinski (1990, p.244), pois "a arte provoca transformação, porque nega o materialismo puro. O resultado, de tal mudança (transformação que a arte provoca) é o advento da ideia sintética na qual espírito e matéria formam um processo único. Na arte, o espírito é a ponte, a matéria (forma) é a expressão". Nessa mesma perspectiva argumenta Zamboni (2001, p.8), ao afirmar que "as atividades relacionadas ao conhecimento humano giram em torno de um componente lógico racional e inteligível, de um lado, e de um componente intuitivo e sensível, de outro, sendo assim tanto na produção do conhecimento científico, quanto na do conhecimento artístico", razão pela qual a mesma apresenta-se, em nossos dias, como um promissor referencial e instrumental para abordarmos e trabalharmos a educação ambiental.

Referências bibliográficas

ADORNO, T. W.; HORKEIMER, M. *Dialética do esclarecimento*. Rio de Janeiro: Jorge Zahar, 1985.

AGUIAR, R. A. R. *Direito do meio ambiente e participação popular*. Brasília: Instituto do Meio Ambiente e dos Recursos Naturais Renováveis, 1994.

AMARAL, I. A. *A interdisciplinaridade e a proposta curricular de ciências*. Campinas: mimeo, 1994.

BORNHEIM, G. *Dialética*: teoria, praxis. Rio de Janeiro: Globo, 1983.

______. Reflexões sobre o meio ambiente. In: ______. *Ecologia*: a qualidade da Vida. São Paulo: Serviço Social do Comércio (Sesc), 1993.

BUCHALA, S. A. *A extensão por intenção no universo sistêmico poético e musical*. São José do Rio Preto, 2002. Dissertação (Mestrado em Letras: Teoria da Literatura) – UNESP/São José do Rio Preto, 2002.

CARVALHO, L. M. *A temática ambiental e a escola de 1º grau*. São Paulo, 1989, 224f. Tese (Doutorado) Feusp.

______. *Educação ambiental e a formação de professores*. Texto apresentado à Coordenadoria Geral de Educação Ambiental – COEA – MEC para a Oficina Panorama da Educação Ambiental no Brasil. Brasília, 28 e 29 de março de 2000. Não publicado.

CARVALHO, L. M. et al. Conceitos, valores e participação política. In: TRABJER, R.; MANZOCHI, L. H. *Avaliando a educação ambiental no Brasil*: materiais impressos. São Paulo: Gaia, 1996.

COVRE, M. L. M. *O que é cidadania*. São Paulo: Brasiliense, 1991. (Col. Primeiros Passos).

DIAS, G. F. *Educação ambiental*: princípios e prática. São Paulo: Gaia, 1993.

EVANGELISTA, J. E. *Crise do marxismo e irracionalismo pós-moderno*. São Paulo: Cortez, 1997.

GADOTTI, M. *Pedagogia da Terra*. 2.ed. São Paulo: Fundação Peirópolis, 2000.

GIORDAN, A.; SOUCHON, C. *La educación ambiental*: *guía práctica*. Sevilla: Díada, 1995.

GONÇALVES, C. W. P. *Os (des)caminhos do meio ambiente*. São Paulo: Contexto, 1989.

KANDINSKY, W. *Do espiritual na arte*. São Paulo: Martins Fontes, 1990.

KNELLER, G. F. *A ciência como atividade humana*. Rio de Janeiro: Zahar, 1980.

KRASILCHIK, M. Educação ambiental na escola brasileira: passado, presente e futuro. *Ciência e Cultura*, n.38, v.12, p.1958-61, 1986.

LEFF, E. *Epistemologia ambiental*. São Paulo: Cortez, 2001.

LENCASTRE, M. P. A. Contextos, contradições e potencialidades da educação ambiental, *Revista de Educação da Faculdade de Ciências*. v.8, n.2, p.163-71, 1999.

______; LEAL, R. Comunicação e educação ambiental: enquadramento epistemológico e conceptual de práticas complexas. WORLD ENVIRONMENTAL EDUCATION CONGRESS, 1, Espinho, Portugal: *Anais*... Espinho, 2003.

LEONARDI, M. L. A. A educação ambiental como um dos instrumentos de superação da insustentabilidade da sociedade atual. In: CAVALCANTI, C. *Meio ambiente, desenvolvimento sustentável e políticas públicas*. São Paulo: Cortez, 1997.

LUKÁCS, G. *Ontologia do ser social*: os princípios ontológicos fundamentais de Marx. São Paulo: Ciências Humanas, 1979.

MANZOCHI, L. H. Participação do ensino de ecologia em uma educação ambiental voltada para a formação da cidadania: a situação das escolas de 2º grau no município de Campinas. 1994. Dissertação (Mestrado em Educação) Unicamp.

MINNINI, N. M. Elementos para a introdução da dimensão ambiental na educação escolar de 1º grau. In: ______. *Amazônia*: uma proposta interdisciplinar de educação ambiental. Brasília: Ibama, 1994.

MORAES, A. C. R. *Meio ambiente e ciências humanas*. São Paulo: Hucitec, 1997.

MORIN, E. *Educação e complexidade*: os sete saberes e outros ensaios. São Paulo: Cortez, 2002.

OLIVEIRA, E. M. *Educação ambiental e extensão rural*: possibilidade de um diálogo? Marília, 1998. Dissertação (Mestrado em Educação) UNESP.

OLIVEIRA, E. M.; BUCHALA, S. A. O sistema e a linguagem da educação ambiental: uma proposta de análise. In: World Environmental Education Congress, 1, Espinho, Portugal: 2003. *Anais*... Espinho, 2003.

PAGOTTO, M. D. S. *A UNESP e a formação de professores*. Campinas, 1995. Tese (Doutorado em Educação) Unicamp.

PARDO DÍAZ, A. *Educação ambiental como projeto*. 2.ed. Porto Alegre: Artmed, 2002.

REIGOTA, M. *Meio ambiente e representação social*. São Paulo: Cortez, 1995.

SECRETARIA DO MEIO AMBIENTE DO ESTADO DE SÃO PAULO. *Educação ambiental e desenvolvimento*: documentos oficiais. Governo do Estado de São Paulo, Secretaria do Meio Ambiente, Série Documentos Oficiais, 1994.

SORRENTINO, M. *Educação ambiental e universidade*: um estudo de caso. São Paulo, 1995. Tese (Doutorado em Educação) Feusp.

______. Educação ambiental e universidade. In: ______. *A temática ambiental e a pluralidade do Ciclo de Seminários do Nepam*. Campinas: Nepam, 1998.

UNGER, N. M. (Org.). *Fundamentos filosóficos do pensamento ecológico*. São Paulo: Loyola, 1992.

ZAMBONI, S. *A pesquisa em arte*: um paralelo entre Arte e Ciência. Campinas: Autores Associados, 2001.

22

Educação ambiental, políticas públicas e contexto escolar

Rosa Maria Feiteiro Cavalari

Introdução

A temática ambiental e as discussões relativas ao meio ambiente têm-se imposto, cada vez mais, no cotidiano de diferentes comunidades. Um dos grandes desafios que se apresentam para o mundo contemporâneo é, sem dúvida nenhuma, a necessidade de compreensão das causas determinantes dos atuais modelos de relação sociedade-natureza, o que implica, necessariamente, a compreensão do atual modelo de produção social. Tal compreensão faz-se necessária tendo em vista a busca de soluções para os problemas de degradação ambiental.

As questões relativas ao meio ambiente ocupam lugar de destaque no rol de preocupações do homem contemporâneo. A chamada questão ecológica, frequentemente veiculada pelos meios de comunicação de massa, tem constituído importante fator de aglutinação de diversos setores sociais.

A busca de soluções para os chamados problemas ambientais tem ultrapassado os meios acadêmicos e envolvido os mais diferentes segmentos da sociedade civil, como movimentos populares, sindicatos, organizações não governamentais, partidos políticos, igrejas e escolas, entre outros.

Os grandes acidentes ambientais que têm ocorrido ao longo da história, particularmente a partir do início do século XIX, como o de Minamata, no Japão, o de Bhopal, na Índia, e o de Chernobyl, na ex-União Soviética, os quais, em alguns casos, assumiram caráter irreversível, com graves consequências, contribuíram para o surgimento de um consenso em torno da ideia de que enfrentamos atualmente uma crise ecológica. Nessa crise, os problemas de degradação ambiental são compreendidos em escala mundial e como resultado de uma cadeia de motivos inter-relacionados e interdependentes. O esforço para compreender essa crise e as tentativas de superação resultaram na constituição do chamado movimento ambientalista.

Diferentes setores da sociedade civil, além do movimento ambientalista, têm salientado a importância e o papel da educação como meio de superação do atual quadro de degradação ambiental. De acordo com Carvalho (1989, p.5),

> seja qual for o modelo adotado na tentativa de explicar o atual estado de agressão à natureza praticado pela nossa sociedade, e sejam quais forem as alternativas de ação propostas, o processo educativo é visto por todos como uma possibilidade de provocar mudanças e alterar esse quadro.

Em alguns casos, a crença de que somente por meio da educação iremos provocar mudanças relativas à forma pela qual a sociedade tem-se relacionado com a natureza e alterar, assim, significativamente o quadro de degradação ambiental é valorizada de tal forma que se chega a ter em relação a essa importante prática social uma visão idealizada e mistificada. Não se trata de desconhecer o papel transformador da educação nem de negar sua contribuição como "alavanca" de transformação social, trata-se unicamente de evitar escorregar para posições voluntaristas e ingênuas, que, desconhecendo os determinantes sociais da educação, atribuem a ela, além de um poder que na prática se revela inexistente, tarefas que não tem condições de realizar.

Cumpre destacar, no entanto, que em que pesem a ênfase e a importância atribuídas à Educação, curiosamente, esta não foi a fonte originária da Educação Ambiental. Isto é, não foi na educação e nas teorias educacionais que a Educação ambiental buscou sustentação epistemológica.

Tal afirmativa é partilhada por vários autores que se têm dedicado a compreender a trajetória da Educação Ambiental. Carvalho (2001, p.46), por exemplo, afirma que a Educação Ambiental é "herdeira direta do movimento ecológico e do debate internacional sobre meio ambiente", e

> poderíamos dizer, pela experiência brasileira, que a Educação Ambiental parece ser um fenômeno cuja gênese e desenvolvimento estariam mais ligados aos movimentos ecológicos e ao debate ambientalista do que propriamente ao campo educacional e à teoria da educação.

Assim, se a Educação Ambiental teve sua origem no movimento ambientalista, é importante procurar compreender a natureza desse movimento e o contexto que permitiu sua emergência. Nesse sentido, busco apresentar, a seguir, ainda que rapidamente, alguns aspectos e acontecimentos, que nas décadas de 1960 e 1970, tanto no mundo quanto no Brasil, contribuíram para o surgimento do movimento ecológico.

Até a década de 1960, de acordo com Gonçalves (1990), o questionamento da ordem sociopolítica e cultural era feito por meio de movimentos que, embora de modo diferente, apresentavam-se como socialistas, ou seja, os comunistas, os marxistas, os social-democratas e até mesmo os anarquistas. "O movimento operário constituía o eixo em torno do qual se fazia a crítica da ordem estabelecida e o regime capitalista aparecia como a causa de todos os males com que os homens se defrontavam" (p.10). No início do século XX, em alguns países do mundo, ocorreram revoluções que se proclamavam socialistas e tentaram colocar em prática outros princípios de organização social que não a capitalista. A Revolução Russa de 1917 é um exemplo disso.

Ainda de acordo com esse autor, no interior dos países capitalistas mais desenvolvidos, o movimento operário, ao mesmo tempo que acumulava conquistas trabalhistas, até então consideradas incompatíveis com os interesses do capital, começava a institucionalizar-se, uma vez que cabia ao Estado a administração dessas conquistas. Nos países que se reivindicavam socialistas, por sua vez, os trabalhadores foram, pouco a pouco, perdendo "o controle das instituições criadas no período revolucionário, em virtude da crescente centralização e burocratização" (Ibidem, p.11). Foi nesse contexto que na década de 1960 começaram a surgir, na Europa e nos Estados Unidos, com características autônomas e independentes, alguns movimentos, como o das mulheres, dos negros, dos homossexuais, entre outros. Essa década, portanto, foi marcada pela emergência, no plano político, de uma série de movimentos sociais com características bastante diferentes dos existentes até então. Entre esses movimentos, que posteriormente ficaram conhecidos como "novos movimentos sociais", encontrava-se o Movimento Ecológico. O que diferencia fundamentalmente os chamados "novos movimentos sociais" dos movimentos existentes até aquele período, de acordo com Gonçalves, é que eles

> não criticam exclusivamente o **modo de produção**, mas fundamentalmente o **modo de vida**. E o **cotidiano** emerge aí como categoria central nesse questionamento ... partem da situação concreta de vida dos jovens, das mulheres, das "minorias" étnicas para exigir mudança dessas condições. É como se observássemos um deslocamento do plano temporal (História, futuro) para o espacial (o quadro de vida, o aqui e o agora). (p.11, grifos nossos)

Tais movimentos, também conhecidos como "movimentos de contracultura", colocavam sob suspeita os principais valores da sociedade ocidental. Denunciavam o mal-estar gerado pelas sociedades industrializadas, questionavam a ideia de progresso, de desenvolvimento, e todas as formas de poder e autoridade constituídas, propondo outro tipo de sociedade e outro modo de vida.

Para Carvalho (2004), os movimentos ecológicos constituídos

> principalmente de jovens, e imersos no clima contracultural, articulavam as influências do movimento estudantil de 1968, da nova esquerda e do pacificismo em um ideário de mudança social e existencial, de contestação à sociedade consumista e materialista, tendo como horizonte utópico uma vida livre das normalizações e repressões sociais e em harmonia com a natureza. (p.46)

Ainda de acordo com essa autora, em relação a esse período

> poder-se-ia dizer que foram anos de utopia e ousadia, embalados por uma visão romântica da revolução radical e da contestação à ordem e às disciplinas limitantes do potencial humano e social com o qual se podia sonhar. (p.47)

No Brasil, o movimento ecológico emergiu na década de 1970 em um contexto muito específico. O país estava submetido à ditadura militar implantada pelo golpe de estado de março de 1964, que retirou do poder o presidente João Goulart. O "Estado de Segurança Nacional", à medida que se institucionalizava e se consolidava, sobretudo a partir do AI5, promulgado em dezembro de 1968, se abateu com extrema violência sobre os movimentos sociais, em particular o movimento operário e estudantil, resultando em prisões, exílio, tortura e morte para muitos de seus participantes.

O modelo desenvolvimentista adotado pelo governo militar, que contou com total apoio da burguesia nacional, exigia, para sua implementação, o financiamento do capital estrangeiro. A opção dos militares naquele momento foi abrir as portas do país ao capital estrangeiro para que o tão desejado desenvolvimento fosse conseguido. Foi sob a ditadura militar e sob a égide do capital estrangeiro que o país conseguiu o maior desenvolvimento industrial de sua história. Foi também nesse período que houve considerável aumento da dívida externa brasileira.

Tal desenvolvimento, no entanto, de acordo com Gonçalves (1990) "se fez em um país no qual as elites dominantes não tinham por tradição o respeito, seja pela natureza, seja pelos que nela trabalham" (p.14). A herança escravocrata da elite brasileira, ainda muito viva, fazia prevalecer uma visão do povo como imaturo, incapaz, "despreparado".

Por outro lado, o Estado e a burguesia nacional, ao tentarem atrair o capital estrangeiro para o país, depararam com uma situação inusitada. Fruto da preocupação ambientalista que crescia no cenário internacional, as instituições financeiras públicas e privadas passaram a exigir, como condição para o investimento no país, medidas mitigatórias concretas em relação aos impactos ambientais provocados pelas atividades antrópicas. Assim, de acordo Gonçalves (1990), "antes que houvesse enraizado no país um movimento ecológico, o Estado criou diversas instituições para gerir o meio ambiente, a fim de que os ansiados investimentos pudessem aqui aportar" (p.15).

No final da década de 1970, com a Lei de Anistia, de 1979, retornaram ao país diversos exilados políticos que, com base na experiência que tiveram com os movimentos ambientalistas europeus, trouxeram enormes contribuições aos movimentos ecológicos do Brasil, juntando-se aos ambientalistas que aqui já militavam, sobretudo no Rio Grande do Sul e no Rio de Janeiro.

Ainda de acordo com Gonçalves (1990),

> são essas, portanto, as três fontes mais importantes de preocupação ecológica no Brasil: o Estado, interessado nos investimentos estrangeiros, que só chegam caso se adotem medidas preservacionistas; o movimento social gaúcho e fluminense, embora ocorressem lutas em todo o país ... e, finalmente, a contribuição dos exilados políticos que aqui chegaram em finais da década de 70. (p.16)

Alguns eventos internacionais foram significativos para a consolidação do movimento ambientalista e para a discussão dos problemas decorrentes da degradação ambiental em nível mundial. A constituição do chamado *Clube de Roma*, em 1968, é um exemplo disso. Esse "clube", constituído por um grupo de trinta pessoas, oriundas de diferentes atividades profissionais e representando de dez países, reuniu-se em Roma com o intuito de discutir os "dilemas atuais e futuros da espécie humana". Como resultado desse Encontro foi elaborado um relatório no qual se apontavam alguns aspectos compreendidos como limitantes para o crescimento socioeconômico da humanidade, a saber: população, produção agrícola, recursos naturais, produção industrial e poluição (Amaral, 2001). Ainda de acordo com esse autor, "desse Relatório resultou a obra Limites do Crescimento, que teve grande influência nos rumos iniciais do movimento ambientalista, tendo sido traduzida e publicada no Brasil em 1972" (p.74).

A Conferência sobre o Meio Ambiente Humano, organizada pela Organização das Nações Unidas (ONU), realizada em 1972, na cidade de Estocolmo, capital da Suécia, também conhecida como "Conferência de Estocolmo", tem sido considerada pelos estudiosos sobre o assunto o evento pioneiro e decisivo para a consolidação da "escalada ambientalista". Nesta Conferência, de acordo com Amaral, já citado,

> ficaram evidentes as divergências mundiais acerca da exploração dos recursos naturais, industrialização e expansão demográfica. O Brasil, por exemplo, em consonância com a ideologia desenvolvimentista dominante à época, manifestou-se no sentido de que a poluição seria o preço a se pagar pelo desenvolvimento. (p.75)

Ainda na década de 1970, foram realizadas mais duas conferências internacionais. Uma, em 1975, em Belgrado, na Iugoslávia, e outra, em 1977, em Tbilisi, na antiga União Soviética, ambas organizadas pela Unesco.

Como resultado da Conferência de Belgrado, que reuniu especialistas de 65 países, foi elaborado um documento conhecido como "Carta de Belgrado", que, de acordo com Pedrini (2001)

> preconizava uma nova ética planetária para promover a erradicação da pobreza, analfabetismo, fome, poluição, exploração e dominação humanas. Censurava o desenvolvimento de uma nação às custas de outra, buscando-se um consenso internacional. Sugeriu também a criação de um Programa Mundial em Educação Ambiental. (p.26)

A Conferência de Tbilisi, como ficou conhecida a "Primeira Conferência Intergovernamental sobre Educação Ambiental", realizada em outubro de 1977, organizada pela Unesco em colaboração com o Programa das Nações Unidas para o Meio Ambiente (Pnuma), é considerada por vários autores um marco para a área, além de ter sido o primeiro encontro mundial específico para tratar da Educação Ambiental. Sua Declaração, publicada posteriormente pela Unesco, estabeleceu princípios, objetivos, estratégias e recomendações para a Educação Ambiental.

Em relação aos eventos anteriores, esta Conferência é considerada bastante inovadora, especialmente por conceber o meio ambiente não apenas em seu aspecto biológico, mas, sobretudo, como inseparável dos aspectos econômicos, políticos e culturais. Outra importante recomendação dessa Conferência foi que a Educação Ambiental deveria ser tratada por uma perspectiva interdisciplinar, inserindo-se como mais uma dimensão educativa nas disciplinas já existentes, consagrando, portanto, a ideia de que "não deveria vir a constituir-se em uma nova disciplina escolar" (Amaral, 2001, p.76).

Se as décadas de 1960 e 70 podem ser considerados as do contexto da emergência da Educação Ambiental, as de 1980 e 90 são consideradas as do contexto de consolidação da Educação Ambiental no país.

Os anos 80 do século XX, no Brasil, foram os anos da chamada "abertura política", que se seguiu ao fim do regime militar, merecendo destaque, entre outros eventos, o movimento pelas "Diretas Já", em 1984. Foi uma década de esperança na qual se apostou na reconquista dos direitos civis e políticos e no avanço dos direitos sociais. Os novos movimentos sociais reforçaram, nesse contexto de abertura e fortalecimento da sociedade civil, a ampliação da esfera pública. Conceitos como os de sociedade civil e cidadania passaram a ser definidos em oposição ao Estado (Carvalho, 2001).

Neste contexto de valorização da ação civil, surgiram as "organizações não governamentais" (ONGs), que começaram com pequenas iniciativas, visando ia nstituir espaços de discussão e apoio às iniciativas dos movimentos sociais, tendo em comum o projeto de articulação de alternativas democráticas ao regime autoritário.

Conforme já foi apontado, no final da década de 1970 e início da de 1980, com a volta dos exilados políticos, esta nova forma de organização deu materialidade institucional e legitimidade política aos laços de solidariedade e aliança entre estes exilados e o projeto político que representavam e entidades não governamentais internacionais, religiosas ou laicas, do campo progressista e democrático que lhes davam apoio. As ONGs brasileiras construíram sua identidade buscando responder tanto às expectativas dos movimentos sociais no Brasil quanto das ONGs internacionais (Carvalho, 2001).

Na segunda metade da década de 1980, à medida que o debate ambiental se destacava no cenário político brasileiro, várias articulações foram feitas entre diferentes entidades e militantes ambientalistas, com vista à eleição de representantes para o Congresso Constituinte.

Na década de 1990, um marco importante para o movimento ambientalista no país foi a fundação do Partido Verde (PV), em 1996. Depois de longo tempo de debates sobre a relação entre ecologia e política e o questionamento acerca da pertinência ou não da constituição do Partido Verde, predominou a posição favorável à criação de uma agremiação para congregar a ação política do movimento ecológico e outras minorias. O primeiro núcleo do PV foi organizado no Rio de Janeiro, reunindo ex-militantes do movimento estudantil, como Carlos Minc e Fernando Gabeira. O PV carioca criou o fato político mais importante daquele ano, com o lançamento da candidatura de Fernando Gabeira a governador do Rio de Janeiro, em coligação com o Partido dos Trabalhadores (PT).

Outro fato bastante significativo da década de 1990 foi a Conferência das Nações Unidas para o Meio Ambiente e o Desenvolvimento (Cnumad). A Eco-92, como também ficou conhecida, reuniu 103 chefes de Estado e um total de 182 países. Foram aprovados nessa Conferência cinco acordos oficiais internacionais, a saber: Declaração do Rio sobre Meio Ambiente e Desenvolvimento; Agenda 21 e os meios para sua implementação; Declaração de Florestas; Convenção sobre Mudanças Climáticas; e Convenção sobre Diversidade Biológica (Pedrini, 2001).

Paralelamente à realização da Eco-92, ocorreu na mesma cidade o "Fórum Global", que reuniu representantes de organizações não govenamentais e de movimentos sociais de todo o mundo. Ao final do Encontro, foi elaborado o Tratado de Educação Ambiental para Sociedades Sustentáveis, que, de acordo com Carvalho (2004), definiu o marco político para o projeto pedagógico da Educação Ambiental.

Para finalizar esta parte do trabalho é importante destacar que, encerrando o chamado "Ciclo Social da ONU", foi realizada em 1997, na Grécia, a última dessas grandes conferências internacionais organizadas pela ONU, a Conferência Tessalônica. O grande desafio dessa Conferência, entre outras questões, foi o de "discutir a definição de sustentabilidade, procurando esclarecer o conceito ainda emergente de educação para a sustentabilidade".

O Brasil participou desse encontro e levou como documento oficial a Declaração de Brasília para a Educação Ambiental, resultado da 1ª. Conferência Nacional de Educação Ambiental (CNEA), realizada em 1977.

Políticas públicas e programas de Educação Ambiental no Brasil

A realização das Conferências Mundiais e, sobretudo, a divulgação de seus documentos, repercutiram em vários países, e a Educação Ambiental, a partir daí, passou a integrar programas e ações de vários governos. No Brasil, a criação da Secretaria Especial do Meio Ambiente (Sema), em 1973, pode ser compreendida como o marco histórico dessa repercussão. Criada junto ao Ministério do Interior, a Sema

> passou a definir normas ambientais, criar estações ecológicas (dez até 1978) e desenvolver iniciativas no campo da educação ambiental, propiciando estudos e publicações ... (Amaral, 2001, p.76)

Entre outras atribuições, o Decreto n. 73.030, de 30/10/1973, que criou a Sema, define que esta deve "promover o esclarecimento e a educação do povo brasileiro para o uso adequado dos recursos naturais, tendo em vista a conservação do meio ambiente" (Carvalho, 2004, p.52).

Ainda na década de 1970, outra iniciativa importante adotada pela Sema foi a publicação, em quatro volumes, do "Curso de Ecologia", destinado aos professores do então 1º grau, cujo objetivo era "subsidiar a Proposta Curricular de Ciências Físicas e Biológicas e Programas de Saúde do Distrito Federal". Além do Distrito Federal, o estado de São Paulo, por meio do "Guia Curricular de Ciências", incorporava a Educação Ambiental em sua estrutura.

É importante salientar que, ao se recuperar a trajetória da Educação Ambiental no Brasil, já se tornou corriqueira a afirmação de que essa modalidade da Educação chegou ao ensino formal somente em 1997, por meio dos Parâmetros Curriculares Nacionais (PCN). Tal afirmação, no entanto, merece reparo uma vez que, como pudemos demonstrar, a Educação Ambiental já se fazia presente na escola desde a década de 1970.

No entanto, Amaral (op.cit., p.76) chama a atenção para o fato de que, nos dois casos citados,

> tratava-se de um currículo de Ciências e voltado para a escola de primeiro grau, configurando uma tradição, de associar ensino de ciências à educação ambiental, que perdurou em nosso país até meados da década de 90.

No Brasil, em que pesem a essas iniciativas desde a década de 1970, foi a partir das décadas de 1980 e 90 que a Educação Ambiental começou a institucionalizar-se de maneira mais sistemática. A seguir, alguns aspectos dessa institucionalização:

- Promulgação da Lei n. 6.983/81, que instituiu a Política Nacional do Meio Ambiente (PNMA). A Educação Ambiental foi formalmente instituída por meio dessa lei, regulamentada dois anos depois, em 1983, pelo Decreto n. 88.315/83, o qual estabelece que compete ao Poder público, em suas várias instâncias, " orientar a educação, em todos os níveis, para a participação efetiva do cidadão e da comunidade na defesa do meio ambiente, cuidando para que os currículos escolares das diversas matérias obrigatórias complementem o estudo da Ecologia".
- Inserção da Educação Ambiental na Constituição Federal, promulgada em 1988, no Capítulo VI – (Do Meio Ambiente). O art. 225, § 1°, inc. VI) determina que se deve "promover a Educação Ambiental em todos os níveis de ensino e a conscientização pública para a preservação do meio ambiente". Cumpre destacar, no entanto, e isso já foi apontado por alguns autores, que a Educação Ambiental, na Constituição, figura no capítulo sobre o meio ambiente e não no capítulo sobre a educação (Capítulo III).
- Criação do Instituto Brasileiro do Meio Ambiente e dos Recursos Naturais Renováveis (Ibama), por meio da Lei nº 7.735, de 1989, que, entre outras atribuições "deveria estimular a Educação Ambiental nas suas diferentes formas" (Dias, 1994, p.49).
- Criação dos Núcleos de Educação Ambiental pelo Ibama e dos Centros de Educação Ambiental pelo Ministério da Educação (MEC), em 1992.
- Criação do Programa Nacional de Educação Ambiental (Pronea), pelo MEC e pelo Ministério do Meio Ambiente (MMA), em 1994, com o objetivo de "capacitar o sistema de educação formal e não formal, supletivo e profissionalizante, em seus diversos níveis e modalidades".
- Elaboração dos Parâmetros Curriculares Nacionais (PCN), definidos pela Secretaria de Ensino Fundamental do MEC, em 1997, nos quais o meio ambiente foi incluído como um dos temas transversais.

Aprovação da Política Nacional de Educação Ambiental, em 1999, por meio da Lei nº 9.795, de 27/4/1999. Com essa lei se estabeleceu claramente uma concepção de Educação Ambiental. De acordo com o art. 10 dessa lei, "a educação ambiental será desenvolvida como uma prática educativa integrada, contínua e permanente em todos os níveis e modalidades do ensino formal" e os § § 1° e 2° afirmam, respectivamente, que "a educação ambiental não deve ser implantada como disciplina específica no currículo de ensino" e "nos cursos de pós-graduação, extensão e nas áreas voltadas ao aspecto metodológico da educação ambiental, quando se fizer necessário, é facultada a criação de disciplina específica" (Seção II) – *Diário Oficial da União* – Imprensa Nacional (Disponível em:<http://www.mec.gov.br/se/educacaoambiental>).

- Implementação pelo MEC do Programa Parâmetros em Ação, Meio Ambiente na Escola, em 2001. Esse Programa "tem como propósito apoiar e incentivar o desenvolvimento profissional de professores e especialistas da Educação, de forma articulada com a implementação dos Parâmetros e Referenciais Curriculares Nacionais para o ensino Fundamental ... (Parâmetros em Ação, Meio Ambiente na Escola, 2001, p.7).
- Regulamentação da Lei nº 9.795, de 27/4/1999, que institui a Política Nacional de Educação Ambiental, por meio do Decreto *nº 4.281, de 25/6/ de 2002.* Por meio do segundo Decreto, "fica criado o Órgão Gestor, nos termos do art. 14 da Lei nº 9.795, de 27 de abril de 1999, responsável pela coordenação política de educação Ambiental, que será dirigido pelos ministros de Estado do meio Ambiente e da Educação"

  (Disponível em:<http://www.mec.gov.br/se/educacaoambiental>).

Considerações finais

A Educação Ambiental como modalidade da Educação sofre, como esta última, de todas as carências, problemas e contradições decorrentes do modelo político-econômico da sociedade, insistentemente apontados pelos teóricos da Educação e sobejamente conhecidos por todos nós.

Nunes (2004, p.209) alerta para a existência da chamada "educação de palanque", ou seja, a atitude demagógica de grande parte da classe política, que prioriza os investimentos da educação somente em época de campanha eleitoral, e muda totalmente de atitude ao assumir cargos no Executivo ou no parlamento. Essa conduta, de acordo com a autora, faz que os investimentos necessários à Educação não sejam alocados, provocando nos que dependem das políticas educacionais desânimo e descrédito.

Assim, ainda de acordo com essa autora, no Poder Executivo, o que se observa na prática é a descontinuidade das políticas e, no parlamento, a incapacidade de os políticos compreenderem que os recursos destinados à Educação não são gastos, e sim investimentos.

A Educação, como importante política social, tem assumido, atualmente, no contexto da América Latina, um caráter dual e contraditório. "Ao mesmo tempo em que se afirma como uma política social de caráter universal ... tem sido orientada também pela lógica da focalização" (Oliveira, 2005, p.36).

Como consequência do modelo de reforma educacional em implantação no país desde o início da década de 1990, essa lógica da focalização tem contribuído para que a política educacional no país, atualmente, enfatize programas de inserção focalizada, enquanto dedica menor atenção às questões da universalização. As mudanças na educação foram feitas segundo o discurso da "técnica e da agilidade administrativa". Assim, os conceitos de produtividade, excelência, eficiência e eficácia, típicos das teorias administrativas, foram utilizados para fundamentar as teorias pedagógicas, ao mesmo tempo que a escola passou a ser concebida e valorizada como unidade administrativa (Ibidem).

Diante do que foi apresentado, ainda que de forma bastante resumida, em relação à atual política educacional do país, a trajetória percorrida pela Educação Ambiental e a trajetória das políticas públicas para essa modalidade da Educação, consubstanciadas em leis, propostas, diretrizes, pareceres, cabe perguntar o que as opções feitas, até o momento, têm significado concretamente para a implementação da Educação Ambiental na escola pública? De que maneira essa política tem sido materializada no cotidiano escolar? Mais ainda: a Educação Ambiental na escola pública tem-se constituído uma prática efetiva?

No contexto das ações do governo, como já foi apontado, a Educação Ambiental surgiu primeiro ligada às políticas ambientais e aos órgãos de meio ambiente como ação educativa não formal. Apenas posteriormente, a Educação Ambiental foi internalizada pelas políticas educacionais e órgãos de educação como ação educativa formal.

De acordo com Mendonça (2004, p.216),

> apesar dos pressupostos comuns entre a Educação Ambiental e a Educação, existe um paradoxo de como a Educação Ambiental é tratada dentro das políticas educacionais onde vem ocupando um espaço institucional rarefeito, apesar da importância que esse tema traz para a formação das crianças e jovens do ensino básico.

Além disso, ainda de acordo com essa autora,

> A pouca institucionalização da Educação Ambiental no universo da Educação aliada à falta de uma avaliação sistemática das ações e dos programas implementados dificultam uma análise crítica da sua trajetória. (Ibidem, p.217)

A Educação Ambiental, de acordo com Mendonça (ibidem, p.226), "ainda não se efetivou como política pública do MEC, durante os seus onze anos de existência (1992/2003)", apesar dos "esforços dos governos anteriores".

A Educação Ambiental, desde a Rio-92, tem buscado uma estabilidade institucional no Ministério da Educação. Em que pese essa busca, nos últimos três anos a Coordenação de Educação Ambiental (CEA) sofreu três alterações de vínculo no organograma do MEC. Ou seja,

> de 1992 a 1998, a CEA esteve na Secretaria Executiva (SE), impulsionada pela Rio-92 e pela consolidação da Educação Ambiental no Tratado de Educação Ambiental para as Sociedades Sustentáveis. De 1999 a 2002, como uma Coordenação Geral de Educação Ambiental (Coea) foi transferida para a Secretaria do Ensino Fundamental (SEF), período que adentrou nas propostas educacionais de governo com o programa nacional de Formação Continuada de Professores, impulsionada pela Lei 9.795/99, que instituiu a Política Nacional de Educação e pelos Parâmetros Curriculares Nacionais ... Em 2003, a Coea retornou à Secretaria Executiva com uma proposta de universalizar a Educação Ambiental em todos os níveis e modalidades de ensino. (Ibidem, p.216)

Cumpre destacar que, atualmente, a Educação Ambiental encontra-se alocada na Secretaria de Educação Continuada, Alfabetização e Diversidade (Secad), junto à Coordenadoria Geral de Educação Ambiental (CGEA). Cumpre ressalvar, ainda, que vários projetos de Educação Ambiental, relacionados com escolas, têm sido desenvolvidos pela Diretoria de Educação Ambiental (DEA), do Ministério do Meio Ambiente, em sintonia com a CGEA, do MEC.

Em relação à efetiva implementação da Educação Ambiental na escola brasileira, Segura (2001, p.191), em seu estudo sobre a prática de Educação Ambiental em escolas públicas situadas na periferia da cidade de São Paulo, afirma que

> a impressão é de que os educadores procuram formas de inserir a temática ambiental em um contexto massacrado pela rotina de trabalho. A dificuldade de estabelecer uma trajetória pedagógica coerente com as intenções de conscientização dos alunos quanto à problemática ambiental revela-se na articulação entre intenção e ação. O hiato existente entre o que a Educação Ambiental suscita em termos de mudança socioambiental e o que é praticado em seu nome nas escolas deve-se ao "vazio crítico" ..., um processo educativo que pouco estimula a criticidade e a participação.

A deficiência na formação dos professores é outro aspecto apresentado por essa autora como fator que "compromete a eficácia da Educação Ambiental",

> Quando falo formação deficiente, refiro-me à dificuldade desses profissionais da educação de compreenderem a complexidade do ato educativo, da rede de relações estabelecidas entre educador e educando e todos os elementos que compõem a órbita dessa relação ... (p.192) Outro aspecto deve, ainda, ser apontado como indicativo das dificuldades enfrentadas para a realização, na escola pública, de uma prática de Educação Ambiental coerente e eficaz. Trata-se da chamada "cultura dos projetos".

Almeida (2005) afirma que,

> nos últimos anos, tem sido crescente o número de projetos de Educação Ambiental desenvolvidos nas escolas, os projetos parecem estar "em moda" no ambiente escolar. No entanto, alguns autores têm apontado os limites dessa prática no ambiente escolar, sendo que, na maioria das vezes, constituem-se em práticas "localizadas" e "efêmeras". (p.125)

Ainda de acordo com Almeida (ibidem, p.125),

> "o crescente aumento de projetos de Educação Ambiental em desenvolvimento nas escolas, e o despreparo da comunidade escolar para desenvolvê-lo também são apontados pelos Parâmetros em Ação, Meio Ambiente na escola".

Segundo Nunes (2004) a Educação Ambiental formal que depende exclusivamente das políticas públicas, que, por sua vez, dependem de decisões políticas, avançou pouco nas três décadas de sua trajetória.

Para finalizar, o que se pode observar é que, sem dúvida nenhuma, houve um fortalecimento institucional da Educação Ambiental em consonância com a crescente valorização da questão ambiental na sociedade. No entanto, em que pesem as conquistas relativas aos espaços institucionais, ainda persiste grande dificuldade para manter e potencializar esses espaços.

Ademais, leis e diretrizes para a Educação em geral e para a Educação Ambiental em particular são fundamentais, mas não suficientes para mudar a realidade das escolas públicas no país.

Referências bibliográficas

ALMEIDA, F. P. Projetos de educação ambiental e seu desenvolvimento na escola pública: concepções e práticas de professores de ciências. São Paulo, 2005, 190f. Dissertação (Mestrado em Educação) Instituto de Biociências, UNESP, 2005.

AMARAL, I. A. do. Educação ambiental e o ensino de ciências: uma história de controvérsias. *Pro-posições*, v.12, n.1, p.73-93, mar. 2001.

BRASIL. Ministério da Educação e Cultura. Educação ambiental. Disponível em: <www.mec.gov.br/se/educacaoambiental>. Acesso em: 17 set. 2005.

______. Ministério da Educação e Cultura. Secretaria de Educação Ambiental. Programa Parâmetros em Ação, Meio Ambiente na Escola. Brasília, 2001.

CARVALHO, I. C. M. Educação ambiental e movimentos sociais: elementos para uma história política do campo ambiental. *Educação:* teoria e prática, v.9, n.16, p.46-56, 2001.

______. *Educação ambiental*: a formação do sujeito ecológico. São Paulo: Cortez, 2004.

CARVALHO, L. M. de. A temática ambiental e a escola de 1º grau. São Paulo, 1989, 282f. Tese (Doutorado em Educação) Faculdade de Educação, Universidade de São Paulo.

DIAS, G. F. *Educação ambiental*: princípios e práticas. 7.ed. São Paulo: Gaia, 1994.

GONÇALVES, C. W. P. *Os des(caminhos) do meio ambiente*. 2.ed. São Paulo: Contexto, 1990.

MENDONÇA, P. R. A educação ambiental como política educacional: reflexões sobre os desafios desta nova institucionalidade. In: TAGLIEBER, J. E.; GUERRA, A. F. S. (Orgs.). *Colóquio de Pesquisadores em Educação Ambiental da Região Sul*. Pelotas: Editora Universitária/UFPel, 2004.

NUNES, E. R. M. A educação ambiental e as políticas educacionais. In: TAGLIEBER, J. E.; GUERRA, A. F. S. (Orgs.). *Colóquio de Pesquisadores em Educação Ambiental da Região Sul*. Pelotas: Editora Universitária/UFPel, 2004.

OLIVEIRA, D. A. A educação no contexto das políticas sociais atuais: entre a focalização e a universalização. *Linhas Críticas*, Brasília, v.11, n.20, p.27-40, jan./jun. 2005.

PEDRINI, A. G. (Org.). *Educação ambiental*: reflexões e práticas contemporâneas. 4.ed. Petrópolis: Vozes, 2001.

SEGURA, D. S. B. *Educação ambiental na escola pública*: da curiosidade ingênua à consciência crítica. São Paulo: Annablume/Fapesp, 2001.

23

A pesquisa, o tempo, a política...

Milton José de Almeida

De maneira clara e simples...

penso que se achamos que há necessidade de transformações políticas, culturais, sociais e econômicas em nosso país, há também necessidade de transformações em nossas pesquisas. A escolha de um modelo de pesquisa é também uma escolha política.

Os modelos de projetos de pesquisa tornados obrigatórios pelas agências financiadoras e já interiorizados pelos pesquisadores são todos mais ou menos iguais, seguem sempre a mesma fórmula, e tanto faz escrevê-lo em qualquer lugar do mundo, pois só o "conteúdo" muda, como se qualquer coisa pudesse ser pesquisada com qualquer metodologia.

Essa dissociação é justamente o núcleo político da economia mundial, "globalizada". Já se pode perceber que congressos e similares tornaram-se globalizados e seguem os modelos de todas as reuniões econômicas.

Entre essas maneiras, isto é, essas políticas de pesquisa, predominam as que apresentam uma exposição geral e teórica do assunto (introdução e objetivo), desenvolvimento (especificações) por meio de exemplos "reais" transformados em dados, quantificáveis e/ou explicados, segundo as autoridades (teóricos, cientistas, citações etc.) e conclusão, generalização por meio de exemplos transformados em características comuns, que descarta as diferenças. Ou seja, um deslocamento da esfera política do humanismo e da diferença para a esfera política do poder oficial, da massa, da identidade, conforme minha interpretação de F. Jameson, em *As sementes do tempo.*

Tal formato de conteúdo, que evidencia o caráter de explicação pela acumulação causal de fatos, é revestido em seu aspecto temporal pela exposição cronológica. O entendimento cronológico da vida e da história é facilmente entendido, pois há muito tempo naturalizado e politicamente dominante tanto na vida social quanto na científica. É o mais didático e o mais adequado à persuasão e à exposição de ideias já aceitas ou em busca de aceitação na cultura.

Evidentemente, a causalidade e a cronologia não são mentiras, nossa vida prática transcorre envolvida por elas. Quando passam a ser ou tentam impor-se como a visão única e natural da vida pessoal e social, a história torna-se opaca e passa a servir aos poderes. Hoje elas são a ideologia científica e cultural do capitalismo contemporâneo (e das agências que financiam pesquisas) que fundamentam sua existência como destino único e irreversível da humanidade.

Boa parte das teorias que compõem os pressupostos teóricos das pesquisas são teorias globais que parecem servir em qualquer lugar com quaisquer pessoas.

Muitas pesquisas são feitas segundo esse modelo de "mercadoria" e podem ser apresentadas em diversos congressos pelo mundo. Como se esse tipo de pesquisa tivesse conseguido homologar todos os gêneros (e conteúdos sociais e culturais) ao mesmo tempo, subtraindo de cada um seu caráter distintivo, estabelecendo nova estrutura estética e política de equivalências em uma forma de pesquisa transnacional. Transformam o cultural em universal e pressupõem que em qualquer realidade todos os elementos e valores sejam iguais e equivalentes, não são afetados pela teoria empregada.

As políticas de financiamento de pesquisa e dos projetos de grupos internacionais são indissociáveis dessas políticas internacionais e colocam em risco aquilo que "antigamente" se chamava de liberdade de ideias do intelectual, talvez em extinção, que está sendo substituída pelo pesquisador técnico, unificado e estandardizado, como vem ocorrendo com os outros trabalhadores no mundo todo.

Gostaria de ler Hannah Arendt:

> Em nosso contexto, a substituição peculiar e engenhosa do senso comum por uma lógica rigorosa, característica do pensamento totalitário, é particularmente digna de nota. A lógica não é idêntica ao raciocínio ideológico, mas indica a transformação totalitária das respectivas ideologias. Se a peculiaridade das ideologias foi tratar uma hipótese científica -- tal como a sobrevivência dos mais aptos, na biologia, ou a sobrevivência da classe mais progressiva, na história -- como uma "ideia" que poderia ser aplicada a todo o curso dos acontecimentos, então é a peculiaridade de sua transformação totalitária deturpar a "ideia", transformando-a em premissa, no sentido lógico, isto é, em alguma afirmação autoevidente da qual tudo o mais pode ser deduzido com rigorosa consistência lógica. Aqui a verdade torna-se de fato o que alguns lógicos

alegam que ela é, a saber, consistência; só que essa equação implica a negação da ideia de verdade, na medida em que cabe à verdade sempre revelar algo, ao passo que a consistência é só um modo de ordenar afirmações, faltando-lhe, assim, o poder da revelação. O novo movimento lógico na filosofia que nasceu do pragmatismo tem uma afinidade assustadora com a transformação totalitária dos elementos pragmáticos, inerentes a todas as ideologias, em lógica, uma transformação que rompe radicalmente com seus laços com a realidade e a experiência. O totalitarismo procede, é claro, de uma maneira mais brutal que, infelizmente, e por isso mesmo, é também mais eficaz.

A distinção política principal entre o senso comum e a lógica é que o senso comum pressupõe um mundo comum no qual todos cabem e onde podemos viver juntos, por possuirmos um sentido que controla e ajusta todos os dados sensoriais estritamente particulares àqueles de todos os outros; ao passo que a lógica, e toda a autoevidência de que procede o raciocínio lógico, pode reivindicar uma confiabilidade totalmente independente do mundo e da existência de outras pessoas.

A ciência é uma arte, porque é uma estratégia de conhecimento, portanto, uma estratégia política. A ciência trabalha com repetições. Quando é reprodução, é uma técnica, uma estratégia da produção.

Um governo que se apoiasse numa ciência verdadeira, seria uma tirania, pois a verdade nunca governa, nem diz o que deve ser feito nem o que é proibido, não obedece.

O conhecimento não é o bem, o bem não é o verdadeiro. O conhecimento não pode fazer as vezes da vontade, nenhuma ciência poderia substituir a democracia. Se a verdade comanda, a única virtude é submeter-se a ela, a mesma para todos, uma moral.

O dogmatismo prático pensa o valor como uma verdade, conduz a uma consciência tranquila, à autossuficiência, ao desprezo do outro. (1993)

E Gourevitch:

O tempo e o espaço são parâmetros determinantes da existência do mundo e das modalidades fundamentais da experiência humana. O entendimento moderno corrente guia-se em sua atividade prática pelas abstrações "tempo" e "espaço". O espaço é compreendido como uma forma tridimensional, geométrica, uniformemente extensível e divisível em segmentos mensuráveis. O tempo é concebido como duração pura, como sequência irreversível do escoar dos acontecimentos, que conduz do passado ao futuro passando pelo presente. O tempo e o espaço têm um caráter objetivo, suas qualidades são independentes de seu conteúdo material.

O homem não nasce com o "sentido do tempo", suas noções temporais e espaciais são sempre determinadas pela cultura à qual pertence. A preocupação consciente com o tempo é uma característica da sociedade industrial desenvolvida. A demarcação verdadeira e clara entre o passado, o presente e o futuro só se torna possível quando, na consciência coletiva, domina a noção linear do tempo, conjugada à noção de irreversibilidade do tempo. (1983)

Continuando de outra maneira...

não é mais um grande mistério, ou não deveria sê-lo, o fato de que a maior parte de nossas pesquisas e nosso modo de pensar os estudos acadêmicos em ciências humanas é cristã e, nessa ideologia, escolástica (Almeida, 2005), ortodoxos e conservadores.

Em outras palavras, há uma ortodoxia no modo de pensar cristão que se transferiu também para o modo de pensar do capitalismo. Em outro lugar (Almeida, 1999), já tentei mostrar que o capitalismo é o atual cristianismo, leigo e materialista. Dessa maneira, tento modesta e poeticamente orientar não escolasticamente meu trabalho com a pesquisa em Educação e dirigi-la para aquela que é produzida pela cultura dos homens, e não a produzida e classificada segundo a ordem do "saber ocidental", como construído em conventos e seminários e o qual permanece na universidade. Basta lembrarmos de nossas brigas universitárias, departamentais e outras, em que as pessoas defendem os fundamentos de sua disciplina (e suas especificidades e empregos), como padres e freiras brigando entre si, defendendo sua ordem religiosa.

O conhecimento tanto escolar quanto de outras ordens é produzido no mundo cultural, e a escola e a Educação são campos dentro da cultura e não maiores que ela. Vale dizer que tanto a escola quanto a Educação não têm essa especificidade e pureza que lhes atribuímos.

Não há nada mais conservador, antimarxista, antissocialista e antidialético que trabalhar sob fundamentos, e obedecer à sua madre superiora, a epistemologia.

Não é preciso muito para pensarmos: "Onde estão os fundamentos"?.

Além de continuarem nas religiões, eles estão nas indústrias e nos países centrais e imperiais, Europa e Estados Unidos, para onde vamos com nossas bolsas "aprender".

Aristotelicamente falando, as "substâncias" são os países centrais e os "acidentes" são os outros, as colônias etc.

Assim, não trabalho com fundamentos, mas sim com o conhecimento que é questionamento constante dos paradigmas estabelecidos, inclusive os que ele próprio cria. Seguem algumas ideias que me norteiam:

- Horizontalidade e convivência de opostos e não verticalidade e eliminação de opostos ou dicotomias. Opostos não se contradizem, mas se complementam.
- Conflito e não sistematização.
- O homem inteiro composto de bem e mal e não o homem fragmentado do bem, com o qual sobretudo a Educação e a universidade trabalham.
- O conhecimento é verdadeiro e transitório e não uma Verdade.
- O conhecimento é uma dúvida e não uma certeza.
- Não existe um conhecimento ideal preexistente a que o homem ascende ou descobre (idealismo), mas um conhecimento que é criado pelo desejo do pesquisador e da sociedade, juntos, e materializado pelo desejo do Homem: política da matéria, plasticidade da matéria do mundo.
- A pluralidade e não o monoteísmo.
- Não o homem grego e/ou cristão como um conceito e uma abstração, mas o homem moderno, complexo, real.

Penso que nossos estudos devem levar o homem a tornar-se consciente dos antagonismos dentro e fora de si, consciente dos antagonismos dentro da sociedade em que vive.

A Educação não é um campo de estudos definido, mas um drama e também uma tragédia humana.

Em ciências humanas, como o essencial não é "aplicar um método", a formação especializada de cada um é insuficiente. É importante reconhecer que nosso conhecimento não é nunca suficiente e que o horizonte de nossas necessidades acadêmicas e políticas vai muito além de nossas especialidades.

O próprio pesquisador deve lutar politicamente contra sua formação monoteísta e não só contra o "sistema" em geral. Deve ser livre de pressupostos teóricos; é necessário abrir-se para o entendimento das diferentes faces que mobilizam a "realidade", melhor dizendo, "as realidades". A liberdade desejada para a sociedade deve estar também na liberdade pessoal do pesquisador.

Em ciências humanas, não é importante confirmar uma teoria, mas principalmente compreender o significado e a simbologia que fazem, das teorias, modernas máquinas políticas. E ao mesmo tempo que pesquisamos, buscar compreender como compreendemos, e compreendermos a nós mesmos.

Não basta, então, que o pesquisador se aproprie de um sistema de conceitos. O pesquisador deve perceber que a pesquisa também lhe diz respeito, é autoconhecimento, faz parte de sua vida real, e os instrumentos que utiliza o educam politicamente.

O tempo no cinema, imagem em perspectiva[1]

Quando assistimos a um filme no cinema, assistimos a uma narração em aparição luminosa. O filme vai contar uma história nunca vista-ouvida e cada filme é a gênese de um mundo que se inicia e termina ali, narrada pelo tempo.

Nenhuma daquelas pessoas e nenhum daqueles lugares existiam antes que os víssemos no filme. Sua vida começa e termina ali, durante o tempo da projeção.

Há um século, o cinema produz uma galeria de histórias de todo gênero, que compõem o conjunto de narrações da mitologia da sociedade contemporânea.

No tempo iniciado com e pela aparição do filme na tela, os espectadores estão envolvidos em uma cerimônia em que a memória e a história coletiva são trazidas em pedaços de filme para o drama dos corpos de personagens que vão simular a narração de sua vida. Uma representação do tempo e da história em um ritual de alguns minutos.

O poder do cinema como educação política e visual vem da proximidade entre assistir a uma sessão de cinema e a participação ritual ou mística. A distância física e racional que separa o espectador do que está vendo e ouvindo é anulada e tal fato provoca a imersão em imagens que reforçam vínculos irracionais com a sociedade e o tempo vivido. O espectador é convidado a participar de uma liturgia da luz e do tempo, da liturgia da memória.

Não podemos esquecer que o cinema é herdeiro da longa história da educação visual feita de representações, criação e uso de imagens e narrações da política e da Igreja. E também herdeiro e mantenedor da arte da perspectiva renascentista, arte da representação artificial do real de que é, ao mesmo tempo, símile e alusão estética e política. Avisa Da Vinci (1970):

> Aqueles que se enamoram da prática sem ciência são como o marinheiro que entra no navio sem timão ou bússola, que nunca tem certeza para onde vai; a prática deve sempre ser edificada sobre a boa teoria da qual a perspectiva é guia e entrada, e sem a qual nada se faz de bom em matéria de pintura. Com relação à diminuição dos corpos, a perspectiva (isto é, a teoria perspectiva) nos socorre quando fraqueja o juízo (isto é, a percepção sensorial). Sem o auxílio do plano vertical (imaginário), mestre e guia da perspectiva, nunca poderá o olho ser o certeiro juiz que determina com verdade a distância entre uma parte e outra a ela semelhante em tamanho.

A perspectiva, a teoria e a técnica geométrica e matemática, ao ordenar os objetos e pessoas no espaço do plano segundo distâncias e proporções, ordena também o tempo que impregna pessoas e objetos e, também e principalmente, o ar e o espaço que os circunda. A perspectiva traz o tempo para a visualidade, faz

---

1 Este texto foi parcialmente publicado no livro *Quanto tempo o tempo tem!* DE ROSI; V. L. (Org.). São Paulo; Campinas: Alínea; Átomo, 2003.

que este passe a ser visível. É uma grade estrutural que fornece uma existência visível para a História. O que significa dizer também que é uma estrutura estética e política.

Longe de ser um instrumento neutro, a perspectiva é uma linguagem e uma estrutura que tende a ser uma forma lógica e política: ao apresentar visualmente as imagens, já as interpreta e participa ativamente de seu conteúdo. Ao vermos um filme, vemos histórias em imagens pré-interpretadas pela gramática visual, política e social da perspectiva, forma técnica da captação de imagens das câmeras e filmadoras.

Não custa lembrar que a linguagem verbal, falada e escrita, é também uma estrutura estética e política, cuja gramática e regras de uso são também gramáticas políticas. As frases de um texto ou fala que eu leio ou interpreto já vêm preliminarmente interpretadas pela gramática formal, política e social da língua utilizada. O significado e o sentido são aliciados e envolvidos pelas palavras que são símbolos que não têm a ver diretamente com a forma nem com o conteúdo das coisas que representam. Os significados atribuídos aos símbolos gráficos da escrita ou sonoros da fala são produzidos e transformados constantemente pelos escritores-falantes de uma língua, em uma espécie de contrato vivo, social e político, entre as diferentes pessoas e grupos de uma sociedade.

Embora as imagens no cinema não sejam símbolos no sentido que atribuímos às palavras e à língua, também participam dessa relação social e simbólica, que liga espectadores às imagens e oferece reconhecimento e sentido aos filmes assistidos. Daí ser possível falar de uma linguagem visual e de uma educação visual, o que não deixa de ser também uma educação auditiva.

Da Vinci (1970), faz perceber como o cinema, arte da oralidade e do corpo, é herdeiro da arte da pintura (da visão, e, consequentemente, da perspectiva) e da arte da poesia, do som:

> O olho, que é chamado janela da alma, é a principal via para que o sentido comum possa, da forma mais copiosa e magnífica, considerar as infinitas obras da natureza. O ouvido é a segunda, o qual se enobrece por contar histórias que o olho já viu. Se vocês, historiógrafos, poetas ou matemáticos, não tivessem visto as coisas através do olho, dificilmente poderiam descrevê-las por meio da escritura. E se você, poeta, narrar uma história com a "pintura" de sua pena, o pintor fará com seu pincel uma mais deliciosa e menos árdua de se entender. Se você chama a pintura de poesia muda, o pintor poderia dizer que a poesia é pintura cega.

Lembremos que a representação, no quadro, ordenada e proporcional de pessoas e fatos conduzida pelo ponto de vista da perspectiva é também uma ordenação estética e política de pessoas e fatos no tempo.

Mas passemos do tempo visível e estático no plano da pintura ao tempo visível em movimento no cinema, feito por um truque técnico: a movimentação rápida de quadros que o espectador interpreta como movimento real. Uma ilusão psíquica induzida visualmente que conta com a conivência e o desejo dos espectadores.

O espaço transforma-se em tempo no cinema, que é a arte do tempo e da oralidade. O filme transcorre como transcorre uma conversa; as cenas, as palavras aparecem e desaparecem constantemente. O entendimento movimenta-se como em situações em que estamos conversando, não há tempo para voltar, refletir, pausar. O sentido do que está sendo visto está na cena seguinte e não na que já foi vista. E, diferentemente da oralidade, não podemos interferir, mudar seu curso. Na verdade, é um discurso conduzido politicamente pela produção do filme. Mas é oral, corporal.

O real filmado é transformado em células temporais, ligadas umas às outras em uma sequência de movimentos constantes: em ritmo, pulsação e fluxo de luz. O cinema é luz, o tempo no cinema é luz, e sua representação é uma representação luminosa. Podemos dizer que o tempo no cinema se apresenta em forma de luz. E o tempo físico, mensurável, de seus 120 minutos, abre-se em camadas de tempos outros, imensuráveis, pressentidos, deduzidos, sentidos, articulados por racionalidade e poesia.

Podemos então pensar na fabricação do tempo pelo cinema, arte industrial.

O filme é feito de retalhos do real. Assim como se prospectam matérias-primas se as transformam, a indústria cinematográfica capta imagens no mundo externo ou as fabrica nos estúdios. Cada fotograma, cada sequência filmada poderá ser extraída de seu contexto, retirada de sua continuidade temporal e tratada como peças de uma grande imagem, ou produto final, que será o filme. Contudo, vimos que não são propriamente as imagens que são tratadas como mercadorias intercambiáveis, mas sim o tempo, imagens da história simulada ou "real". Não esqueçamos que o cinema é uma linguagem do real.

Toda filmagem é um trabalho sobre o tempo, sobre a continuidade e descontinuidade do mundo, da História. Escolhem-se cenas: escolha estética e política, desprezam-se muitas que ficarão nos intervalos. As muitas horas filmadas transformar-se-ão, em poucos minutos, em um trabalho de corte e compressão temporal. E o tempo será estruturado em uma nova narrativa, e cada filme será uma nova interpretação artística e política da História.

Aparentemente, teremos uma narrativa em tempo cronológico, o tempo da exibição com começo, meio e fim. Mas, ao interpretarmos o filme, precisamos procurar suas camadas, transparências, pontos que podem ser trazidos para frente e para trás, e não só camadas cronológicas. Como o cinema é arte e alegoria do tempo presente, essas camadas atravessam todo o filme e podem ser reabertas sempre, de maneira diferente.

Mesmo quando "encena" ou "representa" o passado, todo filme é uma representação do presente, uma forma de conhecimento do presente. A História do presente que consulta, pergunta ao passado e o devolve em imagens e ideologia.

> São imagens e sons da língua escrita da realidade, artefatos da memória, habitados por imagens em movimento. Por serem discursos em língua da realidade trazem dela o inconcluso, a ambiguidade, a mistura, o conflito, a história. Um diretor tem à sua disposição uma iconografia e uma iconologia, um presente e um passado de imagens e histórias que surgirão no presente estético e cultural de suas produções. Produções que não seguem necessariamente, a 'verdade' histórica. (Almeida, 1999)

Desta maneira, "analisar" um filme é, por meio do estudo das imagens e da estruturação narrativa do tempo, buscar interpretações verdadeiras, pontos de verdades em transição, um futuro inconcluso, e não uma verdade sistematizada que exclui o que não foi categorizado segundo uma grade teórica pré-concebida. O filme é um encontro de temporalidades. Lembremos com Marguerite Duras que o tempo do cinema é o futuro do pretérito, o "teria sido assim...".

O estudo do tempo no cinema revela-nos a tensão da História com sua representação ideológica e técnica. Com ele reconhecemos o conflito do mundo social vivido no tempo diverso e multissegmentado das pessoas com o mundo ordenado em perspectiva.

Os filmes mais comerciais para grandes massas de espectadores intensificam seu ponto de vista único e as educam pela transformação do conflito em uma questão de bem ou mal, gratificando sua escolha política conformista. Outros filmes intensificam o conflito entre o ponto de vista da máquina e as possibilidades visuais da apresentação de uma diversidade de pontos e se negam a harmonizá-los em um só e a representarem a História como uma trajetória linear no tempo. São filmes mais difíceis de entreter muitas pessoas, mas não deixam de ser produzidos e exibidos. Evidentemente, o exposto refere-se a dois polos radicais, praticamente inexistentes. Tanto o filme mais absolutamente massificado, sem nenhum ponto de conflito em suspenso, quanto seu contrário, seriam invisíveis.

Mas todos os outros fazem parte deste mundo de personagens e locais cuja existência é uma existência temporal incorporada em um único espaço plano, a tela, onde também a História é feita e refeita em imagens e sons em movimento.

Referências bibliográficas

ALMEIDA, M. J. *Cinema*: arte da memória. Campinas: Autores Associados, 1999.

______. O triunfo da escolástica, a glória da educação. *Revista Educação e Sociedade*: Campinas, n.90, jan./abr. 2005.

ARENDT, H. *A dignidade da política*. Rio de Janeiro: Relume-Dumará, 1993.

DA VINCI, L. *The notebooks of Leonardo da Vinci*. New York: Dover, 1970.

DE ROSI, V. L. (Org.). *Quanto o tempo o tempo tem!* Campinas: Alínea-Átomo, 2003.

GOUREVITCH, A. J. As representações espaço-temporais. Tradução de Milton José de Almeida. In: ______. *Les catégories de la cultura médièvale*. Paris: Galimard, 1983

JAMESON, F. *As sementes do tempo*. São Paulo: Ática, 1997.

24

A formação da leitora brasileira no século XIX

Maria Arisnete Câmara de Morais

Este texto investiga as seguintes questões: Que representação de mulher se faz presente na literatura brasileira do século XIX? Que leitora se pretendia formar? Busco nos textos literários as marcas dessas leitoras. Textos literários entendidos como representações dos princípios contraditórios de construção do mundo social, por meio de situações vividas pelas personagens de ficção.

Ainda que considere o estatuto próprio do texto literário, ele é uma produção social válida porque revela, de forma peculiar, o que a análise social revela por meio de outros processos de investigação. Assim, é possível o diálogo entre literatura, gênero, etnia e classe. São os modos de ser educador.

O texto literário se conforma não apenas à constatação de uma realidade em si, mas a uma infinidade de leituras, desvelando as relações sociais, o convívio entre os homens e as mulheres. Saliento nesta reflexão, o pensamento de Bakhtin (1988, p.400-19) quando diz que o romance é o "único gênero em evolução", capaz de compreender a própria evolução e transformação da sociedade a partir dos usos da linguagem.

O período a que me refiro diz respeito ao projeto de formação da sociedade letrada e, consequentemente, à formação das leitoras brasileiras. Valorizava-se a leitura como símbolo de instrução e como forma de socialização. A prática da leitura era entendida como uma chave de acesso ao saber erudito, ao brilho que a cultura letrada propicia. No romance *Quincas Borba*, de Machado de Assis, a personagem Maria Benedita consentia em aprender francês "que era indispensável para conversar, para ir às lojas, para ler um romance", pois era de bom-tom. Enfatizo, que a leitora está se constituindo nos textos literários por meio da fala masculina sendo, a história da mulher também a história dos homens.

Se na primeira metade do século XIX a mulher quase não saía de casa, a não ser para ir à missa, gradativamente ganhava espaço, na segunda metade desse século. A mulher seria, então, o público a conquistar, o público que então emergia na sociedade.

O Brasil vivia um período de grandes transformações políticas e sociais representadas pelas campanhas abolicionistas e republicanas, que culminaria com a proclamação da República e a abolição da escravatura.

Um período de expansão da imprensa o século XIX presencia verdadeira efervescência jornalística, obrigando o escritor a ter uma ideia por dia quando, antigamente, a vida de um cronista ou de um historiador era absorvida por um assunto único.

Nesse contexto de produção de uma ideia por dia, o folhetim tinha um lugar privilegiado: o rodapé do jornal, geralmente da primeira página, destinado ao entretenimento para atrair leitores e leitoras. O folhetim contribuiu fartamente para a construção dessa sociedade letrada e a divulgação dos impressos. O romance fatiado que o jornal publicava diariamente, garantia o sucesso do jornal e do escritor, que antes de transformar seus textos em livro tinha sua obra divulgada em capítulos, com bastante sucesso. Um exemplo disso são os romances *Cinco minutos* e *O guarani*, de José de Alencar, publicações de grande prestígio à época.

Este é o cenário desta discussão.

Muito se tem escrito e comentado sobre as relações das mulheres brasileiras com os livros e suas formas de apropriação. Por isso, busco nos romances de Machado de Assis, José de Alencar, Adolfo Caminha, Aluísio Azevedo e Bernardo Guimarães as representações de leitura e da leitora, deduzindo dessas representações os perfis das leitoras construídas por esses escritores.

Assim, vislumbro as imagens de leitura, as maneiras de ler e os espaços partilhados dessa prática cultural e plural na segunda metade do século XIX.

A sala de visitas é o local dos longos saraus, onde a leitura tem seu ponto alto. As mulheres, ora lendo silenciosamente, ora sendo ouvintes de uma voz quase sempre masculina são as maneiras predominantes de ler um texto.

Os escritores, tanto no livro quanto no jornal, dirigiam-se à mulher branca, aristocrática e bela: mulheres negras e pobres não faziam parte desse universo a conquistar. Referem-se às mulheres com adjetivos como: belas interlocutoras, louras, morenas, franzinas, amáveis leitoras de que os jornais e os livros necessitavam para dar vida e colorido às suas páginas.

O periódico *A Semana Ilustrada* registra as "conversas com as mulheres", publicadas em 1865, onde Machado de Asiss vai delineando o perfil da leitora:

> Talvez as minhas belas interlocutoras queiram saber qual é o meu ideal a respeito da mulher, e de que modo defino as minhas preferências.
> Eu lhes digo: prefiro todas as belas.
> Como passaram amáveis leitoras? Eu não sei se as leitoras se lembram de mim, e se têm presente o que lhes disse na primeira vez que tive a honra de conversar com Suas Graças!
> Aposto que não se lembram?
> Se não se lembram, não me admira. É próprio do sexo a que tenho a honra de falar...

Jornais como *O Futuro* e *A Marmota na Corte* compunham um perfil de mulher oferecendo modelos de vestido e penteados, da última moda de Paris, apesar do descompasso das estações do ano entre os dois países.

O Futuro (1862-1863) registra o seguinte:

> Foi para V.V. E. E.x, exclusivamente, que eu mandei vir de Paris esse figurino, e, se vem um pouco tarde, deve-se esse contratempo à imprudência de quem expôs essas quatro damas, que não são de todo feias, a uma longa viagem, sem um guardião que as preservasse dos perigos.

A Marmota na Corte anuncia para "as nossas belas" que distribuirá figurinos das últimas modas de Paris.

Machado de Assis, na *História de Quinze dias*, publicada em 1876 no *Diário do Rio de Janeiro*, afirma que há duas sortes de leitoras:

> A que vai ao outeiro, toma água benta, vê o fogo de artifício, e vai a pé para casa, se não pilha um bonde; e a que vai de casa às nove horas para ir ao baile da Secretaria de Estrangeiros. Uma e outra preparam-se neste instante; sonham com a festa, pedem a Nossa Senhora que não mande chuva.

Alguns exemplos dessas representações da leitora nos romances:

Em *Senhora*, de José de Alencar, as personagens Aurélia e Seixas dialogam:

> – Que trazem de novo os jornais?
> – Ainda não os li. Que mais lhe interessa? Naturalmente a parte noticiosa, o folhetim...
> Ao mesmo tempo abria Seixas as folhas uma após outra, e percorrendo-as com os olhos, lia em voz alta para Aurélia o que encontrava de mais interessante. A moça fingia ouvi-lo.
> Seixas continuou a percorrer os jornais, como se acedesse ao gosto de Aurélia. Nesse rápido exame ia lendo as epigrafes, a ver se alguma tinha virtude de excitar a curiosidade da moça.

No romance *Lucíola*, a personagem homônima lia *A dama das camélias*, romance do escritor francês Alexandre Dumas, que teve bastante prestígio no século XIX.

No romance *A mão e a luva,* de Machado de Assis, a personagem Guiomar à volta de uma mesa lia para a madrinha ouvir, um romance francês, recentemente chegado de Paris e trazido pelo ultimo paquete.

O seminarista, de Bernardo Guimarães (1973, p.17-9), representa o personagem Eugênio ensinando as letras do alfabeto para Margarida, a futura leitora:

> Eugênio não mentia, quando disse à sua mãe que ensinava a ler a sua companheira de infância. O viandante, que por ali transitasse naquela época, teria por vezes ocasião de contemplar à sombra das paineiras junto à pontezinha de que já falamos, um curioso e interessante grupo: um esbelto rapagote de cerca de doze anos assentado na grama, e com um braço passado sobre o ombro de uma gentil menina um pouco mais nova, apontando-lhe as letras do alfabeto.

De tanto observar cenas recorrentes, os escritores sempre colocando um livro entre as personagens, fico refletindo: parece que havia um pacto entre eles para utilizar esse recurso, em busca dessa fatia de público a conquistar.

Na tentativa de construção desse público feminino, havia ainda as indicações de leitura. As leituras tuteladas, o que deveria ou não ser lido. Jean-Jacques Rousseau afirmava que uma moça honesta não lia livros de amor. Isto afirmado nas cartas de dois amantes habitantes de uma cidadezinha ao pé dos Alpes, com o título *Julie ou la nouvelle Heloïse,* publicado com grande sucesso em 1761. Esta concepção muito influenciou o pensamento corrente do século XIX.

A formação da leitora era uma realidade; mas cautela para com a leitura de certos romances. A regra seria a leitura dos chamados romances de formação. Transcrevo um diálogo entre Estácio e Helena, personagens do romance *Helena* de Machado de Assis (p.52):

> – Pensa que gastei toda a tarde em fazer crochet? Perguntou ela ao irmão, caminhando para a sala de jantar.
>
> – Não?
>
> – Não, senhor, fiz um furto.
>
> – Um furto?
>
> – Fui procurar um livro na sua estante.
>
> – E que livro foi?
>
> – Um romance.
>
> – Paulo e Virgínia?
>
> – Manon Lescaut.
>
> – Oh! Exclamou Estácio. Esse livro...
>
> – Esquisito, não é? Quando percebi que o era, fechei-o e lá o pus outra vez.

– Não é um livro para moças solteiras...

– Não creio mesmo que seja para moças casadas, replicou rindo e sentando-se à mesa.

Adolfo Caminha, no romance *A normalista,* representa a normalista Maria do Carmo envolvida com a leitura do romance *O primo Basílio,* de Eça de Queiroz. Leitura que não poderia ser feita às claras, durante os serões, pois não era recomendada às jovens incautas. Por isto Maria do Carmo só lia *O primo Basílio* à noite, no seu misterioso quartinho do meio da sala pegado à sala de jantar.

Trocava confidências com sua amiga Lídia Campelo acerca desse livro, que só tinha um defeito: Era escabroso demais. E soltavam a imaginação. Maria do Carmo, a normalista, sonhava em fazer com o Zuza, seu namorado, o mesmo que Luiza e Basílio faziam no romance. Um livro magnífico! Sublime!

Tanto Machado de Assis quanto Adolfo Caminha representam momentos do livro no Brasil. A memória e a linguagem predominantes de um tempo. Momentos que sugerem a própria história desses romances. *O primo Basílio* (editado em 1878), por exemplo, que provoca frisson pelas cenas eróticas entre Luísa e Basílio, não poderiam constar do repertório de uma jovem do século XIX. O escritor português Eça de Queiroz mostra cenas de adultério feminino, de uma família da sociedade lisboeta, que só aguça a imaginação da jovem leitora que se pretende formar.

Manon Lescaut (cuja edição original foi publicada em 1731), livro que foi queimado em praça pública, também não era considerado um bom livro de leitura. Nele o escritor francês Abbé Prévost narra a história de um jovem bem-nascido que arruína sua vida por causa de uma cortesã: Manon Lescaut.

Entretanto, *Paulo e Virginia* romance do escritor francês Bernandin de Saint-Pierre consta do repertório de leitura da época e recomendável a todas as moças solteiras. Narra o idílio de dois jovens reintegrados ao contato com a natureza. Esse livro é citado em vários romances da época, como em *Helena* e no romance *O Atheneu*, de Raul Pompeia.

A mulher negra, quando representada, evidencia as questões sociais como é o caso da escrava Bertoleza, personagem de Aluízio Azevedo no romance *O cortiço.* Depois de anos de servidão ao amante João Romão, constata que ele mentiu para ela, ao dizer-lhe que havia comprado sua carta de alforria do seu antigo amo. Pensando em um futuro promissor e não tendo coragem de matá-la João Romão planeja restituí-la ao seu antigo cativeiro. O plano quase perfeito. Bertoleza via-se na situação de escrava fugitiva. O filho mais velho do seu primitivo senhor está ali perante ela. Reclamava sua escrava de volta. Fugir, impossível. Sentindo-se perdida e traída suicida-se perante todos, rasgando o ventre de lado a lado, com a mesma faca que escamava o peixe para a ceia do seu homem. A fala do narrador no final do romance:

João Romão fugira até ao canto mais escuro do armazém, tapando o rosto com as mãos. Nesse momento parava à porta da rua uma carruagem. Era uma comissão de abolicionistas que vinham de casaca, trazer-lhe respeitosamente o diploma de sócio benemérito. Ele mandou que os conduzissem para a sala de visitas.

Esta passagem do romance representa as contradições de uma sociedade escravocrata e imperial que gradativamente modifica-se, exigindo de seus habitantes novas formas de convivência. A formação da leitora constitui um desses aspectos a conquistar. Lembrando que a negra não fazia parte deste projeto.

A história da formação do público leitor feminino foi uma conquista do século XIX. Não esquecendo, porém, o tipo de mulher que os escritores representavam e que constituía o padrão a ser conquistado. Mulher branca, aristocrática e bela.

Outras conquistas virão. Outras configurações esperam que se lancem os dados para outras pesquisas. Novas formas sociais trazem novas necessidades, diversa educação dos indivíduos. Diversos usos de gênero, etnia e classe.

Referências bibliográficas

Livros

ALENCAR, José de. *Senhora.* 18.ed. São Paulo: Ática, 1990. (Cotejado com a edição original B. L. Rio de Janeiro: Garnier, 1875).

ASSIS, Machado de. *A mão e a luva.* Rio de Janeiro: Garnier [187–?].

______. *Quincas Borba.* 12.ed. São Paulo: Ática, 1993.

______. Crônicas 1864-1867). Rio de Janeiro: W. M. Jackson INC. 1938. 4v.

______. *Helena.* São Paulo: Formar, s/d.

AZEVEDO, Aluísio. *O cortiço.* São Paulo: Objetivo – CERED, 1996.

______. *Uma lágrima de mulher.* São Paulo: Martins, s/d.

BAKHTIN, Mikhail. *Questões de literatura e de estética.* São Paulo: Hucitec, 1988.

CAMINHA, Adolfo. *A normalista.* 10.ed. São Paulo: Ática, 1994.

GUIMARÃES, Bernardo. *O seminarista.* 3.ed. São Paulo: Ática, 1993.

MORAIS, Maria Arisnete Câmara de. *Leituras de mulheres no século XIX.* Belo Horizonte: Autêntica, 2002.

Jornais

O Futuro (1862-1863): periódico literário em que colaboraram vários autores brasileiros e portugueses. Rio de Janeiro: Tipografia de Brito e Braga.

Marmota na Corte: jornal de modas e variedades. Rio de Janeiro: Tipografia da empresa Dois de Dezembro, 1852.

25

Sobre o papel da escola na formação para a cidadania[1]

Juvenal Zanchetta Jr.

A escola brasileira vive um momento em que as amarras de um pensamento propriamente escolar estão bastante afrouxadas. Por razões diversas, a escola[2] mostra-se despolitizada e, sobretudo, destituída de uma identidade própria, não conseguindo se contrapor a discursos externos, muitas vezes especulativos, sobre como deveria portar-se, sobre o que deveria fazer. Há um exercício constante de descredibilização de suas práticas, a ponto de ela não ser mais vista como cenário inequívoco para a formação das pessoas. Reflete-se, talvez, a erosão da própria ideia de escola como instituição, no sentido sociológico clássico.

Tal vulnerabilidade fica evidenciada seja pelo secular estatuto secundário conferido ao magistério, que até hoje não conseguiu alcançar o *status* de profissão (a docência é ainda um emprego), seja pela falta de recursos e sistemáticas administrativas e pedagógicas minimamente articuladas para lidar com uma clientela de professores e alunos heterogênea, seja pelo frágil diálogo entre as instituições formadoras de professores e o cotidiano escolar.

É consensual a ideia de que os organismos oficiais têm aversão à escola politizada (modelo que amadureceu bastante na experiência com o regime militar). Tem-se hoje um quadro que sentencia a politização como anacrônica: escola é

1 Este texto recupera a experiência de pesquisa realizada com auxílio do CNPq.

2 E, no presente caso, destacamos a situação escolar no estado de São Paulo.

lugar de ensinar e não de fazer política. Basta observar a tendência oficial contemporânea acerca da preparação dos professores. Ao se privilegiar as "capacitações" ou formação em serviço, escanteando-se inclusive a formação inicial, busca-se evidenciar a necessidade de competências específicas. Colabora-se com algo que chamamos de "pedagogia da falta", e daí a corrida para cursos de especialização, para a construção e melhoria de portifólios individuais. Incentiva-se, enfim, o fértil mercado da educação.

Em um cenário marcado por heterogeneidade, fragmentação e individualização das ações, a pulverização da ação política é uma decorrência – e reforçada pelo exercício truculento de municipalização realizado nos últimos anos. A escola mostra-se sensível a discursos em boa parte externos ao circuito educacional (universidades, organismos oficiais, associações da área e o próprio magistério), evidenciados pela mídia. Especialistas "midiáticos" assumem autoridade quase inquestionável. No cotidiano escolar, a palavra de Pasquale Cipro Neto tem mais prestígio que a de linguistas. Também sob outros ângulos, economistas, filósofos, psicólogos e mesmo jornalistas, chancelados pela imprensa e pelo circuito socioeconômico de prestígio que a determina (monopólios de informação, por exemplo), trazem para a escola discursos vários.

Mais do que nomes específicos, é principalmente a linguagem midiática que tem enorme prestígio no cenário escolar.[3] A imprensa, e sobretudo o jornal, pois ele é o veículo mais facilmente ajustável às práticas pedagógicas convencionais, tendem a ocupar parte do vazio político da escola. O jornal passa a ser visto como ponte para a formação não apenas de um leitor crítico, mas também de um futuro cidadão. O modo pelo qual se pretende esse exercício, observando-se as orientações oficiais, os manuais didáticos e mesmo as práticas isoladas de professores, está calcado na informação. E as informações de maior valia acabam sendo justamente aquelas que transitam pela mídia, graças ao "efeito de verdade" que ela proporciona, à atualidade, à sensação de onipresença, entre outros fatores.

Nesse sentido, veículos como os de imprensa estariam contribuindo para a confusão entre informação, conhecimento e mesmo saber. Chega-se a dizer que o importante é apenas ensinar como encontrar a informação. Presente nas recentes diretrizes curriculares nacionais e com respaldo de orientações internacionais para a educação, a aproximação ou confusão entre informação e conhecimento é, por si mesma, problemática, como alguns autores já atentaram. A preocupação neste trabalho, no entanto, é anterior: trata de analisar a qualidade da informação, sobretudo midiática, que circula na escola e é aproximada – ou transformada – em conhecimento.

---

3 Reforça tal posicionamento o fato de a redação jornalística (incluindo os procedimentos jornalísticos) ser adotada como registro de linguagem culta: manuais de jornalismo são levados para a sala de aula por professores e pelos próprios manuais didáticos.

Nas coleções didáticas recomendadas pelo PNLD (2002; 2005) para o Ensino Fundamental, a maior parte dos textos de trabalho é material extraído de veículos de imprensa. Os temas são os mais "politizados" possíveis, como miséria, trabalho infantil, problemas ambientais, dificuldades da vida urbana. Essa característica não se consolida apenas no circuito escolar. Basta lembrar que a coleção didática agraciada com "menção honrosa" no Prêmio Jabuti, em sua última edição (2004) traz em maior número textos sobre meio ambiente, tecnologia, comportamento e curiosidades, incluindo-se textos legais, como parte da Lei de Direitos Autorais (Chanoski-Gusso; Finau, 2002).

Valoriza-se o exercício da acumulação de dados, mas dados que tenham relevância "social". Estaria aí um dos aspectos preocupantes da utilização do jornal na sala de aula: a priorização de conteúdos sociais, para, a um só tempo, preencher o espaço pedagógico de maneira pretensamente politizadora e formativa. Por um lado, o esvaziamento político da escola estaria sendo preenchido pela informação conscientizadora. Por outro, levar o jornal para a sala de aula parece reforçar a ideia de uma formação para a cidadania, pois as informações sobre o mundo "real" fomentariam as ideias de autonomia, socialização, preparação para o trabalho. E daí surgem outros problemas.

Um deles é o assentamento, na escola, da ideia de objetividade por parte da imprensa. A onipresença, o caráter documental e assertivo dos gêneros informativos conferem a chancela de veracidade à informação jornalística. Isso acaba sendo reforçado pelo próprio livro didático, que, para estabelecer oposição com outros gêneros textuais, literários ou opinativos, toma o texto da notícia como objetivo ou, no mínimo, isento, como na citação a seguir, de coleção para o Ensino Médio, acerca das características do texto da notícia:

> *o texto não mistura informação e opinião* – o leitor que procura um texto informativo está interessado, primordialmente, nas informações. Ele espera que os dados e os fatos lhe sejam apresentados 'objetivamente', isto é, sem a opinião de quem redige. (Faraco, 2003, p.197, grifo do autor)

A ideia de objetividade dos textos de imprensa, e com ela as sugestões de neutralidade, imparcialidade, distanciamento, passa a ser vista como algo quase dogmático. A opção por um sem-número de textos pretensamente interessantes aos jovens, e estes formam a grande maioria do conjunto textual presente nos manuais, ajuda a reforçar a proposta de solidez que se confere à imprensa, sobretudo aos veículos de maior circulação. A falta de crítica em relação a jornais e revistas, por exemplo, e aos próprios textos noticiosos é inevitável. Isso ocorre em grande parte dos manuais didáticos. Valida-se o conteúdo, sem questioná-lo. A questão técnica da produção jornalística, por seu turno, na maioria das coleções, é vista de maneira superficial. A definição da função de editor por uma das coleções de Língua Portuguesa mais vendidas no país é exemplo claro da puerilidade dessa abordagem:

> Editor: jornalista responsável pela edição do jornal, com autoridade para recusar ou modificar as matérias que não estiverem boas. (Cócco; Hailer, 2000, p.137-8)

A percepção edulcorante e "quantitativa" da informação, evidente não apenas nos livros didáticos, mas também nas próprias práticas escolares (quem não valoriza um aluno bem informado!), tem diversas consequências, entre elas uma percepção equivocada de cidadania, que substitui ou modifica um estatuto pedagógico para a juventude por um estatuto social "adultizante" (Brayner, 2001). Mas gostaríamos de observar mais de perto um possível risco, do ponto de vista da linguagem, quanto ao uso indiscriminado da informação midiática pelos alunos, da forma pela qual a cultura escolar vem propagando.

O gênero textual aluno/professor

Talvez o exercício mais difícil a ser feito com a imprensa seja menos o de ler do que o de entender como os meios de comunicação funcionam na sociedade contemporânea. Observem-se os textos seguintes:

> Drogas
>
> Rodrigo, Natália, Franciele
>
> No mundo inteiro tem drogas, tem pessoas que usam vários tipos de drogas como por exemplo: haxixe, ectasy, maconha, heroína, craque, cocaína, LSD, lança-perfume etc. Muitas pessoas, como adolescentes usam para esquecer de seus problemas, achando que podem resolver alguma coisa.
>
> No mundo os assuntos mais falados é as drogas. Porém muitos entram sem noção do perigo. Acabam destruindo a si mesmos e prejudicando seus familiares e todos ao seu redor através das drogas. Nós os alunos não estamos a fim, não queremos essa vida para nós.
>
> Muitos jovens também participam do tráfico... isso então gera conflitos por que através do tráfico de drogas, eles começam a entrar para a marginalidade, ou seja: o crime.
>
> Por causa das drogas muitas pessoas vendem seus objetos como: sofá, geladeira, rádio, televisão, etc.
>
> Ambiente: poluição
>
> Danielle e Tatiane
>
> Vamos definir o que é poluição
>
> Poluição é onde colocamos matéria e energia no lugar errado. Se considerarmos o ciclo natural no ecossistema podemos perceber que a matéria e energia podem ser recicladas.

> Se em Tupã ou em qualquer cidade considerássemos o ciclo natural no ecossistema poderíamos reciclar lixos, matérias e energias e com isso poderíamos evitar gastos e ganhar mais lucros e higiene.
>
> A poluição ocorre a qualquer hora, qualquer lugar, através de carros, fábricas, lixos e principalmente por nós. Nós todos poluímos o meio ambiente jogando até um papel de bala no chão, imagine o que iria virar nossas cidades se todos nós jogássemos papéis no chão.
>
> Tem gente que ainda é consciente do que faz e sabe que não pode sujar as cidades, mas tem gente que sabe que está errado e persiste no erro.
>
> Como seria bom se todos fizessem suas partes! Não haveria muita poluição e também poderia haver mais reciclagens em qualquer cidade.

O primeiro texto foi extraído do primeiro número do *Jornal Stillo*, publicação da 8ª série A da Escola Cleophânia Galvão da Silva, localizada na periferia de Assis-SP, em junho de 2005. Trata-se de parte de uma pesquisa maior, desenvolvida por mim naquela escola. O segundo texto foi publicado na revista *Abarca*, publicação feita em 2001, pela Escola Estadual Joaquim Abarca, de Tupã-SP.

Embora seja arriscada uma generalização, é possível dizer que o perfil dos textos citados é bastante parecido com o de muitos textos que encontramos na escola. São permeados por uma espécie de discurso edificante, construtivo, que os alunos escrevem para convencer e se convencerem do que escrevem. São feitos para o professor ou para um leitor que avaliará seu trabalho, marcados pela quase ausência de um eu: os alunos escondem-se no texto. Esse tipo de procedimento, em que o aluno acaba por escrever o que o professor gostaria de ver, ou o que pretensamente deveria ser escrito sobre determinado tema, delineia um gênero textual específico: o texto escolar cujo formato pode variar, mas seu objetivo é mostrar o que o professor quer ler.

Esse modo bem comportado de composição textual não é recente. Ele está inscrito na própria história da escola, que desde sua origem opera por modelos. No entanto, tal exercício hoje está inserido em um cenário socialmente bastante desigual. Por quê? Já na década de 1980 a famigerada redação intitulada "Minhas férias" soava inócua. Mas procedimentos como aquele estavam em sintonia com uma série de outras proposições: a escola era menos heterogênea, os valores escolares ainda estavam calcados em um modelo pequeno burguês (idealizado) relativamente estável. Isso podia não dialogar com boa parte dos jovens, mas o discurso era mais bem orquestrado. O texto polido do aluno era lido por um professor que assim o queria, o livro didático e os demais recursos pedagógicos tinham um traço moralizante bem marcado. A escola ainda era capaz de gerar expectativa de futuro.

Atualmente, boa parte da negociação entre professores e alunos, terreno esse que se manifesta, entre outras maneiras, por meio desse tipo ou gênero textual, é preenchida por temas sociais e políticos, tendo a imprensa como uma espécie de fonte material. Textos polidos, que demonstram preocupação e conscientização política, adquirem bastante prestígio na escola. E toma-se o jornal como referência. Um aluno capaz de mostrar em texto alguma sintonia com a atualidade do mundo adulto e ponderação acerca de temas sociais é, atualmente, um aluno exemplar. Não se pode descredibilizar essa prática, mas alguns aspectos precisam ser levados em conta:

a) Em primeiro lugar, esse discurso edificante do aluno não encontra ressonância maior no contexto mais amplo: a escola é bem mais heterogênea, as desigualdades várias estão muito mais em evidência, não mais se pode conter nos muros dessa escola a realidade bastante difícil do lado de fora. O discurso, portanto, soa deslocado e talvez pouco fértil, inclusive para o próprio aluno.
b) A imprensa, de maneira geral, organiza o mundo com base em estereótipos. Para qualquer jornal ou televisão, governos e instituições funcionam ou deveriam funcionar de determinada maneira, as pessoas têm papéis definidos aprioristicamente, em uma perspectiva muito próxima do funcionalismo sociológico (os conflitos são minimizados, tomados como desvios de uma ordem preestabelecida e supostamente consensual entre as pessoas).
c) O texto calcado na informação jornalística forçosamente implica fragmentação. Cada meio de comunicação dá sua ordem para o mundo. O jovem acaba por optar, se tanto, por aquele veículo que mais lhe convém ou por aquele que a escola, o livro didático escolheu. O resultado pode ser mais um aluno que se interessa superficialmente por temáticas isoladas, e menos um aluno consciente.
d) Informado, mas esvaziado politicamente, esse discurso tende não a formar pessoas críticas, mas pessoas que se movem por trilhas, muitas vezes preconceituosas, em relação às coisas do mundo, sobretudo aquelas que não lhes interessam. Nas incontáveis vezes em que o traficante Fernandinho Beira-Mar mudou de presídio, em razão de sua periculosidade, quantos não foram aqueles que pensaram em uma saída mais simples: "por que não se livram dele de uma vez por todas"?
e) Tais pensamentos que se formam sobre o mundo, relativamente às coisas que interessam menos, também tendem ao preconceito, seja porque boa parte da imprensa é preconceituosa ou induz a preconceitos. O chamado jornalismo investigativo dos dias de hoje é, mais do que investigativo, pré-acusativo. A relação fragmentada com a informação, por seu turno, acaba por reforçar estereótipos do senso comum.
f) Finalmente, o discurso polido, informado e edificante que aparece na escola, sugerido com base na fonte jornalística, ajuda a aprimorar aquele gênero tex-

tual que mencionamos antes: o gênero aluno/professor. Desenvolvem-se esquemas de expressão e de redação que cabem em diversas situações. Basta observar os modelos prontos de redação de vestibular, que servem para qualquer tema. Ao se propor a realização de jornais na sala de aula, em muitas situações o resultado costuma ser o mesmo.

Certamente é possível que o aluno opte por falar de jogos eletrônicos (games) ou problemas ambientais no jornal de sua sala não apenas para agradar o professor, mas sim porque ele de fato prestigia tais assuntos em determinados contextos. Todavia, mesmo sob tal ângulo, aquele gênero textual não se descaracteriza, como também não se deixa de mostrar a influência da informação midiática na constituição de seu universo de preocupações.

Considerações finais

O exercício de conscientização e integração social do aluno ("formar para a vida") terá ressonância se for ao mesmo tempo um exercício de repolitização da escola. Levar a imprensa para a escola significa, antes de um recurso didático, um desafio metodológico para a compreensão da ordem que a imprensa impõe para o cotidiano. O exercício de dizer que jornais e revistas veiculam os interesses dos poderosos é algo que até uma criança pode conceber. O desafio é bem maior.

É preciso formar o professor-leitor de textos de imprensa. É o professor quem primeiro deve compreender que os textos informativos são opinativos, pois constituem nada mais do que versões sobre a realidade. E não basta desconfiar da informação deste ou daquele jornal, é preciso conhecer os expedientes que levam à construção da notícia, além de domínio sobre o contexto em que se dá a informação no país, isto é, a ação dos monopólios privados de comunicação.

Por meio do estudo de gêneros textuais específicos (como a notícia, a reportagem e o fotojornalismo, entre outros), pode-se abrir caminho para ensinar aos alunos a geografia midiática. Só uma política de Estado pode auxiliar a escola a sistematizar esse exercício, buscando-se, fundamentalmente, soluções de continuidade para tanto.[4] Não se pode esquecer que, sob certo ângulo, as propostas de formação de leitores por meios de comunicação e mesmo as iniciativas fragmentadas provenientes de organismos estatais tendem a reproduzir políticas de caridade, como a da Igreja em séculos anteriores (Busato, 1999, p.51-80), como sugerem vários programas de inserção digital, por exemplo, levando-se computadores e internet a comunidades de periferia.

4 Esse tem sido um dos principais desafios dos estudiosos dos meios de comunicação. E pouco ainda se pensou em termos de educação escolar propriamente dita.

Enfim, a politização e a formação de alunos e professores com base na imprensa deve estar menos calcada no conteúdo da informação e mais na dinâmica de construção do universo midiático. Trata-se de tarefa que demanda pesquisa, investimento em uma área própria de formação, em um percurso mais complexo do que a sugestão, cada vez mais comum, de solicitar aos profissionais da comunicação ou aos professores isoladamente, ou ainda delegar aos próprios jornais, revistas e canais de TV a aproximação entre a escola e a imprensa.

Referências bibliográficas

BRAYNER, F. Da criança cidadã ao fim da infância. *Educação & Sociedade,* n.76, out. 2001.

BUSATO, L. R. O binômio comunicação e educação. *Cadernos de Pesquisa,* n.106, p.51-80, mar. 1999.

CHANOSKI-GUSSO, A. M.; FINAU, R. A. *Língua portuguesa:* rumo ao letramento. Curitiba: Base, 2002.

CÓCCO, M. F.; HAILER, M. A. *Análise, linguagem e pensamento.* São Paulo: FTD, 2000, v.6.

FARACO, C. A. *Português:* língua e cultura. Curitiba: Base, 2003.

26

Ensino-aprendizagem e leitura: desafios ao trabalho docente (com ou sem jornais)

Ezequiel Theodoro da Silva

Em que pese à complexidade teórica dos processos de ensinar, aprender e ler, acredito que todas as pessoas já ensinaram e já aprenderam muitas coisas no transcurso de sua vida. Estamos, até agora, ensinando e aprendendo e lendo. E vamos continuar a ensinar e a aprender e a ler sempre, porque o ensinar e o aprender e o ler são os sustentáculos primeiros do processo de conhecer. O conhecimento, a construção do conhecimento pelo outro que é o meu aluno, coloca-se como compromisso primeiro de todo professor. Ou seja: para promover verdadeiramente o conhecimento entre seus grupos de estudantes, em determinado contexto escolar e no passar do tempo, o professor tem de ensinar bem, e para ensinar bem ele tem de aprender sempre e ler continuamente ao longo do tempo.

No lugar de falarmos de um binômio ensino-aprendizagem, regado ou coroado pela leitura, seria melhor falarmos de um trinômio aprendizagem-ensino-aprendizagem, mesmo porque quem ensina precisa primeiro ter aprendido para então poder ensinar. Atualmente, um dos mais graves problemas da educação brasileira é o fato de boa parcela de professores – de todos os níveis do ensino, da escola infantil à universidade – querer ensinar aquilo que eles mesmos não sabem; ou pior, deixar que livros didáticos, manuais, vídeos, programas ou softwares de computador ensinem em seu lugar, tornando-se, esses pseudoprofessores, meros repetidores de coisas prontas, meros tutores ou coadjuvantes de um processo (o processo de ensino) do qual deveriam ser sujeitos. Deveriam saber organizar seus programas didáticos com autonomia, com fundamentação política e pedagógica adequada, com leituras e sínteses pessoais, de modo que o compromisso com a construção do conhecimento de seus alunos se realizasse por meio de diálogos e de interações mais autênticas, menos postiças ou artificiais.

Vale lembrar que a aprendizagem anterior e continuada do professor não significa a simples posse de um conhecimento que vai ser, posteriormente, quando ele estiver na ativa, "repassado" ou "despejado" para seus alunos. Creio que Paulo Freire já fez as devidas críticas ao chamado "ensino bancário", ou seja, a transmissão unidirecional, verticalizada, de informações para serem copiadas, memorizadas e devolvidas em um ritual insípido – um ritual em que os aspectos mecânicos da aprendizagem (pseudoaprendizagem) tomam um tempo imenso em sala de aula para levar ao rápido esquecimento, assim que o aluno sair dela. Não é disso que estamos falando – a aprendizagem anterior e continuada dos professores deve levá-los à criticidade e à coerência permanentes no momento de tomar decisões pedagógicas, no encaminhamento da educação dos jovens que eles têm pela frente e os quais lhe cabem situar na vida. Deve, inclusive, levá-los a ver que, atualmente, a exposição seguida de memorização pouco tem a ver com as teorias relacionadas com a aprendizagem duradoura e significativa e, além disso, com um mundo em rápida mudança, em que as pessoas têm de aprender a aprender – e por vezes a desaprender para reaprender, a fim de acompanhar as rápidas transformações que nele ocorrem.

Situa-se aqui o primeiro grande desafio do ensino-aprendizagem, ou seja, "ler" criticamente o mundo contemporâneo para perceber que dentro dele ocorre uma veloz explosão de informações – explosão essa difundida não somente pela escrita e seus diferentes suportes, mas também pela extensa gama de mídias e, mais recentemente, pela Internet. O número de fontes e o volume de informações se expandiu exponencialmente, e não há como a escola – ou um professor específico – dar conta de acompanhar essa avalanche de informações. Tendo em vista essas características atuais, é mais do que certo que a escola e os professores têm de encontrar outra conduta de ensino, que não apenas a de expor informações, e outra concepção de aprendizagem, que não apenas a de devolver, pela memorização, o que foi exposto pelo professor e/ou pelo livro didático. E outra conduta, ainda, de leitura, que permita a seleção do que é relevante e digno de ser utilizado em novas sínteses do conhecimento.

Recuperando aqui uma reflexão muito profunda de Edgar Morin (2000) a respeito da educação do futuro, que é afinal a educação deste momento presente, acredito que o desafio maior do ensino e da aprendizagem escolarizados resida no âmbito da "aptidão para organizar o conhecimento" – isto porque, como afirma Edgar Morin,

> existe inadequação cada vez mais ampla, profunda e grave entre, de um lado, os saberes desunidos, divididos, compartimentados e, de outro, as realidades ou problemas cada vez mais multidisciplinares, transversais, multidimensionais, transnacionais, globais e planetários (p. 36)

Daí, então, um ensino que se volte, mais do que nunca, para a elucidação do contexto em que residem as informações, para o relacionamento entre o todo e as partes, para a análise das múltiplas vertentes dos fenômenos e para o esclarecimento crítico da interdependência, da interatividade das partes que constituem os objetos ou os conteúdos a serem propostos para ser estudado e aprendidos em um curso. Não resta dúvida de que diferentes processos de leitura permeiam todas essas ações do sujeito.

Outro desafio que considero importante destacar diz respeito ao próprio conceito de "aula". Todos nós, professores ou aspirantes a, temos em nosso imaginário uma ideia ou concepção do que vem a ser uma aula. Para alguns, talvez aquele sacrifício matutino, vespertino ou noturno de suportar um grupo de "capetas" por 45 minutos, torcendo para que os minutos passem bem rápidos e soe o sinal para seguir para o grupo seguinte, sentindo exatamente a mesma coisa. Para outros, talvez aquele momento de domar os aprendizes, fazendo-os curvar-se a sua autoridade por meio da disciplina, das centenas de exercícios para preencher caderno, das muitas pesquisas sem rumo na biblioteca, das provas em que é cobrada matéria não ensinada a fim de aumentar a reprovação, ou então, o que também é muito comum, de mostrar que quem manda na classe é sempre o professor. Para outros, ainda, talvez apenas marcar as páginas do livro didático a serem transcritas na lousa e pedir para os alunos copiarem e fazerem os exercícios daquela lição. A essas concepções de aula, gostaria de contrapor uma outra, apresentada por Maria do Rosário Mortatti

Receita de Ambrosia

Entre comer e saber comer,
a diferença é apreciável...
(Dona Benta)

"Professora, como você prepara suas aulas?"
(Ou terá sido: "Como você ama?")

1º ATO: O Ensaio

- imagino as necessidades orgânicas e as fantasias do paladar;
- penso no prato do dia: o que quero compartilhar?;
- projeto o requinte do ritual da última ceia;
- busco receitas nas prateleiras das estantes e ingredientes nas dispensas da memória;
- elejo o que se ajusta ao tempo e fôrmas que não tenho;
- tempero: o agora de depois;
- preparo: misturo-sinto-palavreio-experimento-penso-saboreio-entrego-me: fogo forte, fervura, fogo brando, vigília.

2º ATO: O Ritual

- convido: senta-se à mesa comigo? o prazer é todo meu;
- o aperitivo, sinfonia de cristais, a toalha, cenário de linho, a entrada, dança de olhos-farfalhar de pernas, o prato principal, pantomima de línguas-sussurro de talheres, a sobremesa, entremeio de aromas, o café, teia de sensações, o licor, arremate do sabor.

3º ATO: A Solidão

- repouso: foi bom, meu bem?;
- enfim!
- fecho portas, recolho destroços, giro botões, apago luzes;
- re-me-moro, re-te-moro? re-projeto, te revejo?

"E vocês, como saciam a fome?" (1993, p.230)

Vejam que se trata de uma resposta poética a uma pergunta que todos nós fazemos: como, de que forma, de que maneira, planejar nossas aulas, nossos cursos de modo que sejam bem-sucedidos entre nossos alunos. E a minha interpretação da receita de ambrosia de Maria do Rosário mostra que o planejamento significativo recupera e opera muito mais com a criatividade, a imaginação e a memória do professor do que com os aspectos técnicos ou tecnológicos do processo. Mais especificamente, a verdadeira aula articula ou "ensaia" elementos oriundos da imaginação do que pode ser com os ingredientes presentes na memória do professor – daí a substância de vida e de humanidade que assinala que o conteúdo da aula nasceu da alma do professor e não de um insípido manual de ensino, que não tem olhos nem sentimentos para enxergar os estudantes que, em um espaço e tempo específicos, vão ser ensinados por um professor.

A "Receita de Ambrosia" de Maria do Rosário ainda aponta para o fato de que ao ensaio e ao ritual da aula segue-se o momento da avaliação – o momento de rememorar se do ensino brotou a aprendizagem significativa e quais os rumos a serem tomados em seguida. Temos aqui neste poema uma visão de planejamento da aula em três atos que não podem ser separados: o da criatividade/imaginação/memória (arquitetura antecipada da ação), a prática da aula em si com toda sua complexidade (ação propriamente dita) e a avaliação que se segue, quando o professor rememora e reprojeta a ligação com os rumos seguintes da aula. Nessa perspectiva, a didática deixa de ser uma resposta ou receita fechada ao "como ensinar" para transformar-se em um ato de criação, de bolação, de sacação, que tem respaldo na experiência, na sensibilidade e no conhecimento do professor – conhecimento que não é apenas da matéria, mas de todo o contexto em que o ensino-aprendizagem ocorre concretamente: da comunidade de pais, do bairro, dos alunos, dos demais professores, da administração da escola etc.

O outro desafio diz respeito à situação do professor diante do ensino-aprendizagem. Para tal, tomo como elemento de reflexão um poema escrito por Bertold Bretch, como:

Muletas

Há sete anos, eu não dava nem um passo.
Quando a um bom médico fui consultar,
ele indagou: – Para que essas muletas?
E eu disse: – Não posso andar.

Ele disse: – Com esses dois trambolhos
A atrapalhá-lo, não é de estranhar.
Pois ande, caia, rasteje, engatinhe,
tenha bondade de experimentar!

A rir feito um desalmado,
minhas belas muletas apanhou;
quebrou-as nas minhas costas
e, rindo, ao fogo as lançou.

Fiquei bom: hoje eu ando.
Curou-me aquela risada sonora...
Só mesmo às vezes, quando vejo um pedaço de pau,
passo um pouco pior algumas horas.

Creio que todos os professores já conhecem essa velha imagem do professor como um ser que, para se movimentar, precisa de muletas de diferentes tipos. Por exemplo, as muletas das normas do regimento escolar. As muletas dos PCNs.

As muletas dos modismos que surgem. As muletas dos guias curriculares. As muletas do livro didático. As muletas da avaliação bimensal. As muletas das lições prontas e acabadas. As muletas dos horários rígidos. As muletas das rotinas, e assim por diante. Essa imagem nada mais representa do que o conjunto de condicionantes que corroem a autonomia e a independência do professor – daí, muitas vezes, sermos chamados de profissionais ou trabalhadores de segunda categoria, que têm, logicamente, salário também de segunda categoria, dando a parecer que a barriga nem ronca três vezes por dia e, para viver em uma sociedade capitalista como a nossa, precisamos pagar as coisas para podermos ter uma vida digna.

O problema é como tirar as muletas e não deixar o professor cair... Retomando um pouco o que aprendi sobre a fenomenologia e a hermenêutica da leitura, creio que é chegado o momento de certo despojamento dos professores em relação a tanta bobagem e às muitas falsidades que correm no universo da educação brasileira. Quero dizer com isso que há muito lixo teórico, acadêmico, pedagógico em nosso campo de trabalho – lixo esse que, se não for percebido criticamente por leituras competentes, pode levar ao ofuscamento total do que vem a ser um trabalho docente digno desse nome. Em verdade, e não querendo caricaturar por demais a situação, parece que fomos levados a não mais ver os alunos concretos que temos diante de nós, pois eles foram transformados em números, figuras sociológicas e/ou, então, em meras criaturas de alguma teoria psicológica. Portanto, se tirarmos todas as muletas que nos foram impostas, talvez possamos recomeçar a ver as coisas da escola e as pessoas da escola como realmente são e merecem ser tratadas. Sair da cegueira gerada por uma mistura muito grande de orientações teóricas desencontradas, sair de uma cegueira gerada por guias idealistas, sem pé na realidade, este me parece outro grande desafio para repensarmos o ensino-aprendizagem neste momento histórico.

A esse respeito, e ainda tentando refletir sobre as árduas dificuldades para tirar as muletas do professor, cabe aqui mencionar alguns trechos sobre a vida do professor, conforme pensada e elaborada por Samir Curi Meserani um grande educador e amigo que infelizmente perdemos há cinco anos.

> Viver é ter que preparar aula correndo, não encontrar o livro desejado, sair de casa às pressas, dirigir o carro com uma perua Kombi bem na nossa frente, ficar rodando em volta do prédio da escola à procura de um lugar para estacionar, entrar na aula ofegante e perguntar: "Onde foi que nós paramos na última aula?" E ver que ninguém sabe.
>
> Viver é ter que ir a mais uma reunião na escola na segunda-feira, sabendo que não vai ser decidida coisa nenhuma.

> Viver é ir correndo ao banco no fim das aulas da manhã, desfilar fila por fila em frente ao guichê para pagar a conta da luz, da água, do gás, do telefone, o aluguel, o condomínio, o carnê da prestação, o IPTU, o IR, o ISS, a licença do carro 87 que venceu, o plano privado de saúde ... perdendo horas e horas que nos são roubadas pelo sistema financeiro nacional.
>
> Viver é ter guardada em casa uma lista de livros que um dia gente acha que vai ter tempo de ler.
>
> Viver é ter que ler mais uma proposta curricular feita por pessoas que parecem jamais ter entrado em uma sala de aula, uma proposta cheia de jargão acadêmico, com objetivos delirantes e, ainda por cima, com aquele jeitão de ciência.
>
> Viver é ter que acordar cedo, tirar xerox, autenticar, reconhecer firma, ir ao dentista, passar no supermercado, levar o aspirador de pó para o conserto, procurar um encanador, ajudar os filhos nas lições de casa, tentar renovar o cheque especial, dar aula, ir à assembleia dos professores e... de repente perceber que esqueceu o mais importante. (1987, p.9),

Um último desafio está relacionado com uma questão recorrentemente tratada nas teorias críticas sobre o processo aprendizagem. De Piaget a Vigotsky, fala-se sobre a importância da ação sobre o objeto e da interação entre sujeitos para que ocorra aprendizagem significativa. Se essas proposições puderem ser tomadas como objetivas (e creio que possam), os estudantes, com seus pares, só aprendem à medida que intencionalmente agem sobre os objetos que têm por meta conhecer. Seja para uma mudança qualitativa em seus estágios de desenvolvimento, seja para transformar a zona de desenvolvimento proximal em zona de desenvolvimento real, os estudantes devem ser mobilizados com base em situações desafiadoras, trabalhando com o professor e seus colegas de classe ou com todos os demais colegas da escola. Para que isso seja possível, é necessário pensar sobre a qualidade dos objetos colocados à disposição dos alunos de modo que possam agir sobre eles. Muitas vezes, a escola carece de bons materiais para esse estudo, como livros, bibliotecas, jogos de aprendizagem, vídeo, cinema, acervos didáticos etc. o que restringe a qualidade dessa ação. Ou seja: ainda que o professor queira provocar a ação sobre os objetos do conhecimento por parte dos alunos, os objetos existentes no âmbito da escola são pobres, precários ou inexistentes – daí a necessidade de, mesmo tardiamente (estamos no começo do terceiro milênio), pensarmos nas conquistas que temos pela frente em relação a escolas bem abastecidas com bons equipamentos e materiais pedagógicos, de modo a qualificar as relações e interações que se quer fazer em direção a aprendizagens significativas pelos estudantes.

Finalizando, vale lembrar que nenhum discurso é destituído de uma visão filosófica e política do mundo. A vertente filosófica deste artigo fica por conta desta letra de música, que aprendi a cantar num CD do Paulinho da Viola:

Que trabalho é esse?

(Zorba Devagar e Micau)

Que trabalho é esse que vieram me chamar?
Se for para carregar pedra, não adianta, eu não vou lá

Quando chego no trabalho, o patrão vem com aquela história
Que o serviço não está rendendo
Eu peço minhas contas e vou-me embora
Quando falo no aumento ele sempre diz que não é hora

Veja só meu companheiro a vida de um trabalhador
Trabalha por tão pouco dinheiro, não é mole não senhor
Pra viver dessa maneira, eu prefiro ficar como estou

Todo dia tudo aumenta, ninguém pode viver de ilusão
Assim eu não posso ficar, meu compadre
Esperando o meu patrão

E a família lá em casa sem arroz e sem feijão

Referências bibliográficas

MORIN, E. *Os sete saberes necessários à educação do futuro.* São Paulo: Cortez/Unesco, 2000.

MORTATTI, M. do R. *Em sobressaltos*: formação de professora. Campinas: Unicamp, 1993.

MESERANI, S. C. Vida de professor. *Revista Sala de Aula,* São Paulo: Abril, n.78, p.9, maio 1989.

27

Educação na infância: história e pedagogia

Moysés Kuhlmann Jr.

O propósito deste texto é problematizar alguns entendimentos relacionados à história da infância e de sua educação. Na formação de professores para a educação infantil, o estudo dos aspectos históricos da infância é uma importante referência para se pensar as questões da pedagogia, a fim de se compreender as práticas educativas como parte de processos sociais amplos e duradouros.

Aí se afirma a necessidade de se olhar o passado com cuidado, sem considerá-lo o tempo do engano, em oposição a uma suposta sabedoria do presente. Para Ferreira (2002, p.167-8), atualmente sabemos e escrevemos mais sobre as crianças,

> falamos delas, arranjamos mais instituições para elas, por isso pensamos que somos melhores para elas. O raciocínio parece óbvio e incontroverso, mas decorre do vício de gostarmos de pensar que somos melhores do que aqueles que nos antecederam.

A duração da infância pode ser considerada em dois sentidos: de forma mais restrita, compreende o período dos zero aos seis anos de idade; de forma mais ampla, a infância prolonga-se até os doze ou catorze anos. Ao se falar sobre a infância, é necessário explicitar o intervalo etário que se pretende enfocar, para evitar generalizações inapropriadas, com análises superficiais ou imprecisas. Ao longo de todo o período que compreende a fase da educação infantil, dos zero aos seis anos, ocorrem numerosas transformações que, do ponto de vista pedagógico, impedem tratar essa *infância* de forma homogênea e olhar para as crianças das diferentes idades como se tivessem as mesmas condições e necessidades. Mais diferenças ainda, se considerarmos um período ampliado da infância, até o início da adolescência.

Se procurarmos compreender a vida como um percurso ao longo do tempo até seu final, então as diferentes idades das pessoas irão impor-se como um dado prévio para se pensar sobre os lugares e as condições dessa vida, nos diferentes momentos da história da humanidade. É nesse campo, que contém a história não só do Ocidente a se expandir do núcleo europeu, mas também de todas as formas de agrupamento humano em ambos os hemisférios, que as crianças vivem e precisam ser compreendidas. No lugar de postular uma sucessão de fatos que iriam da inexistência à existência de um sentimento da infância, acompanhado do progresso das concepções pedagógicas, a compreensão do passado precisa levar em conta as tensões existentes em torno das relações sociais e da distribuição etária, que constituem os processos históricos.

Em tal perspectiva, outros elementos podem ser considerados, como as produções iconográficas que mostram o aleitamento materno em povos e tempos tão distintos, como nas culturas pré-incaicas, no Equador, ou em comunidades indígenas no Canadá, ou no Zaire, ou na Bélgica medieval. Evidencia-se a importância simbólica dos bebês para diferentes grupos culturais, na reiterada representação dessa relação de maternidade, nutrição e acolhimento das novas gerações, como metáfora da reprodução social.[1]

A infância é uma representação dos adultos sobre esse período inicial da vida, o que não é a mesma coisa que a vida real das diferentes crianças. A universalidade do moderno conceito de infância é um aspecto que precisa ser tratado em articulação com as particularidades geográficas, sociais e culturais, para que se compreendam as condições históricas específicas. Tanto a generalização das condições de diferentes países, como se todos tivessem um mesmo caminho a percorrer, quanto o tratamento isolado de uma dada identidade nacional, ou local, como se seu processo histórico ocorresse de modo endógeno, poderiam provocar enganos, pois a modernidade se produz internacionalmente.

No que se refere à cultura europeia ocidental, é preciso cautela com a afirmação de que na Idade Média as crianças não seriam representadas nas artes plásticas e, portanto não haveria uma consciência da particularidade infantil. Nas artes sacras, nos quadros com o tema da Virgem Maria e seu filho, a representação da criança como "pequeno adulto" não significa necessariamente a ausência de um sentimento da infância, pois essas pinturas estariam associadas à interpretação

---

1 Sobre as culturas pré-incaicas, visite-se, em Quito, o Museu do Banco Central; sobre a representação da maternidade, a página na internet do Museu Real de Belas-Artes da Bélgica, http://www.fine-arts-museum.be.

teológica daquela época, que entendia que Jesus teria nascido falando e ensinando as escrituras à sua mãe, portanto não poderia ser representado como um bebê (Riché; Alexandre-Bidon, 1994).

Por vezes, parece que não se considera a história da arte e se espera dos artistas medievais, que tinham técnicas e estilos específicos de seu tempo, como em relação à perspectiva, que suas pinturas devessem apresentar um hiper-realismo na representação das crianças, uma exata proporção em suas feições e membros, sem fazer a mesma exigência às "distorções" que esses pintores faziam em relação aos adultos. Isso pode ser verificado, por exemplo, na pintura de Rogier Van der Weyden, de 1464, *La vierge à l'enfant*, exposta no Museu Real de Belas-Artes da Bélgica, em que a cabeça de Maria tem quase o mesmo tamanho que seu tronco, e seu seio está situado imediatamente abaixo de seu pescoço e do ombro direito.

Heywood (2004) entende que seria simplista considerar a ausência ou a presença do sentimento da infância em um ou outro período da história. Considera mais frutífera a busca de diferentes concepções sobre a infância em diferentes tempos e lugares. O autor identifica várias "descobertas" da infância: nos séculos VI a VII, nos séculos XII a XIV, nos séculos XVI e XVII, no século XVIII e início do XIX, e no final do XIX e início do XX. Para ele, a história da infância se move por "linhas sinuosas", de modo que a criança pode ter sido considerada impura no início do século XX, como o fora na Alta Idade Média. Se há uma mudança de longo prazo em que a progressiva aceitação da necessidade de uma educação escolar prolonga a infância e a adolescência, se há crescente interesse e uma imagem cada vez mais positiva da infância, os debates assumem uma forma cíclica e não linear. A ambiguidade, nos diferentes momentos, polariza a criança entre a impureza e a inocência, entre as características inatas e as adquiridas, entre a independência e a dependência, entre meninos e meninas.

Na história ocidental, a infância foi pensada como sujeito a receber educação institucional, inicialmente para o seu segundo período, dos sete aos catorze anos, para que depois fossem propostas as instituições para as crianças pequenas, dos zero aos seis anos. A ideia da transferência do processo de aprendizagem para a instituição escolar é um fator distintivo da existência do sentimento moderno da infância, de seu "prolongamento".

A transformação das mentalidades na longa duração histórica não pode ser entendida da mesma forma como se analisam as mudanças conjunturais, quando se identificam rupturas políticas e mudanças institucionais em períodos mais curtos. Não se passa de um momento histórico em que a educação ocorra no interior da família para outro em que passe a ocorrer na instituição escolar. Família, infância, escola, pedagogia produzem-se por meio de processos sociais e de forma interdependente. Aprender, instruir, conhecer a si e ao mundo associam-se ao processo de crescimento, que ocorre no interior de relações sociais. Se a infância refere-se às representações dos adultos sobre as crianças, isso não significa que estas sejam receptores passivos dessas concepções, que de algum modo vão ao encontro de algumas necessidades infantis.

É possível identificar formas de acolhimento e educação das crianças pequenas, em diversos países, anteriores ao aparecimento das instituições de educação infantil: a *dame school* (Grã-Bretanha), a *Spielschule* (Alemanha), a *matressenschool* ou *speelschool* (Holanda), a *scuola di piccoli fanciulli* ou *scuola delle maestre* (Itália), a *escuela de amiga* (Espanha). A escola primária também era um dos locais que recebiam crianças abaixo dos sete anos que acompanhavam seus irmãos e recebiam, consequentemente, alguma atenção sistemática (Luc, 1999).

O acolhimento no interior da escola primária também pode ser identificado no Brasil. O Regulamento da Instrução Primária e Secundária da Corte, de 1854, previa a admissão de indivíduos livres dos cinco aos catorze anos nas escolas primárias. Em pesquisas realizadas sobre a escola primária mineira no início do século XIX, há vários indícios da presença de crianças menores de sete anos matriculadas (Gouvêa, 2004; Jinzengi, 2002). No Rio de Janeiro, Schueller (2001) encontrou, na Escola Municipal de São Sebastião, em 1874, 25% das crianças matriculadas com menos de sete anos. Em São Paulo, Valdeniza Barra (2001, p.34) identifica uma criança de quatro anos, que frequentou a "Aula Nacional de Ensino Mútuo" da Freguesia da Sé, em 1838, e classificada na 1ª classe em Gramática, Geometria, Escrita e Leitura, mas já na 3ª classe em Aritmética.

Duas gravuras, uma do século XV e outra do século XVI, mostram coletivos de crianças, o que evidencia a existência de práticas de cuidado e educação das crianças pequenas em épocas bastante anteriores à da escola maternal e da creche. Na primeira, de Israel Van Meckenem, *Les jeux des enfants* (Riché; Alexandre-Bidon, 1994, p.69), é curioso que, além de brincadeiras com brinquedos como cavalo de pau e com água, há duas crianças envolvidas com uma pequena lousa de mão, sugerindo uma atividade de escrita e leitura, como parte dos jogos infantis daquele tempo. Na segunda gravura, de Francesco Petrarca, o ambiente lembra um berçário, em que várias crianças brincam, uma mulher balança um berço e outra amamenta uma criança.[2]

Uma das tensões presentes ao longo da história da educação infantil, relacionada à sua inserção em um sistema educacional preexistente, ocorre entre a preponderância dada aos métodos instrucionais e a consideração das necessidades infantis. No início do século XIX, o modelo da *infant school*, de Samuel Wilderspin, propagou-se pela Europa, a partir da Inglaterra, e tinha como base a antecipação dos métodos do ensino mútuo da escola primária. O Manual das Salas de Asilo francesas, escrito em 1833 por Jean-Marie Denys Cochin, inspirava-se nes-

2 Ver http://wwwihm.nlm.nih.gov/ihm/images/A/13/263.jpg.

se modelo e dava grande ênfase a atividades relacionadas ao ensino do ler, escrever e contar, com práticas de cunho militar. Diferentemente, a *infant school* de Robert Owen apoiava-se nas propostas de Pestalozzi, e as lições da escola de New Lanark, na Escócia, versavam sobre os objetos e a natureza, com exercícios de evolução militar, de danças de grupo e de canto coral (Kuhlmann Jr., 2001).

Entretanto, é necessário buscar compreender as propostas e as práticas para além de classificações redutoras, sem querer projetar sobre o passado modelos de atuação do presente. Uma ilustração do *playground* da *infant school*, visualizada por Wilderspin, para constar em um livro seu de 1840, embora represente as crianças de forma idealizada, ordenadas e disciplinadas, mostra situações ao ar livre que transparecem alguma sensibilidade em relação às necessidades infantis (Stewart & McCann, 1967). No primeiro plano, um pequeno grupo de crianças brinca com jogos de construção com blocos e madeira, semelhantes aos materiais utilizados na pedagogia de Froebel. À esquerda, outro grupo parece fazer uma brincadeira de faz-de-conta, próximo a uma mureta. Ao centro, outro grupo segura uma bola, com as crianças representadas de forma estática. A seu lado, uma criança reúne alguns blocos de madeira. À direita, Wilderspin afaga a cabeça de uma criança enquanto outra lhe abraça a perna, circundado por uma fila de crianças, de mãos dadas, como se estivessem em uma marcha dançante. O fundo da imagem é ocupado por dois brinquedos iguais, constituídos por quatro cordas que descem do alto de um mastro de madeira, bem alto. A esposa de Wilderspin aparece mais ao fundo, perto do maior grupo de crianças, que parecem aguardar, de braços cruzados, a sua vez de correr e girar nos brinquedos. Ou seja, a *infant school* não era proposta apenas em função de atividades "escolares" a se realizar em classe.

A creche, criada por Marbeau em 1844 para atender os bebês até os três anos, também foi pensada como instituição educacional, com preocupações muito próximas às desenvolvidas pelos especialistas da escola maternal. A ideia defendida era de que a creche (como a escola maternal) poderia fornecer à criança as reais condições de um bom desenvolvimento, que para numerosas crianças ela se constituiria em um lugar melhor do que a casa. Como nas escolas maternais e no jardim-de-infância, valorizaram-se os brinquedos e as brincadeiras. De um lado, eliminavam-se aqueles que apresentavam perigos para a segurança e a saúde dos bebês, de outro, adquiria-se mais consciência do papel do jogo e do brinquedo na formação da personalidade da criança, em seu desenvolvimento. "Na creche, escreve Eugène Marbeau em meados dos anos 1870, *as* crianças se portam melhor, elas são mais felizes e mais dóceis". Resultado devido não apenas aos cuidados e conselhos, mas também "à vida em comum que dá prazer às crianças e as torna sociáveis". Os responsáveis pelas creches queriam, por meios dóceis, indiretos, formar seres adaptados à sociedade, satisfeitos com seu destino, para a preservação da ordem social e a reprodução dessa ordem para sempre (Rollet, 1990).

O jardim-de-infância, a mais bem-sucedida das instituições, surge como contraponto às demais, tratado às vezes como se fosse o detentor exclusivo de uma concepção pedagógica. Froebel, que abriu o primeiro *Kindergarten* no alvorecer da década de 1840, em Blankenburgo, pretendia não apenas reformar a educação pré-escolar, mas, por meio dela, a estrutura familiar e os cuidados dedicados à infância, envolvendo a relação entre as esferas pública e privada. A educação ministrada no lar ou na escola fomentaria nas crianças a preguiça e a indolência. As energias humanas não estariam sendo desenvolvidas, muitas atrofiando-se, perdendo-se por completo. Froebel considerava que seria sumamente proveitosa a introdução de verdadeiras horas de trabalho manual na educação das crianças e, de acordo com Prüfer (1930), desejava criar um amplo jardim em que florescesse, como unidade, o espírito feminino e o cuidado sensitivo da infância.

Se há um exagero na afirmação da inexistência de uma consciência da particularidade infantil, também parece exagerado entender que a sociedade medieval impusesse uma condição idêntica à do adulto às crianças e aos jovens, por causa do ingresso na sociabilidade, característica daquele tempo. A entrada da criança aos sete anos no mundo dos adultos, na sociedade medieval, não seria uma transformação imediata, não significaria que ela passasse a arcar com as mesmas responsabilidades que os adultos, pois esse ingresso nas atividades produtivas ocorria por meio da aprendizagem, por meio de processos de iniciação, em que o aprendiz necessitava percorrer certas etapas para a obtenção de maiores graus de autonomia. Isso inspirou a ideia da organização da educação escolar por classes de idade.

Na *Didática magna*, publicada em 1657, Comenius (1996, p.409-14) relaciona sua proposta de um sistema educacional distribuído pelos diferentes períodos da vida com as relações etárias existentes nas corporações de ofício. Segundo ele, os artesãos desenvolviam um programa de lições a seus aprendizes, com duração de dois a sete anos, de acordo com a complexidade de sua arte. Após esse período é que se tornavam oficiais, e depois, mestres. O mesmo deveria ser feito nas escolas, "desde a infância até à idade viril, ou seja, 24 anos, repartidos em períodos determinados, os quais se devem dividir tornando por guia a natureza". Para tanto, ele divide esses anos de "lento desenvolvimento" em quatro partes, cabendo à infância, a escola materna, à puerícia, a escola primária, à adolescência, o ginásio, e à juventude, a academia.

Froebel inspirou-se nas propostas de Comenius. No início, defendia a educação do homem ao longo de toda a sua vida. Em segundo lugar, pelas referências à educação dos sentidos exteriores e interiores. Além disso, é de Comenius a analogia da educação com os cuidados de um jardim, e daí o nome *Kindergarten*, jardim-de-infância. Isso não significaria uma caracterização apenas da educação das crianças pequenas. Para Comenius, em todas as fases da educação aplicava-se a referência à jardinagem:

> Com efeito, as *criancinhas* de seis anos, bem exercitadas pelos cuidados dos pais e das amas, parecem semelhantes às arvorezinhas que foram carinhosamente plantadas, enraizaram bem e começam a lançar pequeninos ramos. Os *adolescentezinhos* de doze anos assemelham-se às arvorezinhas que já tem ramos e lançam rebentos frutíferos; mas não se vê ainda bem que é que contêm esses rebentos; ver-se-á em breve. Os *adolescentes* de dezoito anos, que possuem já conhecimento pleno das línguas e das artes, assemelham-se às plantas que estão todas revestidas de flores e, com isso, oferecem um belo espectáculo aos olhos e um agradável odor ao nariz e prometem frutos saborosos para a boca. Finalmente, os *jovens* de vinte e quatro ou vinte e cinco anos, já plenamente cultivados com os estudos acadêmicos, lembram as árvores cheias de frutos, os quais é tempo de colher e de utilizar de várias maneiras. (1996, p.413-4)

A criança, ao nascer, necessariamente ingressa no "mundo dos adultos", que na realidade é um mundo em que existem pessoas de diferentes idades. Se os adultos exercem a hegemonia dos processos sociais, há que se pôr em questão os processos como são recebidos os novos membros da humanidade na vida social, em diferentes lugares, momentos, grupos sociais etc. Mas entrar na escola não significa sair da vida social. Se, na Idade Média a criança ingressava no "mundo dos adultos" para ali fazer sua aprendizagem, com a modernidade, a defesa da necessidade de uma educação fundada nas instituições familiar e escolar fez dessas instituições o novo "mundo dos adultos" pelo qual elas deveriam passar. Com isso, a transformação da criança em *aluno* seria ao mesmo tempo a definição do aluno como a *criança*, nesse processo em que o critério etário torna-se ordenador da composição e da seriação do ensino nas classes escolares (Kuhlmann Jr.; Fernandes, 2004).

Às vezes, a ligeireza com as questões relacionadas à história, na intenção de instrumentar a criança para a defesa de concepções do presente, pode chegar à formulação de equívocos que se propagam com facilidade. É o que tem acontecido com uma caracterização da condição de aluno, que se tem difundido de forma irrefletida em eventos destinados à formação de professores. A afirmação, reproduzida em palestras e cursos, supõe que a palavra "aluno" significaria "sem luz", isso para afirmar uma ideia de criança que tem sua luz própria que não deveria ser ignorada. Talvez, a afirmação tenha-se inspirado em análises semelhantes sobre o termo "infância", que significa "o que não fala", do latim *infans*. Mas agora, o que se faz é uma verdadeira "salada etimológica", bastante indigesta. Afirma-se que a palavra "aluno" seria composta pelo radical negativo *a* associado ao termo *lumno*, que significaria "luz". Talvez a afirmação tenha querido seguir o modismo das críticas "pós-modernas" ao Iluminismo e à racionalidade. Aí, ao menos em um aspecto, ela se revelaria coerente, por sua absurda irracionalidade. Ora, o *a* é radical negativo não no latim, mas no grego, e a palavra luz, em latim, se escreve *lumina*. *Alumno*, em sua etimologia, tem na verdade um significado muito mais interessante do que seu correlato, *infans*: refere-se à palavra latina *alo*, que se relaciona ao nutrir-se, ao sustentar, ao criar com alimento.

Há certo grau de artificialismo no querer separar-se, isolar-se aquilo que seria próprio de uma condição infantil do que viesse a ameaçar essa condição. Entretanto, é sensato querer identificar concepções e práticas que representem maus-tratos, que minimizem as potencialidades e as capacidades dos pequenos. A inconsequência e o artificialismo ocorrerão quando se pretender estabelecer como categorias estanques os elementos de tensão, presentes nessas relações entre os grupos etários ao longo da história.

Referências bibliográficas

BARRA, V. M. da. Da pedra ao pó: o itinerário da lousa na escola paulista do século XIX. São Paulo, 2001. Dissertação (Mestrado) – Pontifícia Universidade Católica de São Paulo.

COMÉNIO, J. A. *Didáctica magna. Tratado da arte universal de ensinar tudo a todos. Introdução, tradução e notas de Joaquim Ferreira Gomes*. 4.ed. Lisboa: Fundação Calouste Goubenkian, 1996.

FERREIRA, A. G. A infância no discurso dos intelectuais portugueses do Antigo Regime. In: FREITAS, M. C.; KUHLMANN JR., M. (Orgs.). *Os intelectuais na história da infância*. São Paulo: Cortez, 2002.

GOUVÊA, M. C. Tempos de aprender: a produção histórica da idade escolar. *Revista Brasileira de História da Educa*ção, n.8, p.265-88, jul./dez. 2004.

JINZENGI, M. I. A escolarização da infância pobre nos discursos educacionais em circulação em Minas Gerais (1825-1846). Belo Horizonte, 2002. Dissertação (Mestrado) – Universidade Federal de Minas Gerais.

HEYWOOD, C. *Uma história da infância*: da Idade Média à época contemporânea no Ocidente. Porto Alegre: Artmed, 2004.

KUHLMANN JR., M. O Jardim-de-infância e a Educação das Crianças Pobres – final do século XIX, início do século XX. In: MONARCHA, C. (Org.). *Educação da infância brasileira (1875-1983)*. Campinas: Autores Associados, 2001.

________. *Infância e educação infantil*: uma abordagem histórica. 3.ed. Porto Alegre: Mediação, 2004.

______; FERNANDES, R. Sobre a história da infância. In: FARIA FILHO, L. M. (Org.). *A infância e sua educação*: materiais, práticas e representações (Portugal e Brasil). Belo Horizonte: Autêntica, 2004.

LUC, Jean-Noël. Pour une histoire européenne, nationale et locale de la préscolarisation. *Histoire de L'Éducation*, n.82, p.5-22, maio 1999.

PRÜFER, J. *Frederico Froebel*. Barcelona: Labor, 1930.

RICHÉ, P.; ALEXANDRE-BIDON, D. *L'Enfance au Moyen Age*. Paris: Seuil/ Bibliothèque Nationale de France, 1994.

ROLLET, C. *La politique a l'égard de la petite enfance sous la IIIe République*. Paris: Institut National d'Études Démographiques/Presses Universitaires de France, 1990.

SCHUELER, A. F. M. de. Educar e instruir: a instrução popular na corte imperial, 1870 a 1889. Rio de Janeiro, 1997. Dissertação (Mestrado) Universidade Federal Fluminense.

STEWART, W. A. C.; McCANN, W. P. *The educational innovators*: 1750-1880. London: Macmillan, 2000.

28

Considerações sobre o estatuto de leitor crítico

Dagoberto Buim Arena

Introdução

Solicitado que elaborasse considerações sobre a criticidade como um atributo do leitor, pus-me à reflexão sobre o modo pelo qual poderia abordar o tema sem que assumisse, de antemão, a premissa da existência já consagrada de atributos constituintes do leitor crítico e, com base nesses atributos, indicar como a escola, em todos os seus níveis, e a sociedade, por meio de suas instituições culturais, poderiam definir com maior clareza os caminhos que deveriam ser percorridos pela criança, pelo adolescente e pelo adulto. As minhas dúvidas iniciais dirigiram-se, há algum tempo, sobre o complemento do verbo ler e, neste caso, como complemento da expressão *leitor crítico.*

Tais questões iniciais introduzem considerações sobre a natureza do objeto que é alvo da ação do leitor ao praticar o ato de ler. Ler sempre será, desse modo, considerado ato transitivo, realizado pelo leitor na relação com o material escrito, razão que determina, também, a relatividade da conceituação do leitor como crítico, porque há clara dependência entre o leitor, o conteúdo de sua ação e o gênero textual que materializa a enunciação. Afastadas as considerações dogmáticas e as expressões cristalizadas pela cultura escolar e pela cultura do mundo de produção do impresso, será possível elaborar considerações razoavelmente estáveis, mas não duradouras, sobre a criticidade do ato de ler, conectada com a multiplicidade de criação ou a produção da leitura, em acordo com os gêneros textuais e suas múltiplas manifestações e materialidade, na mediação entre os homens que vivem no meio impresso e guiam sua vida por essas manifestações.

De tal modo, a arquitetura deste trabalho deverá contemplar reflexões sobre as características da escrita ocidental, como uma tecnologia em movimento ininterrupto de construção por obra do leitor, que, de sua parte, também tem modificado o modo de operar seu pensamento pela mobilidade e pela transformação desse sistema tecnológico e dos suportes sobre os quais se materializa; a especificidade da ação do leitor formado no interior dos movimentos da cultura impressa, como contraponto a modelos que, embora altamente consensuais, apontam para modos de ler apoiados em etapas de ação; conceituações sobre o processo de produção ou criação da leitura em suas múltiplas possibilidades, conforme os gêneros e suas finalidades; entendimentos da criação de sentidos na relação entre leitor e texto e a dimensão virtual dessa criação; os espaços históricos ocupados pelo leitor crítico, determinados pela hegemonia do leitor literário ou pelo leitor ideológico e a possibilidade da inexistência do padrão definido e último desse leitor crítico; especulações, na conclusão, sobre condutas reconhecidas como de *leitor sênior*, embora sem configuração cristalizada, porque esse leitor sênior, por ser virtual, pode manifestar-se ou não, conforme o nível de domínio dos gêneros ou dos conteúdos os quais se dispôs a enfrentar.

Ao apoiar-me nesses apontamentos, pretendo desenvolver a tese de que o conceito de leitor crítico historicamente elaborado pode ceder lugar ao conceito de leitor sênior, ressalvados os movimentos dialéticos de sua construção, de sua natureza inconclusa, de sua relação com a instabilidade da materialidade dos gêneros textuais, indicações reveladoras da transitividade e virtualidade do ato de ler e da leitura compreendida como a criação imaterial, efêmera e idiossincrática produzida pelo leitor na relação com o texto e com seu autor. Tentarei, ainda, defender o ponto de vista de que as relações humanas, de um ângulo histórico-social, elaboram, de acordo com os movimentos sociais e com as construções culturais de determinada época, características idealizadas de leitor crítico. As atitudes de leitor construídas pelos núcleos dos movimentos sociais, histórica e geograficamente situados, apontam para a predominância do domínio dos conhecimentos políticos como instrumentos da leitura crítica. Os movimentos da sociedade da informação, entretanto, indicam outros perfis idealizados, cuja referência apoia-se no domínio e no conhecimento dos gêneros textuais e no modo pelo qual o leitor usa a tecnologia da escrita em seus múltiplos suportes. O que pode construir o leitor considerado sênior seria o uso que faz dessa tecnologia. De um ou de outro modo, há que se considerar as relações humanas histórica e socialmente situadas, cujas ações podem estilhaçar as tentativas de idealização desse leitor.

A tecnologia da escrita ocidental

A invenção e a reinvenção dos sistemas de escrita, e, em nosso caso, no mundo ocidental, desde seus rudimentos, são mecanismos indicadores da vitalidade intrínseca desses sistemas, por revelarem, em seu uso, as relações mútuas com e entre seus usuários, inventores a cada geração de novos modos de uso, de novas formas físicas de manifestação, de novos significados. Os leitores, usuários do texto já escrito, reorganizam o sistema e são por ele reorganizados em suas operações intelectuais, conforme o uso e as abordagens que realiza.

Há, *grosso modo*, dois aspectos fundantes do sistema, a que os estudiosos, conforme a época e as pesquisas, atribuem nomes, como significante e significado, estrutura de superfície e estrutura profunda, forma e conteúdo e outras semelhantes. A aparência física dessa tecnologia pouco revela sobre os movimentos e as relações entre seus usuários que a reinventam no mesmo instante em que a utilizam, mas o uso dessa tecnologia colabora para as reorganizações dos modos de operar o pensamento do homem, porque ela lida com o significado, e "o significado da palavra, uma vez estabelecido, não pode deixar de se desenvolver e sofrer modificações" (Vigotski, 2001, p.399). Utilizar a língua escrita para compreender o mundo significa, em princípio, ser modificado por ela, por sua própria tecnologia, por seu próprio modo de funcionamento, porque é um meio e o meio, como dizia McLuhan (1969), é a mensagem.

Os modos desenvolvidos pelo cérebro para compreender o mundo apenas pelo ouvido foram alterados ao longo dos séculos para a compreensão pelos olhos, em processo lento, mas perseverante, porque o sistema de escrita, em sua superfície, orientava os ouvidos do leitor. Da mesma forma que houve transformações da compreensão pela pronúncia para a compreensão pelo olhar, outras transformações ocorriam na relação entre leitor e texto, do leitor da escrita manuscrita para o leitor da escrita impressa. As transições tecnológicas e as transições de significados e de culturas foram intensificadas pela imprensa que

> incentivou novas formas de atividade combinatória, de fundo tão social quanto intelectual. Ela alterou as relações não só entre os homens de cultura, mas também entre os sistemas de ideias. (Eisenstein, 1998, p.60)

A importância da escrita impressa como instrumento de transformação das formas de operar do homem é destacada por Eisenstein (1998) em seus estudos, por entender que os leitores são orientados pela apresentação dos materiais impressos, sobretudo o livro. Essas transformações, todavia, não são padronizadas, nem atingem do mesmo modo os leitores de uma mesma época, nem de uma mesma região ou grupo cultural. As formas de usar, como leitor, o sistema de escrita orientam também a criação, pelo escritor, de determinados gêneros dirigidos a certos perfis de leitores. Nesse aspecto, seria interessante evidenciar o perfil do leitor crítico, do ponto de vista literário, como leitor que gosta de ler e sente prazer com o que lê. Ora, tem-se, aqui, historicamente, a valorização do leitor de literatura como o leitor pleno ou crítico. Tomando mesmo esse ponto de vista histórico, seria necessário relativizar esse conceito, porque, na França do século XVII,

> um trabalhador esforçado que dependesse de fatos e cifras, como aliás qualquer outra pessoa que trabalhasse duro para ganhar a vida, não poderia gastar muito tempo lendo romances ou poesias. Jovens ratos de biblioteca, jovens funcionários e aprendizes, bem como uma vasta gama de leitoras eram mais inclinados a ter corações e imaginação suscetíveis de serem aprisionados. Com isso consolidou-se no ofício de todos os romancistas e poetas (bem como de outros artistas também) um interesse baseado na ociosidade, na valorização da busca do prazer e lazer, no cultivo do consumo das coisas "finas" da vida. (Eisenstein, 1998, p.122)

Essas observações parecem criar as bases para o desenvolvimento, no século XX, do conceito de leitor que sabe fruir, que consegue encontrar o prazer no texto literário. Ler literatura e ser leitor de literatura são conceitos que adentram o século XX como representantes do ser leitor, de modo geral, tanto é que muitos estudos sobre leitura vinculam-na com a literatura, e as pesquisas mercadológicas, patrocinadas por livreiros, indicam que o povo pouco lê. Por não ler literatura ou por não consumir livros, o povo nem pode ser leitor, muito menos leitor crítico, ou, como quero tratar aqui, leitor sênior. O que aqui interessa, em verdade, com esta incursão pela história dos modos de produção do escrito é compreender como esse sistema afeta os modos de pensar do homem. Duas afirmativas de Eisenstein (1998) revelam essa preocupação dos historiadores, como ela própria, e de antropólogos, como Goody (1988).

> uma coisa é descrever como os métodos de produção de livros foram se modificando a partir da segunda metade do século XV, ou avaliar taxas de crescimento da produção. Outra coisa é decidir como o acesso a uma maior quantidade (ou variedade) de registros escritos afetou as maneiras de aprender, de pensar e perceber das elites letradas... Ainda hoje muito pouco sabemos sobre o modo como o acesso a materiais impressos afeta o comportamento humano – apesar de todos os dados obtidos de seres vivos e responsivos. (Eisenstein, 1998, p.19)

À medida que o leitor se aprofunda no domínio do uso da língua, em suas diferentes manifestações, modifica seu próprio modo de operar o seu pensamento, ou, como afirma Goody,

> para aqueles que investigam a interação social, há um campo de estudo necessariamente decisivo: a evolução da tecnologia do intelecto. Neste domínio, o passo de-

> cisivo depois da língua é a redução da fala a formas gráficas, o desenvolvimento da escrita. (Goody, 1988, p.20)

O leitor, em sua evolução para a categoria de leitor sênior, passa pela evolução da natureza de seus processos cognitivos, conforme os modos pelos quais opera sobre os materiais escritos e com quais materiais opera, em processos de seleção, em completo acordo com o seu próprio processo de educação: educação para apreciação da estética literária; educação para a apreciação das análises políticas, econômicas, sociais e históricas; educação para a apreciação das artes e dos estudos acadêmicos, de modo geral. As mudanças da natureza do pensamento dão-se, sobretudo, por esse processo educativo conectado ao processo do uso da língua escrita, na inteireza de sua razão gráfica, de seu modo de pensar essencialmente gráfico, simultâneo e plural. Apoio-me mais uma vez em Goody (1988), quando comenta pesquisas por ele realizadas, com outros antropólogos, para entender a natureza do pensamento do homem em sociedades ágrafas e de sua transição para uma sociedade organizada, mesmo que precariamente, com rudimentos de escrita.

> por mim, tive a sorte de ter sido convidado a participar temporariamente no projeto (de Cole e Scribner e colaboradores), surgindo assim a oportunidade de testar as minhas hipóteses sobre as repercussões da escrita (e, em particular, do papel das listagens) através do exame de um corpo de documentos dos VAI ... Pessoalmente vou mais longe, pois para mim a aquisição destes novos meios de comunicação transforma efetivamente a natureza dos processos cognitivos, de tal modo que leva à dissolução parcial da fronteira erguida por psicólogos e linguistas entre competência e performance. (Goody, 1988, p.28-9)

Quero compreender, com ele, que o uso das tecnologias, e entre elas a da língua escrita, transforma os processos cognitivos que podem contribuir, como quero aqui defender, para a formação do leitor sênior, considerado, de certo modo, o leitor crítico. Todavia, o uso da tecnologia por si só não promove a evolução da capacidade de apreciação de determinada área do conhecimento, que vai depender da especificidade de educação dessa área.

Comentei, até o momento, sobre os impactos que as tecnologias provocam na natureza do pensamento do homem, especialmente o domínio e o uso que é feito da língua escrita em todas as suas manifestações. A criação histórica e social da escrita, e seu aperfeiçoamento contínuo a cada geração, conforme os apontamentos antropológicos de Goody (1988), criaram, também, histórica e socialmente, outras formas de operar o pensamento. Do mesmo modo, Eisenstein (1998) destaca as mudanças que ocorrem no modo de pensar do homem ocidental na transição entre a leitura do manuscrito e a leitura por meio da tecnologia da impressão. Ao me apoiar nessas observações, elaborei, provisoriamente, a tese de que o leitor crítico, tal como foi construído pelos estudos do século XX, é resultado da ação do trabalho educativo específico em determinada área do saber ou das artes, e que o pressuposto para a elevação a essa categoria estaria na competência exigente de produzir leitura que seria a característica do leitor sênior.

Pretendo, nas próximas linhas, lidar com possíveis características que podem acompanhar a formação desse leitor, isto é, com níveis maiores de exigência, em áreas específicas do conhecimento e da cultura humanos.

A cultura impressa e os modelos de abordagem do escrito

Como tecnologia, a escrita alfabética do mundo ocidental permite ser acessada por dois caminhos distintos, porque distintas podem ser as informações procuradas pelo usuário em formação: a tentativa de atribuição de sentido às marcas gráficas ou a tentativa de libertar os sons por elas representados. Os caminhos da segunda abordagem, apoiados na tradição ou na prática da cultura oral, têm-se revelado inadequados para a formação do leitor. Limita-se, nos tempos atuais, a seu uso como transmissão vocal (Bajard, 2002) de leituras já produzidas.

Foucambert (1998) discute o modelo ascendente (*bottom-up),* o modelo descendente (*top-down*) e o modelo interativo de leitura. No ascendente, o aprendiz de leitor opera o pensamento com o intuito de organizar a abordagem para a compreensão, tomando como ponto de partida os menores elementos – as letras, as sílabas, as palavras e outros sinais. No descendente, o leitor inicia a operação de produção da leitura pelas hipóteses de sentido com o objetivo de confrontá-las com os elementos constituintes do texto. Foucambert (1998) entende que, como sempre ocorre em raciocínios semelhantes, a existência de dois modelos nada mais seria do que uma estratégia para a exposição de um terceiro, muito mais completo e eficiente. Esse modelo "é o modelo interativo, que trata de examinar as interações entre as estratégias ascendentes e descendentes, entre outras, o papel do contexto e da análise gráfica na aquisição do saber" (Sprenger-Charolles, apud Foucambert, 1998, p.119).

Para Foucambert (1998), a introdução do modelo interativo legitima as abordagens ascendente e descendente para, de fato, privilegiar a ascendente. Ainda mais: o modelo interativo mantém a dualidade: de um lado, o código; de outro, o sentido, abordados distintamente. Ao buscar apoio na própria significação usual, neste contexto, do termo *interativo,* afirma que não há interação entre duas abordagens distintas, mas apenas uma justaposição de ações, porque "interação é a ação única de dois ou mais objetos uns sobre os outros, e não duas ações sucessivas ou concomitantes" (Foucambert, 1998, p.120). Decide, desse modo, por outro nome, porque elucidaria outro processo, que considera a essência do ato de ler que deverá ser praticado pelo aprendiz. Em substituição ao modelo interativo propõe o modelo interacionista que

> coloca, portanto, como hipótese, que a compreensão não é produto da atividade de leitura, mas a atividade em si, pela qual se operam a construção dos conteúdos semânticos e a abordagem das unidades gráficas. A compreensão é, nesse caso, um processo, não um resultado; é o processo de questionamento recíproco de um capital gráfico diante dos olhos e de um capital semântico atrás dos olhos. O resultado é a significação atribuída ao texto, a mudança que o texto provocou nas representações do leitor. (Foucambert, 1998, p.120)

O diálogo aqui construído com Foucambert dirige a reflexão para três proposições importantes: 1) a compreensão não é produto da atividade de ler; 2) a compreensão é um processo; 3) a significação atribuída ao texto é o resultado do processo de compreensão, isto é, de um processo mútuo de perguntas e respostas entre um acervo pessoal de conhecimentos e um acervo gráfico-semântico aparentemente imobilizado pela linguagem escrita sobre um suporte. Diante dessas três afirmações, as quais considero importantes, elaboro estes desdobramentos.

Não haveria etapas distintas e definidas na ação do leitor sobre o texto, mas uma ação de troca mútua entre seus conhecimentos e os conhecimentos registrados no material impresso, que, partindo da intenção de compreender, isto é, tendo como base inicial de abordagem a intenção de buscar a compreensão, o leitor criaria ou produziria leitura apoiando-se nas marcas gráficas para alimentar esse processo. Raciocinando de outro modo, diria que a compreensão não é produto, porque é uma intenção com a qual parte o leitor ao elaborar, em suas relações históricas, culturais e sociais, formulações interrogativas, mesmo que esboçadas, com a expectativa de encontrar respostas, consistentes ou não. Durante o processo de compreensão, constituído pela ação do leitor, em diálogo com o texto, formulações encontram respostas pouco claras, mas que, por sua própria natureza, provocam novos esboços de formulações em busca de novas respostas. A leitura, entendida desse modo, não se configura como material imobilizado para ser adquirido ou estimulado ou ensinado, mas um feixe de dados, procedimentos, elaborações mentais, diálogos construídos e desconstruídos em *flashes,* ideias e ações *linkadas* e rapidamente *relinkadas*. A compreensão é base, é processo, é intenção, que são procedimentos constituintes da ação de ler, e criadores e produtores de um objeto imaterial, existente nessa relação efêmera entre o leitor e o texto a que se dá o nome de leitura. A leitura, assim compreendida, não estaria fora do sujeito, materializada nos livros ou em qualquer outro material impresso: está na relação do homem com o mundo do impresso. Virtual e imaterial, é criada pela intenção que tem o leitor por compreender e se transforma ao transformar o próprio modo de pensar e de organizar o conhecimento desse leitor. O processo de ler não atingiria o seu ponto bom quando o leitor atribui, no limite de seu conhecimento e de suas capacidades, sentido ao texto, mas quando transforma o pensamento e o modo de pensar do leitor, porque, se assim não fosse, de pouco serviria aprender e saber ler.

Nesse processo de formação de leitores, a didática na escola, de modo generalizado, não se preocupa com o domínio desse processo, muito menos com as alterações no modo de pensar, razão primeira da criação da leitura, da sua vida e de sua transformação. Preocupa-se com as respostas que o aluno dá às perguntas formuladas com o intuito de avaliar apenas essa relação entre pergunta e resposta, mas não opera sobre as transformações no modo de pensar. O homem que tenta compreender o mundo pelo gráfico desenvolve um modo muito mais elaborado para operar o pensamento, à procura de novas funções, entre elas, o desenvolvimento predominante da reflexão, em relação à memorização. Ao saber produzir e criar leitura, com base na compreensão, o homem modifica seu próprio cérebro e seu modo de agir. A tradição de apoiar-se na memória, materializada na criação de gêneros textuais como a poesia, as fábulas, as parábolas, os versículos, com os esquemas rígidos de construção, cede lugar para a criação de gêneros abertos, com estruturas pouco delineadas ou intercambiáveis, porque a função do homem do mundo gráfico e eletrônico é a da reflexão, porque esta permite à leitura transformar-se em argumentos, conhecimentos, ideias, signos.

Depois de transcrever uma longa citação de Goody a respeito da escrita como domesticação do pensamento, Foucambert (1998), para defender seu ponto de vista, afirma que

> nessas citações [sobre Goody] sobressai claramente a ideia de que, se o pensamento existe autenticamente no nível da ação e obtém autonomia pela linguagem oral, ele muda de natureza graças à linguagem escrita – pela primeira vez, ele existe sob a forma de um objeto permanente que o pensamento pode retornar outra vez como objeto de investigação ... A escrita é, então, o instrumento do pensamento reflexivo ... Aprender a ler e a escrever é descobrir o uso de uma função de segundo grau. A escrita é, assim, a linguagem da abstração e do pensamento teórico, se a esta palavra se der seu sentido original. (Foucambert, 1998, p.49)

E cita Vigotsky para referendar seus argumentos:

> A linguagem escrita é precisamente a álgebra da linguagem. E da mesma forma que a assimilação da álgebra não é uma repetição do estudo da aritmética, mas representa um plano novo e superior do desenvolvimento do pensamento matemático abstrato, que reorganiza e eleva a um nível superior o pensamento aritmético elaborado anteriormente, a álgebra da linguagem – a linguagem escrita – permite à criança o acesso ao plano abstrato mais elevado da linguagem, reorganizando, por meio dele também, o sistema psíquico anterior da linguagem oral. (Vigotsky, apud Foucambert, 1998, p.51-2)

O que se poderia considerar leitor crítico, em oposição a um leitor não crítico, seria o leitor que opera com a linguagem escrita em situações de elaborações do pensamento abstrato, consideradas superiores, a ponto de transformar o modo de pensar. Seria essa uma formulação possível, que encontraria, creio, apoio em Foucambert, ao afirmar que a desigualdade entre alfabetizados e letrados está "dissimulada sob a denominação comum de leitura, que encobre habilidades e maneiras de ser totalmente opostas" (Foucambert, 1998, p.54). E, ainda, para continuar com seu raciocínio, entende que ser leitor, e acrescento, ser leitor crítico, seria desenvolver a consciência da transformação, pela escrita, de si próprio, das coisas e dos outros que estão no seu universo de relações.

O leitor sênior e os gêneros do discurso

Faço neste tópico um esforço para conectar os comentários de Foucambert (1998) com os de Bakhtin (2003), cujo conector seria constituído pelas características virtuais de um leitor crítico, ou, como quero chamar, de um leitor sênior. Assim como o estudioso francês situa esse leitor no domínio do uso da escrita como um modo de transformar-se a si mesmo e aos outros, a ponto de operar em níveis superiores de pensamento, parece-me que a categorização bakhtiniana de gêneros primários e de gêneros secundários do discurso encaminha ainda mais a reflexão sobre o desenvolvimento do pensamento do homem leitor, porque os gêneros considerados secundários são construídos em situações culturais complexas, portanto não se distinguem dos primários apenas pela sua função, porque:

> Os gêneros discursivos secundários (complexos – romances, dramas, pesquisas científicas de toda espécie, os grandes gêneros publicísticos etc.) surgem nas condições de um convívio cultural mais complexo e relativamente muito desenvolvido e organizado (predominantemente o escrito) – artístico, científico, sociopolítico, etc. No processo de sua formação eles incorporam e reelaboram diversos gêneros primários (simples), que se formaram nas condições da comunicação discursiva imediata. (Bakhtin, 2003, p.263)

Quero entender que esse *convívio cultural mais complexo* no mundo dos gêneros textuais escritos é criado e recriado pela ação de quem escreve e de quem lê, e é nesse mundo dos gêneros secundários do discurso, por isso mais complexos, que estão criadas as condições para a formação do leitor sênior – o que se transforma e transforma as coisas e o outro. São exatamente nas relações com o outro e com os gêneros mais complexos que se criam e se produzem as leituras, são construídos o homem grafo-eletrônico e seu pensamento reflexivo com predominância sobre o pensamento memorizado, porque os gêneros do discurso não são imutáveis, pelo contrário, "os gêneros do discurso, comparados às formas da língua, são bem mais mutáveis, flexíveis e plásticos" (Bakhtin, 2003, p.285). Essa natureza mutável dos discursos permite sua transformação pelo escritor e pelo leitor pelo pensamento reflexivo, portanto, pela possibilidade de o leitor, em atitude responsiva, dialogar com o outro, transformando-se, transformando o outro e transformando o próprio gênero em sua constituição e função. O pensamento apoiado na memória, próprio das sociedades orais, operando com gêneros primários e em níveis elementares de pensamento, estruturados para responder não às indagações próprias do leitor, mas às de seu avaliador, caracterizaria o leitor em situação oposta à do leitor sênior em uma sociedade grafo-eletrônica.

Aprender a atribuir sentido não é uma ação tão simples. Entender, com Vigotsky, que a escrita é a álgebra da linguagem; com Bakhtin, que os gêneros textuais secundários são criados nas relações de convivência um tanto complexas; e com Foucambert, que a escrita é instrumento do pensamento reflexivo requer entender também que ler é uma ação que envolve complexos mecanismos mentais, abstratos, construídos pelo aprendiz progressivamente. O ato de ler representa a tentativa de elaboração de um pensar abstrato, bem elaborado, com funções construídas pela intenção de compreender e de refletir. Esse quadro requer um tempo que não coincide com o tempo determinado pelo tempo escolar, do mesmo modo que esse próprio tempo escolar não consegue ensinar álgebra para crianças pequenas, mas, tanto em um caso como em outro é possível concluir pela necessidade de iniciação nesse processo desde o princípio do processo de escolarização.

Do ponto de vista abstrato, poder-se-ia entender, como já foi aqui registrado, que as relações contextuais, nas quais o ato de ler encontra sua necessidade, oferecem a base para a criação e a produção da leitura que não se revela materializada, mas ganha a existência virtual, porque se organiza no cérebro do leitor como respostas transformadoras a perguntas fragilmente delineadas. Essa leitura – pensamento abstrato – é criada em processo, e, por essa razão, não pode se dar imediatamente como produto, mas como conduta intelectual que se transforma.

Aprender a produzir leitura não é uma ação tão simples. Requer a criação de lógicas novas e o consequente abandono das costumeiras. Busco aqui uma analogia, não sei se adequada, para entender essa visão virtual de produção de leitura. Diante da TV, o homem com o controle remoto na mão, zapeando por múltiplos canais, imagina ter visto, em dez ou quinze minutos, imagens em cinco ou seis canais, comerciais ou trechos de filmes. Quero crer que este homem criou, em sua relação com os demais canais, outro canal, único, dele próprio, virtual. As imagens de um e de outro, sacadas pelo aperto do dedo sobre a tecla, encontram-se no cérebro do telespectador para que sejam escolhidas, para permanecer, ou ser desprezadas imediatamente. Parece-me que o leitor diante do texto escrito, no mundo grafo-eletrônico, tende a experimentar essa lógica flexível de escolhas para criar o seu próprio texto, ao estabelecer os *links* que seu acervo cultural permite que sejam feitos. A criação é, de certo modo, imaterial e efêmera, múltipla e flexível, com escolhas e descartes. Os olhos do leitor, orientados pelo cérebro, dão os cliques por entre as pistas visuais do texto, entre as marcas gráficas ou mesmo nos espaços aparentemente vazios, porque na verdade significam, e criam, nesse processo, o pensamento imaterial, abstrato, possível por ter sido experimentado por outra lógica que o encaminha para uma espécie de álgebra da linguagem, para funções psíquicas de grau elevado que correspondem à pluralidade que caracteriza o estatuto do leitor. O leitor, em processo de sua formação para se tornar leitor crítico ou sênior, não se cristaliza, isto é, o processo não se finda, porque evolui a cada material lido; porque se transforma, transformando seu conhecimento, seu modo de operar o pensamento e seu próprio espírito. Para que esse processo evolutivo permaneça, o leitor em permanente formação refina suas escolhas conforme o refinamento de suas funções psíquicas. Parecem ser essas as condições em que pode ser encontrado o leitor crítico ou sênior em formação.

Ao discutir a relação entre o homem e a escrita, Colomer; Camps (2002) também consideram o impacto da inter-relação entre pensamento e linguagem na formação de níveis superiores de abstração, ao afirmarem que

> a descontextualização da linguagem escrita incide também na capacidade dos indivíduos para desvincular o pensamento e a linguagem de sua origem concreta como experiência pessoal e permite ter acesso a níveis superiores de abstração e generalização. (Colomer; Camps, 2002, p.22)

De outro ponto de vista, esse leitor crítico ou sênior pode ser considerado como leitor eficiente (Hall, apud Colomer; Camps, 2002) por ter como característica a supervisão de sua própria compreensão, porque é seletivo ao dirigir sua atenção. Nesse caso, o leitor considerado eficiente situa-se na área do desenvolvimento das capacidades progressivas do leitor. Para essas capacidades, entretanto, não existem fronteiras demarcadas, nem pelo próprio pensar do indivíduo, nem pelo próprio pensar coletivo constituído historicamente pelas relações humanas: produtoras e recriadoras permanentes de mentalidades múltiplas. Esse pensamento coletivo transforma e é transformado em velocidade proporcional ao uso intensivo e criativo de tecnologias criadas por toda a história humana.

Nestes tempos, como afirmava Lévy (1993) no início da década de 1990, "novas maneiras de pensar e de conviver estão sendo elaboradas no mundo das telecomunicações e da informática" (1993, p.7). Em decorrência desse estado de coisas, em desequilíbrios e equilíbrios estonteantes para a lógica linear, os receios de enfrentamento das mudanças do modo de pensar buscam conforto nas críticas ao próprio processo tecnológico atual, mas, ironicamente, preservam as mais antigas, ainda utilizadas, entre elas a escrita. Para Lévy,

> o cúmulo da cegueira é atingido quando as antigas técnicas são declaradas culturais e impregnadas de valores, enquanto que as novas são denunciadas como bárbaras e contrárias à vida. (1993, p.15)

As críticas consensuais e superficiais feitas aos leitores da tela do computador, como um modo de deformação do aprendiz de leitor, seriam inconsistentes, porque dirigidas apenas para as novas tecnologias, que desequilibram um modo de operar apoiado nas antigas, mas que não as excluem. Não teriam sido feitas críticas ao modo de imprimir de Gutenberg que substituiria a tecnologia dos manuscritos? Com toda a clareza, houve resistências, como também há as que agora, com maior velocidade, são disseminadas. Mas a desestabilização das lógicas é um processo positivo de transformação das mentalidades. E esse processo parecer estar ocorrendo neste começo de século e, com ele, alterações no modo de ler e de entender a aprendizagem e a prática do ler. São novas configurações nestes tempos que confirmam as palavras de Lévy, quando afirma que "vivemos hoje uma redistribuição da configuração do saber que se havia estabilizado no século XVII com a generalização da impressão" (1993, p.10).

A educação literária – o leitor crítico, o leitor seletivo e refinado

Minhas considerações, até aqui, percorreram caminhos reflexivos à procura dos delineamentos de um certo leitor crítico. Esses próprios caminhos, múltiplos e pouco claros, apontam para a dificuldade, senão impossibilidade, de traçar essas características, porque o homem leitor, nestes tempos, não apresenta uma única e linear faceta. A história do leitor, desde a explosão do mundo impresso no Ocidente, vincula-se à própria história da literatura e de todos os seus gêneros, razão pela qual a própria história da leitura e muitos de seus estudiosos, até mesmo nos primeiros dias deste século XXI, amarraram o desenvolvimento do leitor e sua evolução, em direção à sua natureza crítica, ao refinamento de escolha e à apreciação do texto literário. Os estudos escolares do final do século XIX até meados do século XX, associados às empreitadas das editoras, mantiveram essa tradição até bem pouco tempo.

Não ler literatura passou a significar não ler. Não ler os autores consagrados pelos críticos de literatura de todos os tempos, mas apenas ler os autores de literatura considerada menor, passou a significar ausência do leitor crítico. A imensa produção impressa atual, proporcionada pelo avanço das tecnologias eletrônicas, entretanto, caminha em direção de um equilíbrio do leitor crítico, ou sênior, ou *expert*, ou em bom estágio de formação, a ser encontrado e considerado em todas as áreas do saber, de modo não padronizado, porque o desenvolvimento do refinamento da seleção do material destinado a ser o alvo de leitura não se dá do mesmo modo em todas as áreas.

Para cada área, mesmo no interior dos gêneros literários, parece ser necessário um processo educativo. Dessa forma, uma educação literária cuidaria da formação específica do leitor literário, com o propósito de atingir o refinamento das escolhas, do mesmo modo como o degustador aprende a saborear o vinho fino, o apreciador das telas aprende a perceber a genialidade do pintor, o interessado em música consegue ouvir a beleza criativa dos acordes e o leitor da produção acadêmica compreende o novo e o ousado, ao ler relatos e reflexões sobre pesquisas. Não haveria, desse modo, um único e determinante caminho para a formação desse leitor tradicionalmente considerado crítico, mas múltiplos caminhos, traçados conforme a dinâmica de suas relações sociais, e em acordo com a natureza do processo educativo de que participa. Não haveria, desse modo, a possibilidade de formação de um leitor excelente em todas as áreas, mas com níveis múltiplos de desempenho.

Como em qualquer área das artes, o que há é uma educação específica para a apreciação da obra literária; uma educação literária destinada à formação do leitor crítico para a apreciação da literatura, mas não como a constituição de um leitor crítico com estatuto padrão e hegemônico. Para cada área, portanto, uma educação específica.

Conclusão

Na Introdução deste trabalho, anunciei, como teses preliminares e iniciais, o entendimento de que o conceito de leitor crítico é criado histórica e socialmente pelos homens, razão pela qual é necessário relativizá-lo e entendê-lo como uma construção sciocultural. Para isso, procurei entender a língua escrita como tecnologia em movimento que modifica o leitor e é por ele modificada, e por ser a escola uma das instituições responsáveis por sua formação, tentei compreender os modelos de abordagem de texto que são ensinados e suas contradições por desconsiderarem a própria natureza histórica e social da língua escrita. Essa natureza, reveladora da essência de sua criação e recriação permanentes, apoia-se nas relações dos homens em busca de compreensão dessas próprias relações de sentido e de suas transformações e, por essa razão, incorpora a própria transformação da lógica de pensar e de sua evolução em direção a articulações cada vez mais abstratas.

Ainda tendo como referência os anúncios iniciais sobre a construção cultural do leitor crítico, tentei agregar a esse conceito, já em desgaste pela própria dinâmica social, o conceito de leitor sênior, isto é, de um leitor em estágio avançado de domínio do mundo gráfico e, portanto, de avançada complexidade de modos de pensar, com base no material impresso, que o encaminharia para situações cada mais exigentes, e refinadas escolhas do material a ser lido. Desse modo, as relações humanas se alteram pelo refinamento das escolhas, e as escolhas orientam o homem para novas relações, para convívios mais complexos e éticos.

Este leitor sênior não teria, como quis compreender ao longo desta reflexão, estabilidade, nem desempenho padronizado, porque esse desempenho dependeria de suas relações com os gêneros, textuais, de seu domínio, da intensidade de suas relações com esses gêneros orientadas pela satisfação de suas necessidades. Visto desse ponto, o estatuto do leitor sênior ou crítico teria estreita relação com alguns gêneros, com alguns temas, mas não com a totalidade, o que afastaria a ideia da existência isolada desse leitor, em categorização imóvel e intocável. Com isso, quero entender que o leitor crítico ou sênior ou expert não é sempre e em qualquer situação o mesmo leitor, com a mesma performance. Encontra-se sempre em estágios diferenciados de sua educação e, portanto, de desempenho. E, por essa educação, quero entender o leitor sempre em movimento ininterrupto, aprendendo a abordar, de modo diverso, os diversos gêneros, conforme sua capacidade e necessidade.

Referências bibliográficas

BAJARD, E. *Caminhos da escrita:* espaços de aprendizagem. São Paulo: Cortez, 2002.

BAKHTIN, M. *Estética da criação verbal.* São Paulo: Martins Fontes, 2003.

COLOMER, T.; CAMPS, A. *Ensinar a ler, ensinar a compreender.* Porto Alegre: Artmed, 2002.

EISENSTEIN, E. L. *A revolução da cultura impressa*: os primórdios da Europa Moderna. São Paulo: Ática, 1998.

FOUCAMBERT, J. *A escola, a criança e a leitura.* Porto Alegre: Artmed, 1998.

GOODY, J. *Domesticação do pensamento selvagem.* Lisboa: Editorial Presença, 1988.

LÉVY, P. *As tecnologias da inteligência*: o futuro do pensamento na era da informática. São Paulo: 34, 1993.

McLUHAN, M. *Os meios de comunicação de massa como extensões do homem.* São Paulo: Cultrix, 1969.

VIGOTSKI, L. S. *A construção do pensamento e da linguagem.* São Paulo: Martins Fontes, 2001.

29

Pedagogia universitária e docência: movimentos e energias no Rio Grande do Sul[1]

Maria Isabel da Cunha[2]

A experiência é o que nos
passa, o que nos toca, o que nos
acontece. Não o que se passa, o
que acontece, ou o que toca.
Jorge Larrosa

A tarefa de tentar recuperar os movimentos e as energias que propiciaram a configuração da pedagogia universitária no Rio Grande do Sul é bastante complexa, dada a diversidade das instituições e a falta de registros mais sistemáticos a respeito. Há estudos que abordam a constituição histórica das Instituições de Ensino Superior (IES), especialmente das mais tradicionais e antigas, mas não há um recorte específico sobre a produção das iniciativas em torno dos processos pedagógicos. Provavelmente porque essa não era uma dimensão considerada im-

---

1 Texto elaborado com depoimentos e textos das professores Maria Estela Dal Pai Franco e Elisabeth Krahe sobre a UFRGS; Marlene Grillo, Délcia Enricone e Maurivan Ramos sobre a PUC-RS; Mari Forster, Lia Becker, Cecília Broilo e Beatriz Fischer sobre a Unisinos, Maria Isabel da Cunha, Cleoni Fernades e Maria Cecília Lorea Leite sobre a UFPel, Nágila Giesta Carpolingua sobre a FURG, Lucia Amaral e Jacira Cardoso de Moreira sobre a Unicruz, Gricelda Arreita e Teresinha Trainotti sobre a Ulbra e Silvia Isaia e Adriana Maciel sobre a UFSM. Apoio: Fapergs.

2 Docente do Programa de Pós-graduação em Educação da Unisinos. Professora aposentada da FaE/UFPel.

portante no contexto universitário, ou, ainda, pela falta de especificidade dos atores que a constituíam. Não havia um lugar na universidade para se pensar a dimensão pedagógica do trabalho realizado.

Por outro lado, são recentes nossas IES, se compararmos essa realidade com os demais países, inclusive os latino-americanos. A existência de faculdades isoladas desde o Brasil imperial não caracteriza um sistema universitário orgânico e favorece a construção de uma perspectiva setorizada de ensino superior, sobretudo voltada para a formação profissional. No Rio Grande do Sul, essa foi a trajetória da maioria das instituições, a começar pela UFRGS, a mais antiga e prestigiada das universidades gaúchas.

A recente trajetória temporal das nossas IES, porém, favorece a recuperação dos movimentos e das energias que constituíram a pedagogia universitária, por meio de documentos, registros e publicações, assim como mediante depoimentos de pessoas que foram atores importantes nas trajetórias das instituições. As reflexões apresentadas têm essa origem e baseiam-se, em especial, no depoimento de professores e pesquisadores da UFRGS, da PUC-RS, da UFPel, da Unisinos, da Unicruz, da FURG, da UFSM e articuladas pela Rede Sulbrasileira de Investigadores de Educação Superior (RIES). Para a coleta de dados, foram realizadas entrevistas semiestruturadas e organizadas sínteses da história de cada IES, mediante análise documental.

Historicamente, os depoimentos afirmam que, na maior parte das instituições, a preocupação com a qualificação do professor de ensino superior acompanha a trajetória daquelas, assumindo, entretanto, as tendências políticas e epistemológicas que caracterizavam cada época, o estágio de desenvolvimento em que viviam as universidades e as legislações definidoras das práticas acadêmicas. Há certo divisor de águas que acompanha as décadas. Tudo indica que um ciclo se encerra na década de 1960, atingido especialmente pela Reforma Universitária de 1968; outro caracteriza a década de 1970, quando já se localizam algumas demandas pedagógicas provenientes do MEC; na de 1980, com a transição democrática do país até o processo constituinte; finalmente, a de 1990 pode ser dividida em duas etapas: a primeira atua na continuidade da de 1980 após a Constituinte e a segunda, a partir de 1995, acompanha a nova reconfiguração do Estado brasileiro, dependente das políticas globalizadas das agências financeiras internacionais.

Sobre a década de 1960, no Rio Grande do Sul, as principais informações têm origem na UFRGS e algumas na PUC-RS, pela condição histórica que as acompanha. Segundo Franco e Krahe (2002), as licenciaturas, dedicadas à formação de professores para os diferentes níveis de ensino, implicaram o aperfeiçoamento do professor do ensino superior, sendo possível afirmar que as primeiras turmas de licenciaturas da UFRGS formaram, predominantemente, professores universitários. Essa experiência rompia, de alguma forma, a tradicional perspectiva de formação amparada pelas cátedras, pela qual os catedráticos tinham poderes vitalícios e, com isso, determinavam o conhecimento válido e a forma de transmissão desejada.

Na década de 1950, com a fundação da Capes, articularam-se as primeiras políticas nacionais preocupadas com a qualificação do docente de ensino superior, que foram posteriormente reforçadas, na década de 1970, com o advento dos cursos de pós-graduação *stricto* e *lato sensu.*

> A ampliação das vagas e a expansão do ensino superior, por pressão do modelo desenvolvimentista de Estado, agudizou o problema do despreparo do docente do ensino superior para atender as necessidades de algumas carreiras, o avanço do conhecimento e a demanda da organização política e econômica da sociedade. (Berbel, 1994, p.23)

Continua a autora, referindo-se ao Parecer 977/65 da Sesu, afirmando que

> havia uma crescente preocupação com a implantação de um sistema de pós-graduação capaz de fazer com que a universidade brasileira assumisse um caráter verdadeiramente universitário, transformando-se em um centro criador de ciência e cultura, além de sua função de formadora de profissionais. (p.25)

Para o Sistema Federal de Ensino, o Ministério da Educação e Cultura (MEC) materializou esse valor quando reformulou o sistema de ingresso no Magistério Superior e concedeu incentivo salarial aos docentes portadores de diplomas de cursos de especialização e aperfeiçoamento. Ao mesmo tempo, a Resolução do CFE 14/77 estabeleceu que esses cursos deveriam, obrigatoriamente, incluir, em até um quinto de sua carga horária, matérias complementares e formação didático-pedagógica.

Como é possível perceber, a década de 1970 foi particularmente profícua na construção das bases de uma pedagogia universitária. Nessa época, configuraram-se, pelo menos, duas instâncias de ações organizativas: os cursos formais em nível de pós-graduação (desde aperfeiçoamento até doutorado) e as estruturas de apoio pedagógico para assessoramento e formação continuada, que proporcionavam acompanhamento a professores e cursos. Para ambas, no caso do Rio Grande do Sul, os chamados Laboratórios de Ensino da UFRGS e da PUC-RS foram fundamentais. Em consonância com a condição política da época, a pedagogia universitária identificava-se quase exclusivamente com a tendência tecnicista de educação. O regime autoritário procurava sufocar os movimentos de organização política nas universidades. O incentivo ao modelo tecnicista de educação tendia a estimular que a energia de professores e estudantes fosse canalizada para o "como fazer", substituindo o tradicional papel intelectual de analisar o "por que fazer".

Em 1972, com patrocínio da Capes, foi realizado na UFRGS o I Seminário sobre Metodologia do Ensino para Professores Universitários, que objetivava, sobretudo, treinar professores para a elaboração de planos de ensino e apontava, na avaliação dos participantes, para a criação de uma estrutura permanente que cumprisse o papel de formação e assessoramento. Essa demanda incluía-se na concepção que presidiu a criação das Faculdades de Educação que, pela Lei nº 5.540/98, deveriam ter papel-chave na universidade, articulando, em torno de si, o projeto educativo da instituição. Cunha (1979), atendendo a essa perspectiva, pesquisou a percepção dos docentes da Universidade Federal de Pelotas sobre o papel da Faculdade de Educação, concluindo que eles esperavam um papel diferenciado dessa Unidade de Ensino, que respondesse (quase milagrosamente!) às demandas de um ensino de qualidade.

Os Laboratórios de Ensino da UFRGS e da PUC-RS foram fundamentais na sistematização da formação dos docentes de todos os níveis no estado. Muitas edições de cursos foram feitas, também atendendo às demandas das instituições do interior. Já com seus programas de pós-graduação *stricto sensu* organizados, as faculdades de educação da UFRGS e da PUC instalaram uma capacidade de pesquisa que qualificava muitas das experiências pedagógicas desenvolvidas no âmbito do ensino superior, recebendo, como estudantes, professores oriundos das IES de todo o estado.

Um destaque especial deve ser dado aos livros *Planejamento e organização do ensino:* um manual programado para o treinamento do professor universitário, organizado em 1973 por Louremi Saldanha da UFRGS, e *Planejamento de ensino e avaliação*, publicado, em 1975, por Turra et al., da PUC-RS, que foram veículos fundamentais na ampliação da influência dos Laboratórios de Ensino. Nesse período, em todo o Brasil, a disciplina de Didática do Ensino Superior tomava-os como bibliografia básica, com fortes repercussões, também, na formação ministrada nos cursos de licenciatura. Coerente com os valores da época, o paradigma da pedagogia tecnicista os inspirava. Mesmo com o olhar crítico, que foi possível construir anos mais tarde, não se pode deixar de registrar a contribuição importante desses grupos acadêmicos e seu papel significativo na configuração da pedagogia universitária.

A recuperação da história e dos movimentos relacionados com a educação superior no estado também exige um destaque às políticas externas ligadas aos organismos internacionais. Nesse particular, é importante registrar as iniciativas da Organização dos Estados Americanos (OEA), que, articuladas com a ideologia dominante, atuava nos países latino-americanos, e fortalecia uma concepção de universidade ligada à perspectiva desenvolvimentista. Certamente, a criação do Curso de Mestrado da Faculdade de Educação da Universidade Federal de Santa Maria, no início da década de 1970, representou um marco nesse sentido, sendo o primeiro do estado e um dos primeiros no Brasil. Na área da economia primária, por meio do Instituto Interamericano de Ciências Agrárias (IICA), a OEA patrocinou um programa destinado às universidades federais. Constituía-se no desenvolvimento de Cursos de Aperfeiçoamento e estímulo financeiro para a implantação de Unidades de Apoio Pedagógico (UAP), em especial fornecendo aos cursos equipamentos de tecnologia educacional. Essas unidades eram coordenadas por docentes das ciências agrárias, mas incluíam, como corpo técnico, especialistas de educação. Dada a natureza dos saberes necessários ao funcionamento da UAP, esses é que constituíram realmente as unidades e realizaram interessantes trajetórias na UFRGS, na UFPel e na UFSM. No caso da UFPel, localiza-se aí o embrião do futuro Núcleo de Apoio Pedagógico, instituído para toda a universidade. Na UFRGS, o trabalho desenvolvido tem expressão até hoje, mantendo-se como referência para a pedagogia universitária na área das ciências agrárias.

Os órgãos de apoio pedagógico estabeleceram-se com mais apoio institucional já na década de 1980. Quase todas as universidades mais consolidadas constituíram estruturas nesse sentido, salientando-se as experiências da PUC-RS, da UFSM e da Unisinos. Também registram-se iniciativas nas universidades de Passo Fundo, Ijuí, Rio Grande e Caxias, além da já mencionada iniciativa da UFPel. De alguma forma, a maioria dessas experiências teve forte aporte no Programa de Apoio ao Desenvolvimento do Ensino Superior (Pades), instituído pela Coordenação de Aperfeiçoamento de Pessoal de Nível Superior (Capes) em 1977 e, posteriormente, assumido pela Secretaria de Ensino Superior do MEC (Sesu).

O Pades (1984) veio para "incentivar e apoiar a criação e/ou consolidação de serviços, atividades e materiais voltados para o desenvolvimento de docentes, da instituição e da organização do ensino superior, tendo como base as necessidades das IES e dos Distritos Geoeducacionais", conforme explicitado na revista *Resenha*. A metodologia de projetos foi bastante utilizada pelas universidades, que submetiam suas proposições aos editais governamentais.

A estrutura de pessoal que dava sustentação ao Pades e aos órgãos de apoio pedagógico recorria, principalmente, aos docentes das faculdades de educação e dos cursos de licenciatura para seus quadros. Cabe um registro especial, entretanto, nas IES do interior, para a participação de docentes do Sistema Estadual de Ensino no quadro das instituições, mediante o dispositivo da cedência. Essa foi uma prática usual que definia a adesão da SEC-RS na consolidação das agências de formação de professores para seus quadros. O perfil de formação e de experiência dos docentes cedidos qualificava-os para as ações pedagógicas nas universidades e muitos deles tiveram papel-chave nesse contexto. Muitos, posteriormente, foram incorporados aos quadros das instituições.

A discussão sobre a formação de professores no estado teve forte estruturante na Aesufope, que reunia as IES gaúchas, com intensa participação das instituições comunitárias e confessionais e parceria importante das universidades públicas, em especial as do interior. A articulação dessa associação com o Sistema

Estadual de Ensino sustentou uma parceria significativa na história da formação de professores e no perfil pedagógico das universidades do estado. Havia uma dinamicidade notável que, dados os recursos da época, evidenciavam uma cultura emancipatória e solidária digna de nota. Os Encontros Estaduais e Regionais da Aesufope eram referência para os participantes, quer individuais, que institucionais. Documentos e publicações circulavam e influíam nas políticas públicas em um processo de legítima pressão social. Esse e outros movimentos servem para demonstrar o espírito da época e as energias que circulavam no espaço acadêmico gaúcho. Muitos deles deram bases para a organização sindical dos professores e presença do Rio Grande do Sul em movimentos nacionais que logo se constituíram, como o Fórum em Defesa da Escola Pública e a discussão de uma nova Lei de Diretrizes e Bases para a Educação Brasileira.

A década de 1980 foi importante no cenário brasileiro, pois representou o palco da retomada democrática e, com ele, a ampliação do referencial teórico proveniente das teorias críticas das ciências sociais e da educação. O país vivia tempos de uma esperança que desafiava os atores a serem propositivos, entendendo que atravessavam um período de transição. Os movimentos organizados de professores, funcionários e estudantes, articulados em torno de reivindicações profissionais e de cidadania, assumiram condição significativa no cenário universitário. No caso sobretudo das IES públicas, a Associação Nacional de Docentes do Ensino Superior (Andes) e a Federação dos Servidores das Universidades Brasileiras (Fasubra), articuladas com a União Nacional de Estudantes (UNE), tiveram papel importante na reflexão sobre os rumos da universidade no Brasil. Além disso, esse período retomou e favoreceu a vitalidade das associações científicas, articuladoras das energias da comunidade acadêmica, como a Sociedade Brasileira para o Progresso da Ciência (SBPC), a Associação Nacional de Pesquisa e Pós-Graduação em Educação (Anped), a Associação Nacional de Educação (Ande) e o Centro de Estudos de Educação e Sociedade (Cedes). Estas três últimas foram responsáveis pelas Conferências Brasileiras de Educação, evento nacional de grande porte que se constituía em espaço de reflexão sobre as políticas educacionais, com especial recorte para as questões universitárias.

No bojo da democratização do país, o processo constituinte de 1988 representou um avanço para a universidade brasileira. Ao explicitar, em seu art. 14, que a universidade se define pela indissociabilidade do ensino, da pesquisa e da extensão, rompeu com a tradicional concepção de universidade ligada, principalmente, à função de formação profissional. A Constituição apontou a necessidade das IES se organizarem tendo a produção do conhecimento como eixo. Além disso, reforçando a condição da autonomia, apostou e acreditou na capacidade de liderança de cada instituição, estimulada a propor seus próprios caminhos e definir suas prioridades. Valorizavam-se a diferença e a capacidade de inserção regional e cultural das instituições.

Para favorecer um estatuto de qualidade propunham-se processos de avaliação em que, respeitados os parâmetros nacionais e universais, cada instituição definia e construía suas alternativas de ação. O MEC, no início da década de 1990, assumindo uma condição mais participativa e de respeito às trajetórias diferenciadas, instituiu o Programa de Avaliação Institucional das Universidades Brasileiras (Paiub), elaborado com a participação de muitos reitores e pró-reitores, em especial das universidades públicas do país, por meio da Andifes. Por outro lado, pela condição histórica do sistema privado de ensino superior no Rio Grande do Sul ser majoritariamente confessional e comunitária, houve, da parte dessas instituições, uma adesão interessante às formas participativas de gestão.

O campo da pedagogia universitária viveu, nessa época, crescente desenvolvimento. Foram necessárias algumas condições e estruturas que garantissem a possibilidade da universidade tomar as rédeas de seu processo de reflexão e de proposição. Como bem analisa Fernández (2000),

> a função de assessoramento surge como necessidade institucional nas organizações em que, por uma parte os atores transitam por processos de mudança que os implicam como sujeitos e, por outra, os marcos normativos deixam, por decisão ou incapacidade instituinte, uma margem de decisão alternativa geradora de incertezas. (p.12)

Havia um marco de liberdade não aprisionado pela norma e uma disponibilidade das estruturas, a partir de uma configuração institucional crítica. As pró-reitorias de graduação consolidavam a percepção da importância dos processos pedagógicos e investiam em assessorias que lhes dessem apoio. Salienta-se, também, uma tendência para os processos de parcerias e intercâmbios entre as IES, longe da perspectiva competitiva que marca os dias atuais. Os Fóruns de Pró-reitores foram criados e reuniões sistemáticas propiciavam a troca de experiências e reflexões. Para dar corpo a essas ações, a equipe pedagógica era fundamental. Esses grupos foram, aos poucos, alcançando legitimidade na universidade e procurando seus próprios pares para consolidar conhecimentos. Nessa perspectiva e, de certa forma coroando múltiplas iniciativas, foi realizado, em 1995 na Unisinos, o I Encontro Estadual de Setores Pedagógicos das Universidades do Rio Grande do Sul.

Chama-se atenção para o fato de que, no Rio Grande do Sul, algumas universidades terem sido criadas na década de 1980. Muitas delas derivavam de instituições isoladas ou do conjunto de faculdades integradas e foram, aos poucos, estabelecendo as condições necessárias ao *status* universitário. Formaram um grupo que compôs, com as IES mais antigas e consolidadas, um conjunto capaz de qualificar o ensino superior gaúcho, respeitadas as especificidades e as condições de atuação. Recorriam, muitas vezes, às instituições mais experientes e com quadros mais amplos para dar lastro a seus projetos. E esse processo fortalecia a todos.

As ações principais que envolveram as atividades pedagógicas que tinham a universidade como objeto variavam, naturalmente, segundo a instituição e o contexto em que se inseriam. A maior parte delas estava ligada, estruturamente, às pró-reitorias de graduação. No depoimento de nossas entrevistadas, porém, há um destaque para dois principais eixos: a avaliação institucional e a formação continuada de professores. Na operacionalização desses eixos foram nomeadas experiências com professores ingressantes, ciclos de palestras e espaços de discussão, além dos cursos de atualização. Entre as atividades relacionadas com a avaliação institucional, foram mencionados os seminários, a aplicação de questionários de avaliação, a análise das propostas curriculares, o acompanhamento de egressos etc. Em algumas instituições, o eixo articulador foi o delineamento do projeto pedagógico institucional, que procurava explicitar as diretrizes e os valores que a universidade tomava como referente. Essas iniciativas, em geral, repousavam em ações ligadas a processos participativos, assumindo a compreensão de que as mudanças institucionais verdadeiras pressupõem a tomada de decisões coletivas. Os coordenadores dos cursos de graduação foram os interlocutores preferenciais na experiência de muitas universidades. Algumas delas chegaram a criar órgãos formais em sua estrutura que davam legitimação a esses atores, em especial nos assuntos ligados às decisões acadêmicas da graduação.

Entretanto, mesmo reconhecendo a avanço da pedagogia universitária no espaço das instituições, seria ilusório atribuir-lhe uma legitimação que ainda estava longe de alcançar. Eram frágeis as estruturas que lhes dava sustentação, muitas vezes dependentes da sensibilidade ou do compromisso dos dirigentes. É possível identificar alguns fatores que contribuíam para tal situação. A tradição universitária que valoriza o conteúdo sobre a forma, a fragilidade histórica da percepção do campo da educação como profissão e a base epistemológica dominante que afasta os processos que incluem a incerteza e a multiplicidade de alternativas são algumas delas. Por outro lado, a dificuldade de muitos pedagogos para construir diálogos multidisciplinares, a emergência de soluções em contextos já normatizados, a falta da cultura investigativa acompanhando a pedagogia universitária podem ser apontadas como outras razões que definiram a debilidade do campo.

É preciso identificar, também, a complexidade que o professor universitário enfrenta para aceitar um assessoramento pedagógico. Lucarelli (2000) chama a atenção para o fato de que aquele, nessas condições, se arrisca a sustentar a incerteza proveniente de, pelo menos, duas fontes: o temor de destruir a legitimidade do conhecimento em que é especialista e a experiência de entender dificuldades profissionais, perdendo o reconhecimento de seus pares. A rigor, ele precisa estar vivendo um processo que o instabilize, favorecendo energias em direção a novas alternativas. Nesse sentido, requer uma ação pedagógica que responda a essa condição.

Mesmo reconhecendo os desafios, muitas experiências foram gestadas. Especialmente os docentes e os coordenadores de cursos foram provocados a desenvolver ações que respondessem às demandas da universidade, agora comprometida com a pesquisa e a extensão, de forma indissociável do ensino. As IES foram propositivas, definindo caminhos e processos que respondessem a seus contextos e possibilidades. Os cursos de pós-graduação em Educação foram, também, propulsores de uma reflexão sistematizada sobre a pedagogia universitária, incluindo a possibilidade de abrigar docentes de outros campos científicos que procuravam formação na área da educação. Esse movimento reconheceu a pedagogia universitária como campo interdisciplinar, mas, ao mesmo tempo, legitimou o conhecimento pedagógico como campo de um saber profissional.

A trajetória que se esboçava e começava a dar os primeiros frutos em um sentido emancipatório foi fortemente atingida pelas políticas do Ministério da Educação, na segunda metade da década de 1990. O processo de globalização da economia assumiu um papel preponderante nas políticas públicas,

> atrelando-as aos organismos de financiamento internacional, através do predomínio de uma racionalidade instrumental e mercantil que tende a sobrevalorizar indicadores e resultados acadêmicos quantificáveis e mensuráveis, sem levar em consideração as especificidades dos contextos e dos processos educativos. (Afonso, 2001, p.26)

No caso do Brasil, tal condição fica evidente quando se analisa a situação atual do ensino superior. As instituições universitárias ainda estão (presumidamente) protegidas pelo dispositivo constitucional que lhes outorga a condição de autonomia. Entretanto, as políticas públicas do Estado-avaliador cada vez avançam mais em sua voracidade de interferência no projeto que as universidades constroem para si, alicerçadas em sua história, em seu contexto e em compromissos sociais. O mais grave é que nem sempre se explicitam adequadamente as novas demandas, avançando em uma condição subliminar de construção de novas subjetividades. Os atores principais da ação acadêmica – professores, alunos e gestores – vão deixando-se invadir pela nova ordem, sem uma reflexão mais crítica de seus pressupostos. O que, no início, era olhado com desconfiança e até com rechaço começa a fazer parte da compreensão cotidiana sem muitos questionamentos, como inevitável condição de sobrevivência acadêmica.

Mesmo que esse processo possa trazer, em um espaço de contradição, alguns resultados positivos para a qualidade educativa, representa um perigo ao tornar-se o padrão único que provém de um *ethos* externo, anulando as configurações de autoria das universidades de um projeto político-pedagógico próprio. Em outro estudo (Cunha, 2002), já afirmamos que a relação sujeito-objeto se fortalece e a universidade, que tanto foi zelosa de sua autonomia e de sua condição de geradora de um pensamento independente, se atrela ao processo produtivo, aceitando que forças externas imponham o patamar de uma qualidade que ela não escolheu. Além disso, como as estratégias governamentais são ardilosas e fortemente acompanhadas de um convencimento da opinião pública veiculadas pela mídia, a sensação de desconfiança que de início se percebia nas instituições passa por um processo de acomodação aos novos padrões. Para isso, muito contribui o sentimento de impotência dos sujeitos acadêmicos diante do modelo avaliativo, que se legitima em legislações que impõem obrigatoriedades e punições aos que dele se afastam. A sensação de que não há alternativas ao modelo proposto favorece a absorção de seus pressupostos.

Em tal marco, as grandes discussões acadêmicas sobre a vocação da universidade vão se perdendo e, em seu lugar, são colocadas energias para dar conta da qualidade imposta pelos processos avaliativos externos. O mais grave, entretanto, é reconhecer que esses processos não são analisados em suas relações mais amplas, ou seja, articulados com o conceito de Estado.

Nesse contexto, as iniciativas que gestavam uma pedagogia universitária emancipatória e solidária entre as IES vão dando lugar a um processo utilitário e competitivo. Cada instituição percebe a coirmã como concorrente e, portanto, não se propõe a disseminar o conhecimento que produz referente aos processos pedagógicos universitários. Esses, por sua vez, se fragilizam pela falta de oportunidade de constituir-se cientificamente, o que demandaria processos coletivos de produção, experimentados e analisados em diferentes contextos.

Em geral, desloca-se do âmbito pedagógico a tomada de decisões acadêmicas nas universidades, reforçando-se estruturas de planejamento ligadas, em especial, a uma concepção gerencial. Coerentemente com o pensamento que as inspiram, essas estruturas apontaram na direção dos chamados Planejamentos Estratégicos, que redirecionaram as formas mais tradicionais e participativas de gestão universitária para uma vertente inspirada na racionalidade técnica e operacional.

A Lei de Diretrizes e Bases, promulgada em 1996, deu amparo legal para as mudanças previstas para a universidade. Com ela, toda uma imposição de adaptação de currículos e carga horária para os cursos de graduação assumiu uma discutível ideia de Projeto Pedagógico. Essa dimensão, tão cara às comunidades universitárias que viveram a transição democrática, como processo de construção identitária, ética e política das IES, foi reduzida a uma tarefa burocrática, feita, na maioria das vezes, para responder às exigências dos órgãos oficiais. Os assessores pedagógicos foram acionados para auxiliar os cursos a se adaptarem à norma legal, centrando energias na interpretação de pareceres e na revisão dos documentos produzidos. Pontualmente, pode-se dizer que houve nova demanda de seus saberes, canalizados, entretanto, para garantir os quesitos definidos no processo de regulação imposto pela política oficial.

Os espaços de reflexão crítica e autoria de experiências alternativas de formação perderam força. As IES, pressionadas pelo Estado-avaliador, passaram a estimular as iniciativas capazes de garantir maior êxito no *ranking* por ele proposto, "garantindo, de acordo com as orientações neoliberais, que a educação deve ajudar os sistemas econômicos a manterem-se rentáveis e competitivos" (Cortesão, 2000, p.23).

Fácil é perceber que a ação da pedagogia universitária na perspectiva emancipatória, hoje, é de resistência. Os espaços a ela destinados são poucos e com baixo prestígio, por parte da maioria das instituições. Sua possibilidade de manter-se como lugar de produção de um conhecimento que reconhece a diferença está ligada, diretamente, aos processos políticos que cada universidade abraça. Quanto mais as IES assumem a condição de autoria de sua própria vocação e história, mais elas precisam de estruturas pedagógicas que as ajudem nessa trajetória.

Por outro lado, são crescentes os desafios que se colocam na prática pedagógica das universidades. Mais do que nunca, professores e alunos enfrentam questões que interferem nos processos de ensinar e aprender, decorrência das condições sociais e culturais em que vivem, todos fortemente atingidos pelos dispositivos das políticas globalizadas. Cabe, então, perguntar: em que situações, na universidade, instalam-se as possibilidades de reflexão? Quem estimula e acolhe essas dimensões?

Os depoimentos dos interlocutores desse estudo são unânimes em defender uma ação que, tomando o trabalho cotidiano como referência, estimule a capacidade de reflexão e inovação da pedagogia universitária, afastando-se das metanarrativas que defendem os modelos únicos. Reforçam a posição defendida por Santos (1995) de que é importante aceitar que não devemos permanecer indiferentes à diferença presente nos contextos culturais e educativos. Nesse sentido, afirmam que uma ação pedagógica na universidade pode beneficiar-se muito da metodologia de projetos, que atendam, de forma diferenciada e particular, contextos e especificidades. Esses, porém, devem constituir um circuito de partilha, pois o particular sempre tem a dimensão universal, como se fossem duas faces de uma mesma moeda. Alertam, também, para a importância de que a pedagogia universitária seja acompanhada pela pesquisa, principal dispositivo para garantir sua legitimação em uma instituição que preza o rigor do conhecimento.

Inspirados nisso, e tomando a contradição como elemento necessário para a produção humana, um grupo de professores e pesquisadores gaúchos de diferentes instituições, envolvido com a pedagogia universitária, tomou a iniciativa, no final da década de 1990, de promover encontros, para discutir, entre pares, as condições de trabalho e produção que vivenciavam. O desconforto com os rumos do ensino superior no país e os desafios postos para sua prática o mobilizam no sentido de uma ação mais reflexiva e menos isolada. De alguma forma, esse grupo tentava retomar a cadeia de solidariedade interrompida com a lógica competitiva. Talvez, mesmo sem muita clareza de seu significado, esse movimento represente uma forma articulada de resistência.

No início, repetindo o processo histórico das décadas de 1970 e de 1980, a mobilização deu-se em torno das experiências ligadas à disciplina de Metodologia do Ensino Superior. Logo, porém, ampliou essa dimensão, incluindo toda a pedagogia universitária, indicando que, para melhor ressignificá-la, seria preciso uma reflexão mais ampla, especialmente do contexto econômico e político que lhe serve de palco. Ao mesmo tempo, fiel a seus objetivos e princípios, o grupo manteve a intencionalidade de conhecer e estimular as experiências desenvolvidas no Rio Grande do Sul que, apesar dos pesares, são muitas e de variadas naturezas. Foi interessante observar que muitas delas estão sendo produzidas por docentes das diferentes áreas do conhecimento que se interessam pela melhoria de seu trabalho e começam a sistematizar seus saberes. A pesquisa que dá sustentação a esse processo, muitas vezes está ligada aos trabalhos de dissertação e tese nos programas de pós-graduação em Educação.

Tal constatação é animadora e indica, como afirma Donato (2000), que o trabalho de formação é um trabalho sobre si mesmo. Entretanto, para realizá-lo, necessita-se condições especiais de tempo, lugar e relação com a realidade. Conhecê-los, incluindo suas formas de produção, pareceu ao grupo uma interessante alternativa para vislumbrar algumas perspectivas emancipatórias, muitas delas instaladas na contramão das políticas dominantes. Com esse sentido foram realizados, em 1999 e em 2001 o I e o II Simpósios de Educação Superior, na Ulbra e na Unisinos, respectivamente. Deles decorreram publicações que ampliaram as repercussões e os impactos. Na segunda edição, foi registrada a presença de participantes de outros estados, em uma demonstração de que o tema aglutina interesses e expectativas universais.

Contando que as energias alocadas para a realização dos Simpósios não se esgotassem neles próprios, foi criada uma Comissão, com representação das diversas universidades do estado, para continuar a fortalecer suas relações e intercâmbios. Surgiu, então, a Rede Sulbrasileira de Investigadores do Ensino Superior (Ries) que, com apoio da Fapergs, procura sistematizar sua ação mantendo um compromisso com a dinâmica de um movimento que quer ser entendido como em permanente construção. E nesse patamar estamos agora.

Sistematizar os principais movimentos e as energias da pedagogia universitária, tendo como base as IES do Rio Grande do Sul, constituiu-se uma desafiante tarefa que não tem a menor pretensão de assumir-se como um estudo histórico. Apenas pode ser vista como um ensaio em que se registram trajetórias vividas que podem contribuir para outras reflexões. Nesse sentido, também, assume sua condição de provisoriedade, na expectativa de estimular outras análises e depoimentos. Fundamenta-se na concepção de ser uma experiência, no sentido anunciado por Larrosa:

> Se o experimento é repetível, a experiência é irrepetível, sempre há algo como a primeira vez. Se o experimento é preditível e previsível, a experiência tem sempre uma dimensão de incerteza que não pode ser reduzida. Além disso, posto que não se pode antecipar o resultado, a experiência não é caminho até um objetivo previsto, até uma meta que se conhece de antemão, mas é uma abertura para o desconhecido, para o que não se pode antecipar nem "pré-ver" nem "pré-dizer". (2002)

Assim é que gostaríamos de que fossem entendidas essas reflexões. Assim, também, conclamamos todos a pensar o futuro.

Referências bibliográficas

AFONSO, A. J. A reforma do Estado e as políticas educacionais entre a crise do Estado-nação e a emergência da regulação supranacional. *Educação e Sociedade*, ano XXII, n.75, ago. 2001.

BERBEL, N. A. *Metodologia do ensino superior:* realidade e significado. Campinas: Papirus, 1994.

BRASIL. Ministério da Educação e Cultura. Capes. Programa de Apoio ao Ensino Superior: proposta de continuidade e revitalização. *Resenha* n.4, abr. 1984.

CORTESÃO, L. *Ser professor:* um ofício em risco de extinção? Reflexões sobre as práticas educativas face à diversidade, no limiar do século XXI. Porto: Edições Afrontamento, 2000.

CUNHA, M. I. da. O papel da Faculdade de Educação na percepção dos professores da Universidade Federal de Pelotas. Porto Alegre, 1979. Dissertação (Mestrado) – Pontifícia Universidade Católica do Rio Grande do Sul.

______; FERNANDES, C. M. Formação continuada de professores universitários: uma experiência na perspectiva da produção do conhecimento. *Educação Brasileira,* Brasília, n.32, jan./jul. 1994.

FRANCO, M. E.; KRAHE, E. *A pedagogia universitária na UFRGS.* Porto Alegre, 2002, mimeo.

LARROSA, J. Notas sobre a experiência e o saber da experiência. *Revista Brasileira de Educação.* ANPed, n.19, jan./fev./mar./abr. 2002.

LUCARELLI, E. *El asesor pedagógico en la universidad:* de la teoria pedagógica a la práctica en la formación. Buenos Aires: Paidós, 2000.

MOROSINI, M. (Org.). *Professor do ensino superior:* identidade, docência e formação. Brasília: Plano Editora, 2001.

SALDANHA, L. (Org.). *Planejamento e organização do ensino:* um manual para treinamento do professor universitário. Porto Alegre: Globo/MEC, 1973.

SANTOS, B. de S. Construção multicultural da igualdade e da diferença. In: CONGRESSO BRASILEIRO DE SOCIOLOGIA, 6, 1995, Rio de Janeiro. *Anais...* Rio de Janeiro, UFRJ, 1995.

TURRA, C.; ENRICONE, D.; SANTANA, F.; ANDRÉ, L. *Planejamento de ensino e avaliação*. Porto Alegre: PUC/Emma, 1975.

30

Sala de aula universitária: o desafio da construção pedagógica do conhecimento

Cleoni Maria Barboza Fernandes

> Não há possibilidade de pensarmos o amanhã, mais próximo ou mais remoto, sem que nos achemos em processo permanente de "emersão" do hoje, "molhados" do tempo que vivemos, tocados por seus desafios, instigados por seus problemas.
>
> Paulo Freire

Imersa em meu tempo vivido, nele encontrando a radicalidade do tempo ainda por viver, porque este é o nosso tempo, o que me permite emergir no hoje, encontrando-me neste lugar – desafiada não só pelo convite de companheiros e pela temática para esta apresentação, mas desafiada a trabalhar com os fios que tecem e são tecidos em uma teia complexa de relações humanas e epistemológicas.

Relações que exigem movimentos contínuos de reflexão e nos permitam reconstruir e construir mediações possíveis em diálogos (Freire; Shor, 1987) *de e entre gentes* para dialogar epistemologicamente em uma travessia que rompa os limites feudais das relações de poder com as pessoas e com o conhecimento, da tradição que trazemos da nossa formação inicial em sua reprodução paradigmática histórico-cultural.

Nesse sentido, Santos (2000, p.344) afirma que *a luta paradigmática é no seu conjunto altamente arriscada* (p.344), e exige uma subjetividade emergente que força uma ruptura epistemológica e societal, daí o desafio da mediação dialógica entre o humano, o epistemológico, o ético e o cultural.

Apresentando uma teia

Neste texto, apresento um dos casos estudados, como um recorte de minha tese de doutorado: Sala de aula universitária – ruptura, memória educativa, territorialidade – o desafio da construção pedagógica do conhecimento – o Caso da Licenciatura em Matemática – *Teia* da Didática de Matemática. Utilizando-me de uma metáfora, *a teia de aranha,* compreendi a complexidade das teias de relações que envolvem o conhecimento como categoria fundante do processo educativo na sala de aula universitária.

Apoiei-me no conceito de cultura de Geertz (1978) para construir a ideia de teia de relações *como as relações interativas do intelecto e do afeto tecidas entre as pessoas produtoras dos atos de ensinar e aprender, tanto na dimensão subjetiva – da consciência dos sujeitos –, quanto na dimensão objetiva – da cultura.*

As práticas dessa sala de aula estudada foram analisadas com base em três categorias básicas: ruptura, memória educativa e territorialidade, que sustentaram a leitura da construção pedagógica do conhecimento. Essas categorias de análise foram construídas no embate entre a prática pesquisada: observações realizadas em sala de aula que corresponderam a 73% das aulas; análise de planos de ensino, produções do professor[1] e dos alunos e das entrevistas feitas com professor e com alunos; e as teorias necessárias e ressignificadas. A metodologia adotada configurou-se como estudo de caso do tipo etnográfico, em que considero cada caso uma *teia.*

Assim, nesse recorte, seleciono alguns *fios* da pesquisa e suas respectivas tessituras, a fim de permitirem ao leitor certa visibilidade para a compreensão do processo dessa pesquisa em suas várias dimensões e totalidades. Trago a seguir a análise tecida por dentro das categorias construídas, após a cartografia dos registros das observações, produções e das entrevistas realizadas em contínuos movimentos de diálogo da prática pesquisada com a teoria e em seus contínuos retornos para compreender a prática e ressignificar a teoria.

Analisando as tessituras por dentro das categorias

Rupturas – Primeira categoria

Na *teia de* Didática da Matemática, ao romper com a Didática prescritiva, reduzida a planejamentos encarcerados em planos e tarefas isoladas de como fazer, expectativa manifestada por alunos durante a discussão da memória do grupo:

---

1 No sentido de facilitar a leitura, usarei a denominação professor/professores, aluno/alunos de acordo com a norma culta da língua portuguesa para indicar a categoria que inclui professora / professoras e aluna/alunas.

"Eu achava que Didática era para ensinar a fazer planos, provas, lâminas e cartazes; lá, me disseram, vai, vai pra Faculdade de Educação fazer folhinhas e escrever textos; a experiência com Didática no magistério é horrível", o professor encaminhou a discussão para o campo das concepções de ciência, educação e mundo, amarrando na partida questões das mais complexas e desafiadoras para os professores de Didática: as relações teoria-prática e conteúdo-forma.

No cerne da discussão de teoria-prática transitaram as relações de conteúdo-forma. A ideia de que há uma forma compreendida, isoladamente da natureza do conteúdo, revela a dicotomia teoria-prática e descola o ensino da aprendizagem. De certa forma, essas questões estavam enraizadas na fala: "Eu achava que a Didática era para ensinar a fazer planos, provas, lâminas, cartazes". Ao perguntar sobre a Matemática – Ciência Exata –, o professor escreve no quadro-de-giz uma integral, a "decompõe" e demonstra que, em sua construção histórica, mesmo sem clareza de ideias iniciais, sem fundamentação lógica sólida, desenvolveu-se um campo importante para a Matemática e para a Física Moderna. Assim o docente adentra o estatuto epistemológico do conhecimento por dentro de suas formas de produção e apropriação, para construir um ponto de intersecção com a Educação: ser professor de Matemática. Nesse momento, ele redimensiona a compreensão de conhecimento, encaminhando outro olhar sobre a ciência, ciência historicamente produzida, mostrando um caminho de imaginação e adivinhação difícil de "enquadrar na Matemática", como disse um aluno.

A constatação da importância de ter o manejo do conhecimento em múltiplas dimensões, para poder compreendê-lo em suas formas de aprender e de ensinar, ultrapassa a Didática como forma "a-histórica" e com fórmulas prontas e passíveis de serem aplicadas em qualquer determinação do conteúdo. O professor interage com os alunos mostrando que a concepção *formulística de regras está presente não só na Didática, como também está na Matemática e em outras áreas, e isto representa uma visão de conhecimento que está em nossas cabeças, precisamos romper com essas ideias.* A fala de Freire sobre regras gramaticais em diálogo com Shor fortalece esse posicionamento:

> Eu me lembro hoje como mudei o ensino da sintaxe ... A questão não era só negar as regras. Quando jovem, aprendi que a beleza e a criatividade não podiam viver escravas da devoção à correção gramatical. Essa compreensão me ensinou que a criatividade precisava da liberdade. Então mudei minha pedagogia. (1987, p.31)

A resistência dos alunos em verbalizar ideias e registrá-las era no início uma atitude constante, mas o professor insistia, trabalhando com textos e também com a produção dos alunos, devolvendo-as para serem refeitas quando não atingiam os critérios previamente definidos em conjunto. Essa prática pedagógica implicou situar a avaliação como um processo mediador que está em sintonia com a concepção de ensino-aprendizagem para a compreensão, que procura partir dos acertos e dos erros para ensinar os alunos a buscar caminhos possíveis, a aprender por compreensão. (Veiga, 1991, p.165)

Ao colocar a pauta da aula no quadro-de-giz, discutia, ou melhor, explicava o porquê da criação de um caminho metodológico. Ele dizia: *Poderia ser outro; por que, então, este?*, abrindo uma possibilidade de refletir sobre a própria prática, como a primeira leitura para embasar as discussões teóricas, sem estarem fixadas em programas estáticos e fórmulas críticas e prontas, mudando, assim, os polos da relação com o conhecimento, tradicionalmente apresentados: primeiro a teoria, depois a prática, a forma separada do conteúdo, ou seja, a fundamentação separada da metodologia.

A leitura da realidade mediante memória, trabalhos, entrevistas e observações, a sistematização dos dados coletados, a leitura da escrita em textos críticos, a textualização permanente, a avaliação discutida e praticamente teorizada por dentro da correção da prova produziram um conhecimento teórico-prático para intervir na prática desses alunos: a montagem de aulas para os próprios colegas e para o professor. A análise das aulas feitas coletivamente teve um ancoradouro seguro no "mar de dúvidas e inseguranças": a disponibilidade do professor e a solidariedade do grupo, que transparece nas falas deles:

> Fico nervosa, mas tenho vontade de procurar; não me senti idiota preparando estes relógios para vocês trabalharem com ângulos; meu Deus, eu achava que planejar era montar uma sequência de itens do conteúdo, hoje sei que tenho que pensar nos alunos, suas dificuldades e seus medos. Eu não estaria como estou; realmente o motivo, o desejo está dentro de cada um, fico louca se eu não conseguir mexer nos meus alunos.

Os estudantes, nessas experiências, construíam outras formas de aprender e de ensinar, superando o individualismo de tarefas isoladas e exercitando a compreensão do conhecimento como construção social de determinado tempo e de determinado espaço, partindo de leituras e de interpretações de sua realidade, fosse ela no campo matemático ou no campo da educação ou, ainda, na grande intersecção do "conjunto" da sala de aula da Matemática: o campo da Didática de Matemática. A trajetória teve uma perspectiva interdisciplinar, construída por dentro das várias dimensões da História do conhecimento, tentando recuperar a totalidade nos fragmentos existentes em toda a parte: da produção e da forma, da linha ao ponto. Houve a criação de uma cultura de participação e registro que, segundo esses alunos: "Foi transferida para outras disciplinas; estamos pedindo as tarefas por escrito e a devolução de provas e trabalhos em tempo para revisão; não queremos só nota solta."

A participação também era manifestada por perguntas, tão ausentes das aulas, no início, inclusive dessas expressas nas falas de alguns alunos:

> Acho que estou aprendendo a perguntar; tem professor que não admite perguntas, ele faz: tem dúvida? Se a gente dá um fora é ridicularizado; estou vendo que a pergunta mais idiota tem de ser respeitada; o pior é que fiz estas coisas algumas vezes com meus alunos, achei que era para me pegar.

A fórmula da resposta única, da resposta pronta mata a possibilidade da pergunta, de aprender a perguntar, condição para o diálogo, na liberdade de se expor e no exercício de pensar com suas possibilidades.

Tais questões sobre a importância de estimular perguntas, de aprender a fazê-las e também sua negação, a negação do ato de perguntar, estão bem exploradas por Freire em diálogo com Faundez (1985, p.46), do qual escolho a seguinte afirmativa para sustentar a constatação dos alunos e a interpretação que estou fazendo:

> É isto que chamo de 'castração da curiosidade'. O que está acontecendo é um movimento unilinear, vai de cá para lá e acabou, não há volta, e nem sequer há uma demanda; o educador de modo geral, já traz a resposta sem lhe terem perguntado nada!

Freire, em diálogo com Shor, afirma que:

> a natureza de um discurso libertador não está propriamente no educador, mas na própria prática da educação, enquanto que o educador dominador mantém nas mãos os objetivos da educação e o próprio poder diretivo da educação ... Isto não significa que o professor seja igual aos alunos ou que se torne igual a eles. Não. O professor começa diferente e termina diferente. Ele dá as notas e passa trabalhos para serem feitos. Os alunos não dão notas aos professores ... A diferença libertadora é uma tensão que o professor tenta superar por uma atitude democrática com relação à sua diretividade. (1987, p.204)

Talvez essa tenha sido uma das aprendizagens mais evidenciadas pelos alunos: a compreensão da necessidade da exigência e da diretividade em uma possibilidade democrática de relações humanas e com o conhecimento; a compreensão de que acertos e erros são partes de um estágio do processo de produção do conhecimento, no qual aluno é um sujeito pensante; de que é possível ensinar e aprender, sem reduzir-se à aplicação de fórmulas, mas, sim, utilizando procedimentos investigativos que estimulem a compreensão e a criação de *n* alternativas possíveis, para então entender e até criar suas "fórmulas". Nesse sentido, era preciso trabalhar *com a inteireza do ser humano,* expressão de Freire ao longo de sua obra. Tratava-se de recuperar a imaginação, a emoção, a intuição, o prazer de produzir, de viver o lúdico e também significava, teoricamente, compreender a ideia de Schenberg (1985, p.34), quando apresentou a interpretação de um professor inglês Brian Easlea ao comparar Descartes com Newton: "Descartes não foi capaz de construir a Mecânica porque era um lógico, mas Newton, que foi um mágico, conseguiu fazê-lo", embora o próprio Schenberg, neste livro, fizesse referências às intuições de Descartes. Em uma busca de aproximação entre o desejado e o possível, discutido e vivido ao longo do semestre, permito-me afirmar que, nessas aulas, foi sendo gestada outra compreensão de Ciência Matemática, como conhecimento historicamente construído, e de Didática de Matemática, marcada pela centralidade de uma prática pedagógica inserida em um contexto epistemológico e sociocultural, não reduzida à dicotomia didática teórica/didática prática, às questões de planejamento (objetivos, conteúdos, procedimentos e avaliação em pontuações programáticas) e à análise de textos pertinentes em tópicos isolados.

A ruptura com o paradigma dominante, no ensino de Didática da Matemática, ocorreu no campo epistemológico, envolvendo três dimensões em busca de outra episteme: na compreensão de conhecimento, ciência e mundo; na superação do conhecimento como conteúdo estático – "cadáver de informação – corpo morto de conhecimento" (Freire; Shor, 1987, p.15), rompendo com o ensino por meio de aplicação de fórmulas e de regras padrão; na perspectiva interdisciplinar de outras formas de ensinar e aprender; e na superação do individualismo e na construção social do conhecimento.

Memória educativa – Segunda categoria

Na *teia* de Didática de Matemática, a memória foi trabalhada inicialmente de forma individual, coletando os dados por escrito: identificação (*o cadastro)*; caracterização da escola de 1º e 2º grau; experiências marcantes; relações com a Matemática; modos de estudar e aprender; fatos políticos marcantes; uma questão aberta para acrescentar o que desejasse. Em grupos, por escolha própria, os alunos comparavam e organizavam os dados para a discussão. A experiência de organização dos grupos foi lenta e com dificuldades para registro, o professor interveio algumas vezes, por solicitação do grupo e por perceber que o trabalho não andava. Na apresentação dos grupos, o professor também apresenta os dados do "cadastro" – o *fio* inicial. Na discussão das memórias, sem preocupação de consenso, posição explicitada pelo professor, os alunos vão-se colocando, saindo da mudez inicial. Com a ajuda do professor, foram destacadas categorias dessa primeira leitura de realidade: leitura da própria história. A interação vivido/vivendo/por viver emergiu nos conflitos das concepções de Matemática, dos problemas do Curso, das dificuldades em aprender, da não perspectiva profissional. Os dados da memória abasteceram tanto a análise do professor quanto às análises dos alunos, que a ela retornaram durante o semestre para comparar, justificar e intervir nas discussões de sala de aula. O conhecimento produzido pela memória, socialmente apropriado, tornou-se *fio* condutor, amarrando teoria-prática/forma-conteúdo.

Foi a memória que forneceu os problemas da Educação Matemática, ancorando dados de aprovação/reprovação que se corporificavam em dificuldades cotidianas e concepções de conhecimento e aprendizagem.

O exercício do trabalho de sistematização da memória construiu o espaço para os alunos falarem entre si e de si. Era possível perceber uma abertura para ouvir o outro, como disse um aluno: "Não pensei que poderia contar essas coisas tão difíceis que trago de minhas memórias de estudante, estou perdido, entrei agora, mas resolvi encarar, pois sinto que aqui posso falar". Este aluno quase não falava, mas em setembro foi capaz de se expor. A fala de Paulo Freire (1997, p.81) sustenta a importância dessa fala do aluno:

> Seria uma contradição se, amoroso, humilde e cheio de fé, o diálogo não provocasse este clima de confiança entre seus sujeitos. Por isto, inexiste esta confiança na antidialogicidade da concepção 'bancária' da educação.

A construção de significações – o germe da identidade – demarcou, nesse grupo, um território comum em uma *teia de relações* com *fios* que teceram a relação Educação-Matemática e o trabalho com o conhecimento "vivo", possibilitando intervenção concreta no próprio curso: discussão entre professores e alunos do curso, com a participação do professor de Didática convidado pelos seus alunos.

A memória educativa, trabalhada mediante um roteiro sistematizado, permitiu a possibilidade de reconstruir, na singularidade de cada experiência, a busca da totalidade histórica, firmando, então, o espaço da identidade. A identificação do que é significativo para os alunos cria vínculos entre eles e entre eles e o professor, por dentro das experiências e do próprio conhecimento que trazem de si e da vida. A memória como fonte abastece a trajetória de professores e alunos na construção de um território comum pela marca da diferença, em que o ponto de partida não é mais o programa da disciplina ou a leitura da turma ou do conteúdo, pelo professor, mas sim a teia de relações construída com as histórias de alunos e do professor.

Territorialidade – Terceira categoria

Na *teia* de Didática de Matemática, a maioria dos alunos não se conhecia e não conhecia o professor. Como a disciplina não exigia pré-requisitos, não havia uma relação que os identificasse como uma turma em outras disciplinas anteriores, *ou até uma relação de "corredor"*, como disse uma das alunas, que, com outra, naquele semestre, candidatou-se ao Diretório Acadêmico do Curso de Matemática. O distanciamento era grande entre os alunos; eles, à exceção de quatro, não sabiam o nome dos colegas nem se eram também alunos do curso. A dificuldade manifestada na primeira aula de Didática, quando os alunos em fila, emudecidos, falavam por monossílabos, parecia indicar a existência de um *muro* entre eles. Esperaram o professor chegar sem conversarem entre si. Os alunos sentaram-se nas primeiras filas e, quase em silêncio, ali permaneceram até o professor chegar. A sala era comprida, os alunos mantiveram a disposição: classes em fileiras de quatro, um "corredor" no meio, empurrando as filas que, quase encostadas na parede, pareciam formar uma cordilheira margeando um rio. Uma das alunas, funcionária da universidade, cumprimentou-me, mas chegou logo depois do professor. Este, ao entrar, cumprimentou-os alegremente, falou sobre a diferença de horário dos relógios, tentou várias vezes conversar com eles, enquanto colocava a pauta da aula daquele dia no quadro-de-giz. A apresentação, por parte dos alunos, foi realizada só respondendo ao solicitado, sem acrescentar alguma coisa e/ou situação, sem olhar para os colegas, apenas para o professor (nos olhares que pude perceber no meu ângulo de visão). Quando tiveram de formar um círculo, solicitado pelo professor, alguns permaneceram sentados, outros colegas levantaram-se e sentaram-se ao redor deles, sem reclamações. O professor não usou a mesa, puxou uma cadeira e sentou-se entre eles. No preenchimento do *cadastro* e do *mergulho* na memória, um rumor, ainda que baixinho, era ouvido. Os alunos começavam a falar. Mas foi na sistematização em pequenos grupos, por escolha deles próprios, que as vozes se fizeram ouvir e a movimentação teve início, embora a sala fosse enorme e, ainda com vazios demográficos, os alunos começaram a se movimentar.

A primeira ação foi ocupar outros lugares para poderem discutir a forma de apresentação, a sistematização de suas histórias. O professor acompanhou os grupos, orientou, interveio, teve de falar para todos sobre a forma de apresentação, pois ninguém havia perguntado como seria. Na recuperação de suas memórias os alunos se reorganizaram, conversaram entre si, identificaram-se, foram para outros lugares e o espaço, antes só da mesa do professor, nesse momento foi ocupado por ele e pelos alunos. Abriram-se *fronteiras,* a ideia da não exatidão da Matemática trabalhada em exemplos, como o da calculadora, as identidades (conteúdo matemático) escritas pelo professor no quadro-de-giz, entrelaçaram-se com suas histórias, produzindo uma leitura primeira, que problematizou as concepções de conhecimento científico, formas de atuação do professor e formas de trabalhar com a Matemática, entre outras.

Tal problematização produziu um *conhecimento novo sobre o conhecimento existente (*Freire; Shor, 1987), trazendo, como disse uma aluna: "Um muro de lamentações, mas de que adianta?". Quatro alunos participantes no pequeno grupo permaneceram no grande grupo sem se manifestarem, exigindo do professor uma espera às perguntas feitas. Ele não respondeu, devolveu a questão: "Será que não adianta? O que acham? Voltem às suas memórias, o que aconteceu para que vocês pensem assim?". A aula retorna ao silêncio. O professor espera, repete a pergunta e dirige-se a uma aluna já conhecida. Força a resposta, qualquer resposta, mas quer ouvi-los, *o que vocês pensam?* Espera, escrevendo os itens para serem discutidos na avaliação da produção deles. Os alunos começam a copiar do quadro, o professor se aproxima, eles estão sentados formando uma figura de semicírculo e diz: "Não copiem agora, vamos discutir esse tema depois, agora eu quero resposta à pergunta que fiz". Os alunos se olham e começam a falar ao mesmo tempo. O professor começa a rir e pede que cada um fale por vez. Devagar, a maioria se manifesta. O professor, ao forçar uma posição dos alunos, assume a responsabilidade diretiva ... exige que o professor tenha objetivos e um ponto de vista, um sonho ou outro, o que significa que não pode ser neutro no processo (Shor em diálogo com Freire, 1987, p.187), ... é por isso que qualquer tipo de educação sempre tem um determinado momento que chamo de "momento indutivo". É o momento em que o educador não pode esperar que alunos tomem a iniciativa do próprio progresso no sentido de uma ou de uma compreensão, e quando o professor deve fazê-lo. Se os alunos avançam no estudo crítico espontaneamente, tudo bem!... Mas há momentos em que os alunos não iniciam seu próprio desenvolvimento, e o educador deve fazê-lo (ibidem, p.187-8). Os alunos retornaram às suas memórias e, como se as redescobrissem, ocuparam o território do conhecimento, enquanto o professor voltava ao quadro e transformava em questões matemáticas as dificuldades e problemas apresentados. Eles, já mobilizados pelo questionamento sobre a exatidão da Matemática, discutiam como fazer uma outra Matemática. A memória e a ruptura com o *cadáver de informação – um corpo morto de conhecimento* (Freire; Shor, 1987, p.15) – teceram os *fios* que formaram *da teia de relações que envolvem o conhecimento como categoria fundante*. Os alunos saíram discutindo as questões trabalhadas com suas memórias. Na praça, em frente à Faculdade de Direito, alguns ainda permaneceram quando saímos. Estão juntos, alguns iniciantes e os "sobreviventes", como se autodenominou uma aluna, apoiada pelos colegas.

A leitura e a síntese do texto, propostos pelo professor, ficaram para a próxima aula. Na terceira semana, alguns alunos pediram ao professor que verificasse se não havia espaço na FaE (Faculdade de Educação), pois eles se sentiam perdidos naquele imenso prédio: "À tarde somos nós, pois o Curso de Direito funciona de manhã e de noite, há poucas aulas; aqui é muito pesado, a gente tem que esperar lá fora". Ficou combinado que o professor tentaria uma sala na FaE e uma aluna receberia a resposta e avisaria a turma. As relações construídas pelo *conhecimento vivo* favoreceram a organização dos alunos para reivindicar e ocupar outro território. Uma outra *fronteira*, a FaE, conhecida por algumas alunas que já haviam cursado disciplinas nessa unidade.

Na quarta semana, lá estavam os alunos. A sala era pequena, todo mundo tinha que se movimentar com cuidado, mas se apertaram e todos se acomodaram. Duas alunas que chegaram cedo arrumaram as classes, formando um grande círculo (a figura de um U), as classes grudadas na parede, mas delineando uma montanha sinuosa, em que os olhos de professor e alunos se encontravam. Alguns reclamaram do apertamento, então outros alunos se manifestaram: "Querem voltar para o Direito? Ou querem ter aula lá fora (Instituto de Física e Matemática onde o curso era alocado) e ouvir em pleno corredor: foste reprovada de novo; que ambiente temos lá?". O Professor ouviu e disse: "A escolha foi de vocês, decidam-se, e depois agora é inverno, a sala vai ficar cheia de calor humano". Alunos riram e acomodaram-se. Constatei que, no intervalo, alguns foram tomar um cafezinho, outros ficaram num pátio. O professor saiu com os alunos e houve momentos em que os alunos se movimentavam como uma revoada de pássaros, falantes da mesma turma, ou junto com o professor e, às vezes, com algumas alunas da Pedagogia, curso no qual o professor trabalhava com Metodologia da Matemática para séries iniciais.

A queixa geral do grupo de Didática de Matemática era a situação do seu curso, em termos de aprovação e das dificuldades em trabalhar no campus. As falas dos alunos revelaram esta constatação: "Lá não temos condições, somos tratados como incompetentes que não conseguimos aprender; as professoras que sabem ser professoras estão-se aposentando; o coordenador até que é um cara bom, mas não se arrisca". O professor recomendava: "Organizem-se, não adianta só reclamar; vejam, esta é uma questão que está presente em todos os lugares, no mundo lá fora, acontece o mesmo, e só reclamamos, aliás, vocês também reclamam de mim por causa dos textos e tarefas". Diziam os alunos: "Ah! mas é diferente!".

O professor trabalhava as problemáticas do cotidiano levando-as para as questões mais amplas da sociedade como um todo. Entrava pela história da produção do conhecimento, abria *fronteiras* para discutir o *fazer matemática mais investigativa,* sem essa rigidez da sequência. Nesse trânsito, fazia a dialeticidade local/global historicamente situada. Embora a demonstração de um bom nível de satisfação dos alunos com essas aulas, ficava para mim evidenciada a desterritorialização[2] do grupo. Percebia que as *fronteiras* abertas na FaE, pelas relações diferenciadas com o conhecimento e com o professor, eram encaradas como positivas, mas também traziam ansiedades, como as falas da entrevista desses alunos mostram: "A gente não tem lugar nosso; ainda nos falta muito da História da Matemática, vim entender Cálculo Infinitesimal na História e como conteúdo aqui na Didática, que eu achei que seria uma chatice; os conteúdos que serão trabalhados no segundo grau, estamos vendo aqui depois das observações em escolas". Essa

2 Apoio-me em Milton Santos (1996, p.262) para usar a expressão desterritorialização como um estranhamento, e de aproximá-la nessa teia à ideia do sentido que separa o centro da ação e a sede da ação (ibidem, p.272), a sede do curso um lugar com outros lugares – as várias territorialidades fora do que seria o lugar da identidade nucleada – o curso.

turma organizou uma reunião com professores aposentados e todos os alunos do curso para discutirem que curso era aquele. Quais as possibilidades de sua existência? Qual professor desejavam ou não formar? Que competências eram requeridas, se não havia nenhum aluno formando?

Sem entrar nos detalhes do fato ocorrido, em sua condição ou falta de condição para tal evento, constatei um fato marcante – a ocupação do *lugar* pelos alunos do curso – o seu *lugar*. Não é foco desta pesquisa entrar nessa discussão, mas sim buscar interpretá-la. A organização e a direção foram dos alunos. Na ação deles, incorporei Milton Santos (1994; 1996) para interpretar a importância política, para os alunos, da construção da identidade com o curso: o *lugar*, como espaço local, fornece identidade, e é construído com a identidade do sujeito. O trabalho com o conhecimento em outras *fronteiras* lhes permitiu confrontar outras possibilidades. As ideias de outra Matemática, produzidas no embate com o cotidiano, espraiaram as *fronteiras*. A dimensão espacial do cotidiano se refez em múltiplas dimensões ligadas pelas determinações e relações na *teia* de Didática de Matemática.

Várias territorialidades foram construídas: a derrubada dos muros entre os alunos pelo trabalho com o conhecimento, em duplas e em pequenos grupos; a ocupação de outros territórios: a participação no DA; a inserção de uma aluna no Projeto Desafio (Curso pré-vestibular para candidatos, sem condições de pagar estes cursos, organizado por um grupo multidisciplinar de alunos da Universidade); a participação em projeto de extensão coordenado por aquele professor junto a rede pública.

Com todos os problemas vividos pelos alunos em seu curso, naquele momento, em que a *sobrevivência* era uma questão-chave, constatei a construção da autonomia por parte desses alunos para buscar outras "alternativas de solução". A autonomia, construída historicamente, nas condições de conflitos vividos por esse grupo "repõe a questão do lugar numa posição central" (Santos, 1996, p.252), que, numa aproximação com Freire (1997, p.21), sobre a importância da dialeticidade local/global/luta/organização, se reafirma: "A ideologia fatalista, imobilizante, que anima o discurso neoliberal anda solta no mundo. Com ares de pós-modernidade, insiste em convencer-nos de que nada podemos contra a realidade social, que de histórica e cultural, passa a ser ou a virar quase natural."

A possibilidade de intervenção pelos movimentos dos alunos mostrou que as relações foram sendo construídas em outros *lugares,* mas o *lugar* de enfrentamento (aquela reunião de novembro), organizado pelos alunos, foi em uma sala de aula de um dos prédios do Instituto de Física e Matemática, onde está localizado o Curso de Licenciatura em Matemática. Esse fato incorpora a compreensão de que as pessoas vão-se fazendo por dentro das dificuldades, da construção do coletivo, da interação com outras realidades, da consciência dos próprios limites, ou seja, "Nós somos seres indiscutivelmente programados, mas, de modo nenhum, determinados. Somos programados sobretudo para aprender... É precisamente porque nos tornamos capazes de inventar nossa existência..." (Freire, 1993, p.126).

A importância do *lugar* foi explicitada na ação e na fala de alguns alunos, afirmando-se no sentido e direção dada por Milton Santos (1996, p.258): "No lugar – um cotidiano compartido entre as mais diversas, pessoas, firmas e instituições – cooperação e conflito são a base da vida em comum ... e porque a contiguidade é criadora de comunhão, a política se territorializa, com o confronto entre organização e espontaneidade".

A dimensão política da territorialização talvez tenha sido nessa *teia* o *fio* de maior sustentação para compreender as várias territorialidades construídas. Em *fronteiras* abertas, este grupo, em constantes diálogos, rompeu com as fórmulas e com a aceitação tácita das condições postas, organizou-se e vinculou-se a outros grupos de seu curso, para superar os limites daquela situação, naquele momento, ensinando e aprendendo, em *fronteiras* conquistadas pela intencionalidade de uma outra sala de aula.

A territorialidade apresentou várias configurações tecidas pelos vínculos criados e pelo trabalho com o conhecimento construídos na sala de aula. Embora não houvesse uma linha física, um muro, um rio, os movimentos do professor e dos alunos nem sempre se cruzavam na ocupação deste território, ficando suas territorialidades bem definidas. Houve uma decisão do professor para que este território não fosse delimitado pela sua ação, nem pelos muros da universidade, mas que fosse sala de aula pela intencionalidade de ensinar e aprender e dos atores principais: professor e alunos que expandiram fronteiras para além do limite físico da sala de aula formal.

Dialogando com uma Pedagogia do antiformulismo: uma possibilidade de inovação

Na *teia de* Didática de Matemática, o *fio* que delineou minha síntese a partir das categorias de análise trabalhadas foi o fio de uma pedagogia antiformulística – tanto para romper com uma visão de Matemática, como uma ciência exata *com o rigor do veículo formal em que a medição é expressa* (Santos, 1987, p.26), tendo validade universal, em sequências fechadas e com fórmulas, para serem aplicadas em atividades, descoladas de sua produção histórica – quanto para demarcar um campo da Didática ocupado pela nucleação de uma prática pedagógica imersa num contexto epistemológico e sociocultural, ultrapassando o formulismo centrado no planejamento ou na especificidade da área de conhecimento em que está nominada.

A fragmentação posta pela racionalidade técnica está prenhe de uma visão de Ciência e da Educação como ciência humana, que fratura o próprio sujeito da Educação, reduzindo-o a uma condição simplista e dicotômica de teoria e prática, conteúdo e forma, num dualismo também presente em corpo e mente, razão e emoção, trabalho intelectual e trabalho manual, polarizada num polo ou em outro.

Analisando as ideias de Lucarelli (1995, p.2) sobre Didática como "A disciplina que centra sua preocupação na prática do ensino, isto é, na identificação dos problemas principais que atravessam este campo e na oferta de interpretação e intervenção", encontrei uma visão mais pluralista, abarcando a complexidade da sala de aula, as relações construídas e mediadas pelas possibilidades de interpretação e intervenção. São relações que precisam interagir com várias temáticas e disciplinas, e necessitam de instrumental técnico para viabilizar essas intervenções e interpretações possíveis, numa multiplicidade de situações a exigir da Didática uma concepção de conhecimento em aberto, contextualizado e interativo com outras epistemes.

As questões conceituais de técnica/instrumentalização do ato de ensinar e aprender devem ser revistas. Não se trata de negá-las, mas sim de situá-las como meios produzidos socialmente, numa prática reflexiva. É preciso, então, perguntar, para quem, para que e por que, compreendendo a técnica/instrumentalização, ancorados numa proposta técnico-política, redimensionando o importante papel das técnicas de ensino, assim como explicita Freire em diálogo com Shor (1987, p.54-5) sobre a aula expositiva:

> O importante é que a fala seja tomada como um desafio a ser desvendado, e nunca como um canal de transferência de conhecimento ... os professores perguntam: 'Será que tenho que parar com minhas aulas expositivas de uma vez?' O importante é que o professor evite que sua fala seja uma canção de ninar informativa, ou uma apresentação sedativa. Ao invés disso, uma palestra libertadora é um apelo crítico que inspira os estudantes, que nasce do diálogo já estabelecido com eles ... O professor ... tem que perguntar como suas palavras estão enraizadas no discurso que já foi compartilhado em classe.

Esse fato significa compreender a prática pedagógica como uma prática social e cultural. Assim, esta ideia incorpora a complexidade por sua amplitude ou complicação mas sim pelas conexões e interconexões que produzem na ideia de que *complexus* é o que é tecido em conjunto. Essas visões transitam em outros paradigmas (Santos, 1987), que ainda estão sendo construídos, escapando de uma racionalidade técnica que reduz a riqueza da complexidade, das multiplicidades, das circularidades, que ficam encarceradas em modelos e proposições como verdades absolutas, em que a precisão da medição é o critério da própria verdade, sem as arquiteturas dos desejos, das emoções e das intuições, outras racionalidades que precisam ser trabalhadas no ato de ensinar e de aprender. De certa maneira, a inserção dessas racionalidades esteve presente nas aulas dessa *teia*, quebrando a visão do ensino reprodutivo, pontuado em sequências isoladas – tanto na Didática, quanto na Matemática, e também na Didática da Matemática, um pouco desvelada na fala do professor sobre o "planejamento tem que estar sempre em aberto para buscar sintonias com os alunos e com o contexto socioeconômico e cultural", e em interlocuções dialógicas com os alunos na sala de aula, analisando programas e observações nas escolas públicas. Reafirmou-se a necessidade de se trabalhar o *ensino com pesquisa* (Paoli, 1988), saindo da programação seriada, amarrada em pré-requisitos, e reafirmou-se também a compreensão de *que ensinar exige compreender que a educação é uma forma de intervenção no mundo* (Freire, 1997, p.110).

A aproximação que faço do ensino matemático formulístico com o ensino formulístico de Didática situa-se num programa que, geralmente, discute as questões mais amplas da Educação, centra-se no planejamento, começando pelos objetivos e, seguindo uma *ordem lógica* (*qual lógica?*, minha pergunta permanente), termina com a avaliação. Comparando o próprio plano de Didática de Matemática com a prática de sala de aula, a avaliação foi trabalhada antes da ordenação prevista, por meio de uma prova do filho de uma das alunas discutida no grupo. Esse fato, provavelmente ocorra com mais frequência em outras aulas de Didática, sem que nós, professores, nos apercebamos; precisamos produzir uma outra cultura de reflexão sobre a nossa própria prática, exercer "nossa militância ... não se aceitando como pronto e acabado ... a militância significa re-criação permanente" (Shor em diálogo com Freire, 1987, p.65).

Acredito que a condição fundamental para exercer *nossa militância* esteja numa *quebra* com a *formatação positivista,* que tem marcado nossa formação (Cunha, 1998). Nessa direção, o posicionamento de Schenberg sobre o positivismo fortalece a argumentação teórico-prática que venho construindo: "... o Positivismo é exatamente a coisa que mais freia a imaginação ... eu acho que a imaginação é provavelmente a maior qualidade criativa do homem em qualquer tempo em qualquer campo do pensamento e da ação humana ... (Goldfarb, 1994, p.86).

Assim, esse rompimento situa-se, não no âmbito da disciplina, mas na compreensão da complexidade, da circularidade *e da perspectiva* da construção de uma outra visão de ciência, conhecimentos e saberes, mundo, educação, que engravidem nossa história e nossa cultura. Retorno às aulas observadas, com as questões teoria e prática, conteúdo e forma, refaço o caminho do professor ao exemplificar um problema com o teorema de Pitágoras, utilizando cenas do cotidiano: a tesoura do telhado de uma casa, a cancela quadrada ou retangular, com um ferro/pau colocado em diagonal (a rigidez dos triângulos); a última etapa do trabalho foi a elaboração do enunciado e da fórmula.

Nesse momento, o professor discutiu com os alunos a visão pitagórica que sustentou o famoso teorema: sua filosofia e sua visão de mundo mística em torno dos números. O conteúdo do teorema, trabalhado desta forma, evidenciava que a forma de apresentação já era conteúdo matemático e o conteúdo trabalhado nessa forma já revelava não haver apenas uma questão metodológica, mas uma certa concepção de Matemática que, utilizando a prática cotidiana, recriava a teoria: era uma outra epistemologia.

Atualmente, posso compreender que as questões teoria e prática, conteúdo e forma não devem ser polarizadas, a Didática não está na teoria ou na prática, ou ainda no conteúdo que determina a forma, como eu pensava, mas numa relação tensionada entre epistemes diversas, exigindo uma postura diferenciada de diálogo entre elas. Evidente que o conhecimento da Matemática desse professor fez diferença, mas foi constatado por mim, como elemento fundamental para a Didática, nos estudos efetuados até agora, sua visão diferenciada de mundo, ciência e conhecimento e formas de recriá-los em sala de aula, que o encaminharam para uma perspectiva interdisciplinar.

Confrontando os estudos dessa pesquisa, as teorias estudadas e a experiência de professora de Didática, refaço meu construto téorico-prático e passo a considerar que a centralidade da Didática situa-se numa prática pedagógica corporificada nos sujeitos que a fazem, professor e alunos ensinando e aprendendo – *processos de ensinar e aprender*; situa-se no conhecimento em sua especificidade e nos diálogos que faz com outras epistemes – *perspectiva interdisciplinar*; situa-se nos meios técnicos socialmente produzidos – *produção de técnicas de ensino situadas nas condições concretas que a realidade sociocultural exige.*

A não dicotomia entre teoria e prática, conteúdo e forma, as relações tensionadas desvelam também a compreensão não dicotômica dos processos de ensinar e aprender, meus suportes na reconceitualização de minha própria prática e em outra teorização sobre Didática. A dialetização dessas práticas não exime a necessidade de se construir o *rigor científico*, embora as chamadas "ciências humanas" e, nelas, por cerne, a Educação, tenham uma pluralidade epistêmica que envolve suas especificidades e interações com outras ciências, em permanente movimento de construção social.

A Didática, ocupando uma posição importante na área pedagógica, precisa aprofundar a construção desse *rigor* tão presente nesta fala: "... jamais compreendi a prática educativa como uma experiência a que faltasse o rigor em que se gera a necessária disciplina intelectual... Ou, em outras palavras, não é minha arrogância intelectual a que fala de minha rigorosidade científica" (Freire, 1997, p.165).

Muitas dúvidas, muitos estudos para serem realizados, mas que já começaram a transformar-se em outras concepções, e esteve encarnada, entre tantas, em uma das falas de um aluno sobre a aula nessa *teia:* "um conteúdo árido transforma-se em poesia", e encontrou eco em Poincaré, grande matemático francês (1854--1912), que, em uma de suas obras (1995), ressaltou a necessária interação da análise lógica e da intuição, trazendo assim o imaginário visual de volta à Matemática, rompendo com a visão do método analítico e das fórmulas, trazendo também padrões visuais para essa ciência. Nas suas descrições sobre a criação matemática, ele incorporou outras racionalidades, como a racionalidade estética, um sentido poético e de beleza, expressa em uma das suas muitas falas:

> O cientista não estuda a natureza por ela ser útil; estuda-a porque ela lhe apraz, e ela lhe apraz por ser bela. Se a natureza não fosse bela, não mereceria ser conhecida, e se não merecesse ser, conhecida, não valeria a pena viver... vê-se que a inquietude com o belo nos conduz às mesmas escolhas que a inquietude com a utilidade. Por isso que esta economia de pensamento e de esforço que, de acordo a Mach, é a tendência constante da Ciência, é um manancial de beleza, ao mesmo tempo, que uma vantagem prática. (Poincaré, 1946, p.20-1)

Sem a preocupação de modelar, esta investigação apontou-me para compreender que as práticas visitadas tiveram uma perspectiva inovadora, entendendo inovação como nos fala Santos (1987), uma ruptura paradigmática em que o *grau de dissidência mede o grau de inovação* (ibidem, p.27). Esta análise da *teia* Didática da Matemática sinalizou a possibilidade de uma pedagogia antiformulística: complexidades, circularidades e perspectivas para práticas pedagógicas dialetizadas em múltiplas relações.

Referências bibliográficas

CUNHA, M. I. da. *O professor universitário na transição de paradigmas*. Araraquara: J.M. Editora, 1998.

FREIRE, P. *Professora sim, tia não*. 3.ed. São Paulo: Olho d´Água, 1993.

______. *Pedagogia da autonomia*: saberes necessários à prática educativa. Rio de Janeiro: Paz e Terra, 1997.

______; FAUNDEZ SHOR, I. *Medo e ousadia: o cotidiano do professor*. Rio de Janeiro: Paz e Terra, 1987.

GEERTZ, C. *Interpretação das culturas*. Rio de Janeiro: Zahar, 1978.

GOLDFARB, J. L. *Voar também é com os homens*: o pensamento de Mário Schenberg. São Paulo: Edusp, 1994.

LUCARELLI, E. Teoría y practica como inovación en docencia, investigación y atualizacion pedagogica. Cadernos de Investigación, n.10, Facultad de Filosofía y Letras, Universidad de Buenos Aires, 1994.

______. Inovaciones en la prática pedagógica de la enseñanza superior: presupuestos y expectativas. Universidade de Buenos Aires, 1995.

PAOLI, N. O princípio da indissociabilidade do ensino e da pesquisa. Caderno Cedes, n.22, São Paulo, 1988.

POINCARÉ, H. Ciencia y método. 2.ed. Buenos Aires: Espasa-Calpe, 1946.

______. *O valor da ciência*. Rio de Janeiro: Contraponto, 1995.

SANTOS, B. *Um discurso sobre as ciências*. 7.ed. Porto: Afrontamento, 1995.

SANTOS, M. *A natureza do espaço: técnica e tempo*. Razão e emoção. São Paulo: Hucitec, 1996.

SCHENBERG, M. *Pensando a física*. 2.ed. São Paulo: Brasiliense, 1985.

VEIGA, I. P. A. Didática: uma retrospectiva histórica. In: ______ (Org.). *Repensando a didática*. 5.ed. Campinas: Papirus, 1991.

31

Formação pedagógica do docente do ensino superior e paradigmas curriculares

Marcos T. Masetto

Introdução

Muitos estudos têm sido elaborados discutindo aspectos da formação e das práticas pedagógicas de docentes do Ensino Superior. O foco dessas investigações deteve-se ora nas ações em sala de aula, ora nas discussões sobre universidade nos séculos XX e XXI, em alguns momentos discutindo as influências das áreas profissionais sobre o currículo e sobre o docente, em outros a relação do currículo (suas teorias e organizações) e das diretrizes curriculares com a ação docente, em dado momento no final do século passado a discussão sobre o documento da Unesco que apontava para a missão e papel da universidade e formação do professor para o ensino superior no século XXI.

Não são tão frequentes discussões e estudos sobre outros pontos que afetam a formação dos docentes de ensino superior , entre os quais destaco a formação do docente como gestor de IES e de PDI e PPP e de Planejamento Estratégico. São espaços ainda ocupados por professores sem as devidas competências e respectiva formação.

Trago para nossa reflexão um tema que emergiu em minhas últimas pesquisas e me chamou a atenção: a formação pedagógica dos docentes de ensino superior para atuar sobre os paradigmas curriculares, que se impõem às IES e a cursos de graduação, marcando seus currículos e atividades.

Para expor os estudos que vimos realizando com mestrandos e doutorandos em educação, vou me ater a três tópicos:

1. Como relacionar teorias curriculares, currículo e paradigma curricular.
2. Qual a influência do paradigma curricular sobre a ação docente.
3. Em que essas questões afetam a formação do docente de ensino superior.

I – Teorias curriculares, currículo e paradigma curricular

1. Teorias curriculares vêm-se construindo no decorrer da atualidade e compreendendo e, valorizando a contextualização da contemporaneidade e seus diferentes movimentos sociais e educativos, procuram oferecer diretrizes para a organização curricular de escolas e instituições educativas.

Sob as mais diferentes nomenclaturas, as teorias curriculares ora assumem pressupostos fundamentados em uma racionalidade técnica, ora defendem uma visão crítica, em alguns tempos se apresentam com uma conduta construtivista, em outros com as características da modernidade ou até da pós-modernidade.

Cada uma em seu tempo e com suas críticas e proposições procura analisar as necessidades educacionais de uma comunidade e oferecer-lhes orientação para a organização das escolas, das IES, dos cursos de formação do cidadão e do profissional.

Passamos por várias delas.

As primeiras notabilizaram-se pela ênfase na área do conhecimento, repartido-o pelas disciplinas e áreas científicas, justapostas em um currículo, privilegiando a transmissão dos conteúdos e dos aspectos tecnológicos e exatos que valorizam a dimensão tradicional e permanente do conhecimento. Para essas, currículo é sinônimo de conteúdos ou de programas de várias disciplinas.

Os movimentos pedagógicos do final do século XIX e da Escola Nova de Dewey, nos inícios do século XX, apontaram para a necessidade de uma teoria curricular que não se estruturasse sobre a organização de conteúdos a *priori*, mas nos interesses dos alunos e nas experiências de aprendizagens que se realizam na escola. O currículo é meio de desenvolvimento e autorrealização dos alunos. Algumas escolas públicas e particulares assumiram essa proposta, criaram-se projetos experimentais no ensino fundamental, mas o sistema público como um todo e os cursos de graduação no Ensino Superior permaneceram com a teoria curricular anterior.

Mais recentemente, na década de 1960, vivemos um tempo de debates sobre reformulação curricular chamando nossa atenção para o fenômeno da aprendizagem, para desenvolvimento do indivíduo, na versão comportamentalista de Skinner ou na humanista de Carl Rogers, para o plano de ação pedagógica, para o conjunto de experiências planificadas, e prescrição de resultados a serem atingidos.

No dizer de Lopes e Macedo

> apenas na década de oitenta, com o início da redemocratização no Brasil e o enfraquecimento da guerra fria, a hegemonia do referencial funcionalista norte-americano foi abalada. (Lopes; Macedo, 2002,p.13)

No Brasil, dois grupos nacionais – pedagogia histórico-crítica e pedagogia do oprimido predominam nos discursos educacionais e nas tentativas de intervenção política; na área curricular despontam como autores de grande influência com seus livros traduzidos e muito discutidos aqui no Brasil: Michael Apple, Henry Giroux, Michael Young ligados à Nova Sociologia da Educação. Os estudos sobre currículo deixam um enfoque psicológico em direção a um enfoque sociológico.

Em seguida, o discurso dialético se fortalece, a organização curricular exige a participação dos professores, de modo democrático e comunitário, discute-se uma teoria emancipatória de currículo incluindo alunos e professores portadores de uma consciência crítica. E vários aspectos foram sendo levantados e discutidos e o são ainda hoje: práxis, ação-reflexão, resposta ao real e atual, interação do social e cultural no mundo, um mundo em movimento de construção, uma educação em espiral construtiva, descobridora de significados, conhecimento científico e saber popular.

Debatemos muito o construtivismo, Piaget, Vigotski, Paulo Freire, Papert (educação à distância), perspectiva pós-estruturalista, teoria moderna e pós-moderna de currículo, currículo e conhecimento em rede.

Projetos experimentais de currículos alternativos espalharam-se em alguns estados do Brasil, sobretudo em relação à formação básica. No entanto, o sistema oficial de educação básica e os currículos das IES responsáveis pela formação de profissionais no Brasil, com raríssimas e honrosas exceções, não foram reformulados pelas diferentes teorias curriculares emergentes. Permanece fortemente arraigada em nossas escolas e universidades a teoria curricular tradicional que dá ênfase à área do conhecimento, fragmentado pelas disciplinas e áreas científicas, justapostas em uma grade curricular, privilegiando a transmissão de conteúdos e de aspectos tecnológicos e exatos que valorizam a dimensão tradicional e permanente do conhecimento. O currículo é sinônimo de conteúdos ou de programas de várias disciplinas. O papel do professor continua ocupando o centro do processo de ensino.

A reforçar tal paradigma e procurando aperfeiçoá-lo encontramos os estudos de Goodson sobre a história das disciplinas escolares e de Chevallard sobre conhecimento escolar e transposição didática.

A pergunta que se põe é: por que, apesar de tantas discussões, pesquisa, publicações, alguns projetos exploratórios, efetivamente não se muda nem se altera de forma substancial e abrangente os currículos de formação?

2. Um segundo ponto que merece nossa reflexão é o conceito de currículo que se encontra em nossas escolas. Entendemos por currículo a organização de atividades e disciplinas que permitirão aos alunos presentes em curso de uma instituição educativa desenvolverem sua formação e educação, orientadas pelos princípios educacionais desta e por uma teoria curricular.
Entendemos por currículo escolar, no dizer de Zabalza,

> todo aquele tipo de disposições e processos que cada sociedade põe em marcha para tornar efetivo, através da escola, o direito das crianças e jovens à educação e ao desenvolvimento pessoal e social. (2003, p.17)

Tais conceitos vêm ao encontro da visão de currículo como organização escolar de atividades e disciplinas que, assumindo seu papel de componentes curriculares, colaboram com seus conteúdos e programações para as aprendizagens necessárias à formação das pessoas como cidadãos e profissionais.

Michael Young e Rob Moore (2001, p.198), em capítulo de livro recente, trazem alguns aspectos sobre currículo que merecem nossa consideração. Encontram na política curricular atual duas ideologias em competição: uma que denominam "tradicionalismo neoconservador", para a qual a visão de currículo é assumida como "um determinado corpo de conhecimentos a ser transmitido pela escola", e esta percepção é "tão antiga como a própria instituição escolar" (ibidem, p.198), o papel do currículo é fomentar o respeito a textos e conhecimentos produzidos,

> o importante é a experiência de submissão de um sujeito às regras de uma disciplina escolar, de forma a torná-lo o tipo de pessoa que se espera. [O neoconservadorismo] inspira-se na crença de que o caráter tradicional da disciplina, promove, na aprendizagem, o respeito adequado pela autoridade e protege os valores tradicionais. (ibidem, p.199).

A segunda ideologia é a do "instrumentalismo técnico", para o qual a "missão a ser cumprida pelo currículo não é educacional, mas deriva das necessidades da economia. Restringe-se, em sua maior parte à educação profissional e ao treinamento. No ensino superior, em nome da empregabilidade, incentivam-se os estudantes a combinar disciplinas "acadêmicas e vocacionais", e todas devem manifestar sua aplicabilidade. Cabe ao especialista explicitar a articulação das disciplinas, assim como promover o desenvolvimento de algumas habilidades como trabalho em equipe, comunicação e cálculo.

> Enfatiza-se o papel do currículo na construção de uma forma particular de sociedade. O currículo é visto como responsável pela formação de pessoas apenas em caráter secundário, e ainda assim, somente na medida em que elas se mostrem flexíveis e capazes de ser treinadas. (ibidem, p.200)

As duas visões (a neoconservadora e a instrumentalista) deixam de discutir a questão fundamental do currículo (a nosso ver) que é seu papel na educação das pessoas.

Em síntese, quero chamar a atenção para a observação de que os currículos escolares, em todos os níveis de educação, do ensino básico ao superior, apesar de termos discutido, analisado e proposto tantas teorias curriculares, mesmo que vez por outra alterem as disciplinas ou seus conteúdos em razão desta ou daquela teoria curricular, continuam sendo identificados na prática com uma grade curricular marcada por um conjunto de disciplinas, espalhadas pelos semestres e anos, segundo sua carga horária e contratos de professores, selecionados para as lecionarem.

3. Como nesse cenário cabe um terceiro conceito, o de paradigma curricular? Tal questão surgiu da constatação de que as organizações curriculares não se alteraram de modo significativo no decorrer dos tempos, apesar do surgimento das várias teorias curriculares. Há algo mais forte e permanente do que estas teorias que dá força e continuidade aos currículos organizados de forma tradicional, com ênfase no conhecimento tratado por disciplinas que se justapõem na sequência de semestres e anos.

Investigando esse problema encontramos por trás das teorias curriculares outro esquema, outra construção muito mais sólida e consolidada, sem alterações e mudanças que as tivessem abalado, a qual faz que os currículos e as escolas não tenham condição de assumir e implementar novas proposições curriculares. A essa construção estamos chamando de paradigma curricular.

Em que aspectos se distingue um paradigma curricular de uma teoria curricular ou de um currículo? Um paradigma curricular para além de uma teoria curricular e de uma organização de grade horária, inclui um modelo operacional mais abrangente, que intercala aspectos teóricos sobre educação, papel das instituições educativas, perfis de educandos, papel de educadores com aspectos metodológicos, como definição de espaço e tempo em educação, métodos de aprendizagem, processo de avaliação integrado ao processo de aprendizagem, formação e qualificação contínua de docentes. Trata-se de um paradigma que marca e determina efetivamente o que vai acontecer com a educação, e com as escolas e instituições educativas.

Que aspectos constituem um paradigma curricular

Contextualização da sociedade, definição do perfil do cidadão e do profissional, princípios epistemológicos, gestão institucional, relação com a comunidade, processo de ensino-aprendizagem; metodologia; processo de avaliação; sujeitos professor e aluno. O conjunto desses itens colocados de modo operacionalizado marca o tipo de educação e formação de nossos alunos.

As mudanças significativas em um processo de educação e formação das pessoas passam por uma redefinição desses itens. Nossas discussões sobre as teorias curriculares precisariam incluir a análise desses itens e estratégias de alteração. Como estão, fundamentam e sustentam o paradigma curricular vigente.

Assim, poderíamos refletir de outro modo:

1. **Contextualização** da sociedade contemporânea: os novos cenários históricos, políticos, culturais; as ciências e a tecnologia nesse mundo; os valores e problemas que assolam as comunidades de adultos, de jovens, de crianças nas próximas décadas, no Brasil e no mundo; o conhecimento (e sua gestão) criado por diversas fontes de pesquisa, a interação e interdisciplinaridade entre elas, a socialização do conhecimento de forma imediata, em tempo real, com contato imediato entre pesquisadores.
2. **Definição do perfil do cidadão e do profissional**: explicitar a visão de homem, de mundo, de suas múltiplas interações, do processo histórico e evolução da sociedade brasileira, os valores emergentes e próprios característicos desses tempos para o desenvolvimento do cidadão; as novas perspectivas das carreiras profissionais mais tradicionais e a criação de um sem-número de outras profissões; redefinir as características dos novos profissionais.

Explicitar os objetivos educacionais e perfis profissionais a serem desenvolvidos. Tais objetivos constituem-se em parâmetros para a organização da Instituição, dos cursos como um todo, e de todas as atividades programadas, bem como balizamento para as ações dos professores e dos alunos

3. **Princípios epistemológicos:** o que pensamos sobre o conhecimento e seu desenvolvimento. Pode parecer de segunda importância a discussão epistemológica quando se trata de discutir um modelo paradigmático. No entanto, é fundamental. Aliás, é a concepção que se tem de conhecimento e sua construção que sustenta o paradigma tradicional: o que é conhecimento, como é adquirido, conservado e propagado; com se relacionam as informações das diferentes áreas das ciências ou como se justapõem; como se valorizam as especializações e teorias.

Para atendimento das demandas atuais de Educação o **conhecimento em rede** parece ser a essência do espaço prático em que a teoria é construída, embasada:

- no mundo do trabalho;
- na produção científica;
- no questionamento da razão como forma privilegiada de entendimento do mundo;

- na abertura a outras dimensões da vida humana como igualmente importantes e fundamentais para o desenvolvimento do conhecimento;
- no referencial básico da prática social, na qual o conhecimento praticado é tecido por contatos múltiplos;
- na eliminação das fronteiras entre teoria e prática; e
- na reconceitualização do espaço cotidiano como o espaço onde o saber é construído.

4. **Gestão institucional.** Há que se considerar um modelo de gestão institucional que não se envolva apenas em questões econômicas e administrativas, relegando a segundo plano as questões educacionais, que se envolva com o essencial em seu empreendimento que é educacional e, então, ofereça condições favoráveis para que o professor e o educando possam ter um bom desempenho no processo de sua formação compreendendo duas dimensões: a conceitual e a organizacional:
   * Dimensão conceitual – Gestão institucional comprometida com:
     - o momento atual da sociedade, adotando políticas educacionais que se concretizem em práticas de formação do cidadão e do profissional competente;
     - a formação continuada, mediante a busca constante de aprimoramento pessoal e com a produção científica.
   * Dimensão organizacional – Gestão institucional organizada em dois níveis de funções:
     - Função de direção exercida por profissionais competentes nas práticas educacionais, políticas e decisórias da cúpula da instituição;
     - Função gerencial exercida por profissional de comprovada competência no gerenciamento de pessoas e de programas da instituição educacional (PDI e Projeto Político Pedagógico), com formação e experiência no campo da educação

A instituição assume uma gestão diferenciada, com valorização da mudança favorecendo a aprendizagem dos participantes do processo educacional e do compromisso dos docentes com esse novo projeto, com reorganização de tempo e espaço para aprendizagem, com revisão da infraestrutura para apoio do projeto político pedagógico, com formação continuada dos professores, com investimento em condições favoráveis aos trabalhos dos docentes.

5. **Relação com a comunidade.** A relação da escola com a comunidade pode oferecer oportunidades de iniciativas pedagógicas inovadoras para o processo de formação do cidadão e do profissional. Pode abrir espaços significativos

para a aprendizagem dos alunos, atualização dos professores da instituição, bem como dos conteúdos abordados, de alterações na metodologia do processo, sugestões para revisão do currículo e vantagens por parte dos diferentes grupos da sociedade de contato com a escola.

6. **Processo de ensino-aprendizagem.** A definição se a escola vai se organizar para investir e, um processo de ensino ou de aprendizagem é fundamental para a adoção de medidas que incentivem um ou outro processo. Eles são diferentes.

O paradigma tradicional já definiu sua opção: é pelo ensino. Se não mudarmos o enfoque, essa definição, consciente ou inconscientemente, estará predominando em todas as decisões operacionais da escola e suas atividades educacionais.

O deslocamento do processo de instrução e transmissão para o processo de aprendizagem caracteriza situações onde aprendizes (professor e aluno) descobrem significados para as informações pesquisadas, reconstroem de modo crítico as informações e chegam a produzir conhecimento; onde aprendizagem não quer dizer só desenvolvimento intelectual, mas desenvolvimento também de habilidades; atitudes e valores.

Defendemos que as ações desenvolvidas no processo de ensino-aprendizagem devem ser pensadas e realizadas a fim de promover aprendizagens que despertem a capacidade do educando para:

- Interagir com a problemática do contexto em que a instituição está inserida;
- Buscar constantemente a atualização dos conhecimentos adquiridos, tanto dentro como fora do contexto escolar;
- Enfrentar os conflitos e as demandas atuais;
- Interagir com o grupo em discussões e na troca de experiências;
- Inserir-se em um contexto interdisciplinar de trabalho; e
- Inter-relacionar-se com outras áreas de atuação.

O processo de ensino aprendizagem deverá ser compreendido de modo que possa ajudar os aprendizes na construção da sua identidade, de seu caminho pessoal e profissional, em seu projeto de vida, no desenvolvimento das habilidades de modo que lhes permitam encontrar seus espaços pessoais, sociais e tornarem-se cidadãos realizados e produtivos.

Com o intuito de contextualizar e aprimorar os conteúdos que serão desenvolvidos em sala de aula, consideramos que a pesquisa deva fazer parte do contexto escolar, pois mediante a pesquisa o aluno terá de dispor de conhecimentos e mobilizá-los para a ação.

A aprendizagem deverá ser orientada pelo principio metodológico, que pode ser traduzido pela ação-reflexão e aponta a resolução de situação-problema como uma das estratégias didáticas privilegiadas.

7. **Organização curricular.** É necessário que a organização curricular coopere com a implantação de um processo de educação coerente com os princípios definidos anteriormente: conhecimento em rede, interação das disciplinas entre si e com as atividades, contribuindo para um ambiente de interdisciplinaridade e superação da fragmentação do conhecimento; incentivo à aprendizagem também fora do ambiente da escola, explorando os ambientes de aprendizagem presentes na sociedade, nos espaços profissionais, nos ambientes virtuais conferindo-lhes o mesmo valor e importância que as atividades realizadas em salas de aula.

Há que se repensar a distribuição de tempo e espaço para se alcançar os objetivos esperados do processo de aprendizagem definido. É outro ponto que nos passa despercebido: planejamos um novo currículo, mas não levamos em conta que o modelo tradicional de se colocar quatro horas-aula/dia,para serem preenchidas por duas ou mais disciplinas simplesmente impede as modificações esperadas; que o uso da biblioteca, por exemplo, ou visitas técnicas, ou atividades em outros lugares fora da escola exigirão que se tenha flexibilidade para reorganizar o tempo e o espaço de que dispomos.

Os procedimentos de construção das aprendizagens devem ser selecionados, organizados e desenvolvidos segundo as disponibilidades temporais e espaciais. A organização de atividades e disciplinas devem assumir seu papel de componentes curriculares, quer dizer, estar presentes com seus conteúdos e programações em função das aprendizagens necessárias à formação de um determinado profissional-cidadão. Essa concepção está no oposto daquela que considera o currículo um simples instrumento técnico e, como tal, desprovido de intencionalidade social e cultural. É entender o currículo como um projeto no qual participam ativamente professores e alunos em sua elaboração, execução e avaliação.

8. **Metodologia.** A metodologia em geral usada nas escolas, com raríssimas exceções, está voltada para a proposta educacional e teoria curricular tradicional que defendem a transmissão do conhecimento e sua reprodução como objetivos principais de uma instituição educativa. Se pretendemos outros objetivos educacionais, se pretendemos mudanças significativas, não podemos deixar de pensar em nova metodologia que incentive e exija a participação dos aprendizes, a integração do grupo de aprendizes, o planejamento em conjunto dos trabalhos, o uso de técnicas participativas, a exploração dos recursos virtuais e digitais, o uso de visitas técnicas, presença em ambientes profissionais com diversas funções (observação, entrevista, intervenção etc.).

Com base na linha de pensamento até aqui exposta, entendemos que o caminho metodológico para a estruturação do processo de ensino e aprendizagem envolvendo mudanças de atitudes e desenvolvimento de habilidades e competências para a formação do profissional possa ser baseada em problemas reais ou simulados que facilitem a compreensão de fenômenos e teorias, a integração teoria e prática e a solução de problemas.

A metodologia aplicada fomentará a formação autônoma e independente do profissional em formação, incentivando-o a constantes inovações, criações e abertura para aperfeiçoamento dos conhecimentos adquiridos.

9. **Processo de avaliação.** Esse é outro ponto a ser repensado em sua conceituação e alterado em sua operacionalização, quando desejamos modificar processos de educação e respectivo currículo. O modo pelo qual se pensa avaliação e como é realizada nas escolas também é um dos grilhões que mantêm escolas e educadores vinculados definitivamente ao paradigma tradicional. Se, por vezes, até se tenta alterar o aspecto metodológico do currículo, o processo de avaliação de todo imutável faz que as ações concretas de aprendizagem sejam arrastadas para o ensino tradicional.

Para atender aos novos objetivos educacionais propostos, a avaliação deverá ser instrumento para incentivar o processo de aprendizagem, acompanhamento das ações de todos os elementos envolvidos no processo pedagógico, sinalizando falhas e/ou complementos a serem satisfeitos. Há que se planejar um novo processo avaliativo, com novas técnicas avaliativas.

10. **Professor e aluno.** Os dois protagonistas de um processo de educação e de aprendizagem merecem ser considerados e pensados inseridos no paradigma curricular. O professor na qualidade de profissional da educação necessita de formação continuada no que diz respeito à área do conhecimento, na área pedagógica e na dimensão política. Incentivado a trabalhar em equipe e com seus colegas, trocando ideias e experiências sobre ações pedagógicas, projetos inovadores e mediação com os alunos. Insistir para que ele deixe seu *status* de *expert* em uma disciplina para se transfigurar em mediador de aprendizagens, que construa clima de confiança, de abertura, de corresponsabilidade, de parceria com seus alunos visando à educação e à formação profissional.

O professor (ele também um aprendiz) considera-se requalificado como profissional da educação e com novo papel no processo de aprendizagem assumido: intelectual transformador, crítico e emancipador; planejador de situações de aprendizagens; mediador e incentivador dos alunos em suas aprendizagens; trabalhando em equipe e em parceria com os alunos e seus colegas professores, superando o individualismo e a solidão reinantes na docência.

O aluno, modificando sua clássica conduta passiva e reprodutivista para uma atitude de participação, construção do conhecimento, desenvolvimento de um processo de aprendizagem que o envolva como um todo, como pessoa e profissional. Um protagonista que assuma seu papel de parceiro e corresponsável por sua educação e profissionalização, contextualizadas no mundo contemporâneo.

Um aluno que desenvolva sua autonomia e auto-organização em sua educação, com atividades concretas e planejadas que lhe garantem e dele exigem participação, trabalho, pesquisa, diálogo e debate com outros colegas e com o professor, produção individual e coletiva de conhecimento, atuação na prática integrando nela os estudos teóricos, habilidades, atitudes e valores a serem desenvolvidos, e também a integração das várias áreas de conhecimento.

Há que se investir na mudança dos papéis dos dois protagonistas do processo educativo.

Considero esses dez pontos as vigas de um andaime que se chama Paradigma Curricular. Todos eles são importantes e insubstituíveis. Dependendo de como são assumidos, marcam a linha de educação e formação de uma instituição educativa. Quando pretendemos alterar os rumos educativos de uma IES, há que alterar na mesma direção da mudança pretendida o paradigma curricular em todos esses pontos. A construção será diferente desde que os andaimes também o sejam em todas as suas vigas. É o bastante deixarmos algumas delas intocáveis para que o novo andaime não se sustente, apelando para a manutenção do anterior, que se apresenta mais seguro. Mas, que impedirá as mudanças esperadas.

É esse andaime com suas vigas que, no meu entender, não têm sido trabalhados no seu todo, tanto no aspecto conceitual de cada uma delas quanto em seu aspecto operacional, dando chance para que o andaime anterior, o paradigma tradicional permaneça na orientação de nossas escolas e de nossa educação. Esse paradigma é que precisa ser substituído, se quisermos de fato inovar na educação.

II – Qual a influência do paradigma curricular sobre a ação docente

Nossa reflexão tem a ver com formação pedagógica do professor do ensino superior. Qual a relação entre esse assunto e as considerações feitas até agora?

Nos diversos programas de formação pedagógica para docentes do ensino superior os focos variam muito, como já afirmamos neste trabalho: frequentemente desenvolvemos ações que enfocam a ação docente no ambiente de aula, e procuramos que os professores descubram como modificar a aula para um ambiente de aprendizagem; por vezes, o cenário da universidade brasileira, das reformas universitárias, das políticas públicas de ensino superior se fazem presentes; teorias curriculares enriquecem nossos estudos iluminando nossas ações docentes. Escolhendo o formato de oficina, trabalhamos situações reais e práticas da docência. Incentivamos a formação de pequenos grupos de professores que, se ajudando mutuamente, "ponham a mão na massa" e implementem inovações em suas disciplinas.

Alguns grupos conseguem deslanchar, outros muito pouco por causa de uma série de situações estruturais: por exemplo, falta de apoio da diretoria, falta de infraestrutura – desde espaço de aula até recursos audiovisuais –, excesso de alunos por turma, horário das aulas estabelecido conforme a grade a ser preenchida e interesses de professores a serem respeitados, impedimentos ou obstáculos para usar ambientes diferentes das aulas, desvalorização do que não seja aula expositiva transmitindo informações, questionamento de colegas que se incomodam com as aulas participativas, valorização da "disciplina" *versus* participação, imutáveis regras e normas a respeito de avaliação, supervalorização dos instrumentos que a escola determina serem usados para avaliação, notas e classificação, aprovação ou reprovação.

Diante de tantos obstáculos, a saída que resta é deixar tudo como está: mais uma vez o paradigma tradicional se impôs. Quer dizer: quem determina é o paradigma vigente.

Por isso afirmo que a relação do paradigma curricular envolvendo os vários aspectos considerados é de imposição exigindo sua continuidade e impedimento de que as situações mudem. E percebam: parece que os impedimentos são em pequenos aspectos, naqueles administrativos que não são tão brilhantes como as considerações teóricas e acadêmicas que elaboramos e publicamos. Nem chamam nossa atenção: mas o fato é que eles continuam presentes e determinando como se faz a educação em nossa sociedade.

Mas, teria o docente no ensino superior força e condições para alterar esse paradigma ou sobrepujá-lo, saindo de uma submissão inerte diante dele?

Penso, em primeiro lugar, que é fundamental que os docentes possam tomar consciência do fato de que um dos grandes impedimentos para que ele inove em sua ação pedagógica chama-se paradigma curricular tradicional, ou seja, um conjunto de itens articulados de modo a impedir qualquer mudança, que não são discutidos quando do debate das teorias curriculares, e por isso mesmo permanecem firmes, longe das baterias de análises críticas e proposições para serem modificados. Conhecer e discutir sobre esse paradigma e formas de superá-lo na prática com ações fortes e consistentes é essencial para o exercício de uma docência com profissionalismo.

A partir daí, percebe-se que tal empreendimento (o de criticar, propor modificações e procurar superar o paradigma tradicional) só pode ser levado avante com uma ação coletiva do corpo docente de uma instituição ou de parte dele. Individualmente é impossível. Isso nos leva a insistir em debates de estratégias de ação para envolver outros docentes e mesmo a diretoria da instituição.

Entender que será necessário um trabalho do corpo docente com os diretores para ganhar a possibilidade de participar na elaboração do projeto político pedagógico de seu curso, de organizar o currículo e, então, estar atento para as mudanças que se fizerem necessárias no paradigma curricular. Entender que precisamos da parceria da direção da instituição para podermos levar a cabo mudanças significativas para a formação atual de nossos alunos.

Caberá uma discussão com os docentes para deixar claro que faz parte da formação pedagógica identificar, compreender e atuar sobre os aspectos nodais do curso em que ele atua, que estão para além de suas aulas, mas estão influenciando diretamente sobre elas, impedindo quaisquer mudanças, mesmo que não se perceba com clareza tal ingerência. Mudar sua ação docente implica o compromisso de atuar sobre esses pontos do paradigma existente, mudando-os também em seu conjunto.

III – Em que essas questões afetam a formação do docente de ensino superior

Acredito que, em primeiro lugar, nós, os que trabalhamos com a formação dos docentes em geral, seja nos cursos de licenciatura ou pedagogia, seja nos programas de mestrado ou doutorado em educação, seja em atividades de formação continuada de docentes e gestores escolares deveríamos nos comprometer a abordar esses aspectos, procurando que os participantes de nossos cursos estudassem e debatessem as questões relacionadas ao currículo e às teorias curriculares, sua atualidade, sua oportunidade, sua relevância para o desenvolvimento de um processo educacional que responda às necessidades do Brasil de hoje.

Nesses debates, entrar a fundo nos meandros de aspectos que estão impedindo há tanto tempo as mudanças efetivas no sistema educacional do país. Abrir espaços para encontrar alternativas válidas para a mudança de paradigmas educacionais com base em projetos curriculares inovadores e exploratórios que já estão em andamento em vários países e em várias instituições em nosso país, mas que, por enquanto, ainda são classificados como projetos alternativos, excepcionais, ainda não assumidos pela maioria das escolas e suas direções no sistema oficial de ensino.

Há os curriculistas, os especialistas em currículo e nas diferentes teorias curriculares: não sei se seria pedir demais que dessem algum tempo em suas reflexões para responder a essa pergunta: por que será que as mais interessantes, mais atuais e mais necessárias teorias curriculares que primam por sua opção educacional, que identificam nossas necessidades agudas em educação, que têm à sua frente pesquisadores e educadores de primeira linha não conseguem se impor a um sistema educacional antigo, ultrapassado, propiciando a nossas crianças, jovens, adultos, à sociedade uma escola, em todos os seus níveis, adequada às necessidades educacionais atuais? Por que um construtivismo, um "paulofrerianismo" e outros movimentos não conseguiram se impor como bases de um sistema educacional nacional ou regional? Em meu entender, essas respostas serão de maior interesse à educação brasileira, do que certamente a discussão de nova teoria curricular.

Por fim, estamos nós que nos esforçamos por trabalhar com a formação pedagógica dos docentes do ensino superior: entendo que será de grande importância que reservemos algum tempo e atividades para que nossos colegas tenham oportunidade de refletir, analisar e discutir o significado do currículo, do projeto político pedagógico para sua ação docente voltada para o desenvolvimento de aprendizagens fundamentais de nossos alunos universitários, tanto em seu aspecto de formação profissional competente quanto de sua educação como cidadão. E ao fazer esta análise, que percebam a existência, a importância de um paradigma curricular: sua força, seus componentes e estratégias para envolvê-lo e modificá-lo em sua ação docente. Acredito que poderemos esperar melhores frutos desse nosso trabalho, se estivermos alertas para essa dimensão da formação dos docentes de ensino superior.

Referências bibliográficas

ALVES, Nilda. *Criar currículo no cotidiano*. São Paulo: Cortez, 2002.

BARROWS, Howard S. *Como diseñar um currículo de pré-clínicas basado em problemas*. Peru: Facultad de Ciências Medicas Universidad de Trujillo, 1994.

BERBEL, Neusi. A problematização e a aprendizagem baseada em problemas: diferentes termos ou diferentes caminhos? *Revista Interface*, Fundação Uni/Unesp, fev. de 1998.

CANEN, Ana; MOREIRA, Flavio. (Orgs.). *Ênfases e omissões no currículo*. Campinas: Papirus, 2001.

C.P.M. Van der Vleuten, G.M. Fifteen years of experience with progress testing in a problem-based learning curriculum. *Medical Teacher*, v. 18, nº 2,1996.

FERRAÇO, Carlos Eduardo. (Org.). *Cotidiano escolar, formação de professores(as) e currículo*. São Paulo: Cortez, 2005.

FERREIRA FILHO, Olavo F. et al. Visão Docente do Processo de Implementação da Aprendizagem Baseada em Problemas (ABP) no Curso Médico da UEL–IN: *Revista Brasileira de Educação Médica*, v.26, n.3, set./dez., 2002.

FEUERWERKER, Laura. *Além do discurso de mudança na educação médica* São Paulo: Hucitec, 2002.

HARGREAVES, Andy. *O ensino na sociedade do conhecimento*. Porto Alegre: Artmed, 2004.

HERON DA SILVA, Luiz. *Século XXI.* Qual conhecimento, Qual Currículo. Petrópolis: Vozes, 1999.

KOMATSU, Ricardo; ZANOLLI, Maurício; LIMA, Valéria. Aprendizagem Baseada em Problemas. In: *Revista Brasileira de Educação Médica*. v.27, n.1, 2003.

LAMPERT, Jadete Barbosa. *Tendências de Mudanças na Formação Médica no Brasil* – Tipologia das escolas. São Paulo: Hucitec, 2002.

LOPES, Alice C.; MACEDO, Elizabeth. (Orgs.). *Currículo*: debates contemporâneos. São Paulo: Cortez, 2002.

LOPES, Alice C.; MACEDO, Elizabeth. O pensamento curricular no Brasil. In: LOPES, Alice C.; MACEDO, Elizabeth (Orgs.). *Currículo*: debates contemporâneos. São Paulo: Cortez, 2002.

MAMEDE, Silvia; PENAFORTE, Julio. (Orgs.). *Metodologia de e aprendizagem baseada em problemas*. São Paulo: Hucitec, 2001.

Revista Brasileira de Educação Médica. Rio de Janeiro. v.26, n.3, set./dez. de 2002.

Olhar de Professor. *Revista da Univ. Est. Ponta Grossa.* Ano 7, n.1, 2004.

OLIVEIRA, Inês Barbosa de. *Alternativas emancipatórias em currículo*. São Paulo: Cortez, 2004.

PACHECO, José Augusto. *Currículo*: Teoria e Práxis. Porto: Porto, 1996.

PADILHA, Paulo Roberto. *Currículo intertranscultural*: Novos itinerários para a educação. São Paulo: Cortez/Instituto Paulo Freire, 2004.

Revista Interface Fundação Uni/Unesp, ago. 2002 e mar. 2004.

RIBEIRO, Antonio Carrilho. *Desenvolvimento Curricular*. Lisboa: Texto Editora, 1996.

SACRISTÁN, J. Gimeno. *O currículo*. 3.ed. Porto Alegre: ArtMed, 1998.

SOUSA, Oscar C. de; CALVET RICARDO, Maria Manuel. *Uma escola com sentido*: O Currículo em Análise e Debate. Lisboa: Edições Universitárias Lusófonas, 2003.

VASQUEZ, Julio et al. *Aprendizagen Basado em Solución de Problemas* – PBLM. Peru: Universidad Nacional de Trujillo, 1999.

VENTURELLI, José. *Educacion Médica: Nuevos enfoques, metas y métodos*. Organización Panamericana de la Salud, Washington, D.C.,1997.

VENTURELLI, José. *A Proposta Uni vista de fora*. Os Aspectos Educacionais na Reforma da Educação nas Profissões da Saúde. http://www.prouni.org/publicacoes/tomoi/portugues/fora4.htm

YOUNG, Michael F. D. *O currículo do futuro.* Campinas: Papirus, 2000.

YOUNG, Michael; MOORE, Rob. O conhecimento e o currículo na sociologia da educação: em busca de uma ressignificação. In: CANEN, Ana; MOREIRA, Flavio (Orgs.). *Ênfases e omissões no currículo*. Campinas: Papirus, 2001.

ZABALZA, Miguel Angel. A construção do currículo: a diversidade numa escola para todos. in SOUSA, Oscar C. de; CALVET RICARDO, Maria Manuel. *Uma escola com sentido*: o currículo em análise e debate. Lisboa: Edições Universitárias Lusófonas, 2003.

32

A pesquisa em formação contínua indicando passos na extensão em formação contínua

Maurício Compiani

Há múltiplas possibilidades de tratar o tema deste seminário. Partirei de minha experiência como coordenador de projeto de formação continuada com temas científicos para grupos multidisciplinares de professores da rede pública do ensino fundamental, apoiado pelo programa Fapesp Ensino Público.[1] Esse projeto transcorreu de 1996 a 2001. O meu olhar é o da pesquisa para a extensão, pois discutirei, como resultado da pesquisa, proposições de intervenção para a formação continuada nos quais a pesquisa-ação compreendida como a pesquisa do professor é essencial e necessária. Mais do que isso, discutirei a concepção de pesquisa-ação colaborativa entre a universidade e a rede pública de ensino básico como estratégia do desenvolvimento profissional do professor em projetos de formação continuada. Também é importante que se diga que o meu olhar é de dentro do ensino de ciências.

A pesquisa-ação colaborativa na formação do professor

É interessante começar relembrando que nosso contato com outros projetos cujas características são parecidas com as nossas no âmbito do Programa Fapesp Ensino Público ocorreu, em 1999, durante a organização e a realização do Semi-

---

1 Projeto Geociências e a Formação Continuada de Professores em Exercício do Ensino Fundamental. Apoiado também pelo CNPq e pela Finep.

nário Universidade e Escola: pesquisa colaborativa para a melhoria do ensino público. Desse seminário, nós (a equipe do projeto) temos lido os resultados daqueles projetos que se apresentaram no seminário e o processo de identificação tem sido razoável. Isso tem acontecido com o projeto da UFSCar. Ao lermos Mizukami et al. (2002), identificamo-nos muito com a ideia de pesquisa construtivo-colaborativa presente nas fundamentações e na prática do projeto Fapesp Ensino Público sob sua coordenação. Segundo as autoras, "processos colaborativos são considerados como desenvolvimento profissional e, ao mesmo tempo, estratégias de pesquisa compatíveis com o problema sob investigação" (p.141).

Mizukami et al. (2002) assinalam que o desenvolvimento de pesquisas colaborativas apresenta a característica dupla de construir conhecimentos sobre um conjunto de fenômenos e, ao mesmo tempo, intervir no contexto em que ocorrem, de forma que os conhecimentos sejam construídos ou reconstruídos de modo colaborativo entre os diferentes participantes – pesquisadores e sujeitos do contexto investigado. Nossa pesquisa assemelha-se à de Mizukami et al., na clareza, até o momento, de que não se busca apenas a melhoria da ação docente, mas também a produção de conhecimentos sobre aprendizagem e desenvolvimento da docência.

Há consenso também entre os dois projetos que o trabalho de colaboração ressalta a experiência dialógica vivida entre pesquisador e professor da rede e a possibilidade de construção conjunta de conhecimentos, com base em uma dinâmica reflexiva da prática. A metodologia dos projetos contribui para o desenvolvimento de capacidades reflexivas em ambiente de diálogo e para a autonomia profissional compartilhada.

Se entre nós da Unicamp e o grupo da UFSCar há razoável grau de consenso sobre a pesquisa colaborativa na literatura, não há consenso sobre o que seria a pesquisa colaborativa. Uma das questões de fundo da discórdia é se o conhecimento gerado pelas pesquisas dos professores da rede é um conhecimento científico e se as práticas que o geraram podem ser chamadas de práticas de pesquisa.

No debate educacional atual, tendo como referência Mizukami et al. (2002), há correntes que defendem que o saber profissional dos professores se resume a conhecimentos práticos baseados na racionalidade técnica instrumental, que valoriza a pesquisa aplicada e narrativa. Já o conhecimento da universidade é o conhecimento formal que valoriza, pesquisa básica e o conhecimento teórico. A pesquisa aplicada dos professores que produz o conhecimento prático sofre questionamento pela academia, põe em dúvida se é realmente pesquisa e qual seu estatuto epistemológico. Mizukami et al., citando primeiro Cochran-Smith; Lytle, que indicam que o dualismo conhecimento formal *versus* conhecimento prático é limitador em relação à natureza do ensino e da pesquisa do professor, pois para essas autoras as ações dos professores são impregnadas de compreensões complexas e multifacetadas de alunos, cultura, classe, gênero, alfabetização, temas sociais, instituições, comunidades, disciplinas, textos, programas e currículos. As duas autoras caminham com temas e questões para uma teoria da pesquisa do professor (Cochran-Smith; Lytle, 2002). Também citam Claudinin; Connelly, os quais argumentam que o debate sobre o conhecimento formal/conhecimento prático é mais do que sobre epistemologia e metodologia da pesquisa; é, na verdade, sobre a natureza da própria prática.

A pesquisa-ação colaborativa é aquela feita com outros e não sobre outros; por exemplo, quando professores trabalham em conjunto ou, ainda, quando trabalham com seus alunos para melhorar os processos de ensino e aprendizagem de sala de aula. É um aprendizado por meio do fazer e um aprendizado com outros que leva a mudanças nos modos pelos quais interagem em um mundo compartilhado socialmente, visando à investigação da realidade para mudá-la por meio de um processo deliberado do fazer e do teorizar (Kemmis; Wilkinson, 2002).

As práticas que os professores desenvolvem para a melhoria do ensino/aprendizagem em sala de aula podem ser qualificadas de pesquisa se for desenvolvido um aparato de pesquisa que tem o potencial, por sua estrutura altamente sistematizada, de propiciar que a complexidade da sala de aula, a incapacidade dos professores de manipular a variedade de causas e fatores, seja transformada em uma análise voluntária, prontidão para a ação, para a busca da sistematização. A pesquisa-ação induz a atenção para o acontecimento, o local, o contexto e o processo interativo da sala de aula. Nesta, os enunciados agem não apenas como meio de comunicação, como acontece em salas em que não há, por parte do professor, posicionamento para a reflexão e a crítica, mas também e, principalmente, como objeto de estudo. A ideia é manipular de modo consciente este sistema simbólico e interativo da sala de aula. A prática cotidiana do professor, com toda sua experiência pessoal, demarca o caminho para uma prática mais profunda. Em um sentido freiriano, a percepção e a conduta dos professores são transformadas pela interação com a prática mais sistematizada que a pesquisa-ação inicia. Pesquisa-ação e prática pedagógica cotidiana integram-se a um sistema de conhecimento, adquirindo conscientização e controle.

As características do pensamento e da conduta do professor não são características pessoais dele, mas sim de um docente engajado com outros em atividades sociais, com o ambiente e com a cultura escolar. Daí que a formação permanente de professores, além de ser uma heurística da prática, é também um grande problema teórico: constitui uma unidade de estudo que integra dinâmica, dialeticamente, o docente e o ambiente escolar. O foco deve caminhar do indivíduo como tal para o indivíduo em atividade social. O foco está no sistema social no qual esperamos que os professores aprendam e ensinem, com o entendimento de que esse sistema é mútua e ativamente criado por eles e por nós (formadores) e por eles e seus alunos.

Esse trabalho de investigação não pode ser solitário. A tarefa do docente deve ser entendida como um trabalho coletivo. Essa formação permanente para e pela investigação deve ser um trabalho mais coletivo. Nos grupos de professores em ação crítica, o docente passa a ter a sua prática como objeto de pesquisa, o desenvolvimento profissional e a formação permanente em exercício passam a ser temas do dia a dia.

Por fim, na formação continuada, defendo a concepção de formação para a investigação e/ou formação pela investigação, o que implica a meta de pesquisa-ação colaborativa. É vital a concepção de pesquisa colaborativa, pois o trabalho de colaboração ressalta a experiência dialógica vivida entre pesquisador da universidade e professor da rede com a possibilidade de construção conjunta de conhecimentos, a partir de uma dinâmica reflexiva e investigativa da prática. Isso contribui para o desenvolvimento de capacidades reflexivas em ambiente de diálogo e para a autonomia profissional compartilhada, bem como traz luz para a construção coletiva e processual de estratégias formativas de intervenção.

Sobre a pesquisa do professor na pesquisa-ação colaborativa

A natureza da pesquisa do professor passa pelas relações a serem instauradas entre universidade e professores da rede pública e isso está ligado a uma compreensão das semelhanças e diferenças entre o que André (1999)[2] chamou de pesquisador-professor e professor-pesquisador. Carvalho (2003) adentra nessa discussão diferenciando as pesquisas realizadas por professores no exercício da docência, as pesquisas sobre o ensino dos professores e as pesquisas sobre a reflexão destes sobre seu ensino. Talvez, ao discernir os papéis e os interesses próprios de cada um desses lados, que colaborativamente levam adiante a pesquisa e as relações de parceria entre escola pública e universidade, possamos caracterizar com o *status* de pesquisa as práticas e as construções teóricas dos professores da rede.

André chamou-nos a atenção de que é preciso explicitar os papéis entre as equipes da universidade e da escola, formulando-nos algumas perguntas: o que se espera de um e de outro? Em que medida há confluência de interesses entre esses dois grupos? Em que diferem? Ao mesmo tempo, introduz um possível ponto de tensão entre os grupos, que adviria das distinções entre o conhecimento gerado,

2 Ideias contidas em seu relatório de participação no Seminário Universidade e Escola: pesquisa colaborativa para melhoria do ensino público, em 27-28 de agosto de 1999. Evento organizado por oito equipes de projetos Fapesp Ensino Público, com o patrocínio da Fapesp.

como fruto da pesquisa, pelos professores das escolas e da universidade. Segundo ela, parece que o interesse, por parte dos docentes da escola, seria investigar sua própria prática para torná-la melhor e, assim, tornar ótima a aprendizagem dos alunos. Do lado dos professores da universidade, parece haver interesse em investigar o potencial de uma proposta de formação continuada colaborativa entre universidade-escola pública. Ambos afirmam, porém, que o professor da escola está mais preocupado com sua ação imediata, enquanto o pesquisador da universidade tem como prioridade o conhecimento mais amplo e menos imediato de uma problemática. Pergunto: será que um dos grandes referenciais práticos e tácitos dos professores da rede é essa ação imediata? Diante disso, o professor-pesquisador que queremos formar é esse que constrói conhecimentos calcados na prática? Quais as características dessa pesquisa do professor?

Por um lado, algumas investigações sobre a socialização do professor em suas instituições vêm demonstrando alguns limites da reflexão pelo professorado. Lortie (apud Contreras, 1997) tem afirmado que os docentes desenvolvem algumas práticas e orientações que podem ser caracterizados como: 1. "presentismo", concentração de seus esforços no curto prazo de suas próprias aulas, nas quais esperam resultados práticos; 2. "conservadorismo", recusa de discussões e mudanças que transformem substancialmente o contexto e o que já fazem; e 3. "individualismo", pouca disposição em colaborar com os colegas e medo dos juízos e críticas que possam surgir em consequência de formas mais abertas de diálogo. Essas pesquisas mostram-nos que os docentes incorporados à vida institucional deparam com uma cultura existente com a qual passam a conviver, e sozinhos têm poucas condições para enfrentar essa cultura e desenvolver alternativas críticas, embora saibamos que os professores não são seres passivos que interiorizam as tradições e as práticas escolares sem qualquer capacidade de resposta.

No ensino de Ciências, as pesquisas longitudinais do grupo da Andaluzia trazem uma série de contribuições importantes sobre o conhecimento profissional e epistemológico dos professores, com implicações diretas para a formação de docentes. Dois artigos foram publicados (Porlán et al. 1997; 1998) sobre dez anos do projeto, realizado em duas fases: a primeira, de caráter mais descritivo, e a outra, com base em estudos de caso e observações das condutas dos professores, mais centrada nos processos de mudança de concepções e nas ações dos professores. Encontram algumas tendências-obstáculos nas ações dos professores: 1. fragmentação e dissociação entre a teoria e a ação e entre o explícito e o tácito; 2. simplificação e reducionismo em relação aos problemas profissionais; 3. conservação-adaptativa e recusa a aceitar uma visão mais evolutivo-construtiva da natureza complexa dos processos educacionais; 4. atuação uniforme individual e coletivamente e recusa a uma atuação que busque, no mínimo, aceitar as diversidades do mundo. As bases teóricas do grupo são consistentes e adotam as perspectivas construtivista, crítica, sistêmica e complexa.

Mais recentemente, o grupo da Complutense de Madrid, com referenciais não tão claros, pelo menos nos dois artigos publicados, segue trajetória de pesquisa muito parecida às do grupo da Andaluzia. Os dois artigos (Martinezet al., 2001; 2002) referem-se a pesquisas descritivas quantitativas e qualitativas. O primeiro artigo é do tipo *ex pos facto* dos alunos – futuros docentes – do Curso de Aptidão Pedagógica (CAP) da área de Ciências. O segundo, com semelhante pesquisa, enfoca professores do ensino médio qualificados que participaram do Curso de Atualização Científica e Didática (ACD). Destaco que esse curso apresenta três fases, as duas iniciais são de caráter expositivo de atualização acadêmico-tecnológica e a terceira é desenvolvida em três semestres letivos, cujo objetivo básico é elaboração, aplicação e avaliação de unidades didáticas por grupos de professores. Com os dados que temos, não foi possível verificar quais as semelhanças ou as diferenças com a prática em nosso projeto de preparação coletiva das unidades didáticas e investigações educativas. Não está claro se esses docentes desenvolvem investigações educativas, como em nosso projeto e nos do grupo de Valência. Essa característica parece marcante em nosso projeto e no do grupo de Valência.

Por outro lado, nosso projeto mostrou-nos que, sem um trabalho de formação reflexiva e crítica, o professor segue a rotina e permanece com sua prática e seus conhecimentos, não se abrindo a mudanças e mostrando-se inseguro para promover inovações. Com um trabalho formativo necessariamente mais coletivo, ele passa a ter sua prática como objeto de pesquisa, tematizando-a, lançando um olhar sobre o mundo a seu redor. Esse processo é conflituoso, pois não é nada fácil pensar seu próprio trabalho e sua ação. O papel da pesquisa-ação aqui é basilar. Kincheloe (1997) afirma que nós remodelamos as estruturas cognitivas para dar conta dos aspectos únicos no novo contexto percebido, aprendemos por comparações em diferentes contextos. A contextualização é inseparável da cognição e da ação. Mediante o conhecimento de uma variedade comparável de contextos, começamos a entender similaridades e diferenças, anteciparmos o que acontecerá em situações similares e, diante de cada nova situação, estamos mais aptos para decisões criativas e com maior fundamentação teórica. A pesquisa-ação melhora nossa capacidade para a transferência crítica, ao propiciar quadros detalhados e entendimentos interpretativos de similaridades e diferenças dos vários contextos. A prática reflexiva leva-nos à maior liberdade metodológica, que nos permite o direito de mudar nossas estratégias em face das novas circunstâncias. Ganhamos liberdade para conduzir a investigação de forma contingente ao contexto.

A prática da visão de pesquisa-ação foi nos dando material empírico em nossa pesquisa, não corroborando as ideias de André de que os professores apenas estão preocupados com pesquisas que solucionam problemas imediatos. Acompanhando essa ideia de André, temos Elliott (1994), Mizukami et al. (2002), analisando a visão sobre pesquisa-ação, que afirmam que, para Elliott, o objetivo fundamental da pesquisa-ação é mais o de melhorar a prática do que o de gerar conhecimento. Parece-nos que essas ideias de André estão muito marcadas por um olhar da universidade do *status* da pesquisa educacional. Em nosso projeto, criamos situações para investigar se a pesquisa do professor pode ser pesquisa educacional e diferente da pesquisa educacional acadêmica. Essa é uma questão base: qualificar a pesquisa do professor em sua sala de aula em sua escola. Lüdke (2001) dá várias pistas interessantes sobre essas questões. Todo o dossiê *Os saberes dos docentes e sua formação* (Borges; Tardif, 2001) fornece farto material para comparar a pesquisa própria do professor com a pesquisa acadêmica. Será que a pesquisa acadêmica atual está com poucas aberturas para acolher as formas mais próprias da pesquisa do professor em sua ação, e com isso deixa de ampliar o caráter de sua pesquisa educacional? Há um trecho do texto de Lüdke, que na verdade é uma citação de F. Erickson extraído do terceiro *Handbook of Research on Teaching*, que qualifica a importância dessa discussão:

> Se a docência nas escolas de educação elementar e secundária deve atingir a maturidade como profissão – se o papel do professor não deve continuar infantilizado – então os professores precisam tomar a responsabilidade adulta de investigar sua própria prática, sistemática e criticamente, por métodos que são apropriados à sua prática. (Lüdke, 2001, p.83)

Tardif (apud Lellis, 2001) complementa dizendo que a prática profissional docente está marcada por uma trama de histórias, culturas que ultrapassam a dimensão pedagógica *stricto sensu*. A prática em sala de aula apoia-se no saber da experiência. Segundo Lellis, confere à prática uma instância de produção de saber profissional de outra latitude, se comparada ao papel do conhecimento que provém da universidade.

Uma prática e um debate em maturação – possibilidades de resultados esperados

Na literatura mais referente ao ensino de Ciências, que não foi exaustivamente percorrida, encontramos apenas outra pesquisa com as características de grupo multidisciplinar como o nosso, o Programa de Ensino do Projeto Flora Fanerogâmica do Estado de São Paulo, também apoiado pelo Programa Fapesp Ensino

Público. As primeiras ideias desse projeto podem ser vistas em Amorim et al. (2004). Os projetos mais semelhantes ao nosso trabalham com o ensino médio e sua maioria com professores de biologia (Levy; Sanmartí, 2001; Membiela, 2002) e/ou com professores de Física e Química (Furió; Carnicer, 2002). Com exceção do projeto Flora, nenhum dos outros trabalha com o ensino fundamental e com um enfoque de formação de uma cultura científica envolvendo todos os professores do ensino fundamental.

Com a intenção de apenas fornecer algumas informações básicas sobre nosso projeto, para que fique claro o que queremos expor neste subitem, informamos que as professoras participantes da escola pública lecionavam de 5ª a 8ª série e foram assim distribuídas por disciplinas e anos de atividade:

	1997	1998	1999	2000
Ciências	4	3	3	3
Geografia	6	7	4	4
História	1	–	2	2
Português	2	2	2	2
Matemática	2	2	2	2
Total de professores	15	14	13	13
Total de escolas	8	10	9	9

O trabalho construtivo-colaborativo de planejamento, aplicação e avaliação com unidades didáticas (UDs) e investigações educativas (IEs) forma o corpo de uma metodologia de formação continuada, adotada como o cerne da formação.

A coordenação, predominantemente da universidade (um pesquisador da ONG Instituto Paulo Freire participou da coordenação), balizou sua prática de orientação com base nas práticas de sala de aula das professoras. Houve uma orientação diferenciada para que elas desenvolvessem temas ligados às Geociências. Para as professoras de Ciências e Geografia, sugeriu-se que as unidades didáticas fossem de temas geocientíficos que constam das propostas curriculares e dos livros didáticos. Já para as demais, de Português, Matemática e História, sugeriu-se que fizessem pontes com os temas de Geociências. Inicialmente, as pontes foram bastante flexíveis, pois o primeiro tema tratado pela professora de Português da E. E. Dona Valentina foi "Amor e sexualidade na adolescência", com o qual pensou poder explorar as paisagens e locais geográficos descritos em poemas e textos literários. Em relação às professoras de Ciências e Geografia, sabíamos da existência de vários temas geocientíficos de 5ª a 8ª série (concentrados na 5ª série), por isso incentivamos que trabalhassem com séries em que tais conteúdos seriam desenvolvidos. Das séries em que ministravam aulas e do planejamento de cada professora, orientamos a formulação e a aplicação de unidades didáticas (UDs) e investigações educativas (IEs) sobre as unidades em aplicação e avaliação.

Deparamos com o fato de que o conceito de projeto que possuíam era o que aplicavam em suas aulas com seus alunos: isto é, consultar, buscar, nos mais diversos meios, ilustrações ou aplicações das aulas dadas. Tínhamos de, partir disso, não havia entre elas o menor resquício de uma cultura mínima de pesquisa. As professoras encontraram grandes dificuldades na delimitação do tema e na obtenção e tratamento de dados. Todas caminharam somente com nosso direcionamento. Foi uma orientação que forneceu, primeiro, informações organizadas e estruturadas sobre o que é pesquisa educativa e, depois, com elas e a partir de cada tema de ensino em desenvolvimento, buscamos oferecer modelos de ação a imitar, com a formulação de indicações e de opções mais ou menos detalhadas de possíveis investigações educativas. Era uma introdução ao processo de pensar a própria prática delas como professoras. Foi importante que, ao fazermos o esforço prático-teórico de introduzi-las à pesquisa educativa de suas práticas, estávamos também introduzindo-nos no processo de pensar nossa prática de formação.

Durante o projeto, criamos um espaço e prática de debate e reflexão (inspirados em Schön, 1992). O espaço físico de reuniões de toda a equipe sempre ocorreu na universidade com a dinâmica geral de encontros semanais, reunindo e intercalando ora o grande grupo (toda a equipe do projeto), ora os grupos pequenos (três a quatro subgrupos de trabalho que, por exemplo, em 1999, foram três e agruparam as professoras de Geografia/Matemática, de Ciências/Matemática e de História/Português). No pequeno grupo, havia o momento em que se discutia o planejamento educacional, a seleção de temas e técnicas a serem empregadas na sala de aula, seus objetivos, os problemas e as dificuldades encontradas. Nele, também eram discutidas as IEs em andamento. Havia também, com bastante frequência, a supervisão de apoio individual para cada professora, quando necessária, para o preparo das UDs e das IEs, com aulas de conteúdos, trabalhos de campo, orientações pedagógicas etc. No grande grupo, eram feitas discussões mais teórico-metodológicas, com base sobretudo na literatura.

As IEs foram pensadas para auxiliar as professoras em seu autoconhecimento, no conhecimento de seus alunos, da escola e de seu entorno. Para introduzir esse distanciamento, esse olhar para si e para a sala de aula; em outras palavras, uma atitude mais reflexiva. Pensadas como metodologia de formação continuada do aprender a ensinar ensinando. Pensadas como possibilidade para formar o professor que pesquise seu ensino.

A seguir, apenas três exemplos de UDs e IEs realizadas na primeira etapa no ano de 1997.

Disciplina e turmas	Unidade didática	Investigação educativa
Geografia – 7ª séries F e G	Setores da economia	A localidade como elemento facilitador, motriz no ensino de Geografia
Matemática – 5ª série J	Confecção de mapas do ambiente escolar partindo de figuras geométricas e noções de espaço	Testar a contribuição da Matemática em Geociências, e vice-versa, e trabalhar a Matemática com base na realidade dos alunos
Ciências – 5ª série	O sistema solar – formação e características	Ideias prévias e representação visual ligadas ao tema sistema solar de uma 5ª série problemática

Em todas essas três disciplinas, qual era o desafio? Ensinar de modo mais contextualizado, levando em conta a realidade do aluno, elaborando UDs próprias e com reformulações aos programas e livros adotados. Em Geografia, a partir da localidade, no entorno da escola, foram feitos sociogramas e entrevistas com os moradores para identificar vários aspectos dos setores da economia. Esses dados foram utilizados no e para o ensino. A professora orientava a coleta e o trabalho de interpretação e posteriores inter-relações entre o local e o global e os conteúdos geográficos pertinentes (ou seja, ensinava os setores da economia), ao mesmo tempo que investigava as potencialidades das opções adotadas da localidade como motriz do ensino. Investigava se o desafio a que se tinha proposto estava sendo enfrentado. Ao descolar-se do livro didático e criar situações de estudos do meio, criou-se um ambiente de grande interesse para alunos e comunidade; esta se viu envolvida com os sociogramas, as entrevistas e o aprendizado de seus filhos, netos, enteados etc. Nas disciplinas de Matemática e Ciências, o semelhante modo de ensinar e pesquisar foi experimentado.

Ao final do projeto, foram elaborados dois tipos de estudos de caso com pelo menos dois enfoques que se entrecruzaram e se ajudaram reciprocamente para a realização a bom termo do projeto como um todo: os temáticos e os reflexivos da prática pedagógica realizados pelas professoras e aqueles envolvendo avaliação e perspectivas da formação continuada em Geociências realizados sobretudo pelos coordenadores da universidade. Assim as UDs e as IEs elaboradas e aplicadas são ao mesmo tempo produtos do projeto, e o que, talvez, seja o resultado mais relevante: constituíram-se uma estratégia principal para desenvolver a pesquisa do professor em contexto.

Ao aceitarmos o desafio de trabalharmos com um grupo multidisciplinar do ensino fundamental, estávamos ousando em trabalhar a introdução da cultura científica de modo amplo na escola, pois, além dos professores de Ciências e Geografia, buscamos integrar os conhecimentos geocientíficos com disciplinas com nenhuma tradição de trabalho com conhecimentos científicos, como Português e História, além da Matemática, que está mais diretamente ligada às Ciências, mas na qual também não há uma cultura de integração. A estrutura da escola fundamental brasileira de 5ª a 8ª série tem seu currículo muito determinado e organizado, tomando-se por base as contribuições de cada uma das tradicionais disciplinas científicas. A disciplina Ciências fragmenta-se entre prioritariamente conteúdos de Biologia, Química e Física, inclusive pelas séries: na 6ª série está a Biologia, na 7ª, a Química e na 8ª, a Física. A Geologia/Geociências, apesar de ser uma dessas disciplinas, não apresenta tal *status*. Isso nos facilitou nas tentativas de organizar o currículo escolar de modos diferentes, por exemplo, como ensaios de interdisciplinaridade e fios condutores do tipo "conceitos estruturantes" (Compiani; Gonçalves, 1996; Compiani, 2002).

Será que a pesquisa do professor responde apenas à melhoria da prática? Em nosso projeto, a equipe da rede pública fechando os quatro anos de trabalho conjunto elaborou quatro textos com os seguintes temas: *Atividades interdisciplinares no projeto, Metodologias em ensino de Geociências, Construtivismo no projeto – Práticas de levantamento de ideias prévias* e *A contribuição dos professores da Rede Pública de Ensino* (Compiani et al., 2001). Além disso, constam da homepage do projeto várias experiências de sala de aula escritas por elas (http://www.ige.unicamp.br/laboratorios/lrdg/index.html). Esses escritos de autoria das professoras são fortes indícios que negam este vínculo com o imediatismo prático.

Os nossos dados mostram também que elas construíram conhecimentos sobre o ensino de Geociências. Apenas um exemplo: as disciplinas de Português e Geografia agiram ao mesmo tempo com trocas de informações, entrelaçando-se em seus campos de ação para que os alunos estabelecessem uma relação de sentidos. Sentidos esses que forneceram saltos qualitativos para que entendessem o local onde vivem e se percebessem como agentes modificadores de sua própria realidade, construindo os conceitos pela "fusão" entre o que já conheciam do bairro (pelo seu saber popular) e o que lhes foi acrescentado (por meio do saber sistematizado).

Porém, há limites no desenvolvimento da pesquisa do professor que são dados pela própria concepção de docente assumida e em maturação e pelas condições reais em que este profissional se insere. Pimenta (2000), discutindo as pesquisas em didática sobre a epistemologia da prática e o professor reflexivo, aponta dados mais concretos dos limites de nossa realidade brasileira:

> são eles [limites] de natureza política: quais as condições que a escola pública oferece para espaços de reflexão coletiva? É possível criar e desenvolver uma cultura de análise nas escolas cujo corpo docente é rotativo? Que interesse os sistemas públicos que

adotam políticas com práticas autoritárias e de desqualificação do corpo docente têm em investir na valorização e no desenvolvimento profissional dos professores? Ou seja, as tendências em análise apontam para políticas opostas a essas, contrariando a lógica dominante do mercado de des-profissionalização e des-emprego dos professores, investindo muito mais em algumas competências técnicas para o fazer docente e muito menos nos seus saberes e na sua capacidade intelectual.

Ideias finais

Em alguns projetos de formação continuada no ensino de Ciências, a discussão, talvez mais interessante, é sobre as bases da proposta didática de formação continuada dos professores. Levy; Sanmartí (2001) trabalham com quatro bases: 1. tomada de decisões em uma perspectiva crítico-reflexiva; 2. metacognição, regulação e mudança; 3. mediação da reflexão dialógica; 4. construção do conhecimento na ZDP de cada professora/o.

Furió; Carnicer (2002) trabalham a título de hipóteses com seis estratégias para a formação continuada: 1. devem levar em conta as ideias, os interesses e as necessidades formativas dos professores que participam da formação; 2. objetivam a reconstrução dos conhecimentos didáticos mostrando a existência de eficazes alternativas didáticas ao modelo de transmissão de conhecimentos; 3. favorecem a reflexão coletiva dos professores em pequenos grupos sobre os problemas e as dificuldades habituais de aprendizagem; 4. preveem a ajuda externa, para as inovações didáticas pretendidas, de um pesquisador experiente como tutor do grupo de professores com a função de facilitar a inter-regulação das tarefas nas equipes; 5. impulsionam a integração teoria-prática, ao mesmo tempo que fomentam atitudes positivas no professorado para a inovação e a investigação didática; e 6. idealizam estruturas dinâmicas que favoreçam a médio e longo prazo a prática dos professores como inovadores e pesquisadores de ensino-aprendizagem por meio de redes, parcerias etc.

Sem qualquer intenção de prescrever, podemos informar as estratégias de formação continuada desenvolvidas em nosso projeto (Compiani et al., 2000; 2002). Elas foram em três direções: 1. partir das práticas de sala de aula do professor participante da formação e do contexto de cada escola; 2. construir práticas de ensino com temas geocientíficos e introduzir investigações educativas como cerne da formação desses professores sob nossa orientação e supervisão; e 3. criar espaços coletivos de reflexão e registro das práticas didáticas e investigações desenvolvidas. Elegemos três diretrizes para buscar introduzi-los na prática reflexivo-crítica: 1. conceber a escola como um laboratório de investigação; 2. usar as metodologias da pesquisa educativa no âmbito escolar; e 3. entender a pesquisa-ação, avaliação em processo e a autoavaliação como fundamentais para nortear as mudanças pretendidas.

Pontos cruciais da metodologia praticada pelo projeto Geociências foram:

1. constituição de uma equipe parceira com espaços coletivo de crítica e reflexão das práticas docentes como parte da capacitação docente, visando ao desenvolvimento profissional e à autonomia do professor, bem como espaço para as reflexões sobre as práticas dos formadores;
2. essa estrutura de capacitação deve dar conta da prática escolar real, constituindo-se o grupo como espaço coletivo de reflexão sobre as práticas didáticas e a cultura escolar;
3. essa estrutura de capacitação deve ter não só base presencial mas, também, uma base virtual de interações;
4. o cerne da formação foram reuniões coletivas de debate (presenciais e virtuais) focadas no planejamento coletivo do ensinar a ensinar e nas discussões reflexivas e nas sistematizações avaliativas das práticas docentes focadas no aprender a ensinar ensinando; e
5. criação, entre os professores, da atenção para um ambiente cultural escolar de aprender a observar e de aprender com as comunidades, incorporando os recursos culturais que os alunos trazem para a escola.

Em processo construtivo-colaborativo com a universidade, as professoras de nosso projeto foram além de ações imediatas e inovações para a melhoria do ensino. Criaram UDs e respectivas IEs que mobilizaram investigações, gerando conhecimentos sobre o ensino de Geociências no ensino fundamental. A pesquisa e as reflexões propiciaram o desenvolvimento profissional tanto da equipe da rede quanto dos formadores da universidade.

Este complexo projeto de pesquisa educativa com e para a escola traz uma série de resultados positivos e problemas a serem enfrentados na atual situação da escola pública brasileira. Há bons resultados para o ensino de Ciências na escola fundamental. Entre várias questões, uma das que merece atenção são os indícios de que os conhecimentos produzidos pela pesquisa do professor necessitam de ampla compreensão de sua natureza e de novos critérios e processos para sua validação como pesquisa do profissional docente. Outra questão é que a formação continuada deve de fato ser contínua e duradoura, com pelo menos média duração e praticada por equipes com essa concepção de pesquisa-ação colaborativa.

Referências bibliográficas

AMORIM, A. C. R. De. O trabalho em equipe como condição de produção de conhecimentos e as relações entre ensino e a pesquisa no tear da prática pedagógica: o estudo de um caso no Brasil. *Revista Brasileira de Pesquisa em Educação em Ciências*, Porto Alegre: v.4, n.3, p.100-12, 2004.

BORGES, C.; TARDIF, M. (Orgs.). Dossiê "Os saberes dos docentes e sua formação". *Educação & Sociedade*, Campinas, ano XXII, n.74, abr. 2001.

CARVALHO, A. M .P. *Profesores y formadores de profesores colaboran en investigaciones sobre la enseñanza de ciencias*. Enseñanza de las Ciencias, Barcelona, v.21, n.2, p.191-7, 2003.

COCHRAN-SMITH, M.; LYTLE, S. L. *Dentro/fuera enseñantes que investigan*. Madrid: Akal Ed., 2002. 405p.

COMPIANI, M. Ensaios de interdisciplinaridade no Ensino Fundamental com Geologia/Geociências. In: PONTUSCHKA, N. N.; OLIVEIRA, A. U. (Orgs.). *Geografia em perspectiva*. São Paulo: Contexto, 2002.

COMPIANI, M.; GONÇALVES, P. W. *Epistemología e Historia de la Geología como fuentes para la selección y organización del curriculum*. Enzeñanza de las Ciencias de la Tierra, Girona, v.4, n.1, p.38-45, 1996.

COMPIANI, M. et al. Geociências e a formação continuada de professores em exercício no ensino fundamental: reflexões. *Pro-posições*. Campinas, v.11, n.1 (31), p.25-35, 2000.

_______. Geociências e a formação continuada de professores em exercício do ensino fundamental. *Relatório Científico Final*, Processo: FAPESP 96/2566-4, 286p.; cópia do site do projeto; anexos. Depto. de Geociências Aplicadas ao Ensino, IG/Unicamp, 2001.

_______. Projeto Geociências e a Formação Continuada de Professores em Exercício no Ensino Fundamental: *Reflexões e Resultados Finais*. Zona Próxima, Universidad del Norte, Colômbia, n.3, p.29-51, 2002.

CONTRERAS, J. *La autonomía del profesorado*. Madrid: Morata, 1997. 231p.

ELLIOTT, J. *La investigación-acción en educación*. 2.ed. Madrid: Morata, 1994. 334p.

FURIÓ, C.; CARNICER, J. *El desarrollo profesional del profesor de ciencias mediante tutorías de grupos cooperativos. Estudio de ocho casos*. Enseñanza de las Ciencias, Barcelona, n.20, v.1, p.47-73, 2002.

KEMMIS, S.; WILKINSON, M. A pesquisa-ação participativa e o estudo da prática. In: PEREIRA, J. E. D.; ZEICHNER, K. M. *A pesquisa na formação e no trabalho docente*. Belo Horizonte: Autêntica, 2002.

KINCHELOE, J. L. *A formação do professor como compromisso político*: mapeando o pós-moderno. Porto Alegre: Artes Médicas, 1997.

LELLIS, I. A. Do ensino de conteúdos aos saberes do professor: mudança de idioma pedagógico? *Educação & Sociedade*, Campinas, ano XXII, n.74, p.43-58, abr. 2001.

LEVY, M. I.; SANMARTÍ P. N. *Fundamentos de un modelo de formación permanente del professorado de ciencias centrado en la reflexión dialógica sobre las concepciones y las prácticas.* Enseñanza de las Ciencias, Barcelona, n.19, v.2, p.269-83, 2001.

LÜDKE, M. O professor, seu saber e sua pesquisa. *Educação & Sociedade*: Campinas, ano XXII, n.74, p.77-96, abr. 2001.

MARTÍNEZ, M. M. et al. *¿Qué pensamiento profesional y curricular tienen los futuros profesores de ciencias de secundaria?* Enseñanza de las Ciencias, Barcelona, v.19, n.1, p.67-87, 2001.

_______. *Un estudio comparativo sobre el pensamiento profesional y la <acción docente> de los profesores de ciencias de educación secundaria. Parte II.* Enseñanza de las ciencias, Barcelona, v.20, n.2, p.243-60, 2002.

MEMBIELA, P. *Investigación-acción en el desarrollo de proyectos curriculares innovadores de ciencias.* Enseñanza de las Ciencias, Barcelona, v.20, n.3, p.443-50, 2002.

MIZUKAMI, M. da G. N. et al. *Escola e aprendizagem da docência*: processos de investigação e formação. São Carlos: EduFSCAR, 2002.

PÉREZ, A. O pensamento prático do professor: a formação do professor como profissional reflexivo. In: NÓVOA, A. (Coord.). *Os professores e a sua formação.* Lisboa: Dom Quixote, 1992.

PIMENTA, S. G. *Para uma agenda de pesquisas em Didática*: velhos e novos temas. Texto apresentado no GT Didática/ANPEd, 2000. Disponível em: http://sites.uol.com.br/s_monteiro/anped.

PORLÁN, R. et al. *Conocimiento profesional y epistemología de los profesores I: teoría, métodos e instrumentos.* Enseñanza de las Ciencias, Barcelona, v.15, n.2, p.155-71, 1997.

______. *Conocimiento profesional y epistemología de los profesores II: estudios empíricos y conclusiones.* Enseñanza de las Ciencias, Barcelona, v.16, n.2, p.271-88, 1998.

SCHÖN, D. A. *La formación de profesionales reflexivos: hacia un nuevo diseño de la enseñanza y el aprendizaje en las profesiones.* Barcelona: Paidós, 1992. 310p.

33

Formação em educação especial: saberes, possibilidades e desafios

Lucídio Bianchetti

Descortinando o contexto do texto

As problemáticas que envolvem e conformam os processos inclusivos não são poucas nem de há pouco. Em trabalhos anteriores, buscamos deslindar alguns dos condicionantes, bem como das possibilidades, a respeito da chamada educação especial, originários da maneira pela qual foram concebidos e tratados aqueles que não se encaixavam nos considerados padrões de normalidade no contexto da mitologia, da religião e dos modos de produção e na constituição e predomínio do pensamento ocidental-judaico-cristão (Bianchetti, 2001; 2003; 2004).

Neste texto, buscando ampliar o leque das fontes que nos permitem apreender a forma como historicamente os diferentes vieram sendo (des)tratados, procuraremos retomar alguns dos aspectos apontados em trabalhos anteriores, mas mais particularmente trataremos de aprofundar outros no contexto histórico da afirmação da burguesia como classe dominante e em seu encaminhamento para se tornar hegemônica.[1] Para tanto utilizaremos como fio condutor

---

1 A passagem da condição de classe dominante à hegemônica implica controle e domínio dessa classe sobre *todas* as esferas da sociedade. Nessa perspectiva, podemos afirmar que é apenas após o final do século XVIII que efetivamente a burguesia vai assumir a hegemonia, ao conseguir deter o controle e o domínio sobre todas as instâncias que constituem a sociedade: econômica, jurídica, educacional, religiosa, os meios de comunicação etc. Isso evidentemente não que dizer que a hegemonia seja completa. Dialeticamente falando, há resistências, há tentativas para modificar a situação, mas a conjugação das forças é amplamente majoritária no sentido da manutenção do *status quo*. E essas resistências não só são consideradas normais,

uma obra clássica da literatura universal: *As viagens de Gulliver*, de Jonathan Swift (1667-1745).

Consideramos que a compreensão de como está sendo proposta a formação daqueles que atuam em educação especial, bem como a maneira pela qual no dia a dia esses processos educacionais são materializados, muito poderá beneficiar a todos caso tenhamos presente o alerta shakespeariano segundo o qual "o passado é prólogo".[2] Nessa perspectiva a mitologia, a religião, a constituição do *logos* e, no caso deste trabalho, a literatura,[3] constituem preciosas fontes para entender o quê, como, por quê e para quem fazemos [em] educação especial, e assim encaminhar proposições e desencadear ações nas quais a dimensão da inclusão seja coetânea e adequada às necessidades das pessoas e congruente com os preceitos da igualdade.

Quanto à opção pelas *Viagens de Gulliver*, tanto pela época na qual a obra foi publicada (1726) quanto pelo conteúdo poderíamos fazer referência a um "momento ou discurso fundador", conforme palavras de Maffesoli (2000), uma espécie de metanarrativa, um sistema explicativo de amplo espectro a respeito de como a nova classe dominante, a burguesia, aponta para grandes possibilidades, mas também deixa entrever problemas não superados e outros novos que estão se instituindo como decorrência da própria lógica imanente[4] ao sistema capitalista, entendido na acepção marxiana de contradição em processo. Afinal, como bem chama a atenção Berman (1988, p.95),

> o problema do capitalismo é que, aqui como em qualquer parte, ele destrói as possibilidades humanas por ele criadas ... tudo o mais que não é atraente para o mercado é

---

como até previstas e, ideologicamente trabalhadas para serem absorvidas, situação muito distinta de quando se vivia no contexto do domínio da aristocracia, da nobreza. Enquanto nestas a hegemonia era garantida pela violência, a burguesia, antes de tudo, busca o consentimento, o convencimento e a coerção, armas que não deixam de ser violentas, embora muito mais no campo do simbólico.

2 Cf. William Shakespeare (1564-1616), *A tempestade*.

3 Decorrente da literatura, vale atentar também para o cinema como outro fio condutor para entender a forma como os diferentes são vistos e tratados. Neste aspecto, é exemplar o filme: *O homem elefante* (*The elephant man*). Direção: David Lynch. EUA: 1980, o qual trata da história de John Merrick, que nasceu com uma deformidade física que atingia mais de 90% de seu corpo e, por causa disso passa a ser exposto e explorado como atração nos circos da Inglaterra e de outros países da Europa. Exemplar também é o documentário *Janela da alma*, de João Jardim e Walter Carvalho, focalizando a visão, suas variantes e implicações. Brasil, 2003.

4 Ao falarmos de lógica imanente ao capital, fazemos referência ao alerta de Ianni quando concebe o capitalismo como um modo de produção material e espiritual, como um processo civilizatório que, diante das transformações, adesões, resistências "dissolve, recobre ou recria formas de vida e trabalho, de ser e pensar, em âmbito local, regional, nacional e internacional" (1992, p.47).

reprimido de uma maneira drástica, ou se deteriora por falta de uso, ou nunca tem uma chance real de se manifestar.

É neste contexto que necessitamos compreender tanto a questão da exclusão quanto à da inclusão[5] nas condições e características que a conformam nos dias atuais.

Pensamos assim que "as viagens" podem contribuir com elementos importantes, apresentando-se como magistério, tanto para entender a constituição da forma liberal burguesa de organização e funcionamento da sociedade, em suas diferentes instâncias, quanto da maneira pela qual as pessoas são tratadas e a forma e estratégias de inclusão ou marginalização materializadas atualmente.

Alguns dados sobre o autor e obra[6]

Jonathan Swift nasceu em Dublin, Irlanda, em 30 de novembro de 1667, vindo a falecer em 19 de outubro de 1745. Não chegou a conhecer o pai, falecido meses antes de Jonathan nascer. Viveu uma infância infeliz, caracterizada pelas carências materiais e afetivas. Sofria de vertigens e frequentemente era acometido de crises de surdez, agravadas com o passar dos anos, a ponto de, conforme seus biógrafos, ter morrido surdo e louco. Com o auxílio de um tio pôde estudar e, apesar de não gostar e não levar a escola a sério, formou-se teólogo pela Universidade de Oxford, vindo a ocupar funções relacionadas à vida religiosa como a de cônego, sendo que o cargo mais elevado foi o de deão (coordenador de um grupo de párocos) da catedral de São Patrício, em Dublin. Em termos políticos foi bastante atuante, em particular pelos seus escritos satíricos, tendo, no entanto, uma conduta oscilante, ora aliando-se aos Whigs (liberais) ora aos Tories (conservadores), dependendo das circunstâncias.[7]

---

5 Aqui estamos fazendo menção à tese da "exclusão includente e inclusão excludente" que Kuenzer (2004) elabora em relação à nova dialética entre o mundo do trabalho e da educação. Excluir do mercado formal e incluir via mercado informal, com tudo o que representa de precarização; incluir nos espaços formais de educação sem garantir as condições materiais mínimas e a qualidade da educação aos incluídos-excluídos, são algumas das manifestações dessa perversa dialética. De outra parte, no que diz respeito especificamente à Educação Especial, Correia (2004) analisa de forma contundente como os conceitos de exclusão e inclusão são apropriados, assimilados e esvaziados de seu conteúdo, acabando por ser reduzidos à funcionalidade que interessa ao grupo dirigente.

6 Além de consultas à internet, em que a quantidade de referências ao autor e à obra impressionam, estamos nos baseando no texto integral de *As viagens de Gulliver*, publicado pela Editora L&PM. As páginas referenciadas a seguir referem-se à biografia de Swift e à Introdução à obra, escritos que se encontram entre as páginas 7 e 38 desse livro.

7 É interessante perceber que em determinado momento da conversa entre Gulliver e o Rei de Brobdingnag, a respeito da Inglaterra, este "pergunta-me se eu era Whing ou Tory" (p.145), pergunta que não foi respondida.

No entanto, foi na literatura que acabou por destacar-se. Assumiu-a, utilizando-nos de uma expressão de Sevcenko (2003), "como uma missão". Fez dela uma espécie de púlpito, de ágora, de onde censurou, elogiou, ensinou. Por meio dela defendeu e atacou pessoas, partidos políticos, instituições e seu próprio país, a Inglaterra do século XVII. Ridicularizou uma das modas da sua época que eram os livros sobre viagens,[8] "transformados numa obsessão da burguesia" (p.14). Extravasou sua indignação por meio de sátiras, metáforas. Deu asas à imaginação e, por meio dos seus escritos, contribuiu para que gerações de crianças e adultos "voassem", transformando-se no "maior prosador da língua inglesa e provavelmente o maior satírico[9] da literatura universal" (p.7).

Especificamente sobre sua principal obra, *Viagens de Gulliver*, afirmava o autor que, por meio dela "pretendia ajudar o mundo e não diverti-lo". Confidenciava a amigos que estava "coligindo dados para desmascarar o homem como animal racional, que parece comprazer-se no cultivo dos instintos e nada de bom constrói" (p.13), intento que realizará particularmente na descrição da parte quatro da obra: Viagem ao país dos *Houyhnhnms*.

De nossa parte, alinhamo-nos aos biógrafos quando afirmam que

> Swift se expressa por meio de uma narrativa leve, porém com sérias críticas aos seus contemporâneos; expressa também certos pensamentos profundos sobre a vida humana em geral, que transcendem de sua própria época e *permanecem relevantes na nossa.* (p.23) [grifo nosso]

E é exatamente em busca de compreender suas reflexões, revelações e críticas que passaremos a focalizar a obra *Viagens de Gulliver*, tentando apreender quais são as questões apontadas, analisadas pelo autor que podem ser caracterizadas como antecipações a problemáticas que continuam atuais. Ao tomar a obra como objeto de análise, inserimos na categoria de "clássica", na perspectiva apontada por Ítalo Calvino (1994), quando alinhava argumentos para nos convencer de por quê *devemos* ler os clássicos.

Dúvidas e opção

8 Aqui está mais uma das indicações de como a burguesia vai tornado-se hegemônica. A primeira fase do capitalismo, denominada de "Comercial" – com predominância entre os séculos XV e XVIII, terá como âncora as viagens de descoberta de novas terras, o comércio de mercadorias, as pilhagens de barcos (pirataria) etc. A literatura sobre viagens, quer as detalhadas descrições histórico-geograficamente situadas ou aquela voltada à ficção, é uma das manifestações dessa base material.

9 Um dos exemplos mais refinados de sátira foi utilizado para explicar o porquê foi declarada e foi mantida a guerra entre Liliput (Inglaterra) e Blefuscu (França): qual é o lado correto de quebrar um ovo!? (cf. p.83).

Reconhecido assim o valor da obra, a questão que se coloca agora é: como explorar essas "viagens" e, delas, fazer a minha viagem e convidar vocês a viajarem comigo pelo universo swiftiano, com tudo o que ele nos apresenta de épocas passadas e antecipa a respeito da atual? Do que podemos e devemos nos apropriar e via viagem de Gulliver, para extrair indicações a fim de refletir e encaminhar questões pertinentes à "formação em educação especial"?

De começo, defino que não farei a viagem de Gulliver ou as viagens. Não me agrada a forma pela qual ele vai evoluindo na narrativa, encaminhando sua análise na senda sem volta da degradação humana, a ponto de, no final da quarta viagem, não conseguir se aproximar dos humanos, nem sequer de seus familiares, preferindo abrigar-se na saudade do período em que viveu em uma sociedade governada por sábios cavalos ("o país dos Houyhnhnms"). Portanto, volto a reafirmar, farei a *minha* viagem, tentando materializar uma indicação de Umberto Eco: "O autor deveria morrer depois de escrever. Para não perturbar o caminho do texto" (1985, p.12). Opto por esse caminho e com essa perspectiva tendo consciência, inclusive, de que devo deixar-me morrer para não atrapalhar a viagem dos possíveis leitores!

Assim, das quatro viagens que o autor descreve, optamos por nos fixar nas duas primeiras: "Uma viagem a Liliput" e "Uma viagem a Brodbingnag". Portanto, embora continuemos falando das "Viagens" no plural, não estaremos nos referindo ao conjunto da obra.[10] Crucial para nossos propósitos será entender o

10 Embora seja possível extrair ótimas indicações para necessárias reflexões atuais, as partes três e quatro do livro: "Viagem a Laputa, Balnibarbj, Luggnagg, Glubbdubdrib e ao Japão" e "Viagem ao país dos Houyhnhnms" não será focalizada particularmente, uma vez que ampliaria muito o leque de questões a analisar, fugindo dos propósitos deste trabalho. Para que seja possível ter alguns elementos a respeito dessas partes da obra, optamos por transcrever uma síntese feita pelos apresentadores do livro a qual certamente despertará o interesse para a leitura da obra completa: "Portanto, a história, o humor e a sátira têm tanto apelo em nosso tempo quanto tiveram no século 18 e certas passagens parecem tê-lo ainda mais. O leitor da era espacial pode sentir um profundo interesse pelo satélite artificial, a Ilha de Laputa; e todas as consequências morais advindas das armas nucleares estão implicadas no oferecimento de Gulliver ao rei de Brobdingnag de um poder destruidor suficiente para "arrasar Metrópolis inteira se ele pretendesse disputar seu comando absoluto". A máquina-pensante imaginada pelo Professor em Lagado é claramente o protótipo do computador, e um de seus colegas mostra-se igualmente moderno ao propor um sistema de transplantes cerebrais recíprocos entre líderes de partidos políticos. George Orwell viu a comunidade de Houyhnhnm como um estado totalitário, com os yahoos desempenhando o papel de judeus na Alemanha nazista, e encontrou na Parte III uma extraordinariamente clara previsão da temida polícia estatal, com seus caçadores-de-heresias e julgamentos-de-traições. Finalmente, o episódio de Struldbrungs propõe grande problema que não era tão urgente no tempo de Swift mas que, graças à medicina, está se tornando cada vez mais urgente no nosso tempo: o problema de prolongar a vida até depois que a capacidade de gozá-la desapareceu" (p.16).

significado e as decorrências da chegada de Gulliver a um país onde os habitantes são minúsculos, menores que anões em termos de tamanho quando comparados a ele e, em perspectiva oposta, sua chegada em outro país onde ele passa a ser uma miniatura, experimentando assim o potencial e os limites e as consequências das desproporções, do não ajustamento, da fuga do padrão, enfim, do ser supra ou infradotado, a ponto de ele mesmo refletir: "Isto me fez pensar em como são vãs as tentativas feitas para um homem poder obter o respeito das pessoas que estão fora de qualquer grau de igualdade ou de comparação com ele" (p.164).

Iniciamos assim com uma breve descrição de como Gulliver chega a Liliput, como é recebido, suas descobertas, as estratégias que utiliza para sobreviver, ser aceito, e, por fim, seu retorno à terra natal. Em seguida, procederemos da mesma maneira em relação a sua viagem a Brodbingnag. Manteremos uma perspectiva cronológico-linear, buscando dar ao leitor uma visão o mais aproximadamente possível da sequência dos passos, dos impasses, das descobertas e dos problemas vividos pelo personagem.

Viagens a Liliput e a Brodbingnag

As des(a)venturas de Gulliver em Liliput

A semelhança das descrições feitas sobre viagens de navios,[11] Gulliver relata como o barco no qual navegava pelos mares do sul naufragou e como apenas ele conseguiu, milagrosamente, salvar-se, chegando a uma ilha desconhecida. Na praia, cansado dos esforços feitos, desfalece, mergulhando em sono profundo. Ao acordar, tenta levantar e dá-se conta que está preso ao chão por numerosas e estreitas ligaduras, inclusive pelo seu próprio cabelo preso ao chão, que o imobilizam. Ao forçar os olhos para baixo vê "uma criaturazinha[12] humana, que mal

11 Veja-se, por exemplo, a obra *Robinson Crusoe*, de Daniel Defoe, do mesmo período histórico. A ironia de Swift transparece aqui também. Ao finalizar o relato da sua segunda viagem, o Capitão do navio que o resgatara afirma que "esperava que quando eu voltasse para a Inglaterra eu fizesse um favor ao mundo passando-a (a estória da viagem) para o papel e tornando-a pública. Minha resposta foi que eu achava que já tínhamos livros de viagens demais, que tudo o que acontecia era considerado extraordinário..." (p.191).

12 "Homenzinho", "Pessoinha", "Povinho" são outras palavras utilizadas pelo autor para fazer referência aos liliputianos. Estes, por sua vez, o batizam de "grande homem montanha". Posteriormente, na obra, o personagem vai fazer observações que ajudam a debelar seu espanto inicial. Assim, na p.92 ele vai explicitar: "Como o tamanho normal dos nativos é um pouco menos de quinze centímetros, existe uma proporção exata com todos os outros animais, assim como com as plantas e as árvores". Segue adiante dizendo que "a natureza adaptou os olhos dos liliputianos para que enxerguem tudo o que deve ser enxergado". E, para chamar a atenção dos efeitos das (des)proporções, afirma ter visto "uma menina enfiando um fio de linha invisível numa agulha invisível".

chegava a 15 centímetros de altura,[13] com arco e flecha nas mãos e aljava nas costas" (p.52), caminhando sobre seu corpo, vindo em direção ao rosto.

Ao dar-se conta do inusitado, solta um grito que acaba apavorando as minúsculas criaturas, provocando confusão ao ser redor. Tenta libertar-se, mas é alvejado por flechas do tamanho de agulhas que lhe causam muita dor, ao mesmo tempo que é espetado por miniespadas em todas as extensões de seu corpo. Dessa forma, decide "que o mais prudente seria ficar quieto" (p.53), pensando, mais tarde, libertar-se, utilizando sua força. E assim, da surpresa inicial relacionada à desproporção entre os habitantes da ilha e ele, passa a descrever como é "convencido" a controlar-se, a colaborar, a prometer que não utilizará sua força e seu tamanho em vantagem própria, pois se assim não se portasse, continuariam a feri-lo. Coagido, respondeu "com poucas palavras, da maneira mais submissa[14] possível..." (p.54), que concordava com o que estava sendo (im)posto.

A concordância em gestos e palavras, no entanto, não era congruente com o que ele sentia e tinha vontade de fazer:

> Confesso que enquanto eles corriam para cima e para baixo sobre meu corpo, sentia-me tentado a agarrar os quarenta ou cinquenta que passavam ao meu alcance e esmagá-los, atirando-os no chão. Mas a lembrança do que me haviam feito sofrer, e a palavra de honra que dera e eles,[15] pois assim considerava meu comportamento sub-

---

13 As informações detalhadas sobre medidas, altura, largura, comprimento, espessura, profundidade, peso, volume, distância etc., serão uma constante em toda a obra. Como o próprio Gulliver dirá, era hábito seu "pesar e medir" (p.155). O detalhamento de como os matemáticos do reino concluem que a quantidade de comida e de bebida necessária para alimentá-lo no decorrer de um dia equivale à utilizada para 1.728 liliputianos é um exemplo desses detalhados cálculos (cf. p.78). Posteriormente, faremos alguns comentários sobre esta quase obsessão descritiva, detalhada de Swift. Adiantando, no entanto, podemos dizer que o autor e a obra estavam bastante sintonizados com o período histórico no qual a perspectiva antropocêntrica passa a predominar sobre a teocêntrica, desafiando os homens a descobertas impensáveis até há pouco, na busca de materializar as divisas do iluminismo ou de conquistar a maioridade (Kant, 2003). O próprio personagem do autor vai ressaltar que "aquele povo era formado por excelentes matemáticos, e havia chegado à perfeição máxima na mecânica..." (p.57). Lembramos que entre os pais fundadores do método experimental, Galileu Galilei (1964-1642) e Francis Bacon (1561-1626) já haviam concluído suas obras e Issac Newton (1643-1727), praticamente contemporâneo de Swift, estava em pleno desencadeamento da revolução da matemática, da óptica, da astronomia e da física. "A valorização da matemática" é uma característica dos experimentalistas, afirma De Meis (2005, p.67).

14 Esta, como veremos, será uma conduta repetida, tanto entre os habitantes de Liliput, *apesar* de seu tamanho descomunal em relação a eles, quanto entre os habitantes de Brodbingnag, *por causa* de sua condição de minúscula criatura em comparação com os gigantes desta ilha.

15 Esta será uma situação bastante presente também em toda a obra, o que evidencia resquícios do período medieval, no qual a prevalência do respeito aos acordos se dava pela manutenção da palavra empenhada.

> misso, acabaram por afastar essa intenção... tratei de fazê-los entender que podiam dar-me o destino que bem quisessem. (p.55-6)

Em seguida, Gulliver descreve detalhadamente a construção de uma espécie de engenhoca – com base no projeto feito pelos exímios matemáticos liliputianos – para transportá-lo até a capital que ficava a uns 900 metros de onde estavam, percurso no qual foram gastos diversos dias. Lá chegando, ele é acorrentado pela perna esquerda, o que o impede de movimentos que excedam o levantar-se e dar pequenos passos em círculo. Ao ficar em pé, percebe o impacto que sua estatura causa, afirmando ser "impossível descrever a gritaria e o espanto que explodiram, apoderando-se daquele povo ao ver-me de pé" (p.60). Ao mesmo tempo que é temido, fascina. A exposição pública, uma vez que, pela sua estatura era impossível não aparecer, atraía curiosos e passou a provocar problemas, para os quais se buscou solução que lembra muitas estratégias similares, desencadeadas atualmente. Conforme o autor:

> A notícia da minha chegada espalhou-se pelo reino, trazendo uma quantidade prodigiosa de pessoas ricas, desocupadas e curiosas para me ver. Nesse ritmo as cidades iriam ficar desertas, os afazeres nos campos, casas e negócios totalmente negligenciados se Sua Majestade não pusesse um paradeiro na agitação com vários éditos e proclamações contra essas inconveniências. Ele determinou que aqueles que já me tinha visto voltassem imediatamente para seus lares e que ninguém se aproximasse de minha casa a menos de quarenta e cinco metros sem uma licença especial da corte. Determinação essa que fez o Estado ganhar um dinheiro considerável. (p.64)

Daí em diante, o autor vai detalhando os inusitados, as curiosidades, os espantos e as dificuldades de relações impedidas ou dificultadas por desproporções de inúmeras e diversas naturezas. Ao mesmo tempo, descreve as estratégias adotadas para criar mediações que permitam a comunicação e o estabelecimento de convivência. Sábios são chamados para examiná-lo e apresentar explicações plausíveis para tal novidade; outros são encarregados de ensinar-lhe o idioma nativo.[16] A busca de objetivos ou de vantagens, de ambas as partes, passou a ser perseguida, cada uma utilizando estratégias próprias. Gulliver queria recuperar sua liberdade; sua majestade e o povo de Liliput queriam divertir-se e, de acordo com as circunstâncias, tirar vantagens. Portanto, a situação de todos é de quebra da normalidade em relação à vida que levavam, e cada um, a sua maneira, tenta

16 Explicita que "as primeiras palavras que aprendi foram as necessárias para expressar o desejo de que ele me devolvesse a liberdade". Interessante como, apesar do descomunal tamanho e força, ele estava preocupado em manter a palavra empenhada de que não causaria problemas, desde que não voltassem a castigá-lo ou apontassem uma possibilidade de libertá-lo. E assim continua: "Eu as repetia de joelhos, diante de sua majestade, todos os dias ... Enquanto isso, eu devia usar de toda a minha bondade, reunir toda minha paciência e me comportar sempre bem a fim de conquistar a boa opinião dele e de seus súditos" (p.65).

reacomodar a situação, lançando mão de estratégias que garantam que cada uma das partes saia ganhando ou recuperem o que foi perdido.

"Minhas atitudes gentis e bem-comportadas – diz Gulliver – ganharam as boas graças não apenas do Imperador e sua corte como também do exército e do povo em geral, portanto comecei a ter esperanças de conseguir minha liberdade de volta dentro de pouco tempo." E conclui: "Usei todos os métodos possíveis para cultivar essa disposição favorável" (p.71). E de tanto assim proceder e de tantas "cartas e petições" enviadas solicitando a liberdade, finalmente, após decisão do conselho, é libertado, não sem antes jurar que se "submeteria a todas as suas decisões a meu respeito" (p.76), obedecendo-as incondicionalmente.

Um documento, contendo oito artigos, explicitando os direitos e os deveres do "Grande Homem Montanha" – mais estes do que aqueles – foi elaborado, pública e solenemente lido, e assinado por Gulliver. O documento é um primor de como alguém pode ser libertado de uma corrente física que o prende e, no entanto, subjugado aos interesses do concedente da "liberdade". Há mais "nãos" e "obriga-se" do que efetiva libertação. Ou, em outras palavras, sua inclusão/libertação se dá pelas vantagens que pode trazer. A título de exemplo, citaremos dois desses artigos, o quarto e o sexto:

> Quando [o Homem Montanha] estiver caminhando pelas ditas estradas e avenidas deverá tomar o maior cuidado para não esmagar o corpo de qualquer dos nossos amados súditos, seus cavalos, suas carroças, nem pegar qualquer dos ditos cujos em suas mãos sem consentimento deles
>
> Ele deve ser nosso aliado contra nossos inimigos na ilha de *Blefuscu*[17] e fazer o máximo que puder para destruir a frota deles, que no momento se prepara para nos atacar. (p.77)

Gulliver lê, jura obedecer e, demonstrando agradecimento, "prostra-se aos pés de Sua Majestade", o qual ordena que o Homem Montanha se levante. E após saudá-lo, o monarca declara esperar que "eu me mostrasse um servo útil e merecedor de todos os favores que me concedia ou concedesse no futuro" (p.78). O interessante é que, em momento posterior do relato, quando as circunstâncias são outras, ele revela que

> quando assinei a aceitação daquelas condições que me impuseram para devolver-me a liberdade havia algumas das quais não gostei porque me impunham obrigações servis demais e eu nunca as teria aceito se a absoluta necessidade não me obrigasse a isso. (p.90)

Ainda saboreando o gosto da liberdade, embora limitada, um dia ele recebe a visita de um dos conselheiros do rei que lhe traz informações preocupantes, duas

17 Segundo os biógrafos, toda a obra de Swift é cifrada e, via metáforas, alegorias, anagramas etc. referencia fatos ou personagens da história, criticando ou elogiando. Aqui, no caso específico, ele está fazendo alusão às numerosas guerras entre a Inglaterra e a França, esta nominada Blefuscu.

delas relacionadas ao reino e outra a ele próprio. Noticiava o conselheiro que, por mais que parecesse haver calmaria, as dissidências internas eram muitas e, para agravar o quadro, havia riscos constantes de invasão da ilha por parte de poderosos reinos vizinhos. Além disso, é informado que sua fama acabou despertando a inveja de um dos conselheiros que se opôs a que ele fosse libertado e, não conseguindo o intento, havia sido um dos mentores do documento de libertação, com tantos condicionantes. E apesar das juras de submissão e obediência por parte de Gulliver, o dito conselheiro continuava seu inimigo, conspirando onde e como fosse possível. E, por fim, no que diz respeito à possibilidade de invasão da ilha, o emissário informa-lhe que "Sua Majestade imperial deposita grande confiança na coragem e na força do senhor", ao que Gulliver responde, pedindo ao secretário que

> apresentasse meu humilde respeito ao imperador e que o fizesse saber que eu achava que não me competia, como estrangeiro, intervir entre as duas partes, mas que estava pronto, mesmo com o risco de minha vida, a defender Sua Majestade e o Estado das investidas dos invasores. (p.84)

No entanto, ao observar que realmente os Blefuscuianos estavam preparando-se para invadir Liliput, como em uma espécie de reconhecimento e de demonstração da sua fidelidade, Gulliver atravessa o canal que separa Liliput do império inimigo, corta os cabos das âncoras que prendem os (mini)barcos, amarra-os a cordas e diante do espanto e sob o protesto dos habitantes de Blefuscu, e, da saraivada de flechas que disparam contra ele, puxa a frota inteira para o porto de *Liliput*. O Imperador e toda a corte festejam o feito e condecoram o herói Homem Montanha.

Diante da nova situação de desequilíbrio de forças, as autoridades de Liliput, tendo a frente o Imperador, projetam transformar os reinos próximos em províncias e os habitantes em escravos, submetidos a um único monarca. Gulliver argumenta contrariamente afirmando que não se prestaria a ser um instrumento da escravidão de outros povos. Embora o Imperador emitisse indicações de estar concordando com a argumentação, Gulliver percebe que "esta minha declaração abertamente audaciosa era algo tão oposto aos esquemas e princípios políticos de sua Majestade imperial que ele jamais pôde me perdoar".[18] E o resultado foi que

> desse momento em diante começaram entre Sua Majestade e a junta de ministros maliciosas intrigas contra mim que acabaram estourando em menos de dois meses e que ameaçavam terminar com minha completa destruição. Os maiores serviços que se prestam aos príncipes significam pouquíssimo quando comparados com uma recusa a satisfazer suas paixões. (p. 88)

18 Passado pouco tempo, Gulliver é secretamente informado de que "preparam artigos de *impeachment* contra o senhor, por traição e outros crimes capitais" (p.104).

Passado um curto tempo dessa proeza, chega a Liliput uma embaixada de Blefuscu, encarregada de formalizar uma proposta de paz, com claras vantagens aos liliputianos. Além disso, trazem um convite do Imperador dirigido a Gulliver para conhecer o reino e para fazer algumas demonstrações da sua "prodigiosa força, da qual tinham ouvido contar maravilhas" (p.89). A licença para visitar o reino vizinho é solicitada ao rei de Liliput e é concedida, mas "de maneira muito fria" (p.89). Antes da visita a Blefuscu, Gulliver ainda teve a chance de prestar um grande serviço – assim pensava ele! – à Sua Majestade e à casa real: debelar um incêndio que ameaçava transformar o castelo em cinzas. No entanto, para complicar sua situação, em vez de ser condecorado pelo feito, complicou-se mais. Na impossibilidade de contar com água suficiente e a tempo, utilizou sua própria urina para apagar o incêndio – uma maneira "infame e ilegal" (p.108), atitude que foi considerada atentatória em todos os sentidos e lhe causou sérios dissabores, uma vez que estava previsto na lei que "era proibido urinar nos limites do castelo" (p.91).

Mesmo tendo feito tudo com a melhor das boas intenções e procurando preservar-se de fazer coisas contra sua consciência, Gulliver mais uma vez é informado de que estão sendo feitas reuniões e está por ser lançado um édito (*impeachment)* contra ele, sob a acusação de alta traição. Não concordar com a ordem do rei de submeter todos os outros reinos ao comando do monarca; receber convite para visitar Blefuscu; apagar o incêndio daquela forma etc. eram acusações suficientes, para, segundo alguns ministros, condená-lo à morte. Outros propunham que se diminuísse a alimentação até que ele ficasse tão fraco que fosse fácil de abatê-lo; outros ainda propunham que lhe vazassem os olhos, uma vez que a perda da visão "não alteraria a força de seu corpo e assim o senhor continuaria sendo útil para Sua Majestade" (p.106).

Ao saber de tais tramas contra ele, Gulliver é tentado a liberar sua força e destruir Liliput – o que não lhe custaria muito, mas a "lembrança do juramento que fizera ao Imperador" (p.110) levou-o a recuar de tal intento. E uma vez que o édito demoraria três dias para vir a público, toma a resolução de aproveitar a licença que havia conseguido e parte para visitar Blefuscu. Lá é recebido como herói, prostra-se diante de Sua Majestade, colocando-se a seu serviço.

Os dias vão se passando e como ele não retorna a Liliput, o Imperador envia um mensageiro ao reino vizinho informando que o Homem Montanha havia fugido da justiça após cometer várias traições e ele deveria ser amarrado e devolvido a fim de ser punido. O Imperador de Blefuscu barganha um tempo para decidir. Nesse período, Gulliver descobre, próximo à praia, um navio encalhado e com a ajuda dos habitantes o reforma, antevendo a possibilidade de voltar à sua terra natal.

Passados três dias, o Imperador de Blefuscu

> enviou [ao Rei de Liliput] uma resposta repleta de amabilidades e desculpas. Dizia que seu irmão sabia que era impossível enviar-me amarrado, que apesar de eu o ter

privado de sua frota ele me devia obrigações por bons serviços prestados, que tinham propiciado a manutenção da paz. Que, no entanto, ambas as majestades logo poderiam ficar sossegadas, pois eu encontrara um barco prodigioso na praia, capaz de me levar mar a fora. Que dera ordens para a embarcação ser posta em boas condições sob minha própria assistência e direção. Que havia esperança de em poucas semanas os dois impérios **estarem livres de um peso tão insuportável.** (p.114) (grifo nosso)

Temendo que lhe acontecessem outras adversidades, Gulliver, após consertar o barco e conseguir provisões, que de bom grado lhe são oferecidas, solicita licença para partir "com o que a corte prontamente contribuiu, *impaciente para me ver ir embora*" (p.114) (grifo nosso).

O personagem navega mar adentro até ser resgatado por um navio. Ao contar de onde estava vindo e as experiências que teve, acharam que "eu estava delirando, que os perigos pelos quais passara haviam alterado meu juízo" (p.116).

Ao reencontrar sua família, com ela permanece dois meses. Após esse curto período, parte para sua segunda viagem.

As des(a)venturas de Gulliver em Brobdingnag

Após informar sobre contratempos de seu retorno ao mar, com tempestades, ventos, mudanças forçadas de rotas, Gulliver descreve a ida a uma ilha, com outros marinheiros, para buscarem água. Desgarra-se dos companheiros e, quando consegue visualizá-los, é tomado pelo espanto com o que depara:

> Vi nossos homens dentro do escaler, remando como alucinados para chegar depressa ao navio. Estava por me manifestar chamando a atenção deles, se bem que soubesse que dificilmente me ouviriam, quando vi uma criatura enorme perseguindo-os mar adentro, andando o mais depressa que podia. O monstro caminhava com a água pouco acima dos joelhos dando passos prodigiosos. (p.121)

Abandonado assim, involuntariamente, preocupado com a criatura que vira, começa a andar em direção ao interior da ilha. Em determinado momento, enxerga mais um dos nativos do tamanho daquele que viu perseguindo os companheiros. "Pareceu-me da altura de um campanário de igreja e avançava nove metros a cada passo, pelo que pude calcular. Levei um choque de medo e de espanto..." (p.122). Ao deparar com o inusitado, Gulliver, "em meio a uma terrível agitação mental", faz algumas reflexões e levanta questionamentos:

> Não pude deixar de pensar em Liliput, cujos habitantes olhavam-me como o maior prodígio que já aparecera no mundo, onde eu era capaz de segurar a esquadra imperial na mão e realizar todas aqueles proezas que ficariam registradas para sempre nas Crônicas daquele império e nas quais a posteridade dificilmente iria acreditar, mesmo que atestadas por milhões. Pensei na mortificação que seria para mim não significar abso-

lutamente nada naquela nação, como aconteceria com um liliputiano entre nós. Mas compreendi que esse seria um dos menores infortúnios, pois como é sabido que as criaturas humanas são selvagens em proporção ao seu tamanho, o que eu poderia esperar a não ser tornar-me um bocado na boca do primeiro desses malvados que me pegasse? Sem dúvida os filósofos tem razão quando nos dizem que nada é grande ou pequeno, a não ser comparativamente. Quem sabe a sorte resolvesse fazer os liliputianos encontrarem uma nação na qual as pessoas fossem diminutas em relação a eles, como eles eram em relação a mim. E quem sabe até esta prodigiosa raça de mortais poderia ser igualmente ultrapassada em alguma parte distante do mundo que ainda não descobrimos. (p.123)

Em seguida, Gulliver narra como foi pego entre o polegar e o indicador de um daqueles gigantes que o encontrou e o contemplava com a curiosidade com a qual se olha para um pequeno e estranho bichinho; o medo que teve de ser solto da altura de uns 18 metros no momento em que o homem o aproximou dos olhos para vê-lo melhor, bem como as tentativas que fez de comunicar-se. O homem, que deveria ser um servo, mostra-o aos companheiros de trabalho. O proprietário da fazenda o põe na palma da mão. Todos se reúnem ao redor para observá-lo. Então "tirei o chapéu, fiz uma profunda reverência diante do fazendeiro, deixei-me cair de joelhos e ergui minhas mãos e olhos, falando o mais alto que podia... achei melhor obedecer-lhe" (p.125).

Pelas reações de Gulliver, o fazendeiro concluiu que ele era uma "criatura racional". Carregando-o na mão, dirigiu-se para casa e mostrou a criaturinha à mulher que "berrou e saltou para trás, como fazem as mulheres inglesas quando veem um sapo ou aranha" (p.126). Mas ao perceber que aquele ser era manso e obedecia, deixou de lado os receios e até tornou-se carinhosa com ele. No entanto, quem vai praticamente adotá-lo é Glumdalclitch, a filha do fazendeiro, de nove anos de idade, cuidando dele,[19] ensinando-lhe o idioma, protegendo-o de uma série de riscos a que ele fica exposto, como é o caso de gatos, ratos (do tamanho de cachorros), cachorros (do tamanho de elefantes), pássaros (do tamanho de um cisne inglês), moscas,[20] piolhos,[21] vespas (grandes como perdizes) e outros

19 "Devo a ela a preservação da minha vida enquanto permaneci naquele país" (p.133). Ela foi a minha ama e protetora, afirma Gulliver.

20 Estas eram particularmente odiadas por Gulliver, uma vez que ao pousarem na comida acabavam deixando seus "repulsivos excrementos ou ovos sobre ela, coisas que para mim eram visíveis, mas não para os nativos daquele país, cujos grandes olhos não eram tão agudos quanto os meus para enxergar pequenos objetos" (p.148). Adiante ele fala que "os meus sentidos eram atingidos naquele país em proporção com minha pequenez" (p.157). Ao defrontar-se com uma rã, revela que "o tamanho dela fazia que me parecesse o mais disforme animal que se possa conceber" (p.161)

21 Ao mencioná-los, Gulliver refere-se ao "espetáculo mais horroroso que já vira... eu podia distinguir os membros desses insetos, a olho nu, muito melhor do que já vira um piolho europeu através de um microscópio" (p.150). Considerava uma visão nojenta a ponto de causar-lhe náuseas.

insetos e animais domésticos, que parecem a Gulliver terem um aspecto feroz por causa da desproporção descomunal e por emitirem sons que se assemelhavam a trovões. Quanto a esse aspecto, faz uma série de reflexões a respeito de como as observações, a percepção dos sentidos e particularmente a visão mudam, dependendo do ponto de vista[22] e do tamanho.

À medida que o tempo foi passando, na vizinhança ficou-se sabendo que o fazendeiro havia encontrado um minúsculo e "estranho animal... que andava ereto sobre dois pés, era manso e gentil, atendia quando chamado, fazia o que lhe ordenavam" (p.133). Um fazendeiro vizinho veio conferir e, ao ver aquela estranha criaturinha e como "era um avarento, para minha infelicidade teve a ideia de aconselhar meu patrão a exibir-me[23] como curiosidade no dia de feira na cidade" (ididem). Levaram-no à feira, anunciando que uma estranha criatura podia ser vista, a qual "se parecia com um ser humano em todas as partes do corpo, que dizia várias palavras e fazia uma centena de truques divertidos" (p.135). Muitos foram os curiosos que pagavam para vê-lo, tendo sido exibido, naquele dia, "para doze grupos, e todas as vezes obrigado a fazer as mesmas palhaçadas, até me sentir meio morto de cansaço e vergonha" (Ididem).

Com a fama espalhando-se, o fazendeiro passou a exibi-lo em todos os dias de feira e, "percebendo o quanto eu poderia ser lucrativo" (p.136), passou também a expô-lo nas grandes cidades do país, até chegar à capital e alugar um espaço para exibição próximo ao palácio real. Ali Gulliver era "exibido dez vezes por dia para deslumbramento e satisfação do povo" (p.137). As consequências não demoraram a aparecer:

> O contínuo espetáculo que eu apresentava todos os dias em poucas semanas acabou por abalar consideravelmente minha saúde. Quanto mais meu patrão ganhava a minha custa, mais ávido se tornava. Eu perdera meu estômago e estava quase reduzido a um esqueleto. O fazendeiro percebeu isso e, concluindo que eu poderia morrer, logo resolveu sugar-me o mais que pudesse. (p.138)

---

22 Ele faz uma série de observações sobre o que é feio, bonito, normal, desproporcional. Diz, por exemplo, que "nada me desgostou mais do que ver o monstruoso seio – que a mulher do fazendeiro ofereceu ao filho para mamar – que não tenho com o que comparar para dar ao leitor uma ideia de seu tamanho, forma e cor. Depois conclui que não está querendo afirmar que aquelas "vastas criaturas são disformes" (p.128). Apenas queria chamar a atenção que tudo nelas é proporcional a seu tamanho.

23 A minha ama, diz Gulliver, achou uma "indignidade eu ser exposto, por dinheiro, num espetáculo público para divertimento do povo" (p.134). De minha parte, afirma, "tinha a forte esperança que jamais me abandonava de que um dia iria recuperar minha liberdade e quanto a ignonímia de ser exibido como um monstro, eu era um perfeito estranho naquele país e essa minha humilhante desventura com certeza não me acompanharia como um estigma caso eu voltasse para a Inglaterra, uma vez que até o próprio rei da Grã-Bretanha passaria pelo mesmo infortúnio se estivesse na minha situação" (p.134).

Por sua vez, o Rei enviou um emissário ao fazendeiro para que levasse aquela estranha criatura ao castelo para "divertir a rainha e suas damas" (Ididem). Lá lhe perguntam se ele não gostaria de morar na corte. Responde que, embora sendo escravo do patrão, teria muito orgulho de devotar a vida à rainha. O fazendeiro, tendo presente o precário estado de saúde no qual Gulliver se encontrava, vê mais uma chance de ganhar dinheiro e o vende à rainha e ainda consegue um ótimo emprego para sua filha, uma vez que, a pedido de Gulliver, Glumdalclitch acabou sendo contratada pela rainha para cuidar do pequeno e esperto animal.

O Rei, que inicialmente pensou tratar-se não de uma criatura humana, por menor que fosse, mas de um "mecanismo de relojoaria",[24] ficou admirado das "respostas racionais" que recebeu e, querendo entender mais do assunto,

> mandou chamar três grandes sábios que se encontravam na corte... Esses cavalheiros, depois de examinarem[25] atentamente minha aparência com muito refinamento, tiveram opiniões diferentes a meu respeito. Todos concordaram em que eu não poderia ter sido produzido de acordo com as leis regulares da natureza. (p.141)

Na busca de esclarecer a novidade, cada um dos sábios apresentou a sua explicação, convergindo em alguns aspectos,[26] e discordando em outros. Mas no final foram unânimes ao concluír que "eu era apenas um relplum scalcath, o que pode ser interpretado literalmente como lusus naturae"[27] isto é, uma exceção. E, diante dessa

---

24 Aqui é inevitável que se faça menção ao ilustrativo livro de Mario G. Losano: *Histórias de autômatos*. Da Grécia Clássica à Belle Époque. O autor evidencia o quanto se investiu, desde longa data, na construção de autômatos, não tanto pela utilidade, mas sim por serem considerados "máquinas feitas para o assombro dos espectadores" (p.59). Swift assim, faz a ficção e a realidade se fundirem.

25 Como percebemos, tanto em Liliput quanto em Brodbdingnag, quando algo fora do comum ou alguém fora dos padrões considerados de normalidade acontece ou aparece, a primeira providência é convocar os sábios, os cientistas para, após minucioso exame, dar o veredicto, a palavra final sobre o novo. Passando da ficção para a realidade, vemos em Pessotti (1984) o quanto esta foi – e certamente é! – uma prática comum em outras situações. Quando, por exemplo, Victor, o selvagem de Aveyron (capturado em 1797 na floresta de La Caune, França) foi encontrado, Philippe Pinel (1745–1826) é chamado para examiná-lo e elaborar seu diagnóstico, com o qual Jean M. G. Itard (1774-1838) não concordará e, em decorrência, encaminhará uma proposta que revolucionará o diagnóstico e o tratamento dos deficientes.

26 Os três concordaram, por exemplo, que não se tratava de um anão, dado que sua "pequenez estava além de qualquer grau de comparação, uma vez que o anão favorito da rainha, o menor conhecido naquele reino, tinha cerca de 9 metros de altura" (p.142). Este, por sinal, veio a criar sérios problemas a Gulliver, pois a atenção que a rainha passou a dispensar-lhe provocou ciúmes, insolência e agressividade por parte do anão (cf. p.146).

27 Ao chegar a este ponto da obra, Swift manifesta toda a sua corrosiva sátira em relação aos idealistas, bem como aos filósofos do início da modernidade: "Esta era uma determinação muito agradável à filosofia europeia moderna que os professores [referência à uma discussão

conclusão, de pouco adiantou Gulliver argumentar que em seu país de origem havia milhares de pessoas de ambos os sexos, exatamente do seu tamanho, argumentação que foi ouvida com tolerância, mas desconsiderada, pelo menos pelos sábios. O Rei, de sua parte, ficou impressionado e solicitou que a minúscula criatura fosse bem tratada, embora quando Gulliver explicou-lhe como funcionava o seu país ele tenha dado pouca atenção e até feito comparações que o deixaram indignado.

Após ter vivido um tempo com esse povo e tendo-se acostumado com seu aspecto e modo de falar, "tendo observado todos os objetos que se apresentaram diante de meus olhos, procurando pensar na proporcionalidade da magnitude, o horror que a princípio sentira pelo tamanho e aspecto deles desaparecera. Eu me acostumara..." (p.146).

Embora a passagem da situação de escravo do fazendeiro à de protegido da rainha tivesse modificado bastante a condição de vida de Gulliver, ele continuava despertando a curiosidade e, às vezes, quando a ama o levava a passear, o povo amontoava-se para vê-lo e ela, solícita, erguia-o "na palma da mão para que todos pudessem me ver" (p.152). Como diz o próprio personagem, "eu teria vivido bem feliz naquela terra se minha pequenez não me tivesse exposto a muitos incidentes ridículos e perturbadores" (p.154) e engraçados (para os outros!). Entre estes, destaca o fato de ter-se machucado ao chocar-se com a casa de um caracol; de ter caído na toca de uma toupeira; ter sido carregado por um cachorro que o prendeu entre os dentes; ter sido agarrado por um macaco e "colocado na posição em que a ama coloca o bebê para dar-lhe de mamar... enfiando-me na boca comida mastigada que tirava das próprias bochechas e dando-me tapas ao ver que eu me recusava a comer" (p.162) e de quase ter sido esmagado por maçãs que caíam das árvores e por pedras de granizo, uma vez que tudo naquele país guarda proporção, o que ele podia provar, pois tinha a curiosidade de pesar e medir tudo.

Outra questão que desapontava Gulliver era a falta de escrúpulos das damas de honra da rainha, que tinham prazer em levá-lo a seus aposentos na hora de fazerem higiene e trocarem de roupas. O personagem ressentia-se, sem poder reclamar, que elas o deixam nu da cabeça aos pés e demonstravam sentir prazer em tocá-lo.[28] Ele, contudo, revela que

> o que mais me desagradava quando estava entre as damas de honra... era ver que elas me usavam sem a menor cerimônia, como uma criatura sem nenhuma sensibilidade. Despiam-se e ficavam nuas em pelo, enquanto eu permanecia sobre a toalete bem

---

entre Newton e os aristotélicos], que desdenhavam a antiga alusão a causas ocultas com as quais os seguidores de Aristóteles procuravam em vão disfarçar sua ignorância, inventaram como maravilhosa solução para todas as dificuldades do inenarrável avanço do conhecimento humano" (p.142).

28 A respeito da sexualidade das pessoas consideradas com deficiência, bem como a forma de os considerados normais lidarem com essa questão, ver o trabalho de DALL´ALBA (2003).

> diante de seus corpos nus que, eu garanto, estavam longe de significar para mim uma visão tentadora ou de me despertar quaisquer outros impulsos a não ser horror e repulsa. A pele delas parecia-me muito áspera, irregular, com uma cor das mais esquisitas quando eu olhava de perto, e apresentava-se a meus olhos marcada por tantas irregularidades que lembrava uma tábua de bater carne, com pelos que tinham a espessura de um barbante grosso. Isto para não dizer mais nada sobre o restante de suas pessoas... A mais linda entre essas damas de honra, uma agradável e travessa menina de dezesseis anos, de vez em quando me fazia escalar o bico de um de seus seios e inventava muitas outras brincadeiras que o leitor vai me desculpar por não detalhar aqui. (p.158)

Depois disso, Gulliver narra estratégias que utiliza para agradar o rei e a rainha. Faz uso de sua habilidade e fabrica diversas peças de artesanato com as quais presenteia os nobres, peças que, por serem miniaturas, serviam mais para serem exibidas do que usadas. Nessas entregas de presentes, ele tinha oportunidade de conversar com o rei, e foi em um dia desses que:

> tomei a liberdade de dizer a Sua Majestade que a atitude que ele tinha diante da Europa e do resto do mundo não combinava com as admiráveis qualidades de mente das quais ele era senhor, pois a inteligência não era proporcional ao tamanho do corpo. Ao contrário, havíamos percebido em nosso país que as maiores pessoas em geral eram as menos providas dela. Que animais pequeninos, por exemplo, abelhas e formigas, tinham reputação de serem mais industriosos, artistas e sagazes do que muitas espécies de animais grandes. E que, por mais insignificante que eu parecesse, esperava viver o suficiente para prestar um serviço memorável à sua Majestade, ainda. (p.167)

Ao concluir a exposição, percebe que o rei está prestando mais atenção, tendo melhorado sua opinião a respeito da pequena criatura, respeitando-a mais, inclusive solicitando que lhe falasse,[29] que descrevesse com mais detalhes seu país. Gulliver lança mão de todos os seus dotes de oratória e conhecimento para passar ao monarca a descrição mais pormenorizada e positiva sobre a forma de organização e funcionamento da Grã-Bretanha. Foram diversas audiências entre os dois, e Gulliver teve a chance de explicar detalhadamente a forma de organização e funcionamento do Parlamento, do Judiciário, da igreja, da escola, dos costumes do povo inglês, sempre contanto com a atenção do Rei, que o ouvia e fazia anotações.

Em numerosas páginas que seguem, Swift utiliza-se do Rei – que fez atentas anotações enquanto Gulliver falava, indagando, duvidando, objetando sobre os

---

29 Neste ponto, Swift se excede, ao dirigir-se àqueles que viriam a ler a sua estória: "Imagine, gentil leitor, como então desejei ter a oratória de Demóstenes ou Cícero para ser apto a cantar louvores a meu querido país de origem num estilo que igualasse seus méritos e felicidade" (p.168). E mais adiante, depois de fracassar nesse intento, Gulliver dirá: "Eu queria ocultar as fraquezas e deformidades de minha mãe política e colocar suas virtudes e beleza sob a mais esplendorosa luz. Esta era a sincera finalidade de meus muitos discursos feitos para o monarca, se bem que infelizmente eu tenha fracassado" (p.175).

mais diversos assuntos abordados – para desferir os ataques mais violentos, virulentos, mordazes e corrosivos contra a sociedade inglesa, sua forma hierarquizada, desigual e excludente de organização e funcionamento. Via exposição e questionamentos do Rei, o autor esgarça a hipocrisia e todas as mazelas da nobreza, do Parlamento, do Judiciário, da igreja, da academia, do controle das finanças e das relações com os países e reinos vizinhos, sobretudo das muitas, prolongadas e "gloriosas" guerras promovidas e vencidas pela Grã-Bretanha.

O Rei,[30] depois de dizer a Gulliver que ele tinha feito "o mais admirável panegírico sobre seu país", emite suas impressões afirmando que

> sentia-se admirado pelo histórico que eu lhe dera sobre nossas atividades no último século, afirmando que se tratava de um amontoado de conspirações, rebeliões, assassinatos, massacres, revoluções, exílios: os piores efeitos que podiam ser produzidos pela avareza, facção, hipocrisia, perfídia, crueldade, raiva, loucura, ódio, inveja, luxúria, malícia e ambição. (p.173)

E, "como você", conclui o Rei,

> passou a maior parte de sua vida viajando, estou disposto a esperar que tenha escapado de muitos vícios do seu país. Mas, pelo que pude perceber no nosso relacionamento e pelas respostas que consegui extrair de você com muito esforço, devo concluir que a maior parte de seus compatriotas é a mais perniciosa raça de pequenos e odiosos parasitas que a natureza permitiu que rastejem na face da Terra. (p.174)

Embora indignado com as injúrias, a reação de Gulliver é de condescendência com um monarca que se considera inteligente, hábil, honesto e detentor de todas as virtudes, mas que vive em uma ilha isolada. E, na mesma reação, vamos encontrar mais um vazamento do ácido que Swift destila contra seu país e conterrâneos:

> Mas podem ser feitas grandes concessões a um rei que vive isolado do restante do mundo e que deve ser perdoado por não conhecer as maneiras e costumes que prevalecem nas demais nações. A falta desses conhecimentos pode acarretar muitos preconceitos e uma certa estreiteza no modo de pensar, coisa de que, felizmente, estamos livres nós e outros países cultos da Europa. E seria muito triste, sem dúvida, se as noções de virtudes e vícios de tão isolado príncipe fossem oferecidas como padrão para toda a humanidade. (p.175)

E mais uma vez, procurando deixar clara a situação de quem fica na condição de não ter o mesmo tamanho, estatura e força, mas ao mesmo tempo quer adular, agradar a fim de ser aceito, Swift coloca Gulliver em uma das situações de maior constrangimento no decorrer de toda a obra. O personagem decide contar um segredo que, imagina, ser uma proposta muito vantajosa ao rei. Discorre longa-

---

30 Ou melhor, Swift pela boca do Rei!

mente sobre a potência de um pó, inventado há muito e que tem capacidade de assustar, maior do que um estrondoso e apavorante trovão, e poder de destruição maior do que um exército inteiro, desde que utilizado corretamente nos armamentos. Depois de falar das virtudes da pólvora e de tudo o que é possível fazer com ela em termos de destruir muralhas e cidades e subjugar povos inteiros ao poder do Rei, Gulliver se oferece para fabricar esse milagroso pó e brindá-lo[31] graciosamente ao monarca.

Novamente Swift manifesta seus posicionamentos por meio da manifestação do monarca:

> O Rei ficou paralisado de horror diante da descrição que fiz daqueles terríveis engenhos e da proposta que lhe apresentei. Estava surpreso ao ver como um impotente e rastejante inseto como eu ... podia acalentar ideias tão desumanas e ao ver a maneira familiar e tranquila com que eu descrevera as cenas de sangue e desolação, que afirmava serem efeitos daquelas máquinas destruidoras das quais, disse ele, algum gênio do mal, algum inimigo da humanidade devia ter sido o primeiro inventor.
>
> Quanto a si mesmo, protestou o rei, se bem que pouquíssimas coisas o deliciassem tanto quanto novas descobertas em arte ou na natureza, preferia perder metade de seu reino a partilhar de tal segredo e me ordenou que, se tivesse amor à vida, nunca mais o mencionasse. (p.176)

A reação do personagem Gulliver é uma pérola lapidada da decepção de quem não se sente correspondido quando pensa ter feito algo muito correto e espera gratidão:

> Estranho o efeito dos princípios estreitos e da visão limitada. [o Rei, apesar de todas as virtudes] tinha um desnecessário escrúpulo, do qual na Europa não tínhamos a menor noção, que o fazia recusar a oportunidade[32] colocada em suas mãos que o tornaria senhor absoluto das vidas, das liberdades e do destino do seu povo. (Ibidem)

Outras tentativas de agradar o Rei foram feitas por Gulliver, mas o resultado final acabou não sendo muito diferente dos anteriores, uma vez que o critério daquele era a forma de vida de seu reino e o dele era a sua britânica vida pregressa. Tudo isso acabou reforçando seu desejo de recuperar sua liberdade e voltar à

---

31 Diz Gulliver, após sua entusiasmada exposição: "Eu ofereci tudo a sua Majestade como um pequeno tributo de agradecimento pelas muitas demonstrações de favor e proteção que recebera naquele reino" (p.176).

32 E em mais uma estocada nos seus contemporâneos, Swift considera que este era um "defeito comum aos brobdingnagianos porque foram educados na ignorância, por não terem até então reduzido a política a uma ciência, como fizeram as mais elevadas inteligências da Europa". E mais: "A cultura desse povo é realmente deficiente, consistindo apenas em Moral, História, Poesia e Matemática, matérias em que eles são excelentes. Mas a última delas é exclusivamente aplicada ao que possa ser mais útil na vida, como aperfeiçoamento da agricultura e das artes mecânicas, o que entre nós é pouco apreciado" (p.177).

terra natal. O Rei, por sua vez, tinha dado ordens a seus homens no sentido de que, caso aparecesse na praia um navio, deveria ser capturado e sua tripulação trazida à sua presença. Ele estava muito determinado a conseguir uma mulher da espécie de Gulliver a fim de que este pudesse propagar-se. Este, por sua vez, reflete que "teria preferido morrer a viver em desgraça e deixar descendentes que seriam exibidos em gaiolas como canários e quem sabe mais tarde vendidos a pessoas de qualidade, pelo reino todo, como curiosidades" (p.181). Quanto a seu desejo de escapar do reino de Brobdingnag, ele não deixa de reconhecer que estava sendo bem tratado, privilegiado até, mas era como se

> sofresse de uma doença que corroía a dignidade da raça humana... Queria estar entre pessoas com as quais pudesse conversar nos termos de sempre; queria andar por ruas e campos sem medo de morrer engolido por uma rã ou mastigado por um cãozinho. (p.182)

A chance de voltar à sua terra chegou antes que ele próprio imaginara e concretizou-se por meio de uma sequência de fatos inusitados. Gulliver é levado[33] com a família real à casa de descanso próximo ao mar. Lá chegando, pede que o levem nos rochedos, à beira-mar. Após uma caminhada, resolve descansar em sua casa. Em certo momento, é despertado de seu sono com a sensação de que sua casa/gaiola está sendo carregada, suspensa no ar, sendo deslocada a grande velocidade. Ao ouvir sons que denunciam asas batendo, conclui que está sendo carregado por uma águia gigante. Certamente ela pegara "no bico a argola que havia no teto da minha caixa, com a intenção de deixá-la cair sobre uma pedra, como uma tartaruga dentro de sua carapaça, depois retirar meu corpo e devorá-lo" (p.183). Seu desespero aumenta quando percebe, pelo som e pela velocidade do deslocamento mar adentro, que a águia está sendo perseguida por outras, cada uma querendo apoderar-se do quinhão. Na disputa entre as águias, a caixa acaba sendo solta e despenca em direção ao mar. Seguem-se momentos de muito desespero, pois Gulliver não sabe o quanto a casa vai aguentar e muito menos onde está e se há alguma possibilidade de ser resgatado. Enquanto está nessa situação, percebe que a gaiola/casa está sendo içada, mas vai demorar um pouco para descobrir, com muita satisfação, que está sendo rebocado para um navio.

Gulliver foi resgatado, dessa forma, por um navio inglês que passava por aquela rota. Ao ser retirado de sua caixa/casa, é levado à presença do capitão e da tripulação, a quem conta as aventuras e desventuras vividas naquele estranho país onde havia permanecido nos dois últimos anos. Com base em seus relatos e com-

33 Em todos os deslocamentos que eram feitos, Gulliver era carregado em uma espécie de gaiola, com uma argola na parte superior a qual facilitava a tarefa de suspendê-lo, seja para ser carregado por quem andasse a pé ou montado nos gigantes cavalos. Na verdade, "gaiola" é o termo adequado do ponto de vista dos Brobdingnagianos, pois para Gulliver era uma casa ou um caixotão, com quartos, sala, varanda, móveis etc.

portamentos, desenrola-se uma série de situações estranhas, engraçadas, em relação ao que poderíamos denominar uma necessária recalibragem das medidas, dos tamanhos e das funções dos sentidos e da própria racionalidade no que diz respeito àquilo que é ou não considerado normal.

Os marinheiros se surpreendem, por exemplo, quando Gulliver sugere que, ao invés de entrarem na "casa flutuante" para de lá retirar seus pertences, o mais adequado seria que "desamarrassem minha caixa do costado do navio e um marinheiro a levasse para a cabina do capitão" (p.187).

Após manifestações desse teor e de outras "absurdas" e de "comportamentos esquisitos" (p.190) que foram se seguindo, todos concluíram que ele "estava louco"; que só poderia "estar delirando"; com o "cérebro ou a mente perturbada"[34] (p.189). Além desses aspectos que poderiam levar a dúvidas sobre sua sanidade mental, acresça-se outro estranhamento do Capitão: ao ouvir Gulliver falar em voz tão alta indagou "se a rainha ou o rei daquele país eram surdos" (p.191), uma vez que, no lugar de falar normalmente, ele gritava, postura que, explicou, deveria ser entendida pelo fato de que em Brobdingnag "quando eu falava com alguém era como um homem falando do meio da rua com outro que se encontrava no alto de um campanário, a menos que me colocassem sobre uma mesa e estivessem sentados junto dela ou que me erguessem na mão" (p.192).

Ao confrontar-se com tantas dificuldades de comunicação, Gulliver dá-se conta que nem sequer tinha-lhe passado pela cabeça que se "encontrava entre gente do meu tamanho e com a mesma força que eu... Sentia-me muito confuso diante de tantos pigmeus, pois era o que eles me pareciam, porque meus olhos estavam acostumados[35] demais com a gente monstruosa que deixara para trás" (p.187). Acrescentou que "quando fora levado para o navio os marinheiros que haviam me rodeado tinham me parecido as menores criaturas que já vira no mundo" (p.192). Revelou também outro aspecto que o contato com os seus iguais havia feito voltar à sua memória, isto é, que no país onde vivera já não suportava mais

---

34 Em uma antecipação freudiana ou de "psicologia aplicada à jurisprudência", o Capitão arrisca uma hipótese: "Ficou sério e perguntou-me claramente se eu não me encontrava com a mente perturbada pelo remorso de ter cometido algum crime terrível; se não fora punido por esse crime por ordem de algum príncipe que mandara prender-me naquela arca, como grandes criminosos de outros países que eram forçados a se fazer ao mar em frágeis barcos e sem previsões" (p.189).

35 Tanta foi sua dificuldade de readaptação que, quando estava regressando à sua casa, após o capitão tê-lo deixado no porto, próximo a Downs, Gulliver dá-se conta de que "na estrada, observando a pequenez das casas, das árvores, do gado e das pessoas, comecei a me sentir em Liliput" (p.193). Os detalhes a respeito de como entrou em sua casa e olhou para as pessoas são ricas indicações da dificuldade de reeducar o olhar. Explicita que olhava as pessoas de cima para baixo "como se fossem pigmeus e eu um gigante" (p.194). Mas em seguida o personagem refere-se aquilo que poderíamos chamar de recalibragem ou da capacidade de adaptação: "Em pouco tempo, eu, minha família e amigos voltamos a nos entender" (ibidem).

"me ver refletido em um espelho depois que meus olhos se haviam acostumado com o tamanho deles, porque a comparação me induzia a um vergonhoso conceito a meu próprio respeito" (ibidem).

Por fim, ao chegar em casa, pela reação dos que o cercam, dá-se conta que está comportando-se de "maneira tão esquisita que todos foram da mesma opinião que o capitão ao me reverem pela primeira vez: acharam que eu perdera o juízo". E conclui a obra, a este respeito, dizendo: "Menciono estes fatos para demonstrar o grande poder dos hábitos e dos preconceitos" (p.194).

O (des)confortável espaço-tempo entre a ficção e a realidade

A análise desta obra, abstraindo-se o espaço-tempo no/do qual ela foi escrita, propicia uma série de possibilidades e decorrências para nossas reflexões e proposições teóricas, práticas e legais a respeito da formação de professores para a área de educação especial em particular e da educação em geral. Inicialmente, precisamos ter presente que estamos lidando, embora partindo de uma materialidade ficcional, se assim podemos falar, de aventuras e desventuras de uma pessoa, cujas (des)proporções em termos supra ou infradimensionais são apreendidas por ela mesma de forma dramática, uma vez que suas faculdades mentais estão em "perfeita ordem": ele sabe que é maior ou menor em comparação com os liliputianos ou os brobdinganagdianos, bem como conhece as consequências dessas diferenças.

A agudeza das observações, das reflexões, os comentários, as explicações, as tentativas de rebelar-se e de agradar, a condição de objeto de exposição, os rompantes para conseguir se impor e as atitudes submissas, as estratégias de sobrevivência, as investidas para conseguir ser respeitado, a persistência em reconquistar a liberdade, são condutas de quem tem consciência de quem é, de que papel desempenha e, sobretudo, a que fica reduzido quando é impedido de manifestar-se e ser respeitado, seja por sua força, seja por sua inteligência, enfim, por sua condição de ser humano. Ele tem consciência de sua situação, e da (im)possibilidade de fazer história. Entre uma atitude suicida de contrapor-se sem examinar suas possibilidades e submeter-se no plano imediato para sobreviver, esgueira-se pelo estreito e desconfortável caminho que lhe permita continuar vivendo. É isso que se deduz da sua justificativa ao assinar um documento com condições draconianas que lhe são impostas: "Eu nunca as teria aceito se a absoluta necessidade não me obrigasse a isso" (p. 90), fato que nos remete a Marx e Engels, na *Ideologia alemã,* ao explicitarem que os seres humanos precisam estar em condições de viver para poder fazer história.

A consciência do autor/personagem explicita-se pelas críticas mordazes, pelas sátiras, pelas metáforas, pelas "viagens" que faz ou utiliza visando a esgarçar uma situação – pessoal, social e histórica – com a qual não concorda: a da Grã-Bretanha do século XVIII. Além de ter consciência, ele conta com meios, seja na ficção, seja na realidade. Na primeira, pela força ou esperteza; na segunda, por seus artigos, seus livros e, além dos adversários e inimigos que o criticam e querem destruí-lo – mas que acabam desafiando-o –, conta com amigos que o apoiam e até financiam. Mas o que seria da condição de alguém que se encontrasse em uma situação de impedimento e não contasse com respaldo de nenhuma natureza? Ter consciência é uma vantagem? Não saber é sofrer menos? Eis um campo no qual não é possível entrar sem posicionamentos firmes no sentido da defesa intransigente e incondicional da dignidade humana e sem contar com políticas públicas voltadas para garantir que essa dignidade seja conquistada e mantida.

De nossa parte, procuraremos agora destacar alguns dos aspectos e indicações que a leitura dessa obra nos suscita, a fim de perceber mais amplamente situações relacionadas à inclusão e às condições para sua concretização, como um direito de todos, independentemente de qual seja a condição – pessoal e social – da pessoa e na qual ela se encontra.

Uma das questões que a leitura das viagens de Swift nos desafia a pensar e a nos posicionar refere-se ao significado da exposição ou da exibição pública, dado que são incontáveis as vezes e as formas pelas quais Gulliver é exibido ou exposto, bem como por objetivos diversos, seja quando estava entre os liliputianos ou os brobdingnagianos.

Mas, efetivamente, o que significa ser exposto ou exibido? Ou o que está envolvido na exposição ou exibição? A primeira constatação é que, quando alguém é exposto, significa que é (re)tirado de (seu) posto, de seu lugar/situação. Significa que é retirado de um lugar que lhe era próprio, no qual se sentia seguro ou familiarizado, e passa a ser ex-posto, passa a ser *alien* (do latim estrangeiro), com tudo o que isso envolve, como podemos observar, começando pela perspectiva etimológica (do latim: *expositum*, *exponere*, *exhibeo*) do verbo expor, exibir, ou ainda do sujeito exposto, exibido ou colocado em exposição: "Ficar a descoberto"; "ficar sem proteção"; "sujeitar(se) à ação de"; "sujeitar-se a danos, desgostos, constrangimentos"; "deixar (algo, alguém ou a si mesmo) desguarnecido, desprotegido; abandonado". A exposição também pode significar o "local onde os objetos ficam expostos". No entanto, para nosso caso, mais do que o local, refere-se à "ação de enjeitar uma criança, abandono, desamparo, desabrigo; exibição". Quanto à condição de "exposto", significa que "está à mostra, à vista do público"; "criança que foi abandonada pelos pais, ao nascer ou em tenra idade, e colocada na roda dos expostos" (Houaiss, 2001). Em síntese, ser ou estar exposto ou exibido significa ficar vulnerável em todas as dimensões e implicações.

Buscando apreender essa questão em perspectiva histórica, Pessotti (1984) nos ajuda a entender algumas variantes desse comportamento, em momentos mais distantes da história, em que a exposição não era um meio de ser utilizado para outro alguém conseguir ganhar dinheiro ou fama, reconhecimento por expor ou exibir um ser humano que não se enquadrava nos considerados padrões de normalidade. A exposição,[36] na Antiguidade clássica, com manifestações até o início da modernidade, era uma "prática do abandono à inanição" (p.4), cujo resultado era a morte. Esta era uma estratégia usada para livrar-se de alguém indesejado. A "roda dos expostos" – uma espécie de versão moderna do labirinto onde o Minotauro é separado, escondido (Brandão, 1992); as numerosas variantes caritativas, de cuidados (Casas de Misericórdia e mais recentemente associações como gênero Apae etc.), de educação (Casas de Trabalho) foram iniciativas e posicionamentos que modificaram ou criaram alternativas à exibição ou à exposição e até à morte, mas não resolveram a situação ou a condição dos necessitados desses cuidados. Poderíamos dizer que a exibição/exposição migrou para outros espaços. E isso certamente propiciou avanços, conquistas no tratamento dos diferentes. Ser objeto da caridade, certamente é melhor do que ser objeto de admiração (pelo inusitado), indiferença, escárnio ou causa de delírio, como ocorria na exposição de deformados em circos, em praças. Mas, como novamente aponta Pessotti, "a igualdade de *status* moral ou teológica não corresponderá, até a época do iluminismo, a uma igualdade civil de direitos" (ididem).

A questão a colocar-se atualmente é se as formas de exibição, de exposição, como estratégia de tratamento das pessoas com histórico de deficiência, se modificaram muito? Será que a sutileza das exibições ou exposições[37] atuais consegue contornar a dramaticidade que é alguém sentir-se um álien no espaço-tempo do aqui e do agora? Ao voltar no tempo, podemos afirmar que dificilmente alguém que estivesse assistindo a uma exposição ou exibição de um diferente tinha condições

36 Ainda segundo Pessotti, "para Aristóteles, até mesmo os filhos normais, excedentes podem ser expostos em nome do equilíbrio demográfico, numa posição coerente com as linhas mestras aristocráticas e elitistas da Política, mas fatal para as pessoas portadoras de deficiências, principalmente quando essas viessem a implicar dependência econômica" (1984, p.4). E não é demais recordar que outra alternativa, utilizada particularmente em Esparta – e mantida em séculos posteriores, como foi o caso de políticas eugênicas nazistas – foi a eliminação física.

37 No já mencionado documentário *Janela da alma*, chama a atenção como a filha de um cego afirma que o fato de ter um pai cego não lhe trouxe problemas. Apenas informa, e repete, que diversas vezes ela e a irmã levaram o pai para a escola porque as colegas não acreditavam ou tinham curiosidade e queriam ser apresentadas para um cego. Será que esse pai aceitava ir à escola para ser visto ou para agradar as filhas? Ou, ainda: teria a consciência de saber que sua atitude era pedagógica, educativa, capaz de ajudar a debelar ou reduzir o preconceito, a estigmatização? Seria esse pai um Gulliver, consciente de sua força, de sua capacidade, lutando para libertar-se (e libertar) e poder ser por causa e apesar da diferença?

de ser empático, de tentar colocar-se no lugar, de sentir ou entender o que o exposto estava sentido.[38] Com certeza avançamos muito na conquista da capacidade de empatia com as causas que envolvem as pessoas com histórico de deficiência. A questão, no entanto, é saber se essas conquistas e essa capacidade estão sendo traduzidas em políticas públicas, única forma de garantir que a piedade e a caridade deixem de presidir ou ser as motivadoras das ações das pessoas e instituições.

Uma segunda questão importante a ressaltar, com base na obra que nos serviu de bússola de viagem, é o motivo ou o objetivo preponderante da exibição e a forma como o exibido se porta. Invariavelmente, o que se depreende da narração das situações nas quais o personagem é exibido é que isso é feito para a vantagem de alguém, seja pecuniária ou simbólica. Ou seja, busca-se ganhar dinheiro ou prestígio "nas costas" do exibido. Aquele que é exposto, uma vez que o leque de escolhas é exíguo, acaba aceitando a condição indigna de exibido, como forma de conseguir viver e extrair daí algumas migalhas de reconhecimento. E não somente o exibido faz o que esperam que ele faça, como tenta tomar iniciativas que, considera, possam trazer-lhe algum alívio de sua situação de falta respeito, de liberdade (seja provocada por algemas ou por preconceitos!).

Na primeira dessas situações, percebemos claramente que a inclusão se dá a partir de uma perspectiva pragmática e utilitarista: o retorno. Mas essa inclusão não passa de um arremedo. Estamos aqui diante da materialização da tese da "inclusão excludente" explicitada por Kuenzer (2004), como já indicamos, evidenciando a precarização dessa inclusão. Na segunda situação, percebemos como, na ânsia de ser aceito, o álien ajoelha-se, busca agradar, apaga o incêndio, rouba a frota de navios, oferece o segredo da pólvora etc., mas defronta-se com um resultado que ou não agrada ou lhe traz mais problemas do que aqueles com os quais já tinha de lidar. Se possível falar, diríamos que o excluído aqui acaba se dando conta de que a sua desgraça é acometida pela exponencialidade. E o dramático da

38 Com isso não queremos afirmar que esta era e é uma conduta uniforme, sem exceções. Sempre houve quem, por "n" motivos (caridade, retorno financeiro, reconhecimento de direitos...), conseguisse solidarizar-se (ou aproveitar-se!) com a situação do exibido. Quanto mais voltarmos no tempo, menor a solidariedade. Quanto mais avançarmos, maior, mais adensada e mais consequente essa solidariedade, a ponto de hoje podermos contar com instituições e políticas públicas muito mais avançadas do que a história nos mostra, quanto mais recuarmos no tempo. Por isso é que se torna imprescindível fazer recuperações. No livro que estamos analisando, percebemos Gulliver ser compreendido e apoiado por algumas pessoas. No cinema, com *O homem elefante*, por exemplo, podemos ver como John Merrick recebe o apoio do médico que passa a cuidar dele. Mas queremos chamar a atenção para o fato de que atitudes isoladas ajudam a minorar, mas não resolvem uma situação de exclusão. Inclusões resultam de atitudes de pessoas e instituições, mas *a* inclusão, sem adjetivos, só se concretizará como resultado de políticas públicas que deem contornos à utopia da igualdade entre todas as pessoas, independentemente de qualquer (pré-)condição.

sua situação é não saber como calibrar sua força, habilidade ou as informações que detém, visando a encaixá-las nas necessidades ou enquadrá-las nas *expectativas*[39] daqueles aos quais está ligado ou submetido. No caso de Gulliver, ao dispor de força a mais, é subjugado por um juramento de que não a utilizará, portanto ele dispõe de uma potência impotente. Na condição de miniatura, no reino de Brobdingnag, apercebe-se com bons argumentos, sagaz, mas essa potência também não lhe é útil para seu objetivo. Eis a causa de seu desânimo ao concluir que "são vãs as tentativas feitas para um homem poder obter o respeito das pessoas que estão fora de qualquer grau de igualdade ou de comparação com ele" (p.164).

Uma terceira questão a ressaltar refere-se ao fato de que, por mais que o diferente tente explicar que o que ele viu, viveu ou experienciou existe, de fato é verdadeiro, dificilmente é levando a sério. É muito difícil para as pessoas quebrarem o olhar padrão. Reage-se ao diferente, ao que não se encaixa no considerado padrão de normalidade. E a primeira saída é descaracterizar o argumento ou desacreditar o emissário da novidade. Taxá-lo de louco, de estar delirando,[40] de ter perdido a noção de realidade é uma das estratégias. A outra é desacreditá-lo ou até ridicularizá-lo, estabelecendo um cotejo entre o que ele está dizendo e a realidade ao alcance da mão ou dos olhos. Mas nada é mais revelador do que a argumentação que segue, feita pelo rei de Liliput:

> Quanto às afirmações do senhor de que há outros reinados e Estados no mundo habitado por criaturas humanas tão grandes quanto sua pessoa, nossos filósofos têm grandes dúvidas. Eles chegaram a conjeturar que o senhor caiu da lua ou de uma das estrelas porque é mais do que certo que cem mortais do seu tamanho consumiriam em pouco tempo a produção agrícola e o gado dos domínios de Sua Majestade.[41] Além disso, nossa história de seis mil luas não menciona quaisquer outras regiões a não ser os dois grandes impérios de Liliput e de Blefuscu ... (p.83)

---

39 Esta é uma situação muito peculiar, vivida também pelo trabalhador desempregado – que conforme brilhantemente flagra Correia (2004) –, é o novo diferente ou o "excepcional" a ser incluído, uma vez que, ao procurar reinserir-se no mercado de trabalho, pode defrontar-se com a falta ou o excesso de qualificação para o cargo ou função para a qual está se candidatando. A questão que o trabalhador se coloca é: o que devo mostrar do meu currículo ou o que devo ocultar? Quem determina o *quantum* de qualificação necessária e suficiente?

40 Veja-se, por exemplo, a quantidade de expressões com este teor que aparecem na obra e citamos no decorrer do texto. Citamos apenas uma delas, pela sua representatividade: "Mas ele achou que eu estava delirando" (p.116).

41 Temos aqui uma evidência de que Thomas Robert Malthus (1766-1834), ao alarmar a elite sobre os perigos do aumento geométrico da população e aritmético dos gêneros alimentícios, não estava sendo original.

Aqui estão expressas algumas possibilidades e muitos limites relacionados às supostas prioridades à educação, bem como a respeito da igualdade, entendida no enquadramento burguês.

Ao debate e à práxis.

Referências bibliográficas

BERMAN, M. *Tudo que é sólido desmancha no ar:* a aventura da modernidade. São Paulo: Companhia das Letras, 1988.

BIANCHETTI, L. Os trabalhos e os dias dos deuses e dos homens: a mitologia como fonte para refletir sobre normalidade e deficiência. *Revista Brasileira de Educação Especial.* Marília, v.7, n.1, p.61-76, 2001.

______. Aspectos históricos da apreensão e da educação dos considerados deficientes. In:______; FREIRE, I. M. (Org.). *Um olhar sobre a diferença:* interação, trabalho e cidadania. 5.ed. Campinas: Papirus, 2003.

______. Trabalho, multiculturalismo, diversidade e (in)exclusão: uma longa história de duas heranças e de um pesado legado. In: MENDES, E. G. et al. (Orgs.). *Temas em educação especial:* avanços recentes. São Carlos: EdUFSCar, 2004.

BRANDÃO, J. *Dicionário mítico-etimológico.* Petrópolis: Vozes, 1992.

CALVINO, I. *Por que ler os clássicos.* São Paulo: Companhia das Letras, 1994.

CORREIA, J. A. A construção político-cognitiva da exclusão social no campo educativo. *Educação Unisinos.* São Leopoldo, v.5, n.9, p.217-46, jul./dez. 2004.

DALL´ALBA, L. Educação sexual da pessoa caracterizada como deficiente mental: construção da autonomia. In: BIANCHETTI, L.; FREIRE, I. M. *Um olhar sobre a diferença.* Interação, trabalho e cidadania. 5.ed. Campinas: Papirus, 2003.

DE MEIS, L. *O método científico:* como o saber mudou a vida do homem. Rio de Janeiro: Vieira & Lent, 2005.

ECO, U. *Pós-escrito a O nome da Rosa.* As origens e o processo de criação do livro mais vendido em 1984. 4.ed. Rio de Janeiro: Nova Fronteira, 1985.

IANNI, O. *A sociedade global.* Rio de Janeiro: Civilização Brasileira, 1992.

KANT, I. Resposta à pergunta: que é “esclarecimento”? (“Aufklärung”). In: ______. *Fundamentação da metafísica dos costumes e outros escritos.* Texto integral. São Paulo: Marin Claret, 2003.

KUENZER, A. Z. Exclusão includente e inclusão excludente. A nova forma de dualidade estrutural que objetiva as novas relações entre educação e trabalho. In: LOMBARDI et al. (Orgs.). *Capitalismo, trabalho e educação*. 2.ed. Campinas: Autores Associados, 2004.

LOSANO, M. G. *Histórias de autômatos*. Da Grécia Clássica à *Belle Époque*. São Paulo: Companhia das Letras, 1992.

MAFFESOLI, M. Mediações simbólicas: a imagem como vínculo social. In: MARTINS, Francisco M.; SILVA, J. M. da. *Para navegar no século 21*. Tecnologias do imaginário e cibercultura. 2.ed. Porto Alegre: Sulina & Edipucrs, 2000.

MARX, K. & ENGELS, F. *A ideologia alemã*. (Feuerbach). 6.ed. São Paulo: Hucitec, 1987.

PESSOTTI, I. *Deficiência mental:* da superstição à ciência. São Paulo: Edusp, 1984.

SEVCENKO, N. *Literatura como missão*. 2.ed. São Paulo: Companhia das Letras, 2003.

SWIFT, J. *As viagens de Gulliver*. Porto Alegre: L&PM, 2005.

34

Imagens públicas da profissão docente: uma análise sobre as formas de distinção da categoria

Paula Perin Vicentini

> Ces textes changent l'image qui les traverse en discours, ils la détournent dans du langage ou à l'inverse, ... dans leur simple traversée par l'image - invisible, seulement dite, signifiée -, par ses pouvoirs propres, ils sont transformés en une forme ... de visibilité. 'Traversée' peut ... se dire dans les deux sens, ... l'image traverse les textes et les change; traversés par elle, les textes la transforment.
>
> Marin, L. *Des Pouvoirs de l'Image*, 1993, p.9

Indagar-se sobre as imagens públicas da profissão docente não constitui tarefa fácil, pois implica discutir os mecanismos pelos quais determinadas imagens são forjadas, difundidas e acabam por consolidar-se como formas de identificar socialmente a categoria. Tal processo remete a diferentes dimensões da vida social, e envolve tanto o movimento por meio do qual o magistério se afirma como profissão[1] quanto às diversas instâncias de produção e circulação de saberes existen-

1 Refiro-me aqui ao processo de profissionalização da categoria, tal como o define António Nóvoa. Para o autor, quatro etapas marcam este processo, no qual o Estado desempenha um importante papel, ao permitir que a docência se torne a principal ocupação daqueles que a exercem, transformando-os em funcionários públicos. Em um primeiro momento, estabelecem-se critérios de seleção mediante a exigência de um suporte legal para o exercício da profissão (a licença para ensinar), levando, em seguida, à criação de instituições voltadas para a formação

tes no campo educacional e fora dele. Ao se voltar para essa questão, não se pode desconsiderar, também, a diversidade que caracteriza o professorado e o fato de que os modos pelos quais eles são vistos variam entre as diferentes camadas sociais. A utilização do termo imagens no plural não é, portanto, aleatória. De fato, trata-se de imagens que se produzem com base nas disputas travadas no campo educacional e, ao ganharem visibilidade em períodos específicos, passam a concorrer com as imagens contra as quais se insurgiram, sem necessariamente eliminá-las, nas tentativas de representar socialmente a docência. Formas de distinção mobilizadas para conquistar a adesão do maior número possível de agentes (sempre no interior do campo educacional e também fora dele), as imagens produzidas sobre a profissão podem ser tomadas como indicativo das relações de forças que se estabelecem no movimento docente e se redefinem à medida que se alteram a composição da categoria e o estatuto socioprofissional de seus membros. É nessa perspectiva que se pretende analisar aqui imagens que emergem em momentos-chave do processo de organização dos professores: a do profissional que precisa ser bem remunerado para desempenhar satisfatoriamente sua função que surge da movimentação por melhores salários, promovida entre meados das décadas de1950 e o início da de 1960, e a do trabalhador em educação que se difunde a partir das greves realizadas no final da década de 1970.

Ao se propor uma análise dessa natureza, convém esclarecer de início que utilizo o termo imagem tal como o concebe Louis Marin (1993) que, em *Des pouvoirs de l'image*, critica os que a tomam apenas como uma cópia empobrecida, ilusória e enganadora do real e se limitam a apontar suas deficiências em relação ao "verdadeiro ser", sem, contudo, defini-la em si mesma. Em contraposição a tal perspectiva, o autor a considera re-presentação e procura evidenciar, conforme já havia feito em *Le portrait du roi* (1981), suas potencialidades, tendo por base os efeitos associados ao duplo sentido do termo. Marin lembra que, originalmente, representar significa substituir uma ausência, tanto em termos temporais – como ocorre com o retrato de um morto que o mostra aos vivos –, quanto em termos espaciais, quando uma pessoa é representada por outra juridicamente. Tomando como exemplo a imagem resultante da fala fundadora do cristianismo por meio da qual o anjo anunciou a ressurreição de Jesus Cristo – "ele não está aqui, está em outro lugar na Galileia, como ele havia dito" –, o autor chama a atenção para o primeiro efeito da representação que, graças à linguagem, transforma uma

de professores. Por fim, surgem as associações profissionais que produziram "um conjunto de normas próprias ..., que orientam a prática profissional e ... que participam, notadamente, da definição de regras do exercício da profissão, da defesa dos interesses socioeconômicos de seus membros". No entender do autor, a partir dessas "dimensões e etapas do processo de profissionalização" da categoria docente, é possível compreender a "evolução da imagem social e do estatuto profissional dos professores" (Nóvoa, 1998, p.153).

ausência atribuindo-lhe um significado que a valoriza. Neste caso, a imagem tem por efeito "presentificar o ausente", tornando-o mais forte e mais intenso do que ele próprio (Marin, 1993, p.11). Desse primeiro efeito da representação deriva o outro sentido do termo que diz respeito à exibição da "presença legitimada", e indica sua intensificação "pelo signo ou título que autoriza, permite, e até [a] exige". A imagem, desse modo, além de tornar presente uma ausência, também funciona como signo de sua autoridade legítima, fazendo que ela seja reconhecida e constituindo, ao mesmo tempo, o "sujeito que encontra na imagem autoridade e legitimação" (Marin, 1993, p.12-3).

Em um artigo sobre a obra de Louis Marin, Roger Chartier (1998) chama a atenção para o fato de que essa perspectiva é extremamente fecunda para se considerar as "representações coletivas" como "modalidades da exibição do ser social ou do poder político". Em seu entender, a noção de representação, como é definida por Marin, permite que sejam analisadas

> diversas relações que os indivíduos mantêm com o mundo social: inicialmente, as operações de recorte e de classificação que produzem as configurações múltiplas graças às quais a realidade é percebida, construída, representada; em seguida, os signos, que visam a fazer reconhecer uma identidade social, a exibir uma maneira própria de ser no mundo, a significar simbolicamente um estatuto, uma posição, um poder; enfim, as formas institucionalizadas pelas quais os representantes encarnam de modo visível, presentificam, a coerência de uma comunidade, a força de uma identidade, ou a permanência de um poder. (1998, p.178-9)

O próprio Roger Chartier (1991), no artigo que teve ampla repercussão no Brasil – "O mundo como representação" –, já havia salientado as potencialidades desse conceito para se apreender não só "os esquemas geradores dos sistemas de classificação e de percepção como verdadeiras *instituições sociais*, incorporando sob a forma de representações coletivas as divisões da organização social", mas também "as matrizes de práticas construtoras do próprio mundo social" (1991, p.183). Para o autor, não há "prática ou estrutura que não seja produzida pelas representações, contraditórias e em confronto, pelas quais os indivíduos e os grupos dão sentido ao [seu] mundo" e mobilizam estratégias simbólicas por meio das quais se definem posições e relações, construindo, assim, sua identidade (1991, p.177). Tal concepção do mundo social permite uma aproximação com as considerações feitas por Pierre Bourdieu (1996) a propósito das noções de região e de etnia. Ao criticar a suposta oposição entre a objetividade do real e a subjetividade das representações, o autor observa que os critérios tidos como objetivos para delimitar uma identidade regional resultam de

> representações mentais – ... atos de percepção e de apreciação, de conhecimento e de reconhecimento, em que os agentes investem seus interesses e pressupostos – e de repre-

> sentações objetais, coisas (emblemas, bandeiras, insígnias etc.) ou atos, estratégias interessadas de manipulação simbólica tendentes a determinar a representação (mental) que os outros podem construir a respeito tanto dessas propriedades como de seus portadores. (1996, p.107)

É justamente em tal perspectiva que se pretende analisar aqui as formas de representação social da profissão docente que emergiram em momentos específicos da história brasileira, considerando as disputas travadas no interior do movimento de organização dos professores com base nas quais se produzem as imagens construídas coletivamente a respeito de si próprios e as quais ganham visibilidade nas lutas empreendidas por maior reconhecimento social e melhores salários. Tais lutas devem ser entendidas no âmbito do processo de constituição do campo educacional, como o concebe Pierre Bourdieu (1989): um espaço de lutas estruturado em função de objetos de disputa, no qual se constituem interesses específicos e regras de funcionamento próprias, ao mesmo tempo em que se estabelece a posição de seus agentes e instituições de acordo com o reconhecimento alcançado dentro do próprio campo mediante as disputas pela legitimidade. Segundo Denice Barbara Catani (1989), a organização do sistema de ensino – que, no Brasil, se deu em nível estadual – e a delimitação do espaço profissional dos professores constituíram marcos na estruturação do campo educacional, que ocorreu durante as primeiras décadas republicanas e envolveu, também, a criação de instituições para a formação docente, a produção e a circulação de conhecimentos específicos para a área. As entidades representativas do magistério inseriram-se nesse processo disputando a posição de porta-voz da categoria, em uma tentativa de interferir nos rumos adotados pelas políticas educacionais e conquistar melhores condições para o exercício da profissão e maior prestígio social.

Com a expansão dos diferentes níveis de ensino – sobretudo do médio – a partir da década de 1950, os segmentos que integravam o magistério tornaram-se mais numerosos e criaram associações próprias, voltadas para a defesa de interesses específicos, o que ampliou as disputas travadas no interior do movimento docente e desenvolveu as chamadas lutas de representações. Para Bourdieu, estas correspondem a diferentes princípios de classificação e de divisão do mundo social, tanto "no sentido de imagens mentais" quanto de "manifestações sociais" para manipulá-las e até modificá-las, e por meio das quais se estabelece "o sentido e o consenso sobre o sentido, em particular sobre a identidade e a unidade do grupo, que está na raiz da realidade da unidade e da identidade do grupo" (Bourdieu, 1996, p.108). No caso do magistério, as tentativas de constituir a identidade do grupo no âmbito do movimento de organização da categoria assumem características próprias em razão de sua heterogeneidade (Fernandes Enguita, 1991), pois suas formas de divisão interna envolvem professores com estatutos profissionais diversos (os efetivos e os contratados em caráter precário), os que atuam na rede pública e na particular e a antiga distinção entre o professorado primário e o secundário. Não obstante as mudanças na estruturação do sistema educacional brasileiro, entre elas a nova designação "ensino fundamental" e "ensino médio" e a exigência de formação universitária para os professores das séries iniciais, cuja escolarização obrigatória se restringia anteriormente ao nível médio,[2] ainda permanece tal distinção. O processo de constituição da identidade profissional, no primeiro caso, gira em torno da infância e, no segundo, da disciplina lecionada e inclui, ainda, diferenças relativas à forma de organizar as aulas, à natureza da relação estabelecida com os alunos e ao tipo de remuneração (por hora-aula ou não). E ainda que a Lei de Diretrizes e Bases de 1971, ao instituir o primeiro grau de oito anos e reunir ambos os setores em um mesmo nível de ensino, tenha rompido com essa segmentação, levando as associações a se reorganizassem para representar a categoria independentemente deste aspecto, algumas entidades ainda conservam as vinculações com o grupo de origem, que continuou a ser majoritário no quadro de associados, e mantém sua influência no que concerne às concepções sobre a profissão e as práticas reivindicativas.

Reunidos em uma mesma entidade, ou divididos em entidades próprias, esses subgrupos não só enfrentam problemas específicos, mas também representam a profissão e o próprio movimento de organização dos professores de forma distinta, situando-se, muitas vezes, em posições antagônicas. São essas representações que entram em confronto nas lutas empreendidas para legitimar suas posições em busca de reconhecimento no interior do campo educacional (e também fora dele), valendo-se, sempre que possível, da produção dos periódicos das associações profissionais para atuar na própria categoria. Ganhar voz e visibilidade nos órgãos de imprensa é de grande importância para mobilizar a opinião pública para os problemas enfrentados pelos professores e, assim, obter apoio para as lutas empreendidas em prol do processo de profissionalização da categoria, na concepção de António Nóvoa (1998). Entretanto, a possibilidade de intervenção das entidades representativas da categoria nas imagens veiculadas a seu respeito pela mídia é limitada e depende das relações existentes entre o campo educacional e o jornalístico, condicionadas pela posição dos agentes na hierarquia do sistema de ensino ou nas esferas de representação do movimento docente, mas também da orientação política e ideológica dos jornais.

Ao se tomar o caso paulista como exemplo, pode-se constatar que o Centro do Professorado Paulista (CPP) – que ocupou posição de liderança no movimento de organização do magistério paulista até a década de 1970 e cujos dirigentes ocupavam postos de comando no sistema de ensino – tinha amplo destaque nos jor-

2 Como se sabe, antes da Lei de Diretrizes e Bases da Educação em 1996, a formação exigida para os professores das séries iniciais era a Habilitação Específica para o Magistério (HEM) que, em 1971, substituiu a Escola Normal.

nais diários, gerando, após a greve de 1963, a crítica de alguns leitores da *Folha de S. Paulo,* que se dirigiram à sua Seção de Cartas para reclamar da predileção da grande imprensa pelo professorado primário, setor ao qual a entidade era vinculada. Entretanto, a partir do final da década de1970, essa situação se inverteu, quando a configuração do movimento docente alterou-se com a ascensão da Associação de Professores do Ensino Oficial do Estado de São Paulo (Apeoesp) após as greves de 1978 e 1979, fazendo que o CPP reclamasse de sua exclusão do noticiário da *Folha de S. Paulo* (Lugli, 1997).[3] A imagem pública do docente forma-se justamente dos embates travados entre esses diferentes segmentos do magistério e das tentativas de representações forjadas sobre a profissão nos meios de comunicação externos ao campo educacional. Nesse processo, outros agentes também procuram interferir, assim como outras dimensões da vida social.

Tal mudança pode ser mais bem compreendida se recuarmos para a década de 1950, quando numerosas transformações ocorreram no campo educacional brasileiro. No entender de Rosario S. Genta Lugli, isso gerou uma inversão nos valores nos quais se estruturava o trabalho docente, pois um professor, que até então era "mais competente quanto maior fosse o seu tempo de exercício da atividade", tornou-se "um obstáculo à eficiência do ensino" (2002, p.206). Segundo a autora, "a maior complexidade do conhecimento pedagógico ... contribuiu para a desqualificação dos agentes localizados nos níveis inferiores do campo" (Lugli, 2002, p.5), pois cada vez mais se exaltava a necessidade de considerar o ensino sob uma perspectiva científica e privilegiava-se o domínio técnico em detrimento da experiência acumulada por aqueles que atuavam nas séries iniciais. Além disso, com a expansão do sistema educacional paulista,[4] sobretudo do ensino secundário, este setor começou a se afirmar no movimento de organização da categoria, muito embora o professorado primário ainda continuasse a ser a principal referência nas formas de representar socialmente a profissão que predominaram na época, conforme se verá.

Há que se assinalar, também, a ideia de que este período consistiu nos anos dourados do magistério brasileiro.[5] Embora o caráter mítico dessa afirmação já

---

3 Convém informar aqui que o CPP foi fundado em 1930 e constitui a entidade mais antiga ainda em funcionamento no estado, sendo vinculado aos antigos professores primários – mais numerosos na época de sua criação. A Apeoesp teve origem em 1945, como Apesnoesp (Associação dos Professores do Ensino Secundário e Normal Oficial do Estado de São Paulo), e é o sindicato da categoria desde 1988. Sobre o CPP, ver: VICENTINI (1997) e LUGLI (1997); sobre a Apeoesp, ver: JOIA; KRUPPA (1993) e KRUPPA (1994).

4 Sobre isso, ver os trabalhos de BEISIEGEL, Celso (1974) e SPOSITO, Marília (1984).

5 A esse respeito, é importante observar que a afirmação de um "passado glorioso" da categoria – época em que o professor teria tido uma remuneração semelhante à de um juiz de direito e teria gozado de prestígio na sociedade – é bastante disseminada no campo educacional e também fora dele. Tal afirmação, aliás, aparece, desde o início do século passado, em diferentes

tenha sido discutido pelos estudos de Maria José Nascimento (1994) e de Beatriz Fischer (1999), vale aqui mencioná-la, chamando a atenção para o fato de que se trata de uma estratégia de valorização simbólica da profissão, empregada inclusive na década de 1950. Ao solicitar o envio da mensagem do reajuste salarial do magistério na Assembleia Legislativa em 1956, Joaquim Silvério dos Reis – à época presidente do CPP e deputado estadual – advertiu que a baixa remuneração estava afastando seus melhores profissionais e transformando-os em um "quase marginal no mundo das profissões", lembrando que o professor chegou a ganhar "quase tanto quanto um juiz de direito". Apesar de dizer que poderia comprovar tal fato com cifras, o deputado preferiu evocar

> quadros da nossa infância, quando a figura do professor, do diretor de grupo escolar, do inspetor ... constituíam um tipo bem marcante na vida das cidades ou dos povoados ... Nesta época, o magistério era uma profissão. **O professor era o professor**. (Reis, 1956)

Entretanto, é justamente nesse período que o movimento docente adotou práticas reivindicatórias mais agressivas para lutar contra a desvalorização salarial decorrente do surto inflacionário desencadeado durante o governo Juscelino Kubitschek (1956-1960). O CPP passou a organizar, a partir de 1958, campanhas salariais que envolviam manifestações de rua e atos públicos e culminaram na realização da primeira greve da categoria em 1963. Ao reconhecer a importância da recompensa financeira da docência, os argumentos que sustentavam tal mudança no movimento reivindicatório do magistério se contrapunham à visão sacerdotal da docência, fazendo emergir a imagem do professor como um profissional que deveria ser remunerado condignamente para exercer bem sua função, mas sem deixar de exaltar a relevância de seu papel. Esta nova forma de representar os professores ganhou relevo no *slogan* divulgado por ocasião da campanha realizada em 1962, que ilustra de maneira exemplar a tentativa de associar as recompensas de ordem material ao reconhecimento simbólico do trabalho docente: "Não há dinheiro que pague o trabalho do professor, mas este trabalho deve ser

---

momentos de nossa história e, de modo geral, se caracterize pela imprecisão, referindo-se a um tempo indeterminado e distante. As referências a um "passado glorioso" do magistério podem ser encontradas, por exemplo, no depoimento de Loretana Pancera – à época, vice-presidente do CPP – a Rosario S. Genta Lugli e a mim (Vicentini, 1997). A afirmação de um *período áureo* anterior durante a Primeira República foi examinada por Denice Barbara Catani (1989) no estudo que realizou sobre a Associação Beneficente do Professorado Público de São Paulo, que esteve em funcionamento entre 1902 e 1919 e cujos líderes "se autorrepresentavam nostalgicamente, imersos numa *penumbra*, logo após os primeiros anos republicanos, nos quais a luminosidade do período *áureo* havia se traduzido numa série de reformas e providências" (Catani, 1998, p.43).

pago também com dinheiro". Nesse sentido, alertava-se para o fato de que o professor não poderia dedicar-se plenamente à docência por causa do baixo salário que o impedia de sustentar sua família e aperfeiçoar-se profissionalmente. O bom desempenho de sua função – de suma importância para o progresso do Brasil – dependia, portanto, de boa remuneração. Ilustra este tipo de argumentação o editorial da *Revista do Professor*, escrito por Sólon Borges dos Reis, durante a campanha promovida em 1958, que ficou conhecida pelo *slogan* "Mais prédios para as escolas, melhores vencimentos para os professores" e da qual participaram outras entidades representativas do magistério. O presidente do CPP chamou a atenção para o fato de que a movimentação da categoria interessava "à sociedade, de modo geral", pois era inegável a importância do "papel da escola no futuro do povo, no seu progresso. E, na escola, o elemento capital é o professor", que poderia superar a falta de material didático e de prédios adequados, mas necessitava de um salário que lhe permitisse arcar com suas despesas e compromissos sociais, de modo que a baixa remuneração acabava por interferir em seu desempenho profissional:

> é impossível esperar que um professor trabalhe bem, se não vive bem ... Quando o orçamento do professor é exíguo e as aflições financeiras o atormentam, seu trabalho não será nunca aquilo que poderia ser em diferentes condições. Por um lado, é necessário também que o professor disponha de elementos para dar conta de seus compromissos sociais. E, mais do que isso, para acompanhar a evolução da ciência, da pedagogia, da cultura. Um professor que não pode ler, por deficiências de meios para adquirir livros, como pode progredir? Em matéria de educação, estacionar é regredir. (Reis, 1958, p.5)

Tal mudança nas práticas reivindicativas da categoria pode ser mais bem compreendida no estudo realizado por Luiz Pereira sobre a situação do professorado primário em São Paulo no início da década de 1960, que procurou situá-lo na estrutura de classes da sociedade brasileira. Neste estudo, o autor identificou

> duas tendências opostas. De um lado, a gradativa deterioração dos níveis de renda dos professores primários, o que necessariamente se reflete no padrão de consumo material e não material, seu e de suas famílias, bem como na posição que a categoria como um todo ocupa no sistema de classes, particularmente quanto à vivência de modalidades mais "superiores" ou mais "inferiores" da situação de classe média assalariada. Por outro lado, os professores primários reagem contra essa tendência, procurando defender, através de mecanismos de atuação grupal mais ou menos organizada, os níveis de renda que podem preservar a vivência de uma modalidade relativamente "superior" da situação de classe média assalariada por essa categoria profissional. A defesa do prestígio ocupacional tem esse mesmo significado. (Pereira, 1969, p.169)

Ao constatar as ameaças de proletarização[6] do magistério primário, com base na deterioração de seu nível de renda e na insatisfação dos professores com o próprio *status* social que se evidenciava pela constância com que se definiam como "proletários de gravata", o autor também identificou indícios do processo de profissionalização da categoria. Tal fato, em seu entender, deve ser associado à ampliação dos segmentos assalariados pertencentes às "novas classes médias" (na concepção de Wright Mills) que passaram a sofrer a ameaça de sua proletarização em decorrência da "melhoria da condição econômico-social dos assalariados manuais" (1969, p.137-8). Segundo Pereira,

> este processo, por um lado, leva essa categoria a colocar-se em baixo estrato de classe média assalariada; por outro lado, a luta contra essa degradação ocupacional estimula o fortalecimento da profissionalização do magistério primário, solapadora dos moldes artesanal e paternalista associados a essa atividade, característicos da etapa pré-urbano-industrial, mas em boa dose ainda preservados. (1969, p.177)

Para Wright Mills (1969), os setores filiados à "nova classe média" caracterizam-se pela tentativa de "superar um critério de estratificação exclusivamente econômico" e pela busca incessante de símbolos de prestígio, como roupas e outros sinais distintivos, que os associem aos estratos mais elevados (Mills, 1969, p.272). Tal comportamento decorre da posição intermediária desses setores na estrutura social, pois, embora sejam assalariados, realizam um trabalho não manual e, por isso, procuram distanciar-se do operariado por meio de maiores salários e de maior prestígio social, tentando aproximar-se do tipo de vida das esferas mais privilegiadas. Nesse sentido, o autor chama a atenção para as profissões "vítimas da ambivalência do status, [que] desfrutam determinados níveis de prestígio" (Mills, 1969, p.257). Ao se referir especificamente aos professores, Wright Mills define-os como "proletários das profissões liberais" e chama os que atuam no ensino primário e secundário de "servidores remotos do saber", observando que, nos Estados Unidos, mesmo a carreira no ensino universitário não oferece um *status* "compensador em relação aos sacrifícios pecuniários que exige" (1969, p.147-51).

Tais características dos setores médios ficaram explícitas na tentativa de distinção que esteve presente na organização das campanhas salariais nas quais se ressaltava que "o magistério do Estado é *disciplinado*, respeita e faz respeitar as autoridades, mas que o cumprimento dos deveres dos professores não é incompa-

---

6 Convém informar que, em 1961, o próprio presidente do CPP passou a referir-se ao processo de proletarização do magistério primário. Ver, por exemplo, o editorial da *Revista do Professor*, relativa a jul./set. 1961.

tível com a luta pela defesa de seus legítimos direitos".[7] Tal preocupação acentuou-se durante a realização da primeira greve do professorado paulista e se evidenciou na insistência com que se exaltava seu caráter diferenciado, procurando salvaguardar a imagem da categoria que poderia ser comprometida com a utilização de uma estratégia típica do operariado. Ao expressarem seu apoio à greve, os jornais *O Estado de S. Paulo* e *Folha de S. Paulo* apontaram a atitude do governador como a principal responsável pelo fato de o ter tomado uma decisão radical e exaltaram a isenção política, a ordem e a disciplina do movimento, afirmando que, como suas lideranças haviam advertido, os professores apresentaram um comportamento condizente com sua função. *O Estado*, em particular, elogiou o comportamento do magistério, salientando que "os grevistas mantiveram uma conduta exemplar ... Foram sempre professores, até na greve".[8] Nesse sentido, havia forte apelo a valores relativos à dignidade do professor e à importância de sua missão que, segundo Pereira, "no plano das suas funções sociais manifestas servem como elemento de defesa do nível de vida e do grau de prestígio do professor primário; de modo latente, porém, desencadeiam compensações que se opõem à degradação econômica e social da ocupação" (1969, p.180).

A primeira greve do magistério paulista foi deflagrada em 15 de outubro de 1963 e envolveu todos os segmentos da categoria, representados por suas respectivas entidades, embora o CPP tenha assumido a liderança do movimento. Entretanto, o principal traço da cobertura realizada pela *Folha* foi a ênfase dada à participação das mulheres – a grande maioria do magistério primário –, cuja atuação ganhou visibilidade nas fotografais publicadas sobre a movimentação da categoria. Assim, para legitimar a nova atitude reivindicativa dos professores, os jornais não pararam de insistir sobre a disciplina e a ordem do movimento, salientando a distância existente com relação às manifestações operárias, de modo a tornar aceitável aos olhos dos leitores uma prática social coletiva inusitada e *a priori* chocante da parte dessa categoria profissional. No entanto, atrás da ruptura provocada pelo surgimento de professores que utilizam formas de luta social mais agressivas, as fotografias da grande imprensa procuraram manter, ao contrário, uma continuidade com a imagem tradicional do magistério. Na verdade, estas fotos mostraram que – como "a antiga professora primária" – as mulheres em luta por melhores salários perpetuaram nesta nova faceta de sua vida profissional uma imagem bem conhecida: elas eram sérias e sorridentes, solidárias, preocupadas em respeitar a lei, manter a ordem e a disciplina.[9]

---

7 O professorado paulista reivindica melhores vencimentos para o magistério: a grande concentração de 12 de maio, *Revista do Professor*, São Paulo: CPP, ano XIX, n.63, p.22-4, maio/jun./1961.

8 A vitória do professorado. *O Estado de S. Paulo*, p.15, 22/out./1963.

9 A esse respeito, ver VICENTINI (2002).

Em contraposição a essa imagem, surgiu, no final da década de 1970, a dos professores como trabalhadores em educação que se referiam ao Estado como patrão e se opunham à pretensa neutralidade política das associações representativas da categoria. Trata-se da forma de representar a categoria que ganhou expressão nas greves realizadas em 1978 e em 1979 – portanto, durante a ditadura militar – e foram deflagradas à revelia de duas principais associações docentes do estado (o CPP e a Apeoesp), cujas lideranças passaram a ser rotuladas de "pelegas" e sofreram um grande desgaste (Lugli, 1997, p.70-1). O grupo responsável por essa mobilização assumiu a diretoria da Apeoesp, fazendo que ela se posicionasse politicamente à esquerda, aproximando-se do movimento operário e contribuindo para difundir uma nova imagem da docência que passou a predominar no processo de organização dos professores: não se tratava mais do profissional que lutava de forma disciplinada e ordeira por uma remuneração condigna, mas sim do trabalhador politizado que se insurgiu contra as práticas associativas do magistério, bem como contra as formas de contratação temporária e os salários miseráveis pagos pelo Estado. Tal mobilização permitiu, desse modo, aos professores das séries correspondentes ao antigo ensino secundário – que, por causa da expansão desordenada do sistema escolar, tornaram-se uma parcela expressiva do magistério paulista, embora fossem contratados a título precário – disputar uma posição no movimento de organização da categoria, procurando instaurar nova concepção da docência, vinculada à total reformulação de suas práticas associativas. Assim, o movimento iniciado em agosto de 1978, apesar de ter lutado por 27% de reajuste salarial, privilegiou a reforma do Estatuto do Magistério em suas reivindicações, defendendo uma série de direitos trabalhistas para os docentes, "contratados em caráter temporário – os precários" –, devido ao crescimento acelerado da rede pública de ensino e a raridade de concursos de ingresso (Lugli, 1997, p.63-4). Já em 1979, a categoria participou da greve do funcionalismo em geral – da qual fizeram parte, também, os professores das universidades públicas – que lutava por 70% de aumento mais 2 mil cruzeiros fixos e se caracterizou pela tentativa de renovação das lideranças que ocupavam as associações representativas da categoria, constituindo a Comissão Pró-Entidade Única.

Essa nova imagem da profissão apareceu, de forma contundente, no artigo de José Maria de Lima, publicado na *Folha de S. Paulo*, cujo título é extremamente emblemático: "Os 'boias-frias' do ensino". O autor comparou a situação do magistério naquele momento à dos professores da "década de 50 e princípios da de 60, quando havia o primário, o ginasial e o colegial (naquela época não havia o 1º e o 2º graus, coisa mais recente)", salientando que eles eram efetivos, tinham "muitos estudos e por isso [eram] bem remunerados" e podiam vestir-se bem e ainda recebiam homenagens no Dia do Professor, ao passo que os professores da década de 1970 eram contratados a título precário, trabalhavam "em mais de uma escola e nos três períodos ... para sobreviver dignamente". Lima prosseguiu criticando a ausência de concursos e o texto do Estatuto do Magistério aprovado em 1974 pelo fato de não ter concedido aos professores remuneração superior para as aulas-extras, bem como por não considerá-las para a aposentadoria nem incorporar as horas-atividade na carga horária semanal, o que permitiria a dedicação a uma só escola. Por fim, o autor traçou o retrato de um "boia-fria do ensino", resultado – a seu ver – da depreciação salarial "à extrema e consequente proletarização do magistério":

> Aluno de Geografia da USP, dava aulas como precário em escolas estaduais da periferia. Saia de casa logo cedo, com uma mochila carregada de livros da Faculdade e de trabalhos dos seus alunos. E até a meia-noite, ele se dividia como aluno e professor. Magro, barbudo, roupas amassadas, sempre duro, mas dedicado profundamente dedicado ao magistério, ele representava o modelo de professor, da década de 70. (Lima, 1978, p.17)

Ao retratar o "boia-fria do ensino", o autor acabou por descrever as características dos professores que predominavam nas fotografias veiculadas das assembleias da categoria, nas quais, embora fosse possível constatar a presença de jovens professoras – vestidas de forma descontraída –, era a figura do jovem professor, barbudo e cabelos compridos, com jeans e camiseta ou camisa de mangas curtas, estampada, que se sobressaía no conjunto de manifestantes. Deve-se, entretanto, observar aqui que a visibilidade alcançada por essa imagem da profissão foi cerceada pela semiobscuridade a que os líderes do movimento – e mesmo os participantes – deveriam se submeter em decorrência da situação política brasileira: os manifestantes na maior parte das vezes apareceram de costas, de perfil ou em planos que não permitiam sua identificação, em uma tentativa de evitar qualquer tipo de perseguição. Além de ser associado pelo autor a este novo "modelo de professor", o processo de proletarização do magistério e degradação salarial chegou a ser representado visualmente, na greve de 1978, mediante a reprodução de seis comprovantes de pagamento que, dispostos um após o outro, formavam um quadro da remuneração de professores em diferentes situações funcionais (dos três níveis, efetivos e temporários, bem como com as mais diversas cargas horárias), explicitadas pelo texto da matéria publicada pela *Folha* em 26.8.1978, com o objetivo de contestar os valores que o secretário da Educação havia divulgado sobre os vencimentos da categoria. (Professores, 1978, p.12)

Ávido por combater as péssimas condições de trabalho impostas pelo Estado e as práticas associativas em vigor, mas obrigado a esconder o rosto e enfrentar a forte repressão à mobilização da categoria, o jovem professor – barbudo, com cabelos compridos e calça jeans – ganhou as páginas dos jornais, rompendo totalmente com a imagem tradicional da profissão e gerando posições contraditórias a respeito das mudanças que pretendia instaurar. A matéria publicada pela *Folha* sobre a assembleia, transferida para a igreja da Consolação porque o local previsto inicialmente comportava apenas novecentas pessoas, é bastante ilustrativa das divergências que afloraram na ocasião. O jornal divulgou as principais decisões do encontro: recusar a participação da Apeoesp como interlocutor do movimento, organizar piquetes e arrecadar dinheiro para um fundo de greve. Além disso, a *Folha* informou que, ainda, alguns diretores ameaçaram denunciar os grevistas ao Deops e estampou uma foto bastante emblemática, na qual se via um senhor de óculos, sobriamente vestido com uma camisa de manga comprida, lisa, com um livro e uma blusa na mão, em pé, falando com o braço erguido e parecendo defender suas opiniões com grande veemência e acabava por representar o passado que uma parcela da categoria pretendia superar. Provavelmente, tratava-se de um "antigo professor secundário", cuja idade destoava significativamente das mulheres que o rodeavam – bastante jovens – entre as quais uma delas parecia discordar do que ele dizia dada sua expressão facial (a boca entreaberta e os olhos arregalados). De acordo com a legenda, "o tom dos debates foi áspero, mas isso é 'próprio da democracia', segundo o CGG", entretanto a imagem não deixava de simbolizar os conflitos que caracterizavam a categoria naquele momento. (Professores, 1979, p.15)

Tal movimentação marcou a emergência do chamado "sindicalismo combativo" que – no dizer de Aparecida Neri de Souza (1996) – caracterizou-se "pelo enfrentamento dos governos através de grandes mobilizações, manifestações de rua e greves prolongadas", promovidas a partir de meados da década de 1980.[10] A imagem do trabalhador em educação que daí se originou passou a ser predominante no movimento docente e sustentou as ações sindicais da categoria tanto no plano estadual quanto nacional, que têm sido privilegiadas nos estudos a esse respeito, silenciando as formas tradicionais de representar a profissão. No entan-

---

10 De acordo com Cláudia Vianna, "a greve foi adotada como principal instrumento de atuação do magistério paulista. O final dos anos 70 e a década de 1980 são períodos não só de mobilizações da Apeoesp, mas de efervescência política e de ações coletivas em geral. Os movimentos grevistas continham tanto reivindicações salariais como bandeiras de luta contra a ditadura. A Apeoesp era mais uma das frentes contra o regime militar para a construção da democracia no processo de transição, que se somava ao *sindicalismo combativo*, ao crescimento do PT, à organização da Central Única dos Trabalhadores (CUT) e das classes médias do funcionalismo público. Essas mobilizações se inseriam em um movimento histórico contra a opressão e o autoritarismo e faziam parte de um contexto de forte rebaixamento salarial e altos índices de inflação" (1999, p.92). A expansão do sindicalismo dos funcionários públicos e o crescimento do número de greves deste setor – apesar da proibição legal – devem-se não só à "pauperização sofrida por esses profissionais na recessão dos anos 80", mas também ao declínio em termos de prestígio social, à "dificuldade de ascensão na carreira e à proximidade com a organização sindical" (1999, p.93).

to, tais representações que, em um primeiro momento, exaltavam a nobreza e o caráter sacerdotal da missão do professor e, a partir do final da década de 1950, incorporaram a imagem do profissional que precisava ser condignamente remunerado para o bom exercício do magistério fizeram parte da estruturação e da delimitação do campo educacional, dando origem a movimentos associativos e a práticas reivindicatórias, bem como a projetos de formação. Mesmo os modos mais propriamente "sindicais" e politizados de mobilização docente têm como base todas as representações que se construíram durante os primeiros três quartos do século XX, contra as quais reagiram e também a partir das quais se formaram. Entretanto, não se pode deixar de assinalar aqui que, na década de 1990, o estudo desenvolvido por Claudia Vianna já identificou (1999) algumas dificuldades para a "ação coletiva docente", como: "a queda na visibilidade das mobilizações", a "ausência de atos públicos" e a diminuição do "número de paralisações, caravanas e greves realizadas" (Vianna, 1999, p.99). Mais recentemente, pesquisas desenvolvidas sobre a identidade dos professores indicam que o próprio uso da denominação "trabalhadores em educação" tem sido contestado, no interior da categoria profissional, de vez que um grupo não se reconhece bem descrito sob essa designação ao reivindicar para si um outro perfil sociocultural, outro grupo discorda da associação dos professores com outros funcionários da escola preferindo manter a especificidade de sua ação docente como a marca distintiva da categoria (Ferreira, 2004, p.2.137). Tais constatações evidenciam a importância de se investigar as imagens que, atualmente, poderiam dar conta das especificidades da profissão, atentando para as dimensões relativas ao universo simbólico que caracteriza o magistério, mas negligenciadas pela representação do trabalhador em educação, sem deixar, entretanto, de considerar as condições concretas de atuação.

Referências bibliográficas

BEISIEGEL, C. de R. *Estado e educação popular*. São Paulo: Pioneira, 1974.

BORDIEU, P. *O poder simbólico*. Rio de Janeiro/Lisboa: Difel/Bertrand Brasil, 1989.

______. A força da representação. In: _____. *A economia das trocas linguísticas*: o que falar quer dizer. São Paulo: Edusp, 1996.

CATANI, D. B. Educadores à meia-luz: um estudo sobre a Revista de Ensino a Associação Beneficente do Professorado Público de São Paulo (1902-1919). São Paulo, 1989. Tese (Doutorado) Universidade de São Paulo.

______. Metáforas da iluminação: observações acerca do estudo da história da educação brasileira. SOUSA, C. P. (Org.). *História da educação*: processos, práticas e saberes. São Paulo: Escrituras, 1998.

CHARTIER, R. *O mundo como representação*. Estudos Avançados, n.11, v.5, p. 173-91, jan./abr. 1991.

_______. Pouvoirs et limites de la représentation. Marin, le discours et l'image. In: _____ . *Au bord de la falaise: l'histoire entre certitudes et inquiétudes*. Paris: Éditions Albin Michel, 1998.

FERNANDES ENGUITA, M. A ambiguidade da docência: entre o profissionalismo e a proletarização. *Teoria & Educação*: Porto Alegre, n.4, p.41-60, 1991.

FERREIRA, M. O. V. Trabalhadores em educação? Reflexões sobre sindicalização e identidade docente. In: ENCONTRO NACIONAL DE DIDÁTICA E PRÁTICA DE ENSINO (Endipe), 12, 2004, Paraná. Anais... Paraná, 2004.

FISCHER, B. T. D. Professoras: histórias e discursos de um passado presente. Porto Alegre, 1999. Tese (Doutorado) Universidade Federal do Rio Grande do Sul.

JOIA, O.; KRUPPA, S. (Org.). *Apeoesp 10 Anos* (1978-1979): memória do movimento dos professores do ensino público estadual paulista. São Paulo: Cedi, 1993.

KRUPPA, S. O movimento dos professores em São Paulo: o sindicalismo no serviço público, o Estado como patrão. São Paulo, 1994. Tese (Mestrado) Universidade de São Paulo.

LIMA, J. M. de. Os boias-frias do ensino. *Folha de S. Paulo*, São Paulo, 22 ago. 1978.

LUGLI, R. S. G. Um estudo sobre o CPP (Centro do Professorado Paulista) e o movimento de organização dos professores (1964-1990). São Paulo, 1997. Dissertação (Mestrado) Universidade de São Paulo.

_______. O trabalho docente no Brasil: o discurso dos Centros Regionais de Pesquisa Educacional e das entidades representativas do magistério (1950-1971). São Paulo, 2002. Tese (Doutorado) Universidade de São Paulo.

MARIN, L. *Le portrait du roi*. Paris: Éditions de Minuit, 1981.

_______. *Des pouvoirs de l'image*. Paris: Éditions du Seuil, 1993.

MILLS, C. W. *A nova classe média* (White Collar). Rio de Janeiro: Zahar, 1969.

NASCIMENTO, M. J. de C. O (des)prestígio da normalista e as relações de gênero no cotidiano do Instituto de Educação do Rio de Janeiro. Niterói, 1994. Tese (Doutorado) UFF.

NÓVOA, A. La professionnalisation enseignante en Europe: analyse historique et sociologique. In: ______. *Histoire & comparaison*: *essais sur l'éducation*. Lisboa: Educa, 1998.

PEREIRA, L. *O magistério primário numa sociedade de classe*. São Paulo: Pioneira, 1969.

PROFESSORES mostram quanto ganham. *Folha de S. Paulo*, São Paulo, 26 ago. 1978.

PROFESSORES decidem continuar greve. *Folha de S. Paulo*, São Paulo, 11 abr. 1979.

REIS, J. S. dos. Em defesa do professor. *Revista do Professor*. São Paulo: CPP, ano XIV, n.29, p.33-6, ago. 1956.

_______. Vencimentos do professorado. *Revista do Professor*. São Paulo: CPP, ano XVII, n.40, p.5, jul. 1958.

SOUZA, A. N. de. Estratégias de luta sindical dos professores públicos do ensino básico no Brasil. Reunião da ANPEd, 19, 1996, Caxambu (mimeo).

SPOSITO, M. P. *O povo vai à escola*: a luta popular pela expansão do ensino público em São Paulo. São Paulo: Loyola, 1984.

VIANNA, C. *Os nós do "nós"*: crise e perspectivas da ação coletiva docente em São Paulo. São Paulo: Xamã, 1999.

VICENTINI, P. P. Um estudo sobre o CPP (Centro do Professorado Paulista): profissão docente e organização do magistério (1930-1964). São Paulo, 1997. Dissertação (Mestrado) Universidade de São Paulo.

_______. Imagens e representações de professores na história da profissão docente no Brasil (1933-1963). São Paulo, 2002. Tese (Doutorado) Universidade de São Paulo.

35

Reorganização do Ensino Fundamental. Ciclos e progressão continuada: avaliação e perspectivas

João Cardoso Palma Filho

Introdução

Discutirei aqui, de uma perspectiva crítica, o conjunto de ações postas em prática pela Secretaria da Educação do Estado de São Paulo (SEE-SP) durante o governo Franco Montoro (1983-1987), conjunto esse que contemplou amplo programa de reorganização da educação básica (ensino de 1° e 2° grau), atualmente denominados de Ensino Fundamental e Ensino Médio, com destaque para as duas ações maiores: criação e implantação do ciclo básico (CB) e a reforma curricular, consequência direta da criação daquele ciclo de estudos reuniu em um *continuum* as duas séries iniciais do ensino de 1° grau.

Vamos deter-nos na ampla repercussão que essas medidas alcançaram na mídia e nos meios político do estado de São Paulo, com destaque para as intervenções feitas por parlamentares na Assembleia Legislativa do Estado de São Paulo.

O contexto político da reforma educacional

O senador André Franco Montoro apresentou-se como candidato ao governo do estado de São Paulo em 1982, ancorado em um programa que, para o setor educacional, priorizava a descentralização administrativa e a participação dos profissionais da educação no processo de tomada de decisões (Pedroso, 1991; Palma Filho, 1996).

A primeira versão, ainda preliminar, da Proposta Montoro data de junho de 1982 e apresentava, para o setor da educação, o seguinte diagnóstico: baixa qualidade, elevadas taxas de evasão escolar, insuficiente remuneração e péssimas condições de trabalho dos professores, falta de programas adequados de aperfeiçoamento e reciclagem do magistério, instalações mal aproveitadas, inexistência de atual harmônica entre a escola e a comunidade, ensino profissionalizante restrito e carente de funcionalidade. Entre as causas do baixo rendimento do sistema estadual de ensino, o Programa apontava como primeiro motivo "a baixa dotação de recursos destinada ao setor, como resultado das prioridades distorcidas e elitistas da política orçamentária governamental". Este, aliás, é um aspecto da política educacional geral adotada que não foi revertido no governo Montoro, uma vez que os recursos orçamentários efetivamente realizados com a educação continuaram a diminuir ao longo de toda a década de 1980. Assim é que, de acordo com dados oficiais fornecidos pela Secretaria de Estado da Fazenda, em 1979 o governo estadual gastou 17,79% do orçamento geral do estado com educação; em 1986, último ano do governo Montoro, esse gasto foi de apenas 13,26% do orçamento geral do estado. Foi nesse contexto que as duas medidas que estamos discutindo foram elaboradas e implementadas.

A criação do Ciclo Básico (CB)

Diretamente relacionado com a temática curricular, ainda em 1983, o governador Franco Montoro, atendendo às solicitações do secretário de Estado da Educação, Paulo de Tarso Santos, editou o Decreto Estadual n. 21.833, datado de 28.12.1983, que tinha como medida principal "integrar num continuum de dois anos, o processo de ensino e aprendizagem correspondente às duas primeiras séries do ensino fundamental", com a finalidade de "diminuir a grande distância existente no desempenho dos alunos das diferentes camadas da população, criando-se condições para que todos e, em especial a clientela mais desfavorecida, tenham possibilidades de escolarização" (São Paulo, 1984, p.9).

Tratava-se, no dizer dos dirigentes da Secretaria de Estado da Educação, de uma decisão política para enfrentar, no momento apropriado, séries iniciais do Ensino Fundamental a alfabetização e a democratização da escola que efetivamente só teria chance de êxito se assumida em todos os níveis do sistema de ensino, e, em especial, pelos professores das séries iniciais, bem como pelos órgãos gestores do sistema de ensino em todos os seus níveis e, em particular, pelas direções da escolas.

Todavia, o momento escolhido para a publicação do decreto não poderia ter sido mais infeliz. Final de ano letivo, os professores já em férias, situação que exigiu da Secretaria da Educação um esforço redobrado em 1984, tendo em vista garantir sua efetiva execução.

Acrescente-se ainda que, entre os próprios dirigentes da Pasta da Educação e principalmente nos escalões intermediários (Divisões Regionais e Delegacias de

Ensino), havia grande ceticismo quanto ao êxito da medida, em grande parte por causa das precárias condições em que a rede escolar vinha funcionando, do descontentamento dos professores com relação à política salarial, descontentamento esse que no ano seguinte (1984) acabou desaguando em uma greve do magistério paulista e culminou com a saída do secretário da Educação. Acrescente-se ainda que muitos dos administradores da rede estadual não aceitavam o caráter universal da medida proposta. Quando muito, aceitavam uma implantação gradativa ou uma experiência localizada, um projeto piloto, como se dizia à época.

Faltou também ao secretário da Educação apoio político. Na Assembleia Legislativa do estado, era criticado pelo fato de que seu gabinete não atendia aos pedidos dos parlamentares. Na área do magistério, pela voz de suas principais lideranças sindicais, criticava-se a política educacional em andamento, pela ausência de discussão em torno da revalorização salarial do magistério.

Diante desse quadro, não causou surpresa aos mais atentos o desencanto dos professores, no início, com a proposta anunciada pelo governo do estado de criação do Ciclo Básico.

De fato, ao descontentamento político que grassava na Assembleia Legislativa juntou-se a frustração do magistério com o anúncio da medida, que não contemplava nenhuma medida salarial.

Apesar de todas essas dificuldades, o Ciclo Básico foi avançando em seu processo de implantação, aliás, como era de se esperar, com muitas dificuldades nos dois primeiros anos, mas com resultados positivos, tanto quantitativos quanto qualitativos.

As resistências levaram ao estabelecimento de ampla discussão em torno de novos princípios teóricos e conceitos que indicavam caminhos para mudanças metodológicas e de conteúdos mais adequados ao alunado.

No plano quantitativo, os primeiros resultados divulgados em 1987 apontavam para significativo avanço em relação ao aproveitamento escolar. Assim é que no biênio 1985-1986, 70% dos estudantes foram promovidos à terceira série, contra 45% no biênio anterior (1983-1984).

A reorganização do currículo do Ensino Fundamental

Com a implantação do CB, torna-se cada vez mais necessário rever os antigos Guias Curriculares, totalmente inadequados diante da nova proposta pedagógica subjacente ao Ciclo Básico.

Os estudos realizados até meados da década de 1980 apontavam o seguinte diagnóstico em relação aos conteúdos curriculares que vinham sendo objeto da prática pedagógica nas escolas do Estado de São Paulo:

a) o tratamento dos conteúdos curriculares desconhece ou desconsidera as características do meio cultural da maioria dos alunos, gerando com isso um fosso entre o que é ensinado na escola e a realidade vivenciada pelo aluno. Este vai mal na escola e é levado a pensar que não tem capacidade para aprender por causa da inadequação do que é valorizado na escola em relação à experiência que sua origem social propiciou;

b) a transposição de modelos curriculares estrangeiros tem levado a escola a um alheamento em relação às nossas raízes históricas e culturais, tornando a formação por ela oferecida pouco relevante diante dos desafios da sociedade brasileira contemporânea;

c) o desenvolvimento dos conteúdos curriculares de forma mecânica, estanque, segmentada, compromete a unidade curricular e deixa lacunas na formação do educando;

d) a avaliação, em vez de ser um recurso para o aprimoramento do aluno, torna-se assunto da competência exclusiva do professor, cujos critérios e procedimentos não costumam ser discutidos;

e) a reprovação, usada por alguns para "melhorar a qualidade do ensino", muitas vezes castiga o aluno, que, além de não ter claro os critérios pelos quais está sendo avaliado, não permite que ele progrida com base no conhecimento já adquirido. Isso o obriga a rever o que já sabia, desinteressando-o e transformando-se em um incentivo à evasão escolar; e

f) a discriminação dos alunos das camadas populares em razão de sua maneira de vestir e expressar-se, que por ser diferente da do professor é considerada imprópria e inadequada. Dessa forma, o professor se dedica mais ao aluno que corresponde a seus padrões de socialização, gerando o desinteresse, a apatia e mesmo a rebeldia dos que ele marginaliza.

Com o amadurecimento desses pontos levantados, os técnicos da área pedagógica da Secretaria da Educação se convenceram de que era necessário iniciar o trabalho de reorganização curricular que culminasse, depois de ampla discussão com a rede escolar, em nova proposta curricular que embasasse o projeto pedagógico das unidades escolares. Essa discussão se deu desde o início, ainda em 1984, por meio de reuniões realizadas por área de conhecimento com professores representantes das Delegacias de Ensino e das Divisões Regionais de Educação (atualmente Diretorias Regionais de Educação). Desse modo, o anteprojeto curricular foi sendo paulatinamente construído em 1984, 1985 e 1986, quando foi publicada a primeira versão preliminar, objeto de discussão com todos os professores nos dias 27, 28 e 29 de julho de 1987, ocasião em que alcançou ampla repercussão nos meios de comunicação e nos mais diferentes segmentos da sociedade paulista, inclusive em diversos setores políticos.

Antes de analisarmos as reações, ou seja, o modo pelo qual as propostas curriculares foram recepcionadas por diferentes atores sociais, consideramos de fundamental importância indicar os aspectos levados em conta na construção das propostas curriculares:

1. rever os critérios de seleção e dosagem dos conteúdos curriculares, de modo que o conhecimento oferecido pela escola valorizasse também a contribuição dos setores populares da sociedade;
2. estabelecer novos padrões de desempenho para tornar a escola mais acessível a todas as camadas da população, o que não significa tornar o ensino superficial, mas buscar todos os recursos para enriquecê-lo, tornando possível a apropriação e sistematização do conhecimento para todos;
3. privilegiar, nos conteúdos curriculares, além do conhecimento acumulado como patrimônio universal, as diversas expressões da cultura brasileira;
4. reavaliar o saber proporcionado pela escola em forma de saber integrado;
5. rever a adoção de métodos e técnicas de ensino e avaliação; verificar suas vantagens e limitações, tendo como parâmetro a necessidade da maioria dos alunos, procurando reformular sempre que não esteja contribuindo para a realização da proposta de democratização das oportunidades educacionais;
6. consolidar a avaliação como um processo que deve permitir não só ao professor, mas também à escola, tomar decisões quanto às modificações a realizar;
7. evitar nos procedimentos de ensino e avaliação a discriminação do aluno em razão de suas atividades e comportamentos;
8. criar espaços na escola para que o professor possa redefinir sua atuação mediante o entendimento da problemática educacional mais ampla e da possibilidade de atuar na escola, por meio da superação da prática isolada em benefício da ação conjunta; e
9. criar condições para que o professor possa explorar melhor os recursos de que dispõe e atualizar-se continuamente.

A repercussão na imprensa

Três jornais de grande circulação no país destacaram-se nas críticas às propostas curriculares: *Folha de S. Paulo*, *O Estado de S. Paulo* e *Jornal da Tarde*, esses dois últimos pertencentes ao mesmo grupo empresarial.

De modo geral, optaram por uma linha muito mais opinativa do que informativa, cada um a seu modo. A *Folha* considerou a reforma curricular atrasada. Já os jornais do grupo *O Estado* entenderam ter a reforma um caráter nitidamente subversivo. Basicamente, as críticas concentraram-se nas propostas curriculares de História, Geografia, Língua Portuguesa e Ciências Naturais. Pouco se disse das demais propostas (Matemática, Educação Artística, Educação Física e Língua Estrangeira: Inglês e Francês).

A reprodução de algumas das manchetes dá bem o tom que questão adquiriu. O primeiro artigo publicado pelo jornal *O Estado de S. Paulo* do dia 25.7.1987, trazia a seguinte manchete: "Proposta politiza o currículo escolar", seguido de um editorial no dia 2.8.87, com o título: "A barbarização ideológica do ensino". Ao todo, foram cinco editoriais no jornal *O Estado de S. Paulo*; dois no *Jornal da Tarde* e cinco na *Folha de S. Paulo*. Este jornal, aliás, apresentou comportamento diferenciado. No início, ou seja, em 1986, quando as propostas estavam em fase de elaboração, publicou matérias de caráter informativo. Entretanto, a partir de julho de 1987, mudou de atitude e passou a publicar textos exclusivamente opinativos e com muita parcialidade, deixando mesmo de publicar cartas encaminhadas por professores que discordavam da orientação que o jornal vinha seguindo. Vários professores e pesquisadores universitários, por meio desses jornais, se pronunciaram sobre o projeto em andamento. Entre outros, os professores Octávio Ianni, Aziz AbSaber, Carlos Guilherme Mota e Oswaldo Frota Pessoa.

Em um dos editoriais, há um lamento colocado na boca de uma professora, segundo o editorialista, uma "professora lúcida", que, referindo-se à reforma, assim se expressava: "Da História tiraram os heróis, da Matemática, a tabuada, e da Língua Portuguesa, a gramática". Dando razão à "professora lúcida", o editorial concluía com uma pergunta: "Por que fizeram isso?", dando em seguida a seguinte resposta:

> É simples, procederam dessa forma "os marxistas" para acabar "com o papel do indivíduo na História, inteiramente substituído por forças impessoais", já que nada ameaça tanto os coletivismos, socialismos e totalitarismos quanto o ser humano concreto, que é uma pessoa moral, que pensa, discute, critica e escolhe.

Como se deduz do anteriormente mecionado, a seleção dos conteúdos curriculares nunca foi um exercício meramente técnico, de pura neutralidade; vem sempre impregnada de muita ideologia e motivação política.

Houve também quem lamentasse o pouco espaço que a proposta curricular de Geografia destinava ao estudo da Geografia Física. No caso das Ciências Naturais, os articulistas do jornal *Folha de S. Paulo* não gostaram do fato de que se afirmava ser possível desenvolver um bom curso desse componente curricular no Ensino Fundamental mesmo sem a presença de um bom laboratório.

Diferentemente do jornal *O Estado de S. Paulo*, a *Folha* preferiu não considerar a reforma dos currículos subversiva. Considerou-a populista, conceito que já em matéria publicada no dia 30.07.1987, esclarecia da seguinte forma: "O conceito de populismo surgiu no âmbito das Ciências Sociais para designar um determinado tipo de relação entre os políticos e a população, característico de períodos de rápido desenvolvimento industrial e urbano". Na mesma data, foi publicado o editorial "A ignorância no poder", aliás, o único que analisou em profundidade as propostas curriculares de Língua Portuguesa, Ciências Naturais, Matemática, História e Geografia.

As críticas feitas pela imprensa acabaram gerando os resultados pretendidos desde o início pelos jornais citados, uma vez que a partir de outubro de 1987 provocaram um claro recuo do secretário da Educação, que em entrevista à *Folha de S. Paulo*, datada de 1º.10, passa a discordar da reforma curricular proposta pela Cenp, no governo anterior (Franco Montoro). É interessante observar que, a partir desse momento, as mudanças propostas não são mais de iniciativa da Secretaria da Educação, mas sim da Cenp. O secretário da Educação considera a reforma curricular inadequada. Também na ocasião, o chefe de Gabinete se manifestou: "Talvez o currículo de História apresente tantos problemas que nós, ano que vem (1988), podemos não fazer nenhum cursos de reciclagem com base neste novo currículo".

De fato, com essa entrevista, o secretário estava aplainando o caminho para sua ida à Assembleia Legislativa, onde deveria explicar o conteúdo da reforma curricular que vinha sendo objeto de críticas por parte dos parlamentares mais conservadores, tendo à frente o deputado estadual Wadih Helu.

Ainda sobre a implementação da reforma curricular, o secretário da Educação, encerrou a entrevista concedida ao jornal, declarando o seguinte: "as mudanças curriculares, pouco discutidas na rede e ainda em fase de minuciosas análises por técnicos da Secretaria, não têm data marcada para entrar em vigor", concluindo que "seria uma atitude autoritária".

O debate na Assembleia Legislativa

O secretário da Educação (Chopin Tavares de Lima) compareceu à Assembleia Legislativa no dia 7.10.1987, quando muito habilmente evitou comentar a reforma curricular, preferindo discorrer sobre as ações que vinha realizando na Secretaria da Educação. Na ocasião, distribuiu entre os parlamentares o documento "Educação em São Paulo: diretrizes básicas do programa de governo". Sobre a reforma curricular, o documento declarava: "o novo currículo evidencia os desafios atuais de cada área de conhecimento, ao mesmo tempo em que considera a nova realidade da clientela escolar, procurando embasar-se em pressupostos científicos capazes de oferecer ao aluno uma visão ampla e crítica do mundo contemporâneo." Traçou, portanto, um perfil progressista para o conteúdo das propostas curriculares, evitando, desse modo, sancionar as críticas conservadoras que vinham sendo veiculadas pela "grande imprensa" de São Paulo.

Claro que a fala do secretário não agradou à *Folha* que assim comentou a ida do Secretário à Assembleia Legislativa: "o que deveria ser uma discussão sobre o tema, no entanto, se transformou em um festival de chavões e frases de efeito duvidoso absolutamente dispensável". Esse comentário do jornal, aliás, evidencia o despreparo dos articulistas para comentar o documento que foi distribuído aos parlamentares, uma vez que também utilizava uma frase feita para comentar a exposição feita pelo secretário da Educação no parlamento paulista.

De fato, a fala do secretário Chopin Tavares de Lima caracterizou-se por um tom conciliatório e apaziguador, que procurava conter os espíritos mais conservadores da Assembleia Legislativa.

Se a intenção era acalmar os ânimos, a forma pela qual o secretário se conduziu no diálogo com os parlamentares logrou êxito. A partir desse momento, praticamente cessaram na Assembleia Legislativa as discussões em torno da questão curricular, que vinham sendo marcadas por acaloradas intervenções, iniciadas com a ida à tribuna parlamentar da deputada Guiomar Namo de Mello, no dia 10.8.1987, em longo discurso no qual teceu várias considerações sobre a proposta curricular da Cenp. A seu pronunciamento seguiram-se os discursos dos seguintes parlamentares: Aloysio Nunes Ferreira Filho, Mauro Bragato e Fernando Leça, todos membros da bancada governista. Pela oposição, mais uma vez pronunciou-se o deputado Wadih Helu.

Por razões de espaço, vamos comentar apenas alguns trechos do pronunciamento da deputada Guiomar Mello, especialista no campo da educação e que também fora secretaria de educação municipal na gestão Mário Covas (1983-1986).

Na longa intervenção que fez, a deputada Guiomar Mello lamenta que a discussão tenha perdido em substância para ganhar em ideologia e afirma:

> As minhas colocações aqui hoje visam exatamente tentar repor o problema na sua ótica educacional, técnica e, portanto, política, mas tentando escapar, seja à ideologização que a própria Cenp possa estar promovendo através de seu currículo e que deve ser criticada, seja sobretudo, à ferocidade ideológica com a qual certos periódicos vêm abordando a questão. A seguir procura minimizar a importância do trabalho de elaboração curricular da Cenp, quando afirma: diz-se que a Secretaria da Educação vai promover uma lavagem cerebral em todos os adolescentes e crianças deste País. Ora, qualquer pessoa que tenha se debruçado com um mínimo de seriedade sobre o problema da educação sabe muito bem que não é mudando currículo que se vai mudar a cabeça dos nossos jovens e adolescentes não é através do currículo que se muda.

Entretanto, os fatos demonstravam exatamente o contrário, pois, se a questão não tivesse relevância, não teria permanecido tanto tempo nas páginas dos jornais, nem teria merecido a preocupação do parlamento paulista, inclusive com a ida do secretário da Educação para explicar o que estava acontecendo em matéria de mudanças curriculares.

Além das críticas formuladas à proposta curricular de História, no dizer da parlamentar, muito ideológica, também foram feitos alguns comentários sobre a proposta curricular de Geografia, criticada por afirmar que se está substituindo o enfoque positivista pela abordagem dialética. Por fazer tal afirmação, o currículo dessa disciplina escolar é considerado "ingênuo", uma vez que "o verdadeiro método é aquele que não tem rótulo, é aquele que não se declara, é aquele que se pratica". Para a deputada, todos estão equivocados. Alguns de boa-fé (os jornais) e outros de má-fé, como é o caso dos autores das propostas curriculares. De resto, também é inútil preocupar-se em nomear os métodos de análise da realidade social, já que: "Os nossos professores, na sua grande maioria, não sabem nem o que é positivismo. Para eles, dizer que vai ser positivista ou dialético não significa nada, o que eles sabem é aquele 'ramerrão' do livro didático de todo dia e nada mais."

A proposta curricular de História foi considerada pela deputada Guiomar Mello muito sofisticada,

> não só por causa das palavras difíceis, das quais nem todos os professores conseguirão apropriar o significado com clareza, mas sobretudo porque elas exigiriam condições de funcionamento da escola, que neste momento não existem e impossibilitam ao professor trabalhar nos termos em que a proposta prevê, quaisquer que sejam esses professores, o que evidencia que uma política de educação não se julga através de uma medida isolada.

Em síntese, as críticas feitas pela parlamentar paulista para as propostas curriculares de História e Geografia não diferem muito das que vinham sendo apresentadas pela imprensa.

Concluindo suas considerações, Mello tece elogios às propostas curriculares de Língua Portuguesa e Ciências, silenciando em relação às demais (Matemática, Educação Artística, Educação Física e Língua Estrangeira).

Para o deputado Wadih Helu, não foram suficientes as críticas feitas por Guiomar Mello, uma vez que no dia 21.9.1987 ocupou a tribuna e valendo-se de matéria publicada no jornal *O Estado de S. Paulo*, no dia 13.9.1987, fez um longo pronunciamento, do qual extraímos os seguintes pontos: 1) defesa do ensino de Educação Moral e Cívica em todas as séries do ensino básico; 2) proposta curricular de História a serviço da Revolução Socialista; 3) defesa da Revolução Constitucionalista de 1932; 4) ataques à administração do prefeito Mário Covas; 5) críticas ao Conselho de Escolas, criado pela Lei Complementar n. 444/85 (Estatuto de Magistério) e 6) ataques aos setores reformistas da Igreja Católica.

O tom conspiratório que o parlamentar petebista atribuiu à reforma curricular levou o deputado Aloysio Nunes Ferreira Filho, à época líder da bancada governista, a pronunciar, em aparte concedido, a seguinte afirmação: "Acredito que

V.Exa. está vendo fantasma onde não existe. V. Excelência parte da ideia de que existe uma enorme conspiração do comunismo internacional para se infiltrar na escola pública brasileira paulista e a partir daí subverter os valores sobre os quais se assenta a nossa sociedade, quando não há nada disso". A seguir, arremata: "O que existe é um esforço de reflexão crítica sobre esse programa, de tal modo que ... despertem a capacidade de crítica, a capacidade de diferentes autores e de formar ponto de vista."

Em seguida, pronunciaram-se os deputados Mauro Bragato e Fernando Leça, ambos defendendo a necessidade de uma reforma dos currículos e ressaltando os pontos positivos das diferentes propostas curriculares, quando também discordaram do modo pelo qual a imprensa conduziu o enfoque jornalístico da matéria.

O deputado Bragato, invocando sua condição de sociólogo, deu à questão a seguinte interpretação: "Há uma corrente que parte do pressuposto de que possa existir uma proposta que se coloque acima de todos os conflitos e oposições de interesses que existem na sociedade, uma proposta universal, verdade absoluta a ser alcançada. Existem os hipócritas que sequer reconhecem a oposição de interesses e os conflitos da sociedade". E conclui que: "qualquer proposta, no caso de currículo escolar, apresentará em última instância uma proposta política, consequência de uma concepção de homem e de sociedade, com uma determinada perspectiva de presente e de futuro inevitavelmente ideológico".

Considerações finais

Procuramos ao longo deste texto destacar o papel importante que desempenhou a criação do Ciclo Básico na reorganização do currículo escolar do Ensino Fundamental. Ao mesmo tempo, preocupamo-nos em resgatar alguns aspectos do contexto político da época, e recuperar a dimensão política e ideológica que tem qualquer projeto educacional, por não ser este empreendimento apenas um processo de natureza pedagógica, em seu sentido técnico.

De modo geral, a organização de cada proposta curricular refletiu os intensos debates havidos entre os professores nos mais diferentes fóruns desde o fim dos anos 1970, quando tem início o processo de redemocratização do país, com o fim do Ato Institucional n.5 e a promulgação pelo Congresso Nacional da Lei da Anistia para todos os presos políticos e exilados.

Também muito contribuiu para essa visão da questão curricular as leituras feitas em autores como Michael Apple (Ideologia e Currículo, 1982), Paulo Freire e Henri Giaroux, entre outros.

A contribuição desses pensadores do campo curricular fica evidente quando comparamos os pressupostos que embasaram a reforma curricular da década de 1970, consubstanciada nos Guias Curriculares com as Propostas Curriculares dos anos 1980. Nestas, os pressupostos sociopolíticos permeiam a construção desde as primeiras discussões em torno do projeto curricular. Categorias curriculares como concepção de sociedade, paradigma de cidadania e relação currículo/culturas estão presentes.

Conduzidos por esses princípios, os elaboradores das propostas curriculares preocuparam-se em evidenciar as posições teórico-metodológicas que explicitavam a realidade e situavam o papel social do ensino dessas disciplinas.

Não se tratava, portanto, de fazer mais uma reforma curricular, pelo caminho fácil da substituição de alguns conteúdos por outros mais atuais, mas sim da necessária discussão com os professores de teorias e métodos que estão por trás desses conteúdos programáticos, além de explicitar o papel ativo do aluno e do professor na construção do conhecimento escolar.

Do ponto de vista sociopolítico, traduziam uma concepção de sociedade que, em sua organização histórica, refletia intenso conflito de interesses, cujo principal papel do currículo escolar se relaciona com o fornecimento das ferramentas essenciais para que o educando pudesse entender criticamente a realidade em que vive, e ao mesmo tempo lhe fornecia elementos para a elaboração de estratégias com vista à construção de uma sociedade centrada em relações sociais mais justas, ao menos como possibilidade.

Acontece que essas mesmas propostas refletiam o posicionamento teórico-metodológico de um grupo de educadores que raras vezes contou com o apoio dos grupos dirigentes do estado, que sempre negaram os recursos necessários a sua efetiva execução nas escolas. Esse comportamento do núcleo governante é uma decorrência natural do fato de que as propostas explicitavam uma concepção de organização social e de cidadania, além de uma visão cultural, sobretudo no caso de História, Geografia e Língua Portuguesa, que se chocavam com o modelo hegemônico de acumulação capitalista, à medida que historicizavam o processo de exclusão social, ao mesmo tempo que questionavam as bases da reprodução da força de trabalho e de legitimação da ordem social que tinham e têm no Estado seu principal ponto de apoio.

Do meu ponto de vista, essa contradição entre o grupo de educadores que quer uma escola democrática, portanto, plural, em relação à cidadania e à cultura, e a existência de uma ordem socioeconômica que é tudo, menos democrática, e que para sobreviver precisa da exclusão social de milhões de seres humanos, explica em grande medida as origens da reação dos meios de comunicação impressa, que, em última instância, se comportam como porta-vozes dessa mesma ordem em relação aos conteúdos das propostas curriculares.

No entanto, apesar dos percalços e dos contratempos, a reforma educacional consubstanciada na criação do Ciclo Básico e na nova orientação curricular, ao menos como proposta teórica, trouxe valiosa contribuição na direção da construção de um currículo escolar com foco na transformação social, voltado para a edificação de uma sociedade mais justa, mais inclusiva, que continua a ser a grande utopia educacional, para aqueles que não aceitam ser a escola apenas uma aparelho ideológico do Estado, voltado para a reprodução da injustiça social e que outra escolha não têm a não ser dar vida a essa utopia.

Referêcias bibliográficas

PALMA FILHO, J. C. A reforma curricular da Secretaria da Educação do Estado de São Paulo para o ensino de 1° grau (1983-1987): uma avaliação crítica. São Paulo, 1989. Dissertação (Mestrado) Pontifícia Universidade Católica.

______. As reformas curriculares do ensino público estadual paulista no período de 1960 a 1990: um estudo crítico. São Paulo, 1996. Tese (Doutorado) Pontifícia Universidade Católica.

PEDROSO, L. A. Democracia, política e administração educacional: a proposta Montoro (1978-1984). Campinas, 1991. Tese (Doutorado) – Unicamp.

SÃO PAULO. Secretaria de Estado da Educação/CENP. Projeto IPÊ – Série Ciclo Básico, 6 v., 1984.

______. Secretaria da Educação. Educação em São Paulo: Diretrizes básicas do programa de governo, 1987.

______. Secretaria de Estado da Educação/CENP. A mudança curricular na Secretaria da Educação, 1986a.

______. Secretaria de Estado da Educação/CENP. Proposta Curricular para o Ensino de Língua Portuguesa, Educação Artística, Educação Física, História, Geografia, Matemática, Ciências Naturais e Língua Estrangeira (Inglês e Francês). Versão Preliminar, 1986b.

36

A ontologia do ser social e a educação

Newton Duarte

A expressão "ontologia do ser social" situa o tema proposto para esta mesa no interior de uma vertente dos estudos marxistas, a qual tem como referência principal, ainda que não única, a obra de Georg Lukács (1885-1971). No Brasil há diversos pesquisadores que têm trabalhado nessa direção, como José Paulo Netto, Celso Frederico, Ricardo Antunes e Sérgio Lessa, entre outros. As reflexões que aqui apresentarei são tributárias, em muitos aspectos, dos estudos realizados por esses pesquisadores mas, em decorrência dos inevitáveis limites de tempo de uma apresentação de trabalho em um congresso, terei de omitir as citações e as referências às publicações desses autores.

Em uma abordagem marxista, ou seja, em uma abordagem materialista histórico-dialética, o estudo ontológico do ser social não prescinde do estudo da gênese histórica da especificidade da sociedade perante a natureza. O longo processo evolutivo do ser inorgânico produziu o aparecimento do ser orgânico, isto é, da vida, e, da evolução da vida, surgiu o ser humano como ser social, surgiu a esfera da vida em sociedade, a esfera da sociabilidade. Todo esse processo evolutivo foi marcado por saltos ontológicos. Quando ocorre um salto ontológico surge uma nova esfera do ser. O primeiro salto ontológico foi o da passagem do ser inanimado ao ser vivo e, o segundo, o da passagem do ser biológico ao ser social. Uma ontologia do ser social precisa explicar o que constitui a especificidade do ser social perante os demais seres vivos (Lukács, 1969, p.11-22), o que não significa, porém, que o ser social exista independentemente da natureza. O ser humano é, antes de tudo, um ser vivo e a sociedade só pode existir em permanente intercâmbio com a natureza.

Além da explicação da especificidade do ser social perante o ser natural e o ser inorgânico, uma ontologia marxista do ser social precisa também explicar a especificidade das diversas esferas constitutivas do ser social. Aqui novamente faz-se necessária a análise genética. Ao longo da história do ser social foram surgindo e diferenciando-se, a partir da esfera da vida cotidiana, as esferas da ciência, da arte, da religião, da moral, da política etc. (Lukács, 1966; Heller, 1977; 1984).

No que diz respeito à educação em geral e à educação escolar em particular, um dos desafios postos para uma teoria educacional marxista é o da construção de uma ontologia da educação. Assim, adotando a concepção lukacsiana de que a sociedade é um "complexo composto de complexos" (Lukács, 1969, p.16), a educação só adquire verdadeiro significado como objeto da reflexão ontológica quando analisada como um dos complexos que compõem o ser da sociedade. Todavia, como o ser da sociedade é histórico, a essência ontológica da educação só pode ser apreendida em uma perspectiva historicizadora. Em uma primeira aproximação, portanto, é cabível afirmar-se que uma ontologia da educação busca compreender a essência historicamente constituída do processo de formação dos indivíduos humanos como seres sociais. Não se trata de entender essa essência como existindo *a priori* nem independentemente do processo histórico, das formas concretas de educação em cada sociedade. Trata-se da análise dos processos historicamente concretos de formação dos indivíduos e de como, por meio desses processos, vai definindo-se, no interior da vida social, um campo específico de atividade humana, o campo da atividade educativa.

Essa maneira de conceber o objeto de uma ontologia da educação toca no problema da noção de desenvolvimento histórico do gênero humano, isto é, toca no problema da concepção de história. Muitas vezes, quando é contestada a existência de um processo histórico de desenvolvimento humano, tal contestação apoia-se na ideia de que pensar a história em termos de desenvolvimento é adotar um paradigma evolucionista linear, mecânico e etnocêntrico. Partindo-se dessa identificação, fica realmente bastante fácil comprovar que não existe desenvolvimento; em seguida, a própria noção de história humana é questionada, admitindo-se, quando muito, as histórias das diversas sociedades, dos diversos grupos sociais, das diversas etnias etc. De fato, não é necessário recorrer à ciência ou à filosofia para colocar em dúvida a ideia de que tenha existido, até aqui, um processo linear, homogêneo e de constante progresso do ser humano. A vivência cotidiana da grande maioria dos seres humanos até hoje tem contestado incansavelmente tal concepção.

Entretanto, quando se afirma que o gênero humano tem-se desenvolvido ao longo da história social, isso não implica necessariamente a adoção de uma perspectiva evolucionista linear, homogênea e etnocêntrica. Quando é adotada a perspectiva materialista histórico-dialética, o desenvolvimento da humanidade é analisado como um processo histórico contraditório, heterogêneo, que se realiza por meio das concretas relações sociais de dominação que têm caracterizado a história humana até aqui.

Em sua obra *Estética*, Lukács (1966) abordou o processo histórico de desenvolvimento do gênero humano, sob o prisma do surgimento e da diferenciação, partindo da vida cotidiana, de esferas superiores de objetivação humana, como a ciência e a arte. Lukács considerava esse processo um efetivo e irreversível enriquecimento ontológico do ser humano, o que não significa que desconsiderasse a alienação dos conteúdos historicamente concretos da ciência e da arte. Contudo, o filósofo húngaro distinguia essa alienação resultante de relações sociais historicamente superáveis, do caráter humanizador que essas esferas de objetivação têm para o gênero humano. Ao longo do contraditório e heterogêneo processo histórico, o gênero humano tem-se enriquecido, isto é, tem adquirido forças, faculdades e necessidades qualitativamente superiores, que passam a constituir parte ineliminável do ser da humanidade em seu conjunto, ainda que, em decorrência das relações alienadas, essas novas forças, faculdades e necessidades não se efetivem na vida da maioria dos indivíduos. Em outras palavras, é preciso distinguir, no processo histórico, o que consideramos algo a ser superado com o capitalismo e as relações sociais alienadas, daquilo que, tendo surgido no interior dessas mesmas relações sociais alienadas, entende que deva ser preservado por uma sociedade socialista e elevado a um nível superior de desenvolvimento.

Neste ponto já se tornou evidente que a concepção de ontologia aqui defendida vincula-se necessariamente a um posicionamento axiológico em relação às possibilidades surgidas no processo histórico. Assim, ao analisar ontologicamente o ser da educação, que veio a ser no processo histórico, tenho em vista as possibilidades do vir-a-ser da educação e adoto um posicionamento em relação a quais dessas possibilidades constituem o dever-ser. Como sintetizou Gramsci (1978 p.47):

> A possibilidade não é a realidade, mas é, também ela, uma realidade: que o homem possa ou não fazer determinadas coisa, isto tem importância na valorização daquilo que realmente se faz ... Mas a existência das condições objetivas ou possibilidade, ou liberdade ainda não é suficiente: é necessário "conhecê-las" e saber utilizá-las. Querer utilizá-las.

A elaboração de uma ontologia da educação requer o enfrentamento de um considerável número de questões complexas e polêmicas as quais não poderei aqui sequer listar. Mas com o intuito de apontar a direção na qual penso que devem caminhar aqueles que assumirem tal desafio, retomarei de forma ampliada e com algumas modificações uma análise que fiz há mais de dez anos, atrás de elementos para uma ontologia da educação na obra de Dermeval Saviani (Duarte, 1994). Não seria, porém, contraditório buscar elementos para uma reflexão ontológica sobre a educação justamente na obra de um educador que se destacou pela defesa do caráter essencialmente histórico das relações entre educação e sociedade? Essa contradição existiria se o conceito de ontologia aqui adotado fosse o de uma reflexão filosófica metafísica, idealista, que considerasse a essência das coisas algo independente da realidade social concreta. Mas quando a ontologia é entendida na perspectiva do materialismo histórico e dialético, a essência passa a ser vista como algo que é gerado ao longo do processo histórico e, portanto, algo que só pode ser devidamente compreendido sob uma perspectiva histórica. Uma das características basilares dos trabalhos de Dermeval Saviani é justamente a busca de superação da dualidade entre essência e historicidade, característica essa que fez o pensamento desse educador destacar-se de outras teorias críticas sobre a educação brasileira.

Para que uma teoria marxista da educação possa ser também uma pedagogia marxista, é necessário assumir um posicionamento afirmativo sobre o que significa educar seres humanos hoje. Esse posicionamento, segundo entendo, não pode prescindir de uma reflexão ontológica sobre a educação. Os elementos para uma ontologia da educação na obra de Dermeval Saviani são justamente aqueles em que ele apresenta um posicionamento afirmativo sobre a essência do ato educativo.

Abordarei de início a análise feita por Saviani do processo histórico por meio do qual a educação escolar tornou-se a forma dominante de educação no capitalismo.[1] Meu argumento será o de que essa análise feita por Saviani não se limita ao processo histórico de institucionalização da educação; constitui-se, antes, em uma caracterização do desenvolvimento histórico da especificidade da atividade educativa no interior das atividades fundamentais para a produção e a reprodução do ser social. Em outras palavras, o processo pelo qual a educação escolar tornou-se a forma dominante de educação é, ao mesmo tempo, um processo de desenvolvimento do significado ontológico do trabalho educativo.

No início do processo histórico de humanização do homem pelo trabalho, a educação realizava-se como decorrência imediata da produção material e da apropriação coletiva dos meios de existência humana. Nesse período, anterior à divisão social do trabalho, a produção e a reprodução da vida social se realizava em níveis tão pouco desenvolvidos que não exigia outras formas de educação que não a do simples convívio.

> No princípio, o homem agia sobre a natureza coletivamente e a educação coincidia com o próprio ato de agir e existir, com o trabalho, portanto. O ato de viver era o ato de se formar homem, de se educar (Saviani, 1991b, p.97).

1 Sobre essa questão ver, entre outras passagens, SAVIANI (1991a, p.27-30; 1991b, p.97-105).

Com o surgimento da divisão social do trabalho, no modo de produção escravista, surge a escola, para a classe que não se dedicava à atividade de produção das condições materiais de existência social. Mas a educação escolar nas sociedades antiga e feudal não se constitui em uma atividade da qual dependa a produção e a reprodução material dos seres humanos. Assim, tendo por referência o processo de produção e reprodução material da sociedade, Saviani mostra que a educação escolar permaneceu, naquelas sociedades, como uma forma secundária de educação. A forma dominante da qual dependia a continuidade do processo de produção material da sociedade continuou a ser, nessas sociedades pré-capitalistas, a educação pelo trabalho. Os homens de cujo trabalho dependia a existência dessas sociedades educavam-se diretamente na atividade laboral. Nas palavras de Saviani (1991b, p.98):

> Era trabalhando a terra, garantindo a sua sobrevivência e a dos seus senhores, que eles se educavam. Eles aprendiam a cultivar a terra, cultivando a terra. E esse trabalho fundava determinadas relações entre os homens através das quais eles construíam a cultura e, assim, se instruíam e se formavam como homens. A maioria, portanto, se educava pelo trabalho; só uma minoria tinha acesso à forma escolar de educação. A educação escolar, por sua vez, era uma forma secundária e dependente da não escolar, que era o trabalho.

Aqui precisa ser feita uma importante observação. O fato de a educação escolar ser, nas sociedades pré-capitalistas, uma forma secundária e dependente de educação, não significa que ela não tenha gerado objetivações enriquecedoras do gênero humano. O exemplo da sociedade ateniense clássica fala por si só. As objetivações culturais dessa sociedade não teriam sido produzidas se a divisão social do trabalho não tivesse permitido a existência de uma classe de seres humanos que podia liberar-se do trabalho material. Portanto, insisto que quando Saviani fala em forma secundária de educação está tomando como referência o modo de produção daquela sociedade, e isso não significa necessariamente que as objetivações produzidas por essa forma de educação, naquele momento, sejam secundárias para o processo de desenvolvimento do gênero humano.

A passagem à sociedade capitalista implicou profundas alterações nas relações entre produção material, produção do saber e apropriação do saber. Teve como consequência a passagem da educação escolar à condição de forma socialmente dominante de educação. Citarei agora um trecho um tanto extenso, por entender que nele Saviani (1991a, p.86) sintetiza sua abordagem dessas relações:

> O eixo do processo produtivo deslocou-se do campo para a cidade, da agricultura para a indústria, a qual converteu o saber, de potência espiritual (intelectual) em potência material, isto é, transformou o saber (a ciência) em meio de produção. Assim, a estrutura da sociedade deixa de se fundar em laços naturais para se basear em laços

> propriamente sociais, isto é, produzidos pelos próprios homens. Daí a sociedade contratual baseada no direito positivo e não mais no direito natural ou consuetudinário. Ora, o direito positivo, assim como o saber sistemático, científico, supõem registros escritos, o que faz com que se incorporem à nova estrutura organizacional dessa nova sociedade, centrada na cidade e na indústria, as características da linguagem escrita. Em consequência, o domínio de uma cultura intelectual, cujo componente mais elementar é o alfabeto, se impõe como exigência generalizada de participação ativa na referida sociedade. E a escola é erigida, então, como o instrumento por excelência para viabilizar o acesso a essa cultura. Com efeito, em se tratando de uma cultura que não é produzida de modo espontâneo, natural, mas de forma sistemática e deliberada, requer-se, também, para a sua aquisição, formas deliberadas e sistemáticas. Assim, a sociedade moderna não podia mais se satisfazer com uma educação difusa, assistemática e espontânea, passando a requerer uma educação organizada de forma sistemática e deliberada, isto é, institucionalizada, cuja expressão objetiva já se encontrava em desenvolvimento a partir das formações econômico-sociais anteriores, através da instituição escolar. A escola foi, pois, erigida na forma principal e dominante de educação.

O excerto é suficientemente claro quanto à concepção histórica das relações entre educação escolar e estrutura social. Irei ater-me à análise das implicações dessa concepção para uma reflexão ontológica sobre a educação. Segundo minha interpretação, Saviani analisa aí mais do que o processo de institucionalização da educação. Tal institucionalização significa que a produção e a reprodução do ser da sociedade passam a requerer a existência de um tipo específico de atividade humana, voltado para a formação dos indivíduos. Em outras palavras, a partir do capitalismo, torna-se uma necessidade do ser da sociedade a elevação do processo educativo, do nível de processo educativo em-si ao nível de processo educativo para-si. Tenho consciência de que tal afirmação pode causar alguma estranheza, considerando os muitos estudos já existentes sobre o caráter alienado e alienante da educação escolar na sociedade capitalista, isto é, considerando-se que a escola é parte do processo de reprodução da sociabilidade capitalista. Entretanto, penso que tal estranheza só se justificaria se perdêssemos de vista o caráter contraditório do processo no qual é gerada a necessidade social da educação para-si, ao mesmo tempo que a plena universalização dessa educação conflita com as relações capitalistas de produção. Se, por um lado, o capitalismo inaugura a era em que a educação escolar passa a ser a forma dominante de formação dos seres humanos, ao mesmo tempo isso se dá em um processo histórico concreto no qual as relações sociais de dominação não permitem a plena democratização do acesso ao saber produzido pela humanidade. Saviani (1991b, p.101-2), afirma que essa contradição decorre da própria contradição entre a apropriação privada dos meios de produção e a socialização do trabalho na sociedade capitalista. Da mesma forma que a socialização dos meios de produção não se pode realizar sem a superação do capitalismo, também a plena socialização da apropriação do saber, a plena democratização do saber pela educação escolar se constitui em uma necessidade que foi produzida socialmente no capitalismo, mas não pode se efetivar inteiramente nele. Saviani analisa essa contradição não apenas no plano das relações sociais externas à atividade escolar, mas também no interior das formas concretas dessa atividade, nas quais a efetiva apropriação do saber esbarra, com frequência, na descaracterização da especificidade da prática pedagógica, isto é, na secundarização da transmissão-assimilação do saber.

Assinalado e frisado que a reflexão aqui apresentada não faz abstrações da contraditoriedade do processo histórico na sociedade capitalista, retomo a afirmação de que considero um avanço histórico-ontológico no que diz respeito à formação dos seres humanos o fato de que a educação escolar tenha-se tornado a forma socialmente dominante de educação.

No campo dos estudos críticos sobre a educação e a escola, não faltam aqueles nos quais é feita a identificação entre as condições históricas concretas da gênese da educação escolar, como forma socialmente dominante de educação no capitalismo, com a validade social dessa forma de educação. São estudos nos quais, de maneira mais ou menos explícita, a educação escolar é analisada fundamentalmente sob a ótica de sua função na reprodução da divisão social do trabalho, isto é, das relações de produção capitalistas. Não importa se esses estudos são mais fechados na defesa de que não há muito o que fazer em termos de uma prática pedagógica crítica na escola, ou se eles se mostram mais flexíveis, deixando alguma margem de ação para quem insiste em eleger a atividade pedagógica como seu campo primordial de luta. Na verdade, a limitação desses estudos reside justamente naquilo em que eles pretendem ser mais fortes: em sua concepção de historicidade. Nessa concepção está ausente a noção de processo de desenvolvimento do gênero humano, de processo de humanização. Está ausente a concepção de Marx, de que a humanidade tem-se desenvolvido, tem-se humanizado, por meio das sociedades marcadas pelas relações sociais alienadas. Falta à perspectiva histórica desses estudos a análise da dialética entre humanização e alienação.[2]

Para esclarecer melhor esse raciocínio, tomarei como exemplo a questão do trabalho em Marx. Para alguns pode parecer paradoxal que Marx tenha, ao mesmo tempo, sido um grande crítico da alienação do ser humano pelo trabalho e colocado o trabalho no centro sua concepção do processo histórico de humanização. Nos *Manuscritos econômico-filosóficos* de 1844, Marx (2004) ao mesmo tempo que aponta o grande mérito da *Fenomenologia do espírito* de Hegel, o de ter concebido o trabalho como o princípio gerador do homem, também critica a Hegel por só ter visto o aspecto positivo do trabalho. Mas é justamente nessa obra que Marx, mais do que qualquer de seus predecessores, apresentou uma concep-

2 Sobre a dialética entre humanização e alienação, ver DUARTE (1993), cap. II.

ção do processo histórico do ser humano como um processo no qual o ser humano se humaniza pelo trabalho. Há quem considere essa obra juvenil de Marx ainda muito marcada por uma antropologia filosófica não histórica similar com a antropologia feuerbachiana e eleja a obra *A ideologia alemã* como um marco divisor a partir do qual Marx teria deixado para trás pressupostos filosóficos idealistas e passado a desenvolver cientificamente materialismo histórico. Embora discorde dessa divisão da obra marxiana, afirmo que mesmo estudando-se Marx apenas a partir da ideologia alemã é possível constatar-se a importância da dialética entre humanização e alienação no que se refere ao papel do trabalho na autoconstrução histórica do gênero humano. Na parte d'*A ideologia alemã* voltada para a crítica ao pensamento de Feuerbach, a concepção de história defendida por Marx; Engels (1979) é inteiramente apoiada no pressuposto, explícito, de que é pelo trabalho, isto é, pela produção dos meios de satisfação das necessidades humanas e, de modo simultâneo, pela produção de novas necessidades humanas, que os homens se diferenciam dos animais, o que equivale a dizer que os homens se humanizam pelo trabalho. Mas, nessa mesma obra, Marx e Engels analisaram a divisão social do trabalho como a origem das múltiplas formas de alienação dos seres humanos perante os produtos de sua atividade. Constatação análoga pode ser feita em relação a *O capital*, no qual Marx (1983) analisa a característica necessariamente teleológica da atividade de trabalho, apontando esse aspecto como diferenciador da atividade humana em relação à atividade animal. E na mesma obra Marx mostra que a mais-valia é a fonte da produção do lucro, o que equivale a mostrar que a essência da relação entre capital e trabalho reside na desapropriação do trabalhador de parte do produto gerado por seu trabalho.

Isso tudo significaria que Marx se contradizia ao afirmar o caráter humanizante e, ao mesmo tempo, o caráter alienante do trabalho? Sem pretender partir do pressuposto de que Marx fosse um pensador isento de incoerências, entendo que não há nenhuma incoerência nessas suas proposições sobre o trabalho. Minha leitura é justamente a de que Marx considerava o trabalho, como atividade de objetivação do ser humano, um componente ineliminável da vida social, parte necessária da humanização do ser humano. Entretanto, na época definida por Marx (1982, p.26), como a "pré-história da sociedade humana", isto é, todo o grande período histórico que continua, até hoje, marcado pela luta de classes, pela propriedade privada e pela divisão social do trabalho, portanto, na "pré-história" o trabalho vem produzindo a universalidade da riqueza humana à custa da exploração da grande maioria dos indivíduos. Mas isso não impedia Marx de ver as características ontológicas do trabalho como o fundamento da humanização do gênero humano. A perspectiva da superação do capitalismo tem como um de seus valores principais a superação das relações historicamente alienadas que têm feito do trabalho uma atividade alienante, mas isso não implica a eliminação do trabalho como atividade especificamente humana, atividade objetivadora do ser do homem.

Esse exemplo, da concepção de trabalho em Marx, esclarece aonde quero chegar com a defesa da necessidade de uma reflexão ontológica sobre a educação. O ponto central é o de que a verdadeira perspectiva historicizadora é aquela na qual a riqueza e a profundidade da análise das características concretas de certo fenômeno em um dado contexto social não se efetivem em detrimento da reflexão sobre o sentido que esse fenômeno tem no interior do processo histórico maior. Marx via o capitalismo como uma etapa do processo de vir-a-ser histórico do ser humano. Só com a compreensão da perspectiva maior que Marx tinha desse vir-a-ser é que se torna compreensível sua atitude de dupla crítica: por um lado, ao caráter desumano das relações capitalistas de produção e, por outro, às concepções românticas que preconizavam serem as sociedades pré-capitalistas mais humanas. Não se trata que Marx não visse o caráter profundamente desumano, para os indivíduos, da dissolução, na maior parte das vezes à força, dos laços comunitários pré-capitalistas. O capítulo de *O capital* sobre a acumulação primitiva (Marx, 1984, p.261-94) é bastante ilustrativo da consciência que Marx tinha da desumanidade desse processo. Mas nem por isso Marx deixava de ver a função humanizadora do capitalismo no interior do processo histórico humano maior, como está explicitado na seguinte passagem dos *Grundrisse*:

> Indivíduos universalmente desenvolvidos, cujas relações sociais enquanto relações próprias e coletivas estão submetidas a seu próprio controle coletivo, não são um produto da natureza, mas sim da história. O grau e a universalidade do desenvolvimento das faculdades, nas quais se faz possível esta individualidade, pressupõem precisamente a produção sobre a base do valor de troca que cria, primeiramente, ao mesmo tempo que a universalidade da alienação do indivíduo frente a si mesmo e aos demais, a universalidade e a multilateralidade de suas relações e de suas habilidades. Em estágios de desenvolvimento precedentes, o indivíduo se apresenta com maior plenitude precisamente porque não elaborou ainda a plenitude de suas relações e não as pôs frente a si mesmo como potências e relações autônomas. É tão ridículo sentir nostalgia daquela plenitude primitiva como crer que é preciso deter-se nesse esvaziamento completo. (Marx, 1987, p.89-90)

Assim, o desafio a ser enfrentado por qualquer concepção crítica da educação que pretenda constituir-se em uma Pedagogia reside justamente em manter-se crítica ao mesmo tempo que apresente uma proposta afirmativa sobre a formação dos seres humanos hoje.

Essa questão já remete à segunda contribuição para uma ontologia da educação que selecionei da obra de Dermeval Saviani. Trata-se de sua definição de trabalho educativo. Analisarei essa definição relacionando-a com uma questão crucial para a construção de uma pedagogia fundamentada na concepção de homem em Marx, que é a da superação do histórico movimento pendular do pensamento pedagógico ora para a perspectiva das pedagogias da essência, ora para a das pedagogias da existência (Suchodolski, 1984), com ampla predominância destas no pensamento pedagógico ao longo de todo o século XX.

Vejamos então como Saviani (1991b, p.21) define o trabalho educativo:

> O trabalho educativo é o ato de produzir, direta e intencionalmente, em cada indivíduo singular, a humanidade que é produzida histórica e coletivamente pelo conjunto dos homens. Assim, o objeto da educação diz respeito, de um lado, à identificação dos elementos culturais que precisam ser assimilados pelos indivíduos da espécie humana para que eles se tornem humanos e, de outro lado e concomitantemente, à descoberta das formas mais adequadas de atingir esse objetivo.

Essa definição é a melhor expressão do que afirmei ser uma característica da obra de Saviani, isto é, a busca de superação do dualismo entre ontologia e historicidade. Isso porque vejo essa definição de trabalho educativo como uma definição ontológica que resulta de uma análise histórica e, ao mesmo tempo, dirige a análises das formas históricas concretas de educação, uma vez que sintetiza a essência, historicamente constituída, do processo de educação dos seres humanos.

Analisemos mais de perto alguns aspectos dessa definição. O que o trabalho educativo produz? Ele produz, em indivíduos singulares, a humanidade, isto é, o trabalho educativo alcança sua finalidade quando cada indivíduo singular se apropria da humanidade produzida histórica e coletivamente, quando o indivíduo se apropria dos elementos culturais necessários à sua formação como ser humano, necessários à sua humanização. Portanto, a referência fundamental é justamente o quanto o gênero humano conseguiu se desenvolver ao longo do processo histórico de sua objetivação. Está implícita a essa definição a dialética entre objetivação e apropriação, que constitui o núcleo fundamental da concepção de Marx do processo histórico de humanização (Duarte, 2000, p.116-28).

As "forças essenciais humanas", para usar uma expressão de Marx, resultam da atividade social objetivadora dos homens. São, portanto, forças essenciais objetivadas. Assim, não há uma essência humana independente da atividade histórica dos seres humanos, da mesma forma que a humanidade não está imediatamente dada nos indivíduos singulares. Essa humanidade, que vem sendo produzida histórica e coletivamente pelo conjunto dos homens, precisa ser mais uma vez produzida em cada indivíduo singular. Trata-se de produzir nos indivíduos algo que já foi produzido historicamente.

Note-se que Saviani explicita a necessidade de identificação dos elementos culturais necessários à humanização do indivíduo. Existe aí um duplo posicionamento do trabalho educativo, ou seja, do educador. O trabalho educativo posiciona-se em relação à cultura humana, em relação às objetivações produzidas historicamente. Esse posicionamento, por sua vez, requer também um posicionamento sobre o processo de formação dos indivíduos, sobre o que seja a humanização dos indivíduos. Parece-me claro que a questão da historicidade não está ausente de nenhum desses dois posicionamentos. Afinal, uma concepção historicizadora da cultura humana não se posiciona sobre aquilo que considera as conquistas mais significativas e duradouras para a humanidade? Igualmente, uma concepção historicizadora da individualidade humana não estabelece como referência maior possibilidades socialmente existente de vida humana, para fazer a crítica às condições concretas da vida dos indivíduos e estabelecer diretrizes para o processo educativo desses indivíduos?

Essa definição ontológica do trabalho educativo, que tem como referência o processo de humanização do gênero humano e dos indivíduos, aponta na direção da superação do conflito entre as pedagogias da essência e as pedagogias da existência. Cabe ao pedagogo e filósofo polonês Bogdan Suchodolski (1984) o mérito de ter caracterizado esse conflito como o centro das disputas históricas entre as várias concepções de educação, de formação dos seres humanos. Saviani (1989), incorporando a contribuição do pedagogo polonês, analisou o conflito entre a pedagogia tradicional e a pedagogia nova em termos da passagem de um pensamento pedagógico centrado na ideia dos seres humanos como essencialmente iguais para um pensamento pedagógico centrado nas particularidades da existência de cada indivíduo. Segundo Saviani, essa inflexão no pensamento pedagógico burguês ocorreu em consonância com a mudança do papel histórico da burguesia que, de classe revolucionária em luta com o regime feudal passou à condição de classe consolidada no poder em luta contra a classe trabalhadora. Registro de passagem um tema que não poderei desenvolver no âmbito deste texto, qual seja, o de que considero a emergência e ampla difusão da pedagogia escolanovista e todas as suas variantes ao longo do século XX uma expressão, no campo educacional, de fenômeno mais amplo caracterizado por Lukács (1992) como a decadência ideológica do pensamento burguês após as revoluções de 1848. Um exemplo de uma análise nessa direção é o livro no qual Alessandra Arce (2002) aborda o pensamento de Froebel e de Pestalozzi como antecipações do caráter ideologicamente antirrevolucionário que marcaria as pedagogias burguesas na segunda metade do século XIX e com mais força ainda ao longo de todo o século XX.

Meu objetivo aqui não é, porém, o de entrar nos detalhes dessa análise histórica, mas sim verificar quais as implicações de conceito de trabalho educativo de Saviani para a construção de uma Pedagogia que vá além das Pedagogias da Essência e das Pedagogias da Existência.

O conflito entre as Pedagogias da Essência e as Pedagogias da Existência, traduzido de forma esquemática, é um conflito entre educar guiado por um ideal abstrato de ser humano, por uma essência humana não histórica e educar para a realização dos objetivos imanentes à existência individual. Em outra oportunidade, analisei esse tema sob a ótica do conceito de alienação entendido como distanciamento e conflito entre as forças essenciais humanas que têm sido objetivadas em níveis cada vez mais elevados e as condições concretas da existência da maioria dos indivíduos humanos (Duarte, 1993, p.203-8).

O conceito de trabalho educativo de Saviani situa-se em uma perspectiva que supera a opção entre a essência humana abstrata e a existência empírica. A essência abstrata é recusada à medida que a humanidade, as forças essenciais humanas, são concebidas como cultura humana objetiva e socialmente existente, como produto da atividade histórica dos seres humanos. Produzir nos indivíduos singulares "a humanidade que é produzida histórica e coletivamente pelo conjunto dos homens", significa, produzir a apropriação, pelos indivíduos, das forças essenciais humanas objetivadas historicamente. Esse conceito de trabalho educativo também supera a concepção de educação guiada pela existência empírica, uma vez que a referência tomada por Saviani é a da formação do indivíduo como membro da espécie humana. Deixando aqui de lado a distinção que faço entre o conceito de espécie humana e o de gênero humano, entendo que Saviani, ao adotar a referência da formação do indivíduo como membro da espécie humana (ou gênero humano), está estabelecendo como um dos valores fundamentais da educação o do desenvolvimento do indivíduo para além dos limites impostos pela divisão social do trabalho. E isso está explícito em suas críticas à pedagogia escolanovista, em especial ao fato de esta, em nome da democracia e do respeito às diferenças individuais, acabar por legitimar desigualdades resultantes das relações sociais alienadas.

Também o desenvolvimento histórico da humanidade mostra-se como a referência de Saviani (1991b, p.61-8) quando ele argumenta que uma educação escolar comprometida com a classe trabalhadora concentrar-se-ia naquilo que é o núcleo clássico da escola, ou seja, a transmissão-assimilação do conhecimento objetivo e universal. Àqueles que identificam o conceito de conhecimento objetivo e universal com a neutralidade e o anti-historicismo positivistas, Saviani responde que se trata exatamente do contrário, isto é, apenas uma concepção histórico-dialética que trabalhe com as categorias de totalidade, contradição e historicidade pode superar a identificação positivista entre objetividade e neutralidade e superar também a concepção metafísica de universalidade substituindo-a pela noção de que a universalidade, do conhecimento constitui-se em produto histórico da totalidade da práxis social humana. A propósito da complexa dialética entre o contexto específico no qual é gerado determinado produto cultural e a validade universal que esse produto pode vir a adquirir, vale a pena citar aqui uma passagem de Bakhtin, na qual este argumenta que as circunstâncias sociais, ideológicas e da personalidade de Dostoiévski influenciaram na construção artística dos romances desse escritor, mas que suas obras trouxeram para a literatura uma contribuição artística que em muito ultrapassou os limites circunstanciais da vida daquele romancista:

> As contradições extremamente exacerbadas do jovem capitalismo russo, o desdobramento de Dostoiévski enquanto indivíduo social e sua incapacidade pessoal de adotar determinada solução ideológica, tomados em si mesmos, são algo negativo e historicamente transitório, mas, não obstante, constituíram as condições ideais pra a criação do romance polifônico, "daquela inaudita liberdade de vozes na polifonia de Dostoievski" que é, sem qualquer sombra de dúvida, um passo adiante na evolução do romance russo e europeu. A época com suas contradições concretas e a personalidade biológica e social de Dostoiévski com sua epilepsia e sua dicotomia ideológica há muito se incorporaram ao passado, mas o novo princípio estrutural da polifonia, descoberto nessas condições, conserva e conservará a sua importância artística em condições inteiramente diversas das épocas posteriores. As grandes descobertas do gênio humano só são possíveis em condições determinadas de épocas determinadas, mas elas nunca se extinguem nem se desvalorizam juntamente com as épocas que as geraram. (Bakhtin, 1997, p.36)

Essa análise feita por Bakhtin pode ser aplicada a todos os campos do conhecimento humano e pode ser tomada como base para uma pedagogia que valorize o ensino, na escola, daqueles conhecimentos que se tenham tornado patrimônio universal da humanidade. Em vez disso, porém, vários educadores preferem usar o conceito estético de polifonia para defender uma educação relativista que tem como resultado o esvaziamento dos conteúdos escolares e a banalização da ideia de cultura.

Voltando ao conceito de trabalho educativo proposto por Saviani, um último aspecto que pretendo comentar é a ideia de que o trabalho educativo é uma produção direta e intencional. Decorre desse aspecto a afirmação de que, concomitantemente com o posicionamento perante os elementos da cultura humana historicamente acumulada, é necessária a descoberta das formas mais adequadas de atingir o objetivo de produção do humano no indivíduo.

Em vários outros momentos de sua obra, Saviani demonstra apoiar-se na análise ontológica feita por Marx em *O capital*, da natureza essencialmente teleológica do processo de trabalho. Assim, Saviani não poderia deixar de definir o trabalho educativo como uma atividade intencionalmente dirigida por fins. Daí o trabalho educativo diferenciar-se de formas espontâneas de educação, ocorridas em outras atividades, também dirigidas por fins, mas que não são os de produzir a humanidade no indivíduo. Quando isso ocorre, nessas atividades, trata-se de um resultado indireto e não intencional. Portanto, a produção no ato educativo é direta em dois sentidos. Em primeiro lugar, trata-se de uma relação direta entre educador e educando e, em segundo lugar, o resultado direto do trabalho educativo deve ser a humanização do indivíduo.

Há um acento de valor positivo nessa definição do trabalho educativo como produção intencional. Claramente Saviani assume considerar um desenvolvimento do ser humano o fato de que a formação dos indivíduos seja elevada ao plano de um processo dirigido de modo intencional. Esse aspecto por si só mereceria outra discussão de grande importância para uma ontologia da educação, pois remete à discussão sobre o conceito de liberdade em uma pedagogia marxista. Apenas deixarei assinalado que vejo nesse ponto uma decisiva confluência entre as ideias pedagógicas defendidas por Saviani e a psicologia sócio-histórica de Vigotski, Leontiev, Luria e outros. Essa escola da psicologia soviética desenvolveu muitos trabalhos teóricos e práticos orientados justamente pelo princípio de que cabe ao processo educativo dirigir o desenvolvimento psíquico do indivíduo, e não caminhar a reboque de um desenvolvimento espontâneo e natural (Duarte, 2000; 2003; Facci, 2004).

Para concluir, assinalo que poderia ter optado por trabalhar neste texto as relações entre a ontologia do ser social e a educação por meio da abordagem de outros temas, por exemplo, o do lugar da educação escolar no interior das distintas esferas de objetivação do gênero humano, tomando como referência não só a obra de Lukács mas também a de Agnes Heller. Esse é para mim um tema apaixonante, o qual abordei de maneira inicial em trabalhos anteriores (Duarte, 1993; 1996). Mas optei por fazer neste texto outro percurso analítico por considerar que ainda são ainda poucas e bastante tímidas as tentativas de aproximação entre estudiosos da obra lukacsiana e educadores voltados para a construção de uma pedagogia marxista. Espero que este texto seja um incentivo para a intensificação desse diálogo.

Referências bibliográficas

ARCE, Alessandra. *A pedagogia na "Era das Revoluções"*: uma análise do pensamento de Pestalozzi e Froebel. Campinas: Autores Associados, 2002.

BAKHTIN, Mikhail. *Problemas da poética de Dostoiévski*. Rio de Janeiro: Forense Universitária, 1997.

DUARTE, Newton. *A individualidade para-si:* contribuição a uma teoria histórico-social da formação do indivíduo. Campinas: Autores Associados, 1993.

__________. *Elementos para uma ontologia da educação na obra de Demerval Saviani*. In: SILVA JR., Celestino Alves da (Org.). *Dermeval Saviani e a educação brasileira*. Cortez: São Paulo, p.29-49, 1994.

__________. *Educação escolar, teoria do cotidiano e a escola de Vigotski*. Campinas: Autores Associados, 1996.

__________. *Vigotski e o "aprender a aprender":* crítica às apropriações neoliberais e pós-modernas da teoria vigotskiana. Campinas: Autores Associados, 2000.

__________. *Sociedade do conhecimento ou sociedade das ilusões*: quatro ensaios crítico-dialéticos em filosofia da educação. Campinas: Autores Associados, 2003.

FACCI, Marilda G. D. *Valorização ou esvaziamento do trabalho do professor?* Um estudo crítico-comparativo do construtivismo, da teoria do professor reflexivo e da psicologia vigotskiana. Campinas: Autores Associados, 2004.

GRAMSCI, Antonio. *Concepção dialética da História*. 2.ed. Rio de Janeiro: Civilização Brasileira, 1978

HELLER, Agnes. *Sociologia de la vida cotidiana*. Barcelona: Península, 1977.

__________. *Everyday Life*. Londres, Inglaterra: Routledge & Kegan Paul, 1984.

LUKÁCS, Georg. *Estetica – la Peculiaridad de lo Estetico*. (4 v.) Barcelona: Grijalbo, 1966.

__________. *Conversando com Lukács*. Rio de Janeiro: Paz e Terra. 1969.

__________. A decadência ideológica e as condições gerais da pesquisa científica. In: NETTO, José Paulo (Org.). *Lukács – Sociologia*. Coleção Grandes Cientistas Sociais. São Paulo: Ática, p.109-31, 1992.

MARX, Karl.; ENGELS, Friederich. *A ideologia alemã*. São Paulo: Ciências Humanas, 1979.

__________. *Para a crítica da economia política*. São Paulo: Abril Cultural, 1982.

__________. *O capital*, v.I, livro primeiro, t.1. São Paulo: Abril Cultural, 1983.

__________. *O capital*, v.I, livro primeiro, t.2. São Paulo: Abril Cultural. 1984.

__________. *Elementos fundamentales para la crítica de la economia política* (Grundrisse), 14.ed. v.1, México: Siglo Veintiuno, 1987.

SAVIANI, Dermeval. *Escola e democracia*. 21.ed. São Paulo: Cortez e Autores Associados, 1989.

__________. *Educação e questões da atualidade*. São Paulo: Livros do Tatu e Cortez, 1991a.

__________. *Pedagogia histórico-crítica:* primeiras aproximações. 2.ed. São Paulo: Cortez e Autores Associados, 1991b.

SUCHODOLSKI, Bogdan. *A Pedagogia e as Grandes Correntes Filosóficas*, Lisboa: Livros Horizonte, 3.ed, 1984.

37

Ontologia do ser social e educação – buscando desvelar o fetiche da prática escolar nas reformas educativas atuais

João dos Reis Silva Jr.

A prática social vista na cotidianidade dos seres humanos, em geral, apresenta-se de forma mais clara numa metrópole, como São Paulo, ou de forma mais circunscrita, em grandes centros metropolitanos como a Avenida Paulista. Aparenta-se tal qual uma "segunda natureza" e de forma autônoma em relação à própria natureza. Suas características mais relevantes em referência à nossa afirmação são sua natureza: fragmentada, heterogênea e exigente quanto à resposta ao problema mais prosaico, como atravessá-la, em face dos muitos faróis, do tempo determinado para o que se quer fazer, carros em velocidade, outdoors dispersando-nos a apreensão da realidade; tal visão aparente e fenomênica nos impede uma reflexão, e nossa prática é orientada pelo automatismo cognitivo. Isso nos permite concluir que a contradição entre o público e privado e outras relações estampadas neste décor, como na arquitetura, nas casas tombadas como patrimônio histórico, pode nos contar a história da entrada do capital industrial e seu processo de amalgamento com o capital financeiro (diferentes tempos históricos com formas de reprodução social contrapondo-se de forma simultânea).

Por outro lado, as grandes sedes de bancos internacionais, esses antropomorfizados em ícones do capital financeiro centralizado e hegemônico na conjuntura atual. Nossa prática nessa "segunda natureza", como vemos a reprodução social neste exemplo, estabelece-se no plano aparente e superficial, e nossas metas são a utilidade, especialmente, quando não relacionamos a degradação social com a distribuição de renda, e nem a relacionamos com o que olhamos, e corremos atrás do dia de amanhã, sem saber a razão. Uma vida construída no eterno presente de símbolos e signos, impedindo-nos fugir dessa superficialidade que se estende cada vez mais.

A heterogeneidade, a fragmentação e a impossibilidade do estabelecimento de nexos entre os fenômenos que estão presentes em nossas práticas cotidianas e a necessidade de dar respostas imediatas às demandas postas pela objetividade social nos impedem de assumir como critério de nossas ações a verdade histórica. Em lugar dela colocamos a verdade pragmática. Os sujeitos tendem, assim, a reproduzir somente as relações sociais de dominação ao se apropriarem da objetividade social e ao objetivarem suas metas estabelecidas momentaneamente. Nosso entendimento da reprodução social, com base em Lukács é contrário a este.

Se nos ativermos somente a entender a reprodução social, como a reprodução das relações de dominação, jamais poderemos ver alguma possibilidade de o ser social orientar suas práticas contraditórias em relação à sua formação na direção do gênero humano, em vez de em-si alienado. Isso nos impõe a necessidade de melhor compreendermos a prática social, para, em seguida, a olharmos e a investigarmos na especificidade da instituição escolar, ou mesmo fazer nossa leitura específica do que procuramos ilustrar com um exemplo que se realiza diariamente. Por isso recorremos à Grande ontologi*a*..., de Lukács, e sua teoria sobre o trabalho simples como protoforma ser social e consequentemente como modelo da prática social no âmbito da reprodução social.[1] Assim é imprescindível apresentar a formulação de Lukács sobre as relações entre trabalho e prática social.

> Deste modo é enunciada a categoria ontológica central do trabalho [e da prática social]: através dele realiza-se, no âmbito do ser material, uma posição teleológica que dá origem a uma nova objetividade. Assim, o trabalho se torna o modelo de toda práxis social, na qual, de todo modo – mesmo que através de mediações às vezes muito complexas – sempre são transformadas em realidade posições teleológicas [metas postas pelo ser humano na sua consciência permeada pela objetividade social], em termos que, em última análise, são materiais. É claro, ... que não se deve ser esquemático e exagerar este caráter paradigmático do trabalho em relação ao agir humano em sociedade; mas assim mesmo, ressalvadas as diferenças, que são muito importantes, *veremos que há uma essencial afinidade ontológica [existencial] e esta brota do fato de que o trabalho pode servir de modelo para compreender as outras posições socioteleológicas,*

1 Reiteramos que nosso objetivo é o de trazer os elementos dessa teoria para o entendimento da instituição escolar como espaço mediador entre a esfera da cotidianidade e a *esfera da não cotidianidade,* tendo na prática social seu móvel fundamental de mediação. Por isso, tais práticas podem impor necessidades relacionadas à esfera da não cotidianidade à consciência do indivíduo. Isso poderia impulsionar o indivíduo a práticas sociais e escolares em níveis superiores, nos quais ele tende, ou não, a relacionar suas ações na cotidianidade com o desenvolvimento do gênero humano, conforme o trabalho educativo desenvolvido (cf. Duarte, 2001a).

exatamente porque, quanto ao ser [humano], ele é a forma originária. O fato simples de que no trabalho uma posição teleológica é uma experiência elementar da vida cotidiana de todos os homens, tornando-se isto um componente ineliminável de qualquer pensamento; desde os discursos cotidianos até a economia e a filosofia. Nesta altura a questão não é tomar partido pró ou contra o caráter teleológico, antes, o verdadeiro problema consiste em submeter a um exame ontológico autenticamente crítico a generalização quase ilimitada – e novamente: desde a cotidianidade até o mito, a religião e a filosofia – deste fato elementar. (Lukács, 1981, p.6-7, grifos nossos)

Lukács acentua a unicidade do trabalho humano e sua condição de modelo para toda prática social pela existência do pôr teleológico, isto é, um momento no qual a consciência humana põe uma finalidade a ser realizada por meio do trabalho ou de uma prática, a partir do conhecimento que possui dos nexos causais dos objetos na natureza e a partir do conhecimento que adquiriu da sequência causal na objetividade social, que é dotada de automovimento e de legalidade ontológicos próprios. Dessa forma, a posição teleológica é um momento da realidade material, em um processo homogêneo, de dois momentos heterogêneos (nexos causais dos objetos e a legalidade da objetividade social, de um lado; de outro, a posição teleológica, em contínuo movimento de mediações categoriais), que não são dissociáveis no trabalho ou na prática.

Assim, esse momento, o da prévia ideação, já tem, na consciência, a subjetivação da objetividade social, o que faz da subjetividade uma característica humana social e mediada. Em acréscimo, é imprescindível argumentar que, no momento da objetivação da prática social ou do trabalho, a apropriação objetivada existe em razão do gnosiológico na prévia ideação. Por outro lado, ela é nesse processo de objetivação dialeticamente negada, quando, então, a consciência nesse itinerário altera-se ontologicamente, produzindo movimentos para formação do indivíduo. A apropriação, portanto, é, antes de tudo, um momento histórico da formação social do indivíduo, ainda que neste momento na forma de potência. Em acréscimo, não pode encontrar-se dissociada da objetivação na prática social de formação do ser humano, especialmente na prática escolar, considerando os complexos com identidade próprias que dão especificidade à escola: o institucional, a organização e a sua cultura.

Assim, para poder realizar o fim posto pela consciência, produzindo, por meio do trabalho ou de sua prática, um novo existente na materialidade da objetividade social ou escolar, o homem precisa conhecer, com o grau de precisão possível, a trama da objetividade, na qual se produz seu objeto e o fato social ou escolar que será transformado por sua ação. Isso lhe impõe um entendimento (exige-lhe o conhecimento acumulado pela humanidade) do ser objetivo e objeto de seu trabalho no plano da consciência. Novamente, aqui, revela-se a importância do gnosiológico. Há, dessa maneira, na sua consciência, a busca dos meios para a realização dos fins no momento da prévia ideação. Tal momento consiste em um processo gnosiológico, quando o ser objeto do trabalho ou da prática social e escolar, por esse processo, torna-se um não ser no plano da consciência, instaura uma nova objetividade nesse mesmo plano, que, agora, transforma-se consciência potenciada (produto da apropriação) para a realização do fim posto por ela mesma (a objetivação). Donde se pode concluir o caráter imprescindível do momento gnosiológico na prática social e na prática educativa.

A prática social e escolar, ainda que na cotidianidade apresentem-se fragmentadas, heterogênea e realizadas por indivíduos em-si alienados, que dão respostas imediatas às demandas postas pela objetividade social e escolar (o que impossibilita a articulação dos nexos dos fenômenos que se põe nessas objetividades: uma mais geral e a outra com a especificidade escolar), e ainda que os valores que orientam as alternativas da escolha do modo de fazer o que fora escolhido para ser feito tendam a ser orientados pela aparência dos fatos, isto é, pelos fenômenos, o que põe a utilidade como o eixo central dos critérios de escolha, donde se pode depreender, como a cotidianidade possibilita o predomínio do *psicologismo, do neopragmatismo e do cognitivismo*, em lugar do gnosiológico articulado com a história. No caso da prática educativa, sua teleologia deveria ser a negação da cotidianidade assim vista e o lugar para a formação do indivíduo para-si em lugar do indivíduo em-si alienado. Nesta linha de argumentação, as práticas educativas de todos os atores da escola deve ser fazer da escola um lugar da não cotidianidade, dada a tensão presente em todas as práticas do em-si alienado e o para-si.

Nesse momento, é potência o desenvolvimento ulterior do conhecimento e da sociabilidade humanos (complexificação social orientada pelo valor de uso), bem como a eventual mudança da objetividade sobre a qual incidirá a objetivação decorrente da prévia ideação. Porém, tão somente, potência. O que implica afirmar, desde logo, que potência pode vir a ser ou pode não vir a ser. Não realizado o fim posto, a apropriação reduz-se ao plano da consciência e não possibilita a complexificação da sociabilidade humana e menos ainda da objetividade social, podendo aumentar o saber do indivíduo sobre aquele objeto da sua prática. Quando refletimos sobre posições teleológicas de ordem superior,[2] no plano da reprodução social, o processo torna-se mais complexo. No entanto, essa complexificação permite produzir análises sobre o caráter da prática social de forma a verificar

2 Lukács considera *posições teleológicas de ordem superior* aquelas que são postas pelo indivíduo por ação de outras práticas sociais produzidas por esferas específicas da totalidade social, como a política. Posto que do trabalho o ser humano complexifica sua sociabilidade e faz o mesmo com a objetividade social, ele se torna cada vez mais social e as práticas das diversas esferas tornam-se cada vez mais coletivas, cooperativas e sociais. Isso impõe práticas específicas para o estabelecimento de posições teleológicas comuns a um grupo social para atingir determinada meta. Tais posições teleológicas são de ordem historicamente superiores às que se desenvolviam no trabalho simples no início do estágio societal ou mesmo no momento em que o homem ainda não se diferenciava da natureza.

se é realmente formativa e integral, ou se se reduz ao instrumental e cognitivista, realizado somente no plano da consciência.

Nesse momento, já se enuncia a impossibilidade da Razão Pura (destituída da objetividade social). A consciência torna-se possibilidade de realização de um novo existente, bem como de transformação do ser humano. Contudo, sem a realização objetiva da potência produzida pelas determinações reflexivas a que alude Lukács, não se dão as mudanças acima referidas, nem na objetividade, menos ainda na existência do sujeito. O reflexo da objetividade na consciência humana, produzindo uma nova objetividade nesse plano, deve-se à possibilidade, no caso humano, de o homem ser e ao mesmo tempo ser na consciência, por meio do processo gnosiológico ou das determinações reflexivas, por meio do campo gnosiológico, o que faz da consciência não um epifenômeno, como nos animais, mas realidade e história subjetivada por meio do reflexo da objetividade social ou da natureza e a ela incorporada por meio de apropriações realizadas por práticas que produziram um novo existente na objetividade social. O que acabamos de afirmar é imprescindível para, novamente afirmar o gnosiológico, dar a materialidade ao inteligente jusnaturalismo e empirismo de Locke, mas, sobretudo, para mostrar, no plano filosófico, a importância da instituição e das práticas escolares. Do que se pode depreender a importância que joga o gnosiológico na formação do indivíduo para-si. Afirma Lukács:

> para aclarar bem essa estrutura de fundo que surge a partir do trabalho, [devemos examinar] o fato de que no reflexo da realidade como premissa da presença de fim e meio no trabalho se realiza uma separação, um afastamento do homem do seu ambiente, uma tomada de distância que se manifesta claramente no confrontamento mútuo entre sujeito e objeto. No reflexo da realidade a reprodução se destaca da realidade produzida, coagulando-se numa "realidade" própria da consciência. Pusemos entre aspas a palavra realidade, porque, na consciência, ela é apenas reproduzida; nasce uma nova forma de objetividade, mas não uma realidade, e – exatamente em sentido ontológico – não é possível que a reprodução seja da mesma natureza daquilo que ela reproduz e muito menos idêntica a ela. Pelo contrário, no plano ontológico o ser social se subdivide em dois momentos heterogêneos, que do ponto de vista do ser não só estão defronte um ao outro como coisas heterogêneas, mas são até mesmo opostas: *o ser e o ser na consciência*. (Lukács, 1981, p.24-5, grifos nossos)

Sobre a relação entre gnosiologia e ontologia, o autor esclarece:

> Natureza e trabalho [objetividade e trabalho], meio e fim chegam, deste modo, a algo que é em si homogêneo: o processo de trabalho [e a prática social] e, no fim, o produto do trabalho [ou da prática social]. No entanto, a superação das heterogeneidades mediante a unitariedade e a homogeneidade do pôr tem limites bem precisos. Não nos referimos, porém, àquela situação óbvia já esclarecida, na qual a homogeneização implica o reconhecimento correto dos nexos causais da realidade. Se houver

erro a respeito deles no processo de busca, sequer se pode chegar a ser – em sentido ontológico – postos; eles continuam a operar de modo natural e a posição teleológica se suprime por si mesma, uma vez que, não sendo realizável, se reduz a um fato da consciência devido à impotência diante da natureza [ou da objetividade social]. Aqui se toca com a mão a diferença entre pôr em sentido ontológico e gnosiológico. (Lukács, 1981, p.14-5)

Aqui, o pensador húngaro procura alertar para a impossibilidade da ontologia do ser social somente no plano da consciência, uma vez que não há transformação na natureza, e, menos ainda, na objetividade social. Portanto, todo o movimento reduziu-se a atos da consciência. Há, portanto, uma aproximação da apropriação da realidade uma intensificação do conhecimento no plano do gnosiológico e uma inexistência de objetivação, não se caracterizando, assim, uma prática social ou um trabalho humano no sentido ontológico. Dito de outra forma, Lukács insiste na impossibilidade da existência de uma prática social tão somente no plano gnosiológico, ainda que dele jamais a prática possa prescindir, pois ela somente tem sentido em sua relação com a objetividade. Esta, por sua vez, por meio do trabalho e da prática humanos, torna-se, cada vez mais, uma objetividade social, distanciando-se, pois, da natureza, ainda que o homem jamais possa suprimi-la de seu ser e do contexto social onde vive.

Ao mesmo tempo, a prática social, acentuando a legalidade dos fatos sociais e de suas relações e afirmando a esfera da reprodução social, ainda que fundada no trabalho, nunca mais a ele poderá ser reduzida, em face do próprio movimento da história.

O pensador húngaro insiste que uma possível práxis teórica sem relação orgânica com a objetividade social ou a natureza não muda a racionalidade do processo histórico, nem da organização social em que vive o homem.[3] Assim, é impotente para a transformação humana do ponto vista das categorias sociais que o formam, bem como para a legalidade dos movimentos sociais, do que decorre que se objetivação não se realiza com sucesso a apropriação no sentido ontológico sequer chegou a existir. Isto é, não se operam nem transformações sociais, menos ainda a complexificação da sociabilidade humana ou a formação social do indivíduo. No entanto, o gnosiológico se intensifica na direção do telus daquela prática. Aqui, novamente reiteramos a importância da especificidade da instituição escolar diante das demais instituições sociais.

A objetivação é o momento do trabalho e da prática social em que a teleologia e nela a apropriação tornam-se causalidade posta pelo indivíduo. Isto é, a causa-

3 Aqui parece-nos existir o embrião de uma crítica a uma psicologia instrumental e adaptativa, que ainda que considere o alto e complexo grau da teoria, não põe o social como um elemento fundamental da formação do ser humano.

lidade com identidade e legalidade próprias, no âmbito da objetividade social, é transmutada por meio da prática social. A objetivação é a articulação da teleologia com a materialidade da objetividade social. Em nosso caso, a objetivação é o momento da prática escolar em que sua teleologia transmuta a objetividade social da escola e, portanto, a sociabilidade dos atores institucionais escolares. "Nesse sentido, no interior do trabalho [e da prática social e escolar] a objetivação efetiva a síntese, entre teleologia e causalidade, que funda o ser social [na condição de causalidade posta]" (Lessa, 1997, p.55).

A causalidade posta é a teleologia realizada por meio da ação humana num contexto social determinado, que se põe como o horizonte de possibilidades para a prática. No caso da prática escolar, o institucional, a organização e a cultura da escola são os principais eixos que constituem tal horizonte de possibilidades. No momento atual, por meio das reformas, o governo quer alterar o institucional para, de forma contraditória, colocar a escola a reboque das transformações do capitalismo nos últimos trinta anos.

Para o autor, o trabalho e a práxis social individual ou global, em sua relação direta ou indireta com a natureza e a sociedade, são as únicas referências para uma teoria da formação social do indivíduo, do indivíduo em-si alienado ou do indivíduo para-si.

Por outro lado, a existência do ser social jamais poderia completar-se sem a apreensão dos meios para a realização dos fins, o que implica afirmar a importância dos processos gnosiológicos, ainda que tais processos tenham que ter como referência as formas de existência objetiva e subjetiva.

No entanto, a prévia ideação, ainda em potência coagulada com os processos de apropriação-objetivação, produz no plano da consciência uma tensão e uma objetividade entre a busca dos meios e o fim posto. Cabe ao homem, com sua consciência, na condição de possibilidade para a realização do fim, a escolha do modo da objetivação de tal potência. Ele terá de escolher, partindo das alternativas contidas no horizonte de possibilidades criado pela objetividade social organizada pela racionalidade presente e pela natureza, aquela que promoverá a objetivação da prévia ideação, construída pelas apropriações, por meio do trabalho ou da prática social.

A escolha de uma alternativa entre várias existentes na natureza ou na objetividade social impõe ao homem a necessidade de complexo de juízos de valor. Justamente aqui, no que é específico à instituição escolar, que os conflitos e contradições põem-se em face das diferentes temporalidades históricas, plasmadas em relações sociais presentes no espaço escolar. Disso deriva também uma distribuição de poder que difere daquela preconizada pela organização com origens no ordenamento jurídico educacional, que consiste no espaço orientador de normas para a escola com origem no institucional. Isso implica dizer que as culturas organizativas têm sua origem em processos dessa natureza, o que autores de extração multicultural não explicam e suas análises da escola, portanto, aproximam-se da multiculturalidade e do pragmatismo.[4] Assim, se nos apropriarmos de autores de tal corrente para o entendimento da escola, tal movimento nos faria incorrer num relativismo no qual tudo seria válido e verdadeiro, instaurando o predomínio absoluto do útil, do pragmático e, sobretudo, do irracionalismo.

Acrescentaríamos nós que, para intelectuais dessa esfera, o que importa é, de fato, adaptar-se à organização social e produzir, por meio das práticas sociais, num contexto de multiculturalidade aparente, uma convenção para explorar de forma instrumental a objetividade social ou escolar sem procurar compreendê-la. Importa, como diz Moraes (2001), ao criticar a filosofia de Rorty, mais a convenção social ou escolar produzida pelo consenso estabelecido pela linguagem em seu sentido lato para aproveitar-se da realidade social e da natureza, do que o conhecimento e a verdade históricos. O bom aproveitamento da realidade na sociedade, no trabalho ou na escola passa a ser medido pelo sucesso alcançado, especialmente pelo trabalhador na sociedade em geral, na instituição escolar e no mercado de trabalho, em particular. Se for isso, as reformas educacionais que se orientam pela noção de competências e pelas pedagogias do aprender a aprender (cf. Duarte, 2001) são coerentes com seus propósitos políticos ancorados no pragmatismo (cf. Moraes, 2001)

Analisar a sociedade ou a escola dessa forma assemelha-se a analisar a correria da avenida Paulista, onde sobressaem-se robôs vestidos com terno, programados e adaptados para aquele eterno presente, prontos para se tornarem esquizofrênicos.

Como se põe tal crítica para a escola? Qual é o saber válido segundo as relações sociais realizadas na escola? Como se socializa o currículo sem entrarmos no mérito da sua produção? Pensamos que a reflexão dos autores que admitem a multiculturalidade na sociedade e na escola, tal como em nosso exemplo, nos ajuda a imergir no campo empírico por meio do impacto que causa, quando se entra numa escola na cidade de São Paulo na zona leste ou nos Jardins. A heterogeneidade e as diferenças são de tal monta que o impacto nos imobiliza na condição de professores. No entanto, tal como no exemplo, vamos descobrindo os nexos entre o que se assiste e produzindo as várias mediações até chegar na sede dos grandes bancos, o símbolo da concentração e fusão de megacapitais e do poder econômico. Também nas aproximações sobre o cotidiano escolar esse movimento pode ser produzido.

---

4 Nos primeiros estágios da humanidade, os valores estão ligados à utilidade do objeto produzido; em estágios mais avançados, há uma complexificação das possibilidades, que implica uma complexificação da base valorativa, que se apresenta, então, como ideologia, como uma visão de mundo, como em Gramsci, como cultura.

É interessante tomar nosso exemplo como início para nossa análise, posto que as sedes dos grande bancos internacionais produzia robôs adaptados vestidos com ternos e caminhando sobre um asfalto preto sob uma temperatura aproximada de 30° C, certamente, de pouca longevidade para qualquer fim, especialmente para o trabalho. Assim as grandes corporações atuais pretendem transformar o homem em força de trabalho para qualquer tipo de trabalho em qualquer lugar e sob seu domínio. Por outro lado, se o exemplo mostra a rebelião de alguns robôs, lembramos nós que os seres humanos em geral em sua prática social, carregam em si, em sua formação histórico-social, a contradição entre sua condição humana e a negação dela no processo de socialização, incluindo, aí, os processos de socialização por meio da forma escolar produzida na modernidade.

Autores nominados ou autonominados multiculturalistas nos mostram e ao mesmo tempo nos escondem muito do que queremos desvelar com nossas pesquisas atuais e na formação do professor, pois, até certo ponto, afirmam como veraz a cotidianidade como vista, analisada, e criticada por Heller por predominar a produção do ser-em-si alienado, e nos seduz por meio da multiculturalidade, tal qual uma pseudodemocracia cultural. Algo como fazermos um passeio de poucos dias por San Francisco/CA, sem jamais levar em consideração o Vale do Silício. Se pararmos aí, tudo estará legitimado. Porém, se apanharmos o que tais intelectuais nos indicam na primeira cena da vida cotidiana na escola tal qual eles nos propõem, e irmos além, estabelecendo os nexos entre os fenômenos que observamos na sala de aula no que se refere à socialização do saber escolarizado, das metodologias, do currículo, dos processos de ensino-aprendizagem, da gestão, buscando entendê-los segundo a prática escolar, conseguiremos desvelar como os mecanismos do institucional ali se põem por meio da organização formal e como pela mediação da cultura escolar – entendida tal qual propõe Lefebvre: como materialidade da densidade histórica ou condensação de várias temporalidades históricas numa simultânea prática –, estabeleceremos uma compreensão mais aproximada e concreta da história na vida cotidiana, da história escolar na vida cotidiana da escola.

Nesse mesmo movimento, é possível fazer a crítica do processo de reformas orientado pelo pragmatismo, sob o sedutor figurino do pós-modernismo, bem como da socialização do saber sob a forma do império do cognitivismo adaptador desse estágio de degradação humana. Tal movimento possibilitará também verificar até onde a teoria de multiculturalista chega e onde ela para e produz um resultado que ilude, ao esconder o que se encontra para lá da superficialidade extensiva na escola com objetivo da formação do professor.

Na linha de argumentação de Moraes (2001), o conhecimento orientado pela existência humana cede lugar à instrumentalização pelo social naturalizado, por meio das convenções, que orientam a existência humana. Parece, que, de fato, a ciência tornou-se meio de produção, e, nesse movimento, foi predominante em transformar o paradigma do político, colocando-o em seu centro a racionalidade científica e instrumental, do que derivaria os critérios convencionados no âmbito da reprodução social da vida humana, colocando o "relativismo rortyano"[5] na condição de grande síntese do momento histórico porque passamos e que orienta as reformas educacionais que se fazem em profusão pelo mundo afora nos anos oitenta, e, no Brasil, nos dois governos de Fernando Henrique Cardoso e no de Luiz Inácio Lula da Silva, tal procedimento nos parece adequado e capaz de desvelar a estetização do pragmatismo com o objetivo de seduzir os educadores.

Referências bibliográficas

DUARTE, N. *A individualidade para-si:* contribuição a uma teoria histórico-social do indivíduo. Campinas: Autores Associados, 1993.

_______. Formação profissional e reforma do Ensino Técnico no Brasil: anos 90. Campinas: *Educação & Sociedade*, n.59, 1997.

_______. Mudanças em sistemas estaduais de ensino em face das reformas no Ensino Médio e no Ensino Técnico. Campinas: *Educação & Sociedade*, n.70, 2000.

_______. *Educação escolar, teoria do cotidiano e a escola de Vigotski.* Campinas: Autores Associados, 2001a.

_______. *Vigotski e o "aprender a aprender":* crítica às apropriações neoliberais e pós-modernas da teoria vigotskiana. Campinas: Autores Associados, 2001b.

FERRETTI, C. J.; SILVA JR., J. dos R. Educação profissional numa sociedade sem emprego. *Revista Portuguesa de Educação*. Braga: Universidade do Minho, v.13, n.1, p.111-40, 2000.

_______ et al. *Trabalho, formação e currículo:* para onde vaiu a escola? São Paulo: Xamã, 1999.

_______ et al. Escola e fábrica: vozes de trabalhadores em uma indústria de ponta. *Cadernos de Pesquisa*. São Paulo/Campinas: Fundação Carlos Chagas/Autores Associados, n.118, p.155-88, 2003.

---

5 Os pragmatistas limitam-se a oferecer respostas tão vagas e imprecisas porque o que eles esperam não é que o futuro conforme-se a um plano, ou satisfaça uma teleologia imanente, mas sim que o futuro nos surpreenda e nos estimule. Assim como os fãs da vanguarda vão às galerias de arte na esperança de serem surpreendidos, e não de terem alguma de suas expectativas satisfeitas, essa divindade antropomórfica celebrada por James, e mais tarde por A. N. Whitehead e Charles Harsthorne, espera ser supreendida e encantada pelo produto mais recente da evolução, tanto biológica quanto cultural. Pedir a um pragmatista seu projeto de futuro equivale a pedir a Whitman para esboçar o que encontraremos ao final de sua ilimitável perspectiva democrática. A perspectiva, e não o ponto final, é o que importa (Rorty, 2000, p.28.).

GONZÁLEZ, J. L. C.; SILVA JR., J. dos R. *Formação e trabalho:* uma abordagem ontológica da sociabilidade. São Paulo: Xamã, 2001.

HELLER, A. *Sociologia de la vida cotidiana.* Barcelona: Ediciones Península, 1977.

LEFEBVRE, H. Perspectivas da sociologia rural. In: MARTINS, J. de S. *Introdução crítica à sociologia rural.* São Paulo: Hucitec, 1981.

LESSA, S. *Trabalho e ser social.* Alagoas: Edufal e UFC Edições, 1997.

LUKÁCS, G. Per una ontologia dell'essere sociale. Roma: Riuniti, 1981.

_______. Prolegomini all'ontologia dell' essere sociale. Milão: Guerini e Associati, 1990.

MARX, K. *Manuscritos económicos-filosóficos.* Lisboa: Edições 70, 1989.

ORTEGA, E. M. V. O ensino médio público e o acesso ao ensino superior. São Paulo: *Estudos em avaliação educacional.* Fundação Carlos Chagas, n.23, p.153-76, jan./jun. 2001.

MORAES, M. C. M. de. Ceticismo epistemológico, ironia complacente: até onde vai o neopragmatismo de Rorty? *Educação nas Ciências,* p.157-89, Ijuí: Editora Unijui, jan./jun. 2001.

NETTO, J. P. Para a crítica da vida cotidiana. In: NETTO, J. P.; CARVALHO, M. do C. B de. *Conhecimento e cotidiano.* São Paulo: Cortez, 1987.

OLIVEIRA, F. Privatização do público, destituição da fala e anulação da política: o totalitarismo neoliberal. In: OLIVEIRA, F.; PAOLI, M. C. *Os sentidos da democracia:* políticas do dissenso e hegemonia global. Petrópolis: Vozes/ Fapesp, 1999.

PEREIRA, L. *A escola metropolitana numa sociedade de classes.* São Paulo: Pioneira, 1967.

RORTY, R. Verdade sem correspondência com a realidade. In: MAGRO, C., PEREIRA, A. M. (Orgs.). *Pragmatismo:* a filosofia da criação e da mudança. Belo Horizonte: Editora da UFMG, 2000.

ROSSLER, J. H. *Sedução e modismo na educação:* processos de alienação na difusão do ideário construtivista. Araraquara, 2003. Tese (Doutorado) UNESP.

SGUISSARDI, V.; SILVA JR., João dos Reis. *Novas faces da educação superior no Brasil:* reforma do estado e mudanças na produção. São Paulo: Cortez, 2001.

SILVA JR., J. dos R. *A formação da Universidade Metodista de Piracicaba:* um estudo histórico sobre administração universitária. São Paulo, 1992. Tese (Doutorado) Pontifícia Universidade Católica.

_______. Qualidade total em educação: ideologia administrativa e impossibilidade teórica. *Revista Portuguesa de Educação*. Braga: Universidade do Minho, v.8, n.2, p.15-36, 1995.

_______. Desigualdades sociais, reformas educacionais e a formação do novo homem. In: SGUISSARDI, V. (Org.). *Educação superior:* velhos e novos desafios. São Paulo: Xamã, 2000.

_______. Reformas educacionais, reconversão produtiva e a constituição do novo sujeito. In: FRIGOTTO, G., GENTILI, P. *A cidadania negada:* políticas de exclusão na educação e no trabalho. 2.ed. São Paulo/Buenos Aires: Cortez/Clacso, 2001.

_______. Mudanças estruturais no capitalismo e a política educacional do Governo FHC: o caso do ensino médio, *Educação e Sociedade*, v.23, n. 80, p.203-234, 2002.

_______. Reforma da educação superior: a produção da ciência engajada ao mercado e de um novo pacto social. In: DOURADO, L. F. et al. *Políticas e gestão da educação superior:* transformações recentes e debates atuais. São Paulo: Xamã, 2003a.

_______. Reforma educacional para o ensino médio no Brasil nos anos noventa: instrumentalidade, adaptação e consenso. *Revista Portuguesa de Educação.* Braga/PT, v.16, n.1, p.3-36, 2003b.

_______. *Reforma do estado e da educação no Brasil de FHC.* São Paulo: Xamã, 2003c.

_______; SGUISSARDI, V. Reforma da Educação Superior no Brasil: renúncia do Estado e privatização do público. *Revista Portuguesa de Educação*. Braga: Universidade do Minho, v.13, n.2, p.81-110, 2000.

38

Ontologia do ser social e educação

José Luís Vieira de Almeida

Introdução

Como o enfoque apresentado neste texto não é usual na área da educação, faz-se necessário mostrar as diferenças entre uma abordagem epistemológica e uma ontológica. A epistemologia tem por base a relação entre o sujeito cognoscente e o objeto a ser conhecido. Já a ontologia está fundada no *ser* que, em primeiro lugar vive e, vivendo, conhece. Outra diferença fundamental entre essas duas abordagens é o caráter abstrato do conhecimento e o caráter concreto do ser. Em outros termos, para conhecer, é necessário separar o objeto a ser conhecido do todo no qual ele está inserido, portanto, realiza-se uma abstração, separa-se a parte do todo, ou seja, para conhecer é necessário abstrair. O ser, ao contrário do conhecimento, exprime a totalidade e, por isso, é concreto. Dessa forma, não se podem separar partes do ser, pois isso implicaria sua destruição.

A ontologia (estudo do ser) desenvolveu-se no pensamento ocidental, sobretudo, na Idade Média, porque naquele período a expressão máxima do ser era Deus.

Na ontologia do ser social, cunhada por Marx e desenvolvida por Lukács, o ser é, necessariamente, social e, portanto, histórico e coletivo. Cabe lembrar que os atributos social e coletivo não suprimem a singularidade, ao contrário, a evidenciam. Isso ocorre porque, por exemplo, o par dialético de coletivo é não coletivo, ou seja, singular. Em outras palavras, ao evidenciar-se o caráter coletivo do ser social, evidencia-se também sua singularidade. É preciso esclarecer que singularidade não é o mesmo que individualidade, visto que esta última é uma categoria desenvolvida pela ideologia burguesa, dessa forma, não pode ser vinculada à *ontologia do ser social.*

No âmbito da educação, mais precisamente nas práticas educativas escolares, a relação ontológica, fundada na ontologia do ser social, estabelece-se entre dois ou mais seres sociais que buscam ensinar ou aprender. Em uma relação ontológica, eles não podem ensinar e aprender ao mesmo tempo, porque nessa perspectiva a tensão dialética, vital na ontologia do ser social, não pode desenvolver-se. Assim, para essa ontologia, o professor ensina e o aluno aprende.

As práticas educativas são, geralmente, compreendidas a partir de referenciais epistemológicos. Por isso, este trabalho propõe o entendimento dessas práticas por meio da ontologia do ser social.

Antes de iniciar a discussão, é necessário esclarecer que, para Marx, a epistemologia, a ontologia e a lógica têm igual peso, ou seja, uma não é mais importante ou mais fundamental que as outras. Por isso, o que se pretende neste texto é, somente, destacar o caráter ontológico da relação educativa, sem, por isso, minimizar a importância da lógica e da epistemologia.

A categoria principal da abordagem ontológica da educação, especialmente a escolar, baseada na ontologia do ser social é a mediação. Apesar de esta ser própria da ontologia do ser social, nas discussões que ocorrem no Brasil sobre as práticas educativas, ela não assume esse caráter, ao contrário, a mediação, normalmente, é compreendida como uma ponte entre o professor e o conhecimento, feita para facilitar a aprendizagem. Por isso, é necessário, primeiro, apresentar os fundamentos da mediação para depois tratar da prática educativa.

A mediação

O uso do vocábulo mediação tem sido frequente entre os investigadores do campo da educação, tanto no Brasil quanto na América Latina, e essa frequência é diretamente proporcional à imprecisão dos sentidos que ele assume. A palavra mediação pode referir-se ao termo médio de uma relação entre elementos equidistantes, ou à ligação entre dois termos distintos, ou ainda à passagem de um termo a outro. Ela pode também dizer respeito à harmonização de conflitos entre interesses opostos (antagônicos ou não). Fala-se, por exemplo, no papel do professor como mediador da relação entre o ensino e a aprendizagem, ou do caráter mediador presente na ligação que se estabelece entre o conhecimento sistematizado pelas ciências e aquele que o aluno desenvolve no seu cotidiano. Assim, atribui-se à mediação o dever ou a possibilidade de eliminar ou minimizar a diferença entre os termos *ensino* e *aprendizagem*, entre *conhecimento sistemático* e *experiência cotidiana* e entre o *professor* e seus *alunos*. Entendida dessa forma, a *mediação* tem o sentido de união, de unificação, de igualdade e, sobretudo, é compreendida como resultado, como produto de uma relação entre dois elementos opostos (antagônicos ou não) que, por meio dela, podem ser homogeneizados.

Quando se compreende a mediação como um produto, a necessária relação entre dois termos se reduz à soma de ambos, o que resulta em sua anulação mútua, levando-os ao equilíbrio. Essa ideia, bastante difundida no campo educacional, concebe a mediação como o resultado da aproximação entre dois termos que, ainda que distintos no início, quando totalmente separados, tendem a igualar-se à medida que se aproximam um do outro. Tal concepção, apesar de, aparentemente, contribuir para o entendimento do processo educativo, está distante daquela desenvolvida na filosofia.

A mediação é uma categoria filosófica que alcança seu pleno desenvolvimento em Hegel; logo, ela é dialética e não pode ser entendida fora da perspectiva desse método de análise. Cabe então advertir que a mediação não pode ser considerada como um produto, pois essa noção não tem lugar na dialética; ela aceita apenas a ideia de processo, que se pauta nas noções de *força* e de *movimento.*

O movimento, além de ser contínuo, não apresenta limites, começo ou fim, o que de modo algum o faz desorganizado: ele se organiza pela negação recíproca estabelecida entre os elementos implicados na relação. Esse negar mútuo não permite que a mediação, quando entendida como uma relação dialética, compreenda ideias que têm por base a igualdade, a homogeneidade, a aproximação ou o equilíbrio; ao contrário, ela tem por referência a diferença, a heterogeneidade, a repulsão e o desequilíbrio. O movimento e a negatividade da mediação só adquirem sentido na perspectiva da superação, outra categoria da lógica dialética. Assim, o movimento que não admita a negatividade não se compromete em superar a contradição inerente a ele.

Na lógica dialética, o movimento, a contradição e sua superação, constituintes da mediação, não podem ser entendidos de modo linear, o que os faria cumulativos. Esses três elementos devem ser concebidos numa perspectiva circular espiral: no círculo aberto o começo e o fim coincidem, mas essa coincidência não os torna idênticos, pois ambos se negam mutuamente. Dessa forma, todo começo prenuncia o fim por meio de sua negação e todo fim, também pela via da negação, remete ao seu começo e a um novo começo: "o círculo é um *círculo de círculos*" Hegel, apud Lukács (1979, p.70-1), nele todo fim implica retorno ao começo, engendrando o começo de um novo membro. A negação recíproca entre o começo e o fim permite a superação de ambos no novo começo, portanto, se a relação entre esses dois termos não fosse pautada na negatividade, o círculo permaneceria fechado e o movimento se limitaria à repetição.

Quando se compreende o movimento e a negatividade dialeticamente, a mediação não pode ser pensada como a soma de vetores que se anulam mutuamente, criando, ao mesmo tempo, um ponto de equilíbrio.

Foi necessário tratar da circularidade e de sua importância nas formulações da dialética de Hegel e de Marx antes de discutir a mediação para demonstrar, também, que não se pode estabelecer uma hierarquia entre os termos passíveis de *mediação.*

Em Hegel, a mediação refere-se à relação entre o imediato e o mediato:

> Todo conhecimento real deve passar por três momentos: o do imediato ou do universal abstrato, depois o de sua negação, que é reflexão, *mediação* e o da totalidade concreta, do universal concreto, isto é, do resultado que conserva e contém nele o momento da negação, da reflexão, da *medição.* Garaudy (1983, 28)

A mediação é, portanto, uma força negativa que une o imediato ao mediato e, por isso, também os separa e os distingue. Embora permita a passagem de um termo a outro, ela não é apenas uma "ponte" entre os dois polos, ela é um dos elementos da relação responsável por viabilizá-la. A mediação permite, pela negação, que o imediato seja superado no mediato sem que o primeiro seja anulado ou suprimido pelo segundo; ao contrário, o imediato está presente no mediato e este está presente naquele, então ela é a responsável pela reflexão recíproca de um termo no outro. O mediato não supera o imediato, quem o faz é a mediação. Assim, a força inerente à superação não se manifesta nos polos da relação, o imediato e o mediato, ela é uma propriedade da mediação.

A mediação não se restringe a uma relação pautada na negação e no reflexo, ela é, sobretudo, o modo pelo qual se realiza a superação:

> a "superação" no devir não é aniquilamento, mas metamorfose. O que é destruído é a imediaticidade primitiva, na passagem a uma outra coisa ou a um outro estado, no devir mais simples já se exprime a primeira forma de mediação, da ligação entre os seres aí. A superação é a passagem da presença imediata à mediação que pode tomar as mais diversas formas. Se empregarmos metáforas espaciais ou temporais, diríamos que um objeto pode, por exemplo, definir-se pela mediação de outros objetos com os quais está em relação ou ainda, na duração, passagem do ser a seu outro, ou do passado ao presente, não é supressão pura e simples, mas superação que é ao mesmo tempo negação e integração. (Garaudy, 1983, p.121-2)

Conforme Garaudy, a superação do imediato ocorre na mediação; o mediato é, então, o estado que dela resulta. A superação se viabiliza só quando coisas ou estados distintos estabelecem relações entre si, mas elas devem ser de mediação, que é uma relação qualitativa fundada na força e caracterizada pela negatividade e pelo reflexo. Quando se trata da superação, se deve ter claro que ela sempre se refere a uma contradição. Por isso, se a superação ocorre na mediação, a contradição também se manifesta nela. Assim, não se pode buscá-las (a contradição e a superação) nas coisas, mas nas relações de mediação que elas (as coisas) mantêm entre si.

A passagem de uma coisa a outra ou de um estado a outro por meio da superação não suprime a coisa ou o estado superados, ao contrário, os integra a aqueles que os superaram. Eles não são suprimidos porque também contribuem no processo de superação. A mediação na qual ocorre a superação não é unilateral nem excludente, busca a totalidade e, assim, combate a unilateralidade da parte sem excluí-la do todo e, ao mesmo tempo, sem diluí-la nele.

Até aqui, a mediação foi discutida como superação do imediato no mediato. O acento nessa lógica permite o entendimento das categorias do método dialético que fundamentam a mediação: o movimento e a negatividade, a "circularidade" e a totalidade, a contradição e a superação. Cabe agora discutir qual é a sua dinâmica e como ela ocorre.

A mediação é um atributo exclusivo do ser humano, compreendido aqui como *ser social*, pois somente o *ser* humano pode ascender ao plano do mediato e, assim, estabelecer relações de mediação com a natureza e com os outros homens. Os outros animais e vegetais vivem na natureza, mas não se relacionam com ela, não a compreendem nem a transformam. Seu contato com os outros seres vivos obedece aos seus instintos de sobrevivência. Para Meszáros, a mediação do homem com a natureza e com os outros homens se configura como automediação:

> A relação entre o homem e a natureza é 'automediadora' num duplo sentido. Primeiro, porque é a natureza que propicia a mediação entre si mesma e o homem; segundo, porque a própria atividade mediadora é apenas um atributo do homem, localizado numa parte específica da natureza. Assim, na atividade produtiva, sob o primeiro desses dois aspectos ontológicos a natureza faz a mediação entre si mesma e a natureza; e, sob o segundo aspecto ontológico – em virtude do fato de ser a atividade produtiva inerentemente social – o homem faz a mediação entre si mesmo e os demais homens. Meszáros (1981, p.77-8)

A automediação, de acordo com essa formulação, não exclui o homem da natureza, mas o distingue dela. Ele está localizado numa parte específica da natureza. Essa condição permite ao homem interferir nela. Nesse sentido, a natureza autotransforma-se, na medida em que o homem, agente da transformação, está inserido nela. É a natureza quem propicia a mediação entre ela mesma e o homem, em primeiro lugar, porque o homem é também natureza e, em segundo lugar, porque ela oferece as condições para que o ser humano a modifique. Por exemplo, a terra pode ser cultivada, o curso dos rios pode ser alterado e os diamantes podem ser lapidados. Este é o primeiro dos sentidos da automediação destacados por Meszáros (1981); o segundo diz respeito à mediação entre o homem e os outros homens, que só se realiza por meio da atividade produtiva, compreendida como a maneira pela qual o ser humano transforma a natureza. Como os homens não se separam da natureza, as relações entre eles não podem desenvolver-se fora dela.

Na automediação se enfatiza o caráter ontológico da mediação e, por isso, para compreendê-la adequadamente, é necessário que se aprofunde o exame da mediação com base na contradição. Para Marx, ela não está presente apenas quando da passagem de um estado a outro nos momentos de ruptura, como ocorre com Hegel; ao contrário, a contradição se desenvolve no processo normal:

> Por exemplo, é uma contradição que um corpo tenda constantemente para outro e dele se afaste com igual constância. 'A elipse é uma das formas de movimento na qual essa contradição se realiza e, ao mesmo tempo, se resolve'. Nessa concepção a contraditoriedade se apresenta como motor permanente da relação dinâmica entre complexos, entre processos que surgem de tais relações. (Marx, apud Lukács, 1979b, p.21-2)

A contradição está presente no movimento normal e é a responsável pelo caráter reflexivo dessas relações próprias dele: na relação em que não há contradição, não pode haver reflexo. Como todo reflexo só se estabelece por intermédio da mediação, pode-se afirmar que a contradição se manifesta na mediação, portanto toda mediação é contraditória, mesmo quando se trata do processo normal, em que não há superação de um estado por outro, como, por exemplo, nas relações que se estabelecem entre o ser humano e a natureza. A contradição pode ocorrer no movimento normal, de acordo com a concepção de momento predominante, desenvolvida por Marx.

No momento predominante, os dois elementos de uma relação reflexiva, contraditórios entre si, podem manifestar-se sem que, necessariamente, um deles seja superado pelo outro. Ambos convivem no desequilíbrio, de tal sorte que um sobrepuja o outro, mas isso não é permanente, se altera, permitindo que o antes dominado passe a dominar a relação. Essa segunda situação deve também inverter-se, resultando novamente na primeira. Assim, a contradição se "realiza e se resolve". Ela não é excluída ou minimizada, mas, se torna permanente, não implicando nem equilíbrio entre os termos, nem superação definitiva de um pelo outro. No entanto, quando há contradição, sempre há possibilidade de superação. O momento predominante não dilui a contradição e, inversamente, afirma sua existência, pois tem como fundamento a mediação. É somente por meio dela que se pode admitir a passagem recíproca de um termo a outro da relação, sem que o equilíbrio ou a superação sejam uma consequência.

Professor mediador do conhecimento? Professor mediador e "facilitador" da aprendizagem?

Como se verificou, a mediação é fundamental na razão dialética desde Hegel. Essa afirmação também é verdadeira quando se trata das atividades educativas, desde que compreendidas dialeticamente. Todavia, é comum entre os educadores brasileiros afirmar-se que eles são os mediadores do conhecimento, ou mediadores da aprendizagem, ou ainda da relação ensino–aprendizagem. Nessas afirmações há pelo menos dois problemas: o primeiro e principal é que a *mediação* só pode ser desenvolvida por pessoas, por seres humanos. Ela pode desenvolver-se pela da ação do professor ou do aluno (seres humanos), mas não pode realizar-se por meio do conhecimento ou pela aprendizagem. O segundo problema é que, se coubesse ao educador mediar a relação, ele deveria estar presente em seus dois polos, ou, ao contrário, adotando-se a ideia de que a mediação é apenas uma "ponte", o educador não poderia estar presente na relação, permaneceria entre os seus termos para permitir a ligação de ambos. Em uma concepção dialética da mediação, essas duas situações não são possíveis, pois o mediar exige dois termos opostos, por exemplo, o ensino oposto ao não ensino (aprendizagem) ou, em outros termos, o educador oposto ao não educador (educando).

Outra ideia bastante difundida no campo da educação é a de que o educador seria o "facilitador" da aprendizagem. Mas, quando se pensa na mediação fundada na dialética, deve-se considerar que ela requer a superação do imediato no mediato. Assim, é provável que o educador "dificulte" a aprendizagem do educando, pois o educador precisa fazer com que o educando supere a compreensão imediata assumindo outra que seja mediata.

Cabe esclarecer que o imediato não é mais pobre nem inferior ao mediato, portanto, o mediato não é mais rico, melhor ou superior ao imediato; eles são estados distintos e opostos (não antagônicos) entre si. Dessa forma, as relações entre o ensino e a aprendizagem e entre o educando e o educador não podem ser hierárquicas, nem de dominação por um lado ou de subordinação por outro. Elas devem ter por base o esforço de mediação que não é nem automática nem espontânea. O que ocorre nas relações de mediação é o *momento predominante* que se verifica quando um polo se sobressai em relação ao outro. Por isso, na relação educando-educador em um momento predomina a expressão do educador, no outro a do educando. Cabe principalmente ao primeiro propiciar a expressão do segundo por meio da mediação. É preciso assinalar que, nessa concepção de mediação, o educando e o educador serão, sempre, opostos (não antagônicos) entre si. Como são opostos, não há harmonia entre eles e, assim, não se pode esperar que desse confronto resulte um estado de equilíbrio. O esforço do educador, que está no plano do mediato, é o de trazer o educando para esse plano. Por outro lado, o educando, que, quase sempre, está confortável no imediato, tenta trazer o professor para este campo. Esse jogo de forças, no qual ora os conflitos são velados ora são explícitos, é que possibilita a mediação.

Desse modo, os educadores que insistem na valoração das experiências cotidianas dos alunos e estimulam sua reprodução, em nome do aumento das possibilidades da ocorrência de mediações, acabam por eliminar a dialeticidade da relação entre o imediato e o mediato, produzindo, assim, o efeito inverso, ou seja, dificultando ou impedindo o desenvolvimento de mediações.

Para ensinar, o educador não pode ignorar o cotidiano dos estudantes, pois o ensino torna-se efetivo somente pela contraposição do conhecimento que ele pretende veicular aos elementos desse cotidiano. No entanto, o educador não pode apropriar-se das vivências cotidianas dos educandos, pois ele não é, e jamais poderá ser, como um deles. O educador deve empenhar-se por estabelecer as diferenças entre o conhecimento a ser difundido e as experiências cotidianas dos estudantes: quando enfatiza as diferenças entre os dois termos, o educador aborda as relações entre eles. Por outro lado, o educando aprende quando relaciona, por meio da oposição, suas experiências cotidianas com os tópicos relativos ao conhecimento já sistematizado pela humanidade que lhe é ensinado pelo educador. Esse conhecimento modifica sua vida cotidiana, mas não a suprime, ao contrário, a fortalece, na medida em que permite que ela seja pensada e, dessa forma, articulada às experiências que a humanidade vem sistematizando no decorrer da história. Quanto maior essa articulação, maiores são as possibilidades de mediação entre os dois polos.

Conclusão

Neste texto se discutiu o fundamento ontológico da educação, sobretudo a escolar, com base na ontologia do ser social, por meio da categoria mediação. A adoção dessa perspectiva teórica é possível porque a mediação é uma categoria de análise capaz tanto de explicar quanto de apresentar alternativas metodológicas para as práticas educativas, especialmente quando se trata da atuação do professor em sua relação com o aluno.

Espera-se que este texto tenha mostrado as possibilidades da educação escolar no sentido de oferecer respostas às questões e aos dilemas, muitos deles falsos, como por exemplo o "professor mediador" e o "professor facilitador", que hoje se apresentam aos educadores brasileiros. Com base na proposta metodológica nele expressa, pode-se também desenvolver a crítica a outras pedagogias contemporâneas, como "aprender a aprender", o "professor reflexivo", a "pedagogia das competências" e o "construtivismo".

Referências bibliográficas

GARAUDY, R. *Para conhecer o pensamento de Hegel.* Trad. Suely Bastos. Porto Alegre: L&PM, 1983.

LUKÁCS, G. *Ontologia do ser social:* os princípios ontológicos fundamentais de Marx. Trad. Carlos Nelson Coutinho. São Paulo: Ciências Humanas, 1979.

______. La categoria da particularidad. In: ______. *Estestica I.* Trad. Manuel Sacristán. Espanha: Grijalbo, 1982.

MESZÁROS, I. *Marx:* a teoria da alienação. Trad. Waltensir Dutra. Rio de Janeiro: Zahar, 1981.

39

Narrativas, estágio supervisionado e formação inicial de professores

Elizeu Clementino de Souza

Este texto nasce das interlocuções construídas no Seminário temático "Contribuições de Narrativas para a Formação de Professores", no âmbito do VIII Congresso Estadual Paulista sobre Formação de Educadores, ao tratar de especificidades concernentes às narrativas como práticas de formação e suas relações possíveis com o estágio supervisionado e a formação inicial de professores. Tomo como referência para organização deste texto a exposição oral apresentada no Seminário Temático e dois outros trabalhos (Souza, 2004; 2005), que sistematizam reflexões teórico-metodológicas sobre as histórias de vida em formação e a fertilidade da utilização da abordagem biográfica na formação inicial e no estágio supervisionado.

Em trabalho anterior (Souza, 2001; 2003) discuti e sistematizei aspectos teórico-metodológicos relacionados à origem e uso da história de vida nas Ciências Sociais, especificamente na área educacional, partindo da caracterização da história de vida, tendo em vista a apresentação da trajetória e dos movimentos construídos, desde a década de 1920, sobre a origem desse método/técnica de pesquisa. Também situei e referendei a opção pela abordagem qualitativa de pesquisa, por entender que as narrativas da história de vida, como abordagem experiencial (Josso, 2002), permitem melhor compreender a singularidade e as trajetórias de formação pessoal/profissional, como uma das possibilidades de emprego para a formação inicial de professores. E ainda porque as narrativas (auto)biográficas podem ser compreendidas como movimento de investigação/formação mediante sua utilização em um projeto de formação de professores.

Por essa questão, parece-me fundamental apresentar o percurso de construção da utilização da abordagem experiencial de formação, bem como esclarecer e definir conceitos que se constituem como operativos para esse trabalho, inicialmente sobre pesquisa narrativa, com base em Benjamin (1993) e Larrosa (1994; 1995), e em seguida apresentar os conceitos de "abordagem experiencial", "experiência formadora" e "recordações-referências", tomando como base as sistematizações construídas por Josso (1988; 2002), a fim de ampliar as possibilidades de trabalhar as narrativas como procedimento tanto de investigação quanto de formação.

Tenciono também discutir a aproximação teórico-epistemológica e didática do sentido do trabalho com as narrativas no espaço do estágio e da formação inicial, para apresentar dimensões formativas e autoformativas das narrativas da trajetória de escolarização sobre a aprendizagem docente e as representações sobre o estágio supervisionado como iniciação, especificamente no que se refere às dimensões formadoras da escrita da história de escolarização. A fecundidade da narrativa como interpretação revela a forma pela qual o sujeito se compreende e expressa processos de conhecimento, de formação e autoformação sobre as trajetórias de escolarização. Procuro conceituar as noções de pesquisa narrativa, o sentido estabelecido à subjetividade e à compreensão das experiências como potencial formativo e autoformativo para a formação inicial de professores, bem como discutir conceitos referentes à identidade, à formação, à autoformação e aos saberes da docência expressos nos textos autobiográficos.

Pesquisa narrativa e formação inicial de professores

Para Benjamin (1993) a figura do narrador vem, cada vez mais, distanciando-se de nosso cotidiano, o que traz consequências para a capacidade singular de falar/escrever sobre nossas vivências e experiências cotidianas. Experiência e narração estão imbricadas, porque a primeira constitui a fonte implicada/distanciada das vivências de um verdadeiro narrador. "... o narrador retira da experiência o que ele conta: sua própria experiência ou relatada pelos outros. E incorpora as coisas narradas à experiência dos seus ouvintes..." (Benjamin1993, p.201). Isso implica entender a crise que se legitima à "faculdade de intercambiar experiências" (p.198). Para Benjamin, as experiências são as fontes originais de todos os narradores, as quais são construídas e socializadas no cotidiano entre as pessoas, por meio de aprendizagens extraídas de vivências particulares e/ou coletivas.

Emerge daí a necessidade de compreender, com base na abordagem experiencial das narrativas (auto)biográficas, o papel estabelecido à formação do ponto de vista do sujeito aprendente e "pormo-nos a ouvir qual é o lugar das histórias de vida singulares" (Josso, 2002, p.28), mediante aprendizagens ao longo da vida mediante as próprias experiências individual/coletiva. Dessa forma, a "aprendizagem experiencial é utilizada, evidentemente, no sentido de uma formulação teórica e/ou de uma simbolização" (ibidem, p.28).

Aprendizagem experiencial e formação integram-se porque estão alicerçadas em uma prática, em um saber-fazer pelas experiências. Tomo os conceitos de "experiência formadora", "aprendizagem experiencial" e "recordações-referências" (Josso, 2002), por entender que estes ajudam a melhor entender as narrativas e suas implicações no processo de investigação-formação e (auto)formação. Uma vez que as narrativas assumem e desempenham dupla função, primeiro no contexto da investigação, configurando-se como instrumento de recolha de fontes sobre o itinerário de vida do(a) professor(a) em processo de formação inicial/continuada, e, em segundo lugar, no contexto de formação de professores, constituem-se como significativo instrumento para compreensão do desenvolvimento pessoal e profissional.

No processo de escrita e leitura das narrativas dos atores sociais da pesquisa, pude entender melhor, com base no conceito de experiência formadora, o que cada um elegeu como atividade significativa de sua vida, articulando-se com experiências diversas. Efetivamente, no momento de construção da narrativa, surge um constante embate, às vezes paradoxal, entre o passado e o futuro e os questionamentos contextuais vividos no presente.

A organização e a construção da narrativa de si implicam colocar o sujeito em contato com suas experiências formadoras, as quais são perspectivadas daquilo que cada um viveu/vive e das simbolizações e subjetivações construídas ao longo da vida. Por isso, "para que uma experiência seja considerada formadora, é necessário falarmos sob o ângulo da aprendizagem..." (ibidem, p.34). Em tese, caberia entender os sentidos e significados vinculados ao processo de interiorização/exteriorização que cada indivíduo elege para falar de si, de suas aprendizagens, de valores construídos e internalizados em seus contextos social e histórico, de comportamentos, condutas, atitudes, formas de sentir e viver que caracterizam subjetividades e identidades.

À medida que emergiu tanto para mim quanto para o grupo trabalhar a escrita da narrativa do itinerário escolar como possibilidade de formação, pude perceber, nas experiências desenvolvidas e articulando-as com o trabalho desenvolvido por Josso (2002), que aprender pela experiência possibilita ao sujeito, por meio de recordações-referências circunscritas no percurso da vida, entrar em contato com lembranças, sentimentos e subjetividades. O mergulho interior possibilita ao sujeito construir sentido para sua narrativa, por meio de associações livres do processo de evocação, em um plano psicossomático, com base em experiências e aprendizagens construídas ao longo da vida.

Entendo que a opção pelas narrativas (auto)biográficas do itinerário escolar – vivência escolar – do grupo pesquisado implica tornar a própria história narrada o núcleo do estudo, o que demanda entrar em contato com diferentes memórias, representações, subjetividades e narrativas que o processo identitário comporta.

As discussões construídas sobre uma nova epistemologia da formação (Nóvoa, 1992) tematizam sobre uma teoria da formação do adulto, por este possuir uma visão retrospectiva e prospectiva de sua vida. A formação vincula-se ao conceito de reflexividade crítica porque ninguém forma ninguém e também porque a "formação é inevitavelmente um trabalho reflexivo sobre os percursos de vida" (p.116). Nessa mesma perspectiva, outros autores têm trabalhado com as histórias de vida, diários biográficos, narrativas de formação e adotam, além da reflexividade, outros aspectos e questões relativas à subjetividade e à importância de se ouvir a voz do professor (Goodson, 1992; 1994), ou compreender o sentido da investigação-formação (Josso, 1988; 2002), em uma teoria da atividade do sujeito que aprende a partir de sua própria história.

Catani et al. (1997) entendem que o trabalho com história de vida, memória e autobiografia tem contribuído na pesquisa educacional e na formação para a construção de uma "contramemória", pela produção de relatos autobiográficos, os quais possibilitam desconstruir imagens e representações sobre a prática docente, os fundamentos teóricos da prática e, dessa forma, contrapor-se à memória oficial disseminada pelas políticas de formação e pela literatura pedagógica que vem estruturando o trabalho docente.

Compreendo que a formação não se limita nem esbarra no espaço instituído e tido como legítimo para tal, seja nos cursos de magistério ou nas faculdades e/ou universidades mediante as licenciaturas. Corroboro a ideia apresentada por Catani ao afirmar que a formação se realiza no decurso da vida, vincula-se ao processo de escolarização e mesmo antes, também porque não se esgota com a conclusão de um curso, estende-se com o ingresso na profissão e prolonga-se como processo formativo ao longo da vida pessoal/profissional.

Abordagem experiencial, narrativas e estágio supervisionado

Compreendo a formação como uma iniciação e um processo de configuração, por revelar conexões com as experiências que se constroem ao longo da vida, por meio das singularidades das histórias de vida e das trajetórias de escolarização. O entendimento construído sobre a formação de Honoré (1980), me faz caminhar, no sentido de apreender as implicações sobre a formação inicial, o estágio como iniciação e as narrativas como potencialmente férteis para a transformação das identidades e subjetividades, com base nas experiências que nos constituem pessoas e profissionais, na tentativa de apreender dimensões autoformativas no pensamento e na ação do sujeito em formação. Tal opção me faz superar o conceito de formação como transferência de conhecimentos e preparação para um ofício ou um fazer, assentando-se em um pragmatismo e em uma racionalidade técnica como axioma unilateral e único para a formação.

Sobre o conceito e entendimento construído sobre a formação como um processo, apoio-me em Fabre (1994; 1995), quando sistematiza no livro *Pensar la formation* reflexões sobre a polifonia do conceito de formação, esclarecendo sobre a terminologia e as aproximações aparentes da expressão *formar*, interrogando-se sobre a diferença entre formação e educação, ensino, instrução e aprendizagem. O campo semântico da palavra *formar* é particular e independente do de ensinar, frouxo em comparação à palavra *educar* e reduzido à ideia de instrução. Na maioria das vezes, apresenta estreita relação com dar conhecimentos e preparar para um ofício ou um fazer, assentando-se em um pragmatismo e em uma racionalidade técnica como axioma para a formação. Dessa mesma forma, compreendo que Bernard Honoré (1980) apresenta em seu livro, *Para una teoria de la formacion*, o entendimento da formação como um campo de ação e pesquisa concernente ao desenvolvimento pessoal e coletivo mediante as experiências do indivíduo e do grupo. A sistematização construída pelo autor aproxima-se e reforça os princípios da abordagem biográfica, por considerar a formação um campo de conhecimento e inscrever-se nas experiências ao longo da vida como um processo de formação.

As sistematizações construídas por Peters (1979) em seu texto *Educação como iniciação* partem da compreensão de diferentes concepções sobre a educação, seja como "fins extrínsecos", "desenvolvimento", "cognição" e, por fim, a "educação como iniciação", a qual

> consiste em iniciar os outros em atividades, modos de conduta e pensamento, que possuem regras intrínsecas, referentes ao que é possível para a ação, para o pensamento e para o sentimento, nos vários graus de competência, relevância e gosto. (Peters, 1979, p.125)

Iniciar, como proposto pelo autor, supõe um conjunto de atividades e diferentes modos de proceder que são valiosos para apropriar-se de um corpo de conhecimentos, de um conjunto de técnicas iniciáticas que desvendam experiências formadoras e práticas de formação centradas na história do sujeito, em seus desejos, em suas implicações, envolvendo modos de conhecimento, de produção e de circulação desses conhecimentos em suas relações com os contextos e as realidades dos sujeitos em formação.

A aproximação da educação como iniciação e os processos de formação revelados na escrita autobiográfica desvendam regularidades e irregularidades das experiências de escolarização, particularizados em lembranças da entrada na escola, práticas engendradas na cultura escolar, sentimentos e comportamentos construídos sobre a escolarização, os quais são marcados nas experiências formadoras dos sujeitos, por meio dos significados e sentidos estabelecidos à escrita de si e sobre si mesmo no tocante à vivência escolar.

As sistematizações de Peters sobre a educação como iniciação são apropriadas por Catani (2001), quando a aproxima da didática como iniciação e do uso das histórias de vida ou da autobiografia como procedimento de formação. A compreensão da didática como iniciação, como construída pela autora, delimita outro caminho e modo de conceber e trabalhar a didática e a formação, remetendo-a a pensar sobre como ensinar a ensinar, apresentando possibilidades e alternativas para estudos sobre a didática e a formação docente. A didática como iniciação e a proposição do trabalho, centrado na perspectiva das narrativas de formação, partem dos significados acerca da dimensão pessoal no processo de formação, possibilitando analisar questões e situações de ensino, suas relações com a história pessoal e a subjetividade na aprendizagem docente.

A ideia construída sobre a formação e o estágio como práticas de iniciação me faz entendê-los como um processo vinculado a uma prática institucionaliza e formativa, marcados por experiências e aprendizagens construídas ao longo da vida, implicando com o desenvolvimento pessoal, a preparação para a realização profissional de uma prática educativa contextualizada, reflexiva, crítica e transformadora. Entender o estágio e o lugar que têm as experiências no processo de formação e na transformação das identidades e subjetividades, com base na centralidade na pessoa do professor, envolve ordens diversas de complexidade, de múltiplos problemas teórico-práticos relacionados a aprendizagens da docência, a repertórios de conhecimentos necessários ao desenvolvimento profissional e, consequentemente, à superação de que a instrumentalização técnica e didático-pedagógica garante, por si só, tanto o tempo da formação inicial quanto o exercício desenvolvido no estágio, como o período institucionalizado e formal, sistematicamente organizado para o exercício da profissão.

O centramento da formação, com base na racionalidade técnica, a partir do enunciado de um conjunto de regras e dispositivos pedagógicos acerca dos processos de ensino, vem marcando nas políticas de formação e nas memórias de escolarização representações sobre o estágio, como o espaço consagrado à aplicação descontextualizada e prescritiva de processos de ensino. As perspectivas teórica e metodológica desenvolvidas sobre a didática como iniciação revelam os modos individuais e coletivos de pelos quais compreendemos o ensino e os conhecimentos extraídos das experiências e significados da vida escolar, permitindo interpretar questões de ensino e conceber orientações férteis para o trabalho no espaço do estágio supervisionado e da formação inicial de professores.

A superação da compreensão do estágio como um momento de confronto entre teoria e prática ou como um praticismo voltado para o treino ou a experimentação de atividades de ensino revela-se em outra perspectiva sobre o processo de formação, o qual assume o estágio como uma prática de iniciação ao trabalho pedagógico.

A apropriação do estágio como iniciação revela-se potente, por desvelar situações de ensino expressas nas narrativas de formação. Busco, pela abordagem experiencial, compreender manifestações sobre cultura escolar, representações sobre a docência e a estruturação de dispositivos pedagógicos aprendidos nas trajetórias de escolarização, porque "iniciar no sentido proposto é familiarizar-se com as significações pessoais e sociais dos processos de formação" (Catani, 2001, p.60).

Reafirmo que a educação como iniciação, a didática como iniciação e a formação não se esgotam na transmissão de saberes, na apropriação de competências técnicas e profissionais, como quer a didática instrumental, e, muito menos, na assertiva das potencialidades individuais. Vinculo-me à perspectiva epistemológica e metodológica da formação experiencial e do estágio como iniciação, por entender que a noção de processo de formação que ela implica parte da centralidade do sujeito na globalidade da vida, entendida como interação da existência com as diversas esferas da convivência como perspectiva educativa e formativa.

A perspectiva semântica apresentada sobre o processo de formação e do estágio como iniciação tende a possibilitar, ao sujeito em formação inicial, ampliar as capacidades de autonomização, de reflexibilidade, iniciativa e criatividade em seu desenvolvimento profissional. A ação e a reflexão sobre o processo de formação e sobre as trajetórias de escolarização revelam experiências formadoras construídas nas histórias de vida. A reflexibilidade centrada na abordagem biográfica busca evidenciar as formas e os dispositivos engendrados sobre as itinerâncias e colocar o sujeito como cerne da formação, por que o trabalho com a narrativa de formação implica que o autor-ator a entenda, pela reflexão, conscientização e conhecimento de si, percursos e processos de formação e autoformação no decurso da vida.

Para Pineau (1999), a formação, pensada como autoformação e centrada na abordagem experiencial ou biográfica, revela mediante a narrativa de formação aprendizagens experienciais, conhecimentos tácitos e relacionais entre o vivido e as situações cotidianas, assentando-se em uma base teórica e em simbolizações para resolver problemas cotidianos no estágio como iniciação e no desenvolvimento profissional. Os percursos autoformativos experienciados pelos sujeitos partem da singularidade, subjetividade e historicidade, os quais ancoram-se em um saber-fazer relacional, implicado em dispositivos reativados nas trajetórias de escolarização sobre os conhecimentos, signos, significantes, estratégias discursivas, didáticas e pedagógicas, axiomas e rituais escolares marcados em um tempo vivido e em espaços individuais e coletivos da memória de escolarização, que permite a cada um, de sua forma e com suas aprendizagens experienciais, praticar e investir em um conhecimento de si e em uma presença sobre si mobilizados pelas diferentes entradas que a escrita da narrativa remete, compreendendo-a como uma dialética de emancipação e autonomização. Sinaliza o referido autor que

> Entre a ação dos outros (heteroformação) e a do meio ambiente (ecoformação), parece existir, ligada a estas últimas e dependente delas, mas à sua maneira, uma terceira força, a do eu (autoformação). (Pineau, 1988, p.65, grifos do autor).

Compreender o sujeito como centro do processo de formação na perspectiva da abordagem existencial ou biográfica de formação, relacionada à autoformação, vincula-se à continuidade histórica e ao processo de formação de cada sujeito. A autoformação e a ecoformação articulam os princípios de autonomização e reflexibilidade do próprio sujeito, provocados pelo investimento no conhecimento sobre si e sobre as práticas de formação, em uma dimensão relacional de ator-autor de sua própria história de vida. Emerge daí a contraposição entre as práticas autoformativas e ecoformativas com os dispositivos e engenharia da heteroformação, porque a compreensão e a construção da história pessoal e coletiva põem o sujeito em uma posição de ator e autor do decurso da vida, mediante a narrativa de formação, revelando a importância da autoformação.

A demarcação da formação como uma busca de autonomização (Dominicé, 1988) permite aprofundar os sentidos, as perspectivas e a clareza do trabalho com a abordagem experiencial no espaço da formação inicial e do estágio supervisionado, à medida que o sujeito em formação apropria-se de si, de sua vida, das histórias tecidas e descortinadas nas itinerâncias individual e coletiva sobre a profissão e sobre os saberes da profissão.

As questões e as dimensões formativas e autoformativas das narrativas revelam aspectos significativos sobre as opções e entrada na profissão. As referências contidas nas trajetórias de escolarização do grupo pesquisado evidenciam que a opção pelos cursos de magistério e pedagogia vem marcada por representações sobre a profissão, por influências exercidas pela família, pela falta de opção e, consequentemente, por aprendizagens e experiências construídas na trajetória de escolarização.

O devir professor aproxima-se da formação inicial, a qual entrecruza dimensões e dispositivos didáticos e pedagógicos, uma sólida base teórica, a preparação para a pesquisa, vinculando-se ao processo pessoal, aos constantes questionamentos das condições históricas, contextuais, humanas e da profissão. Tornar-se professor é um exercício, uma aprendizagem experiencial e formativa inscrita na visão positiva que os sujeitos têm sobre si, sobre suas memórias de escolarização e da superação e acolhimento dos modelos formativos que viveram em seus percursos de escolarização.

As marcas apresentadas nas narrativas sobre as práticas de estágio no curso de magistério reafirmam dispositivos e estratégias prescritivas sobre o trabalho docente. Os questionamentos sobre o fazer docente e os saberes da prática revelam aprendizagens e apropriações sobre o exercício profissional, os sentimentos sobre as primeiras experiências e a perspectiva autoformativa impressa nas lembranças das trajetórias de escolarização.

As narrativas evidenciam diferentes representações sobre a profissão, a proletarização do trabalho docente e a organização das escolas. As primeiras experiências docentes estão, na maioria das vezes, articuladas às práticas de estágio, seja do curso de magistério ou do convênio entre a Universidade do Estado da Bahia e a Secretaria Municipal de Educação, ou pelo ingresso em concursos públicos para professoras das séries iniciais do ensino fundamental na rede municipal ou estadual de ensino, bem como seleção na rede particular. As referências contidas nas narrativas sobre o início da docência e as primeiras experiências profissionais estão vinculadas à ideia do magistério como um projeto de vida e estratégia de mobilidade social para muitas das alunas.

Os sentimentos anunciados nas narrativas sobre o início da docência expressam angústia, medo, insegurança e apropriações sobre a cultura escolar. Uma das dificuldades reveladas pelo grupo, no processo do estágio, refere-se às questões didáticas, especificamente no que concerne ao planejamento, à utilização e à adequação ao tempo pedagógico e, também, à realidade das escolas, à violência e à indisciplina dos alunos.

O choque com a realidade e com a cultura escolar, no espaço do estágio, mostra que os processos de socialização e aprendizagem da docência na formação inicial engendram estruturas arraigadas no cotidiano escolar, submetendo as alunas a um confronto entre o que se vive como estratégia de formação com os conformismos internalizados, os quais se revelam nos discursos, nos rituais pedagógicos inscritos nas trajetórias de escolarização e também nas práticas conservadoras cristalizadas nas escolas. Assim, evidencio que a formação é uma questão política, situada sócio-historicamente, que envolve questões epistemológicas, filosóficas, científicas e técnicas sobre a profissão e a formação.

Pela narrativa da vivência escolar e do trabalho docente, no campo do estágio supervisionado, torna-se possível desvendar modelos e princípios que estruturam discursos pedagógicos que compõem o agir e o pensar da professora em formação. Isso porque o ato de lembrar e narrar possibilita ao ator reconstruir experiências, refletir sobre dispositivos formativos e criar espaço para uma compreensão da sua própria prática. Dessa forma, o diário de aula (Zabalza, 1994) como atividade de formação caracteriza-se como fértil para o desenvolvimento profissional por meio do registro sobre a prática, exige implicação, distanciamento, reflexão e um olhar sobre o próprio trabalho, problematizando questões didáticas e pedagógicas da sala de aula e da cultura escolar, tendo em vista a reelaboração do próprio fazer.

As dificuldades e os sentidos estabelecidos à escrita do diário vão revelando-se singulares no processo do trabalho, após a apreensão construída por cada estagiária do registro, como um modo de interpretação e de compreensão de uma política de sentido sobre a formação e autoformação contidas na escrita. A escrita sobre a prática docente revela possibilidades de compreensão e de intervenção no trabalho docente, por permitir ampliações sobre a práxis docente e superar dificuldades no cotidiano da sala de aula, por apresentar características do modo de agir do próprio trabalho, remetendo a professora em formação e no campo do estágio como iniciação a superar modelos reativados em sua memória de escolarização e construir intervenções possíveis sobre a prática e a partir de sua própria prática.

A reflexão vinculada à escrita remete a estagiária a compreender as condições de produção e os sentidos de sua própria escrita, a qual revela relações com o trabalho e formas de compreender a profissão e os saberes sobre a profissão. Os registros da prática e sobre a prática comportam descrições de atividades, dos sujeitos envolvidos, das interações e formas de apreensão, modos pelo qual o trabalho é controlado, dispositivos e rituais que são engendrados no cotidiano da sala de aula e na cultura escolar. O registro sobre o trabalho docente inscreve-se em uma memória da profissão, em um tempo de avaliação da prática e, mais significativamente, em um momento constante de compreensão sobre o trabalho docente, comportando a re-elaboração e a modificação do vivido. É fundamental entender a política de sentido, o papel do registro e da escrita como atividade individual e coletiva da escrita de si e sobre si mesma na constituição de um processo identitário de tornar-se professora. A escrita do diário vincula-se à memória profissional, às experiências formadoras vividas no processo de formação e do estágio como iniciação do exercício docente.

A autonarração inscreve-se na subjetividade e estrutura-se em um tempo, tempo de lembrar, de narrar, de refletir, de construir associações, de estabelecer sentidos ao que foi vivido, por meio de significados particulares e coletivos de diferentes experiências formadoras, as quais são reveladas na capacidade, no investimento de o ator falar e escrever sobre si, sobre sua história de vida e de formação que o sujeito constrói sobre si mesmo.

A escrita da narrativa de formação permite diferentes entradas sobre a constituição da identidade docente, do desenvolvimento pessoal e profissional e formas de compreender a cultura escolar. A identidade profissional demarca-se como um processo constante e contínuo, articula-se a diferentes tempos e espaços, implica com as experiências e aprendizagens construídas ao longo da vida e perpassa o tempo de formação inicial e de aprendizagem institucionalizada da profissão. A identidade docente também reflete intenções e deliberações políticas e sócio-históricas forjadas nas políticas de formação, como forma de controle e de organização das mudanças educativas em seus diferentes tempos e espaços.

A escrita autobiográfica configura-se como um ato de reflexão e invenção do eu. O mergulho na interioridade e as relações contextuais de desenvolvimento e formação, por meio do pacto autobiográfico, vivido pelo sujeito em seu processo de formação, possibilita, com base no conhecimento e na singularidade de cada ator e autor em seu percurso de formação, revelar dimensões histórica, cultural, contextual e constitutiva das identidades dos sujeitos em formação que a escrita de si e sobre si propicia.

As histórias de vida em formação permitem explorar e aprofundar diferentes experiências que constituem as trajetórias de formação ao longo da vida, as quais partem de uma perspectiva fenomenológica da formação e da aprendizagem da profissão. A escrita narrativa, por se tratar de uma entrada sobre a historicidade e a subjetividade do sujeito em formação tanto em sua dimensão pessoal quanto profissional, revela experiências e compreensões construídas sobre a cultura escolar e as práticas instituídas e instituintes em seu cotidiano. Apresenta também formas de compreensão da organização escolar e das transformações das identidades em processo de formação por se tratar de uma perspectiva contextual, visto que nos permite entrar no universo de relações culturais e sociais sobre a formação e a aprendizagem da profissão nas histórias de vida individual e coletiva dos sujeitos.

Em tese, a pesquisa narrativa e a escrita de si e sobre si mesmo desvendam modelos, dispositivos e procedimentos tácitos vividos pelos sujeitos, ao permitir entender como os professores em formação estabelecem sentidos para sua história de escolarização, de seu trabalho escolar e como podem atuar, diferentemente ou próximo, das experiências formadoras desenvolvidas ao longo da vida.

Neste momento final, busco (in)concluir, por entender que a implicação e a prática formativa desenvolvida pela abordagem biográfica ou experiencial de formação me faz aproximar, com mais clareza, diferentes significados e políticas de sentido sobre a formação de professores, em um tempo marcado por muitas dúvidas, incertezas e questionamentos sobre a formação e a profissão.

Referências bibliográficas

BENJAMIN, W. O narrador: considerações sobre a obra de Nikolai Leskov. In: _____. *Obras escolhidas*. Magia e técnica, arte e política. São Paulo: Brasiliense, 1993. v.1.

CATANI, D. B. Entre o pessoal e o profissional: o estágio, as narrativas e o processo de formação. In: SOUZA, E. C. de (Org.). Encontro de Estágio Supervisionado da Uneb, 4, Salvador: Editora da UNEB, 2001. *Anais*... Salvador, 2001.

_______ et al. (Org.). *Docência, memória e gênero*: estudos sobre formação. São Paulo: Escrituras, 1997.

DOMINICÉ, P. A biografia educativa: instrumento de investigação para a educação de adultos. In: NÓVOA, A.; FINGER, M. *O método (auto)biográfico e a formação*. Lisboa: MS/DRHS/CFAP, 1988.

FABRE, M. *Penser la formation*. Paris: PUF, 1994.

_______. La formation comme régime nocturne: raison narrative et formation. *Education permanente*, n.122, Paris, p.179-89, 1995.

GOODSON, I. F. Dar voz ao professor: as histórias de vida dos professores e o seu desenvolvimento profissional. In. NÓVOA, A. (Org.). *Vida de professores*. Porto: Porto Editora, 1992.

_______. Studying the teacher's life and work. *Teaching and Teacher Education*, n.10, v.1, p.29-37, 1994.

HONORÉ, B. *Para uma teoria de la formacion*. Trad. de Maria Teresa Palácios. Madrid: Narcea, 1980.

JOSSO, M.-C. Da formação do sujeito... ao sujeito da formação. In: NÓVOA, A.; FINGER, M. *O método (auto)biográfico e a formação*. Lisboa: MS/DRHS/CFAP, 1988.

_______. *Cheminer vers soi*. Suisse: L'Age D'Homme, 1991.

_______. *Experiências de vida e formação*. Lisboa: Educa, 2002.

LARROSA, J. Tecnologias do eu e educação. In: SILVA, T. T. (Org.). *O sujeito da educação*: estudos foucaultianos. Petrópolis: Vozes, 1994.

_______. (Org.). *Déjame que te cuente: ensayos sobre narrativa y educación*. Barcelona: Editorial Laertes, 1995.

NÓVOA, A. (Org.). *Vida de professores*. Porto: Porto Editora, 1992.

PETERS, R. S. Educação como iniciação. In: ARCHAMBAULT, R. D. (Org.). *Educação e análise filosófica*. Trad. de Carlos Eduardo Guimarães e Maria da Conceição Guimarães. São Paulo: Saraiva, 1979.

PINEAU, G. A autoformação no decurso da vida: entre a hetero e a ecoformação. In: NÓVOA, A.; FINGER, M. *O método (auto)biográfico e a formação*. Lisboa: MS/DRHS/CFAP, 1988.

_______. Experiências de aprendizagem e histórias de vida. In: CARRÉ, P.; CASPAR, P. *Tratado das ciências e das técnicas da formação*. Trad. Pedro Seixas. Lisboa: Instituto Piaget, 1999. (Col. Horizontes Pedagógicos).

SOUZA, E. C. de. História de vida e prática docente: desenvolvimento pessoal e profissional. *Revista da FAEEBA*. Salvador, n.16, p.169-78, jul./dez. 2001.

_______. História de vida e formação de professores: um olhar sobre a singularidade das narrativas (auto)biográficas. In: MACEDO, R. S. (Org.). *Currículo e docência*: tensões contemporâneas interfaces pós-formais. Salvador: Editora da Uneb, 2003.

_______. O conhecimento de si, as narrativas de formação e o estágio: reflexões teórico-metodológicas sobre uma abordagem experiencial de formação inicial de professores. ABRAHÃO, M. H. M. B. (Org.). *A aventura (auto)biográfica*: teoria e empiria. Porto Alegre: Edipucrs, 2004.

_______. Estágio e narrativa de formação: escrita (auto) biográfica e autoformação. In: ______. *Educação & linguagem*. Programa de Pós-graduação em Educação: Universidade Metodista de São Paulo. São Bernardo do Campo, n.11, p.51-74, jan./jun. 2005.

ZABALZA, M. A. *Diários de aula:* contributos para o estudo dos dilemas práticos dos professores. Portugal: Porto Editora, 1994.

40

Contribuições de narrativas para formação de professores

Luiza Helena da Silva Christov

Experiências e narrativas: importância e entendimentos

O trabalho por mim apresentado neste seminário temático, identificado como "Contribuições de narrativas para a formação de professores", por ocasião do VIII Congresso Estadual Paulista de Formação de Educadores constitui um estudo ainda embrionário, porém associado a uma preocupação antiga.

Atuando desde 1985 com educadores em diferentes projetos de educação continuada, de educação inicial no ensino superior ou, ainda, em projetos de pesquisa que avaliam as condições profissionais de educadores por todo o país, deparo com problemas associados ao processo de diálogo com educadores. Nos últimos quatro anos no Brasil, proporcionalmente aos espaços de fala que se abrem a educadores e a seus alunos, temos debatido as dificuldades de diálogo entre professores e alunos, ainda que os alunos sejam futuros professores e esses seus mestres. Tal dificuldade contempla desde os limites da própria linguagem falada e escrita em geral, ou seja, contempla as limitações da comunicação humana como diferentes concepções sobre o mesmo termo até os limites associados ao discurso pedagógico em particular. Temos constatado que ocorre crescente capacidade dos educadores expressarem seus pensamentos sobre sua experiência profissional colando-os ao pensamento, melhor dizendo, às palavras dos autores que estudam em projetos de educação continuada ou inicial. Tal colagem ocorre por parte de educadores em todos os níveis: na educação básica e no ensino superior. Uso o termo educador para abarcar gestores – diretor, coordenador pedagógico – e professores.

Ao falar sobre sua experiência docente ou sobre seu entendimento acerca de questões teóricas atuais, os educadores tendem a reproduzir fragmentos de discursos de certos autores ou, ainda, fragmentos do que o senso comum já pode elaborar nos ambientes escolares e correspondem a traduções/interpretações simplificadoras dos discursos de diferentes autores.

Nota-se que, na maioria dos casos, essas falas de educadores distanciam-se de uma narrativa mais autônoma e mais questionadora sobre a própria experiência, seja ela de ação ou de pensamento. O discurso de educadores, em geral, vem alijado de sua experiência de agir e de pensar.

Ao descolar sua fala de autores do momento, grande parte dos educadores brasileiros caracteriza seus discursos com uma marca que podemos identificar como "DES": desalento, desânimo, descrédito. Em relação a eles mesmos, em relação ao sistema de ensino, em relação a teóricos, a pais, a alunos, ao mundo atual.

Venho fazendo o esforço de transformar meus encontros de estudos com educadores em experiências de conhecimentos para todos nós. Nosso trabalho tem-se organizado com o objetivo de reverter os sentimentos "DES": desânimo, descrédito e desalento em sentimentos de confiança e prazer de ser educador.

O que tem chamado minha atenção é que essa conquista cotidiana só foi resultando positiva após uma mudança radical no modo de provocar a conversa com educadores. Fui, intuitiva e paulatinamente, apoiando meu diálogo com educadores em conversas sobre poesia, cinema, teatro, música, fotografia, pintura, televisão, escultura, e substituindo cada vez mais nosso discurso pedagógico, viciado e vazio de sentido, por um discurso literário, metafórico, de narrativas repletas das dores e das belezas do cotidiano. Um discurso descritivo e perguntador foi assumindo o lugar dos discursos colados nos autores do momento, pendurados nas chaves – chavões – das portas de falas alheias.

O caminho da intuição foi incorporando ecos com reflexões sobre o conceito de metáfora como narrativa potencial para descolar a fala dos educadores dos discursos que os silenciam. É importante distinguir metáfora de narrativa, uma vez que nem toda narrativa possa vir expressa por meio de metáforas. O que quero dizer é que o discurso metafórico, fundado em imagens escolhidas, elaboradas e associadas pelos próprios educadores a aspectos de sua experiência, tem favorecido a construção de narrativas menos coladas ao discurso pedagógico vigente.

O trabalho que desenvolvo como docente e pesquisadora no Instituto de Artes da Unesp vem favorecendo tal caminho, sobretudo porque tenho orientado trabalhos sobre o preparo dos educadores para a leitura de nosso mundo denso de imagens e de possibilidades de representações que superam os limites das palavras organizadas em gênero exclusivamente acadêmico. A leitura da televisão, do cinema, da plasticidade da cidade são alfabetizações necessárias e facilitadoras, se a perspectiva é ampliar modos de dizer e de ver.

O contato com educadores dos meus grupos de formação e pesquisa provocou minha curiosidade por aprofundar a compreensão do papel da metáfora na construção de narrativas mais autênticas e apoiadas em perguntas do que em certezas na comunicação com educadores (e educandos) e provocou minha curiosidade para aprofundar as discussões sobre a importância de se questionar o discurso pedagógico entendido (e viciado) como gênero da prescrição, da imposição, da fala que se repete pasteurizada... sem bactérias, sem vida.

Curiosidade provocada é processo que impulsiona a procura de mapas sobre trajetos que poderão ser respostas ou dúvidas recolocadas, com melhores focos no perguntar e na visualização de um método para pesquisar.

Venho, assim, realizando estudos exploratórios com diferentes grupos com os quais interajo em processos de formação – inicial e continuada – com o objetivo de buscar caminhos para a elaboração de discursos mais autônomos e propulsores de pensamento; com o objetivo de procurar caminhos que favoreçam formulação de perguntas mais do que a propaganda de verdades que acomodam o pensar e o silenciam. Tenho procurado o apoio de literatura que permita a construção da crítica ao discurso pedagógico que se apresenta prescritivo, pasteurizado e silenciador das falas de educadores.

Entre meus estudos exploratórios, venho realizando um registro etnográfico e minucioso e uma análise de discursos de educadores em diferentes projetos de formação inicial e continuada. Venho, também, organizando um registro da mediação, isto é, do diálogo estabelecido pelos formadores com esses educadores, buscando compreender como favorecem a construção de sentidos sobre a própria experiência de formação por parte dos educadores. Pretendo também, futuramente, analisar o potencial dos gêneros poesia, crônica, dramaturgia, romance, cinema e artes plásticas na elaboração de narrativas por parte dos educadores sobre seu estar na escola e com seus alunos e sobre suas leituras de autores do campo educacional.

Alguns autores têm-me acompanhado nesta jornada. Dewey (1979) ao analisar o conceito de experiência, traz formulações com as quais me identifico e por isso cultivo como referência. Destaco neste texto apenas duas formulações para explicitar o que valorizo quando procuro favorecer o contato de cada educador com sua própria experiência de educar:

> A mera atividade não constitui experiência. É dispersa, centrífuga, dissipativa. A experiência como tentativa envolve mudança. Mas a mudança é transição sem sentido, a não ser que esteja conscientemente relacionada com a onda de retorno constituída pelas consequências que dela decorrem. Quando uma atividade é continuada num sentir de consequências, quando a mudança resultante da ação é refletida numa mu-

dança em nós, o mero fluxo é carregado de sentido. Aprendemos alguma coisa. (Dewey, 1979)

A experiência, como o respirar, é um ritmo de inspirações e expirações. Sua secessão é pontilhada e tornada um ritmo pela existência de intervalos, pontos nos quais uma fase essa e a outra está latente e em preparação ... Cada lugar de descanso na experiência é um padecer em que são absorvidas e abrigadas as consequências de um fazer anterior, e, ao menos que o fazer seja o do total capricho ou o da rotina pura, cada fazer traz em si próprio um significado que foi extraído e conservado. (Dewey, 1980, p.105)

Em dois fragmentos distintos, extraídos de dois textos também distintos, encontramos uma compreensão sobre a palavra experiência que me parece bastante fértil como fundamento de uma proposta de formação de educadores. Aliás, parece-me bastante fértil se associada a qualquer processo de conhecimento, de ensino e aprendizagem, justamente por sugerir uma condição para que cada experiência se transforme em aprendizado. Essa condição pode ser reconhecida nos momentos de parada para respirar e analisar as consequências e relações entre experiências presentes, passadas e futuras. Pode-se dizer, então, que essa condição contempla a consciência sobre a historicidade de cada experiência e sua relação com todas as demais experiências que integramos para compor o conjunto de nossa trajetória como seres de memória e conhecimento, em esforço de recolher para dentro de nossa trajetória cada experiência produtora de saber e de sentido.

A ideia de que cada lugar de descanso é um padecer inerente ao aprendizado sugere dialética entre imagem de *conforto* presente na palavra conforto e a imagem de sofrimento presente na palavra *padecer*. O aprendizado não resulta apenas da oportunidade de prazer/conforto, e sim do entrelaçamento entre prazer e padecer que, juntos, provocam o movimento na direção do conhecimento, provocam a desinstalação na direção da superação do sofrimento.

São imagens que me fazem lembrar o conceito de "boa vida" de Carl Rogers:

para mim, adjetivos tais como feliz, satisfeito, contente, agradável, não parecem adequados para uma descrição geral do processo a que dei o nome de "vida boa", mesmo que a pessoa envolvida nesse processo experimente cada um desses sentimentos nos devidos momentos. Mas os adjetivos que parecem de um modo mais apropriados são: enriquecedor, apaixonante, gratificante, estimulante, significativo. Estou convencido de que este processo de "vida boa" não é um gênero de vida que convenha aos que desanimam facilmente. Esse processo implica a expansão e a maturação de todas as potencialidades de uma pessoa. (Rogers, 1999)

Vida boa é a aquela na qual temos oportunidades de integrar experiências em nossa trajetória, padecendo o suficiente para nos movermos e buscarmos os conhecimentos necessários à elaboração de nossas respostas.

Na condição de formadora de educadores, pergunto-me em que medida os espaços de formação inicial e continuada favorecem esse padecimento característico do processo de conhecimento?

Em que medida a adesão ao discurso pedagógico reconhecido como correto pelo senso comum dos educadores tem amortecido o padecer produzido por questionamentos e por incertezas?

Tenho constatado a tendência de educadores em buscarem o conforto de certezas e a consequente fuga de questionamentos em discursos que não os seus, mas de autores do momento, muitas vezes acessados via documentos de políticas oficiais, já marcados por interpretação de segunda mão.

Larrosa (2004) vem construindo uma crítica ao discurso pedagógico centrado no par ciência/tecnologia ou, por oposição, no par teoria/prática. Para o autor, centrar o discurso e a ação pedagógica em tais pares é processo que atingiu um nível de esgotamento que exige novos fundamentos. Apesar de continuarem ocupando um lugar no campo pedagógico por contribuírem com orientações para a prática (especialistas, cientificistas, *experts*, positivistas) e com perspectivas sociais de inclusão (os críticos aos positivistas que buscam relacionar teoria e prática), Larrosa chama nossa atenção para o fato de que há um fechamento em seus pensamentos que sugere a hipótese de que já disseram tudo. São suas palavras:

> Si digo que ya han dicho lo que tenian que decir y ya han pensado lo que tenian que pensar es porque me parece que tanto suas vocabularios como sus gramáticas o sus esquemas de pensamiento están ya constituidos y fijados aunque, obviamente, aún sigan siendo capaces de enunciados distintos y de ideas novedosas. Una gramática es una serie finita de reglas de constitución de enunciados susceptible de una productividade infinita. Un esquema de pensamiento es una serie finita de reglas de constitución de ideas también susceptible de una productividade infinita. Pero cuando una gramática o un esquema de pensamiento están ya constituidos, cualquier cosa que se produzca en su interior da una sensación de "ya dicho", de "ya pensado", una sensación de que pisamos terreno conocido, de que podemos seguir hablando o pensado en su interior sin dificultades, sin sobresaltos, sin sorpresas. Por eso una gramática constituida nos permite decir "lo que todo el mundo dice", aunque creamos que decimos cosas "novedosas", y un esquema de pensamiento constituido es el que nos hace "pensar lo que todo el mundo piensa" aunque tengamos la impresión de que somos nosotros mismos los que pensamos. Desde esa perspectiva, tanto los positivistas como los críticos encarnan ya lo que Foucault llamó "el ordem del discurso", ese orden que determina lo que se puede decir y lo que se puede pensar, los límites de nuestra lengua y de nuestro pensamiento. (Larrosa, 2004, p.1-20)

Com a ajuda de Foucault, Larrosa provoca-nos a questionar a insistência por parte dos professores de professores para que estes se tornem práticos – reflexivos em primeiro lugar, reproduzindo as falas dos autores defensores dessa abordagem e, em segundo, analisando sua prática segundo parâmetros da moral pedagógica vigente.

Esse duplo movimento na direção do já conhecido garante a correção gramatical tão valorizada em qualquer processo de educação. E ensina cotidianamente que pensar é proibido. Que dizer e fazer diferente é imoral.

Larrosa propõe uma alternativa com a qual me identifico e sobre a qual coleciono dúvidas. Sua proposta para sairmos da gangorra da velha gramática que aprisiona o pensamento pedagógico consiste em centrar em outro par tal pensamento, qual seja, no par experiência/sentido. Diz o autor que este caminho não é melhor nem pior que os anteriores, apenas é outro. Reconheço o cuidado do autor para não substituir uma pretensão de verdade por outra. Contudo, a valorização é inevitável diante de objetivos. Se pretendemos pensar, dizer e fazer o novo em termos pedagógicos, a contribuição de Larrosa oferece pistas interessantes para entendermos o recorrente processo de se construir "chavões" por parte de educadores em geral.

Tenho como hipótese que justamente esse aprisionamento em gramática e esquema já conhecidos tem levado os educadores em geral a reproduzirem falas de autores como se fossem suas leituras sobre a realidade que vivenciam. Tenho como hipótese que esse aprisionamento retira as bactérias do discurso dos professores e os pasteuriza para reprodução em grande escala, sem que percebam que a vida também escapou das falas. Sem que percebam que estão falando e pensando o que querem os "gramáticos", ou seja, os seus mestres. Por isso concordo com a opção pelo par experiência/sentido, recuperando, no dizer do próprio Larrosa, a dignidade e a legitimidade da experiência. Compreende esse autor que é preciso conceber a palavra *experiência* com amplitude e precisão, tendo em vista, para tanto, seis cuidados:

1. não fazer da experiência uma coisa, não torná-la previsível e fabricada;
2. tirar da experiência toda pretensão dogmática;
3. distinguir experiência de prática e pensá-la a partir da paixão, da receptividade, da abertura do sujeito da e na experiência;
4. evitar transformar a experiência em um conceito que pretende determinar o real;
5. evitar transformar a experiência em um fetiche; e
6. utilizar a palavra *experiência* com precisão, evitando que tudo possa ser entendido como experiência.

O autor entende que a experiência não é elaborada se não adquirir um sentido para o sujeito que a vivencia. E compreende também que a experiência não se transmite. Quando falamos sobre nossa experiência, estamos elaborando um sentido para ela e fazendo um esforço de mostrar esses sentidos, essas elaborações, que são contos, são narrativas, mas nunca serão a experiência como tal oferecida a alguém pela fala. O que se oferece, o que se intercambia é uma narrativa, um conto sobre a experiência. Contar a própria experiência é um processo que permite ir ao encontro da própria experiência, conferindo-lhe sentidos.

Nessa perspectiva, o professor que faísca a chama buscadora de sentido e provoca as falas contadoras e cantadoras de seus alunos é aquele que tem maiores chances de conduzir alguém para a própria experiência (Larrosa, 2003, p.51).

Meus estudos exploratórios apoiam-se nas seguintes questões:

- Como se apresentam as narrativas dos professores sobre suas experiências?
- São produtoras de sentido?
- Conduzem a eles mesmos ou os aprisionam com chaves que levam a falas (e sentidos) alheios?
- Qual o potencial da linguagem artística para a construção de novos dizeres em educação?
- Novos discursos podem ser produzidos a partir de novas linguagens?
- A gramática das artes por ser metafórica tem maior potencial para se abrir o pensar?

Uma hipótese importante refere-se ao valor da linguagem artística e da metáfora para a elaboração de narrativa capaz de conferir sentido à experiência. Seria a linguagem metafórica capaz de promover o escape em relação à gramática e aos esquemas já conhecidos do pensamento pedagógico?

Minha vivência com estudantes e professores permite dizer que, quando provocados a narrar suas experiências por meio de metáforas, de imagens, de poesia, de música, conseguem, com maior desenvoltura, falar sem colar suas palavras em esquemas dos autores da moda. Conseguem fazer perguntas para a própria experiência. Desejo pesquisar justamente esse potencial suposto, pressentido e verificado em situações de estudo. Desejo provocar narrativas que conduzam os educadores às suas experiências significadas por eles mesmos e não por explicações exteriores que procuram enquadrar toda e qualquer experiência.

Como nos lembra Walter Benjamin,

> Cada manhã recebemos notícias de todo o mundo. E, no entanto, somos pobres em histórias surpreendentes. A razão é que os fatos já nos chegam acompanhados de explicações. Em outras palavras, quase nada do que acontece está a serviço da narrativa, e quase tudo está a serviço da informação. Metade da arte narrativa está em evitar explicações. (1993)

Vivemos, como diz Durand, a supremacia dos processos de raciocínio, em relação à "imagem mental (imagem perceptiva, das lembranças, das ilusões etc.) ou icônica (o figurativo pintado, desenhado, esculpido e fotografado...)" (2001, p.5-6). Nosso mundo é mundo da explicação. Nesse mundo, as imagens e o imaginário quase não encontram lugar. Ao definir imaginário, esse autor lembra que "como uma re-presentação incontornável, a faculdade da simbolização de onde todos os medos, todas as esperanças e seus frutos culturais jorram continuamente desde os cerca de um milhão e meio de anos que o homo erectus ficou em pé na face da terra" (p.117), refere-se aos "processos de produção, transmissão e recepção, o museu que denomina(mos) imaginário – de todas as imagens passadas, possíveis, produzidas e a serem produzidas" (p.6), enfatizando a importância das informações fornecidas pelas imagens, que possibilitam, ao lado das informações abstratas, o estabelecimento de um universo mental, individual e social, fundado em pluralidade e diferenciação.

Concordamos com o autor quando nos diz que o imaginário indica

> uma terceira via de conhecimento, permitindo a entrada de uma nova ordem de realidades. Uma via que privilegia mais a intuição pela imagem que a demonstração pela sintaxe. (2001, p.27)

No trabalho com narrativas pessoais: condições e hipóteses

Na condição de professora nos cursos de licenciatura na Unesp e de coordenadora de diferentes projetos de educação continuada de educadores, venho registrando narrativas e dialogando com elas. Destaco alguns pressupostos ou condições para o diálogo com essas narrativas. Ressalto, ainda, algumas hipóteses que associo à construção de narrativas nos processos de conhecimento.

Condição número um: a valorização das falas exige o planejamento da fala de todos, ou seja, não se pode deixar que apenas os espontaneamente falantes ocupem o espaço de discurso, mas é preciso provocar manifestações individuais, em duplas, em pequenos grupos, para, depois, conquistar-se os fóruns de muitas vozes.

Condição número dois: as classes numerosas, com mais de quarenta estudantes, são prejudiciais à manifestação e ao diálogo com as narrativas de todos.

Tais condições se complementam e apresentam-se como edificações a serem arquitetadas não apenas em cada espaço de formação, mas como política de formação em geral. Apresentam-se, portanto, não como ponto de partida sem o qual nada se dá, mas como mais um espaço a ser conquistado e inaugurado com a decisão de trabalhar com as narrativas dos educadores sobre suas experiências.

Sobre as hipóteses, pude formulá-las em meus encontros com estudantes e educadores e mesclam-se a descobertas situadas em alguns casos. Opto por registrá-las aqui como hipóteses no horizonte do anúncio de pesquisa que poderá, quem sabe, oferecer alguma possibilidade de generalização para além de casos isolados. Vamos a elas.

Hipótese número um: diante da valorização de suas falas, os estudantes falam, ou seja, perguntam, formulam hipóteses, reclamam, expressam-se.

Hipótese número dois: as perguntas são mais importantes que as respostas para construção de clima gerador de narrativas.

Hipótese número três: a linguagem artística favorece a construção de narrativas.

Na categoria "condições", incluo constatações já verificadas em minha experiência que favorecem o diálogo e a manifestação das narrativas dos estudantes.

Na categoria "hipóteses", incluo procedimentos e pressupostos que necessitam ser verificados com maior rigor de sistematização e análise. Para tanto, quatro grupos de educadores, sendo dois em formação inicial e dois em educação continuada, foram destacados para a focalização em pesquisa na tentativa de responder a duas questões centrais:

- qual a relação entre significar a própria experiência e falar sobre a própria experiência?
- quais as condições, ou seja, os procedimentos e instrumentos mais favoráveis à construção de narrativas capazes de conduzir os educadores ao entendimento e criação de suas próprias experiências?

Neste seminário temático, limitei-me a debater com os participantes as questões de natureza teórica aqui apresentadas, bem como as dificuldades epistemológicas que cercam uma investigação na direção que proponho e se encontra em fase inicial de organização dos trabalhos e de planejamento conjunto para delimitação dos temas e objetivos de formação. No interior dessa investigação serão produzidas e analisadas narrativas, bem como discutidas as possibilidades de respostas para as questões aqui anunciadas.

Referências bibliográficas

BAKHTIN, M. *Estética da criação verbal*. São Paulo: Martins Fontes, 1997.

BARTHES, R. *O rumor da língua*. São Paulo: Martins Fontes, 2004.

BENJAMIN, W. *Obras escolhidas, magia e técnica, arte e política*. 6.ed. São Paulo: Brasiliense, 1993.

CHRISTOV, L. H. S.; LIMA, E. F. de; PLACCO, V. M. N. S. A imagem e o imaginário da pedagogia. In: BARBOSA, R. L. L. (Org.). *Trajetórias e perspectivas da formação de educadores*. São Paulo: UNESP, 2004.

CORAZZA, S.; TADEU, T. *Composições*. Belo Horizonte: Autêntica, 2003.

DELEUZE, G. *Diferença e repetição*. Rio de Janeiro: Graal, 1988.

_______. *A lógica do sentido*. São Paulo: Perspectiva, 1998.

DEWEY, J. *Democracia e educação*. São Paulo: Cia. Editora Nacional, 1979.

_______. *A arte como experiência*. São Paulo: Abril, 1980. (Col. Os Pensadores).

DUARTE, J. F. *O sentido dos sentidos*: a educação (do) sensível. Criar Edições, 2001.

DURAND, G. *O imaginário*: ensaio acerca das ciências e da filosofia da imagem. Rio de Janeiro: Difel, 2001.

ESTEVES, M.; RODRIGUES, A. *A análise de necessidades na formação de professores*. Porto: Porto Editora, 1993.

FREIRE, P. *Pedagogia da autonomia*: saberes necessários à prática educativa. 12.ed. São Paulo: Paz e Terra, 1999.

LAKOFF, G.; JOHNSON, M. *Metáforas da vida cotidiana*. Campinas/São Paulo: Mercado de Letras/São Paulo/Educ, 2002.

LARROSA, J. *Pedagogia profana*: danças, piruetas e mascaradas. Belo Horizonte: Autêntica, 2003.

_______. *Linguagem e educação depois de Babel*. Belo Horizonte: Autêntica, 2004.

_______. Algumas notas sobre a experiência e suas linguagens. In: BARBOSA, R. L. L. (Org.). *Trajetórias e perspectivas da formação de educadores*. São Paulo: UNESP, 2004.

LARROSA, J.; SKLIAR, C. (Orgs.). *Habitantes de Babel:* políticas e poéticas da diferença. Belo Horizonte: Autêntica, 2001.

MACHADO, N. J. *Educação*: projetos e valores. Cap. 4, p.125-33. São Paulo: Escrituras, 2000.

MERLEAU- PONTY, M. *O olho e o espírito*. São Paulo: Cosac & Naify, 2004.

ROGERS, C. *Tornar-se pessoa*. São Paulo: Martins Fontes, 1999.

SILVA, T. T. *Documentos de identidade*: uma introdução às teorias do currículo. Belo Horizonte: Autêntica, 2002.

_______. *O sujeito da educação*. Petrópolis: Vozes, 1994.

VIGOTSKI, L. S. *Pensamento e linguagem*. São Paulo: Martins Fontes, 2000.

_______. *Psicologia da arte*. São Paulo: Martins Fontes, 2001.

41

Dez anos de pesquisas sobre formação de professores

Marli E. D. Afonso de André

Introdução

Um tema que vem merecendo muita atenção na literatura especializada da área de educação é o da formação de professores. Nos últimos cinco anos, periódicos de reconhecida importância para a área apresentaram dossiês ou números temáticos que focalizavam o tema da formação docente. Nos principais encontros científicos da área, o número de trabalhos sobre essa temática cresce a cada ano. Nos discursos dos políticos e na mídia, o tema também vem sendo recorrentemente mencionado.

Ao mesmo tempo que cresce o interesse pela temática, surgem questões sobre a natureza dos estudos que vêm sendo produzidos e sobre sua efetiva contribuição à area. Pergunta-se: quais aspectos têm sido privilegiados nos estudos sobre formação de professores? Quais os temas emergentes e quais os silenciados? Que metodologias vêm sendo utilizadas nesses estudos? Que resultados vêm sendo apontados nos trabalhos?

Para tentar responder a essas indagações, surgiram, no final da década de 1980, estudos do tipo *estado-da-arte* ou *estado-do-conhecimento* (Feldens, 1989; Silva, 1991; Warde, 1993) que buscaram mapear a produção acadêmica nesse campo de conhecimento. Mais recentemente, foi feita uma revisão crítica das pesquisas de pós-graduandos, de artigos de periódicos da área, assim como de trabalhos apresentados na Associação Nacional de Pesquisa e Pós-Graduação em Educação (ANPEd) sobre formação de professores, produzidos na década de 1990, que contou com financiamento do Instituto Nacional de Estudos e Pesquisas Educacionais do Ministério de Educação (Inep/MEC). André et al. (1999) coordenaram o trabalho em que foram analisados 284 resumos de dissertações e teses, 115 artigos publicados em dez periódicos e setenta textos apresentados na ANPEd. Os resultados desse balanço do conhecimento mostram que, embora o número de dissertações e teses tenha quase dobrado na década de 1990, os estudos sobre formação docente não cresceram na mesma proporção, permanecendo mais ou menos estável, entre 5 e 7% do total dos trabalhos. A grande maioria desses estudos trata do tema da formação inicial (76%), procurando avaliar os cursos de nível médio ou superior que formam os docentes. Já o conteúdo priorizado nos artigos de periódicos é o da identidade e da profissionalização docente (28,7%), ou seja, investigam concepções e representações dos professores ou aspectos referentes à identidade profissional, vindo em segundo lugar os textos que investigam os processos de formação continuada (26%). Os trabalhos apresentados no GT Formação de Professores da ANPEd concentram interesse no estudo dos cursos de formação inicial (41%), mas um porcentual razoável investiga os processos de formação continuada (22%).

Quanto aos temas emergentes, as pesquisas dos pós-graduandos apontam questões relativas ao meio ambiente e à saúde, ao genêro e à etnia, ao uso de novas tecnologias educacionais na formação docente e nos processos de aprendizagem da docência. Os temas muito pouco investigados são os que dizem respeito às condições de trabalho do professor, à carreira, às formas de associação profissional e às políticas de formação. Também são quase esquecidos nas pesquisas da década de 1990: a formação do professor para atuar nas organizações não governamentais (ONGs), nos movimentos sociais, na educação indígena; a educação a distância nos processos de formação continuada; e a relação do professor com as questões culturais.

O exame das metodologias de dissertações e teses evidenciou que 25% são estudos de um caso, ou seja, focalizam um curso, uma disciplina, uma turma, um professor. São, em geral, estudos pontuais, voltados a aspectos muito particulares da formação docente. Outro tipo de estudo é o que analisa depoimentos (14%), em que o pesquisador utiliza questionário ou entrevista para fazer um levantamento de opiniões ou de representações dos informantes. Também aparecem com certa frequência os relatos de experiência (12%).

Tal síntese integrativa das produções na área de formação docente indicou as tendências mais evidentes na década de 1990, os aspectos de maior interesse e as lacunas ainda existentes. Permitiu uma visualização dos caminhos que vêm sendo trilhados e a identificação de problemas que precisam ser devidamente enfrentados. Parece fundamental agora dar continuidade ao mapeamento para verificar se na década de 2000 as tendências permanecem, se há mudanças e em que direções elas ocorrem.

Dez anos de pesquisa sobre formação docente

Com o propósito de conhecer a situação atual da pesquisa sobre a formação de professores, selecionamos o material relativo ao período que não foi ainda estudado, ou seja, 1999-2004. Nossa proposta, em andamento, está circunscrita às dissertações e às teses defendidas no país nos últimos anos. Como o número de produções é muito grande e a análise, muito complexa, há necessidade de envolvimento de uma grande equipe de pesquisadores, com tarefas muito bem definidas para serem cumpridas em etapas.

Para fins deste texto, fizemos um recorte do mapeamento: concentramo-nos na análise das produções do ano 2002 e fizemos um recuo histórico de dez anos, revendo as produções de 1992. Objetivamos, com isso, comparar a situação de 1992 com a de 2002, verificando o que ocorreu nesse espaço de dez anos.

A fonte de referência para realizar o levantamento dos dados foi o Banco de Dados da Capes, que fornece um resumo de dissertações e teses defendidas na área de educação, de cada programa de pós-graduação. Os dados fornecidos incluem as palavras-chave, a indicação do autor e do orientador e o ano de defesa do trabalho.

Fases de desenvolvimento do trabalho

A primeira fase da pesquisa consistiu na definição do referencial teórico. Foram selecionados para leitura textos sobre estado-da-arte e sobre formação de professores, os quais foram discutidos nos seminários quinzenais da equipe.

Decidiu-se manter as mesmas categorias de análise adotadas no trabalho anterior (André, 2000) para possibilitar comparações ao longo do tempo.

Tomadas as decisões gerais, o passo seguinte foi entrar em contato com a Capes para obter o resumo dde dissertações e teses defendidas em 1992 e 2002. Um das pesquisadoras da equipe ficou responsável pela distribuição eletrônica do material entre os integrantes do grupo.

A leitura dos resumos foi feita individualmente, assim como a tentativa de classificação segundo as categorias: formação inicial, formação continuada, identidade e profissionalização docente, política de formação. As dúvidas sobre a classificação foram discutidas coletivamente até se chegar a um consenso.

Os resumos foram lidos, analisados e classificados, considerando as palavras-chave que apresentavam a expressão ou o descritor "formação de professores", "formação docente", "formação inicial", "formação continuada" e "formação em serviço".

É importante ressaltar que, de início, obedeceu-se à classificação do pesquisador por considerar que este é o mais bem credenciado para enquadrar seu trabalho. Em alguns raros casos, foram incluídos aqueles que não continham a palavra-

-chave, quando era evidente sua relação com o tema da formação. Para isso, todos os resumos da área de educação foram lidos e analisados.

A leitura e a categorização dos dados precisa ser vista dentro dos limites do critério e da fonte empregada. Como no estudo de André (2000), a variação no formato de apresentação dos resumos foi um fator que dificultou a análise, pois alguns destes eram sucintos demais, outros longos e confusos e outros, ainda, incompletos, sem informação sobre o tipo de pesquisa e os procedimentos de coleta de dados. Alguns nem sequer deixavam claros os objetivos do trabalho, e vários outros confundiam metodologia e procedimentos metodológicos, como no trabalho que mencionava "análise documental em fontes primárias para coleta de dados em grupos de estudo". Essas limitações dificultaram e, em alguns casos, prejudicaram a categorização e a análise do conteúdo.

Estudos que não se enquadravam nas categorias previamente definidas foram reunidos em um grupo denominado de "outro". Desse grupo, fizeram parte os trabalhos que, embora tendo as palavras-chave, não tratavam especificamente de formação de professores.

Os resultados da análise

A Tabela 41.1 mostra o número de programas de pós-graduação e de produções tanto na área de educação em geral qunto no campo de formação de professores. Em 1992, foram defendidas 624 dissertações e teses, distribuídas por quinze programas de pós-graduação em educação no Brasil, das quais 35 (5,6%) tratavam do tema formação de professores. Dez anos depois, ou seja, em 2002, havia 59 programas em que ocorreram 1.986 defesas, das quais 502 (25,3%) focalizavam o tema da formação docente. É evidente o crescimento tanto dos programas quanto do interesse pela temática "formação docente".

A Tabela 42.2 apresenta a distribuição da produção dos pós-graduandos sobre formação de professores, segundo os conteúdos abordados. Conforme pode ser observado, das 35 dissertações e teses defendidas em 1992, dezesseis (45,7%) estão relacionadas à formação inicial, nove (25,7%) investigam a formação continuada e sete (20%) abordam aspectos relacionados à identidade e profissionalização docente. Das que tratam de formação inicial, nove se referem a cursos de licenciatura, duas, a cursos de pedagogia e cinco, a cursos de magistério do ensino médio. Das que focalizam a formação continuada, cinco estão voltadas para projetos, propostas, programas e políticas, quatro, para saberes da prática pedagógica e 1 trabalho investiga um curso que é, ao mesmo tempo, de formação continuada e inicial. Dos estudos sobre identidade e profissionalização docente, três tratam de identidade, quatro, de concepções, saberes e representação do professor e nenhum aborda condições de trabalho, organização sindical e plano de carreira. Um estudo analisa a política de formação e um trabalho foi classificado como *outro.*

A mesma Tabela 41.2 mostra que em 2002 foram defendidas 502 dissertações e teses sobre formação docente, das quais 120 (23,90%) investigam cursos de formação inicial, 126 (25,10%), projetos, propostas e programas de formação continuada, 14 (2,79%) estudos se voltam aos cursos de formação continuada para professores leigos em exercício; 189 (37,65%) abordam aspectos relacionados à identidade e profissionalização docente, trinta (5,98%), à política de formação e 23 (4,58%) estudos foram incluídos na categoria *outros.* A categoria formação inicial compreende 61 trabalhos sobre licenciatura, 39 sobre Pedagogia, nove sobre magistério no ensino médio e onze sobre magistério do ensino superior. Na categoria formação continuada foram classificados 47 trabalhos que investigam projetos, propostas e programas de formação, 79, saberes e prática pedagógica. Entre as pesquisas voltadas para o tema de identidade e profissionalização docente, 21 tratam de identidade, 156, de concepções, saberes e representação e treze, de condições de trabalho, organização sindical e plano de carreira.

A comparação de temas e subtemas focalizados nas dissertações e teses de 1992 e 2002 mostra grande mudança. Se na década de 1990 a maioria das pesquisas debruçava-se sobre os cursos de formação inicial, em 2000 a maior parte dos trabalhos investiga questões relacionadas à *identidade e profissionalização docente.*

Qual a razão dessa mudança? Pode-se atribuir tanto à chegada ao Brasil dos escritos de Maurice Tardif sobre os saberes quanto ao crescimento da produção internacional sobre identidade e profissionalidade docente. Pode-se concluir ainda que a tendência apontada por André (2000) de que esse era um tema emergente nas pesquisas dde 1990 veio a se consolidar em 2000.

Deve-se destacar ainda na Tabela 41.2, o número pouco expressivo de trabalhos que tratam de condições de trabalho, organização sindical e plano de carreira dos docentes. Um aspecto tão fundamental no campo da formação docente, como é esse, foi quase esquecido pelos pesquisadores na década de 1990 (André, 2000) e ainda permanece com pouca atenção em 2000. Investigações sobre as políticas de formação aparecem de forma muito tímida em 1990 e crescem pouco em 2000.

No mapeamento da década de 1990 foi apontado como tema silenciado a formação do professor para atuar nos movimentos sociais, na educação de jovens e adultos, na educação indígena e para lidar com a diversidade cultural (André, 2000). Em 2000 o quadro não mudou significativamente. Há pouquíssimos trabalhos que abordam essas temáticas.

A formação do professor para o ensino superior não se constitui, ainda, um enfoque privilegiado nas pesquisas, em ambas os anos analisados. Em 2002, as pesquisas enfatizam a necessidade de formação pedagógica, entendida como algo a ser agregado à formação na área específica. Então, pergunta-se: não haveria outros aspectos da educação superior a serem considerados além da formação pedagógica? Nas dissertações e teses, nessa área, estes aspectos são também silenciados.

A formação inicial nos cursos normais de nível médio deixou de ser tema de interesse dos pesquisadores em 2002. A confirmação desses dados permite levantar o seguinte questionamento: a intervenção do Estado no direcionamento das políticas de formação docente interfere também nos temas de pesquisa, ou seja, o fato de a Lei n. 9394/96 (LDB) definir como necessário o nível superior para a docência levou a um desinteresse pela pesquisa dos cursos de nível médio?

As pesquisas que tratam de conteúdos pedagógicos nos cursos de formação inicial de professores, tanto em 1992 como em 2002, enfatizam disciplinas como a prática de ensino, a didática, as metodologias específicas, sem estabelecer relação direta com o ensino básico. Enfatizam as metodologias das disciplinas dos cursos que formam o docente sem articulá-las com a prática docente do ensino básico. No entanto, algumas pesquisas focalizam metodologias inovadoras que têm o propósito de fazer que o futuro professor transfira essa experiência a seu exercício profissional. Evidencia-se, pela análise dessas pesquisas, que a prática e a formação docente permanecem articuladas circunstancialmente e não de modo intencional.

Os processos reflexivos, que em meados da década de 1990 eram indicados como uma das possibilidades de formação docente, nas investigações de 2002 constituem forte referencial de processos de formação, ou seja, esse tema passou a ser uma diretriz para os programas de formação de professores.

Tipos de estudos e técnicas de pesquisa

A Tabela 41.3 apresenta a distribuição da produção sobre formação de professores segundo os tipos de estudos usados nas investigações de mestrandos e doutorandos em 1992 e 2002. A metodologia mais adotada em 1992 foi o que se denominou estudo de um caso (dez ou 28,58%), seguidos de pesquisa histórica (quatro ou 11,43%) e análise de depoimentos (três ou 8,57%). Os tipos de estudos mais utilizados, em 2002, foram: pesquisas apoiadas na análise de depoimentos (113 ou 22,51%) e estudo de um caso (58 ou 11,55%). O estudo de um caso é um tipo de estudo bem localizado que abrange um número limitado de sujeitos ou uma pequena porção da realidade e, em geral, envolve coleta de dados no contexto de trabalho do pesquisador. Para esse tipo de estudo, o pesquisador faz uso de uma das seguintes técnicas: a entrevista, o questionário, a observação, a análise de documentos ou uma combinação destas. O que se denominou estudo do tipo análise de depoimentos são, em geral, estudos que usam entrevista e relatos escritos para levantamento de opiniões. Há, portanto, forte aproximação dos trabalhos dos dois períodos quanto à metodologia utilizada.

É preciso salientar que em 1992 não foi possível identificar a metodologia empregada em um quarto das pesquisas. Já em 2002, esse porcentual diminui para 11,1% (56 estudos), o que parece positivo, porque mostra que os pesquisadores estão se preocupando mais com a identificação da metodologia. No entanto, ainda é bastante preocupante que pesquisas acadêmicas, que passaram por orientação e bancas, não deixem clara a metodologia utilizada. Como se pode dizer que é realmente uma pesquisa, se não há clara descrição da metodologia adotada?

Como regra geral, respeitou-se a caracterização do estudo feita pelo pesquisador, declarada no resumo. No entanto, em alguns casos, a especificação da metodologia foi definida após a leitura do resumo, pelo contexto em que foi realizada a pesquisa e pelas técnicas usadas para coletar os dados. Em algumas pesquisas, a caracterização feita pelo autor apresentava um agrupamento de tipos de pesquisa. Por exemplo, um autor caracteriza sua pesquisa como "exploratório-descritiva de caráter qualitativo com enfoque histórico e dialético". Qual o significado deste leque? É pertinente este tipo de junção? Talvez uma análise da pesquisa como um todo, e não apenas do resumo, pudesse explicar a dimensão dada pelo autor.

Conforme se observa na Tabela 41.4, em 2002, entre as técnicas mais utilizadas estão: entrevistas (209), análise de documentos (148), observação (98), questionário (81), diário (51), ou uma combinação destas. Mas, além dessas técnicas, as pesquisas coletaram dados por meio de videografia (onze) e grupo de discussão (vinte), mesmo que um número significativo (115 trabalhos ou 15,27%) de pesquisa não tenha informado a técnica utilizada. As técnicas mais usadas, em 1992, foram análise de documento (oito) e diário (sete). Pela leitura dos resumos, pôde-se verificar que começava a haver uma combinação de técnicas, mas um número muito significativo (dezoito trabalhos ou 51,43%) não informou a técnica adotada.

Os estudos de 2002 apresentam, em sua maioria, combinação de duas ou mais técnicas. Nesse processo, predominou a entrevista associada à análise de documento, ou a entrevista associada ao questionário. Em alguns casos, a entrevista aparece associada ao questionário e à análise de documentos, em outros à observação.

O questionário não foi mencionado nas pesquisas de 1992, mas apareceu como importante técnica de coleta de dados para um número significativo de pesquisas em 2002 e foi utilizado em 81 estudos combinado com entrevista e/ou com análise de documento e/ou com a observação. Parece que o preconceito sobre estudos quantitativos vai, aos poucos, sendo superado.

O que dizem as pesquisas sobre formação de professores?

A comparação das pesquisas sobre formação de professores em dois momentos de um intervalo de dez anos permitiu-nos observar mudanças, permanências, conquistas e problemáticas.

Quanto aos aspectos privilegiados nas pesquisas houve grande mudança no decênio. Em 1990, a atenção da grande maioria dos pesquisadores estava voltada para os cursos de formação inicial. Em 2002, é o professor o maior foco de interesse. Busca-se conhecer as concepções e as representações deste sobre, por exemplo, a inclusão. Busca-se investigar a natureza e as fontes de saberes docentes, os processos de constituição da identidade docente.

Uma pergunta que se pode fazer é: qual a contribuição dessas pesquisas? Conhecer as opiniões e as representações dos docentes nos leva aonde? Outra pergunta é: será que já temos suficiente conhecimento acumulado sobre a formação inicial? Se é na formação inicial que se constroem as bases para uma atuação docente comprometida e responsável e se há ainda muitas questões sobre como formar um profissional competente, não se deveria continuar as pesquisas sobre formação inicial?

A comparação das pesquisas sobre formação de professores das décadas de 1990 e 2000 mostrou que não houve grande alteração nas metodologias ao longo do período. Em 1992, a maior parte dos trabalhos concentra-se no estudo de um caso, que é coerente com o tema de maior interesse: um curso, uma disciplina, uma sala de aula de um curso de formação inicial. Em 2002, grande parte das pesquisas se serve de análise de depoimentos para inventariar concepções, opiniões, representações, saberes dos professores. Essas duas formas de pesquisa reforçam algumas críticas persistentes na pesquisa educacional brasileira, ou seja, do recorte estreito, da fragmentação, do conhecimento parcial e superficial da realidade.

Tratando-se de investigações desenvolvidas no contexto dos programas de pós-graduação, a constatação dessas fragilidades nos leva a refletir sobre a necessidade de constituir grupos de pesquisa que permitam o estudo aprofundado de um objeto, com possibilidade de concentração em um referencial teórico comum, visto sob diferentes olhares, mas com um único foco de interesse. Afinal, a construção do conhecimento se faz no coletivo e os grupos de pesquisa podem ser espaços ricos de produção. Isso não ajudaria a diminuir a pulverização das temáticas e a superar a fragilidade teórica dos estudos?

O exame comparativo dos trabalhos produzidos nessa década indicou como conquista, a indicação pelo pesquisador, das metodologias e dos instrumentos de coleta de dados, embora haja um número não desprezível que não indica claramente os caminhos da investigação.

Outro ponto positivo quanto às questões metodológicas é a combinação de instrumentos de coleta de dados a que recorrem os pesquisadores para desenvolver seus trabalhos. Isso mostra certo consenso sobre a necessidade de captar diferentes pontos de vista, sob diferentes ângulos, para dar conta de um objeto tão complexo, como é a formação de professores.

Referências bibliográficas

ANDRÉ, M. et al.. Estado da Arte da Formação de Professores no Brasil. *Educação e Sociedade*, n. Especial 68, Campinas: CEDES, 1999, v.XX, f.VII, p.301-9.

ANDRÉ, M. A pesquisa sobre formação de professores no Brasil – 1990-1998. In: CANDAU, V. M. (Org.). *Ensinar e aprender:* sujeitos, saberes e pesquisa. 2.ed. Rio de Janeiro: DP&A, 2000. p.83-100. (X ENDIPE).

CAPES. Resumos de teses e dissertações. Brasília, 2003.

FELDENS, M.G.F. *A pesquisa em educação na formação de professores:* contribuições e desafios. Trabalho apresentado no V Encontro de Didática e Prática de Ensino, Belo Horizonte, MG, 1989.

SILVA, R.N. *Formação de professores no Brasil:* um estudo analítico e bibliográfico. São Paulo: Fundação Carlos Chagas, REDUC, 1991.

WARDE, M. J. *A produção discente dos programas de pós-graduação em educação no Brasil (1982-1991):* avaliação e perspectivas. Porto Alegre: ANPEd/CNPq, 1993.

Apêndices

Tabela 41.1 Total de programas, trabalhos e tese e dissertações sobre formação de professores no Brasil – 1992 e 2002

Ano	Número de programas	Total de trabalhos na área de educação	Número de teses e dissertações sobre formação de professores	Porcentagem de teses e dissertações sobre formação de professores
1992	15	624	35	5,6
2002	59	1986	502	25,3

Fonte: Organizada com base no Banco de Dados da Capes – 2003/2004.

Tabela 41.2 Distribuição da produção de mestrandos e doutorandos sobre formação de professores segundo os conteúdos abordados no Brasil – 1992 e 2002

Categorias	Subcategorias	1992	%	2002	%
1. Formação inicial	1.1 Licenciatura	9	25,7	61	12,2
	1.2 Pedagogia	2	5,7	39	7,8
	1.3 Magistério Ensino Médio	5	14,3	8	1,5
	1.4 Magistério Ensino Superior (curso normal superior, instituto superior...)	0	0	11	2,4
Subtotal		16	45,7%	120	23,9%
2. Formação continuada	2.1 Projetos, propostas, programas/políticas	5	14,3	47	9,4
	2.2 Saberes e prática pedagógica	4	11,4	79	15,7
Subtotal		9	25,7%	126	25,1%
3. Formação inicial e continuada		1	2,8	14	2,8
Subtotal			2,8%		2,8%
4. Identidade e profissionalidade docente	4.1 Estudos de identidade	3	8,5	20	4
	4.2 Concepções, saberes, práticas e representações	4	11,5	168	31,1
	4.3 Condições de trabalho, organização sindical, plano de carreira	0	0	13	2,5
Subtotal		7	20%		37,6%
4.4 Política e formação		1	2,8	30	6
5. Outros		1	2,8	23	4,6
Total		35		502	

Fonte: Organizada com base no Banco de Dados da Capes – 2003/2004.

Tabela 41.3 Distribuição da produção sobre formação de professores, segundo os tipos de estudos no Brasil – 1992 e 2002

7. Tipo de estudo	1992	%	2002	%
7.1 Estudo de um caso (microestudo)	10	28,5	58	11,5
7.2 Análise de depoimentos (opiniões)	3	8,6	115	22,9
7.3 Estudo de caso	1	2,8	42	8,4
7.4 Pesquisa teórica	2	5,8	9	1,8
7.5 Pesquisa bibliográfica	0		9	1,8
7.6 História de vida, história oral e autobiografia	1	2,8	26	5,2
7.7 Pesquisa histórica	3	11,4	39	7,8
7.8 Pesquisa-ação	0		17	3,4
7.9 Pesquisa-ação colaborativa	0		9	1,8
7.10 Pesquisa etnográfica	1	2,8	23	4,6
7.11 Análise da prática pedagógica	2	5,8	32	6,3
7.12 Estudo descritivo / exploratório	0		42	8,4
7.13 Levantamento	2	5,8	15	3
7.14 Análise de prática discursiva/ inovativas			10	2
7.15 Não consta	7	25,7	56	11,1
Total	35		502	

Fonte: Organizada com base no Banco de Dados da Capes – 2003/2004.

Tabela 41.4 Distribuição da produção sobre formação de professores, segundo as técnicas de pesquisa no Brasil – 1992 e 2002

8.	Técnicas de pesquisa	1992	%	2002	%
8.1	Diário/relato escrito/relato oral	7	18	9	6,8
8.2	Associação livre	0		9	1,2
8.3	Resolução de problemas	0		4	0,5
8.4	Grupo focal/entrevista coletiva	0		7	0,9
8.5	Entrevista	2	5	209	27,7
8.6	Análise de documento	8	20	148	19,7
8.7	Questionário	0		81	10,7
8.8	Observação	4	10	98	13
8.9	Videografia	0		11	1,5
8.10	Grupo de discussão/reuniões	0		20	2,7
8.11	Não consta	19	47	115	15,3
		39		502	

Fonte: Organizada com base no Banco de Dados da Capes – 2003/2004.

42

A pesquisa na formação de professores

Elsa Garrido
Iria Brzezinski

O presente estudo apresenta resultados parciais sobre a contribuição das dissertações de mestrado e teses de doutorado, defendidas nos programas de pós-graduação credenciados pela Capes no período 1997-2002, sobre o papel da pesquisa na formação inicial, no desenvolvimento profissional docente e na formação de formadores, destacando a especificidade de conteúdos abordados, de abordagens teórico-metodológicas, de caminhos percorridos e de desafios vividos.

Tal pesquisa integra um projeto mais amplo denominado Estado do Conhecimento sobre Formação de Profissionais da Educação no Brasil, no período 1997-2002, coordenado pela professora profa. dra. Iria Brzezinsdi, que dá continuidade ao Estado do Conhecimento sobre Formação de Professores no Brasil, no período 1990-1996.[1] Ambos os projetos foram fruto de convênio entre a ANPEd e o Inep, e financiados pelo Programa das Nações Unidas para o Desenvolvimento (Pnud).

Quão expressiva é a produção que trata do papel da pesquisa na formação inicial e continuada do professor na produção discente dos programas de pós-graduação do Brasil nos dois períodos considerados? Que características têm marcado esse tipo de formação e quais seus impactos na mudança de representações e

1 ANDRÉ, M.E.D.A.; ROMANOWSKI, J. O tema da Formação de professores nas dissertações e teses (1990-1996). In: ANDRÉ, M.E.D. A. (Org.). *Formação dos professores no Brasil (1990-1998)*, Série Estado do Conhecimento, nº 6. Brasília, MEC/Inep/Comped:17-33, 2002.

práticas dos professores, na aprendizagem dos alunos e na cultura escolar? Como se dá o processo de aprender a pesquisar a própria prática, atividade nova para o professor? Que condições favorecem ou dificultam esse tipo de formação e sua consolidação na cultura organizacional? Qual o papel do pesquisador e da universidade nesse processo?

A partir da nova LDBEN 9.394/96, muitos programas de formação continuada foram implementados. Vários deles se inspiraram na perspectiva do professor-pesquisador. As universidades tiveram papel importante nesse movimento. Criaram-se e consolidaram-se parcerias entre universidades e escolas. Núcleos de pesquisa reuniram pesquisadores, professores e licenciandos. Pesquisadores e professores tornaram-se parceiros e colaboradores em projetos inovadores. Daí a importância do estudo de dissertações e teses que descrevem e analisam muitas dessas experiências.

Aqui apresentamos os primeiros resultados, mapeando a produção do professor reflexivo no conjunto da produção discente dos programas de pós-graduação em Educação. Esses primeiros resultados são parciais porque cobrem parte do período levantado, os anos 1997-2000.

A perspectiva do professor-pesquisador

A concepção de que a pesquisa que o professor empreende sobre sua prática contribui para a qualidade do ensino e da aprendizagem tornou-se um movimento vigoroso no mundo, destacando-se a produção de alguns centros liderados, entre outros por Schon, Shulman, Zeichner, Cochran-Smith, Lytle, Fullan, Popkewitz e Giroux nos Estados Unidos, Stenhouse e Elliott na Inglaterra, Carr, Kemmis e Baird na Austrália, Gimeno Sacristán, Gil Perez e Contreras na Espanha, Alarcão e Nóvoa em Portugal.

Ser professor investigativo significa buscar esclarecer os problemas que ele e seus colegas vivenciam no cotidiano escolar, problemas de início confusos e polêmicos, porque envolvem pessoas, valores, crenças, interesses, frequentemente em conflito; significa aprofundar a compreensão dessas questões, procurando ouvir e respeitar os diferentes atores (professores, alunos, pais), para propor alternativas aceitáveis pelo grupo, a serem experienciadas, analisadas e aperfeiçoadas, tornando o ensino pesquisa, pesquisa na ação. Nesse contexto, o papel do professor ganha expressão e a escola passa a ser um espaço privilegiado de formação profissional.

A "reflexão na ação" faz o profissional tomar consciência de sua forma intuitiva e tácita de atuar. Introduz o pensar no fazer. Torna sua ação lúcida, não rotineira, atenta e sensível – como bem expressa uma professora participante de um grupo de pesquisa colaborativa centrada na escola:

> Passei a sentir-me sujeito de minha prática, pois passei a colocar como objeto de estudo a minha própria ação como professora. Vejo que a prática cotidiana do professor é um desafio permanente, que resiste a fórmulas ou soluções prontas. Na realidade é um convite para um ensino criativo, experimental e que permite pesquisa na ação. (Garrido, 2000)

A "pesquisa na prática" ou "reflexão sobre a reflexão na ação", em que os professores envolvidos ressignificam suas práticas e propõem novas estratégias de ação, torna o próprio processo de intervenção objeto de pesquisa. A natureza processual marca a investigação reflexiva. O professor-pesquisador, ao intervir, muda a realidade que estuda. E ele próprio também se modifica: passa a ter outra compreensão da situação. Por sua vez, os outros agentes também mudam a realidade, como resposta às inovações introduzidas. Cria-se uma espiral de mudança que precisa ser conhecida, para poder ser aperfeiçoada.

A credibilidade da reflexão do professor foi desde o início posta em questão: o termo *reflexão* é genérico e ambíguo; o fato de o sujeito investigar seu próprio trabalho introduz alto grau de subjetividade e viés às análises. Daí a importância do caráter intersubjetivo do processo reflexivo e da socialização dos resultados, que submete o trabalho à apreciação dos pares e do público em geral. A necessidade de tornar o trabalho educativo público obriga o professor a explicitar e fundamentar suas opções, a sistematizar a reflexão, a organizar e (d)escrever seu fazer. Tudo isso contribui para o desenvolvimento profissional e para a qualificação do ensino. O professor torna-se mais metódico: registra, documenta. Sua observação e interpretação se aguçam.

Reconhecer os constrangimentos sociológicos, históricos e ideológicos das práticas pedagógicas e da cultura escolar dá à reflexão dimensão "crítica", dá à intervenção caráter emancipatório, tornando-o o professor agente de transformação social.

Noffke (1997), Crochran-Smith e Lytle (1999) Zeichner (2003) e Borko (2004) examinaram pesquisas e programas cujos projetos de formação continuada baseiam-se na perspectiva do professor pesquisador, procurando pôr em evidência os contextos em que ocorreram, as condições que favoreceram o desenvolvimento profissional dos docentes envolvidos, as mudanças que trouxeram para a cultura escolar e as características que marcaram esse tipo de formação.

Todos os estudos reconheceram a relevância da pesquisa do professor na formação, no desenvolvimento profissional e na mudança da cultura escolar. Ela tem efeitos profundos sobre os professores participantes: tornam-se mais autônomos, mais criativos, mais abertos a mudanças, mais capazes de analisar seu ensino e a aprendizagem dos alunos, mais comprometidos com a profissão e entusiasmados com o ato de ensinar.

Foram fatores importantes no processo de desenvolvimento profissional docente: a) partilha, o trabalho em grupo, os projetos conjuntos; b) registro e documentação da prática pedagógica (vídeos de aulas, produções dos alunos etc.); c) papel do pesquisador (respeito, lastro, introdutor de desafios intelectuais e de orientação); d) rotinas e normas de interação e de compromisso com o grupo; e) socialização da experiência: redes entre professores, publicação, apresentação em congressos.

Gerar uma cultura de pesqusa que respeita o professor não se impõe de cima para baixo. É preciso reconhecer seus saberes e suas prioridades investigativas, centrando as pesquisas em questões e temas dos professores. Quando o programa não respeitou a temática do professor, orientando a pesquisa segundo as prioridades apresentadas pelo sistema municipal de ensino, observou-se tensão no grupo. Respeitar os saberes dos professores não significa aceitar acriticamente sua colaboração. Cabe ao pesquisador-colaborador a arte de desafiar intelectualmente os participantes, desencadeando desiquilíbrios produtivos. Cabe também orientá-los nos caminhos da pesquisa, atividade nova para os docentes. Criar rotinas de estudo, de organização das atividades do grupo. E ainda dar-lhes apoio, criando condições protegidas e reforçadoras para os riscos e as dificuldades da tarefa de repensar-se e de repensar a escola (Zeichner, 2003).

A cultura de análise não é espontânea. É complexa, arriscada. Ocorre sob pressão de tempo e de conflitos (valores, crenças, interesses, ideologias). O desenvolvimento de comunidades investigativas demanda tempo: pelo menos um ano, com reuniões a cada três semanas. Após o primeiro ano, observa-se salto de qualidade na capacidade investigativa dos professores: tornam-se mais aguçados nas interpretações, mais sensíveis ao raciocínio dos alunos, passam a criar estratégias instrucionais, veem suas salas de aula como espaços onde também aprendem. Núcleos e instituições com grupos consolidados produziram projetos diversificados e mudanças mais significativas no ensino e na aprendizagem, graças ao amparo, à identidade, ao compromisso grupal e à existência de rotinas normatizadas (Borko, 2004).

O impacto desses resultados esbarra na centralização do sistema educacional, na desvalorização da profissão e nas condições de trabalho docente.

Zeichner (2003) pontua, entretanto, algumas limitações nas pesquisas examinadas. Por um lado, muitos relatos não constituem pesquisa, porque a experiência desenvolvida não foi registrada, não houve uma forma sistemática de implementação, as reuniões não tiveram agenda – foram vivências de partilhas, sem exploração sistemática das questões. Por outro, muitos relatos de pesquisa trazem pouca informação sobre as condições que favoreceram o processo de desenvolvimento profissional dos professores e sobre as rotinas das reuniões: que normas de funcionamento foram sendo criadas e modificadas? Como se deu a organização dos pequenos grupos? Que orientações foram dadas aos professores sobre a nova natureza investigativa que seu trabalho passou a ter? O que registrar? Como registrar? Que tipos de registro? Como analisá-los? Como escrever o relatório de pesquisa? Assinala ainda que são poucas as pesquisas sobre o impacto dessa perspectiva formativa sobre os alunos e sobre a cultura escolar.

As contribuições da literatura aqui consideradas permitem-nos apreciar melhor as contribuições de dissertações e teses brasileiras sobre a pesquisa do professor, produzidas na última década.

Metodologia da pesquisa

O levantamento e a análise das dissertações de mestrado e teses de doutorado, defendidas nos programas de pós-graduação do Brasil credenciados pela Capes, no período de 1997-2002, realizou-se em três etapas:

a) levantamento documental que teve por objetivo levantar os resumos das dissertações e teses sobre a temática em tela nos cinquenta programas (Relatório Descritivo I, 2004);
b) leitura integral de uma amostra da produção discente levantada e elaboração de resumos analíticos sobre ela (Relatório Analítico I, 2004); e
c) mapeamento dos resumos analíticos segundo categorias, de modo que se oferecesse uma visão geral organizada da produção, possibilitando o registro de tendências ou lacunas nas temáticas investigadas e comparações com a produção no período 1990-1996 (Relatório Analítico II, 2005).

Para empreender o levantamento documental, objeto da primeira etapa da pesquisa, foi feita uma consulta ao acervo da Associação Nacional de Pós-graduação e Pesquisa em Educação (ANPEd). Fez-se uma busca também na homepage da Coordenação de Aperfeiçoamento de Pessoal de Nível Superior (Capes), em particular no Relatório de Avaliação de Programas de Pós-Graduação Stricto Sensu da Área de Educação (2003), do qual constam os resumos sintéticos da produção discente[2].

2 Foram selecionados todos os resumos que continham em seu texto os seguintes descritores ou palavras-chave: formação de professor, formação do educador, formação docente, formação inicial, magistério de segundo grau, escola normal, HEM, Cefam, professor leigo, pedagogia, licenciatura, instituto de educação superior, escola normal superior, formação continuada, formação de formadores, formação à distância, estágio, prática, práticas docentes, práticas pedagógicas, sala de aula, discurso em sala de aula, relação professor-aluno, representações do professor, concepções do professor, desenvolvimento profissional docente, professor reflexivo, professor investigativo, políticas de formação, LDBEN, identidade, profissionalização, profissionalidade, saberes, competências, histórias/vida de professores, gênero, representações sobre o professor.

A insuficiência de dados contidos nos resumos exigiu a leitura integral do material, para uma análise mais informada sobre a natureza das pesquisas existentes. Demos início à segunda etapa deste estudo. Sobre cada uma das dissertações e teses examinadas, foi feito um resumo analítico que seguiu o padrão definido pelo Reduc (Rede Latino-americana de Difusión Educativa). Cada resumo contém os seguintes itens: título do trabalho, autor, natureza (dissertação de mestrado ou tese de doutorado), número de páginas e de anexos, orientador, instituição, ano, referência bibliográfica da dissertação ou tese, palavras-chave, dados gerais sobre a pesquisa (objetivos, enfoque, linha teórica e seus principais autores, contexto e sujeitos da pesquisa), metodologia, resultados, conclusões e quantidade de obras nacionais e estrangeiras referenciadas no trabalho.

Quanto à amostra de programas cujas dissertações e teses seriam integralmente lidas e analisadas, foram estabelecidos critérios para assegurar a representatividade do universo. Os programas a serem selecionados deveriam:

- espelhar a diversidade institucional, constituída por universidades públicas, comunitárias e privadas;
- contemplar a proporção dos programas de mestrado e doutorado consolidados e mais antigos em relação ao universo de programas existentes; e
- reproduzir a diversidade de localização geográfica dos programas entre as várias regiões do país.

Das 748 obras examinadas, cinco foram eliminadas por não focalizarem o tema da formação na investigação, mencionando-o apenas nas conclusões.

O material contido nos 743 resumos analíticos foi organizado e sistematizado de acordo com sete grandes categorias: Concepções de Docência e de Formação de Professores, Políticas de Formação, Formação Inicial, Formação Continuada, Trabalho Docente, Identidade e Profissionalização e Revisão da Literatura.

Considerando a insuficiência dos dados contidos nos resumos, empreendemos a leitura de amostra representativa desse universo. Graças à colaboração de vários pesquisadores, elaboramos resumos expandidos (padrão Reduc) sobre 748 títulos.

Resultados

Universo da produção discente dos Programas de Pós-graduação de Educação nos períodos 1990-1996 e 1997-2002

O campo da investigação sobre Formação dos Professores se alarga no período 1997-2002, tanto quantitativa quanto qualitativamente, quando comparado ao período anterior 1990-1996.

Os enfoques e as linhas teóricas sobre a temática são mais diversificados. Com efeito, a amplitude da concepção, a diversidade de enfoques teóricos, a pluralidade de temáticas e questões, a multiplicidade de experiências formativas espelham as profundas e rápidas mutações científicas, tecnológicas e culturais da sociedade do conhecimento.

A Tabela 42.1 mostra o conjunto de dissertações e teses produzidas nos programas de pós-graduação de educação nos períodos 1990-1996 e 1997-2002.

Ao longo dos dois períodos considerados, 1990-1996 e 1997-2002, o número de programas de pós-graduação de educação mais que dobrou. De dezesseis programas com dissertações defendidas em 1990, passamos para 24 em 1996 e para cinquenta em 2002. A produção também cresceu de modo significativo. Registramos no segundo período um total de 8.085 títulos, representando aumento de 89% em relação à produção de 4.492 estudos levantada no Primeiro Estado do Conhecimento, compreendido no período 1990-1996.

Tabela 42.1 Produção discente dos programas de pós-graduação em educação nos períodos 1990-1996 e 1997-2002

Período	Intervalo	Programas	Total	Formação de professores	
1990-1996	7 Anos	16 / 24	4.493	284	6%
1997-2002	6 Anos	50	8.085	1769	22%

A temática da Formação de Professores foi objeto de 1.769 trabalhos, representando 22% do conjunto da produção discente, em comparação com os 204 títulos levantados no período anterior e representaram apenas 6% da produção na época. O crescimento significativo da pesquisa sobre Formação e Profissionalização Docente é reflexo do momento histórico, marcado por reformas educacionais e pela preocupação da academia em relação à qualidade do ensino público.

Dissertações e teses sobre Formação dos Profissionais da Educação na Amostra de 23 Programas

O universo de 1.769 de dissertações e teses serviu de ponto de partida e base de referência para a seleção de uma amostra representativa formada por 23 Programas, cuja produção somou 743 títulos, a respeito dos quais foram elaborados resumos expandidos, a partir da leitura integral dos mesmos.[3] O corpus de nosso estudo é, portanto, constituído pelos 743 resumos expandidos.[4]

Do total de 743 pesquisas, 552 são dissertações de mestrado e 189 são teses de doutorado. A maioria das instituições da amostra só tinha programa de mestrado até 2002. Apenas nove dos 23 programas tiveram doutorado defendido até 2002. São eles: PUC-SP, UFF, UFG, UFMG, UFRN, UFSC, UFSCar, UnB e USP.

A Tabela 42.2 mostra a distribuição das dissertações e teses dos 23 Programas da Amostra por ano e por categoria.

Tabela 42.2 Distribuição da dissertações e teses dos 23 Programas da amostra por ano e por categoria

	Concepções de docência e de formação de professores	Políticas de formação de professores	Formação inicial	Formação continuada	Trabalho docente	Identidade e profission. docente	Revisão de literatura	
Anos								**Total**
1997	8	3	19	8	28	14	1	**81**
1998	3	4	18	14	27	6	1	**73**
1999	7	6	14	11	45	5		**88**
2000	5	4	37	29	41	2	1	**119**
2001	10	16	39	25	46	16	1	**153**
2002	19	27	37	24	86	27	9	**229**
Total	**52**	**60**	**164**	**111**	**273**	**70**	**13**	**743**

Fonte: Brzezinski, 2004.

Graças ao aumento do número de programas, a produção cresceu muito a partir de 2000. A categoria mais pesquisada foi Trabalho Docente com 273 produções. Formação Inicial foi o segundo tema mais investigado, com 164 trabalhos, seguindo-se Formação Continuada, com 111 pesquisas. Identidade e Profissiona-

3 Programas da amostra: Região Sul – PUC-/PR, UEL, UEM, UFPR, UFSC, Unijuí; Região Sudeste – PUC-/SP, Ufes, UFSCar, UFF, UFMG, UFU, Umesp, USP; Região Centro-Oeste – UCDB, UCG, UFG, UFMT, UnB; Região Nordeste – UFPB/JP, UFPE, Ufpi, UFRN; Região Norte – nenhuma.

4 Para ler e elaborar os resumos expandidos, contamos com a colaboração de pesquisadores pertencentes aos programas.

lização Docente foi objeto de setenta trabalhos. Políticas de Formação de Professores foram abordadas em sessenta pesquisas e Concepções de Docência e de Formação de Professores, em 52. Finalmente, treze estudos fizeram Revisões da Literatura sobre Formação de Professores.

Comparando os dados com os resultados do Estado do Conhecimento no período 1990-1996, constata-se aumento considerável da produção discentes dos programas de pós-graduação em educação. Registre-se que nossa casuística constitui uma amostra da produção no período, que representa apenas 46% do total das dissertações e teses defendidas entre 1997 e 2002, enquanto o levantamento da produção relativo a 1990-1996 refere-se ao universo de produção da área. Nesse primeiro estudo, a categoria que mais congregou trabalhos foi Formação Inicial, tendo em vista que, das 284 teses e dissertações, 216 se ocuparam dessa temática. Formação Continuada foi investigada em 42 trabalhos, incluindo-se entre eles seis pesquisas sobre Práticas Docentes, em nosso estudo designada como Trabalho Docente. Identidade e Profissionalização Docente foram objeto de 26 pesquisas.

A perspectiva do professor pesquisador nas dissertações e teses – período 1997-2000

Quão expressiva foi a produção sobre o professor pesquisador na amostra que investigamos?

Conforme mencionamos a pesquisa ainda está em andamento. Temos apenas o mapeamento do período compreendido entre 1997 e 2000.

A Tabela 42.3 apresenta o número de pesquisas que se baseiam nos pressupostos teóricos do movimento do professor pesquisador em comparação com o total de dissertações e teses da amostra no mesmo período.

Tabela 42.3 Frequência de trabalhos sobre o professor pesquisador no total de dissertações e teses da amostra por categoria no período 1997-2000

	Total da amostra	Professor-pesquisador
Concepções de docência e de FP	23	8
Políticas de formação de professores da educação	17	
Formação inicial	88	12
Formação continuada	62	49
Trabalho docente	141	84
Identidade e profissionalização docente	27	
Revisão da literatura	3	
Total	361	153

Do total de 363 títulos, 153 realizam a pesquisa segundo os pressupostos do paradigma da racionalidade prática, indicando o reconhecimento e a valorização da academia em relação ao potencial formativo da perspectiva do professor pesquisador de sua prática.

As profundas mudanças culturais e tecnológicas da sociedade do conhecimento aumentaram a demanda social de educação com qualidade. A nova Lei de Diretrizes e Bases da Educação de 1996 acarretou amplo conjunto de reformas políticas, visando a modificar substancialmente o sistema brasileiro de educação, as práticas pedagógicas e, em decorrência, a formação dos professores. Por outro lado, o próprio movimento da pesquisa sobre a docência e o trabalho docente colocou em xeque o paradigma da racionalidade técnica que caracterizava a formação inicial e continuada do professor. Essas transformações exigiam profundo repensar sobre as concepções de docência e de formação desse profissional e sobre as políticas de formação de professores.

A abordagem da perspectiva do Professor Investigativo é recente: não aparece no Estado do Conhecimento sobre Formação de Professores no Brasil realizado no período 1990-1996 (André, 2002).

Das 23 dissertações e teses que empreenderam o estudo teórico da questão, oito estudos consideraram os pressupostos do novo paradigma da racionalidade prática e de suas consequências para a formação de professores. Entretanto, a maior parte das pesquisas desenvolvidas no período 1997-2000 limitou-se aos aportes didático-metodológicos subjacentes ao exercício da docência nas diferentes disciplinas da Educação Básica e suas implicações na formação do futuro professor.

Formação Inicial foi investigada em 88 trabalhos. As dissertações e teses abordaram a Escola Normal, Habilitação do Magistério do Ensino Médio e Centros de Formação do Magistério (Cefam); o curso de Pedagogia; as Licenciaturas. Poucas consideraram os Institutos Superiores de Educação. A formação do Professor Pesquisador foi objeto de doze pesquisas-ação, em que os autores, na qualidade de formadores, desenvolveram em suas disciplinas nos cursos de Pedagogia e de Licenciatura atividades de estágio em que os alunos aprendiam a observar as interações em sala de aula e a registrar aspectos da cultura escolar, implementavam projetos de intervenção em sala de aula, registravam suas experiências, analisavam-nas e partilhavam-nas nos encontros da faculdade, em um processo de reflexão sobre a ação. Por vezes, tais atividades centravam-se em uma escola parceira. Outras vezes, o projeto envolvia articulação de ensino, pesquisa e extensão. Houve experiências menos complexas que partiram da partilha da história de vida dos licenciandos, histórias de vida como alunos e professores. Uma pesquisa analisou o processo de construção do projeto pedagógico do próprio curso formador.

O período 1997-2002 foi marcado pelo investimento em programas de formação continuada envolvendo grande número de professores da Escola Básica. Foram desenvolvidos pelas Secretarias Estaduais e Municipais de Educação, por sindicatos, ou por parcerias entre centros de formação e Secretarias de Educação. Houve, também, projetos de pesquisa menores, de caráter colaborativo, centrados na escola. Nesses casos, o processo de reflexão sobre as práticas docentes e de mudança da cultura da escola contou com a assessoria de pesquisadores. Houve ainda parcerias pontuais entre pesquisadores e professores da rede pública. Em geral, esse último grupo de projetos foi constituído por pesquisadores e professores de uma mesma disciplina e os encontros se deram no Centro de Ensino Superior. Nos últimos anos do período surgiu, um novo tipo de parceria entre pesquisadores, em que um deles exerceu o papel de colaborador da formação continuada de seu colega de ensino superior.[5]

É importante assinalar a mudança de paradigma que fundamentou os programas de formação continuada nos anos finais da década de 1990. Enquanto no Primeiro Estado do Conhecimento, que abrange o período 1990-1996, dominou o paradigma da racionalidade técnica, operacionalizado por meio de programas de "treinamento" ou cursos de atualização, neste Segundo Estado do Conhecimento, que cobriu o período 1997-2002, registra-se o predomínio do paradigma da racionalidade prática como fundamento para a grande maioria dos programas em que os centros formadores, em particular, as universidades, atuaram como parceiros ou colaboradores. Se antes era indispensável o professor se afastar do lugar de trabalho para realizar sua formação continuada em cursos de capacitação, alternativa saudável para conhecer novas propostas de ensino e melhorar sua prática, na atualidade penetra na literatura e nas práticas pedagógicas o conceito de professor reflexivo, e por analogia de escola reflexiva que estimula a formação continuada no próprio ambiente de trabalho:

O conjunto das dissertações e teses sobre Formação Continuada totalizou 62 títulos, entre 1997-2000. Destinaram-se quase exclusivamente aos profissionais que atuam no Ensino Fundamental.

Cursos e oficinas de formação continuada que se destinaram a professores de uma mesma disciplina também foram frequentes, mas, em decorrência do grande leque de disciplinas, a casuística em cada caso foi relativamente baixa. As disciplinas mais contempladas foram Língua Portuguesa (alfabetização e leitura), Ciências, Matemática e Educação Física.

Relatos de formação continuada centrada na escola, que expressam a opção pela continuidade da formação em situação de trabalho, foram pouco frequentes.

---

5 Os trabalhos que analisaram pesquisas conduzidas pelos próprios autores das dissertações e das teses constituem exemplos de autofomação continuada. Foram incluídas na categoria Trabalho Docente como exemplos de relatos de experiências inovadoras de ensino.

Em nossa casuística, a categoria Trabalho Docente foi objeto do maior número de trabalhos. No período 1997-2000, registramos 141 títulos. Essas pesquisas foram importantes porque empreenderam descrições precisas, algumas delas feitas ao longo de tempo prolongado (estudos etnográficos), sobre as condições organizacionais do trabalho docente. Desvelaram as relações de poder na escola e registraram a estrutura burocrática dessa instituição, resistente ao novo, o trabalho isolado dos professores, sua falta de engajamento. Focalizaram as contradições entre o discurso "construtivista" ou progressista e as práticas "tradicionais" dos professores.

Esses estudos foram igualmente importantes em outro sentido. Desvelaram processos de autoformação desenvolvidos por professores no cotidiano escolar. Foram observadas práticas de bons professores, registrando-se a subjetividade de tais práticas. Foram registradas experiências de partilha, de registros, de projetos interdisciplinares, de construção coletiva do projeto político pedagógico da escola, de gestão participativa. Foram levantadas histórias de vida profissional de professores, com o objetivo de desvelar a construção dos saberes docentes. As entrevistas procuraram ainda detectar os sentidos e a intencionalidade subjacentes às práticas pedagógicas observadas. Os estudos mostraram o caráter não linear, conflituoso dos processos de autoformação em serviço.

Parte das pesquisas de autoformação foi conduzida pelos próprios autores das dissertações e teses como professores da rede pública, em suas salas de aula, constituindo-se em exemplos de pesquisa-ação. Foram desenvolvidas em todos os níveis de ensino, desde a educação infantil até o ensino de nível superior. Foram, entretanto, menos frequentes no Ensino Médio.

Embora a presente pesquisa ainda esteja em andamento, é possível adiantar conclusões preliminares:

- a perspectiva do professor-pesquisador é recente: não aparece no Estado do Conhecimento sobre Formação de Professores no Brasil, no período 1990-1996;
- apesar dos diferentes enfoques, houve concordância sobre a valorização e complexidade do trabalho docente, sobre a qualificação da formação de professores, a ser realizada em nível superior e sobre a necessidade de formação permanente; e
- foram considerados indicadores de qualificação dos cursos de licenciatura os seguintes aspectos: a) efetiva articulação entre teoria e prática; b) formação do professor-pesquisador, capaz de refletir e pesquisar sua prática, de investigar as dificuldades de aprendizagem e de propor alternativas; e c) preparo político-pedagógico para a compreensão crítica e questionadora de projetos políticos para a educação e para a construção de projetos político-pedagógicos comprometidos com a participação e inclusão.

Referências bibliográficas

ANDRÉ, M. E. D. A. de. (Org.). *Formação de professores no Brasil (1990-1998)*. Brasília: MEC/Inep/Comped, 2002. (Série Estado do Conhecimento, n.6)

BORKO, H. Professional development and teacher learning: mapping the terrain. *Educational Researcher*, n.33, v.8, p.3-15, 2004.

COCHRAN-SMITH, M.; LYTLE, S. L. The teacher research movement: a decade later. *Educational Researcher*, n.15, Oct. 1999.

GARRIDO, E. *Pesquisa universidade-escola e desenvolvimento profissional do professor.* São Paulo, 2000. Tese (Livre-Docência) Faculdade de Educação da Universidade de São Paulo.

NOFFKE, S. Professional, personal and political dimensions of action research. *Review of Research in Education*, n.22, p.305-43, 1997.

ZEICHNER, K. M. Teacher research as professional development for P-12 educators in USA. *Educational Action Research Journal*, n.11, v.2, p.301-23, 2003.

Sobre os autores

Alda Junqueira Marin – Doutora em Ciências, Educação (1974) pela Faculdade de Filosofia Ciências e Letras de Rio Claro, atual Unesp. É professora-adjunta aposentada da Unesp e livre--docente da PUC-SP. Atua na área de Educação, com ênfase em Ensino-Aprendizagem.

Aline Maria de Medeiros Rodrigues Reali – Graduada em Psicologia (1979) pela Faculdade de Filosofia, Ciências e Letras de Ribeirão Preto, USP, mestre em Educação Especial – Educação do Indivíduo Especial – (1984) pela UFSCar e doutora em Psicologia – Psicologia Experimental – (1990) pela USP. É professora-adjunta IV da UFSCar. Realiza pesquisas sobre Desenvolvimento Profissional da Docência, Aprendizagem Profissional da Docência, Formação Continuada de Professores, Base de Conhecimento; Aprendizagem Profissional e Formação de Professores via Internet.

Antonio Bosco de Lima – Graduado em Letras (1983) pela Faculdade de Filosofia, Ciências e Letras de Ribeirão Pires e em Pedagogia (1988) pela Faculdade de Filosofia, Ciências e Letras de São Bernardo do Campo; mestre em Educação (1995) pela Unicamp e doutor em Educação (2001) pela PUC-SP. É professor-adjunto I da Universidade Federal de Uberlândia, professor do curso de Pedagogia da Unioeste e pesquisador do Grupo de Pesquisa em Gestão Escolar (GPGE). Atua com os temas: Políticas Educacionais, Estado, Democracia e Controle Social.

Antonio Joaquim Severino – Graduado (1962) e mestre (1964) em Filosofia pela Université Catholique de Louvain e doutor em Filosofia (1972) pela PUC-SP. Atualmente é professor titular da USP. Atua com os temas: Cidadania, Construção do Conhecimento, Educação, Filosofia da Educação, Historicidade e Prática.

Cleiton de Olveira – Graduado em Pedagogia (1972) e mestre em Educação (1983) pela Universidade Metodista de Piracicaba, doutor em Educação pela Unicamp (1992). É pesquisador da Unicamp e professor titular da Unimep. Atua com o tema: Descentralização e Municipalização. E-mail: cleolive@unimep.br

Cleoni Maria Barbosa Fernandes – Graduada em Pedagogia (1973) pela Universidade Católica de Pelotas e doutora em Educação (1999) pela UFRGS. É professora titular da Unisinos. Professora associada em pesquisas interinstitucionais, coordenadora do grupo interinstitucional da pesquisa "A constituição do campo de saberes do professor em formação: o desafio da articulação teoria-prática e as tensões do campo da formação e do campo profissional" e coordenadora do Projeto de Investigação Cooperação Nacional (Procad) Modalidade 1 Capes. Bolsista de produtividade CNPq. E-mail: cleofernandes@terra.com.br

Dagoberto Buim Arena – Graduado em Letras (1972) pela Unesp e em Pedagogia (1978) pela Faculdade de Ciências e Letras de Votuporanga. Especialista em Linguística (1973) pela Unesp, mestre (1991) e doutor (1996) em Educação pela Unesp.

Domingos Fernandes – Doutor em Educação Matemática pela Texas AEEM University e professor associado da Faculdade de Psicologia e de Ciências da Educação da Universidade de Lisboa, onde desenvolve pesquisas na área de Desenvolvimento Curricular e da Avaliação.

Edílson Moreira de Oliveira – Mestre em Educação pela Unesp e doutor em Educação – Educação Escolar (1998) pela Unesp. É professor-assistente do Departamento de Educação da Unesp, Ibilce, São José do Rio Preto. E-mail: edilson@ibilce.unesp.br

Eliseu Clemenetino de Souza – Professor do programa de Pós-graduação em Educação e Contemporaneidade da Universidade do Estado da Bahia, das Faculdades Integradas Olga Mettig e coordenador do Grupo de Trabalho Educação Fundamental da ANPEd. E-mail: esclementino@uol.com.br

Elsa Garrido – Professora livre-docente da Faculdade de Educação da USP e professora-adjunta do Programa de Pós-graduação Educação, Arte e História da Cultura da Universidade Presbiteriana Mackenzie.

Evandro Ghedin – Doutor em Filosofia e Educação pela Faculdade de Educação da USP. Professor da Escola Normal Superior da Universidade do Estado do Amazonas (UEA) e coordenador do curso de Licenciatura em Filosofia da Faculdade Salesiana Dom Bosco (FSDB).

Ezequiel Theodoro da Silva – Graduado em Língua e Literatura Inglesa (1971) pela PUC-SP, mestre em Educação (1973) pela University of Miami, doutor em Educação (1979) pela PUC-SP, pós-doutor em Educação (1993) e livre-docente em Educação (1993) pela Unicamp.

Iria Brzezinski – Graduada em Ciências Sociais (1967) pela Universidade Federal do Paraná e em Pedagogia (1980) pela Universidade Federal de Goiás; especialista em Educação (1980) pela Universidade Federal de Goiás, mestre em Planejamento Educacional (1986) pela UnB, doutora em Administração Escolar (1984) pela USP e pós-doutora em Educação (2002) pela Universidade de Aveiro, Portugal.

João Cardoso Palma Filho – Graduado em História Natural (1968) pela Unesp, em Pedagogia (1977) pelo Centro Universitário Faculdades Integradas de Osasco e em Direito (1982) pela USP; especialista em Métodos e Técnicas de Pesquisa (1972) pelo Centro Universitário Fundação Santo André, mestre em Ciências Sociais (1972) pela Fundação Sociologia e Política e em Educação (1989) pela PUC-SP; doutor em Educação (1996) pela PUC-SP. É professor-assistente doutor MS3 e professor-adjunto da Unesp.

João dos Reis C. Silva Jr. – Graduado na Escola de Engenharia de São Carlos da USP (1982), mestre em Administração (1988) e doutor em Educação: História, Política, Sociedade (1992) pela PUC-SP, pós-doutor em Ciências Políticas pela Unicamp. É professor da UFSCar. Atua com os temas: Educação e Trabalho, Educação Superior Brasileira, Reforma do Estado, Política Educacional e Educação.

João Luís C. T. Ceccantini – Graduado (1987), mestre (1993) e doutor (2000) em Letras pela Unesp, onde é professor-assistente doutor. Tem experiência na área de Letras, com ênfase em Literatura Brasileira. Atua com os temas: Literatura Juvenil, Prêmios Literários, Narrativa, Leitura, Literatura Infanto-juvenil e Literatura e Ensino.

José Carlos Miguel – Graduado em Matemática com Licenciatura Plena (1979) pelas Faculdades Integradas de Marília, especialista em Desenvolvimento e Aprendizagem na Situação Escolar (1988), mestre (1993) e doutor (1999) em Educação pela Unesp. É professor-assistente doutor da Unesp. Atua com os temas: Educação Matemática, Ensino de Matemática, Aprendizagem Matemática, Metodologia de ensino, Prática de Ensino e Educação.

José Luís Vieira de Almeida – Graduado em Serviço Social (1980) pela Universidade de Ribeirão Preto, mestre em Educação (1988) pela Unicamp e doutor em Educação (1997) pela USP. É professor titular do Centro Universitário Nove de Julho, professor-assistente doutor da Unesp. Atua com os temas: Educadores de Rua, Representações e Prática Educativa.

José Sergio Fonseca de Carvalho – Graduado em Pedagogia (1989) pela USP, especialista pelo Institut Intemational D'Études Françaises Université des Sciences Humaines (1982), mestre em Educação (1994) e doutor em Filosofia da Educação (2000) pela USP. É professor doutor da USP e membro de corpo editorial de *Cadernos de Pesquisa* (Fundação Carlos Chagas). Atua com os temas: Construtivismo, Teoria da Educação, Filosofia da Educação.

Juvenal Zanchetta Junior – Graduado em Letras (1987) pela Unesp, mestre (1995) e doutor em Educação (2000) pela Unesp. É professor-assistente doutor da Unesp. Atua com os temas: Leitura, Leitura de Linguagens Midiáticas, Abordagens Pedagógicas da Imprensa Escrita e Audiovisual e Formação de Professores.

Leonor Maria Tanuri – Doutora em ciências, educação pela Faculdade de Filosofia, Ciências e Letras de Marilia (1973). É assessora da Unesp. Atua na área de educação, com ênfase em História da Educação.

Luciana Maria Giovani – Graduada com Licenciatura Plena em Pedagogia (1972), especialista em Métodos e Técnicas em Pesquisa Social (1973) e em Filosofia da História (1974) pela Unesp, mestre em Educação: História, Política (1988) pela PUC-SP e doutora em Educação (1994) pela USP. É professora voluntária da Unesp e docente pesquisadora da PUC-SP. Atua com os temas: Pesquisa-Ação, Parceria Universidade-Escola e Metodologia da Pesquisa.

Lucidio Bianchetti – Pedagogo pela UFP/RS, mestre em Educação pela PUC-RJ, doutor em História e Filosofia da Educação pela PUC-SP. É professor no EED/PPGE Universidade Federal de Santa Catarina e vice-presidente da ANPEd, pesquisador do CNPq.

Luiza Helena da Silva Christov – Mestre em Educação, História, Política e Sociedade (1992) e doutora em Educação – Psicologia da Educação (2001) pela PUC-SP, e pós-doutora pela Universidade de Barcelona. É professora-assistente da Unesp.

Marcos T. Masetto – Graduado em Filosofia, mestre e doutor em Psicologia Educacional pela PUC-SP. Professor titular do Programa de Pós-graduação em Educação: Currículo da PUC-SP e do Programa de Pós-graduação em Educação, Arte e História da Cultura da Universidade Presbiteriana Mackenzie. Professor associado aposentado da USP. Especialista em questões universitárias e na formação pedagógica de professores do Ensino Superior.

Maria Arisnete Câmara de Morais – Doutora em Educação pela Unicamp e pós-doutora na École des Études en Sciences Sociales (Paris). É pesquisadora do CNPq e professora do Departamento de Educação da UFRN. E-mail: arisnete@terra.com.br

Maria da Graca Nicoletti Mizukami – Graduada em Pedagogia pela Unesp (1970), mestre (1977) e doutora (1983) em Educação pela PUC-RJ. Especialista em Didática (1991) pela Karl Ruprecht Universität Heidelberg e Pädagogische Hochschule Heidelberg, Alemanha (DAAD). É professora titular da UFSCar. É professora-adjunta III da Universidade Presbiteriana Mackenzie e professora voluntária da UFSCar. Atua com os temas: Base de Conhecimento para o Ensino, Desenvolvimento Profissional da Docência, Aprendizagem Profissional da Docência, Praticas Pedagógicas e Casos de Ensino. Bolsista de Produtividade em Pesquisa do CNPq, nível 1B.

Maria Isabel da Cunha – Graduada em Ciências Sociais (1968) e em Pedagogia (1974) pela Universidade Católica de Pelotas, mestre em Educação pela PUC-RS (1979), doutora em Educação (1988) pela Unicamp e pós-doutora (1998) pela Universidad Complutense de Madrid. É professora titular da Unisinos. Atua com os temas: Formação de Professores, Bom Professor e Didática. Bolsista de Produtividade em Pesquisa do CNPq, nível 1C.

Marli Eliza Dalmazo Afonso de André – Graduada em Letras (1966) pela USP e em Pedagogia (1973) pela Universidade Santa Úrsula, mestre em Educação (1976) pela PUC-RJ, doutora em Psicologia da Educação (1977) pela University of Illinois e pós-doutora (1983) pela University of Illinois É professora da PUC-SP. Atua com os temas: Ensino Bem-sucedido, Ensino-aprendizagem, Sala de Aula.

Maria Inês Petrucci Rosa – Graduada em Filosofia, mestre e doutora em Psicologia Educacional pela PUC-SP. Professora titular do Programa de Pós-graduação em Educação: Currículo da PUC-SP e do programa de Pós-graduação em Educação, Arte e História da Cultura da Universidade Presbiteriana Mackenzie. Professora-associada aposentada da USP. Especialista em questões universitárias e na formação pedagógica de professores do Ensino Superior.

Mauricio Compiani – Graduado em Geologia (1981) pela USP, mestre (1988) e doutor (1996) em Educação pela Unicamp. É professor associado livre docente da Unicamp. Atua com os temas: Ensino Fundamental, Ensino de Geociências, Ensino-aprendizagem, Investigações em Sala de Aula, Formação Continuada de Professores, Discursos em Sala de Aula e Trabalhos de Campo em Ciências Naturais. É líder do Grupo de Pesquisa de Educação Aplicada às Geociências do Programa de Pós-graduação em Ensino e História de Ciências da Terra e coordenador de graduação dos cursos de Geologia e Geografia. Bolsista de Produtividade em Pesquisa do CNPq, nível 2.

Milton José de Almeida – Graduado em Letras, Português e Alemão (1971), mestre (1974) e doutor em Linguística (1976) pela USP. É professor associado da Unicamp. Atua com os temas: Educação, Cinema, Arte, Arte Visual e Educação Visual.

Moysés Kuhlmann Júnior – Graduado em Pedagogia (1980) pela USP, mestre em Educação: História, Política, Sociedade (1990) pela PUC-SP, doutor em História Social (1996) pela USP e pós-doutor em Ciências da Educação pela Universidade de Lisboa. É professor associado doutor da Universidade São Francisco e pesquisador sênior da Fundação Carlos Chagas. Atua com os temas: Educação Infantil, História da Educação, Infância, Educação e História.

Newton Duarte – Livre-docente em psicologia da Educação pela Unesp e pós-doutor pela na Universidade de Toronto, Canadá, com bolsa da Capes, e bolsista de produtividade em pesquisa do CNPq. Coordenador do GT de filosofia da Educação da AMPEd no biênio-2006-2007. E-mail: Newton.Duarte@uol.com.br

Paula Perin Vicentini – Professora do Programa de Estudos Pós-graduados em Educação, História, Política e Sociedade da PUC-SP e da Faculdade de Educação da USP.

Raquel Lazzari Leite Barbosa – Graduação em Fonoaudiologia (1981) e mestre em Educação: História, Política, Sociedade (1989) pela PUC-SP, e doutora em Educação (1994) pela Unicamp. É professora-assistente doutora do Departamento de Educação da Faculdade de Ciências e Letras da Unesp. Atua com os temas: Mitificação – Leitura – Autores – Mídia e Construção do Herói.

Regina Maria Simoes Puccinelli Tancredi – Licenciada em matemática pela Unesp (1971) e em Pedagogia pela Faculdade de Educação São Luis (1979), mestre (1990) e doutora em Educação (1995) pela UFSCar. É professora-adjunta IV da UFSCar. Atua com os temas: Formação de Professores e Avaliação Institucional.

Rosa Maria Feiteiro Cavalari – Graduada em Filosofia pela PUC-Campinas (1977), mestre em Educação pela Unicamp (1987) e doutora em Educação pela USP (1995). É professora assistente doutora da Unesp. Atua com os temas: Integralismo, Ação Integralista Brasileira (AIB).

Silvio Donizetti de Oliveira Gallo – Graduado em Filosofia (1986) pela PUC-Campinas, mestre (1990) e doutor (1993) em Educação pela Unicamp. É professor-assistente doutor da Unicamp. Atua com os temas: Educação, Ensino de Filosofia, Ensino Médio, Filosofia e Transversalidade.

Outros títulos da Editora Unesp

Formação de Educadores – Desafios e Perspectivas
Raquel Lazzari Leite Barbosa (Org.)

Formação do Educador e Avaliação Educacional – V. 1
Conferências, Mesas-redondas
Maria Aparecida Viggiani Bicudo e Celestino Alves Da Silva Junior (Orgs.)

Formação do Educador e Avaliação Educacional – V. 2
Formação Inicial e Contínua
Maria Aparecida Viggiani Bicudo e Celestino Alves Da Silva Junior (Orgs.)

Formação do Educador e Avaliação Educacional – V. 3
Organização da Escola e do Trabalho Pedagógico
Maria Aparecida Viggiani Bicudo e Celestino Alves Da Silva Junior (Orgs.)

Formação do Educador e Avaliação Educacional – V. 4
Avaliação Institucional, Ensino e Aprendizagem
Maria Aparecida Viggiani Bicudo e Celestino Alves da Silva Junior (Orgs.)

Trajetórias e Perspectivas da Formação de Educadores
Raquel Lazzari Leite Barbosa (Org.)

Formação de Professores
Raquel Volpato Serbinoo, Ricardo Ribeiro, Raquel Lazzari Leite Barbosa e Raimunda Abou Gebran (Orgs.)

Educadores para o século XXI – Uma Visão Multidisciplinar
Raquel Volpato Serbino e Maristela Veloso Campos Bernardo (Orgs.)

Pedagogia da Indignação
Paulo Freire

Cartas Pedagógicas e Outros Escritos
Paulo Freire

Pedagogia da Tolerância
Paulo Freire

Pedagogia dos Sonhos Possíveis
Paulo Freire

SOBRE O LIVRO

Formato: 16 x 23 cm
Mancha: 29,6 x 49 paicas
Tipologia: Times New Roman 11/13
Papel: Offset 75 g/m² (miolo)
Cartão Supremo 250 g/m² (capa)

1ª edição: 2007

EQUIPE DE REALIZAÇÃO

Edição de textos
Viviane Oshima (Copidesque)
Regina Machado (Preparação de Original)
Adriana Oliveira (Revisão)
Oitava Rima Prod. Editorial (Atualização Ortográfica)

EDITORAÇÃO ELETRÔNICA

Oitava Rima Prod. Editorial

Impressão e acabamento
psi7 | book7
psi7.com.br book7.com.br